情报与反情报丛书

分析情报

国家安全从业者视角

（全新中文译本）

[美] 罗杰 · 乔治（Roger Z. George） 詹姆斯 · 布鲁斯（James B. Bruce）／主编
王　鹏 马宁研／译　　高金虎／审校

Analyzing Intelligence

National Security Practitioners' Perspectives

金城出版社
GOLD WALL PRESS
· 北京 ·

图书在版编目（CIP）数据

分析情报：国家安全从业者视角 /（美）罗杰·乔治 (Roger Z. George)，（美）詹姆斯·布鲁斯（James B. Bruce）主编；王鹏，马宁研译 .—北京：金城出版社，2019.6
（情报与反情报丛书 / 高金虎主编）
书名原文：Analyzing Intelligence: National Security Practitioners' Perspectives
ISBN 978-7-5155-1803-9

Ⅰ.①分… Ⅱ.①罗…②詹…③王… Ⅲ.①军事情报—情报分析—研究—美国 Ⅳ.① E712.416

中国版本图书馆 CIP 数据核字（2019）第 004004 号

分析情报：国家安全从业者视角
FENXI QINGBAO GUOJIA ANQUAN CONGYEZHE SHIJIAO

作　　者　[美] 罗杰·乔治　詹姆斯·布鲁斯　主编
译　　者　王　鹏　马宁研
责任编辑　朱策英
文字编辑　尹　楠
开　　本　700毫米 × 960毫米　1/16
印　　张　30
字　　数　476千字
版　　次　2019年6月第1版
印　　次　2019年6月第1次印刷
印　　刷　三河市百盛印装有限公司
书　　号　ISBN 978-7-5155-1803-9
定　　价　108.00元

出版发行　**金城出版社**　北京市朝阳区利泽东二路3号　邮编：100102
发 行 部　(010) 84254364
编 辑 部　(010) 64271423
交流邮箱　gwpbooks@yahoo.com
总 编 室　(010) 64228516
网　　址　http://www.jccb.com.cn
电子邮箱　jinchengchuban@163.com
法律顾问　北京市安理律师事务所　(电话)18911105819

丛书总序

以情报工作为研究对象，探索情报工作规律，研究改进情报工作途径的学科，在西方称为情报研究，在中国则称为军事情报学。名称不同，本质一致。

长期以来，由于情报工作本身存在着较强的隐蔽性，各个国家对情报机构的活动秘而不宣，其情报档案也不公开，从而影响了情报工作受关注的程度，情报活动成了历史研究中被遗忘的一角。

西方的情报研究，始于1949年美国学者谢尔曼·肯特（Sherman Kent）《战略情报：为美国世界政策服务》一书的出版。肯特是耶鲁大学历史学教授，第二次世界大战期间担任美国战略情报局（Office of Strategic Services）研究分析处欧洲—非洲科的科长，战后一度回到耶鲁重执教鞭，随后担任中央情报局国家评估办公室主任。在该书中，肯特把战略情报定位为战略家制订和执行计划所必需的情报，是身居高位的文武官员保卫国家福祉必须掌握的知识。肯特开启了情报分析专业化的大门，他因而被称为“情报分析之父”。

1962年，美国兰德公司的罗伯塔·沃尔斯泰特（Roberta Wohlstetter）出版了《珍珠港：预警与决策》（*Pearl Harbor: Warning and Decision*），深刻剖析1941年驻珍珠港美军遭日军突然袭击的原因。从珍珠港事件起步，美国人一点一点地厘清了情报失误发生的原因，并有针对性地开出了改进情报工作的“处方”。

20世纪70年代初，国际学术界在德国斯图加特召开第二次世界大战中的信号情报研讨会议。与会者一致认为，由于相关档案的公开，情报在二战中的作用必须重新审视，二战历史有必要重写。此后，情报研究在西方学术界呈现出方兴未艾之势，一批历史学家、政治学家、战略学家、国际关系学者加入了情报研究的阵营，有力地推动了情报研究的发展。在英语世界，情报研究已经成为社会科学研究的一个组成部分。

与美国相比，中国的情报研究起步并不算晚。早在2500年前的春秋时代，中国兵圣孙子就写出了著名的《孙子兵法》，这是世界上最早的军事情报学著作。孙子对战略情报要素认识的完备性、情报评估的重要性、情报谋略的微妙性、情报理论的科学性的分析，即便与2500年后谢尔曼·肯特的著作相比也不逊色。1943年，军统特工郑介民出版《军事情报学》，书中所勾勒的军事情报工作体系与今日西方的情报研究体系并无本质差别。

今天，军事情报学已经列入了我国研究生与学位教育的学科门类，我们已经培养了军事情报学专业的硕士生、博士生甚至博士后。但情报研究在我国远未成长为一门成熟的学科。理论研究的落后，制约了我国情报与安全保密工作的发展。

中国兵圣孙子说过：知彼知己，百战不殆。情报研究的根本目的是为了改进国家安全工作，维护国家安全和利益。要在复杂多变的世界局势中、在尖锐激烈的国际竞争中立于不败之地，我们必须高起点、高标准、高质量地谋划保密工作，全面、深入地了解世界主要大国情报机构进行策反、渗透、心战、窃密的基本手法，掌握其情报活动的基本特点，从而有的放矢，筑起反渗透、防泄密的防火墙，保障改革开放和社会主义建设事业的顺利进行。这是每一个从事国家安全和保密工作的同志的神圣使命。

基于以上认识，我们策划了这套《情报与反情报丛书》。所选作品均为西方名家的情报研究经典，内容涉及情报基础理论、情报体制、情报历史、谍报技术、反间谍、隐蔽行动、情报分析与失误、突然袭击等，涵盖了情报工作的各个领域。我们希望，这套丛书的出版，可以推动我国的情报研究，并对改善我国国家安全工作有所裨益。

高金虎

评价与赞誉

……本书是一部不可多得的指南。它成功地将情报一线和学术研究两者的经验教训结合在一起。

——克里斯托弗·安德鲁（Christopher Andrew），
英国军情五处官方史学家、剑桥大学教授

罗杰·乔治和詹姆斯·布鲁斯在书中汇聚了现代情报分析的研究精华，精选了美国情报界“超级巨星”们的重要论述，是情报工作专业化过程中一本具有里程碑意义的著作，认真研究情报的学者和从业者应人手一册。

——珍妮弗·西蒙斯（Jennifer Sims），
美国负责情报协调的前副助理国务卿

本书是目前关于这一课题论述最为全面的书籍，对那些想要或已经成为情报分析人员的读者来说，具有实实在在的价值。

——美国中央情报局《情报研究》杂志（*Studies in Intelligence*）

本书对情报分析进行了实用和广泛的研究。两位主编完美荟萃了世界公认的情报搜集与分析领域专家的文章，其中关于情报分析人员与国家安全决策者关系的章节应特别能引发读者的兴趣。对于未来的情报分析人员，以及正在付诸努力——以便克服自由社会情报工作所面临的持久挑战——的专业人士来说，本书是一部无价之宝。

——美国陆军战争学院《参数》杂志（*Parameters*）

法律和政策都认同情报是当前（反恐）斗争的战略支撑。所以，若要深入了解开展斗争更有效的方式，每个《进程》杂志的读者都应把本书作为一部首选读物。

——美国海军学院《进程》杂志（*Proceedings*）

两位主编——罗杰·乔治和詹姆斯·布鲁斯——本身就是受人尊敬的职业情报分析人员。他们将美国情报界重要人物的文章汇编成册，描述了二战至今美国情报分析的历史与功过。此外他们还提出了改进分析工作的许多建议，以降低过去几年常被媒体诟病的“情报失误”再次发生的可能……可谓是“象牙塔遇见了詹姆斯·邦德”……对于那些想在下次危机发生前有效“连点成线”的人来说，这本书值得一读。

——美国《海军战争学院评论》杂志 (*Naval War College Review*)

目录

第二部分　决策者与分析人员的关系

第三部分　诊断与处方

第四部分　持久的挑战

第五部分　针对21世纪问题的情报分析

第六部分　引领分析变革

前　言

和第一版一样，《分析情报》第二版展现的仍是美国情报分析从业者的观点。2007 年编撰第一版时是一个发现的过程。我们首先确定重要的专题和议题，然后请最好的作者撰稿。正如我们当时所说，单独一个作者无法就如此广泛的议题做出权威且全面的阐述。我们试图将众多作者的文章汇集成册，以期达到一加一大于二的效果。我们认为自己达到了当时设定的目标，相信第二版会做得更好。此外，第二版将“分析”这个重要主题贯穿始终，因而整体感更强。尽管文章出自不同作者，但我们相信读者不仅能了解每个章节的独特论点，还会感受到全书的连贯性和内在关联。

在第一版，我们努力超越现有文献，发掘情报分析的历史和现状，并贡献一些新观点。几乎所有作者都具备实际开展、管理或评估情报分析工作的丰富经验。第二版遵循着同样的思路，依旧仰仗各章节作者的集体智慧。很多作者在担任分析人员时就与我们有过合作，对于他们的职业经历我们并不陌生。

我们二人的合作不仅是为了达成一个共同目标，它还是贯穿我们职业生涯的分享观点的过程，为的是让情报分析成为一门真正的学科，同时鼓励情报分析人员成长为真正的专业人员。我们二人在职业生涯中常有交集，从这个意义上讲，第一版书实际是我们交往 20 年的成果。在进入情报界之前，我们都研究过国际关系理论和政治学。我俩的分析生涯都始于国家情报委员会（National Intelligence Council, NIC），后来又在中央情报局（Central Intelligence Agency, 以下简称中情局）情报分局（Directorate of Intelligence）共事。任职于不同机构期间，我们深入了解了在情报界和机构层面如何开展分析工作。同样是在那里，我们头一次接触到一些杰出的天才分析人员，比如国家情报委员会副主席哈尔·福特（Hal Ford），他被我们这些《国家情报评估》（National Intelligence Estimate）的起草者奉为导师。此外我们还与杰克·戴维斯（Jack Davis）相识，他那时是国家情报官（national intelligence officer, NIO），后来成为情报技巧（tradecraft）传奇式的开创者和传授者。我们还有幸在国家情报委员会担任《国家情报评估》的起草人直至主管，从而得以目睹美国政府中最优秀的情报分析人员的杰出技能，同时也发现了情报评估过程中的一些不足。

在从事上述以及其他工作期间，我们也在观察，看情报分析如何在实践中发挥作用，以及如何变得更有成效。日复一日地接触水准参差不齐的分析材料，我们自然而然形成了改进情报分析工作的一些想法。亲身经历告诉我们，对待情报工作既要保持谦恭又要追求卓越，对于经验教训既要积极总结又要审慎论证，并与他人分享，否则分析习惯将难有改善。不过，我们无法仅凭一己之力总结一套完整的经验，因而需要其他作者参与进来，丰富我们作为情报从业者的观点，使情报分析成为一门认可度更高的学科和一项专业性更强的工作。

在中情局不同部门就分析技巧开展工作期间，我们的上述想法得到进一步发展。我们俩中，一人曾为中情局的分析人员准备初级替代性分析（alternative analysis）教材，另一人则就影响美国情报工作水平的拒止与欺骗（denial and deception, D&D）问题开展研究，并在后来成为美国关于大规模杀伤性武器（weapon of mass destruction, WMD）情报能力总统委员会的高级成员，该委员会又称希尔伯曼—罗伯大规模杀伤性武器委员会（Silberman-Robb WMD Commission）。另外，我们还在谢尔曼·肯特情报分析学院（Sherman Kent School of Intelligence Analysis, SKS）一同工作过。在那里，我们深度参与了情报技巧新入门课本和专著的编写，以期在克服认知偏见（cognitive bias）和其他技巧性失误（tradecraft error）方面尽一分力量。这样的偏见和失误是美国情报部门在伊拉克大规模杀伤性武器问题上出现情报失误（intelligence failure）的致命原因。也正是在谢尔曼·肯特情报分析学院，在一次关于情报分析质量参差不齐的热烈讨论中，我们产生了编撰本书的初步想法。

第一版出版之后的六年来，我们注意到情报分析这门学科已经有了显著的变化和发展。熟知第一版的人都知道，我们在第一版中谨慎地提出情报分析可以成为一门受到更多认可的专业，但这还要看其能否在某些领域取得足够的进步。第二版则记录了情报分析在过去六年所取得的进步，这一进步的方向正确且速度超出预期。事实上，新版的章节凸现出美国情报界在提高国家情报、国内情报乃至战术情报分析的严谨度方面，以及在专业知识构建、培训和专业认证方面所取得的进步。尽管这些进步尚不够均衡，但我们仍对这一行业能在短短几年内取得如此成绩感到欣慰。读过第一版的人将会从第二版的新章节中欣喜地发现这样的变化。对于情报分析人员来说，这是一个令人兴奋的年代。更让人兴奋的是，他们还将在工作中见证世界的变迁。

与第一版相比，第二版有以下不同之处。第一版在总结情报分析的固有特点方面进行了初步尝试，其中情报分析的专业化程度只是一个分专题。第二版则更专注于如何推进情报分析专业化，以使这项工作受到更多重视和认可。为此我们精心挑选了相关议题，请相应的作者与我们共同研究，确定出情报分析工作在哪些方面已经取得了进步，在哪些方面还需继续努力。

第一版的热销让我们清醒地认识到有必要保持一贯的高标准，因此我们联系了业内的同事和学者，请他们提出意见，以完善这项从 2007 年就开始的工作。我们要特别感谢基思·芬内尔（Keith Fennel）、斯蒂芬·马林（Stephen Marrin）、劳埃德·霍夫曼（Lloyd Hoffmann），以及一位不便透露姓名的人士向我们提供重要的反馈。国家情报大学（National Intelligence University）的情报教官约翰·博森哈特（John Botzenhart）、威廉·科林根（William Colligan）、约翰·格里菲斯（John Griffiths）和朱利安·米德（Julian Meade）对第一版有独到的见解。为了让第二版更加全面、及时、敏锐地聚焦专业化这一专题的方方面面，他们还提出了一系列新议题和新观点。此外，我们还就具体议题个别咨询了以前的同事，得到了他们的大力帮助。我们还要特别感谢查尔斯·艾伦（Charles Allen）、道格拉斯·麦凯岑（Douglas MacEachin）、肯·耐特（Ken Knight）、威廉·诺尔特（Willam Nolte）以及保罗·皮勒（Paul Pillar），感谢他们就情报分析和专业化问题的诸多方面给予我们的独到建议和见解。

我们感谢一些机构提供支持，让我们坚持初衷，为未来的情报分析人员编撰本书。乔治城大学安全研究项目（Georgetown University's Security Studies Program）是研究生阶段情报研究的领跑者，我们曾作为兼职教授在那里教过书。该项目不仅培养出富有热情和挑战精神的学生，也是本书部分观点的理想孵化场所。国家战争学院（National War College）是另一个我们分别教过书的地方，作为联合专业军事教育（Joint Professional Military Education, JPME）计划的参与者，学院为专业教育确立了很高的标准。我们坚持认为，美国情报界可以参照这一模式设立自己的综合专业分析项目。最后，感谢兰德公司（RAND Corporation）在承担多项研究任务的情况下，仍慷慨地允许本书的主编兼作者腾出时间进行编撰工作。

作为学校安全研究项目的调查研究部门，乔治城大学安全研究中心（Georgetown University's Center for Security Studies）向我们提供了无私的帮助，使本书得以完成。该中心的主任布鲁斯·霍夫曼（Bruce Hoffman）像其前任丹尼尔·拜曼（Daniel Byman）一样，给予我们一如既往的支持。乔治城大学出版社的唐·雅各布斯（Don Jacobs）在修订过程中给我们提出了许多指导意见。我们还要感谢中情局出版物审查委员会及时对我们的原稿进行审查，并提出精到意见。

在我们进展缓慢或遇到阻碍时，我们俩的妻子——辛迪和彭尼扮演了内部顾问的角色。她们知道我俩讨论书稿的意义，并参与集思广益、讨论思路或协调观点，对我俩给予恰到好处的支持，因而也算是第二版书的合著者。

最后，本书能够及时、专业地完成，也有赖于乔治城大学的研究生格雷格·怀亚特（Greg Wyatt）在研究和写作方面给予的协助。就像马修·拉尔森（Matthew Larson）在前一版所做的那样，格雷格出色地展示了他的能力。我们希望这类书对格雷格和马修他们有所帮助。实际上，编撰这本书的主要目的就是希望他们这一代人能够将情报分析作为自己的职业，并帮助这一专业不断完善。

[第一章]

情报分析：内涵与条件

詹姆斯·B. 布鲁斯（James B. Bruce）
罗杰·Z. 乔治（Roger Z. George）

（击毙本·拉登）极好地展示了情报搜集、情报分析和军事行动三者的融合。

——罗伯特·M. 盖茨（Robert M. Gates），

《60 分钟》节目（*Sixty Minutes*），2011 年 5 月 15 日

正如前情报分析人员、中央情报主任[1]和国防部部长罗伯特·盖茨所言，作为搜集情报和开展行动之间不为人注意的一环，情报分析发挥着极其重要的作用。分析做得好，行动或政策取得成功的可能性也较高，反之亦然。如果你的工作是提供情报分析，那么你一定有强大动力把这件事做好。这本书就与做好情报分析有关。

[1] 编注：中央情报主任（Director of Central Intelligence, DCI），在中央情报局官方网站上也译作中央情报总监，是根据 1947 年《国家安全法》设置的职位。此后，中央情报主任成为美国情报界的领导人，而且担任中央情报局局长。2004 年，《情报改革及恐怖主义预防法》做出新的规定，撤销中央情报主任一职，其责任由新设立的国家情报总监（Director of National Intelligence, DNI）承担，中央情报局则设置自己独立的局长。

做好情报分析很难，这一过程充满了艰辛。但好的分析人员常常能克服困难。他们经过扎实的培训、教育和工作历练，甚至在成长为专业人士的过程中经受了分析失误和其他“关键教训”的洗礼，才得以提高做好分析的概率。本书撰稿者都经历过这一过程。

什么是分析

分析，不论好坏，指的是判断、预报和洞察，逐一解释如下。

判断（judgment）：在最近一份权威研究中，分析被定义为“一种在不确定条件下做出判断的活动”[1]。这种判断是基于不完全和不确定的信息得出的结论或推断，在一定范围内可能正确（但正确率谁也无法真正确定，往往也并不说明），也有可能错误。分析性判断在表述时可以给出一定的可能性（譬如“有70%的可能……”）或说明有多大的把握（“我们对……有一定的把握”），但通常并不说明可能性或把握。

情报分析人员得出奥萨玛·本·拉登（Osama bin Laden）藏身于巴基斯坦阿伯塔巴德（Abbottabad）一处隐秘院落的结论，并预报在抓捕行动时他仍会藏身于此，这正是在不确定的情况下做出的判断。当时谁也没有确凿的结论性证据，证明那个院落就是本·拉登的藏身之所，或证明突袭进行时他会在那里。这些都是判断，而得出这些判断的过程就是分析。这一分析要部分归功于良好的情报搜集，后者的可靠性对突袭行动的成功至关重要。在本章的后面，我们还将谈到在不确定的情况下做出判断的两个例子：一个是对1962年古巴导弹危机（Cuban Missile Crisis）期间苏联核导弹战备状态的判断，另一个是对2002年伊拉克境内是否存在大规模杀伤性武器的判断。[2] 在第一个例子里，分析工作做得很好；在第二个例子

[1] 原注：National Research Council, *Intelligence Analysis for Tomorrow: Advances from the Behavioral and Social Sciences* (Washington, DC: National Academies Press, 2011), 24.

[2] 原注：关于古巴导弹和伊拉克大规模杀伤性武器，曾经有过多种判断。有些判断

里，分析工作很差劲。在本书中，所有作者都尝试阐释如何把分析做好，同时避免低劣的分析。

预报（forecast）：预报是对未来的判断。预警情报（warning intelligence）主要包括预报——但不是预言。决策者和军方领导等情报用户（customer of intelligence）更关心将要发生什么，而较少关心已经发生了什么，因为后者已于事无补。通过政策主张和军事行动，他们要未雨绸缪：要么削弱威胁，要么强化美国的国家安全。所以他们需要更好地了解将要发生什么，而不是已经发生了什么。提供正确预报的情报分析可以帮助他们做到这一点。做出正确的预报很难，预报的结果也常常是好坏参半。举例来说，美国在中东的某个可靠盟友即将被充满敌意的反美势力推翻，决策者如果事先不知道这一点，就不可能采取行动加以防范或平息事件的影响；1979 年发生在伊朗的情况就是这样。关于 2011 年“阿拉伯之春”（Arab Spring），有些情况得到了准确预报，有些则没有。尽管如此，决策者还是常常可以成功地获得预警，比如 1967 年的阿以战争、印巴间的军事对峙，以及南斯拉夫的解体——这些案例中，情报分析人员都向决策者提供了准确有用的预报。通常，分析人员用情景想定（scenario）进行预报时成功率会高一些。每种情景还附带相应的预警指标（indicator），有助于决策者预估可能的结果，并假定不同政策选择的效果。

洞察（insight）：当情报用户收到包含新观点的分析，或者这一分析能让他们从一个新角度考虑某个难题（即便分析本身不提供任何新信息）时，他们都会赞赏分析带来的这种洞察。分析性洞察更注重事件发生的背景，而不是事件本身。举例来说，如果决策者和军队指挥官能够通过

是错误的，尤其是 1962 年 9 月的《国家情报评估》，在分析苏联在古巴部署进攻性武器时，低估了苏联在古巴部署中程核弹道导弹的可能性，以及 2002 年的评估做出了伊拉克并不存在的化学和生物武器储备的错误判断。其他一些判断则是正确的，比如（在导弹被发现之后）关于苏联在古巴部署导弹的战备状态的判断、关于萨达姆·侯赛因（Saddam Hussein）的导弹射程是否超出了被允许的上限的判断，以及情报界关于后萨达姆时期地区及伊拉克国内局势的预报。大部分围绕情报的争议显示，分析人员既非完全正确，也非大错特错。

一份材料知道一场常规战争（conventional war）何时会演变为反叛乱战争（counterinsurgency war）——就像 2003 年伊拉克发生的那样——那么这份材料所做的洞察就是深入的。他们越早获得这样的深入洞察，就越能更好地应对形势变化。可惜在政治和军事领导人的决策过程中，关于伊拉克战争演变为反叛乱战争的洞察并未及时发挥作用。事实上，提交该分析的时间要远早于做出相应反应的时间，这反映出情报分析面临的另一个问题：决策者并不一定会采纳情报。他们做决定时会基于许多原因，有时即便是最好的情报也无法改变决策。后面，我们还要深入阐释情报与决策的复杂关系。[1] 这种关系影响着情报用户是否采纳分析人员做出的判断、预报和洞察。

分析：情报工作的认知部分

60 年前，美国学者、情报分析的开拓者谢尔曼 · 肯特感叹，美国情报界（intelligence community, IC）缺少专业的文献库。[2] 作为中情局国家评估办公室（Office of National Estimates）的主任，肯特注意到，情报学术部门如果缺乏对一线情报工作的了解和相应的知识，则无法开展工作，因此他希望定义并发展一门专业的情报分析学科。如今，尽管有许多文献笼统地关注情报问题，但旨在推动分析工作发展的评论文章仍显不足。不可否认的是，许多评论家仅关注古往今来的情报失误，或者想方设法地曝光能引起轰动的情报行动，以便搅动公众神经甚至激起民愤。与此同时，前情报和政策部门的官员则倾向于仅凭自己的理解“实话实说”。但是，两者都忽略了对“情报分析”学科进行评估，未能就扎实的分析原则和分析实践建言献策。

[1] 原注：参见本书第五、六、七和十三章关于预警的部分。

[2] 原注：Sherman Kent, “The Need for an Intelligence Literature,” reprinted in *Sherman Kent and the Board of National Estimates*, ed. Donald Steury (Washington, DC: Center for the Study of Intelligence, CIA, 1994), 14–15.

真有“情报分析”这样一个专业学科吗？我们花了大量的精力来定义“情报”这个总体概念。而作为替政府获取特定且常常是秘密信息的多方面工作的一部分，分析自然是情报的固有环节。[1] 分析是情报流程（intelligence process）中的思考部分，或者像前职业分析人员、资深官员道格拉斯·麦凯岑描述的那样，“情报是一门认知的专业”[2]。其工作就是监视重要的国家和人员，跟踪趋势、事件及其他现象，并在众多关键的影响因素中找出行为规律、反常现象以及因果关系，从而对已经发生的事件加以解释，或对美国未来的政策产生影响。中情局情报分析实践和原则的另一位重要奠基者，也曾就此做过简练的表述：“情报分析的任务就是，运用深入且富于实质内容的专业知识、全源信息和目标明确的情报技巧，为政策层用户提供具有明显附加价值的评估，以助其保护并扩大美国的安全利益。”[3]

在为决策者提供决策优势（decision advantage）的情报流程中，分析只是其中一环，但在我们看来，却是关键一环。[4] 图 1.1 给出的典型情报周期（intelligence cycle）图说明了许多人对情报流程的看法。这一流程从确定用户的需求开始，到提供（分发）情报、满足用户需求为止。[5] 尽管这

[1] 原注：Michael Warner, “Wanted: A Definition of Intelligence,” *Studies in Intelligence* 46, no. 1 (2002): 15–22.

[2] 原注：Douglas MacEachin, “Strategic Analysis,” in *Transforming U.S. Intelligence*, ed. Jennifer E. Sims and Burton Gerber (Washington, DC: Georgetown University Press, 2006), 117.

[3] 原注：Jack Davis, “Intelligence Analysts and Policymakers: Benefits and Dangers of Tensions in the Relationship,” *Intelligence and National Security* 21, no. 6 (December 2006): 991–1021 at 1007.

[4] 原注：Jennifer E. Sims, “Understanding Friends and Enemies: The Context for Intelligence Reform,” in *Transforming U.S. Intelligence*, ed. Jennifer E. Sims and Burton Gerber (Washington, DC: Georgetown University Press, 2005), 16.

[5] 原注：把情报流程解释为这样的循环现象，过于简化了实际的情报工作。对这种解释持批评态度的人认为，图 1.1 对情报周期的描述遗漏了情报工作的五个基本步骤之一，即介于搜集和分析之间的信息处理。参见马克·M. 洛文塔尔所著的《情报：从秘密到政策》（*Intelligence: From Secrets to Policy*；中文版已由金城出版社出版——编者）以及：Rob Johnston, *Analytical Culture in the U.S. Intelligence Community* (Washington, DC: Center for the Study of Intelligence, CIA, 2005)。

一概念化的流程图简化了实际非常复杂的工作流程，但它仍然强调了，在将各搜集部门提供的信息转化成判断、预报和洞察以提供给政策层的用户方面，情报分析所发挥的关键作用。不论掌握的信息是真是伪，还是介于两者之间，情报分析人员都必须将其转化成具有附加价值的信息，使决策者拥有从其他渠道无法获得的决策优势，这样的情报分析对决策者来说才有意义，才能发挥作用。

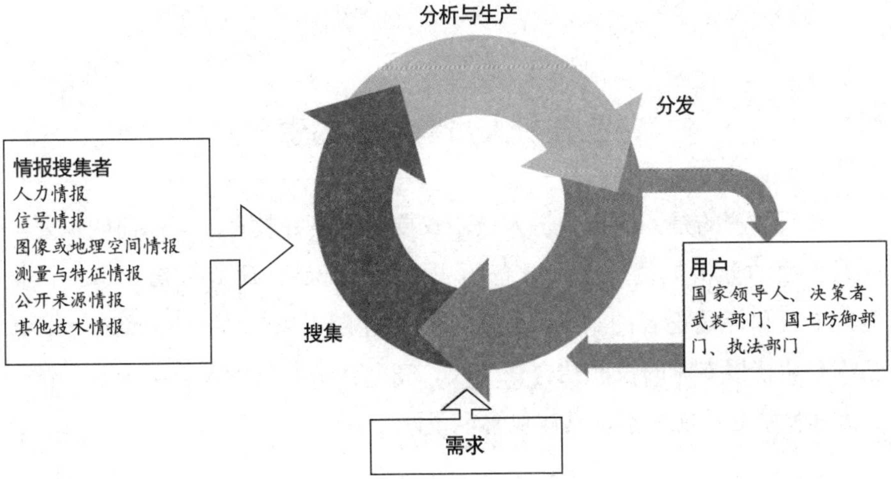

图 1.1 情报周期图

来源：根据汇报材料改编，出自《情报界》，可在美国国家情报总监网站（www.dni.gov）阅览。

分析可以以不同的形式呈现。传统上人们认为，分析的产品——情报分析“成品”，是那种打印出来并分发给特定政府用户的材料。然而，这种对分析的定义反映的是一种机械、线性的过程——就像图 1.1 描述的那样。“生产线”式的比喻让人觉得分析人员的工作流程就是撰写、审核、编辑和发布评估报告，然后再开展下一项研究或接受新的任务。这种描述虽基本正确，但实际流程要复杂得多。现实情况中，分析的认知部分更像是一种计算机模型，它持续地搜集和解析输入的数据，并经常性地重新评估新数据如何改变分析结果，以及如何影响用来组织和解析数据的计算机模型本身。这样理解的话，分析呈现的形式就不再局限于纸质或电子图文了。它常常出现在分析人员与决策者进行交流的电话、电邮、会议及视频会议中。这种形式的情报支持被称作“分析讨论”（analytic transactions）。尽管难以量化，但估计每年这样的讨论数以万计。[1] 另外，最具洞察力的认知很可能发生在分析人员与其他非政府机构的专家们分享数据、提出假设、质疑和解读时，而不是出现在已经完工的评估报告或 PPT 演示界面上。

专业分析人员需具备的素质

必须了解的是，情报分析人员不仅要受过良好教育，写作简明扼要；技能全面的分析人员还必须具备历史学家、记者、研究方法学家、情报搜集主管和怀疑论者的素养。**他们必须将课题专家**（subject-matter expert, SME）**和情报专家的技能结合在一起**。完全合格的分析人员至少要具备一套极其特别的技能体系，具体包含以下两个方面：

受过大学教育的课题专家的技能：

★ 把握课题内容，深刻认识到该课题对美国国家安全政策的意义和影响。

★ 能够使用社会科学研究方法梳理和评估公开来源数据及信息，包括对公开来源情报（open-source intelligence, OSINT）进行研究。

★ 具备研究方面的想象力和科学严谨态度，通常使用定性数据提出并验证假设。

情报专家的技能：

★ 搜集。在以下四个搜集门类——人力情报（human intelligence,

[1] 原注：Davis, “Intelligence Analysts and Policymakers,” 999.

HUMINT）、信号情报（signals intelligence, SIGINT）、地理空间情报（geospatial intelligence, GEOINT）和测量与特征情报（measurement and signatures intelligence, MASINT）中，挑选三个对自身分析工作最为重要的进行了解。

★ 认知能力与情报技巧。明白情报分析固有的认知过程，知道认知对分析过程的影响，也了解结构化分析方法可以弱化认知错误带来的影响，比如对相左观点和替代性分析持开放态度可以提高分析质量。
★ 外国的拒止与欺骗。了解美国的对手和“情报目标”为实施信息拒止或为篡改信息以实施欺骗，是如何采取措施反制美国情报搜集的，也要知道成功的反制措施可能会给分析工作带来的影响。
★ 在实践中学习。敢于承认错误，吸取教训，能够从产生可靠可信结果的漫长“最佳实践”中学习。
★ 协作。能够真正与各机构的情报专业人员及情报分析用户直接合作，圆满完成工作。

可见，将情报分析人员与非情报界的课题专家区别开来的，并不是上述第一方面的三项技能。这样的技能，尽管也是情报工作所需，但许多国际问题专家也都具备。事实上，情报界需要其分析人员进一步发展这三项重要技能。课题专家需要熟知多国的历史、政治、文化及语言，或应该是多领域的技术专家。他们可能会参与美国的政策协商，甚至要向政府官员建议最佳政策。许多外交事务专家还具备方法论的专业知识。

情报分析人员不同于其他人的地方在于，他们不仅具备第一方面的三项技能，还掌握情报专家特有的五种技能。专业的分析人员必须是情报搜集方面的专家，知道各种搜集手段的使用方法及局限；在解读缺失、模糊、矛盾或具有欺骗性的数据时，既要有想象力又不失严谨。与此同时，他们必须能熟练运用可靠的情报分析技巧，能够自觉地意识到并克服自身的偏见及对数据的预期。最重要的是，他们必须保持开放心态以便纠正自己的想法，从实践中学习，并有意识地问自己：“如果我错了，我该如何改进我分析这一问题的方法？”专业人员要想成长，必须能够从过去的成败（可以是自己的，也可以是别人的）中吸取经验教训，并掌握有助提升成功概率的最佳分析方法。

最后，2004年《情报改革与恐怖主义预防法》(Intelligence Reform and Terrorism Prevention Act, IRTPA)，设立了国家情报总监办公室（Office of the Director of National Intelligence, ODNI)。随着该法案生效后美国情报界发生的新变化，以及基于团队工作的结构化分析方法的推广，分析人员在同一机构内部或不同机构间开展合作的重要性已日渐凸显。如今的情报分析要求很高的协作水平，良好的协作能力能够提升分析的成功率。

日益增多的分析文献

截至2014年，即谢尔曼·肯特发出感慨近50年后，有关情报分析的学术文章数量虽持续增加，但总数仍出奇地稀少。不可否认的是，近年来，学术界和情报界都目睹了情报文献数量的快速增长，但其中只有很小一部分是专门探讨情报**分析**的，而全面研究这一课题的文章则少之又少。考虑到情报分析如此重要，而且美国情报界16个情报机构中数以千计的专业人员每天都在从事该项工作，这样的现状着实令人震惊。对过去几十年美国情报分析文献进行的调查显示，仅有少数学者和情报从业者对情报分析面临的困难和改进的方法进行过研究。

情报从业者小理查兹·霍耶尔（Richards Heuer Jr.）在他的《情报分析心理学》(*Psychology of Intelligence Analysis*）一书中，将认知心理学的知识和观点应用于情报分析，为提升情报分析水平做出了重大贡献。[1] 该书也为结构化分析方法后来的发展奠定了基础。此后，罗布·约翰斯顿（Rob Johnston）有关分析问题的人种学研究则提供了有益补充。在其数据

[1] 编注：该书中文版《情报分析心理学》已由金城出版社出版。

翔实的《美国情报界的分析文化》（*Analytic Culture in the U.S. Intelligence Community*）一书中，约翰斯顿列举了美国情报界分析工作中普遍存在的诸多问题，并提出了基于社会科学的解决办法。[1] 前中情局分析人员斯蒂芬·马林是一名极有才华的学者型情报从业者，他将情报分析当作一门有发展潜力的专业加以研究。他的文章以培训和教育为重点，广泛并令人信服地阐述了如何推动分析工作的专业化。[2] 针对分析方法，霍耶尔和他的同事伦道夫·弗森（Randolph Pherson）合作编写了一本权威性的结构化分析方法（structured analytic techniques, SATs）纲要 [3]，该书后来成为情报分析方法的基本参考书。[4] 在《情报分析：以目标为中心的方法》（*Intelligence Analysis: A Target-Centric Approach*）一书中，罗伯特·克拉克（Robert Clark）成功地将搜集对象置于其范例式分析方法的中心。[5] 还有一些情报从业者曾对分析工作进行评论，并提出改进办法。例如，作为中情局传奇式人物、评估师和分析人员导师，哈尔·福特对《国家情报评估》流程做出细致说明；辛西娅·格莱博（Cynthia Grabo）则对预警情报做过类似阐释。[6]

理查德·贝兹（Richard Betts）和罗伯特·杰维斯（Robert Jervis）教

---

[1] 原注：Johnston, *Analytical Culture in the U.S. Intelligence Community*.

[2] 原注：Stephen Marrin, *Improving Intelligence Analysis: Bridging the Gap between Scholarship and Practice* (Oxford: Routledge, 2011).

[3] 编注：该书中文版《情报分析：结构化分析方法》已由金城出版社出版。

[4] 原注：Richards J. Heuer Jr. and Randolph H. Pherson, *Structured Analytic Techniques for Intelligence Analysis* (Washington, DC: CQ Press, 2011). 关于该分析方法的专门论述，参见：David A. Schum, *Evidence and Inference for the Intelligence Analyst* (Lanham, MD: University Press of America, 1987), 2 vols., and Morgan Jones, *The Thinker's Toolkit: 14 Powerful Techniques for Problem Solving*, rev. ed. (New York: Three Rivers, 1998)。

[5] 编注：该书中文版《情报分析：以目标为中心的方法》已由金城出版社出版。

[6] 原注：Hal Ford, *Estimative Intelligence: The Purposes and Problems of National Intelligence Estimating* (Lanham, MD: University Press of America, 1993), and Cynthia Grabo, *Anticipating Surprise: Analysis for Strategic Warning* (Washington, DC: Joint Military Intelligence College, 2002), 以上两本书皆为经典。另一部早先出版但仍具价值的情报分析著作是 Roy Godson, ed., *Intelligence Requirements for the 1980s: Analysis and Estimates* (Washington, DC: National Strategy Information Center, 1980)。

授都研究过，在决策者不愿接受不希望看到的信息时，仍向他们提供这些信息将会造成的危害。不少学者通过咨询分析机构，对情报与政策间的关系所面临的困难有了深入了解，而上述两位学者的研究可以说最具见地。[1] 乔舒亚·罗夫纳（Joshua Rovner）教授也就情报与政策的关系发表过文章，但其主要研究的是情报“政治化”的程度及其危害。这种情况可能会出现在情报与“上层政治”或意志坚定的决策者发生冲突的时候。[2] 关于情报与政策经常不相匹配的问题，罗夫纳教授及前中情局分析人员保罗·皮勒的文章可以说是相关研究中论述最为全面的。[3]

冯稼时（Thomas Fingar）是前国家情报委员会主席、负责分析事务的助理国家情报总监。在他富有洞见的《减少不确定性》（*Reducing Uncertainty*）一书中，他分享了向决策者提供分析的个人感受，并一语中的地指出，分析人员并不是要努力地预测未来，而是要把降低决策者面临的“不确定性”摆在重要位置。[4] 中情局两名负责情报的前副局长——罗伯特·盖茨和拉塞尔·杰克·史密斯（Russell Jack Smith），在回忆录里回顾了早年经历，深刻阐释了业界一些最资深分析人员的观点，这些资深分析人员常与最高决策层打交道。[5]

近年来，针对美国情报界未能预判“9·11”袭击事件，以及错误评估伊拉克大规模杀伤性武器，各方进行过多次调查，情报文献的数量有

[1] 原注：Richard K. Betts, *Enemies of Intelligence: Knowledge and Power in American National Security* (New York: Columbia University Press, 2007), and Robert Jervis, *Why Intelligence Fails: Lessons from the Iranian Revolution and the Iraq War* (New York: Columbia University Press, 2010).

[2] 原注：Joshua Rovner, *Fixing the Facts: National Security and the Politics of Intelligence* (Ithaca NY: Cornell University Press, 2011).

[3] 原注：Paul R. Pillar, *Intelligence and U.S. Foreign Policy: Iraq, 9/11, and Misguided Reform* (New York: Columbia University Press, 2011).

[4] 原注：Thomas Fingar, *Reducing Uncertainty: Intelligence Analysis and National Security* (Stanford CA: Stanford University Press, 2011).

[5] 原注：Robert M. Gates, *From the Shadows* (New York: Simon & Schuster, 1996), and Russell Jack Smith, *The Unknown CIA* (New York: Berkley Books, 1992).

所增加。但不幸的是，这些调查报告并未完整勾画出改善情报分析的方法。《"9 · 11"委员会报告》很好地重现了劫机者的策划过程，并就如何改善政府机构间的信息共享及采取防御措施应对全球恐怖主义提出了大量的建议。然而，关于情报分析如何能做得更好、需要制定何种方案以提升涉恐情报分析的水平，该报告却着墨甚少。有关美国情报界"缺乏想象力""没能连点成线"的说法虽富于洞见，却不足以解释为什么美国专家没能注意到那样一个大胆的计划。[1]可悲的是，从这份优秀的报告中，学者们只学会承认情报机构本可以在信息共享方面做得更好，本可以写更多国家评估报告，本可以展开更有想象力的思考；除此以外，似乎没学到更多东西。

美国对伊拉克大规模杀伤性武器计划存在分析失误，关于这一失误的调查报告相比之下做得更为扎实。希尔伯曼—罗伯大规模杀伤性武器委员会，不仅批判了错误的情报搜集、各自为战的行动和管理以及情报系统的其他问题，还对以往的分析工作及分析流程提出了直言不讳的批评。该委员会的报告基于对分析流程的深入调查；当伊拉克被怀疑开展大规模杀伤性武器计划时，以及在利比亚、阿富汗、伊朗、朝鲜和恐怖主义问题上，美国就是采用这种分析流程来生产动态情报（current intelligence）和评估性情报（estimative intelligence）的。总体来说，通过对上述分析案例的调查，该委员会在报告中指出问题所在——"缺乏严谨分析"。具体来说，报告指出，"情报成品逻辑松散，论据不足，表达不到位"，而且"情报机构对问题的真正了解很有限，多是依赖推断和假设来得出结论，且太多的分析产品都将这二者混为一谈"。[2]

---

[1] 原注："9 · 11"委员会隐晦地建议情报界应"将想象力机制化"，这为实用措施留出了大量想象和期待的空间。参见：*The 9/11 Commission Report* (New York: Norton, 2003), 344–348。对该报告的一种解读认为，该委员会成员鼓励成立更多的分析单元，专门用来挑战情报分析人员惯常的分析思维。这些单元常态化地使用"反向"思维方法（"唱反调"，或"A 队 / B 队"分析），并"像对手一样思考"（红队分析）。不过，该委员会并未就上述提法的内涵给出清晰定义，其成员也未给出解释。

[2] 原注：Commission on the Intelligence Capabilities of the United States Regarding Weapons of Mass Destruction, *Report to the President of the United States, March 31, 2005* (Washington,

尽管大规模杀伤性武器委员会注意到几个分析成功的案例，譬如关于利比亚和卡迪尔·汗（A. Q. Khan）核扩散网络的情报，但更多的则是发现了“严重的分析缺陷”，包括：

> 情报协同与合作不充分、分析人员不了解情报搜集、过于注重动态情报、未系统化利用外部专家和公开来源情报……以及未能全面利用已知数据。或许最令人忧虑的发现是，情报部门的分析人员很难向决策者阐述他们的假设，无法清晰解释其逻辑，以及在最后不能明确地指出他们所**不知道**的情况。用一句话概括我们的发现就是，许多用来生产准确和可靠情报的最基本流程和功能，都未得到遵守和充分利用。[1]

大规模杀伤性武器委员会有关情报分析的改进建议，主要集中在以下一些方面：

1. 对分析人员进行管理；
2. 对非传统情报来源（包括公开来源）加以利用；
3. 理解外国拒止与欺骗如何影响搜集和分析；
4. 长期研究及战略思维；
5. 从大为改进的培训中掌握情报分析技巧（或方法论），以提供更为严谨和透明的情报分析。[2]

DC: Government Printing Office, 2005) (hereafter, *WMD Commission Report*), 12 (emphasis in the original)。该报告已得到充分披露；詹姆斯·布鲁斯是该委员会中的专业工作人员，参与了分析问题工作组及其他小组的工作。

[1] 原注：*WMD Commission Report*, 389, 强调部分遵循原报告中标记。

[2] 原注：*WMD Commission Report*, chap. 8. 关于伊朗和朝鲜问题的结论，并未在公开报告中披露。

除了上述几点，我们还希望特别关注其他几个问题，包括近期美国国家科学院（National Academy of Sciences）发表的一项权威研究中提到的问题。该研究指出，如果分析人员能够以有助于完成任务的方式，研究与之前分析结果存在矛盾的新信息，解读与评估证据，提出假设，发现异常，并将他们的研究结果传递给决策者，分析的质量将大大提高。[1]

将分析置于政策背景中

要了解分析及提高分析质量的方法，必须先了解分析如何融入实际决策过程。为了更好地理解分析，有必要在这里对一些事实予以明确。第一，决策者处在一个信息丰富的环境里。第二，决策所需信息中，很重要的一部分是由情报机构提供的；情报分析试图对复杂国际局势中所固有的不确定性加以限制，并在分析结果中加入对时局的理解，以满足政府的特定需要。第三，鉴于分析人员与决策者的任务不同，在这两个迥异的思维模式间开展尽可能顺畅的交流，就显得尤为重要。

信息丰富的决策环境

当美国的国家安全决策者考虑重要的政策问题时，与决策相关的信息总是发挥着关键作用。是与另一个国家谈判还是采取强制措施，是否参与调解民族冲突以制止屠杀，如何利用政策工具组合以清除叛乱，在做出这些决定时，决策者需要依靠多种信息来源，以确定政府应该采取的行动。国家安全决策者获得的广泛信息，能帮助他们思考问题并做出决定。其中有些信息是可靠的，有些则不是。有些是偏颇、刻意误导性的，目的就是为了影响决策结果。还有些是不相干或无用的，这些信息常常富有争议。

[1] 原注：National Research Council, *Intelligence Analysis for Tomorrow*, 8.

有些信息属于机密且高度敏感，不过大部分信息都出自公开来源，比如报纸、媒体、互联网、学术文章和书籍等。有些公开来源信息源自报纸或杂志的社评，其中大部分来自华盛顿和纽约。另外，还有一些信息来源包括：个人或专业人士、其他相关的决策者和政府机构、政策的倡导者、美国的对手；甚至还有部分外国官员、外国阴谋家、权力追求者以及其他掌握信息的人士，他们可能与事件有利益关联，但其扮演的角色或许不为公众所知。最后，向决策者提供的信息还有一些来自情报界。

利用情报分析限制不确定性

对于决策者使用何种信息来源以及如何使用这些资源，情报官员无法决定，这是仅属于决策者的特权。不过与决策界其他人相比，情报官员有另一种特别的优势，即对于决策者可利用的各种信息来源，他们可以权衡和评估其可靠性和准确性。尤其要指出的是，情报官员**可以**控制向政府官员提供的情报信息的数量和质量。信息的质量和相关性越高，对政策的影响力就越大——至少情报官员是这么期望的。

向决策者提供的大部分情报，常常以分析报告的形式出现。[1] 由于分析人员综合了各个来源的原始信息，并参考决策者的需求对信息内容进行解读，这样的分析产品也被称作情报“成品”，而这一过程就叫作分析。这样的分析产品多被定为“机密”（secret）或“绝密”（top secret），以保护情报来源和搜集手段。它们短则一段话，比如《总统每日简报》（*President's Daily Brief, PDB*）中的内容，长则数百页，比如像《国家情报评估》这样的评估或预测类研究。分析的长度还可能介于上述两者之间，既可以是定期更新，也可能以具体“预警”文件的

[1] 原注：通常，通过敏感的人力或技术渠道获取的“原始”情报，都不加分析地直接报送给高层决策者。这样的情报或被忽略，或对政策辩论产生影响。有时，这种原始情报——未经充分核实、背景分析或其他分析评估即被上报——可能并不正确但却影响广泛。

形式出现，以提示政府官员注意当前紧迫且需要采取行动的新形势。许多时候，分析人员判断出某个问题应该引起决策者关注，于是提供分析产品。但高层决策者也常常会要求分析人员，就某个问题做出“专门”分析；这种分析一般时效要求高，有时还要求深入，以满足决策和行动的需要。通常来说，分析过程的目的在于，通过对事实和可知情况（knowable unknown）的缜密研究，解读事件和形势，找出关键的不确定因素，预测一系列可能的结果。

与决策者沟通

由于决策者和情报分析人员所处的工作环境不同，使用的工作语言不同——或像马克 · M. 洛文塔尔（Mark M. Lowenthal）解释的那样[1]，使用不同的“部落语言”——而且沟通不畅将导致严重的后果，因此，分析人员必须加倍努力，以确保尽可能清晰地向用户传递信息。关于该问题的最近一项研究指出，有三个方面需要改进和进一步探讨：一是建立标准方案，以准确传递分析人员对其分析判断的可信度；二是确保决策者有效地提出分析需求，即决策者在向分析人员提出需求时应清晰表达自己的意图；三是加强内部审查程序对尚未完成的分析产品的指导作用，以便最终报告准确传递分析人员想要表达的意思。[2] 下面两个实例，以及在后面章节出现的一些案例，都与上述几个方面有关。

情报为何重要：古巴导弹危机实例

高层决策者为何要关注情报？由于决策者的日程极为紧凑、工作时间

[1] 原注：Mark Lowenthal, “Tribal Tongues: Intelligence Consumers, Intelligence Producers.” *Washington Quarterly* 15, no. 1 (Winter 1992): 157–168.

[2] 原注：National Research Council, *Intelligence Analysis for Tomorrow*, 4 and chap. 6.

长且负荷繁重，他们不得不严格筛选要看的材料和要见的人。就情报分析人员来说，他们也从不期望能接近高层决策者，甚至不指望用户会阅读为其专门准备的文字材料。

决策者看重情报的一个简单原因，在于情报——尤其是分析产品和分析人员的专业技巧——可以为国家安全决策过程提供“附加价值”。大部分的政策层官员都了解这一点。尤其是在 2001 年 9 月 11 日之后，本来抱着怀疑眼光的决策者开始明白，美国的情报尽管存在缺点，但基本还是不逊于甚至优于竞争对手的情报。总的来说，情报为决策提供的附加价值包括：情报搜集、分析技巧、客观性和时效性。下面我们对 1962 年古巴导弹危机期间的这四个要素进行逐一分析，以说明情报是如何给决策者带来决策优势的。

搜集

和完全使用公开来源信息的研究人员相比，情报分析人员享有一个特殊优势：他们可以接触到由秘密情报搜集计划提供的信息，这些信息无法通过其他渠道获取。美国情报界这一覆盖全球的独特资源每年要耗费纳税人数十亿美元，其内容包括技术侦察和人力情报，任务是渗透敌对的政府和组织（比如恐怖主义组织）以搜集情报。[1] 对分析人员和决策者来说，通过人力情报或技术间谍获取的信息具有无法估量的价值。情报的这一重要属性——通过秘密方式获取秘密信息，可在政策支持方面提供重要的附加价值。

对这类信息进行的分析能在复杂的决策过程中发挥关键的作用。举例来说，1962 年由 U–2 飞机空中拍摄的照片显示，苏联在古巴秘密部署了可携带核弹头的进攻性导弹。中情局从间谍奥列格 · 潘可夫斯基（Oleg Penkovskiy）那里，获取了包括高度机密的苏联 SS–4 导弹手册在内的敏感文件，对分析工作形成了有力支撑，并在危机最紧张的时候，使约翰 · F. 肯尼迪总统和他的国家安全团队能有更多时间做出决定。这些不同寻常的

[1] 原注：有关情报搜集及其与情报分析的关系，将在本书第十章展开论述。

搜集成果在危机期间发挥了关键作用，让肯尼迪总统得以成功应对冷战期间美国和苏联唯一的一次直接核对峙。[1] 如果美国政府没能发现苏联导弹的秘密部署，或者在其进入战备状态后才发现它们，那么将在核威慑平衡中处于极为不利的地位，而这种平衡正是核武器出现后世界两极格局稳定的基础。一场将两个超级大国引向核战边缘的危机最终得以化解。这一事例说明，通过特别渠道搜集到的情报，可为分析人员和决策者提供极具价值且无法从其他渠道获取的信息。

分析与判断

在许多专门领域，比如在研究涉及美国利益的某个国家或地区方面，美国的情报分析人员常被当作政府内部最具权威的专家。情报机构多数领域的人员都来自顶尖的研究生院。在中情局、国防情报局（Defense Intelligence Agency, DIA）以及国务院情报与研究局（State Department's Bureau of Intelligence and Research）等全源（all-source）情报机构中，分析人员普遍具有研究生学历，其比例与多数大学和智库相当。值得注意的是，分析人员的深度研究技能主要集中于决策者直接关注的问题和领域，而不是与美国国家安全关系不大的历史或其他学术领域。

古巴导弹危机不仅证明了特殊的情报搜集能力可揭示藏匿的苏联导弹，也凸显了分析的威力。不过在获得这一重大胜利仅仅 3 个星期之前，最新一期的《国家情报评估》还错误地认为苏联不会在古巴秘密部署核弹

[1] 原注：Mary S. McAuliffe, ed., *CIA Documents on the Cuban Missile Crisis, 1962* (Washington, DC: History Staff, CIA, 1992); James G. Blight and David A. Welch, eds., *Intelligence and the Cuban Missile Crisis* (London: Frank Cass,1998); Dino A. Brugioni, *Eyeball to Eyeball: Inside the Cuban Missile Crisis* (New York: Random House, 1991); Jerrold L. Schecter and Peter S. Deriabin, *The Spy Who Saved the World* (Washington, DC: Brassey's, 1995); and Michael Dobbs, *One Minute to Midnight: Kennedy, Khrushchev, and Castro on the Brink of Nuclear War* (New York: Viking, 2009). 最后一本书是关于古巴导弹危机的最新研究专著，内容翔实深入。

道导弹。这一重大失误直到导弹被发现后才暴露出来。[1]

U–2 飞机在古巴领空上获取的惊人信息，不仅是地面图片那么简单。训练有素的图像分析人员当时正在寻找关键“迹象”，以证实在古巴存有射程足够远的进攻性导弹，可以将核弹头投送至美国城市。对他们来说，这些图片是原始的图像情报（imagery intelligence, IMINT）。不过，在导弹被发现后，只有最优秀的分析报告才能回答一个最迫切的问题：在这些导弹具备作战能力、可以随时打击美国的目标前，决策者还有多少时间做出反应？回答这一艰巨问题，要对 U–2 飞机拍摄的图像做出精确解读，并对潘可夫斯基提供的人力情报做深入分析。通过对潘可夫斯基私下提供的苏联秘密材料（被称作“铁皮木 [Ironbark] 文件”）进行细致研究，受过严格培训的技术分析人员得以估算出完成导弹安装还需要的时间——最终估算被证实是精确的。1962 年 10 月 19 日，在发现导弹后的第 5 天，分析人员得出结论，导弹将在 10 月 27 日具备作战能力——这与最初发现导弹的日期仅有 13 天之隔，最终也变成苏联退让、危机结束的那一天。[2] 这一重要结论不仅限定了总统做出反应的时间，还可能多争取到了 3 天宝贵时间，让总统得以在苏联有能力对美国城市发动核打击之前处理危机。[3] 情报在协助决策者应对此次严重危机时发挥了其最优效能，也极好地说明了搜集和分析的作用。[4] 紧张的危机以苏联人同意在美国的严密监督下运走导弹

---

[1] 原注：1962 年关于古巴的错误评估是搜集与分析的双重失败。这一失误将在第十章中作为案例加以研究。

[2] 原注：Raymond L. Garthoff, “US Intelligence in the Cuban Missile Crisis,” in *Intelligence and the Cuban Missile Crisis*, Blight and Welch, eds., 27; and *Spy Who Saved the World*, Schecter and Deriabin, 334–335.

[3] 原注：关于这 3 天额外时间的结论，来自当时中情局负责计划（行动）的副局长理查德·赫尔姆斯(Richard Helms)。除了为决策设定时间上限外，在 U–2 飞机图像的辅助下，通过对潘可夫斯基提供的文件进行分析，情报人员得以就决策者所需的关键信息做出极具价值的判断，包括导弹的射程（美国的城市将遭受打击），精度（1.6—2.4 千米的范围），弹头尺寸（1361 千克重，2.5 万—200 万吨当量），以及导弹再次发射的时间间隔（5 小时）。参见：Schecter and Deriabin, *Spy Who Saved the World*, 334–335, 466。

[4] 原注：古巴导弹危机还凸显了一个重大的分析失误，即在距发现导弹不足 1 个月

而告终。可以确定的是，如果没有极高水平的情报保障，肯尼迪总统几乎不可能达成这一圆满结局。

客观性

情报分析的一个重要特性在于，它既与政策相关，又坚持避免成为政策的推手。这一**政策中立**的传统可直接追溯到谢尔曼·肯特本人，并几乎已固化成分析文化的一部分。[1] 分析人员努力就决策者关注的重要问题开展工作，但他们分析所采用的方式，很少会轻易导致倾向性政策。更常见的情况是，他们设法启发和告知决策者，降低复杂和变化局势中的不确定性，但避免给出政策处方。他们的成就感在于帮助决策者从复杂的问题中找寻出路，而不是告诉他们该怎么办。严格遵守信息提供者这一身份或许有些刻板，但情报分析人员乐于将政策选择权交给负责决策的官员。

还是用古巴导弹危机的例子来说明问题。当时，总统和他的执行委员会有数不清的政策选项，包括无所作为、接受苏联造成的既成事实，以及对建设中的导弹阵地实施“外科手术”式的核打击。当他们在各种选项中

时提交了错误评估。该评估认定，苏联人应该不会在古巴秘密部署进攻性核导弹。当时还在休假的中央情报局局长约翰·麦科恩（John McCone）并不赞同这一判断，却无力改变评估结论。不过没过多久，新证据的发现证明他是正确的。这份错误的评估（SNIE 85-3-62, 1962 年 9 月 19 日）以及其他涉及古巴导弹危机的情报失误，将在第十章中予以讨论。

[1] 原注：大约 50 年前，谢尔曼·肯特注意到，对分析人员来说最重要的关系——与需要信息的政策层官员的关系，并不会自动变得和谐，而是需要谨慎和经常性地予以修正以保证其有效性。参见：Sherman Kent, *Strategic Intelligence for National World Policy* (Princeton, NJ: Princeton University Press, 1949)。肯特在书中指出这一关系面临的基本挑战：“分析人员如果与决策和行动层的用户走得太近，将失去对国家安全独具价值的专业素养，包括独立的思维、深入的洞察及专业的分析技能；但如果他们与用户离得太远，又得不到用户的反馈和指导。”另参见：Jack Davis, “Improving CIA Analytic Performance: Analysts and the Policymaking Process,” *CIA Sherman Kent School of Intelligence Analysis*, Occasional Papers 1, no. 2 (September 2002)。

找寻出路时，情报分析人员在决策进程中扮演着重要但极具限定性的作用。他们的作用在于提供信息和分析，以说明各种政策选项及可能的后果，而不是倡导或反对某个具体行动方案。分析人员对危机处理的一个重大贡献，是准确评估出：对于美方可能运用的措施，苏联最可能采取什么行动回应。根据评估，总统最终选择实施封锁（或称“隔离”）——这一措施后来证明是成功的。分析人员成功预测到，苏联的反应主要是在于“政治利益”，其军事反击不会超出古巴边界。[1] 分析人员并未推崇某个政策选项，但他们成功地向总统和他的危机决策者们说明每个重大政策选项的可能后果。

当然，关于政策的中立特点忽视了一个更复杂和微妙的问题，即所谓的情报政治化。决策者对分析人员的要求并不完全一致。从决策者的角度看，情报分析应对政策予以支持，所以当独立的情报分析被认为有损于某个受青睐的政策选项时，便不受欢迎。由此看来，为重大决策提供情报是件有风险的事情。当政策层面的情报用户真正寻求对问题的理解，且尚未确定某种政策方案的时候，情报可以最大限度地发挥作用。而一旦情报用户确定了政策方向，在判定情报价值时，他往往关注情报能否推动该项政策。[2] 可以说，情报分析的目的，在于通过提供独特的信息综合，促进用户对问题的理解，降低决策的不确定性，从而推动政策进程，而不在于影响用户选择、支持（或放弃、反对）某个政策选项。在大部分情况下，决策者似乎都能理解情报分析人员刻意保持的这种客观性。[3]

时效性

情报之于决策的第四种附加价值，在于它能及时为决策者提供信

[1] 原注：Garthoff, “US Intelligence,” 31–32.

[2] 原注：Gregory F. Treverton, *Reshaping National Intelligence for an Age of Information* (Cambridge: Cambridge University Press, 2003), 183–185. 我们将在第五至七章深入讨论这一问题。

[3] 原注：参见本书第六章。

息，以便后者在必要时根据情报迅速采取行动。举例来说，如果当年苏联的导弹在形成战斗力之后才被发现——或者出现更糟的情况，比如赫鲁晓夫（Nikita Khrushchev）公然宣布在古巴部署导弹并形成战斗力，并以这一既成事实为战略筹码向美国发出最后通牒——美国的决策者将面临极为不同且非常不利的选项。时效性是预警情报的核心属性。预警情报要想成功，分析和搜集都发挥着关键的作用。尽管 1962 年 9 月那份有瑕疵的评估没能预测到苏联的冒进举动，但 U–2 飞机在 10 月进行了及时、成功的空中侦察，随后分析人员开展了清晰、准确的分析，这些都使古巴导弹危机成为情报预警和危机支持的成功案例。

伊拉克大规模杀伤性武器：直面情报失误

古巴导弹危机的成功案例显示，通过开展特殊搜集、深入分析、与政策保持客观、紧跟时效，情报得以为决策提供独特的附加价值。然而情报并不都是成功的。如果情报工作总能像古巴导弹危机期间那样有效开展，那么围绕每年数十亿美元的经费和不时传出的情报改革呼声，尤其是围绕情报向决策者提供附加价值的争议就不会再有了。情报的失误令人不安，它会动摇支持者的信心。这些人曾一再坚称，为了让决策者获得最有用的信息，向情报部门投资并承担风险是值得的。

关于伊拉克萨达姆·侯赛因政府大规模杀伤性武器的错误评估，是一次令人倍感不安的情报失误。2002 年 10 月的《国家情报评估》如今人尽皆知，该报告在评估伊拉克大规模杀伤性武器计划方面出现了多个重大失误。这些错误判断包括：伊拉克储存了多达 500 吨的化学武器，并仍在执行化武计划；伊拉克在付诸实施生物武器计划，存有生物武器制剂，并拥有机动的生物武器实验室；伊拉克正在重组其核武计划；伊拉克拥有无人机计划，可向包括美国在内的海外投送生物武器；伊拉克拥有射程超过联合国制裁规定上限的导弹。[1] 在这五点判断中，只有最后一点（关于导弹的判断）被证明是正确的，其他四点则完全错误。像这样与美国的军事行动决策紧密相关的评估——不管是对是错——自然应该成为关注的焦点。不过就算该评估并不是围绕入侵伊拉克所展开的争论的核心，其所揭示的 21 世纪初美国情报分析的现状也足以引发关注。

关键的结论为何错得如何离谱？[2] 简单来说，这是一次情报**搜集**的重大失误，因为不管是人力情报还是技术情报都未能深入伊拉克大规模杀伤性武器计划以获取信息，甚至还提供了一些错误和误导性的信息。此外，这也是**分析**的重大失误。查阅记录，我们发现分析人员过分依赖错误的情报信息，未对过去的假定提出质疑，在过时、错误且匮乏的信息基础上得出了错误的结论。[3] 一句话，情报在两个关键的附加价值——特殊搜集和专家分析上，几乎出现了彻底失误。情报是否在第三项附加价值（客观性）方面出现偏差，目前尚存争议。由参议院情报特别委员会（Senate Select Committee on Intelligence）和希尔伯曼—罗伯大规模杀伤性武器委员会开展的调查，排除了分析人员在这方面存在问题。两个委员会都认为，没有任何证据表明情报分析有政治化问题；也就是说，决策者并未明显影响情报人员，使其做出有利于发动战争的判断。[4] 不过，其他一些观察人

[1] 原注：National Intelligence Council, *Iraq's Continuing Programs of Weapons of Mass Destruction* (NIE 2002-16HC, October 2002), and Colin L. Powell, "Speech to the U.N. Security Council, New York, Feb. 5, 2003," in *The WMD Mirage: Iraq's Decade of Deception and America's False Premise for War*, ed. Craig R. Whitney (New York: Public Affairs, 2005), 77–106.

[2] 原注：这一失误将在第九、十、十二章进行更为全面的探讨。

[3] 原注：*WMD Commission Report*, 157–176; Deputy Director of Intelligence Jamie Misick's "State of Analysis Speech," All-Hands Meeting, CIA Auditorium, February 11, 2004.

[4] 原注：*WMD Commission Report*, 187–191; Senate Select Committee on Intelligence, *U.S. Intelligence Community's Prewar Intelligence Assessments on Iraq*, 108th Congress, 2nd Session, July 9, 2004, chap. 9. 英国和澳大利亚开展的相关调查也认为，对伊拉克大规模杀伤性武器的分析不存在政治化问题，分别参见：the Butler report and the Flood report: *Review of Intelligence on Weapons of Mass Destruction*, Report of a Committee of Privy Counsellors, London, July 14, 2004, http://archive2.official-documents.co.uk/ documents/dep/hc/hc898/898.pdf,

士则认为，这是一个相当复杂且微妙的问题，即便决策者没有明显的强制行为，无处不在的战争准备造成的心理预期肯定也会对分析构成影响。[1]图 1.2 指出了可能导致分析出错的三种情况：信息匮乏或缺失；思维定式（mind-set）或错误的假定；影响分析客观性的偏见。本书通篇都会涉及这三方面的问题。

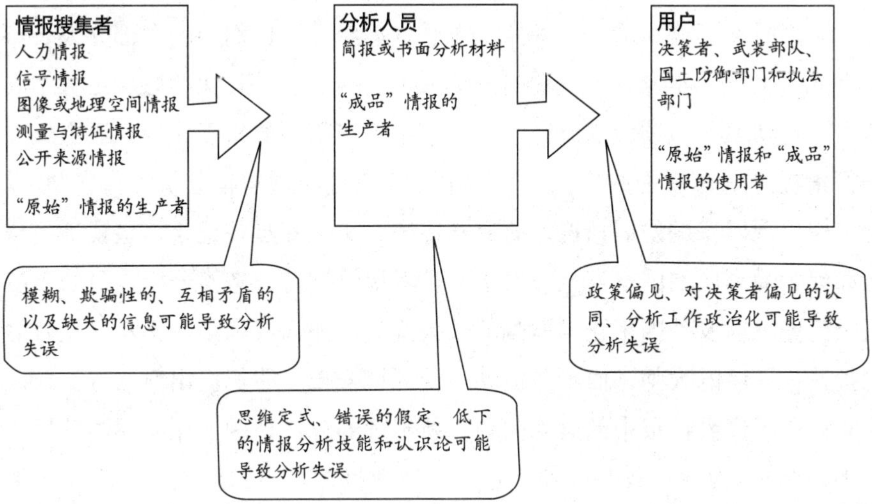

图 1.2　从搜集到用户：分析人员的关键作用

---

and *Report of the Inquiry into Australian Intelligence Agencies*, July 20, 2004, available at www.pmc.gov.au/publications/intelligence_inquiry/ index.htm#downloads。

[1]　原注：Paul Pillar, “Intelligence, Policy, and the War in Iraq,” *Foreign Affairs* 85, no. 2 (March/April 2006): 15–28. 与此观点类似，中情局的泰勒·德兰赫勒（Tyler Drumheller）也指出，伊拉克的事件很好地说明，只吸纳支持性情报将导致政策失败，参见：interview on *Sixty Minutes*, CBS Television, April 23, 2006。之后他又在书中谈到上述观点，参见：*On the Brink: An Insider's Account of How the White House Compromised American Intelligence* (New York: Carroll & Graf, 2006)。

对情报分析进行分析

不管我们谈论 1962 年的古巴导弹危机，还是 40 年后的伊拉克大规模杀伤性武器，或者其他一些成功或失败的重大分析案例，我们的中心问题始终是一样的，即大量的情报分析是否给予决策者最需要的东西，以及如何通过情报分析专业化促进这一工作。

本书吸取了许多情报专家的个人或群体经验。他们中的大部分人长年从事分析工作，本身就是成功的分析人员，有些还是资深的分析主管；其他人则是本书所涉领域的研究学者。本书旨在解释分析工作的开展方式，并探索提升工作水平的方法。在书中，我们将回顾情报分析工作自 20 世纪中期出现以来的发展情况，研究其传统、文化和过往记录，检视情报分析如何为最高层的国家安全和军事决策者提供支持，考察分析人员如何应对分析偏见以及外国拒止与欺骗的长久挑战，如何成为掌控不断变化着的情报搜集环境的大师，而不是被动地受环境摆布。我们提出新的方法，以应对存在于预警情报中的顽固问题和新出现的分析议题（比如国内情报和国土防御），为国家战略服务，并对全球情报背景下的新型分析工作提供支持。我们向读者介绍新的理念，将结构化分析方法应用于战略和战术层面的分析，并用自动纠错方法提升分析的可靠性。我们回顾自 2005 年成立国家情报总监办公室以来，分析工作的演化和改进，研究在全部 16 个情报机构中建立统一分析文化的重要性。此外，我们还强调，目前急需改进对分析人员的培训和教育，为新一代的情报分析人员进一步提供专业发展空间，以便让情报界拥有一个更趋成熟的情报分析学科。

希望本书能够帮助读者理解情报分析那些不为人知或难以理解的属性和问题，并指明改进该项工作的可行办法。我们相信，本书若能做到这一点，将有助于提高情报分析的质量和可靠性。简单来说，后面章节的主要目的，是让情报的生产者和使用者都更好地理解分析工作。

第一部分

分析的传统

[第二章]

美国情报界分析工作的演变

约翰·H. 赫德利（John H. Hedley）[1]

伴随着20世纪中期国家安全概念的出现，美国国家层面的情报分析也在同步演变。在这一概念的推动下，美国急速转变成一个以国家安全为先的国家，以应对第二次世界大战，以及战后超级大国苏联对美国的生存所构成的威胁。珍珠港遭袭和冷战的到来，促使美国转变了对情报和国家安全的看法，使国家安全成为一个糅合了外交、军力和情报在内的复杂概念。通过这些因素，美国也确立了其在国际事务中的核心作用。美国的国家安全在全球范围内遭遇威胁，意味着它也要在全球范围内获取信息。情报，这个过去被认为只对战时军事行动有重要意义的工作，现在则不仅要关注敌方的军事力量，还要了解世界范围内的政治和经济动向。

当代的全源情报分析（all-source intelligence analysis）早在日本偷袭驻夏威夷的美国太平洋舰队之前就已经出现，但直到第二次世界大战期间才得以确立。在这场显而易见将演变为全球战争的军事冲突中，美国是否会被卷入其中这一问题，暴露出了美国情报部门明显的能力缺陷。当

[1] 原注：罗格·乔治更新了本章部分内容，加入了2007年以来分析任务的新变化，本章作者感谢他的帮助。

时的美国，在积攒国家实力、成为全球有影响力的大国方面，还是个新手。在世界主要大国中，只有美国尚未设置中央级的机构，来统筹负责对外情报（foreign intelligence）搜集和分析。为了成立这样一个综合情报机构，富兰克林 · D. 罗斯福总统首先征召了他的密友——律师威廉 · J. 多诺万（William J. Donovan）。多诺万曾是一名军人和政治家，他以总统私人特使的身份被派往国外，评估时局并了解美国未来的情报需求。1940 年 7 月，多诺万抵达英国，评估英国抵御德国颠覆和潜在侵略的能力，之后他又造访了地中海沿岸国家。返回美国后，他得出结论：有必要建立一个搜集战略情报的常规渠道。他还坚信，政治和心理因素必然会在即将到来的“全面”战争（total war）中发挥重要作用。[1]

总统表示赞同，并批准了他的建议，决定在华盛顿组建一支由“精挑细选的专业人士”组成的队伍。这些人既懂外语，又掌握研究方法。1941 年 7 月 11 日，罗斯福签署行政令，成立文职的情报协调局（Office of the Coordinator of Information），直接对总统和参谋长联席会议（Joint Chiefs of Staff）负责。罗斯福任命多诺万为局长，要求他“搜集并分析所有可能与国家安全有关的信息和数据”。[2] 多诺万在情报协调局设立研究分析处（Research and Analysis Branch），并提名威廉姆斯学院（Williams College）院长詹姆斯 · 巴克斯特（James Baxter）为该处负责人，由哈佛大学的著名历史学家威廉 · 兰格（William Langer）担任其副手。多诺万、巴克斯特和兰格都清楚，美国的大学和研究机构里有他们需要的专家，随即开始在那里招募学者。

为新部门招募人员并不是个问题。教授们很乐于用自己的学术技能，服务于国家的战争需要。正如研究分析处的名称所显示的那样，该处人员

---

[1] 原注：Barry M. Katz, *Foreign Intelligence: Research and Analysis in the Office of Strategic Services, 1942–1945* (Cambridge, MA: Harvard University Press, 1989), 2.

[2] 原注：William J. Donovan to Franklin D. Roosevelt, “Memorandum of Establishment of Service of Strategic Information,” June 10, 1941, in *Donovan and the CIA: A History of the 36 The Analytic Tradition Establishment of the Central Intelligence Agency*, Thomas F. Troy (Frederick, MD: University Publications of America, 1984), 420.

来自众多领域，但主体是历史学家、经济学家、政治学家、地理学家、心理学家、人类学家和外交官。1942 年，战略情报局（Office of Strategic Services, OSS）成立；此后不久，研究分析处并入该局，成为其下属的分析部门。由研究分析处经济学家组成的敌方目标小组（Enemy Objectives Unit），在伦敦建立了一个情报站，通过分析纳粹工业的弱点来支持盟军对德国的轰炸行动。这是历史上情报分析人员首次进行前沿部署。当时，研究分析处有超过 60 名人员在伦敦工作，后来又有 400 多名分析人员在海外的十几个情报站工作。战争结束前，研究分析处的分析人员超过了 900 人。作为战略情报局下属的一个“坐在椅子上的部门”，该处凭借脑力研究有效地支持了作战行动和战后规划。研究分析处的分析报告内容广泛，比如评估苏联前线的铁路运输状况、匈牙利罗马天主教会的态度、夏尔·戴高乐将军的政治观点等。此外，人类学家还研究日本电影，心理学家会听约瑟夫·戈培尔[1]的讲话，地区问题专家则对印度共产党、缅甸通货膨胀、菲律宾游击队、刚果贸易通道及日本陆军派系等问题开展研究。[2]

尽管如此，战时研究分析处的权力和职责都是有限的，其分析人员并不做全源情报分析，也基本接触不到对盟军胜利起关键作用的信号情报。此外，该部门也不是一个“权力集中”的情报机构，没有代总统协调情报工作的权力。最后，战略情报局是一个作战机构，多诺万也从没把研究分析处看作是“政策中立”的部门。获得战争胜利是最终目标，情报成品不过是美国众多武器中的一件而已。

杜鲁门整合情报工作

战争结束后，美国总统哈里·S. 杜鲁门在 1945 年 9 月解散了战略情报

[1] 编注：约瑟夫·戈培尔（Joseph Goebbels），时任纳粹德国宣传部部长。
[2] 原注：Katz, *Foreign Intelligence*, 18.

局，但保留了该局的分析功能，将研究分析处的工作转到了国务院。杜鲁门希望让一个中央机构统一协调情报工作，而众多关于珍珠港事件的调查报告也建议，为警惕未来的威胁，应成立一个全源情报的处理中心。研究分析处此前获得过众多赞誉，甚至对战略情报局持批评态度的人也认为，通过耐心的研究和对日常信息的整理核对，研究分析处可以得出对指挥官和决策者有价值的深入洞察。[1] 行政令在撤销战略情报局的同时，也要求成立临时研究与情报处（Interim Research and Intelligence Service），代行研究分析处的职能。这样，国务卿詹姆斯 · F. 贝尔纳斯（James F. Byrnes）可以利用研究分析处的资源，组建一个由国务院主导的新情报实体。杜鲁门通过该行政令给予了国务院成为未来情报界核心的机会。不过，一场激烈的官僚斗争也由此爆发。在国务院之外，陆军部（War Department）和海军部（Navy Department）坚持认为，国务院不应成为新情报体系的核心。在国务院内部，来自贝尔纳斯手下负责行政事务的助理国务卿及许多外交事务官员的反对声浪也同样强烈。他们担心这样一来，国务院传统的外交职能将失去主导地位，让位于情报职能。[2]

杜鲁门厌倦了无休止的争吵和官僚机构的无所作为，亲自着手推行他的计划。1946 年 2 月，杜鲁门成立了中央情报组（Central Intelligence Group, CIG），并授权该机构评估政府所有部门的情报工作。很快，中央情报组获得了独立的经费，并且有权聘用自己的雇员，而不再仅仅接收从其他部门派来的官员。到 1946 年底，中央情报组下属的报告与评估办公室（Office of Reports and Estimates, ORE）已招募了至少 300 人，进行综合和评估信息的工作，并每日为总统编制情报摘要。尽管很多事都尚未定型，但对美国情报分析工作起关键作用的两个概念，均在这一时期得以稳固确立：一是多诺万认为，应让聪明人分析所有可得情报，得出有意义的结

[1] 原注：Dean Acheson, *Present at the Creation: My Years in the State Department* (New York: Norton, 1969), 157–163.

[2] 原注：Mark Stout and Dorothy Avery, "The Bureau of Intelligence and Research at Fifty," *Studies in Intelligence* 42, no. 2 (1998): 18–19.

论；二是杜鲁门坚持，应成立一个核心的情报处理中心（clearinghouse），为总统及其顾问综合分析情报。[1]

作为核心的情报处理中心，报告与评估办公室力图获得外界认可，但这并非易事。白宫授权中央情报组的负责人——中央情报主任，在“尚未开展或未充分开展的国家安全情报领域”，“统筹”研究与分析工作。[2] 这一授权使中央情报组成为美国政府内部负责对外情报的主要机构，但并未给予其主导情报分析的权力。理论上，中央情报组的职责是多方面的，既要提供国家层面的动态、科技和经济情报，又要实现国家评估各机构间的合作。但由于现有其他机构为保护自有信息、独立性和特权而采取抵制态度，后一项职能的履行十分困难。

与上述情况相反的是，中央情报组的动态情报任务却因为总统本人——最高保障对象的需求而得以发展。在成立中央情报组的当天，杜鲁门总统即要求该组每日综述动态情报。他希望能有一份摘要概述桌面上来自不同部门的简报。杜鲁门一周之内收到了首份《每日综述》（*Daily Summary*），并表示非常满意。[3] 这份小报告为后来中情局的一项核心任务——为国家领导人提供战略预警情报（strategic warning intelligence）开了先河。杜鲁门个人的兴趣，还有欧洲局势的压力，让报告与评估办公室集中主要精力提供动态报告，而不是开展研究或预报。[4]

---

[1] 原注：John H. Hedley, “The DI: A History of Service,” in *The Directorate of Intelligence: Fifty Years of Informing Policy: 1952–2002* (Washington, DC: CIA, 2002), 3.

[2] 原注：National Intelligence Authority Directive Number 5, July 8, 1946, reprinted in *Central Intelligence: Origin and Evolution,* ed. Michael Warner (Washington, DC: CIA, 2001), 24.

[3] 原注：Harry S. Truman, Memoirs, vol. 2, *Years of Trial and Hope* (Garden City, NY: Doubleday, 1956), 58. 还可参见：Arthur B. Darling, *The Central Intelligence Agency: An Instrument of Government to 1950* (University Park: Pennsylvania State University Press, 1990), 81–82。《每日综述》中不包含信号情报，不过到 1946 年底，撰写者们可以对照信号情报报告核对《每日综述》文稿。参见：Russell Jack Smith, *The Unknown CIA: My Three Decades with the Agency* (McLean, VA: Pergamon-Brassey's, 1989), 34–35。

[4] 原注：关于中情局分析部门组织编制历史的公开信息，大部分出现在中情局雇员安妮·卡拉莱卡斯（Anne Karalekas）1975 年为参议院研究政府行动委员会准备的历史

独立的中情局

1947 年，杜鲁门总统签署《国家安全法》(National Security Act)，成立中情局、国家安全委员会（National Security Council, NSC）和国防部（Department of Defense, DOD）。中情局成立于 1947 年 9 月；(根据批准该法案时的现场发言和委员会辩论情况判断，) 当时的美国国会希望，中情局能为负责协调和指导美国外交和防御政策的国家安全委员会，提供尽可能优质的关于外国局势的信息。国会议员们希望，新的中情局能够提供"全面、准确和经过娴熟分析的"信息，也希望这些信息是"综合、充分"和"优质"的。推动该项法案的军方高级将领在国会作证时，也使用了类似的形容词，指出中情局提供的信息，应是"经过验证和评估"的"正确"信息，而且是在"全面覆盖"的基础上得出的。人们希望，通过中情局提供的信息，国家安全委员会能准确评估美国海外政策的相对优势和弱点，并相应予以调整。[1]

国会保证中情局拥有独立性，并有接触政府其他部门文件的权力，尽可能使其为国家决策者生产权威信息。中情局还独立于政府的决策部门，以便更好地"综合及评估有关国家安全的情报"。其他部门和机构仍将继续处理国家层面的情报，但中情局是唯一一个被《国家安全法》赋予专门职责、为总统提供国家情报的实体。为完成这一任务，中央情报主任有权"检查"其他机构所掌握的全部对外情报，并可以视情况予以分发。如果中央情报主任同时还是一名军官，那他就必须退出所属军种的指挥序列。

材料中。她的文章部分来源于中情局历史部门撰写的该局历史，并以"中央情报局历史"为题被收录在：*The Central Intelligence Agency: History and Documents*, ed. William M. Leary (Tuscaloosa: University of Alabama Press, 1984), 10, 26。

[1] 原注：Lyle Miller, "Legislative History of the Central Intelligence Agency: National Security Act of 1947," declassified draft, Office of Legislative Counsel, CIA, July 25, 1967, 40, 45, 47, 48, 50.

这将有助于他抵制诱惑，避免为讨好上级而改动报告。[1]

中情局的成立使报告与评估办公室的大幅扩张成为可能。从 1946 年末到 1950 年底，该办公室的雇员从 300 人陡升至 709 人。[2] 研究分析处的资深分析人员雷 · 克莱因（Ray Cline），后来曾任中情局负责分析事务的情报副局长，以及国务院情报与研究局局长。他指出，报告与评估办公室的扩张使中情局“规模稍有增长，但并未变得多好”[3]。其分析人员缺乏相应的经验和资质。1948 年，苏联在欧洲引发多重危机，包括捷克斯洛伐克的“二月事件”和对柏林陆上通道的封锁。而在这个重要年份，报告与评估办公室在苏联和东欧的机构，总共只有 38 名分析人员。他们的优势在于之前曾接触过苏联——其中 9 人曾在那里生活过，12 人会说俄语。在美国整体，甚至是学术界对苏联都知之甚少的时代，这两个数字已经是很高的了。在这些人中，只有一人拥有博士头衔；还有一些人有大学文凭，但专业与情报相去甚远；还有少部分人压根没有学历。[4]

组建情报分析部门

1950 年 6 月朝鲜战争突然爆发，这刺激了美国情报分析的演变，尤其强化了中情局作为美国独立全源分析机构的作用。在苏联试爆原子弹、中国共产党执政后不到一年的时间，冷战就突然转变为热战。1950 年秋天，杜鲁门总统任命沃尔特 · 比德尔 · 史密斯（Walter Bedell Smith）陆军上将为新的中央情报主任。二战期间，史密斯曾是欧洲战场上德怀特 · D.

[1] 原注：Section 102 of the National Security Act of 1947, 详见：Warner, *Central Intelligence*, 30。

[2] 原注：这些数据出现在标注日期为 1950 年 12 月 20 日的一张组织机构表格中，摘自：*Assessing the Soviet Threat: The Early Cold War Years*, ed. Woodrow J. Kuhns (Washington, DC: CIA, 1997), 12。

[3] 原注：Ray S. Cline, *Secrets, Spies and Scholars: Blueprint of the Essential CIA* (Washington, DC: Acropolis Books, 1976), 92.

[4] 原注：Kuhns, *Assessing the Soviet Threat*, 1.

艾森豪威尔（Dwight D. Eisenhower）将军的参谋长，之后还出任过美国驻苏联大使。他对中情局在对朝分析方面的懈怠深感震惊，并迅速开展了意义深远的机构改组。史密斯采纳了国家安全委员会 1949 年一份调查报告（由战略情报局资深成员、纽约律师艾伦·杜勒斯 [Allen Dulles] 主持编写）的建议，将报告与评估办公室按功能拆分成三个部门：国家评估办公室（Office of National Estimates, ONE），其唯一任务是生产综合的国家评估；研究与报告办公室（Office of Research and Report, ORR），其任务是协助国家评估办公室并开展基础研究；动态情报办公室（Office of Current Intelligence, OCI），其任务是为决策者撰写综述和其他简报。[1]

国家评估办公室中，有人专门负责评估报告的撰写，还有一个"智者"委员会负责评估这些报告，并就此与其他情报机构进行协调。最初，国家评估办公室需依靠其他部门提供分析意见，但之后逐渐过渡为依赖中情局日益增长的分析资源。不过，中情局的报告内容确定之前，要与其他情报机构进行协商，这渐渐凸现出"跨部门产品"的特点。

研究与报告办公室负责搜集有关数据，并将其编入《国家情报调查》之类的报告；这些报告作为符合重要"共同关切的服务"，提供给所有情报机构及美国政府。当时的经济与政治情报主要由国务院负责，但在 1951 年，国务院与中情局达成官僚机构间的"休兵"，允许研究与报告办公室对共产党领导的经济体进行分析。经济领域由此成为中情局研究与分析工作的重心，这一情况也深刻影响到对苏联军事和战略的分析。[2]

动态情报需要由一个部门专门负责，但无论是国家评估办公室还是研究与报告办公室，都不太适合该项工作。杜鲁门总统是《每日综述》的积极读者，所以史密斯指示中情局必须继续做好这一工作。他把中情局的《每日综述》变成了一个全源情报产品——首次包含了信号情报，并将其更名为《动态情报公报》（*Current Intelligence Bulletin*）。1951 年初，杜鲁门

---

[1] 原注：Karalekas, "History of the Central Intelligence Agency," 28–34.

[2] 原注：Karalekas, "History of the Central Intelligence Agency," 90.

专门就该公报向中央情报主任表示感谢。他说："亲爱的比德尔，我一直都在阅读情报公报，它令人印象深刻。我认为你的公报做得非常成功。"[1]

1952 年 1 月，中央情报主任史密斯设立情报分局——一直存续至今——负责为美国的决策者提供战略情报。在该情报分局之下，动态情报办公室负责为总统及高层决策者提供每日情报汇编；国家评估办公室负责远期《国家评估报告》的编撰与协调。此外，科技情报办公室（Office of Scientific Intelligence）从事与武器相关的研究——但军方对此表示反对，认为这是他们的专属领域；研究与报告办公室从事基础研究——大部分研究都涉及经济和苏联的战争潜力，并逐渐开始了政治方面的研究，尽管这遭到了国务院的反对。[2]

创建情报专业

1952 年出任国家评估办公室负责人的谢尔曼·肯特，为该办公室未来 15 年的发展设定了基调。作为过去战略情报局研究分析处的一员、教授和从业 30 多年的分析人员，这位美国情报分析界的先驱为我们留下了一笔丰厚的财富。他在 1949 年出版的《战略情报：为美国世界政策服务》（*Strategic Intelligence for American World Policy*）一书中，就分析和情报工作进行了阐释，这对今天的情报专业人员仍有启示作用。关于什么是恰当的情报评估，他的概念非常严谨：不受政策指挥；不为得出特定结论而偏重某一证据或进行偏颇的分析；不粗枝大叶或省略分析过程。[3]

在朝鲜战争带来的信息压力刺激下，中情局情报分局快速扩张为国

---

[1] 原注：Harry Truman's letter to DCI Smith, March 8, 1951, quoted by John L. Helgerson, *CIA Briefings of Presidential Candidates, 1952–1992* (Washington, DC: CIA, 1996), 27.

[2] 原注：Ludwell Lee Montague, *General Walter Bedell Smith as Director of Central Intelligence* (University Park: Pennsylvania State University Press, 1992), 92–95.

[3] 原注：Smith, *Unknown CIA*, 75–76.

家情报分析的重要核心。美国政府普遍需要有关共产党政权意图的报告和战略评估，这推动了情报分局人数的急剧增长。到 1953 年底，该分局的人数已达到 3338 人。[1] 如今的人们在回忆当时的情况时表示，来自动态情报办公室的"质量上乘、分析严谨的情报报告，像洪水一般涌向华盛顿各政府机构"，并且随着艾森豪威尔的上台和他对国家安全委员会的运用而持续增长。[2]

艾伦·杜勒斯担任中央情报主任时期，中情局对自身分析功能和职责的看法发生转变。最开始，中情局和其他情报机构的负责人都不确定是否应该开展情报分析，抑或只是提供动态情报综述及各类参考服务。然而，20 世纪 50 年代，在华盛顿开展的关于苏联战略力量的长期辩论改变了这一看法。当时，没有哪家政策部门能够独自穿透笼罩在苏联国防工业、弹道导弹及核武器上方的迷雾，而情报分局（借助情报搜集手段的进步，尤其是 U–2 飞机图像的帮助）则开始提供这一关键服务。由于此前已积累了基本的专业知识与技能，情报分局能够保持政策的中立性——以及由此而来的客观性，从而可以抵御政策压力，不使分析变味。情报分局的职责与分析人员队伍不断扩张，再加上其自身的独立性和与总统的直接联系，使其日益成为华盛顿最为人所知的分析机构，影响力不断增强，但同时它也常常因为情报分析的质量而遭受指责。

同一时期，冷战的持续也使得其他的分析人员队伍——主要是国务院和国防部的分析人员，作为既合作又竞争的力量继续发挥着重要作用。美国外交与国防政策的制定者——主要是国务卿和国防部长，是重要的情报用户。他们对情报的不同需求也反映出他们所承担的独特行动责任。这些部门的情报机构，保证了本部门官员特定的情报需求能够得到满足。通常，它们和情报分局关注同样的战略问题，但一般着眼于外交和军事，服务于特定需求。这些部门在工作上的重叠导致了重复的劳动，但美国制度

[1] 原注：Karaleaks, "History of the Central Intelligence Agency," 35.

[2] 原注：Cline, *Secrets, Spies and Scholars*, 146, 151–153.

体系的设计决定了这样的重复劳动是允许的——事实上还是受到鼓励的，因为这样可以通过提供竞争性或替代性分析，实现部门间的制衡。

20 世纪 40 年代，国务院情报与研究局成立。它从战略情报局吸收了大量分析人员，组成了第一支非军事的情报分析人员队伍。从人员数量上讲，40 年代末和 50 年代是该局的高峰时期，拥有约 700 人。不过那时情报与研究局的分析重心是基础研究。当时该局约 40% 的预算来自中情局，用于支持分析人员编写国家情报调查；该调查属于美国情报界的综合性研究材料，目的是要囊括军人或外交官所需要知道的一切，以方便他们与任何国家开展合作或进行战斗。情报与研究局与国务卿的直接沟通较为有限，直到国务卿迪安·艾奇逊在朝鲜战争爆发后设立每日早间汇报制度，该局分析工作的重心才转向动态情报——就像每场危机都会导致分析工作的转变一样。[1] 如今，情报与研究局拥有不到 300 名专业人员。尽管它保留了全源分析职能，但其深受认可的是在重大外交问题上的深度研究，这项工作是由文职和外交专业人员共同完成的。此外，该局在联络美国和外国学术界的外交政策专家方面拥有较强能力，这一点赋予了它在分析外联（analytic outreach）工作中的特殊职能，在后面的章节将予以介绍。情报与研究局的资深分析人员还与决策者和美国的驻外大使们保持直接接触，这在谈判中能提供中情局和军事情报机构给予不了的支持。

国防情报局的加入

国防情报局的成立，不仅归功于将军事情报集中化以减少重复劳动并制约部门主义的理念，也要归功于国防部内部的官僚拉锯战。1947 年的《国家安全法》建立了国防部（以及中情局）；此后数年间，该法的一系列修正案获得通过，国防部也历经数次改组。做出这些改变的目的，是要

[1] 原注：Stout and Avery, "Bureau of Intelligence," 17, 19.

将五角大楼内部的权力平衡从陆海空三军，转向国防部长与参谋长联席会议。[1] 尽管如此，各军种还是保留了对各自情报机构的控制，以便为战地指挥官提供专业化的战术情报。他们强调，不同军种的任务有不同的情报需求，保留自主的军事情报部门有助于做出灵活及时的反应。[2] 在艾森豪威尔政府执政的后期，一个由莱曼·柯克帕特里克（Lyman Kirkpatrick）带领的研究小组建议，将三军情报部门合并为一个统一的机构，并成立一个单独的中情局—国防部图像分析中心（CIA-DOD imagery analysis center），该机构后更名为国家照相判读中心（National Photographic Interpretation Center）。

对于上述研究中提出的成立一个强有力的单一情报管理机构的概念，约翰·F. 肯尼迪总统和他新任命的国防部长罗伯特·麦克纳马拉（Robert McNamara）深表赞赏。麦克纳马拉来自由类似组织架构主导的商界，他要求参谋长联席会议就此问题拿出方案。麦克纳马拉深信，有必要减少存在于战略情报和威胁评估中的军种偏见，并希望通过取消各军种的评估职能来达成这一目标。各军种将只负责原始情报的搜集和一部分处理工作，但情报的分析和分发将在更高层级——最好是在国防部长办公室的指导下进行。他认为，成立一个统一的军事情报机构，是开展《国家情报评估》的首要手段，而后者对他重新进行战略评估至关重要。麦克纳马拉在书中写道，“我认为，确保编写情报评估时不受各军种**控制**，会降低军种偏见。尽管这种偏见可能是**无意识**的，但却有影响评估结果的**风险**”（强调部分为麦克纳马拉自行标记）。[3]

根据麦克纳马拉的最初设想，国防情报局将服务于国防部长的国家

---

[1] 原注：Keith C. Clark and Lawrence J. Legere, eds., *The President and Management of National Security* (New York: Praeger, 1969), 175.

[2] 原注：Walter Laqueur, *A World of Secrets: The Uses and Limits of Intelligence* (New York: Basic Books, 1985), 33, quoted by Patrick Neil Mescall, “A Creature of Compromise: The Establishment of the DIA,” *International Journal of Intelligence and Counterintelligence* 7, no. 3 (Fall 1994): 253.

[3] 原注：引述自与麦斯考尔的私人信函：*International Journal of Intelligence and Counterintelligence* 7, no. 3 (Fall 1994): 263。

层面的战略情报需求，而不是参谋长联席会议的具体战术情报需求。他同时也认为，这一计划必须逐步实施，以免造成混乱及与各军种间的不和。1961 年，第一任国防情报局局长手下仅有 25 名分析人员，他们被安排借用五角大楼一处地点办公。尽管如此，在 1961 年春，还是就军事情报的未来发生了公开冲突；冲突一方是由参联会代表的陆海空三军，另一方是麦克纳马拉及他的文职分析人员。为结束这样的内斗，麦克纳马拉同意国防情报局的报告**需经**参联会——而非直接——向他呈送，这与他之前的立场大相径庭。[1] 最终，国防情报局作为一个情报支援机构在 1961 年初秋开始运行，这也标志着参联会和陆海空三军在国防部的内斗中取得了胜利。至 1964 年底，国防情报局大约有 3600 名雇员分布于华盛顿地区的各个机构。至 1968 年，该局人数增至将近 7000 人，跟踪报告的国家达 127 个。[2]

在随后的几十年时间里，国防情报局的分析活动呈指数级增长。该局局长为三星上将，并已成为国防部长和参联会主席在重大情报问题上的主要顾问。国防情报局与国防相关的全源分析活动，既涵盖动态情报，也生产评估情报。构成该局人员主体的分析人员队伍，与美国情报界的其他部门一道，关注大规模杀伤性武器扩散、国际恐怖主义、国际毒品走私，以及与国防相关的外国政治、经济、工业、地理、医疗和卫生等问题。[3]

为了更及时地回应国防部门的用户，也由于关于该局应按区域还是按功能设置机构的争议长期存在，国防情报局经历了周期性的重组。[4] 像国务院情报与研究局一样，国防情报局也开始提供部门情报（departmental intelligence），以特别支持国防部在制定和执行政策方面的专门职能。同

---

[1] 原注：引述自与麦斯考尔的私人信函；*International Journal of Intelligence and Counterintelligence* 7, no. 3 (Fall 1994): 265–266。

[2] 原注：Blue Ribbon Defense Panel, "Report to the President and the Secretary of Defense on the Department of Defense," July 1, 1970.

[3] 原注：Defense Intelligence Agency, www.dia.mil.

[4] 原注：James R. Clapper, "Reorganization of DIA and Defense Intelligence Activities," *American Intelligence Journal* (Autumn–Winter 1993–1994): 13–14.

时，情报与研究局和国防情报局也会就中情局的国家情报做出评论、参与协调并贡献观点。冷战期间，特别是在评估苏联的军事实力和战略威胁方面，这种合作在《国家情报评估》的准备过程中显得尤为突出。

科尔比的创新：国家情报官和国家情报委员会

1973 年，威廉·科尔比（William Colby）就任中央情报主任。他认为，国家评估办公室已变得过分以中情局为中心，并陷入了一种“象牙塔思维”，与决策者的需求和关注渐行渐远。于是，为取代国家评估办公室，他组建了国家情报官（National Intelligence Officer, NIO）队伍，每位国家情报官负责协调评估某个特定的地区或课题。为减少中情局的影响，国家情报官要来自“整个情报界和学术界，这样可以带给我（科尔比）最好的观点，并将不同的学科整合进他们的工作中”[1]。尽管国家情报官撰写评估报告时，应从整个情报界中挑选特定领域最好的分析人员来起草，但许多国家情报官的职位仍由中情局人员占据，且大部分的评估都由中情局的分析人员撰写。之后，科尔比又成立了国家情报委员会（National Intelligence Council, NIC），成员包括所有的国家情报官。该委员会首任主席是一位曾经负责战略预警的高级官员，这一任命背后的逻辑是：预警是最主要的任务，所以主席应以召开会议的方式，确保国家情报官们能推动情报界更多部门及资深决策者注意预警问题。[2] 随着国家情报委员会地位的提高，其在《国家情报评估》中加入了其他一系列的情报产品，并为出席国家安全委员会和其他部门间会议的高级情报官员提供支持。

科尔比是一位创新者。他开创了一种新颖的动态情报保障方式：以报纸的形式，向被他称为“积极阅报者”的高层决策者，提供知悉范围高度

[1] 原注：William Colby and Peter Forbath, *Honorable Men: My Life in the CIA* (New York: Simon & Schuster, 1978), 351–353.

[2] 原注：作者与情报分局前任副局长的谈话。

受限的情报材料。[1] 情报分局扩充了其 24 小时值班队伍，使《国家情报日报》（*National Intelligence Daily*）——取代之前的《动态情报公报》——尽可能具备时效性。《国家情报日报》的大部分内容都在正常的工作时间内编写完成，但每一部分的内容都有专人值班以便实时更新。每周 6 天，2 名编辑带领各自的小组轮番工作，其中一组从中午 12 点工作至晚上 10 点，另一组从晚上 9 点工作至早晨 7 点。他们的工作内容是，起草报告并确定其在报上的位置。《国家情报日报》通常包含 4 页内容，版面稍小于正常报纸。破晓时分，值班编辑撰写标题，并在看版台上进行最后一次检查，然后等着隔壁房间的一台全尺寸胶印机印刷出早晨版的《国家情报日报》。内容更为敏感的文章则被收入《总统每日简报》并送往白宫，而新的《国家情报日报》则主要服务于国家安全层面的其他高官。科尔比还将《总统每日简报》——每日情报分析中最为敏感的材料介绍给副总统福特，在不经意间为中情局后来每日直通总统办公室铺平了道路。当时是 1974 年，科尔比邀请福特访问中情局。他无意间提到了《总统每日简报》，但发现福特居然从未见过这样一份材料。在那以后，经尼克松总统批准，中情局每天早晨都会派一名情报分局的高级官员将《总统每日简报》和其他相关材料送往福特官邸。1974 年晚些时候，尼克松辞职，福特接任总统。福特延续了由中情局官员递送《总统每日简报》的做法，只是地点改到了总统办公室，并且他还在那里与中情局官员就相关问题进行讨论。

福特的第二任中央情报主任乔治 · H. W. 布什（George H. W. Bush），在出任副总统后也采取了上述做法。在罗纳德 · 里根政府整个执政时期，布什是《总统每日简报》的推广者和热情读者。在这期间的每天早晨，负责递送的中情局官员，都分别要与副总统、总统国家安全顾问、国务卿、国防部长以及后来加入的参联会主席进行交谈。担任总统后，布什将《总统每日简报》作为他每天上班要看的第一份材料——这一做法延续至在他

[1] 原注：Colby and Forbath, *Honorable Men*, 354.

之后的几任总统，只是报送的频率有所不同。

重组中情局情报分局

在里根总统钦点的威廉·凯西（William Casey）担任中央情报主任期间，中情局的情报分局按地域（而非功能）进行了重组。里根和凯西的目标，是要推动情报分局与国务院各地区局更紧密地结合，并将政治、经济和军事方面的专家综合配置到各个办公室，参与对苏联、欧洲、非洲、拉美、近东、南亚和东亚的分析。此外，一个新的全球问题办公室（Office of Global Issues）将负责处理“跨国”问题。分析人员在此后经历了一段混乱的时间，在保证工作数量和质量的同时，还要划分责任和空间。数百名分析人员不得不重新调配并适应与新同事的工作，他们成功地进行了调整。重组之后，情报分局的跨学科研究与分析得到了加强。

按地理区域设置机构意味着，中情局的国别分析人员（country analyst）现在能够一起工作；然而，对恐怖主义等跨国问题的关注需求，很快就超越了全球问题办公室这一个部门的能力范围。情报搜集人员需要地区和国别分析的支持，以更有效地确定和开展搜集行动。此外，将分析与快速变化的执法问题结合也需要更多的创新。解决办法是成立多个“中心”，每个中心聚焦于一个跨国问题，并吸纳来自情报界其他机构的代表。这些中心将具有不同学科背景和专业知识的分析人员聚集在一起，让他们与情报搜集人员、行动官员以及执法部门的代表肩并肩地开展工作。在20世纪80年代中期成立的反恐中心（Counterterrorism Center）成功地利用了这一融合模式，并成为其他新成立中心的效仿对象。1989年，反毒品中心（后来扩大为犯罪与毒品中心）以及反情报（counterintelligence）、核扩散、军控及环境问题等多个中心又相继成立。[1]

在后苏联时代寻找情报工作意义

目前，中情局的分析人员仍是美国情报界最大的一支全源分析人员队伍。他们的工作重心调整后，将行动性情报（actionable intelligence）放在首要位置。这不仅适应军事行动的需求，也能为执法活动和中情局自己的秘密行动提供支持。整个情报界——不光是中情局——对分析人员的期望越来越高，希望他们对逼近的威胁发出预警，确定搜集与行动方向，并为参与国际谈判的美国官员提供更多筹码。开展机遇分析就是为了确定，有哪些行动或事件能够转化为美国的优势。新的分析产品也反映出新的工作重点，越来越多的分析人员也开始前往各个中心、政策机构或海外轮换任职。

新的情报重心更强调培训和分析专业化的问题。长期以来对培训和教育重要性的认可，也体现在国防情报局下属的国防情报学校。该学校于 1993 年更名为联合军事情报学院（Joint Military Intelligence College, JMIC），并于 2003 年再次更名为国防情报学院（National Defense Intelligence college, NDIC）。[2]2010 年，国防情报学院成为由国家情报总监创立的国家情报大学的培训执行机构。[3]

在中情局内部，1997 年—2000 年担任情报分局副局长的约翰 · 麦克劳林（John McLaughlin）成立了谢尔曼 · 肯特情报分析学院，这是中情局在传授分析方法、吸取以往教训方面所做的最大努力。[4] 麦克劳林还建立了

---

[1] 原注：Office of Public Affairs, CIA, *Consumer's Guide to Intelligence* (Collingdale, PA: Diane Publishing, 2000), 13–14.

[2] 原注：该校 2003 年更名为国防情报学院，现为一所获得完整资格认定的学院。

[3] 原注：Defense Intelligence Agency, www.dia.mil/college.

[4] 原注：2000 年，当时的情报分局副局长道格拉斯 · 麦凯岑发起了第一次大型分析

高级分析局（Senior Analytic Service, SAS），使分析人员仅凭专业技能和工作表现就可升至更高级别，而不必通过担任参谋和管理职务获得晋升。

在这些努力的背后，是围绕一些问题而展开的论战，这些问题可能永远都无法解决，譬如：如何最好地组织各分析单元；如何平衡动态情报和深入研究；分析人员是否应该告诉决策者哪些问题是重要的，哪些不重要。在冷战的大部分时间里，对相对稳定的苏联开展长期研究，必然是分析评估的重心。但自那以后，分析工作的组织重心，开始朝着更密切地支持情报搜集、情报行动和政策目标的方向倾斜。2001 年 9 月 11 日之后，反恐成了第一要务。这一状况将会持续多久，当时的人们不得而知。纽约世贸中心和华盛顿五角大楼在那天遭受的袭击，凸显了情报在国际恐怖主义盛行的时代面临着日益严峻的挑战。在这样的时代，小股的个体就能造成曾经只有国家实体才能施予的毁灭性打击。

“9·11”后分析工作的改革与趋势

2001 年的恐袭悲剧，以及美国在伊拉克大规模杀伤性武器方面的分析失误，导致了 2004 年《情报改革与恐怖主义预防法》的仓促实施。该法案最引人注目的一项举措，是设立国家情报总监一职。当时，美国庞大的国家情报机器在某种程度上未能阻止“9 · 11”恐怖事件，在一年后又未能识别出萨达姆所谓的大规模杀伤性武器能力实乃讹诈，因此，该项举措是在履行纠正现有机制的承诺。相关的调查则针对可能的失误和补救措施进

培训计划，面向中情局所有分析人员。该研修班为期两周，以“情报技巧 2000”为题，为结构化分析方法后来的发展奠定了基础。参见：Roger Z. George, “Fixing the Problem of Analytical Mindsets,” in *Intelligence and the National Security Strategist: Enduring Issues and Challenges*, ed. Roger Z. George and Robert D. Kline (Washington, DC: National Defense University Press, 2005), 315–316。

行研究。[1] 对情报分析的调查得出最主要的结论是，想象力不到位，即分析人员变得过分厌恶风险，不愿考虑可能的偶发事件。调查给出的建议包括：更好地利用公开来源信息，改善信息共享，以及进一步整合美国情报界 16 家机构的分析工作。

乔治 · W. 布什总统批准了数项提议，包括在中情局内部增设 50% 的分析职位，并迅速增加中情局乃至整个情报界的反恐行动数量。更多的分析人员被分配到中情局反恐中心和新成立的国家反恐中心（National Counterterrorism Center, NCTC）。此外，还有更多的分析人员被部署到反恐前沿，以支持正在开展的反恐行动。事实上，一个被称为“目标分析”（targeting analysis）的新分析学科已在此时形成，这也反映出高层强烈希望，分析人员能与情报搜集人员及反恐行动人员结合得更紧密。

成立国家情报总监办公室的主要目的是，进一步推动情报分析部门的融合与合作，提高分析的严谨度，增进分析人员跨机构的信息共享。本书后面的章节还将对部分新举措进行具体介绍，不过可以肯定的是，国家情报总监确实下达了很多指令，来摆脱官僚机构间的壁垒，实现人力情报和分析观点的共享。

如今，在国家情报总监之下有多个相互竞争的全源分析中心：主要是中情局的情报分局、国防情报局的情报分局以及国务院情报与研究局，此外还包括国家安全局（National Security Agency, NSA）、国家地理空间情报局（National Geospatial-Intelligence Agency, NGA），以及作用越来越明显的国家反恐中心等情报机构。这不仅有助于克服狭隘的观点，也可用来验证一系列的分析方法和结构化分析技巧。国家情报委员会作为业已获得

---

[1] 原注：See *9/11 Commission Report: Final Report of the National Commission on Terrorist Attacks upon the United States* (New York: Barnes & Noble, 2004), and *Report of the Commission on the Intelligence Capabilities of the United States regarding Weapons of Mass Destruction* (Washington, DC: Government Printing Office, 2005). See also Richard A. Posner, *Preventing Surprise Attacks: Intelligence Reform in the Wake of 9/11* (Lanham, MD: Rowman & Littlefield, 2005), and Richard A. Posner, *Uncertain Shield: The U.S. Intelligence System in the Throes of Reform* (Lanham, MD: Rowman & Littlefield, 2006).

认可的战略分析中心，负责提供《国家情报评估》和情报界的其他评估材料；它也越来越重视同行评审和对外部专家的使用。在国家情报总监办公室对《总统每日简报》的管理上，也出现重大的转变。该简报曾由中情局分析人员专门负责，但现已成为全体情报界的产品，国防情报局、情报与研究局都可以贡献自己的观点，提出总统感兴趣的问题。

和中情局一样，国防情报局在2001年的袭击、阿富汗战争、伊拉克战争后，也经历了重大的转变。“9·11”之后，国防情报局为“持久自由行动”（Operation Enduring Freedom）提供了重要支持，在阿富汗部署了数百名分析人员，进行战场支援和文件解读工作。2009年，国防情报局成立阿富汗—巴基斯坦特遣队，以协调整个地区的军事情报活动，并对军事情报需求做出更及时的反应。与此类似，国防情报局调集了数百名分析人员，以支持“自由伊拉克行动”（Operation Iraqi Freedom），并组建伊拉克调查小组，调查大规模杀伤性武器计划。总的来说，国防情报局大幅增加部署在海外的雇员数量，提升对战争行动的部署保障能力。对该局自20世纪70年代就被赋予的“战斗支援”职责，这不过是又一次强调而已。[1]

此外，美国情报分析界一个经常被忽视的变化是，联邦调查局在国内情报分析方面的作用日益凸显。“9·11”袭击之后，联邦调查局出于发现和应对国内恐怖主义的职责，大幅增加在总部和各办事处工作的分析人员数量。最初，在联邦调查局请求下，中情局和其他分析机构在培训新分析人员方面提供了大量帮助，但该局很快就成立了自己的反恐部门，并在华盛顿乃至全国建设了一支近3000人的分析人员队伍，参与到联合反恐特

[1] 原注：1973年，国防情报局首次在战区部署人员，当时有近100名分析人员被派往西贡的国防武官办公室情报处。第二次重要的海外部署发生在1990年—1991年间，当时也有近100名分析人员被派往波斯湾，以支持“沙漠盾牌行动”和“沙漠风暴行动”。这一做法在2003年—2005年呈现出加速趋势，期间国防情报局部署了至少1500人以充实伊拉克调查小组。2010年，随着伊拉克战争的加剧，这一数字上升至5500人。参见：www.dia.mil/ pdf?DIA-2001-calendar.pdf。

遣部队的行动中。对于情报界这一新的工作重心，国家情报委员会也启动了更多聚焦国内恐怖威胁的国家评估项目，而联邦调查局则在其中发挥主要作用。

情报分析再平衡的挑战

如今，情报分析界充斥着新的面孔。为了在研究全球事件、问题和趋势的同时，对国际反恐战争提供支持，分析人员队伍正在快速扩张，以填补由国会批准的众多新职位。信息技术的新发展和新能力，使得分析人员置身于一个努力要与日新月异的科技保持同步的保密环境里，以全新的方式开展工作。美国的反恐战争，尤其是在伊拉克和阿富汗长达 10 年的作战行动，将针对恐怖主义的动态情报推到了最前沿的位置，并再次引出“动态情报与长期深入的研究相比，谁更重要”的问题。随着 2013 年伊拉克和阿富汗的战事趋缓，有人开始呼吁对情报分析和情报搜集进行再平衡，将注意力更多转向可能引发下一轮危机的非战争领域问题。[1] 特别是华盛顿在亚太推行“支点”或“再平衡”战略的大背景下，美国情报界可能会将更多精力聚焦于其他地区性挑战。就像过去几十年一样，这个十年也定会出现更多机遇，使美国情报界可以进行更多的分析调整和进步，应对新的国际现实。

[1] 原注：David Ignatius, “David Petraeus: CIA Needs Post-Petraeus Intel Fix,” *Washington Post*, November 15, 2012.

[第三章]

中情局分析工作记录

理查德·J. 科尔（Richard J. Kerr）

迈克尔·沃纳（Michael Warner）[1]

鉴于情报活动的秘密属性，以及对情报分析人员文化、艺术形式和工作实践缺乏了解，对情报界的表现开展学术性的评估必定是困难的。另外，就像小理查兹·霍耶尔解释的那样，我们——不论是批评者还是捍卫者——都存在后见之明式的偏见（hindsight bias）。事实上，任何数十年如一日从事生产和管理情报分析工作的专业人员，都会因为对所涉课题太过了解而深受其害——这实在是有些讽刺。[2] 约翰·赫德利在第二章也指出，中情局乃至整个情报界都经历过机构和人员的数次巨大调整，以应对政策层面的需求变化。在我们接下来将要回顾的时期里，发生了很多次的政变、重大革命、小型叛乱和无数次的恐怖袭击。一些全球性的问题也在此期间兴起，其中有的则持续了数周、数月甚至数年时间，有的则依然存

[1] 原注：作者感谢罗杰·乔治、玛莎·凯斯勒（Martha Kessler）、布莱恩·拉特尔（Brian Latell）和汤姆·乌尔夫（Tom Wolfe）等人早期提供的观点和建议，从而丰富了本章的内容。

[2] 原注：后见之明式的偏见至少有两种表现形式。第一，外人在检视情报界的表现时，会忘记这样一个事实，即在当时评估时有些事情并不像后来看上去那样一目了然或理解透彻。第二，与此相反的是，分析人员在回顾工作时，会把他们过去的报告看得比当时决策者和他们自己认为的还要准确和有先见之明。详见小理查兹·霍耶尔所著《情报分析心理学》。

在。我们俩曾分别担任官方的独立顾问和情报史学家，就某些具有争议的情报议题提出见解。在此，我们希望结合自身经历和公务职责，针对中情局情报分析工作的表现提供些许看法。

评估中情局的表现必须要有一套合理的标准。为此，本书的读者首先应了解战略分析所做的三件事情：

- ★ 评估新动向对美国政策的影响，也包括确定美国的政策机会。
- ★ 就危急局势向决策者提供预警，这可能是情报分析人员最困难的任务。
- ★ 对政治、军事、经济和技术上的重大趋势进行长期评估。研究就像一个智力储蓄账户，它一方面训练分析人员并为其建立知识基础，另一方面又迫使分析人员及其用户挑战既有的思维定式并猜测可能的结果。

此外我们还必须了解，基本上不存在所谓“中情局的分析”。中情局的分析活动一直都是更宽泛政府活动的一部分，这些活动都着眼于搜集和分析情报并应对外国挑战。中情局内全源分析人员所解读的数据和评估，一些是由中情局自身和美国情报界及政府的其他部门搜集而来，另一些则是与其他国家共享的。但这并不是借口。尽管外交事务的分析人员认为他们研究的诸多活动，深受国内、外交、军事甚至盟国的机构影响，但这并不足以解释他们为何难以把握全局。

既然如此，为什么还要着力介绍中情局的分析呢？更别说还要评价该局是否为明智决策提供指导，是否预警过紧迫的威胁。原因在于——正如中情局的一位资深分析人员对本章作者解释的那样——长期以来，该局的情报分局一直处于“情报食物链的顶端”。中情局是美国情报界唯一受官方认可的独立情报单位（其他所有情报机构都隶属于某个政府部门），且该局有直接向美国总统和其他国家安全最高决策者提供分析支持的长期传统。与其他情报机构相比，情报分局在几乎所有重要课题上都拥有更多权限、更客观的立场、更多的资源和更好的专业知识与技能，其情报产品常常被认作是美国情报分析的金科玉律，而且不管情报分局是正确还是谬误，其结果通常都具有全国性影响。简而言之，不管是命中还是打偏，中情局的分析都是重要的。

总结数十年分析工作的特点只能以后知后觉的方式进行。通过这种方式，尤其是与外国情报机构的工作进行比较后，我们发现美国情报部门向美国总统及其副手们提供的，是世界上任何一个政府所能获取的范围最广、内容最全的情报。当然这一记录中也包含着失误，但更多的是成功案例，只是其中有些因为（事后）显得过于平常而未受到应有的认可。没有哪位总统愿意冒着巨大风险，忽视中情局及其他情报机构的分析。这些分析有助于降低围绕诸多全球事件的不确定性，提升关键政策辩论中参与者的理解水平，并提醒决策者注意他们可能忽略的重要问题。

苏联的崛起与衰落

冷战期间，美国最紧迫的情报挑战源自苏联的战略威胁。尽管这两个超级大国避免了直接军事冲突，但许多国际危机和代理人战争（proxy war）的根源都在于二者的竞争。而且数十年来，华盛顿把几乎所有事件都置于对苏斗争的大背景下来看待，而这就是中情局分析活动的最初目的。1946年，这一任务被赋予了作为中情局前身的中央情报组——在杜鲁门总统要求其负责人提供每日情报摘要的几个月之后。此后，对重度武装的苏联行为进行监视并预报，就成了中情局的一项经常性工作，也是一项挑战。不过，在20世纪50年代，关于隐秘苏联的信息可谓少之又少，早期的中情局官员将这一挑战比作是制作一份“无知目录”。[1] 为了完成任务，美国情报界不得不打造包含人力情报以及图像、通信和其他技术手段在内的全套数据搜集体

[1] 原注：引述自1951年至1952年在任的中情局研究与报告办公室首任主任马克斯·米利肯（Max Millikan）；Noel E. Firth and James H. Noren, eds., *Soviet Defense Spending: A History of CIA Estimates, 1950–1990* (College Station: Texas A&M University Press, 1998), 13。

系，而了解数据需求和搜集系统能力的分析人员，则逐渐建立起“自由世界”里有关苏联独一无二的知识库。[1] 利用该知识库，中情局的分析人员努力帮助美国决策者理解苏联的内部政策、领导层动态、国防主导下的经济，以及莫斯科在世界范围内影响并改变对美力量平衡的尝试。

评估苏联战略和常规军事力量的实力和战备水平（包括军事学说、战术、能力和意图），构成了冷战时期情报工作的主要内容。回头再看，中情局当时的工作广泛且有预见性，实在令人赞叹。当时苏联主要的武器系统——包括战略和战术导弹、潜艇、飞机、陆战和空防装备在内的数百种武器系统，几乎均被识别，相应作战能力均被详细评估。中情局分析人员驳斥了美苏存在“导弹差距”的看法，并于 1962 年发现苏联将核导弹秘密部署在古巴。新的卫星情报搜集计划促进了分析人员对苏联核计划的了解，甚至让美国有能力与苏联商讨达成可验证的军备控制计划，并最终缩减了苏联的武器库规模。

苏联的战略力量建立在该国的经济活力基础上，这意味着评估前者将不可避免地引发对后者的大规模分析研究。从 20 世纪 50 年代初开始，中情局牵头设立了研究中央计划经济的专门学科。一位观察人士数十年后在国会表示，情报界尝试理解苏联经济的努力，“极有可能是人类历史上最宏大的单个社会科学研究项目”[2]。冷战前后中情局均不乏批评者。一些人认为中情局低估了苏联经济的体量和相关军事开支的负担，而另一些人则声称中情局夸大了有关估值。这些估值的一部分是在向国会联合经济委员会做出说明时公开披露的。[3] 一个由外部经济专家组成的小组发现，中情

[1] 原注：第十章将探讨分析人员与搜集者关系的重要性，并阐述二者间相互依赖的关系。

[2] 原注：引自 1998 年 9 月 24 日在美国众议院（国际关系委员会）美国对朝政策听证会上，美国企业公共政策研究所的尼古拉斯·埃伯施塔特（Nicholas Eberstadt）就该问题所做的证词。

[3] 原注：批评者包括富兰克林·D. 霍尔兹曼（Franklyn D. Holzman）和威廉·T. 李（William T. Lee）。前者指责中情局夸大其词，而后者则声称中情局低估了苏联的军事开支。参见：Franklyn D. Holzman, “Politics and Guesswork: CIA and DIA Estimates of

局的经济模型和评估方法存在瑕疵，但该小组在1991年向国会递交报告指出："很难相信，有人在看过中情局自1975年以来关于苏联经济状况的年度报告后，会将报告解读为苏联经济正蒸蒸日上。正相反，这些报告经常性地指出苏联增长率持续下滑，并提请注意那些导致持续下滑甚至萧条的深层次结构性问题。"[1]

理论上讲，苏联的政治和战略意图，应能反映出莫斯科自己对其军事能力和经济实力的评估。因此，得益于中情局军事和经济问题分析人员的努力工作，该局对克里姆林宫领导人思维的分析应该有所提高。总的来说，情况通常如此。中情局分析人员在20世纪60年代和70年代得出结论，认为苏联人致力于取得对美战略平衡，而非寻求力量优势。从研究方法看，中情局对苏联军事和经济问题的分析，比研究苏联政治和领导人的分析人员所能接触的其他任何材料都要复杂精良。然而，苏联领导人有时会做出与其自身利益似乎完全背道而驰的事情。或许最具挑战性、最难给人满足感的分析工作，就是评估苏联决策者如何计算其面临的风险和机会。整个冷战期间，对莫斯科是打算发起核"战争"，还是如苏联所说那样接受美国威慑理念，美国一直争论不休。1962年，尼基塔·赫鲁晓夫在古巴部署核导弹，这将苏联的战争边缘政策（brinkmanship）带到了最危险的时刻，对美国也不啻为一次重大的战略突袭。而就在1962年9月，美国的分析人员还在《国家情报评估》中错误地臆断：赫鲁晓夫了解与西半球的肯尼迪政府直接对抗的风险。[2] 与此类似，1979年新一代的美国分

Soviet Military Spending," *International Security* 14 (Fall 1989): 101–31, and William T. Lee, *The Estimation of Soviet Defense Expenditures 1955–75: An Unconventional Approach* (New York: Praeger, 1977)。

[1] 原注：Dan M. Berkowitz, "An Evaluation of CIA's Analysis of Soviet Economic Performance 1970–1990," *Comparative Economic Studies* 35, no. 2 (Summer 1993): 35.

[2] 原注：这一重大分析失误与其他类似失误一起，将在第十章中作为个案进行详细说明，用以阐述分析对搜集的依赖。其他类似失误还包括本章提到的1973年赎罪日战争、1979年伊朗革命、1998年印度核试验、"9·11"袭击以及2002年关于伊拉克大规模杀伤性武器的错误评估。

析人员判断，克里姆林宫既不会破坏缓和的局势，也不会冒险占领阿富汗，结果却发现他们低估了苏联领导人对阿富汗日渐混乱局面的干预意愿。[1]20 世纪 80 年代晚期，苏联共产党、经济体系以及政治体系大规模失灵。对于这一情况，不仅中情局，就连关键的克里姆林宫领导人自己都未能料到。在此之前，苏联在战略军事力量上的持续投资及在世界各地的事端，占据了美国情报分析的大部分内容。此外，尽管有些分析人员对民怨沸腾和社会动荡的早期信号有所察觉，但中情局其他分析人员认为，苏联政权通过镇压异议人士或安抚公众可以轻易平息任何动乱，因此前者的观点开始并未受到认可。[2]

尽管对有些局势的发展措手不及，但中情局的分析人员在局势的跟踪方面做得还不错。1968 年苏军入侵捷克斯洛伐克之后，以及 1980 年—1981 年波兰危机期间，中情局对形势进行了严密监控。其实在这两国危机爆发之前，分析人员已就莫斯科阻止两国自由化的意图，向美国的决策者发出了预警。在波兰危机中，分析人员从关于苏联计划的敏感人力情报

[1] 原注：中情局分析人员报告了在阿富汗边界的部队集结，并预报莫斯科可能会派遣小股部队进入阿富汗，但他们没料到会发生大规模的军事行动和对该国的长期占领。参见：Douglas MacEachin and Janne E. Nolan, "The Soviet Invasion of Afghanistan in 1979: Failure of Intelligence or Policy Process?" Institute for the Study of Diplomacy Working Group Report 111, September 26, 2005, 4。亦参见：Douglas MacEachin, *Predicting the Soviet Invasion of Afghanistan: The Intelligence Community's Record* (Washington, DC: Center for the Study of Intelligence, CIA, 2002)。

[2] 原注：国家情报委员会《苏联民间骚乱的规模》备忘录（编号 NIC M-83-10006，1983 年 4 月），是关于这一话题的一份早期文件，具有争议性（现已解密）。该文件记录了日趋激烈的罢工、食品引发的骚乱和其他形式的公众异见表达，显示在米哈伊尔·戈尔巴乔夫的领导下，苏联体制失灵的趋势已显露端倪，参见网页：www.cia.gov/library/center-for-thestudy-of-intelligence/csi-publications/books-and-monographs/listing-of-declassified- national-intelligence-estimates-on-the-soviet-union-and-international-communism-1946-1984/ 1983.htm。还可参见：Gerald K. Haines and Robert E. Leggett, eds., *CIA's Analysis of the Soviet Union, 1947–1991* (Washington, DC: CIA, 2001)。该书收录了一些关键评估和中情局的判断，可展示冷战时期中情局工作的广度和深度。

中受益。[1] 不过尽管每天都会报告形势发展，分析人员仍无法预测实施军事管制的具体时间。美国的决策者也未能对其掌握的情报做出反应，也没有公开其所了解到的苏方意图，从而丧失了改变波、苏博弈结果的机会。在跟踪 20 世纪 80 年代重要的领导人变更以及 1989 年横扫东欧的民主革命方面，中情局的分析工作交出了一份漂亮答卷。事实上，中情局在一系列的评估中，反复、清晰地指出苏联体制失灵的问题。[2] 从这个角度说，中情局关于华约解散、苏联解体的评估，甚至要好于克里姆林宫里苏联领导人的判断。从 1987 年到 1989 年，中情局的报告记录了苏联工人骚乱的急剧增加，罢工次数从几十次上升到 500 多次，人数达到数十万人。乔治 · H. W. 布什总统的顾问们对中情局高层的观点并不感冒，他们不相信面对在苏联声名鹊起的鲍里斯 · 叶利钦（Boris Yeltsin），米哈伊尔 · 戈尔巴乔夫（Mikhail Gorbachev）的影响力正在下降。不过在整个这段时期，中情局分析人员的目标始终是保持客观——了解对手的实力和弱点，而不是描绘一幅决策者期望看到的场景。戈尔巴乔夫本人并不知道局势将如何收场，也无意让苏联解体。

已故参议员丹尼尔 · P. 莫伊尼汉（Daniel P. Moynihan）等人曾指控称，中情局夸大了苏联的经济规模和对美威胁；根据中情局的工作记录，情况似乎并非如此。[3] 大体上，中情局及整个情报界对苏联战略核计划的评估是优秀的。20 世纪 60 年代末 70 年代初的评估质量相对一般，80 年代初的分析失误一度达到高峰，之后经过调整有所减少。[4] 还有一些人

[1] 原注：这个敏感的人力情报来源是理查德 · 库克林斯基（Ryszard Kuklinski），关于他的非凡故事，请参见：Benjamin Weiser, *A Secret Life: The Polish Officer, His Covert Mission, and the Price He Paid to Save His Country* (Cambridge, MA: PublicAffairs, 2004)。

[2] 原注：其中具有代表性的例子可参见：Benjamin B. Fischer, ed., *At Cold War's End: US Intelligence on the Soviet Union and Eastern Europe, 1989–1991* (Washington, DC: CIA, 1999)。

[3] 原注：Daniel P. Moynihan, *Secrecy: The American Experience* (New Haven, CT: Yale University Press, 1998), 197–199.

[4] 原注："Intelligence Forecasts of Soviet Intercontinental Attack Forces: An Evaluation of the Record," April 1989, in *CIA's Analysis of the Soviet Union*, Haines and Leggett, eds., 290–291.

指责中情局的分析人员淡化了苏联的威胁。比如理查德·尼克松总统和国务卿亨利·基辛格，批评中情局的评估不能对美国的国防目标形成支持，表示需要中情局对苏联现代化计划做出更具警示性的评估。[1] 数年之后，总统对外情报顾问委员会（President's Foreign Intelligence Advisory Board）——后来的总统情报顾问委员会（President's Intelligence Advisory Board）——于 1976 年成立由通过审核的外部专家组成的“B 队”研究小组（Team B study group）；该小组含蓄地指责中情局负责监视莫斯科战略性现代化计划的分析人员，称其具有系统性的偏见并误解了苏联的意图。[2] 甚至连中央情报主任威廉·凯西也不相信他手下的分析人员所坚持的观点，比如苏欧石油管道协议不可阻挡，以及苏联未参与 1981 年教皇刺杀事件。

在最终的评估中，华沙条约（Warsaw Pact）和苏联在未发生重大战争的情况下解体，证明美国政策及为政策提供支持的情报工作质量基本上都是合格的。曾长期作为主要情报用户的前国家安全顾问布伦特·斯考克罗夫特（Brent Scowcroft）认为，情报界在这一混乱时期为他提供了良好的服务。他指出：“决策必然会在不确定的情况下完成，情报的任务就是找出这些不确定性并缩小其范围……并将政策限制在合理的界限以内。”[3] 这个例子也说明，情报由于充分融入成功的政策，而较少受到公众关注。

---

[1] 原注：参见 1969 年 6 月 18 日，中情局某某（名字尚未解密）向中央情报主任赫尔姆斯递交的备忘录。该备忘录收录在：Document 191 in Department of State, *Foreign Relations of the United States, 1969–1976, Volume II: Organization and Management of U.S. Foreign Policy, 1969–1972* (Washington, DC: Government Printing Office, 2006)。

[2] 原注：Albert Wohlstetter, “Is There a Strategic Arms Race?” *Foreign Policy* 15 (Summer 1974): 3–20. See also US Senate Select Committee on Intelligence, Subcommittee on Collection, Production, and Quality, *The National Intelligence Estimates A-B Team Episode Concerning Soviet Strategic Capability and Objectives* (Washington, DC: Government Printing Office, 1978), 1–12. B 组由对中情局评估持批评态度的人组成。就像参议院情报委员会最后总结的那样，该组“仅反映出意见光谱中的一部分”。

[3] 原注：Brent Scowcroft, letter to the editor, *Washington Post*, January 12, 2000.

亚洲：战争与核武器

对苏联的大规模情报监视，在应对其他新挑战方面也发挥了作用。对于评估共产党政权的意图和能力，情报分析人员颇感头疼，同时他们也很难说服决策者相信其评估的客观性和准确性。

中国崛起为世界强国的进程受到了中情局的严密关注，但分析人员拥有的相关确凿信息甚至比他们掌握的关于苏联的信息还要少。中情局的一位长期研究中国问题的观察家曾解释，冷战初期，"在掌握中国共产党的内部机制方面,情报分析人员与学术和新闻界同行相比没有什么优势"[1]。中情局未能预见 1950 年中国介入朝鲜战争。这一灾难性失误发生后，该局在分析中国问题上投入了更多力量，后来得以为决策者提供毛泽东重权在握、中共政局以及中苏分裂等问题的评估。中情局的一位苏联军事问题分析人员首先察觉到了中苏间日趋紧张的关系，此外中情局也对中国的"大跃进"等运动进行密切关注。该局分析人员还发现，中国军方领导层存在分歧，并很快了解到林彪（毛的指定接班人）于 1971 年试图叛逃苏联。

分析人员也关注中国日益增长的军事实力。他们判断，中国大陆会追求统一台湾地区的目标，并将持续测试台湾地区和美国的意志——但没有迹象表明，如果美国介入的情况下，北京会做出何种反应。这是个致命的严重问题。1955 年，华盛顿甚至公开表明，如果大陆攻打金门岛，美国将可能使用核武器予以打击。分析人员正确预测出中国可能在 20 世纪 60 年代初推出核计划，但对该计划推进的速度大感意外。同样富有挑战性的问题是，推测核计划将导致的结果。就像 1967 年的一份《国家情报评估》所述，"目前几乎没有任何信息，可用来判断中国如何看待核武器在其整

[1] 原注：John K. Allen, John Carver, and Tom Elmore, eds., *Tracking the Dragon: National Intelligence Estimates on China during the Era of Mao, 1948–1976* (Washington, DC: CIA, 2004), xii. 该书包含了现已解密的有关中国领导层、政治、经济和军事计划的《国家情报评估》。

体战略中的作用”[1]。不过中情局还是准确判断出，中国无意寻求与美国的“战略平等”（strategic parity），只是希望拥有适量的核武器，以提升其国际声誉并获得相应的威慑力。

鉴于评估莫斯科和北京意图的困难性，我们不难理解，为何在评估亚洲其他规模较小的共产主义政权方面，中情局的记录好坏参半。1950 年朝鲜战争突然爆发之后，中情局对朝鲜的分析才真正开始，且自那以后，分析人员在预报平壤行动时一直都比较谨慎。尽管有证据表明朝鲜当年进行了战争准备，但分析人员断定，朝鲜半岛发生战争并不符合莫斯科的利益，金日成不太可能脱离莫斯科单独行动。[2]

在 20 世纪 60 年代美国军事介入越南的高峰时期，对该国的情报分析实际是对苏和对华分析的一个分支，相关的确凿消息甚少。中央情报主任理查德·赫尔姆斯（Richard Helms）后来回忆称：“从一开始，情报分局和国家评估办公室就对军事行动的前景持悲观态度。”[3] 中情局关于南越政府羸弱、北越实力更强且意志更坚定的评估，也支持了上述悲观观点。这些评估后来被证实基本正确。

同分析河内的意图相比，在越战期间让决策者相信分析人员的判断或许同样困难。中情局关于战争的评估挑战了约翰逊和尼克松政府的观点。政府认为美国和南越的政策会取得成功，而中情局则相信北越拥有解决问题的时间和能力。[4] 与五角大楼和西贡的军事分析人员的评估相比，中情

[1] 原注：John K. Allen, John Carver, and Tom Elmore, eds., *Tracking the Dragon: National Intelligence Estimates on China during the Era of Mao, 1948–1976* (Washington, DC: CIA, 2004), xii.

[2] 原注：P. K. Rose, “Two Strategic Intelligence Mistakes in Korea 1950,” *Studies in Intelligence* 11 (Fall/Winter 2001): 57–65. See also Richard A. Mobley, “North Korea's Surprise Attack: Weak US Analysis,” *International Journal of Intelligence and Counterintelligence* 13, no. 4 (2000): 490–514. 莫布里在文中援引当时的情报分局副局长雷·克莱因的话称：“中情局就朝鲜进攻的可能性做出了一些预警……但其在语气上不够强调，没能引起国家安全委员会的注意。”

[3] 原注：Richard Helms, *A Look over My Shoulder: A Life in the Central Intelligence Agency* (New York: Random House, 2003), 311.

[4] 原注：中情局亚洲问题资深专家哈罗德·福特，在《为何中情局分析人员对越南疑

局评估的客观性为其勉强赢得了尊重。1965 年，国防部长麦克纳马拉以及参联会主席悄悄地要求中情局就北越的实力开展独立评估，并与其军队的同行交换意见，希望借此提高美国政府战斗序列数据的准确性。[1] 后来，双方关于越共战斗人员数量的争论因为过于激烈而广受关注——相对来说不太为人所知的情况是，中情局的分析尽管现在看来更为客观，但在当时所有的分析人员其实都是在乱抓救命稻草。[2] 搜集的缺陷让分析成了跛脚鸭。就像在共产主义世界其他地区的情况一样，当时没有人掌握关于北越渗透和补给活动规模的可靠数据。1969 年随着信号情报的改善，双方的争论有所缓解，但两年之后，中情局和军事分析人员仍在低估越共向南越渗透人员和物资的规模。[3] 尽管中情局对日益恶化的政治和军事形势做出了准确评估，但未能预报 1968 年 1 月突然发起的“春节攻势”(Tet Offensive)。此外，中情局认为柬埔寨不是武器输入越南的主要通道，这一评估也被证实是错误的，但在面对颇具说服力的证据时，中情局仍坚持这一错误判断。[4] 尼克松总统本人也注意到中情局的这一失误。1970，柬埔

心重重》(“Why CIA Analysts Were So Doubtful about Vietnam”) 一文中，回顾了中情局挑战总统乐观态度的长期历史，文章收录在：*Studies in Intelligence* 40 (1997): 85–95。

[1] 原注：Harold Ford, *CIA and the Vietnam Policymakers: Three Episodes* (Washington, DC: CIA, 1997), 87–89.

[2] 原注：当时的越南军事问题首席分析人员山姆·亚当斯 (Sam Adams)，由于挑战了美国军方对敌军人员力量的评估，而变得恶名昭著。作为中情局与军方对抗传奇组成部分的，还有他的著作：*War of Numbers: An Intelligence Memoir* (South Royalton, VT: Steerforth Press, 1998)。还可参见：Helms, *A Look over My Shoulder*, 328。关于战斗序列的另一种观点，参见：James J. Wirtz, “Intelligence to Please: The Order of Battle Controversy during the Vietnam War,” in *Strategic Intelligence: Windows into a Secret World: An Anthology*, Loch Johnson and James J. Wirtz eds. (Los Angeles: Roxbury, 2003), 183–197。

[3] 原注：Bruce Palmer Jr., “US Intelligence and Vietnam,” *Studies in Intelligence* 28 (1984): 91; Thomas R. Johnson, *American Cryptology during the Cold War, 1945–1989: Book II: Centralization Wins, 1960–1972* (Ft. Meade, MD: NSA, 1995), 539–540.

[4] 原注：Thomas L. Ahern Jr., *Good Questions, Wrong Answers: CIA's Estimates of Arms Traffic through Sihanoukville, Cambodia, during the Vietnam War* (Washington, DC: CIA, 2004), 39–48.

寨的一场政变令华盛顿深感震惊，尼克松随后对着助手咆哮："兰利[1]的那群蠢人到底在干什么？"[2]

毛泽东去世后，分析的焦点转向了中国日益增强的军事实力及作为一个经济大国的崛起。鉴于经济现代化向前推进而政治改革停滞不前，分析人员开始考虑是否会发生内部混乱。中情局的分析报告指出，中国领导人坚信不能犯和戈尔巴乔夫一样的错误，不能像他那样将经济改革和政治改革合并进行。中国如何管控经济现代化及其社会政治影响，目前仍是一个重要的情报课题。尽管不能将现在的中国和过去的苏联做过多比较，但北京确已取代莫斯科，成为美国唯一最重要的地缘政治对手，且具备极其不同的军事、经济和地域特点，还是一个需要对之开展严谨情报分析的对手。

同一时期，中情局分析人员还提醒决策者，注意印度和巴基斯坦进行中的核计划以及双方可能发生的军事冲突。1990 年 5 月，乔治 · H. W. 布什向南亚派出一位高级特使。该特使拿出的情报报告表明两国都在扩充常规军事力量，这令人警醒，从而使两国恢复了理智。20 世纪 80 年代末期的另一个重要情报问题是，巴基斯坦是否已拥有核武器。美国的情报明确指出，到 1987 年，巴基斯坦便已制订出积极发展核能力的计划。然而，里根和布什政府的官员却极力避免承认这一事实，因为这将导致美国中断对巴援助，而巴基斯坦对于美国将苏联人赶出阿富汗的努力至关重要。相比之下，印度的核计划更难评估。克林顿政府的官员对新德里 1998 年 5 月的核试验深感震惊。巴基斯坦紧跟着也进行了核试验。中情局因未能警示政府注意印度的核试验，而成为被指责的对象。一项由退役海军上将戴维 · 杰里迈亚（David Jeremiah）领衔开展的调查发现，分析人员错判了新当选的印度政府开展核试验的迫切心情，尽管早在竞选期间其就做出过明确的承诺。不过，调查报告没有提出：分析人员一直都认为印度具备随时开展核试验的技术能力，并曾就此向克林顿政府发出过警告；而且在此之

[1] 编注：兰利位于华盛顿特区与弗吉尼亚州交界处，是中情局总部所在地。

[2] 原注：Richard Nixon, *RN: The Memoirs of Richard Nixon*, vol. 1 (1978; repr., New York: Simon & Schuster, 1990), 447.

前，美国的外交官还曾向新德里出示过照片，以说服上届印度政府不要开展核试验。这一做法，三年前作为有力证据，曾帮助美国分析人员成功制止了印度的核试验准备；三年后却向印度传递信息，最终促使印度科学家将测试活动隐藏起来。[1]

自20世纪80年代开始，朝鲜的拥核野心和导弹计划就引起了美国分析人员的猜测。中情局的评估极为谨慎，但也不否认朝鲜可能已拥有了足量的钚，用以制造少量核武器。克林顿政府后来迫使朝鲜停止了相关计划。作为交换，美国同意向朝鲜提供不能用来制造武器级钚的核反应堆（还有说法称，美国甚至考虑对朝鲜的核设施实施打击）。平壤接受了1994年的框架协议，从而避免了与美国的对抗，但朝鲜人能在多大程度上遵守协议，美国人并未打消顾虑。1998年，朝鲜发射“大浦洞1号”导弹，其弹道导弹计划的进展远快于多数分析人员的预料。这让国防和情报部门的官员大吃一惊，似乎也证实了拉姆斯菲尔德委员会（Rumsfeld Commission）的担忧。该委员会曾痛斥1995年的一份《国家情报评估》，称其低估了潜在的核国家（比如伊朗、伊拉克、利比亚和朝鲜）在2010年前部署远程弹道导弹的可能。[2] 在那之后，高级情报官员承认了他们所犯的错

[1] 原注：George Tenet with Bill Harlow, *At the Center of the Storm: The CIA during America's Time of Crisis* (2007; repr. New York: Harper, 2008), 44–45. See also the transcript of Adm. David Jeremiah's press conference on the results of his inquiry, June 2, 1998, www.fas.org/irp/cia/ product/jeremiah.html, accessed November 28, 2012.

[2] 原注：1995年11月，中央情报主任签发了编号为NIE 95–19的《国家情报评估》——《未来15年将会出现的针对北美的导弹威胁》。该评估称：“除了几个主要的已获承认的核大国，在未来15年内，其他国家不会研发或采购将能威胁到美国本土48个州和加拿大的弹道导弹。”前中央情报主任罗伯特·盖茨领衔，由资深军事、外交和科学界专家组成的独立小组，认为该份情报评估——尽管不是“政治化”的产物——未能充分研究别国政府发展导弹计划的动机和目标。1998年，拉姆斯菲尔德委员会也得出结论：“与情报界的评估和报告反映的情况相比，这些正在形成的能力对美国构成的实际威胁涵盖范围更广、发展更快且更加成熟。”参见：*Report of the US Commission to Assess the Ballistic Missile Threat to the United States*, Executive Summary, July 15, 1998, www.fas.org/irp/ threat/bm-threat.htm。

误，并称中情局的分析人员更加欢迎外界批评，并积极应对情报工作所特有的不确定性、替代性情景和预警问题。[1] 前面提到的杰里迈亚调查报告，则提倡开展红队分析（Red Team Analysis）和替代性分析，这也促成中情局开展更多的分析方法培训——这一时期的情况还将在本书中予以详细阐述。

毫不奇怪的是，随着中国政治、经济和军事的持续崛起，人们对中情局分析工作的关注不断提高，关于其是否怀有政治偏见的怀疑也与日俱增。[2] 国会常批评中情局淡化中国的军事威胁。2000 年，在国会授权下，以退役陆军上将约翰·泰尔利（John Tilelli）为首的委员会（被称作中国前景小组），用了一年时间检查中情局的工作记录。中情局的分析活动实时跟踪中国的军事现代化进程，相关分析资源也有所增加，这反映出该问题对美国决策者的重要性日益增强。为了捍卫自己的观点，中央情报主任在 2004 年出席国会听证时，强调中情局一直沿用“强硬思维”来开展分析：“我们最大的担忧一直是中国军力的增强，且这一势头还在持续加快……中国公布的年度国防预算已从 10 年前的约 70 亿美元，增至今天的 250 多亿美元。此外，我们估计，中国对外公布的数字还不到其实际军事开支的一半……中国正在缩减军队规模并改革组织结构，以强化其现代化作战能力。如果北京认定其在地区的利益正遭受侵害，那么假以时日，所有这些措施将来会让中国成为一个令人生畏的挑战者。”[3]

---

[1] 原注：Robert Walpole, national intelligence officer for strategic and nuclear programs, “North Korea's Taepo Dong Launch and Some Implications on the Ballistic Missile Threat to the United States,” speech delivered to the Center for Strategic and International Studies, Washington, DC, December 8, 1998.

[2] 原注：举例来说，比尔·格尔茨（Bill Gertz）和罗文·斯卡伯勒（Rowan Scarborough）声称，中情局一名资深分析人员一直都鼓吹对中国采取“怀柔”立场，不提倡在分析报告中评论中国的人权记录及对中国的军力提升发出警告。参见：“Inside the Ring: NSC Predicament,” *Washington Times*, November 3, 2005。

[3] 原注：Testimony of DCI George J. Tenet before the Senate Armed Services Committee, “The Worldwide Threat 2004: Challenges in a Changing Global Context” (as prepared for delivery), March 9, 2004, www.cia.gov/news-information/speeches-testimony/2004/tenet_ testimony_03092004.html, accessed November 25, 2012.

对于朝鲜问题，分析人员提供的证据显示，平壤已制订一项旨在绕开先前承诺的秘密计划。事实上，中情局 2003 年的评估认为，“朝鲜已制造出 1 到 2 枚简易裂变型核武器”[1]。中情局分析人员事前对 2006 年 10 月的低当量核试验做出了预警。[2] 目前他们仍在监视朝鲜对韩国发动突然袭击的可能迹象，并评估朝鲜的军事实力。对于朝鲜看似与众不同的战略逻辑和与国际社会打交道的方式，他们也要提前准备，避免措手不及。过去几年朝鲜和韩国之间的不可预测的争端也清楚表明，持续监视朝鲜半岛的军事形势有多么重要。

中东：战争、恐怖活动和大规模杀伤性武器

随着中东对美利益的重要性日益凸显，中情局对中东和恐怖主义的分析也逐渐成为工作重心，分析复杂程度也与日俱增。从冷战初期的边缘地带，到目前美国主要且正在进行的军事行动战场，该地区经历的事件和社会变迁可谓是对中情局分析人员的极致考验。

从 1948 年到 1973 年，以色列及其阿拉伯邻国打了 4 场重要战争。在后 2 场战争中，以色列得到了美国的大力支持。在此期间，美国的情报部门向华盛顿的决策者提供预警和每日情况报告。到目前为止，1967 年的“六日战争”（Six-Day War）仍是情报工作“不辱使命”的成功范例。当时的分析人员评估，阿拉伯国家的领导人正面临着与日俱增的压力，被迫与以色列人再次开战。埃及总统贾迈勒 · 阿卜杜 · 纳赛尔（Gamal Abdel Nasser）和他的将军们，与叙利亚、约旦及其他阿拉伯国家制定了联合进

[1] 原注：CIA statement to Congress, August 18, 2003. See also Larry A. Niksch, “Korea: US-Korean Relations—Issues for Congress,” Congressional Research Service Issue Brief, April 14, 2006, 2–3.

[2] 原注：Statement by DCI John Negroponte, October 18, 2006. See also “US Intelligence: Air Samples Confirm N. Korea Nuke Test,” *USA Today*, October 16, 2006.

攻方案。华盛顿的分析人员正确解读出这一苗头，并及时向约翰逊政府发出预警。他们甚至预测到以色列的决定性胜利，并几乎一天不差地给出了战争结束的时间。[1] 不过，1967 年的成功似乎让分析人员陷入了自满。很快有证据显示，埃及和叙利亚人孤注一掷，想要恢复其失去的土地和名誉。讽刺的是，这次分析人员却坚信（同时还让决策者相信），阿拉伯人不会在注定失败的情况下发起一场战争。以色列和其他阿拉伯国家也都这么认为。

过去 50 年间，最引人注目的事件还包括 1979 年伊朗国王的倒台，以及什叶派宗教激进主义的兴起。20 世纪 70 年代，中情局内部负责跟踪伊朗局势的办公室，雇用了一批富有经验的分析人员，他们成功预报了部分事件。伊朗国王此前疏远神职人员，没收土地，在国家生活的许多方面推行世俗化，然而其军队和情报机关却只是看上去强大而已。对美国情报部门来说，很不幸的情况是，其接收的情报多来自亲近国王政权的人，包括美国的官员和其他内部人士。很少有关注目光投向大街上正在发生和在晨祷中提到的事情。一位中情局分析人员曾讥讽地表示："危机发生之前，我们没能提供关于伊朗的任何情报。"[2] 事实上，当时的分析人员对宗教在政治中的潜在影响力几乎没有概念，或者说他们不知道，那位年老且看上去其貌不扬的阿亚图拉 · 鲁霍拉 · 霍梅尼（Ayatollah Ruhollah Khomeini），对伊朗乃至世界竟有如此号召力和影响力。自那以后，中情局投入了更多的分析力量，监视伊斯兰教的政治影响。

有了切肤之痛之后，中情局开始关注伊斯兰极端主义的兴起。于是，他们提醒里根政府，注意埃及岌岌可危的安瓦尔 · 萨达特（Anwar Sadat）

[1] 原注：理查德 · 赫尔姆斯描述道，此后，约翰逊总统开始邀请中央情报主任参加政策讨论。详见：Helms, *A Look over My Shoulder,* 298–305. See also David S. Robarge, "CIA Analysis of the 1967 Arab-Israeli War," *Studies in Intelligence* 49 (2005)。

[2] 原注：Quoted in Robert Jervis, "Why Intelligence and Policymakers Clash," *Political Science Quarterly* 125, no. 2 (Summer 2010).

政权，甚至在口头汇报中暗示不排除其被暗杀的可能。[1] 萨达特 1981 年被埃及伊斯兰圣战组织暗杀，这使很多新闻记者预测其接任者胡斯尼 · 穆巴拉克（Hosni Mubarak）也将早早被干掉，但中情局判断，穆巴拉克和他在开罗的政权能够应对挑战。事实如中情局所料，穆巴拉克执政了 30 年。

1979 年之后，中东的恐怖主义主要以两种形式出现。第一种类似于（且可关联到）欧洲所谓的左翼革命，例如西德的巴德尔—迈因霍夫帮（Baader-Meinhof Gang）和意大利的红色旅（Red Brigades）；其与爱尔兰共和军（Irish Republican Army）及巴斯克分离主义运动埃塔（ETA）也有点相像。第二种则是宗教激进主义。这两种恐怖组织的共同特点是，背后或多或少都有国家资助：伊朗、伊拉克、叙利亚和利比亚为其提供培训及其他支持。中情局在分析中明确指出，中东大部分恐怖主义活动的目标是：结束以色列对巴勒斯坦阿拉伯人的控制，削弱美国在该地区的势力，建立当地激进政权。1986 年，中央情报主任凯西将分析人员和行动人员一同纳入新成立的反恐中心。这些人与外国情报组织开展了成功合作，挫败多起针对国际组织、美国驻外使馆、机场及其他政府设施的袭击企图。分析人员还协助惩治恐怖分子，很多人在逃多年也终被绳之以法。1988 年泛美航空公司的 103 航班在苏格兰上空被炸毁。得益于一个重要的秘密情报来源，分析人员对该事件展开了卓有成效的情报调查，并最终将怀疑对象指向了利比亚。

中情局虽然未能预见伊朗革命，但没有放过伊拉克将进攻邻国伊朗（1980 年）和科威特（1990 年）的蛛丝马迹。在伊拉克入侵伊朗的问题上，分析人员做出了充分预警，虽不够提前但也为时未晚。这场延续 8 年的血腥冲突，可能导致分析人员错误地认为伊拉克已厌倦战争，不会再挑起超出边境入侵的冲突。所以，当萨达姆 · 侯赛因在科威特的对面部署军队时，美国的情报分析人员——更别提伊拉克的邻国了——都以为这不过

---

[1] 原注：John Helgerson, *Getting to Know the President: Intelligence Briefings of Presidential Candidates, 1952–2004* (Washington, DC: CIA, 2012), 115.

是典型的虚张声势，目的无非是经济敲诈。尽管大部分分析人员都认为不会发生大规模的入侵，但在萨达姆入侵前的两周时间里，美国情报界还是按时报告伊拉克的增兵情况，几乎每日更新从不间断。不过，情报界并未说服美国在该地区的盟友、美国驻当地的大使以及其他一些人，让他们相信萨达姆会迈出如此重大一步。而在任何重大事件中，时间都显得弥足珍贵——这也可能是决策者拿不出政策解决方案的原因之一。在国际联盟承诺派出部队将伊拉克部队赶出科威特之后，一些美军指挥官和行动策划者抱怨，中情局对萨达姆抵御反攻能力的评估，似与战区司令 H. 诺曼 · 施瓦茨科普夫（H. Norman Schwarzkopf）将军的评估不符。在盟军开始地面进攻的前夕，围绕该问题的争论才到达白宫。[1] 布什总统正确地听从了施瓦茨科普夫对战场形势的判断。数天之后，战争以伊拉克军队的全线溃败告终。尽管如此，施瓦茨科普夫还是显得有点不依不饶。他在一年后出版的畅销回忆录中写道："如果等到说服中情局再行动，那么现在我们可能还在沙特。" [2]

当时，很少有人意识到，中情局在提供战术情报和作战情报（相对于战略情报）方面几乎毫无经验。事实上，要想在华盛顿生产此类分析并与各作战司令部分享，需要搜集系统、保密通信及学术部门密切联系，而这在当时都还处在起步阶段。中情局接受了部分批评，并自 1992 年开始，从搜集和分析两个方面大力提升对战斗人员的支持能力，还成立了一个专门保障国防部用户的办公室。[3] 本书在其他章节还将提到，相比 1991 年的

[1] 原注：Richard L. Russell, "CIA's Strategic Intelligence in Iraq," *Political Science Quarterly* 117, no. 2 (200

[2] 原注：H. Norman Schwarzkopf with Peter Petre, *It Doesn't Take a Hero* (1992; repr., New York: Bantam, 1993), 501.

[3] 原注：如今，分析人员通常跟随美国在全球的部队一同部署。根据中情局网站资料（访问于 2012 年 11 月 23 日），"9·11" 袭击之后中情局将两个军事办公室合并，"2007 年起由军事事务副局长（ADMA）正式领导。该机构目前由中情局雇员和军方现役专业人员组成，其任务是基于中情局局长确定的优先次序，为达成国家安全目标，协调、计划、执行并持续开展中情局和国防部在全球范围内的联合行动"。

初级状态，美军各司令部的军事情报分析现已取得长足进步。如今，在司令部内部，从事专业分析的部门一般由作战指挥官掌管，这些部门与情报界的同行们保持着广泛的联系。

再多的篇幅都不足以解释，对于2001年9月11日美国遭受的恐怖袭击，情报界为何没能发出预警。人们很少注意到，中情局在“9·11”之前就在抓捕奥萨玛·本·拉登，也是中情局最早发起了针对本·拉登及其同伙的行动。该局利用各种来源的情报并与其他情报机构开展合作，以监视本·拉登的活动并确定其位置。[1] 如果说中情局有什么失误的话，这种对致命威胁的战术性关注，可能使其忽略了基地组织对美国本土会构成更具危险性的战略性威胁。就像《“9·11”委员会报告》指出的那样，“尽管（反恐中心的）分析人员生产了大量的情报报告，但其焦点仍在于对行动的支持”[2]。“9·11”之后，中情局组织阿富汗反对派将塔利班政权赶下台，并协助抓捕了全球超过1000名“基地”组织成员。如果没有能干的分析人员认定、监视和锁定嫌疑人，并协助将其缉拿和引渡回美国，这些都是不可能完成的事情。

2003年盟军入侵伊拉克之前，情报部门在萨达姆大规模杀伤性武器问题上出现失误。尽管已经过去了十多年时间，但这仍是围绕分析问题所开展的讨论的重心。希尔伯曼—罗伯委员会2005年的调查报告，着重指出了情报搜集、分析技巧和情报管理方面的问题，正是这些问题导致情报部门得出错误结论，认为萨达姆私下存储违禁弹药并试图重启被禁的核武器计划。事实上，大部分有缺陷的分析都应归咎于过时的信息。在信息不足和长期持有的假设未受质疑的情况下，分析人员做出错误的判断。一个经

[1] 原注：理查德·科尔补充道，中情局负责情报行动的副局长，要求两组人员对该计划进行评估。作为其中一组，他们当时就表示，这是跨机构合作和创新利用行动资源及情报分析的成功典范，令人印象深刻。第一手资料可参见：Henry A.Crumpton, *The Art of Intelligence: Lessons from a Life in CIA's Clandestine Service* (New York: Penguin, 2012), chaps. 8 and 9。

[2] 原注：National Commission on Terrorist Attacks upon the United States, *The 9/11 Commission Report* (New York: Norton, 2004), 92.

常被忽略的事实是，情报部门对与伊拉克开战后果的分析是合格的，其向美军在华盛顿和战场指挥官们提供的战术和作战分析支持也基本完整。[1] 事实上，如果情报搜集准确及时，分析人员是能够出色完成任务的。这就像 2003 年，出色的分析指引了针对利比亚穆阿迈尔·卡扎菲的情报行动；那次行动让这位铁腕人物相信，他的大规模杀伤性武器计划完全被西方掌握，相关设施必须予以拆除。[2]

我们能吸取什么教训

回顾中情局分析工作的历史，能使我们发现分析固有的一些局限，从而对情报协助决策的方式抱有切合实际的期望。理解这些局限也有助于我们开发更好的分析方法。历史表明，分析工作面临着预警、政治化、信息缺口（information gap）、思维定式及专业能力建设等多重挑战。下面，让我们简要地逐个了解这些挑战，同时别忘了，在评估世界上一些最难预测和重度武装的政权时，以及在厘清美国公共生活中最紧迫、最具争议的问题时，中情局面临的历史挑战异常艰巨。

预警仍然是分析人员所面临的最艰巨挑战。中情局有时能够做出正确预测，并向决策者提出有效警示；有时，他们虽然在监视形势，但却不能对形势发展做出正确解读，或者未就对手行动的潜在后果予以充分强调，或者未能说服决策者采取必要行动。有缺陷的思维定式、不够充分的预警机制以及情报与决策间的不和谐关系，是导致这些失误的主要原因。这些挑战需要得到持续关注，本书其他章节还将予以讨论。

[1] 原注：Richard Kerr, Thomas Wolfe, Rebecca Donegan, and Aris Pappas, "Issues for the US Intelligence Community: Collection and Analysis on Iraq," *Studies in Intelligence* 49, no. 3 (Fall 2005): 1–9.

[2] 原注：*Final Report of Commission on the Intelligence Capabilities of the United States Regarding Weapons of Mass Destruction* (the WMD Commission), March 2005, 251–252.

政治化问题从历史上看较少发生，但若发生在重大的政策辩论期间，则一定会成为公众关注的焦点。从逻辑上讲，情报分析应该是就最重要的国家事务做出重大判断的基础。然而，情报分析人员面临的问题总是复杂、富有争议的，且充满了政治和军事风险，因为简单的问题早就回答过了，根本无须情报部门劳神。在这样的争论中，每个参与方都热切希望用“事实”来支撑他们的观点，并试图以最有利于自己的方式解读情报。情报分析人员和他们的上司必须了解这一事实，就像宾夕法尼亚大道[1]两旁的决策者必须尊重分析人员的勤奋和爱国精神一样。[2]

信息缺口要部分归咎于分析人员对信息的内涵缺乏了解，该问题几乎是所有重大情报失误的主要原因。不论是对于古巴导弹危机、1990年海湾战争，还是“9·11”袭击，分析人员都必须经常性地问自己：是否有缺失的信息？是否有拒止与欺骗的情况发生？是否在信息缺乏或内容不实的情况下也必须做出正确的判断？即便信息不全或内容模糊，分析人员也没有不做判断的奢侈权利。好的分析人员了解他们所处的搜集环境，而不了解这一现实的分析人员则只报告他们看到的东西。

思维定式阻止分析人员提出正确的问题。分析人员信息不足时，不得不依赖对手的过往行为，或过去对情报对象最可能采取的行为方式曾经做出的判断。这一情况常常发生。有时候，人们希望分析人员，能在敌人尚未制订出完整计划的时候，提前知道敌人的计划。过去，分析人员试着把自己置于苏联以及其他政权领导人的位置，猜测他们会如何评估用政治或军事措施挑战美国利益的风险和赢利。结果不出意料，尽管美国的分析人

---

[1] 编注：宾夕法尼亚大道（Pennsylvania Avenue）是华盛顿哥伦比亚特区的一条街道，联结白宫和美国国会大厦。

[2] 原注：理查德·科尔补充道：“在我个人的职业生涯中，关于这一问题，我极少发现需要特别警惕的事情。如果有人公然要求分析人员量体裁衣式地编写分析，以适合某种政策倾向，那么一个专业的分析人员应该可以毫无困难地予以拒绝。我本人从来没遇到过这样的困扰，同时我也认为分析的客观性是扎实分析最重要的属性。在32年的职业生涯中，我并非赞同中情局分析人员做出的所有判断，但我认为我们没有在客观性问题上做出任何妥协。”

员努力“像敌人一样思考”，但有时还是掌握不了对方决策者对形势的错误判断，也无从了解他们不同于西方人的思维模式。要想正确研究苏联人在古巴、埃及人在西奈或者伊拉克人在海湾的动机，要求分析人员放弃一些成见，不能总想着美国的对手会“规避风险”或“像我们一样”计算得失。人们可以通过经常性地运用更成熟透明的分析方法，来挑战传统观念，这样能够减少——如果不能消除——无意识的思维定式所造成的危害。

专业能力建设无法一蹴而就或轻易完成。分析是“取决于人的行当”，这一行业需要雇用、培训和领导最出色的头脑。中情局网罗了具备地区知识背景、接受过技能培训和拥有语言技能的人员，可以就重要的安全问题构建最完整的知识体系。但这些人必须都是美国公民，在典型的美国文化环境中成长，具备美式的思维习惯。从现实角度讲，目前，出于安全方面的考虑，美国情报界仍禁止雇用了解中东或亚洲当地情况的非美国人，或是对毒品和暴徒情况了如指掌的街头混混。为弥补这方面的限制，中情局必须通过拓展活动领域、开展独立调查及进行海外部署等方式来开展研究，并建立与非政府和外国专家的关系网络。其研究内容必须包含如何更好地利用公开来源信息和新科技。开发这些专业技能和经验的激励措施，应面向每个分析人员。

决策者将最终评定情报分析是否满足他们的需求。尽管这么说，但分析人员及分析工作的领导者必须努力让决策层明白，他们在开展工作时面临着诸多的限制，并帮助行政和立法部门的官员成为更成熟的分析用户。中情局及整个情报界要完成的一个现实任务，就是阐明：分析能够为决策提供信息支持，但不能保证政策的成功。决策者不应期望值太低，但也不能要求太高。

[第四章]

情报分析是一门学科吗

丽贝卡·费舍尔（Rebecca Fisher）
罗布·约翰斯顿（Rob Johnston）
彼得·克莱门特（Peter Clement）

在众多提升分析质量的努力中，还有将情报分析转变为一门真正学科的长期呼吁。事实上，本书的目的就是要促进对分析的了解，并沿着谢尔曼·肯特早在半个世纪前就已指明的方向，进一步推动分析的“专业化”。[1] 尽管许多从业者支持设立一个更具严谨性的学科，但很少有人考虑过这门学科到底有哪些要求。[2] 然而，要朝着设立学科这一目标努力，我

[1] 原注：See Sherman Kent, *Strategic Intelligence for American World Policy* (Princeton, NJ: Princeton University Press, 1949), and Jack Davis, “Sherman Kent and the Profession of Intelligence Analysis” (CIA/CSI, Sherman Kent Center for Intelligence Analysis), Occasional Papers, vol. 1, no. 5, November 2002.

[2] 原注：斯蒂芬·马林是个明显的特例。他是早期提倡借鉴医学等其他学科的经验以建立情报分析专业的人物之一。详见：Stephen Marrin and Jonathan D. Clemente, “Modeling an Intelligence Analysis Profession on Medicine,” *International Journal of Intelligence and Counterintelligence* 19 (2006): 642–65, and Marrin’s *Improving Intelligence Analysis: Bridging the Gap between Scholarship and Practice* (London: Routledge, 2012), especially chap. 8。

们应该清楚达成该目标需要什么。从业者们如果仔细观察，就会振奋地发现，这一目标并不像有些人认为的那样遥不可及。

什么是学科

学科是作为维持秩序、巩固方法和规范行为的系统出现的。个人或团体的福祉会因为个别人的行为而遭受威胁，在认识到并试图减少这种威胁的群体中，都能发现学科的身影。而专业标准、最佳实践方法、一致口径和行为准则的形成，则是控制这种风险后符合逻辑的结果。我们用不着追溯太远就能发现，法律、医学和图书馆学这样的学科如何从过去缺乏规范的临时性实践，演变为如今复杂且成熟的活动。

“专业”和“学科”这两个词虽然紧密关联，在意义上却具有细微但重大的区别。一门专业通常被看作是一生的工作，要求从业人员具备专门的知识，且通常要进行长期和集中的职业或学术准备。在此，我们将“学科”定义为一种由正式或非正式的指导机构牵头进行专业知识整理和严谨职业准备的专业，这些机构负责制定强制或自愿遵守的规则，用以指导、规范和确保达成最高水准的职业表现。学科保留了从业者的集体智慧，并建立起这些知识的存取标准。各门学科通过实践活动、道德标准和再教育要求等，与其他学科区别开来。鉴于目前“情报分析”尚缺乏上述属性，关于“情报分析是一门学科吗”的答案只能是“不是”。不过更好的问题或许是：“情报分析应该成为一门学科吗？”本章将参考其他一些已经成为学科的专业，就这一问题给出肯定答案。

法律专业

美国的法律专业成型于19世纪。在19世纪70年代之前，行使法律还是上层阶级的专属领域，庄严且高不可攀。哲学家亚历西斯·托克维尔（Alexis de Tocqueville）在 1835 年写道：“在美国……律师……来自最高的政治阶层，是最有修养的社会圈子。”[1] 但是到 19 世纪中叶，伴随着美国的急速发展和对法律服务的需求增长，法律专业的精英主义受到冲击，从而开启了该行业的民主化进程，使之成为一个更容易进入的行业。过去只有少数特权人士能够从事的职业突然对大众开放，致使获取律师资格的标准变得较为随意。在有些行政区内，这样的标准甚至根本不存在。[2]

到 19 世纪后半期，美国的法律专业变得极为混乱。不恰当的行为包括在法庭上无视规矩的做法，以及不得体的言语和穿着，其背后是腐败的盛行。当时的律师准入委员会在呈交纽约律师界的报告中写道：“在 19 世纪的前 40 年，法律专业的学识和职业担当水准总体较高。在 1840 年前后，这一水准开始持续下滑，直至 1870 年的最低水平。那时就连法官都受到了腐败侵蚀，并在律师中寻求支持。”[3]

法律专业应是由受过教育且遵守规矩的人从事的行业。在这一扭转的过程中，第一个具有里程碑意义的事件是律师协会的产生。第一个律师协会是纽约市律师协会，它设立了“严格的成员资格审查机制……以维护行业的荣耀与尊严”[4]，并将确保司法的及时实施设定为最高目标。以此为转折点，更多的律师协会涌现出来，其中最引人注目的是 1878 年成立的美国律师协会（American Bar Asssociation, ABA）。在该协会出现之前，“(律

---

[1] 原注：Alexis de Tocqueville, *Democracy in America* (1889; repr., Washington, DC: Regnery, 2002), 221.

[2] 原注：Harry J. Lambeth, “Practicing Law in 1878,” *American Bar Association Journal* 64 (July 1978): 1016.

[3] 原注：Harry J. Lambeth, “Practicing Law in 1878,” *American Bar Association Journal* 64 (July 1978): 1016. 举例来说，1850 年，在印第安纳州，要想成为律师，只需“品行端正”并有权投票。

[4] 原注：Harry J. Lambeth, “Practicing Law in 1878,” *American Bar Association Journal* 64 (July 1978): 1018.

师的）行为没有统一的道德规范，也鲜有机构为此做出努力”[1]。不过到了 20 世纪初，该组织成功地草拟了法案，为法律改革设定了标准，还确立了美国法律教育的标准要求，这对我们来说最具参考意义。截至 19 世纪末，又有 176 个律师协会成立。此后，法律教育方式发生转变，涉及过失法、征税和私产等专门课题的教科书得以出版。每次创新都代表着新一层的监督与管理，促使法律从专业向学科转变。

与教育标准的实施同步进行的，还有法律专业知识的系统化整理，后者建立了判例法体系，使西方的法律体系成为世界上第一个“知识管理”系统。每个判例都附带一个包含参与者、诉讼进程和判决信息的专门记录，构成一个可被任何人利用的知识体系。后来的案件能够以此为依据，开展法庭辩论或被宣布无效。然而在其最混乱的时期，法律专业并没有统一和系统的知识研究体系。现在电子版或印刷版的美国判例摘要系统（American Digest System）和全国判例汇编系统（National Reporter System）随处可见，但在当时它们都不存在。这些资源是在 1872 年才出现的，其产生要归功于约翰 · B. 韦斯特（John B. West）的前瞻性和开拓性工作。韦斯特的钥匙码系统（Key Number System）至今仍在使用。它分为 7 个总类目（人员、财产、合同、民事侵权、刑事犯罪、补偿和政府），下面又细分为 400 个主类目（例如民权、安全、刑法等）和近 10 万个次类目，如此分类可以方便研究者从浩如烟海的数据中准确提取出相关信息。

法律知识的系统化及检索方法的发展，是法律专业从业余向正式学科转变过程中的另一成就。韦斯特系统的一大好处是，它可以容纳判例法的不断发展。该系统构建在一个动态的、可调整的分类法基础之上，这一分类法允许将新出现的词汇和方法纳入其中。韦斯特系统的另一好处是它可以升级。纸质更新内容可以轻易地在三环活页夹中添加或取出，从而确保了从业者的法律参考一直反映法律的当下状况。经过多年的实践运用，韦

[1] 原注：Whitney North Seymour, “The First Century of the American Bar Association,” *American Bar Association Journal* 64 (July 1978): 1040.

斯特系统——最终被称作全国判例汇编系统——已经成为“判例法、法律法规和多数法学事宜的权威来源”。[1]

情报和法律有太多相似之处。如果把下面一段话中的“法律”和“学生”分别替换成“情报”和“分析人员”，你将会对美国情报的现状有深刻的认识：

> 归根到底，法律是由相互关联的学说以及常常相互矛盾的解释性文本构成的一个复杂网络。法律专业的一年级新生常常缺乏对情景的理解能力，这一能力能够帮助人们发现和评估所有的历史判决，进而对面前的课题进行全面分析。除了要对法律及其作用方式有全面了解外，他们还必须同时应对多重挑战：不熟悉的环境、似乎故意要让学生们手忙脚乱的课程设置、新的思维方式、讲一种新语言或至少是操一口陌生英文“方言”的老师等。当然，每个学生的能力水平都不尽相同。法律研究是一门要求很高的学科，优秀的法律研究者应该是具有好奇心、坚韧毅力和灵活性的人。这样的特点在人群中分布并不平均，在律师和法律专业的学生中情况则更是如此。[2]

之所以把情报与法律进行比较，最重要的意义或许在于，身处一个好像刻意要“让他们手忙脚乱”的世界，情报界的成员在面对“多重挑战”时可能的确会无所适从；但如果他们希望情报分析取得“学科”的地位，具备学科应有的严谨、韧性和高标准，那么资源和方法的系统化便是一直存在的迫切要求。

在法律界，法律专业能取得今天的地位，正是得益于组织有序的资

---

[1] 原注：Jason Krause, “Towering Titans: LexisNexis and West Are Still Battling for Dominance,” *American Bar Association Journal* 90 (May 2004): 50.

[2] 原注：Jason Krause, “Towering Titans: LexisNexis and West Are Still Battling for Dominance,” *American Bar Association Journal* 90 (May 2004): 50.

源、系统化的研究方法、确立起专业标准和道德原则的指导机构，以及诸多委员会——其目的在于确保人员成为律师前具备相应水平的教育和能力。最终，“法律”学科得以确立；它具备一致性和可预测性，让联邦和各州的法律以及国际法在美国得以实施和运用。

医学专业

医学界和情报分析领域的相似性更为明显，因为二者的从业人员常常要在突然出现的生死关头或高风险情况下做出艰难抉择。在过去几个世纪，医疗决策主要依赖多年的训练、个人经验以及与同事们的协商——医学从业者通过这种最高级的学徒模式，获取专门技能并为自己的诊断寻求支持，这与情报界的情况非常相似。

然而，培训、个人经验以及同行的建议——不管出于何种善意或多么翔实——都无法与证据相提并论。搜集确凿数据以做出决定，并最终影响病人的生死，并不总是医学界的惯常做法，这一状况比情报分析也好不到哪儿去。就像我们在法律专业上看到的情况一样，专业化作为成为一门学科的条件之一，是拥有并正确使用内容丰富的学术知识库。

与判例法的情况一样，医学知识库并非不存在。从希波克拉底（Hippocrates）时期开始，医学方面的小册子、报告和书籍就在影响着医学实践。不过，当代的医学数据库在 1818 年才开始出现。当时，美国陆军军医总监约瑟夫 · 洛弗尔（Joseph Lovell）首先开始搜集相关书籍杂志，来为其手下的医生建立参考书库。他的书库成为后来美国国家医学图书馆的前身，该图书馆收藏了数以百万计的杂志文章、专著和声像素材，以及关于毒理学、环境卫生和分子生物学等方面的专业书籍。如今，国家医学图书馆使用的索引系统为医学主题词表（Medical Subject Heading, MeSH），与韦斯特的钥匙码系统大同小异。该系统可为医疗方面的专家、科学家、图书馆管理员和广大民众提供服务，其服务器支持每年 15 亿次的文献搜索，年度预算约 3.38 亿美元。[1]

不过，一门专业不能仅仅因为其有文献存在，就自动拥有了学科的地位。来自行业内部要求改善方法和结果的压力，同样也是其演变为学科过程中不可或缺的一部分。就像法律专业的情况一样，医学专业也从内部传出广泛呼声，要求实现教育培训和资格授予的改善和标准化。普利策奖得主、《美国医学的社会转变》（*The Social Transformation of American Medicine*）一书的作者保罗·斯塔尔（Paul Starr）曾指出，美国医学教育的缺陷延续了数十年的时间——1875 年的时候，任何高中毕业生都能进医学院学习，且学生可以按他们喜欢的顺序完成两年课程。这样的课程设计下，新的知识并未强制性地建立在以往知识的基础之上，从而无法保证学生对医学现象和方法有纵向的了解。

19 世纪末的医学和当今的情报都缺乏指导机构和资格授予系统，但二者的相似之处并不止于此。斯塔尔观察发现，学徒模式的最大失败在于"缺乏医学体制对指导医师的管理"——这在情报界也有所反映。情报课题专家在传授新手"情报方法"秘诀时面临严重制约，因为他们同时还要履行不断涌现且都具备一定紧迫性的日常工作。在情报界，新出现的指导机构和监督体制——如同行评议和主要从事分析方法和培训事务的"情报方法"专家——通过创立情报方法标准和实践方针，弥补了学徒模式的部分缺陷；但是，类似机构和体制的总体缺失，仍会令一个本已严重的问题更加凸显。

1901 年成立美国医学协会医学教育委员会之后，美国医学界开始填补上述缺陷，改善学徒模式。该委员会在其第一次会议上，确立了标准化的教学要求，并着手开始制定"理想的医学课程"。[2] 几年之后，亚伯拉

[1] 原注：NIH National Library of Medicine Programs and Services Fiscal Year 2010 Annual Report, www.nlm.nih.gov/ocpl/anreports/fy2010.pdf, and H.R. 2055—the Consolidated Appropriations Act, 2012, Public Law 112-74, http://officeofbudget.od.nih.gov/pdfs/FY13/Appropriations%20Language-2012.pdf.

[2] 原注：Andrew H. Beck, "The Flexner Report and the Standardization of American Medical Education," *Journal of the American Medical Association* 291 (May 5, 2004): 2139.

罕·弗莱克斯纳（Abraham Flexner）历经 18 个月、遍访 155 个医学院之后，最终出炉《弗莱克斯纳报告》。在报告中，弗莱克斯纳指出，尽管美国的医学从业者并不比他们的欧洲同行差，但“世界上恐怕没有哪个国家像美国这样，在最好、一般和最差的医生间存在如此大的差距和致命性的不同”[1]。最终，通过法定培训、授予证书和由专门委员会认定医师资格的形式，弗莱克斯纳提出的建议得以实施，而医学知识体系则以书籍、论文和专著的形式不断增长。就这样，医学专业开始了朝向“学科”的真诚蜕变。

然而，在如今充斥着发现和发明的日益变化的世界里，仅凭培训、证书授予或者资格认定委员会，再加上专业知识库（在医学和法学的某些历史阶段中，这些事物并不存在），并不能排除依赖个人过去成功经验行事的危险。[2] 就医学来说，只有当医学从业者意识到指导医疗决策的是证据而非观点时，获取、使用和分享重要医学信息（譬如存储于联机医学文献分析和检索系统以及众多医学图书馆书架上的资料）的方式，才可成为该学科的基本特征。在基于证据的医学实践出现之前，

> 医生在面对病人时，通常会通过所谓“医学艺术”或“临床判断”的主观过程，综合有关病人的所有重要信息、相关研究以及基于以往病例的经验，以确定最佳的治疗方案。这时，“医疗决策”这样一个值得研究的课题根本就不存在。分析方法和数学模型的使用也只限于一些研究项目。所谓的“指导方针”不过是专家向非专家偶尔提供建议的方式而已。疗法的选用和医疗的必要性被重复定义：如果大部分医生都在使用某种疗法，那么该疗法在医学上就是必要的，应该被纳入医疗方案。疾病的治疗并不要求任何

[1] 原注：Andrew H. Beck, “The Flexner Report and the Standardization of American Medical Education,” *Journal of the American Medical Association* 291 (May 5, 2004): 2140.

[2] 原注：Stephen P. Marrin and Jonathan D. Clemente, “Improving Intelligence Analysis by Looking to the Medical Profession,” *International Journal of Intelligence and Counterintelligence* 18 (Winter 2005): 707, and Marrin and Clemente, “Modeling an Intelligence Analysis Profession” : 642.

超出现有治疗方案的东西，而治疗的效果则被视作当然。[1]

这里“医学艺术”和“临床判断”的提法内涵含糊不清，和情报界分析人员所谓的“专业知识”如出一辙。到底什么是专业知识？如何对其进行评判？如何传授？抑或是说该专业知识太过主观，所以人们只能“在接触时才会有所了解”？ 1973 年，英国产科医生和流行病学家阿奇·科克伦（Archie Cochrane）发表了里程碑式的著作《效用和效率：关于医疗服务的随想》。在这之后，美国医学界被迫追问自己的正是这些问题。[2] 科克伦在书中用大胆和直言不讳的语言对医学实践的方式提出质疑，并呼吁对**效用**（治疗是否真有效果）和**效率**（治疗方案是否代表了对资源的最优利用）进行严谨的评估。科克伦称，这样的评估可以通过开展随机和受控的临床试验得以实现。他认为，治疗方案的确定必须要与证据一致，而不能基于他人的说法、凭空想象的效果，或者“标准作业程序”式的思维模式——这种思维模式常常导致人们忽视其他可能的情况、副作用、长期伤害和明显矛盾的信息。这里，证据被定义为以系统方式存储的“关于事件之间明显联系的任何实际观察”[3]，它使得人们能够在获得“灌输性”培训和智慧建议的基础上，建立高阶的认知过程。医生们使用统计数据而不仅仅是轶事性的信息，这样能更好地理解疾病的整体情况，深入了解可能有效的疗法和手术措施，同时拓展研究范围——包括对本来可能会被忽视的一些可能性进行研究。科克伦的著作标志着循证医学（evidence-based

[1] 原注：David M. Eddy, “Evidence-Based Medicine: A Unified Approach,” *Health Affairs* 24 (January–February 2005): 9.

[2] 原注：A. L. Cochrane, *Effectiveness and Efficiency: Random Reflections on Health Services* (London: Nuffield Provincial Hospitals Trust, 1973).

[3] 原注：G. H. Guyatt, R. B. Haynes, R. Z. Jaeschke, D. J. Cook, L. Green, C. D. Naylor, M. C. Wilson, and W. S. Richardson, “Users' Guides to the Medical Literature: XXV— Evidence-Based Medicine: Principles for Applying the Users' Guides to Patient Care; Evidence-Based Medicine Working Group,” *Journal of the American Medical Association* 284 (September 13, 2000): 1290.

medicine, EBM）运动的开始。作为医学学科中的分学科，循证医学使用严苛的标准评价医学研究的质量和有效性，其内容涵盖：随机受控试验和临床试验等系统性研究方法、涉及循证医学实践及研究的出版物和知识库，以及全球医疗从业者网络这样的研究机构，在这些机构中就某些医学课题的循证医学资源可实现共享。

医学界的情况与法律界类似，因为有了组织有序的资源、系统化的研究方法、专业标准和准则，再加上造诣高深的从业者对见习医生的监督，医学专业才实至名归地取得了“学科”的地位。

图书馆专业

获取和组织资源，并通过系统化的研究方法对这些资源加以全面利用，是每个图书馆存在的根本原因。21 世纪的“图书馆学”作为一门学科，其从业者的专业标准和气质也能反映出他们所具备的研究生学历、相关实习培训经历、所获资质，以及在众多专业协会中的参与。今天，在美国 121169 座图书馆中工作着 148895 名图书馆馆员，他们基本赞成对资料随时随地的查阅，且积极反对内容审查。一个好的图书馆馆员常常也是最具见地、洞察力和怀疑精神的信息消费者；对顾客来说，要想从质量、价值和可调取性都不甚明了的海量信息中准确抽取所需信息，馆员往往是希望所在。

19 世纪末，经历了几个世纪的演化后，向信息需求者（这些人并不熟悉信息的组织方式，甚至全然不知）有效提供高质量信息的能力，才达到现在的大众化状态。在此之前，最早的图书馆只服务于统治者和有文化的社会精英。举例来说，成立于公元前 3 世纪的亚历山大图书馆，被认为是 1447 年谷登堡活字印刷术发明之前世界上最伟大的图书馆，其成员都是些受过良好教育的科学家、数学家和天文学家。这些人对图书馆大量藏书的接触和熟悉程度——不管是无心插柳还是有意为之——都堪比是一种权力和支配能力。即使是在近代的 19 世纪中期，成为一名图书馆馆员——拉尔夫·沃尔多·爱默生称其为“书籍方面的教授”——仍然被看作是一种荣誉，只有受过上层社会的教育和培训、具备高人一等的知识、能够维护图书馆“只为高尚文化服务”属性的人，才有资格拥有这样的头衔。[1] 既然如此，图书馆馆员作为智慧守护者的神秘气息，就赋予了他们某种意识形态上的权威。正如所谓的“专业知识”或“医学艺术”一样，这种权威的正当性既无法证实，又无法证伪。图书馆馆员的职位成为专家的专属领地，这些人的专业知识与技能来自广泛的阅读及其所受的教育，而不是具备系统化查询方法的外在设施。

尽管对深层次原因的探讨已经超出了本章的范畴，但需要指出的是，19 世纪末，不论是法律、医学还是图书馆学，都在专业化的道路上经历了深刻变化，而这也许并非巧合。随着 1873 年杜威十进制分类法（Dewey Decimal Classification, DDC）的出现，要求变革的呼声到了紧要关头。被称为“现代图书馆学之父”的梅尔维尔·杜威（Melvil Dewey），开发出一套组织管理知识的系统，从而将图书馆馆员的工作从一项带有神圣色彩的活动，转变为一种学科性的工作。如今，一个多世纪之后，杜威十进制分类法仍然是世界上应用最广的分类法。不过，这样的转变既非一蹴而就，也不是从一开始就广受认可。当时的图书馆学者仍推崇书目式的文献推介方式，即继续就每个主题编写具有权威性质的“最佳书籍”目录，以指引公众对书籍的了解和消费，而他们自己则扮演着终极仲裁人的角色。这些人强烈地反对杜威的分类法。1886 年，美国图书馆协会的会议引燃了双方意识形态的激烈冲突。在那次会议上，来自阿默斯特的威廉·弗莱彻（William Fletcher）诬蔑杜威的分类法“试图用机器取代人脑”[2]。而杜威则终其一生坚持，“以恰当方式收藏‘好书’的免费公共图书馆，可以通过高效运作的方式，达成教育大

[1] 原注：Bernd Frohmann, “‘Best Books’ and Excited Readers: Discursive Tensions in the Writings of Melvil Dewey,” *Libraries & Culture* 32 (Summer 1997): 349.

[2] 原注：Bernd Frohmann, “‘Best Books’ and Excited Readers: Discursive Tensions in the Writings of Melvil Dewey,” *Libraries & Culture* 32 (Summer 1997): 352.

众、使其自我完善之目的"；为了达成这一目标，首先需要排除存在于信息定位和获取中的神秘气息。[1]

随着杜威十进制分类法的使用，任何人借助系统化的流程都可展现出专业的技能。图书馆馆员的工作已不再是社会精英和博览群书者的专属领域。像韦斯特和科克伦一样，杜威的工作使从无尽的资源中发现、定位和评估信息成为可能。类似于韦斯特钥匙码系统和循证医学方法，杜威十进制分类法也经常做出改进以容纳新的知识：每年，国会图书馆的专家们都要用掉 11 万个杜威十进制分类法数字，以定义新的类别。[2] 韦斯特系统和国家医学图书馆的医学主题词分类法均由一个单一的机构负责维护。与此类似，杜威十进制分类法的管理由国会图书馆负责。基于课题专家的一致意见，扩展和修改这些重要分类法的工作会经常进行。

当代的图书馆满是书籍、连续出版物、音像视频文件以及迅速增长的海量网页资料，这印证了 1963 年心理学家乔治 · 凯利（George Kelly）的观察。凯利指出："现今我们关于宇宙的一切解释都将被重新修订。"[3] 事实上，最有可能同时存有以往解释及其修正版本的地方，非当代图书馆莫属。发端于亚历山大图书馆及其 70 万部书卷的当代图书馆，使人们能够实现便捷查询，获取无穷无尽且经过系统整理的信息。在图书馆馆员的帮助下，每个搜寻信息的人能以最优的方式使用所有可用的信息资源。和他们的法律和医学界同行一样，图书馆馆员们所代表的这门学科根植于系统和可复制的方法，其从业者需要具备研究生层次的培训、通过认证并有专业追求。

---

[1] 原注：Wayne A. Wiegand, *Irrepressible Reformer: A Biography of Melvil Dewey* (Chicago: American Library Association, 1996), 33.

[2] 原注："Introduction to Dewey Decimal Classification," OCLC (Online Computer Library Center), www.oclc.org/dewey/versions/ddc22print/intro.pdf.

[3] 原注：George A. Kelly, *A Theory of Personality: The Psychology of Personal Constructs* (New York: Norton, 1963), 15.

作为“学习型组织”的学科

另一种定义学科——不管它是法学、医学、图书馆学，抑或是可能的情报分析学——的方式，是把这门学科当作一种学习型组织。无论正式与否，一门实际开展的学科必须具备知识管理、意义构建以及所谓“正念”（mindfulness）。[1] 情报分析必须和其他已经建立起来的学科一道朝这个方向努力，目前一些情报机构正开始认识到上述能力的重要性。

知识管理是一系列组织原则的系统集合，它出现在图书馆的时间要远早于出现在法律、医学或情报分析领域的时间。不过，得益于卡尔－爱立克·斯威比（Karl-Erik Sveiby）和彼得·圣吉（Peter Senge）在20世纪80年代末和90年代初的工作，知识管理才作为最佳商业实践的一个重要支柱而兴起。斯威比基于其1986年的著作《管理知识》（*Managing Knowhow*）中的观点，创造了“知识管理”一词。他意识到，他的学术工作不再依赖于“由部分人充当管理者且成果可见的正式知识体系”，而是依赖于“大量基于知识的不可见资源”——在现实中，课题专家的知识是公司最具价值的资产。他认识到，在一个依赖知识、连产品生产都取决于不断变化的信息的环境里，传统上“指挥与控制”式的工业思维即便能够继续存在，至少也是难以为继的。在他早期的工作中，斯威比试图为商界领袖面临的问题寻求答案。这些人“缺乏清晰明了的工具，仅凭直觉和热情管理……就像无头苍蝇，甚至也不懂被哲学家称作认识论的基础知识理论”[2]。

---

[1] 原注：“意义构建”最早由布伦达·德尔文（Brenda Dervin）提出。卡尔·韦克（Karl Weick）后来进一步发展了这一概念，并提出了与之相关的“正念”概念。参见：Brenda Dervin, “Sense-Making Methodology Site,” http://communication.sbs.ohio-state.edu/sense-making, and Karl Weick, *Managing the Unexpected: Assuring High Performance in an Age of Complexity* (New York: Jossey-Bass, 2001)。

[2] 原注：Karl-Erik Sveiby, *The New Organizational Wealth: Managing and Measuring KnowledgeBased Assets* (San Francisco: Berrett Koehler, 1997), x.

圣吉在其 1990 年的畅销书《第五项修炼》（*The Fifth Discipline*）中，用“学习型组织”一词拓展了知识管理的概念内涵，使其不再仅仅是一种获取、组织和存储信息的方式。他将学习型组织定义为一种环境，在这种环境下，“人们持续地拓展自身能力，以创造他们真正希望的结果；新的拓展性思维模式得到培育；集体目标受到鼓励；人们不断地学习以共同了解全局”[1]。

如今，知识管理广为人们接受，这种组织形式包含了一整套的实践和方法：把默会知识转化为显性的编码知识，建立知识实时获取系统，提供事后评估等。目前知识管理体系在许多大公司遍地开花，对情报也同样具有重要价值。

对情报分析机构来说，成为学习型组织的价值是毋庸置疑的。不论是在国家安全还是商业领域，意料之外的结果都是不可接受的。为避免出现措手不及的情况，各类组织及其专家都必须持续地开展组织化的学习，以便将自己从先入之见和刻板教条的禁锢中解放出来。要成为学习型组织，情报分析不仅要更好地管理存在于分析人员头脑中的默会知识，还必须创造一种氛围：鼓励不断学习，倾听新的观点，借鉴更灵活的商业实践，以容纳非传统的思维和合作模式。

作为新生学科的情报分析

从法学、医学和图书馆学各自演变成学科的过程中，我们可以发现一些共通之处，值得情报分析借鉴。上述学科的发展过程都具备如下特征：

★ 制定质量标准的指导机构（例如美国律师协会、美国医学协会）；

---

[1] 原注：Peter M. Senge, *The Fifth Discipline: Mastering the Five Practices of the Learning Organization* (New York: Doubleday, 1990), 3; revised in 2006 and published with a new subtitle: *The Art and Practice of the Learning Organization*.

★ 培养从业人员并为其职业生涯提供持续培训的严格教育体制；
★ 规定行业准入门槛的资质认证；
★ 组织本领域信息、方便信息提取和扩充的知识管理系统（如韦斯特系统、国家医学图书馆、医学主题词系统、杜威系统）。

在评估一个羽翼未丰的行业——比如说情报分析——是否已接近成为一门正式学科时，这些都是已被证实的公认标准。

法学、医学和图书馆学的例子，不过是众多行业的几个缩影。在这些行业中，对**数据**（观察与测量）、**信息**（已经被分类、索引和存储的有序数据）和**知识**（经过分析与消化的信息）加以利用的方法和原则不断演进，让这些行业从基础的活动转变为受到正式认可的系统化学科。[1] 而到目前为止，作为与美国国家安全和公众政策紧密相关的情报分析，仍未完成这一转变；这应该引起我们的关注和研究。近期，一系列要求改革的呼声汇集成一股更强的声音，要求就情报分析方法制定严格的标准，增进知识共享，促进部门和机构间更好的信息交流，提高分析的可靠性。[2] 由于情报分析仍属于特殊行业，且缺乏让从业者系统化地获取、分享和生产知

[1] 原注：爱德华·华尔兹（Edward Waltz）的重要著述，介绍了情报界和军界的知识管理。关于情报的这三个构成部分，可参见他的著作：*Knowledge Management in the Intelligence Enterprise* (Boston: Artech House, 2003) and *Information Warfare: Principles and Operations* (Boston: Artech House, 1998).

[2] 原注：寻求改善情报分析的著作有很多，包括：Rob Johnston, *Analytic Culture in the U.S. Intelligence Community: An Ethnographic Study* (Washington, DC: Center for the Study of Intelligence, CIA, 2005); National Research Council, National Academy of Sciences, *Intelligence Analysis for Tomorrow: Advances from the Behavioral and Social Sciences* (Washington, DC: National Academies Press, 2011); Commission on the Intelligence Capabilities of the United States Regarding Weapons of Mass Destruction, *Report to the President of the United States, March 31, 2005 (WMD Commission Report)* (Washington, DC: Government Printing Office, 2005), chap. 8; Steven Rieber and Neil Thomason, "Toward Improving Intelligence Analysis: Creation of a National Institute for Analytic Methods," *Studies in Intelligence* 49 (2005): 71; and Marrin and Clemente, "Improving Intelligence Analysis," 707。

识的监管机制，它在目前还不能被看作是一门羽翼丰满的学科。

不过令人欣慰的是，情报分析与已经转变为学科的法学、医学和图书馆学之间，的确有许多共通之处。一个重要的步骤便是建立“情报文献”——根据1955年谢尔曼·肯特的说法，这应“作为对我们多方面呼吁的回应，由行业内最博学的倡议者建立”[1]。肯特在加入中情局之前是耶鲁大学的一名历史学教授，他描述了逐步建立这样一种循证文献（evidence-based literature）的过程：“X少校就某一理论撰写了一篇论文并予以发表……B先生看到这篇论文，并在思考后写出一篇评论……C指挥官之后又就这两篇文章写出了自己的评论……”这样逐步累加的文献，能够就某个问题提出深入的看法，并可能引发“另一个人站出来，就之前所有的相关文献提出他的独特看法”[2]。肯特承认，建立他所谓的“系统性的情报文献”是一个缓慢、耗时的过程，不过他仍坚定捍卫这种投入的价值，表示：“将X先生从现实任务中解放出来，给他时间整理自己的想法并将其落实在纸上，如果X先生的想法被发现有独到之处和长久价值，那么其带来的回报将远大于被耽误的工作。”[3]X先生通过这种方式对情报文献做出的贡献，绝不能被仅仅看作是又一次的汇报、论文或评估，而是他个人的独特智慧在经历了工作、交流和辩论后的沉淀。

肯特关于建立情报文献的呼吁得到了回应——其热烈程度甚至超出了他本人的预期。在过去的几十年间，相关的书籍和文章甚至可以填满一个较大的图书馆，尽管其中只有极少数直接涉及情报分析问题。一些学术性杂志由情报同行撰写评论，如中情局偶尔不涉密的《情报研究》（*Studies in Intelligence*）、国防情报局的《国防情报杂志》（*Defense Intelligence*

[1] 原注：Sherman Kent, “The Need for an Intelligence Literature,” *Studies in Intelligence* 1 (Fall 1955): 3.

[2] 原注：Sherman Kent, “The Need for an Intelligence Literature,” *Studies in Intelligence* 1 (Fall 1955): 7.

[3] 原注：Sherman Kent, “The Need for an Intelligence Literature,” *Studies in Intelligence* 1 (Fall 1955): 10.

Journal），以及由前情报官协会（Association of Former Intelligence Officers）出版的《情报人》（*The Intelligencer*）杂志。它们极为有益地补充了一些学院味浓厚的杂志，如《情报与国家安全》（*Intelligence and National Security*）和《国际情报与反情报杂志》（*International Journal of Intelligence and CounterIntelligence*）。此外，国际研究协会（International Studies Association）也常常在其年会上，资助研究小组就情报问题开展研究。尽管上述杂志及研究小组并不总是专注于情报分析问题，但是，通过深入调查、史料记载、案例研究、来自从业者的观点、总结经验教训的文章、书评，以及在情报界所有部门间开展的信息共享，情报分析得以向前发展。

一门新兴学科的新特征

60 年前谢尔曼·肯特关于建立情报文献的呼吁，是情报分析在通往学科的道路上迈出的重要和基础性的一步。自那以后，很多改变接踵而来。其中最重要的进展，或许就是人们日渐认可一种观念：对分析来说，课题方面的专业知识虽然重要，但却不足以让其成为一门真正的专业。分析人员不仅要对分析对象有深入了解，即掌握关于具体国家、非国家实体、地区、意识形态、技术以及社会科学理论的确切知识，还需要深刻理解情报活动本身的运作方式：如何提出情报需求；如何通过秘密的人力或技术途径搜集和处理情报；如何开展最佳的情报分析，特别是通过结构化分析方法，以获取最合理、最可靠和最有用的结果；如何将高质量分析得出的判断、预报和洞察更好地服务于情报用户。

针对美国的情报搜集活动，美国的对手和“情报对象”（intelligence target）会采取反制措施以实现信息拒止，或者通过篡改信息以达成欺骗目的。对于这些分析对象的手法以及情报搜集门类（参见文本框 4.1 中的内容），最好的分析人员都要深入理解并掌握相关专业知识。同时，他们也要理解分析所固有的认知过程，了解认知对分析的影响，知道为何要对相反观点持开放态度，并认可替代性分析的重要价值。在这一过程中，他们必须强化自己承认错误以及从错误和最佳实践方法中吸取经验的能力，从长远看，这些有助于他们得出正确的结论。与肯特时代的同行相比，如今的分析人员能够在合作的氛围中更有效地开展工作。

文本框 4.1　分析人员和情报搜集门类

情报分析所用的大部分信息都来源于各具特色的情报搜集系统和流程。深入了解这些系统和流程，是分析人员开展工作的关键。情报搜集有各种不同的分类方法，下述的分类基本抓住各搜集门类的关键性区别，且对每种门类进行介绍后，还简短讨论了其对分析的意义。

人力情报（human intelligence, HUMINT）：人力情报就是通过人的渠道搜集信息。不过这一方式既复杂又危险。秘密人力情报是典型的间谍活动，涵盖了人员的发掘、评估、发展、招募和秘密操控——不为当地的反情报机关所知。首先，要能发现一个可能接触特定信息的人员，并就接近和发展该人制定有针对性的策略，然后（假定招募成功）对该人员进行审查，以确保他或她提供的本人身份信息真实可靠，不是为敌方工作的双重间谍。

对分析的意义：只有人力情报来源的身份真实可靠，且通过严格的审查程序，其提供的信息才是可信的。一般情况下，分析人员不参与搜集活动，也不接触情报来源。他们不知道消息来源是谁，也不太可能深入了解情报来源的动机、获取信息的渠道以及其所经历的审查过程。分析人员看到的只是情报来源提供的信息，但在不了解情报来源的背景、招募方式及相关搜集行动动态的情况下，他们无法确定信息的准确性和可靠性。尽管大部分的人力情报来源提供了有价值的信息，其中一小部分甚至还发挥了关键性作用，但仍有少部分在事后被证实是双面间谍。这些人提供的只是些无用或欺骗性的信息，比如古巴一些效力于卡斯特罗的情报来源。还有一些人只是情报的编造者，比如身居德国、代号为“曲线球”的伊拉克线人，此人有模有样地编造了本不存在的伊拉克生物武器的谎言。基于人力情报的分析需要有价值的信息，但这些信息往往并不能让分析人员信以为真，也不能被他们毫无保留地采纳。信息可能是真实的，但其真实性并不取决于美好的愿望。

信号情报（signals intelligence, SIGINT）：信号情报通过截收往来于人或机器间的信号来获取电子信息。信号情报包含三类：通信情报（communications intelligence, COMINT）在通信方不知情的情况下截收其通信信号；电子情报（electronic intelligence, ELINT）截收来自地空导弹系统之类的外国雷达信号，若军方想渗透进这些雷达系统保护的敌方领空，这类情报尤其有用；外国仪器信号情报（foreign instrumentation intelligence, FISINT）通过遥测和跟踪诸如导弹弹头之类的再入飞行物来截收信息，帮助分析人员评估导弹等武器的打击精度。

对分析的意义：所有被截收的信号都需经过仔细解读。这是因为要了解谈话的本意，通常需要事先掌握谈话开展的情境，包括确定谈话方是谁、他们之间的关系、事件背景、谈话地点等。这样，在对方进行隐晦交谈时，或可能意识到交谈或许被截听的情况下，也能洞悉谈话真意。有些时候，敏感的信号和通信内容是加密发送的。在这种情况下，当信号被成功解密后，上述因素仍需谨慎对待。此外，对信号频率、模式和地点进行“流量分析”（traffic analysis）也是有价值的。另外，翻译成英语也可能引发歧义或解读上的其他问题。同样，对截收的电子情报或遥测信号进行解读，既要了解技术，也要有良好的沟通能力，以便将信号包含的意义清晰、准确地传达给没有技术背景的情报用户。

图像情报（imagery intelligence, IMINT）：图像情报也叫地理空间

情报（geospatial intelligence, GEOINT），指主要通过空中或卫星成像获取的图像信息和数据。空中图像（overhead imagery）现已取得了长足的进步，从早期的黑白照片，发展到如今使用的近乎实时的光电成像（electro-optical imaging）、星载雷达（space-borne radar）以及热红外传感器（thermal infrared sensor）。

对分析的意义：U–2 飞机在古巴上空拍摄的照片揭露了隐匿的苏联导弹阵地，并戏剧性地展示了图像情报的价值。此后，照片判读（photo interpretation）这门艺术和科学有了很大的发展。今天使用图像情报的分析人员——包括地理空间情报专家和全源分析人员——必须懂得高度复杂的传感器（如高级地理空间情报）及其搭载平台，这需要对轨道动力学有所了解。同时，他们还必须知道情报对象对图像搜集技术的掌握情况，以及采取拒止与欺骗反制措施的能力。

测量与特征情报（measurement and signatures intelligence, MASINT）：测量与特征情报指的是利用一系列涵盖内容广泛的搜集技术，来发现、识别和描述固定目标的“特征”，并跟踪移动的目标。这些技术一般不属于常规的信号情报或图像情报范畴，但确实有些（譬如多光谱或高光谱成像）与二者明显有交叉，造成其分类遭受质疑。尽管如此，其他技术则明确无误地属于测量与特征情报，比如声学、红外和激光信号（acoustic, infrared, and laser signals），核辐射及尘埃（nuclear radiation and debris），遥远物体反射的光线，废液和微粒，磁与射频数据（magnetic and radiofrequency data），以及对情报对象进行雷达探测等。

对分析的意义：就像信号情报代表着情报的“耳朵”、图像情报代表着情报的“眼睛”一样，测量与特征情报常被比作情报搜集的其他感官——嗅觉、味觉和触觉。例如，该类情报是有关大规模杀伤性武器信息的重要来源。它不仅要求相关人员对高度复杂的技术手段有深入理解，也要求他们具备向决策者准确传达情报含义和潜在影响的能力。决策者往往因为对专业的搜集技术一知半解，而倾向于低估这类情报的价值。

公开来源情报（open-source intelligence, OSINT）：尽管公开来源情报不像上述四种情报搜集门类一样具有鲜明的秘密属性，但鉴于互联网时代的信息爆炸以及随之出现的强大搜索引擎，其对分析的重要性正与日俱增。公开来源情报包括所有的公共媒体，例如报纸、杂志、书籍、广播和电视；公开的数据，例如政府和官方报告；专业和学术性的研究、会议和研讨会等。

对分析的意义：面对海量的公开来源素材，分析人员可能会感到手足无措。他们面临的主要挑战是，如何从大量信息中筛选出高质量、有价值以及真实的情况。对于分析人员发掘的公开渠道信息，决策者和情报用户可能已有较多了解。有鉴于此，分析人员可以在双方共同掌握信息的基础上与用户进行沟通。当然，公开来源信息中可能也包含秘密搜集所不掌握的重要情况。因此，通过跟踪这些信息，分析人员及情报用户能够更好地评估秘密搜集到的信息的附加价值。

来源：摘自罗伯特·M. 克拉克所著《情报搜集技术》（*The Technical Collection of Intelligence*；中文版已由金城出版社出版——编者）一书中关于搜集技术门类的讨论。关于公开来源情报的详尽阐述，请参见马克·M. 洛文塔尔（Mark M. Lowenthal）所著《情报：从秘密到政策》（*Intelligence: From Secrets to Policy*）。

每个情报机构都在专业化的过程中趟出了自己的路。就中情局来说，严肃的改革始于 20 世纪 80 年代中期。当时的情报分局副局长（后来的中央情报主任）罗伯特·盖茨，坚持要为决策者提供更好的分析支持，减少观点中的狭隘和偏见，并开始对所有的分析产品进行更为严格的评估。在情报分局副局长道格拉斯·麦凯岑推出为期两周的强制性“情报技巧

2000”课程（Tradecraft 2000 course）后，这一改革得到了进一步推动。后来，情报分局副局长约翰·麦克劳林又在2000年前后推出了几项重大举措，包括成立了谢尔曼·肯特情报分析学院和情报分局高级分析局，进一步推进了情报分析的专业化。不过，情报分析进一步专业化——并且是整个情报界范围内的分析专业化——的最大推动力，恐怕还是来自两次情报失误："9·11"恐袭中的情报失误（主要由于分析失误而未能提供战术预警），以及2002年接踵而来的对伊拉克大规模杀伤性武器开展《国家情报评估》方面的失误。[1]“9·11”事件直接促使事件发生两天后，当时的中央情报主任乔治·特尼特（George Tenet）成立了中情局“红细胞”（Red Cell）。该部门——目前仍然存在——的任务，是以非常规的方式思考问题，并挑战已有的假设和主流的分析思维。“红细胞”使用诸如魔鬼代言人法（Devil's Advocacy）之类的结构化和替代性分析方法。这一“质疑分析”部门的机制化运作带动了后来的改革，使结构化分析方法成为2005年之后中情局分析部门经常使用的方法。

学习如何开展高质量的情报分析，是贯穿分析人员职业生涯的工作追求。在新晋分析人员第一天进入工作岗位时，他们可能就已经是某些研究领域、学术科目或专门课题方面的合格专家，而进入全源情报机构工作的分析人员多数还拥有较高学历。尽管如此，他们对情报本质的理解仍近乎为零。要成为完全合格的分析人员，他们必须对情报的复杂性及情报方法的秘密性——很多确实带有密级——有较多了解。达到这一点需要数年工作的历练，而要完全掌握情报的上述属性，不仅要在整个职业生涯中不断地付出努力，还需要情报这门新兴学科的支持系统。正如新入行的律师、医生和图书馆员在工作中学习他们的专业一样，这样的支持系统将使情报分析人员在专业化的道路上受益匪浅。这些系统包含专业知识库、信息标准与原则、最佳实践方法，以及兴趣和实践方面的团体等等。另外，成熟

[1] 原注：这两份权威性的研究都以委员会报告的形式出现，分别是：National Commission on Terrorist Attacks upon the United States, *The 9/11 Commission Report*, authorized ed. (New York: Norton, 2003), and *WMD Commission Report*。

的学科还应拥有指导机构，以处理诸如专业标准、资格认证与授予、持续的职业教育和职业道德培训等问题。

回顾上面提到的成熟学科所具有的四个共同特征，我们可以发现，情报分析尽管在专业化方面仍明显落后于其他业已成型的学科，但在近些年已经取得了明显的进步。

制定质量标准的指导机构

在制定标准、开展测试和认证以及规范培训和教育方面，尽管情报从业者无法与美国律师协会或美国医学协会的同行相提并论，但近期由国家情报总监办公室和中情局推出的一些举措，还是表明情报界已积极开始推进这方面的工作。举例来说，国家情报总监办公室制定了情报分析质量标准，2004 年的《情报改革与恐怖主义预防法》和 2007 年关于分析技巧的第 203 号情报界指令（Intelligence Community Directive, ICD），对这一标准予以采用。[1] 情报界所有 16 个机构，以及国家情报总监办公室下属的国家情报委员会，均使用这一标准开展分析工作。此外，国家情报总监办公室还成立了分析道德标准办公室（Office of Analytic Integrity Standards, AIS）。每年，该办公室都会就情报界对一些重要问题的分析开展质量评估，并在整个情报界范围内公布评估结果。该评估活动有助于创造一种学习型组织的氛围，此外，在国家情报总监办公室下设的多个经验交流中心（lessons-learned center）及各主要情报分析机构，其各自的活动又进一步巩固了这样的氛围。目前，多数经验交流中心都刚成立，还处于确定最佳实践方法的初始阶段，因此对情报分析专业化没有或鲜有影响力。

上述的指导实践并非来自一个统一的指导机构，但通过评估和协调机制，各情报机构对情报分析进行强有力的监督。在一些机构，这样的监

[1] 原注：在本书第十七章，冯稼时讨论了第 203 号情报界指令，并在文本框 17.1 中给出了具体内容。有关改善情报分析的情报界指令还包括：关于分析外联的第 205 号、关于来源需求的第 206 号、关于情报写作的第 208 号、关于情报生产与分发的第 209 号。

督相当严格。这些机构中，专家和有经验的分析管理人员开展多层次的评估，在分析机构内部及情报机构之间推动专家同行间的高水平合作，这样能够确保对内容和技巧的评估得以严谨开展。一些机构的评估甚至比发表在学术刊物上的评估还要严格，因为其评估结果已不是某个分析人员的个人观点，而是代表了一个情报机构的官方立场。就《国家情报评估》而言，它甚至代表了整个情报界的观点。

中情局于 1999 年设立了高级分析局。在将情报分析转化为一门学科的进程中，这一举措具有里程碑似的意义。它给予分析人员平等的专业地位，允许分析人员作为专家晋升，而不必转到管理岗位。同时，它也认可专业知识和分析思维方法在整体情报任务中的核心作用。更为重要的是，进入高级分析局也意味着要承担诸多责任，包括指导其他分析人员，并分享从工作以及肯特学院分析培训课程中获得的专业知识和经验教训，这些责任对营造学习的氛围至关重要。

培养新人并为从业者提供持续培训的教育体制

国防情报局（Defense Intelligence Agency, DIA）和中情局都已设立了重要的分析培训计划，且二者都非常推崇结构化分析方法。与此类似，近些年，国家地理空间情报局学院、国家安全局密码学校、联邦调查局、国土安全部以及各军种，也都在着力改善对分析人员的培训。[1] 国家情报总监办公室设立了一个为期两周、名为“分析 101”（Analysis 101）的结构化分析方法基础课程，以支持整个情报界通用的分析标准。参加该课程的学员来自情报界的所有 16 个机构和各个领域。国家情报总监办公室还将与新的国家情报大学——依据《情报改革与恐怖主义预防法》成立，由国防情报局提供场所并进行管理——一道，提供内容广泛的分析课程。

[1] 原注：参见本书第十五章有关美国海军陆战队在专业技能发展和培训方面经验的内容，以及第十八章关于培训问题的详细描述。

另一个重要进展是，国防情报局扩充了其情报学校。该校最早被称为联合军事情报学院，后更名为国防情报学院。作为情报界的一个独特部门，该校于 1997 年获得了情报理学学士学位的授予权，之后又获得了战略情报理学硕士学位、技术情报理学硕士学位以及情报研究证书的授予权。此外，该校还有一个关于外国拒止与欺骗的高级研究项目。鉴于国防情报学院现已升格为国家情报大学，其内容丰富、早已超越单纯分析的情报课程，还可能进一步拓展。更为重要的是，该大学的课程设置将着眼于满足整个情报界的需求，而不仅仅是国防部一家的需求。

中情局于 2000 年成立了谢尔曼 · 肯特情报分析学院，这大大拓展了中情局大学的前身——中情局培训与教育办公室当时提供的有限的分析课程。谢尔曼 · 肯特情报分析学院为情报分析专业设置了丰富的课程，总数超过 200 门，内容涉及经济、政治和军事情报分析。其核心培训项目包括：为期 17 周的职业分析人员培训计划（Career Analyst Program, CAP），为所有新入职分析人员的必修课程，涵盖分析写作模块、方法技巧、情报搜集、拒止与欺骗、政治化、与决策者沟通等内容；基本方法培训计划（Essential Skills Program），适用于已完成职业分析人员培训、入职一年以上的分析人员；高级分析人员培训计划（Advanced Analyst Program），包含数十门课程，为具有四年以上工作经验的中高级分析人员提供；专家级培训计划（Expert Level Program），专门针对具备十年以上工作经验的分析人员。另外，情报管理人员可通过参加学校提供的管理人员情报方法培训计划，以赶上受过更好培训的年轻一代分析人员的进步步伐。

近年来的培训对结构化分析方法予以着重强调，如中情局所有的情报生产部门都设立情报分析技巧教室，以传授、协助和促进这些方法的经常性运用。为推动共识，中情局为所有雇员——包括分析人员和管理人员——设置了一个为期三天的结构化分析方法必修课程，内容涉及 20 项具体方法，包括竞争性假设分析法（Analysis of Competing Hypotheses）、关键假定检查法（Key Assumptions Check）和结构化头脑风暴（Structured

Brainstorming）等最常用的结构化分析方法。谢尔曼·肯特情报分析学院还为所有情报分析技巧教室的成员提供量身订制的结构化分析方法培训——可称之为“传授与促进课程”，帮助分析人员充分理解并在日常分析工作中有效运用这些方法。

尽管整个情报界在培训方面已经做出许多改进，但在继续教育方面却缺少规定和机会，这仍是情报专业化的一个重要短板。截至目前，情报界甚至还没制订出能与法律和医学界相媲美的职业再教育计划。

限制行业准入的资质认证

在这方面，情报分析尚未取得任何有意义的进展。当然，情报界所有的分析人员都要取得**安全**认证，在被某些机构雇用前，他们甚至还要通过测谎。而多数分析人员具备的高学历也表明，他们需获得相当于学院或大学层次的知识认证。不过一旦进入情报界，分析人员就几乎不用再取得任何专业能力认证。在中情局，高级分析局为拟进入这一序列的人员设立了严苛的选拔流程。中高级的分析人员必须提交数量和质量过硬的分析作品，并书面回答一系列关于分析专业、分析方法以及如何开展分析工作的问题。此外，资深的同行和管理人员会组成小组，对他们进行面试。这一流程可算是某种形式的认证，但由于它的自愿性质，许多分析人员并未申请加入高级分析局。而申请了但未通过的人，尽管他们在高级分析局外获得晋升的前景并不乐观，但仍然可以继续作为分析人员开展工作。

组织信息、方便信息提取和扩充的知识管理系统

在开发知识管理系统方面，美国情报界及其部分机构已经采取了一些微小但重要的步骤。然而，这一任务的复杂性——譬如缺乏最基本的单词分类法，以及接触不同层级的秘密信息和了解最敏感信息的权限方面存

在艰巨挑战等——将妨碍它在可预见的将来取得真正意义上的进步。[1] 面对这样的困难，国家情报总监成立了国家情报图书馆，这是在推动情报分析从杂乱的信息集合向严谨的学科转变方面，国家情报总监做出的最重要的贡献。这一颇具野心的知识库，将囊括情报界所有已出版的情报分析刊物，最终将接近于法律和医学专业所拥有的综合性知识库。不过目前，该系统仍处于初级阶段。

国家情报图书馆建成之后，情报界的分析人员将能接触所有已出版的情报刊物。研究若涉及特别敏感或隔离的情报数据，将由有相关权限的分析人员来完成。与情报图书馆相关的创新，包括I空间（I-Space，之前叫作A空间）和分析资源目录（Analytic Resources Catalog, ARC）。I空间是一个数字工作空间，对所有具备完全授权的分析人员开放，让他们能够查阅到情报界范围内关于某个题目的所有报告和资料。该空间使用社交软件协助分析人员开展合作，允许分析人员通过社交软件找出正就类似题目开展研究的其他分析人员。分析资源目录提供的是整个情报分析界的“黄页”，它能够让分析人员快速找到情报界内几乎任何方面的专家，并与之取得联系。

总而言之，要将情报分析作为一门学科来评估，首先就是要承认，医学、法学和图书馆学也都是在经历了数十年的发展后，才在监管、培训、认证和知识获取上达到了现在的水平。在政府部门，这一进程只会更慢。即便从最好的方面看，情报分析目前也只是一门处于萌芽状态的学科。作为公务员，分析人员享有私营部门的专业人员享受不到的职业保障，但同时他们也面临着更为刻板的官僚体系。在资源匮乏、机构改革步履维艰的

[1] 原注：情报界在知识系统化问题上做出的早期研究包括：Rob Johnston's, "Developing a Taxonomy of Intelligence Analysis Variables: Foundations for Meta-Analysis," *Studies in Intelligence* 47, no. 3 (2003): 61–71, revised in chap. 3 of Johnston's *Analytic Culture*。在与此相关的私营（或竞争）情报领域，竞争情报从业者协会近期出版了一本《知识丛书》(*Book of Knowledge*)，并推出了一套成员认证制度。

情况下，这种官僚体系会给专业化进程制造障碍。近些年，情报分析在专业化和向学科方向发展的过程中，尽管仍处于初级阶段，但取得的成果还是有目共睹的。随着国家情报总监办公室地位的提高，中情局开拓性的谢尔曼·肯特情报分析学院影响力的上升，以及结构化分析方法在整个情报界的推广，监管和质量标准已变得更加明晰，而且大为改观。分析培训及教育尽管分布得并不均衡，但也得到了拓展和深化。知识管理最近才开始近乎从零起步，虽说已取得了重要的进展，但这只是个开始。在代表成熟学科的四个关键属性中，认证或许是最缺乏进展的一个。由此看来，情报分析取得了有限但明显的进展，但这些进展还被一些严重且顽固的缺陷所抵消，所以总的来说，发展可谓毁誉参半。更为严重的是，在一个资源萎缩的时代，这些进展还可能是不稳定的和暂时性的，未来依然存在变数。情报分析依赖公共拨款，需要在保密和必要的非透明环境中开展日常工作，还必须由有远见且强有力的领导来推进专业化进程，这些特点都凸显出，在向学科发展的道路上，情报分析依然面临着不小的困难。

学科源于一种共同需要，是对一类群体性呼吁的回应，目的是推进某专业的系统化发展。总的来说，学科的发展不是源自命令。在专业人员结合自己和同事们的经验教训，建立工作标准及可查询的知识库的过程中，学科得以出现。通过采取最佳实践方法，他们建立并将来之不易的业务知识纳入便于查询的知识库。在更好的信息、经验或方法出现之前，这些知识不论显性还是隐性，都是当下“最好”的。因此，要将情报分析从一系列结果无法预测的临时性活动，转变为一门更成熟的学科，必须经历一个循序渐进的过程，无法一蹴而就。尽管如此，处于发展初期的情报分析仍应被看作是一门新兴学科。

第二部分

决策者与分析人员的关系

[第五章]

为国家决策者服务

约翰·麦克劳林（John McLaughlin）

情报事业中，没有哪个部分的重要性，要高于情报本身与情报用户间的恰当关系。人们通常认为这种关系会自然建立起来，然而奇怪的是，事实上却并非如此。只有在持之以恒地付出了大量刻意的努力后，这种关系才能够建立起来，而一旦稍有松懈，它就可能消失得无影无踪。

——谢尔曼·肯特，《战略情报：为美国世界政策服务》

分析，是情报专业各方面工作的集合点。如果我秉持的观点是正确的，那么与决策者打交道，就理应是分析各方面工作的集合点。在情报与政策相结合的地方，我们得以考验工作的方方面面——从产品的内容，到分析方法的质量，再到我们培训和管理分析人员的效果。也是在这里，以客观性、服务性、完整性和均衡性为目标的分析行业，可能会遭遇政策层的不良习性——譬如说对时限要求过高、对细微差别或模糊含义缺乏耐心，甚至于政治化。如果二者的关系彻底恶化——当决策者觉得他们不再需要情报分析产品时，情报分析也就失去了其存在的意义。所以，不言自明，如何理顺这种关系，避免它失灵，值得我们进行思考。[1]

首先必须要说明的是，情报分析与国家决策者的关系是复杂的。许多因素都在其中发挥着作用：譬如情报与政策二者截然不同的“文化”，决策者对情报能力的期望，分析人员对决策进程的理解，双方对不同观点的接受能力，以及看不见摸不着的个性与风格因素——这影响着华盛顿所发生的一切。[2]

政策文化与情报文化

政策与情报这两种不同的文化，有可能造成二者关系的极大误解和紧张。政策领域的文化带有明显的现实主义因素，但本质上是——也应该是——一种乐观主义文化。决策是一个充满争论的过程，其特征是众多的竞争性观点和经常上演的重量级智力较量。在某个特定行动方案胜出的背后，常常是官僚斗争留下的“一地血迹”。

通常，某项政策之所以被采纳，主要是缘于在政策选择过程中，其核心观点得到了——或者说，被说成是得到了——认可。一些分析人员认为自己的观点遭到抛弃，但谢尔曼·肯特多年前就提醒他们，决策者事实上生活在一个受政治考量高度影响的世界，情报不过是他们权衡最终决定的

[1] 原注：关于情报对政策支持的更多讨论，参见：Roger Z. George and Robert D. Kline, eds., *Intelligence and the National Security Strategist: Enduring Issues and Challenges* (Washington, DC: National Defense University Press, 2004), 417–447。

[2] 原注：对我们来说，国家决策者包括总统、副总统、内阁官员，以及为他们提供支持的高级官员，例如副国务卿、助理国务卿、副助理国务卿、资深的高级主管和国家安全委员会的主管。这些人是行政部门中重要情报分析产品的主要用户，其数量都保持在三四百人左右。此外，还有其他数百名官员——譬如各个政府部门的办公室主任和联络事务官员——也能接触大量的分析产品，并向情报部门下达任务。国会在近些年也成为情报的重要用户，尤其是参众两院情报监管委员会、军队及外交关系委员会的成员。在正常年份，国会中的情报用户一般会收到一千多份来自情报部门的汇报材料。

因素之一。[1] 在任何情况下，只要确定了一个政策方向，其倡导者便会满腔热忱地想要——并一定会全力以赴地确保——达成该政策目标。这些人并非对困难视而不见，只不过他们的第一反应是要尽力克服这些困难，而且他们总是对此抱乐观态度。这并不是说决策者从来不怀疑自己的政策方向，而是说，他们为了达到设定的更高目标，就必须把这一政策坚持到底。

在我 30 年的情报生涯中，我在政策界遇到过各种各样的情报用户。他们基本可以被划分成两大类：一类人知道如何解读和利用情报，另一类人不知道或装作不知道——尽管他们对情报有相当的了解。

知道如何利用情报的决策者，对情报能做和不能做的事基本抱有现实的态度。比方说，他们知道情报更善于发现趋势，而不是预测某个具体事件。他们知道如何提出问题，以促使情报专家将他们确实知道的和他们以为自己知道的事情区分开来。他们不怕面对与主流政策观点相左的情报，并将其看作是驱使他们考量现行方案的有益推动力。

那些不太会利用情报的决策者群体，则较为多样和复杂。几年前，我曾与一位级别很高的国务院官员打过交道。他总觉得——通常也不无道理——他对问题的理解要比情报专家更为全面和深刻，结果就是他几乎从不寻求情报的支持，只是偶尔听取一下他信任的一名高级情报官的汇报。当然，任何事情都有原因，或许这类决策者对情报的漠视，是源于一些让他们大失所望以至于不再相信情报的遗憾经历。

我还接触过另外一些决策者，他们就是不能容忍与自己的意见相左的分析或报告。20 世纪 90 年代中期，一位著名的俄罗斯问题专家无缘无故驳斥了有关俄境内腐败盛行的评估。我告诉他，他应该把情报分析看作是自己的“朋友”而不是“敌人”，但很明显他把分析看成了后者。我想说的是，他对分析的竭力否认至少能够让他更明晰地了解自己的观点，并且

[1] 原注：Sherman Kent, “Estimates and Influence,” in *Sherman Kent and the Board of National Estimates: Collected Essays*, ed. Donald P. Steury (Washington, DC: Center for the Study of Intelligence, CIA, 1994), 33–42.

更有效地捍卫自己的立场——分析事实上是提出了反方观点。最后，还有一类决策者。每当形势变糟时，他们的担心就会加剧。尤其是白宫和国家安全委员会的决策者们，当我们把坏消息写进正式的情报评估时，他们就担心坏消息可能会泄露，会让他们难堪，并给其他政策的倡导者们提供抨击当权者的口实。不论哪个政党执政，这样的担心都很常见。

举例来说，为了描述一个发展中国家的某导弹系统的状态，克林顿政府中的高级官员曾大费周折地与我们争论用词。他们担心，如果我们使用“已部署”这个词，一旦消息被泄露，批评者将会迫使政府对这一重要国家实施制裁，而美国与该国在其他事务上有着重要合作，且很快能达成具有潜在利好的经济协议。当然，情报官员不会对这样的请求做出退让——事实上我们的确也没有改变用词——但这确实是加剧政策与情报间紧张关系的众多因素之一。有鉴于奥巴马执政期间因为信息泄露而导致的巨大争议，这一问题似乎并未有任何缓解。

情报领域的文化也让这种潜在的摩擦变得更为复杂。与政策文化本质上的乐观主义精神形成鲜明反差的，是情报文化的怀疑精神。对危险做出预警的要求，以及预警失误将会招致的严厉批评，促使情报界形成了更为悲观的观点。在罗伯特·盖茨担任中央情报主任期间，我曾听过他将情报分析人员定义为“闻到花香……就要找寻棺材”的人。简单地说，分析人员被训练——实际上也被要求——成为找寻麻烦的人，一旦他们发现不了问题，就会被认为是未尽到责任。然而遗憾的是，这常常以牺牲其他机会为代价。

毫无疑问，情报界也存在着和政策界一样的争论，由官僚和脑力角逐引发的“流血”一点也不比后者少。不过，政策界的争论非常多样化，从国内政治到与外国领导人的私人关系，均有涉及。情报界的争论与此不同，围绕分析结论展开的争论只与内容有关：什么是确定知道的，什么不是，这些情况都意味着什么。简言之，情报界的争论总是集中于找出事物的含义，而不是像政策界那样要确定行动方案。

向决策者呈送情报时，我经常能感受到这种区别造成的后果。里根政府期间，国务院的一名高级官员曾向我发过一通牢骚，抱怨我们关于希腊与土耳其和谈前景的评估。为争夺在塞浦路斯的权利，希腊与土耳其两国曾动用过军队，也进行了长达十年的谈判，然而争端却鲜有缓和的迹象。这位官员说："你们所做的一切就是解析数据，列出问题，然后告诉我形势很严峻。这我都知道。我需要的，是你们评估我们有什么筹码，并告诉我该怎么对付这些家伙！"我意识到这样的抱怨有其合理之处。后面我还会讨论这种情况的处理方式，以便让情报官员既不触犯禁忌，避免开出政策处方，又显得不那么没用。

考虑到上述各种情况，分析人员与决策者很有可能对彼此产生错误观念——至少产生误解的概率是很高的。举例来说，决策者可能将分析人员在权衡政策上的迟疑，看作是其活在象牙塔中的证据；而当决策者依据情报评估以外的考量做出选择时，分析人员也可能会得出结论，认为他们在政策界的同行要么对情报不感兴趣，要么对情报视而不见。

跨越鸿沟

发生这些问题的潜在可能表明，有必要寻求专门方法以避免此类问题。对分析人员来说，这些方法能使他们更好地了解，何种分析对决策者有用，何种分析没有用。而对决策者来说，这些方法能让他们更好地理解，分析到底是什么，分析能为决策者提供什么。这些工作的大部分都必须由分析部门来完成。就像私营部门的生产者必须主动了解消费者一样，作为服务提供者的分析人员，有责任掌握用户的需求和最有效的服务方式。达成这一目标的方法很多，从用户调查到咨询即将离任的决策者，不一而足。

不过就我个人的经验来说，分析人员了解决策者需求的最有效方式，还是加入他们的行列，共同生活和工作一段时间。安排部分分析人员轮流到政策部门承担临时性任务，将极大促进双方的相互了解。这些任务运作方式有很多，从几个月的使馆工作到为期一年的行政机构任职，时间可长可短。

我对这一方法的信心来源于我的亲身经历。盖茨在20世纪80年代初担任情报分局（中情局的分析部门）副局长期间，曾要求每个希望晋升的人去政策部门工作一段时间。得益于该计划，我被安排到国务院工作了较长一段时间。在那里，我作为欧洲事务司一位高级官员的特别助理，深入了解到在一系列涉及广泛的问题上，国务院对中情局工作的看法。我听到我们的工作有些获得了赞许，有些则遭受蔑视。我想知道为什么我们的工作有时会引发后一种反应，结果常常发现这并不是情报内容的问题。

这样的负面评价常常与其他问题有关。比如说，国务院的官员已经掌握了原始的素材，而从我们基于这些素材撰写的分析中，他们几乎没看到新意。再比如，某项评估写得太长太复杂，让本已烦躁的政策官员看得云里雾里。又或者说，某个分析写得与决策者在该问题上的思路和做法毫不相干，因而显得天真、抽象或无知。还有可能是，分析人员虽然点出了围绕某个问题需关注的所有事项，但却未对美国可以拥有的筹码和机会予以关注。

很显然，我们可以从上述情况中吸取教训。分析若要达到理想的效果，必须要及时、易于理解，契合当下的政策环境。同时，它又不能为了迎合当权者而开出政策处方，而是要帮助决策者找出自己的优势。理想情况下，我之前担任特别助理时，或者类似岗位上的分析人员，不应扮演决策者的角色，而应该成为决策者的现场分析资源，在需要时有能力也有权力要求情报机构给予分析方面的支持。拥有这样经历的分析人员，将能清晰把握情报产品应该具备的特质，从而能够保证其产品得到重视并发挥作用。我的经历让我在随后担任领导职务时，保持安排下属5%—10%的分析人员去政策部门工作，让他们了解情报评估应该具备的特质，从而为挣扎于各种困境中的决策者提供更大帮助。这些特质包括准确性、及时性，以及对确切已知和不太明确的情况做出说明。后面我们还将就此进一步讨论。

另外，我们还需要努力让决策者——尤其是候任政府里的新人——明白情报的真实能力。尽管这一问题经常被拿出来讨论，但即将上任的高官通常都会被各种要求和材料淹没——打个比方，就像拿着消防龙头灌水一样——因此很难优先对他们进行“情报教育”。

话虽这么说，但情报部门还是应该让助理国务卿以上的新任官员了解，情报能提供什么，以及如何使用情报——就像国会向新当选的议员介绍其规程一样。这一工作的设计和实施可交给国家情报总监或情报机构的下属部门，比如说中情局的情报研究中心或谢尔曼·肯特情报分析学院。与此同时，分析人员及其上级必须抓住工作中的一切机会，来帮助决策者了解情报系统的工作方式及对情报应有的期待。我的看法是，情报界过去在这方面的做法，要远好于它在奥巴马政府执政初期的表现。

命中目标

分析人员必须要生产什么样的产品，才能有效地服务于国家决策者呢？关键是要清楚，这种支持的本质是为决策提供信息，而不是开政策处方。它的形式可以多种多样。很显然，分析产品经常以各种出版物的形式出现，但它也可以出现在情况汇报、对某个问题的回答或电话交谈中。事实上，在现实世界中，我们所谈论的分析人员与决策者的互动，可以通过上述的各种渠道得以实现。从最基本的功能来讲，分析产品首先应该帮助政策官员认清其面对的问题和拥有的选择。这个说法在当前是确凿无疑的，并且在21世纪余下的时间里，也极有可能依然正确。

多年来，在白宫战情室（Situation Room），我出席了大约几百场副手及主管会议，可以说决策者——以及为他们提供支持的情报官——面对的挑战正变得越来越复杂。[1] 尽管与苏联竞争和对抗的年代造就了许多生死攸关的时刻，也给美国及其盟友带来了生存方面的威胁，但在那样的年代，我们可以透过关注苏联的棱镜看待世界上的大部分问题。有些情报问

[1] 原注：由副国务卿、国防部副部长、副国家安全顾问及参联会副主席等参加的国家安全委员会会议，被称作副手会议。而参加主管会议的则包括国务卿、国防部长、国家安全顾问、参联会主席，往往也包括副总统。

题因为涉及苏联的威胁而备受关注，它们既是开展评估的原因，又是被评估的对象。

在苏联解体和“9 · 11”事件发生后，针对各个国家和各种问题的研究都不得不单独开展。于是，决策者和分析人员必须关注的问题，在广度和复杂程度上都有所增加。目前及可预见的将来，决策者不仅要关注各个国家，还可能要关注与文化、地区、部族、民族有关的一些问题，以及外交事务的其他特殊方面。

这一趋势出现在 20 世纪 90 年代初，那时，非国家行为体（恐怖主义、有组织犯罪等）的影响力开始上升。随后的十年间，伴随着冷战的解冻，以及诸如波斯尼亚和科索沃等问题的萌发，这一趋势加速发展。这段时期也见证了结盟方式的转变，中、印等新兴大国影响力的上升，以及“9 · 11”事件后传统的国内外情报界限的模糊——所有这些都发生在技术革命和全球化的大背景下。因此我们不难理解，在处理当今诸如国土安全、危险武器扩散及恐怖主义等问题，以及应对中东、南亚、朝鲜、伊朗、叙利亚、伊拉克、中国及俄罗斯等地区和国家时，当今的决策者没有太多清晰和明确的选择，在优先事项和政策选择方面也形成不了全国性的共识。

而分析人员完全可以在不给出政策处方的情况下，采取一系列步骤，以帮助决策者考虑每个选项。第一步，分析人员可以通过一系列概念性的方法，帮助决策者思考复杂的问题。这些方法包括：

- **测试情景**。该方法要求分析人员整理数据，以测试决策者对事件发展的判断是否符合分析人员所认为的现实。如果决策者正考虑对伊朗、叙利亚或朝鲜等国采取经济制裁，来改变其行为，那么分析人员需要知道，制裁对这些国家的经济可能造成什么现实影响。他们需要了解，过去的制裁是否对上述国家或类似的国家发生了作用，需要知道其他国家是否愿意或有能力实施制裁。
- **给出可能性**。还是就着上面的例子，如果分析人员得出结论，认为制裁不能改变一个国家的做法，那他们可以为决策者勾勒出对该国的行为更具影响力的其他领域——譬如邻国的外交影响、该国对安全保障的强烈要求，以及该国内部可能影响国家行为的不同政见等。

★ **评估潜在因素**。当某个国家或某个问题的发展方向极不明朗时，比如在重要的领导人更迭发生之前，分析人员可以列出有哪些潜在因素会限制或促进未来领导人的行动，或者对形势的可能走向具有重要影响。这些因素包括：民意，经济上的强项或弱点，或者是与某个邻国的摩擦；这些因素可能造成部分政策选项被排除，或束缚新领导人的手脚，让他的言辞变得不那么激烈。[1]

上述以及其他一些分析方法能够让决策者找出问题，了解问题的情景，并从多个角度看待他们面对的棘手问题。

分析人员帮助决策者考虑各种选项的第二个步骤，是对逼近的危险做出有效预警。当然，情报界对预警有正式的工作流程，也有专门的国家情报官统筹此事。但这并不是我在这里关心的问题。我关心的是，分析人员有没有在每天的工作中尽到职责，有没有考虑到需要引起政策层用户注意的危险。这对分析人员来说当然是一个沉重负担，但是自从哈里·杜鲁门总统为了避免类似珍珠港袭击的事件再次发生，决定要建立集中的国家情报体系的那一天起，这就一直是分析人员工作的一部分。正因为不可能就每个问题的重大发展做出预警，所以分析部门必须确立一套方法，以便按照优先次序列出“不能放过”的迹象清单。

可以说，任何威胁到美国公民的生命，威胁到美国军队的安全或可能导致交战，以及威胁到美国现实安全的事情，都应该是决策者优先关注的重点，而这明显又要求分析人员特别关注恐怖主义、外国武器系统的发展

[1] 原注：这里讨论了情报分析人员在帮助决策者充分考虑问题和选项时，可以采用的方法。2005 年 1 月 28 日至 30 日，在英国迪奇雷基金会（Ditchley Foundation）主办的“决策过程中情报的角色”会议上，克林顿政府的副国家安全顾问詹姆斯·斯坦伯格发表了演讲，本章相关内容正是得益于他的演讲。

和扩散、非常规武器等问题，也要考虑到这些问题有可能交织在一起。我在其他地方也谈到过，要想确定优先关注事项，可以把全球性的问题划分成四大类：紧迫的、重要的、正在形成的和仍在持续的（最后一类意味着在必要时，应投入足够力量予以快速应对）。[1]

不过，尽管上述问题明显都是要关注的重点，且特别需要就潜在的危险做出预警，但每个分析人员都应该清楚，决策者最讨厌的还是意外。如果他们在重要的外交事务上收获意外，即便事件并不涉及生死攸关的问题，他们也还是会被置于非常被动的境地，并极有可能在政策上犯错。

因此，在这方面为决策者服务时，分析人员必须经常性地问自己：在自己负责的领域有哪些事物正在发生变化？分析人员很容易掉入一种陷阱，认为分析就是对当前形势进行清楚和便于理解的描述。在他们分析多变的局势——比如埃及目前的政局——时，这种倾向尤为明显。从某种程度上讲，这种对分析的理解也不算错——虽然要对形势做出清晰的描述也并非易事。但要服务于国家决策者，分析人员还必须对不断累积的变化予以同等的重视，因为这样的变化可能逐渐发展成趋势，并最终从量变过渡到令人措手不及的质变。从情报的角度讲，意外是情报失误的另一种说法。它从来都不源自易于察觉的突发事件，它总是悄悄地来到你身边。分析人员如果不了解这一事实，面临的结果可能就是 1978 年伊朗国王倒台那样的意外。[2] 中情局在 1989 年—1991 年所做的预见性分析，可以说是洞察重要趋势的成功案例。该分析指出，未来可能会发生针对米哈伊尔·戈尔巴乔夫的政变，但政变将以失败告终。[3]

---

[1] 原注：John E. McLaughlin, “Spying 2.0 and All That,” in *Global Brief: World Affairs in the 21st Century*, February 6, 2012.

[2] 原注：See Gregory F. Treverton and Richard Haass, “The Fall of the Shah of Iran,” Kennedy School of Government Case Study Program, C16-88-794.0, 1998.

[3] 原注：Bruce D. Berkowitz and Jeffery T. Richelson, “The CIA Vindicated,” *The National Interest* 41 (Fall 1995): 42–43. 这篇文章引用解密的分析材料，反驳了一个经常被提及的观点：中情局未能预报苏联的解体。相关问题在本书第三章也有涉及。

在将这样的趋势传达给政策层用户时，情报官必须清楚说明其结论背后的推断。假定某个分析人员坚称 X 国高度稳定，那他应该清楚地知道，是什么样的证据和逻辑让他得出这样的观点，在向决策者提交的评估中也应予以明确说明。举例来说，之所以预测某国形势稳定，可能主要是因为该国领导人对国家实施的铁腕控制、高速的经济增长、兼具影响力和行动力的反对派的缺失，或者是因为上述因素兼而有之。而分析人员一旦发现上述因素发生变化，应该立即向政策界的用户做出说明，并就变动可能给 X 国稳定带来的影响做出清晰判断。决策者总希望在潜在的突发事件发生之前，能早几步提前知晓，而保证决策者达成这一愿望是情报官的最高职责。

分析人员帮助决策者思考各种选项的第三个步骤，是为他们指出潜在的机会。尽管对分析人员来说，发现重要的变化并发出预警十分重要，但如果分析人员只管预警，其他什么都不干，决策者很可能将不再理会这些预警。20 世纪 80 年代中期，我们评估希腊和土耳其的谈判时，认为前景黯淡。当时，我们在国务院的联络人之所以向我抱怨，正是因为如此。他其实是要求我们提示他注意一些潜在的机会。这些机会对于忙于政策实施的政府官员来说，可能并不那么明显。比如说，某位备受党派争斗困扰的决策者，为了结束一场耗资巨大的军事冲突，或达成某项突破性的军控协议，或结束一场人道主义危机，而绞尽脑汁找寻办法。如果分析人员的专业知识能够帮助这位决策者找到方法，说服事件的一方达成妥协——譬如说做出某种让步、允许第三方介入或对文件的措辞进行修改——那么分析人员就完全有理由提出他的观点。举例来说，2001 年，美国一架侦察机与中国一架战斗机发生碰撞事故，之后降落在海南岛并被中国扣留。为结束与中方的僵持，小布什政府接受建议修改了公报的措辞，而中情局的一位资深分析人员则在其中发挥了关键性的作用。此外，针对美国的一系列行动，别国将做出何种反应，分析人员也应对此提出见解。这样的做法与开政策处方毫不相干，事实上，决策者非常认可这样的服务。换句话说，决策者需要且认可的服务并不止于预警。如果只有预警，他们将会感到所谓的“预警疲劳”（warning fatigue）。

通过上述三种方式服务于决策者，分析人员将能够让自己的工作发挥最大效用。大部分的高层决策者经常处于极度忙碌的工作环境中，他们没有充足的时间吸收信息或进行详细的思考。通常，他们也没有避免或推迟做出决定的奢侈权力。分析人员在提供评估的过程中，一定要对此心知肚明。这要求分析部门在开展工作时，要在准确性、清晰度、及时性、修正判断和提出替代性观点等方面达到一定的标准。下面让我们来简短地逐一探讨。

准确性

对分析的第一要求肯定是准确。在这里，我主要是从认识论的角度来阐释这一要求的。也就是说，分析人员不仅仅要了解和传递事实，还必须考虑所谓“已知事实”的局限性和可信度。那些已经上报的“事实”是否毫无破绽、确实可见和不容置疑（比方说，某位外国领导人的讲话在电视上播出，或被收入了公开发表的演讲稿）？这些信息是否源于内容确凿无疑但上下文模糊不清的截收电报？抑或是源于动机可疑的人力渠道？空间图像反映出的情况就是现实吗？还是说它可能是为达成欺骗目的而设置的场景？

我曾经提醒过一位高层决策者，在公开演讲中不要把一些事情说成是“事实”，即便这些情况源自一系列看似可信的情报报告。尽管我对情报部门的基本水准没有怀疑，但我脑子很清醒，源自多个渠道的情报报告必须经过高标准的筛选后，才能归为“事实”。

清晰度

对不确定和不了解的事情进行清晰说明，是对分析人员的必然要求。明确这一点，对决策者来说至关重要，因为决策者可以权衡情报分析在影响决策的诸多因素中的分量。对于不确定的情况，如果不能清晰说明这种不确定性，则会让决策者和分析人员都面临风险：前者可能会因为对分析过度信任而做出错误决定，后者则可能因为获得了不应有的信任，最终造成误解甚至情报失误而被指责。

及时性

及时地准备和提交分析也同样重要。通常，让高层决策者吸收信息并做出决定的机会窗口都非常狭小，而由于分析人员几乎总是在信息不全的情况下开展工作，他们自然倾向于等待最新的消息。这常常是对“完美是优秀之大敌”的经典诠释。各方面都正确且完整的评估，如果来得太迟而无力影响决策，也可以被划入最令人遗憾的分析产品之列。

尽管及时性与清晰说明不确定性的要求存在矛盾，但这并不能成为分析人员不向决策者说明观点的借口——即使有所保留，也必须提供最重要的结果。否则的话，分析工作只会被无视。当然也有例外，在极个别的情况下，所有的相关方都承认形势变化过于剧烈，只能进行简单的报告，即典型的“情况报告”。不过，在做出最终判断的过程中，另一个重要且需要注意的事情是，分析人员必须分清哪些是自己已知的，哪些是不知道的，并在此基础上表明自己的观点。

修正判断

虽然决策者需要的是分析结果，但分析人员也应向决策者表明，他们的观点何时及为何发生了变化，这对政策支持工作的成功也同样重要。尤其是在新获得的数据改变了评估结果时，分析人员更应清楚地予以说明。决策者也应该理解，情报评估极易受变化影响，这是因为尽管情报部门不断努力扩充数据流量，情报分析却几乎总是基于不完整的数据而开展。作为“情报教育”的重要部分，这个情况必须要向政策部门予以说明。虽说情报评估不断变化这一现象看似容易理解，但对于身处情报日常事务以外的人来说，情况可能并非如此。我就曾在修改了一个重要的评估后，遇到过这样的状况。当时，小布什政府中的一位高层决策者满脸失望地说我“移动了门柱”。事实上，我只是考虑了新数据的影响而已。

替代性观点

分析人员不仅要回应决策者对分析结果的需求，还要证明自己已充分考虑了局势，检视了所有替代性解读。情报证据非常完整清晰、确定无疑只有一种结果，这种情况是很少见的。决策者要经常面对多变的局势，因此对这样的现实完全能够理解。但是，尤其是当情报专业人员内部对数据的理解存在重大分歧时，分析人员至少应该告知决策者，对数据还存在其他解读。

最好的办法，还是提醒决策者注意这样的分歧，以及它们存在的原因。决策者在了解了情报部门内部的分歧后，基本都会认同这一做法，并常常会对分析产生更大兴趣。不过在理想情况下，这样的分歧最好不要以“一方面，另一方面”或“任何事都可能发生”的形式呈现。这样的表述会被视作毫无用处，且会被“预警疲劳”的决策者直接忽视。

结论

当分析人员对结论基本有信心并准备发出预警时，提交具有说服力的报告就变得极为重要。几年前，一位分析界的同行曾告诉过我这样一件事。当时她正面临着情报失误的指责，于是她对一位前国务卿表示，她事实上已经提前告诉了他可能会发生战争，而那位前国务卿则回应说：“你是告诉我了，但你没有说服我。”乍一看这可能会显得是决策者在逃避，但它包含了一个重要的观点：分析人员要做的不仅仅是说明观点。他们在陈述结论的同时，必须要让决策者对上述的诸多因素有清楚的了解：证据是如何与逻辑结合的；哪些是替代性解释，为什么最终被分析人员排除；结论在多大程度上源于确凿证据，又在多大程度上源于推理；之前的案例对此次评估有什么影响，它为什么适用或不适用于当前的案例。如果不对这些做出说明，分析人员的结论可能就会遭到决策者的驳斥。决策者会认为，这不过是预感或者直觉，与他们在晨报中读到的消息相比没有更多的价值和权威。[1]

上述简短的检验清单凸显了如今情报分析人员面临的巨大挑战。总结起来，要想对国家决策者给予成功支持，分析人员要做到：

★ 与决策者对情报环境的了解相比，更加了解决策环境；
★ 即便时间、空间和数据有限，也要以高度精细的方式研究极其复杂的课题。

在情报领域，很少有智力活动能像服务国家决策者那样充满挑战，也很少有其他活动像该活动一样重要。这是因为未来充满变数，决策者需要情报支持，而且情报部门对美国安全政策极具价值。

[1] 原注：关于优质分析的特点，参见马克·M. 洛文塔尔所著的《情报：从秘密到政策》以及：*Tradecraft Review* 1, no. 1 (August 2004), published by the Directorate of Intelligence, CIA。

[第六章]

透明度与伙伴关系：决策者的视角

詹姆斯 · B. 斯坦伯格（James B. Steinberg）

决策者渴望获得优质情报，为什么？因为不管从政策层面还是从个人角度考虑，他们都相信，情报能够也应该在成败之间发挥关键作用。情报分析人员和决策者的关系应该是一种天然的和谐关系。然而，本书许多作者都指出，现实情况常常与此大相径庭。分析人员通常都会觉得不被决策者认可，被忽视或被错误地使用；而决策者则常常感到被情报误导，或未得到充分的支持。

为什么会出现问题

由于“9 · 11”恐怖袭击和伊拉克战争，在过去六年间，这种长期存在的紧张关系终于爆发并进入公众视野。去问问决策者，还有公众，为什么情报部门没能发出预警，告知恐怖分子可能把飞机变成飞行炸弹？为什么他们会高估萨达姆 · 侯赛因发展大规模杀伤性武器的能力？再问问分析人员，为什么决策者不理会就入侵伊拉克的风险所发出的警告？为什么他们要在现有的情报部门屡次断定萨达姆与基地组织没有关系的情况下，还要成立替代性分析部门以搜寻这种关系的证据？[1]

这两种令人深为不安的感受导致一系列情报改革建议仓促出台，其中有些建议受到了欢迎且早应予以实施，另一些建议则仅仅解决了过去的问题，在应对未来不可知问题上的效果却令人怀疑。此外，很少有人聚焦决策者和分析人员间的复杂互动问题。举例来说，希尔伯曼—罗伯大规模杀伤性武器委员会的任务授权，明确排除了关于决策者如何使用或滥用情报的问题。[2] 国家安全顾问信誓旦旦地宣称，没有人事先警告过她利用飞机发动恐怖袭击的问题，对此，“9 · 11”委员会也轻描淡写地一笔带过。而事实上，中情局在六年之前才刚遭到一模一样的恐袭威胁。[3]

---

[1] 原注：See Seymour Hersh's discussion of the Pentagon's Office of Special Plans. Seymour M. Hersh, “Selective Intelligence,” *New Yorker*, May 12, 2003, 44.

[2] 原注：2005 年 3 月 31 日，美国涉大规模杀伤性武器情报能力委员会发布《提交美国总统的报告》，在其中第 8 页写道：“第二，我们未获授权，无法调查决策者使用情报评估的方式。所以在调查过程中，我们对现任及前任决策者进行问询的目的，是了解情报界如何就伊拉克武器计划做出判断并进行沟通，而非评估决策者如何使用这样的信息。”该报告提到了更好地向决策者传达分析结果的必要性，但相关讨论主要围绕成品分析的格式和准备过程展开，较少涉及分析人员与决策者的互动问题。该报告还指出，至少从伊拉克的案例看，“并未出现（分析人员）因为政治压力而改动报告或做出偏颇分析判断的现象。尽管如此，我们很难回避这样一个结论，即情报分析人员工作的环境并不鼓励对惯有的看法提出质疑”。出自：Seymour Hersh's discussion of the Pentagon's Office of Special Plans. Seymour M. Hersh, “Selective Intelligence,” *New Yorker*, May 12, 2003, 44。

[3] 原注：例如，国家安全顾问康多莉扎 · 赖斯与一名记者有过如下对话。问：“你没能预测发生在这里的事情。为什么不能把这看作是一次情报失误？”赖斯博士：“史蒂夫，我认为谁也不可能想到这些人会开着一架飞机撞进世贸中心，又开着另一架撞进五角大楼；谁也不会想到他们试图拿飞机当导弹使，把一架劫持来的飞机用作导弹。”上述对话出自：White House Press Office, “National Security Advisor Holds Press Briefing,” May 16, 2002, www.whitehouse.gov/news/releases/2002/05/20020516-13.html。“9 · 11”委员会只是轻描淡写地提道，之前的情报和分析曾提出把飞机当武器的可能性，接着便推断出，这次的失误源于未能采用屡试不爽的策略来“识别并预报突袭”。但至于为何不能（有效地）让决策者了解恐怖分子过去的阴谋手段，该委员会则没有解释。出自：National Commission on Terrorist Attacks upon the United States, *The 9/11 Commission Report*, July 22, 2004, 344–348。

从某种程度上讲，人们不愿深究上述令人不安的问题，是一种正常的心理反应，目的是为了避免相互指责。但鉴于在“9 · 11”事件和伊拉克问题上，明显的情报失误造成了严重后果，政策和情报界的从业者极有必要了解二者互动所带来的内在挑战，并尝试克服存在于这一重要关系间的隔阂和猜疑。在本书的第五章中，约翰 · 麦克劳林——克林顿和小布什政府期间最出色的情报专业人员之一，从情报角度深入解释了政策与情报的鸿沟。[1] 在本章中，我作为一个在情报和政策部门均工作过的人，将从跨越鸿沟的视角出发，对他的分析和建议予以补充。

问题的根源

造成决策者和情报分析人员相互不满的原因有很多，其中一个重要的原因是：决策者要求的是情报分析人员给予不了的东西，即确定性。另外，之所以有这种不满，也是因为双方都不了解对方应该给予自己什么样的支持，也不理解二者应该作为一个有机整体开展工作，而不是像两支球队一样，隔着一面不透明的高墙来回传球。为保证情报分析在决策过程中发挥应有的重要作用，双方都有必要了解对方的需求、能力和局限。

如前所述，决策者渴望得到确定性，厌恶收获“意外”。他们上任时多多少少都带着已经明确的政策目标，并希望在任内完成这些目标。他们希望按照设定的优先次序开展工作，而不是被未曾预料的事件带着偏离方向。他们期望政府中的常设公务部门——包括情报部门——帮助他们达成既定目标，但却常常觉得未能获得应有的帮助，因而倍感失望。为什么会这样？原因有三。

第一，同时也是最重要的原因是，决策者对情报抱有不切实际的期

[1] 原注：关于决策层与情报界关系的深度分析，也可参见：Jack Davis, “Intelligence Analysts and Policymakers: Benefits and Dangers of Tensions in the Relationship,” *Intelligence and National Security* 21, no. 6 (December 2006): 999–1021。

望。有些决策者倾向于把无所不知设定为情报界的工作标准，而一旦得到“我不知道”的回答就会感到失望。他们认为，国家投入了巨额资金，用于技术和人力情报搜集以及分析人员队伍，理应收获有力和可靠的情报。一旦情报部门达不到这一标准，他们就会对情报管理人员和分析人员横加指责，而不去了解情报工作所固有的局限。此外，如果分析人员对自己的分析抱有信心，但事后证明判断错误，决策者同样也会感到恼怒。

第二，决策者常抱有这样一种看法，即认为分析部门将自己定位为警示者（或更有甚者将自己定位成反对者），而不是对政策给予支持。麦克劳林将这一情况描述成决策者乐观文化与分析人员怀疑文化的较量。关于这一情况还可以有另一种解读，即决策者很少会高喊“太难”而“缴械投降”，也没有拖延决定以苦等更明确情报的奢侈权力。通常，即便可能的选项和结果不明，他们也必须采取行动。

决策者期望情报部门发掘事实真相，以帮助他们达成既定的目标。和某些评论人士的认识不同，大部分决策者并不抵制可靠和及时的坏消息，因为他们知道不能把头埋进沙子里，自欺欺人地以为仅靠无视或否认就能化解不利形势。不过，决策者确实常常感觉到，情报部门仅把自己看作是坏消息或“预警”的载体。也就是说，他们只告诉决策层达成目标所面临的困难，而不指出潜在的机会，也不告知如何最佳地利用当前局势达成上述目标。然而，在许多分析人员看来，这一要求其实就等同于对政策表达“支持”，从而违背了客观分析和政策中立的最高原则。

第三，决策者常常认为分析部门过于脱离决策所处的“现实”环境。这些官员处在一个他们试图要去定义的世界里：他们与外国领导人及其他重要人物会面，前往有麻烦的地区实地了解面临的挑战，与来自政府内外的专家们交换意见。许多官员在任职前就已在各自的工作岗位上积累了相当的经验和知识。他们认为，这些洞察能够给分析以启迪，并有助于评估其他情报的可信度。相比之下，对于要分析的问题和人物，情报部门的许多分析人员却很少或根本没有直接印象。造成这一状况的原因是，情报部门出于安全考虑采取了保守的招募和留用政策。[1] 然而在决策者看来，分析人员和情报管理人员之所以拒绝把他们的观点纳入评估过程，是害怕这会“玷污”其分析产品。

没有万能药

应对上述问题没有所谓的万能药。这些问题很多都是决策过程所固有的一部分，但是决策层和情报界还是可以共同做一些事情，以减少摩擦并建立更具建设性和协作性的关系，这对保持分析过程的独立并强化其效果大有裨益。下面，我们简要地探讨一下，双方可以在哪四个方面做出努力。

第一，决策者需要也有权获得情报部门的最佳判断。大部分的决策者都明白，许多事情很难搞明白，还有些事情本质上是不可知的。他们甚至还了解（或通过情报部门的灌输了解到），谜题（puzzle）和迷（mystery）之间存在区别。[2] 但决策者更需要了解的，是不确定性的程度和本质，以及如果可能，我们应采取哪些措施来降低不确定性。还是以第一章提到的古巴导弹危机为例，苏联导弹的数量和战备状态是一个确凿的事实，但这个事实难以被百分之百地掌握。美方采取了一些措施（譬如开展空中侦察飞行和人力情报搜集），以降低这一不确定性。而尼基塔·赫鲁晓夫会如何回应美国可能实施的各种政策，在本质上是一个不可知的问题——因为这取决于其他人的做法，以及赫鲁晓夫本人对苏联利益的评估。不过，即便

[1] 原注：作为美国的谈判代表，我经常与外国的高级官员以及该地区相关各方的政治领导人会面，并常常前往上述地区会见各方领导人。依我个人的经验，情报报告严重依赖通过间接渠道获取的“秘密”信息，而不是通过与关键各方直接接触所获得的信息。

[2] 原注：约瑟夫·奈（Joseph Nye）将“迷”称作是“一种谁也没有确定答案的抽象谜题”。参见：Joseph S. Nye Jr., “Peering into the Future,” *Foreign Affairs* 73, no. 4 (July/August 1994): 82–93。

是针对未来意图这样的问题，情报部门还是能为决策者提供一些帮助。就古巴导弹危机的例子来说，情报部门可能截收到苏联官员关于不同政策选项的谈话，或者提供了之前的一些案例，以评估赫鲁晓夫面临意志考验时的行事方式。

一般说来，分析人员都不愿去蹚这样的浑水。从某种程度上讲，这也是他们接受训练的结果。在培训分析人员的过程中，情报实践的不确定性问题会被反复地强调。这当然是一个有益的提醒。但不幸的是，有时这也可以被拿来当作逃避责任的挡箭牌——这让评估变得闪烁其词，因而无法证明其是对是错。许多情报判断的集体属性让评估结论变得更加模糊。为了达成内部意见的统一，情报的清晰性遭到了摒弃。分析成品不应是为获得更广泛的认可或压制非主流意见而做出的模糊结论，它应该对情报界内部的不同观点加以**强调**（包括在决策者最常阅读的摘要中进行强调），并对各种结论背后的论据予以清晰说明。

一些人为了限制不确定性的问题，试图对事件或结果的概率进行量化。我对这种做法持保留意见。我认为，对于具体事件，尤其是那些受他人抉择影响的事件，用数字量化其概率从而得出一种虚妄的确凿感，是错误的做法。我们可以表达一定的把握，比如可能（likely）、不太可能（unlikely）、不好判断（hard to judge）等等，这确实有助于描述不确定的程度。但更好的办法还是依照所获的数据，对事件可能的发展方向做出深入分析，并说明为什么某种结局在分析人员看来更有可能发生。

第二，本书其他章节提到，决策者需要也有权要求分析人员展现分析过程的透明。判断是如何达成的？其背后是否有假设的成分？导致不确定性的因素又是什么？这种透明能对结论形成补充，因而也是必要的。通过展现透明，分析人员在提供分析结果或最有把握的猜测时会觉得更加安心，而决策者不论接受还是质疑评估结果，也都会感觉更加自然。虽说决策者时间有限，常常会要求“长话短说”，但情报部门的责任不允许其以这种合理的考量为借口，省略分析产品的部分内容，进而误导用户。鉴于展现透明有助于更好的决策，我相信决策层也愿意接纳篇幅更长的分析产品。

关于透明的一个重要且颇具争议的问题，在于是否披露情报来源。情报部门要保护情报来源和情报手段，这无可厚非。在这方面放松要求，可能会葬送极为昂贵的技术搜集工具；而如果情报来源是人，那么它不仅会将多年的耐心耕耘瞬间清零，还会危及线人生命。由于情报来源的丧失将影响情报未来的供给，进而影响其对政策的支持，因此政策部门也会因为泄密成为最终的输家。在保护重要的情报来源和情报手段方面，美国的记录可谓糟糕得令人难以接受。虽说决策者应该对这样的泄密承担大部分责任，但情报部门也并非无可挑剔。不过话说回来，在情报来源上的不透明，也会导致过度依赖极不可靠的情报来源。伊拉克大规模杀伤性武器事件显示，情报来源在提供消息、“影响”决策时有自己的目的。尽管情报部门应该在评估情报及其来源的可靠性方面继续承担主要责任，但鉴于决策者与此利益攸关，且在评估情报来源的价值方面也能有所贡献，情报部门必须在这方面展现更多的透明。

第三，决策者需要从分析人员那里获取关于局势的**指标**（indicator），以评估下一步判断的正当性。他们需要知道，如果判断正确，未来局势将如何发展。更为重要的是，他们希望知道局势的发展是否会与其判断背道而驰，是否会朝着其他假设的方向发展。与主流判断不符的事实是分析过程中一个极为重要的部分，但却常常遭到忽视。它们之所以重要，不仅是因为具有重要的检验价值，还在于它们是一剂良药，可以对抗一厢情愿的思维或“摘樱桃”式的结构性谬误。即便最谨慎的决策者，在吸纳情报时也难免出现此类错误。这样的支持对决策者来说极为重要，因为它有助于决策者在出现偏差时做出纠正，甚至在关键的判断被证明是错误的情况下，彻底扭转行动方向。

第四，分析部门还需要向决策层提供延伸观察和及时判断。针对某个特定问题，美国准备采取的看上去还不错的行动，将对美国的其他政策以及其他国家的行动造成何种影响？如果该政策实施，其远期影响会是什么？其他国家将如何采取下一步或下下一步行动？决策的紧迫性常常让决策层无暇考虑上述问题，而情报部门的特殊地位则可以让其对问题各方面的关联和政策的累加效应进行分析，从而有可能改变决策层对各行动方案的成本及收益的判断。这一作用对横向和纵向（时间轴上）的分析都适用。在得出分析成品的过程中，分析部门除了需要与问题直接有关的国别分析人员参与工作外，也可以把地区问题专家和其他方面的专业人员囊括其中。理想情况下，决策层也应该做出类似的努力以扩大分析问题的圈子，但鉴于其时间有限且内部各有分工，这种做法通常都不可行。此外，行政部门的政策制定者与情报界的主要分析人员举行经常性会商也有益于长期的政策规划。[1]

决策者能做什么

要想与情报界建立顺畅的工作关系，让情报部门更好地发挥政策支持的作用，决策者至少要担当起四个方面的责任。第一，决策层需要了解情报部门能做什么，不能做什么。分析人员经常会说，情报不是占卜。关于让决策者了解情报生产的过程，麦克劳林及其他情报从业者都做出了正确的强调。麦克劳林在第五章指出，这一工作在新官员就职后尤其难做。不过，情报界可以在发现未来的高官并提前让他们了解上述问题方面做得更好一点。与专业学校和培训项目建立更紧密的伙伴关系，以及与未来的领

---

[1] 原注：克林顿政府时期，国家情报委员会主席约瑟夫·奈和国家安全顾问托尼·莱克（Tony Lake），曾设立过一个包括国务院的政策规划人员、国家安全委员会的高级主管及情报界人士在内的机制，由这些人选择重要的远期政策议题，并开展经常性分析。尽管这一尝试的方向是正确的，但其过于依赖国家安全顾问本人的参与，因而难以长期坚持。对这一机制稍加调整或许能够克服这一困难，即在国家安全委员会框架内，设立一个专门的政策规划办公室，参与情报界和政策层的上述活动。如果当时的国家安全委员会政策规划事务高级主管，能够在这一跨机构机制中自动占有一席之地——就像我所建议的情报事务高级主管也应拥有一席一样——那么这一观点或许能够及时有效地融入决策进程。

导人（譬如通过“美国国会下一代计划”）建立联系，都是这方面可耕耘的领域。对于现任的决策层官员，也有必要就情报的能力和局限问题向他们做经常性的汇报。

第二，决策层需要清晰传达其目标、重点和需求。分析人员不会读心术，掌握的资源也有限，因而必须就最有效利用资源的方式做出判断。他们需要知道哪些是决策者认为重要的事情。根据情报需求制定正式规程——比如克林顿政府就情报搜集要点的认定和排序问题，发布了第35号总统决策指令（Presidential Decision Directive 35, PDD—35）——是一个有用且重要的方法，能将决策和情报层面的搜集及分析要点统一起来；但仅有这个还不够。这一流程在实践中常常会变得非常迟缓且内容庞杂，有时根本传达不出决策层真正的需求。[1] 当然，分析部门不能仅根据决策者当前的计划开展工作，他们还需要考虑尚未出现在决策者雷达屏幕上的问题和机会。

第三，决策者要意识到他们自己作为情报来源对情报部门的价值，并向情报分析人员传达他们在工作中获悉的信息和得出的印象。信息的分享应该是双向的。就像分析人员倾向于仔细隐藏其情报来源、避免将其透露给决策层一样，决策者也害怕向情报界透露涉及敏感的外交谈判及其他决策活动的信息。这不仅会导致分析产品质量低下，还会让其脱离决策实际，显得二者格格不入，似乎在依照不同的事实和假设各自行事。

第四，在政策辩论的过程中，决策者需要确保情报部门的代表“在场”，这与第三点紧密相关。尽管分析人员有义务在制定政策的过程中保持沉默，但他们需要了解制定政策所依据的假设和判断。这不仅有助于纠正对事实的认识偏差，避免决策失当，也能让决策者对影响其把握局势的因素有深入了解，从而能够在局势的发展过程中，对之前的某些假设提出

[1] 原注：关于第35号总统决策指令的评论，可参见：Eleanor Hill (staff director, Joint Inquiry Staff), “Joint Inquiry Staff Statement: Hearing on the Intelligence Community’s Response to Past Terrorist Attacks against the United States from February 1993 to September 2001,” October 8, 2002, www.fas.org/irp/congress/2002_hr/100802hill.html。

质疑或做出修正。目前，在围绕情报"政治化"的风险而展开的辩论中，真正的危险在于，决策和情报双方都会对该问题做出过度反应，并人为制造障碍，从而阻碍分析人员获得有关政策辩论的第一手信息。麦克劳林就此提出的建议是：在决策部门安排更多的分析人员。这些人不做决策，但参与关键部门的日常工作。对决策者来说，要想从这种安排中获益，他们需要理解并尊重这样一个事实：这些分析人员与政策部门的其他成员不同。承担"政治"职务的人需要接受忠诚度和意识形态的测试，但这些对分析人员没有约束力；分析人员若提出质疑性观点或令人不悦的事实，也不应该受到惩罚或遭到忽视。

当今，各种挑战日益多变，行为体（尤其是非国家行为体）日趋多样且难以预测，信息来源和数量呈指数级增长。在这样的国家安全政策环境下，上述四点建议尤其重要。"9 · 11"后的两个重要经验——共享信息的重要性，以及建立灵活适应形势变化的扁平化合作机制的必要性，不仅对情报机构本身适用，对决策层和情报界的互动也同样适用。马克尔基金会信息时代国家安全问题研究小组（我曾在该小组工作）曾强调指出，2004年《情报改革与恐怖主义预防法》要求构建新的信息共享环境，将决策者纳入其中，就此产生的需求和特殊问题，应引起我们的重视。[1]

结构性的修补：两点建议

截至目前，我所给出的建议多是围绕着如何让决策者和分析人员互相了解对方的需求、能力和局限，以及如何打破这两种文化间的隔阂。不过我认为，我们还有必要采取两类结构性改革，以促使双方建立起更好的工

[1] 原注：See Markle Task Force on National Security in the Information Age, *Mobilizing Information to Prevent Terrorism: Accelerating Development of a Trusted Information Sharing Environment*, third report of the Markle Foundation Task Force (New York: Markle Foundation, 2002), 48–49, www.markletaskforce.org.

作关系。

第一，同时也是最重要的改革措施，恐怕还是要让情报分局发挥其在国家安全委员会中应有的作用，以帮助建立我们所推崇的“跨文化”团体。鉴于情报分局能够接近包括总统在内的重要决策者，同时又能不受课题限制地参与机构间的所有讨论，因而它能够在决策层和情报界之间发挥重要的桥梁作用，将前者的需求传达给后者，同时将后者的能力、局限和观察告知前者。中情局情报分局还扮演着翻译官的角色，尤其可以帮助对情报工作没什么经验的决策者理解情报部门的价值和局限。近些年来，这一重要的作用基本未得到发挥。情报分局应该在跨机构的交流中占据一席之地，而不只是将眼光集中在情报来源、情报需求和隐蔽行动之类的情报事务上。

第二项重要的结构性改革，已通过国家反恐中心得以体现。该中心创新性地将情报和政策规划功能融为一体，同时保留了两条相对独立的通报渠道——向国家情报总监汇报情报事宜，以及通过国土安全委员会和国家安全委员会向总统汇报决策事宜。[1]这样的安排会让一些人感到不安，他们担心这将模糊情报部门的工作界限，损害情报的可信度，不过这一安排也确实体现出，在一个政策极度依赖战术和战略情报的领域，存在着将政策和分析功能进行整合的现实需要。[2]

将政治化的风险最小化

在有些人看来，我在这里提出的建议可能是危险的。传统上政策和情报间保持距离，可使情报免于政治化的侵蚀，同时也强化了对情报来源及

[1] 原注：See National Counterterrorism Center, “What We Do,” www.nctc.gov/about_us/what_we_do.html.

[2] 原注：在克林顿政府时期，这一做法被用于诸如俄罗斯和中东的政策议题上，且获得了相当的成功。

手段的保护，但由此造成的情报不相干性也让双方付出了高昂的代价。决策者需要与分析人员开展紧密合作，以便得出有把握的判断；而分析人员也必须做好准备，对决策者的试探和挑战做出回应，否则他们的工作成果很容易被斥为不相干或有瑕疵。在情报界内部建立强有力的保护机制，是将政治化风险最小化的最好办法，这项工作在国家情报总监一职设立时就已开始。国家情报总监应是具备真正情报经验的超党派专业人士，而不是因为政治忠诚而获职。为保护分析人员的工作不被滥用，国会的严格监督和情报界内部的总监机制都有必要保留，但如果我们不能在政策和情报间建立更紧密的交流机制，我们将浪费来之不易的情报和分析资源，从而无力应对未来的艰巨挑战。这将是更大的危险，其结果是决策者得不到最好的情报支持，而这恰恰与我们的最高目标背道而驰。

[第七章]

为军队高层用户服务：国家机构的视角

约翰·克林根（John Kringen）[1]

过去十年来，几个主要的国家情报机构——中情局、国防情报局、国家地理空间情报局、国家安全局，在支持军方行动方面关系越来越紧密，也越来越复杂。造成这一趋势有多重因素，包括：美国在两场地面战争中的长期参与、国家情报机构在打击暴力极端主义分子方面的独特能力和权限，以及军队部门远远超出作战行动的任务范畴。深入的接触与合作让国家情报机构有机会为军队高层提供更好的情报支持，但这方面的成功也并非易事。关键是要了解军队用户的需求，以及确定国家情报机构和军队情报部门能够提供特殊附加价值的领域。鉴于未来数年军队和情报界都可能面临预算方面的挑战，情报界各部门的特殊能力必将得到更加充分地利用。[2]

---

[1] 原注：本章中的观点反映了作者30多年来在政府多个部门工作的经历。值得一提的是，他曾于2008年到2011年任美国欧洲司令部高级情报顾问，2005年到2008年任中情局情报分局局长，20世纪90年代任当时的国家图像与测绘局（即后来的国家地理空间情报局）图像分析局局长。本章观点并不涵盖国家情报机构保障军方高层用户的全部工作，但不可避免地会反映一些中情局的观点。

[2] 原注：Ben Wachendorf, Ajay Patel, and Tiffany Chiang, “Looming Defense Budget Cuts: Separating Fact from Speculation,” *Monitor National Security Perspectives*, November 10, 2011, www.monitorns.com/perspectives/.

国防情报局、国家地理空间情报局、国家安全局等被指定为战斗支援机构（combat support agency, CSA），这些情报组织支持军队的作用已通过政策予以明确。为了保证在支持军队指挥官及参谋人员方面投入足够精力，国防情报部门还制定了一整套制度以明确机构间的关系，并确定了正式的资源分配流程及相应机制，便于现役军事情报人员在战斗支援机构、军种和作战司令部之间交流。这一系列安排的结果是，在支持军队各部门和国防部的高级文职官员方面，每个战斗支援机构都有明确的任务和分工。

中情局未被指定为战斗支援机构，但在其成立之初，就被赋予了向军方提供情报支持的任务。不过它与军方的关系要复杂得多。二者关系的复杂性既包含着历史的因素，也反映出中情局的任务范畴远远超出了向军方用户提供情报支持的现实。军方对设立中情局及其前身战略情报局的反对，也部分反映出军方并不情愿让文职机构来满足自身的需求——这一问题自中情局成立后就不时浮出水面。[1]

20 世纪 90 年代，在“沙漠盾牌行动”（Operation Desert Shield）和“沙漠风暴行动”（Operation Desert Storm）中，国家情报机构在支持军事指挥官方面遭到批评，使这些机构有机会增大支援力度。尽管各方一致认为，国家情报机构对这两场军事行动的支持要远好于其在越战期间的表现，但在国家情报机构和美军中央司令部之间，还存在一些问题。[2] 众议院的一个小组委员会批评，中情局没有全力“参与对作战指挥官的系统性支持”[3]。作为对这一批评的回应，中情局在 1992 年成立了一个新

[1] 原注：Thomas F. Troy, *Donovan and the CIA: A History of the Establishment of the Central Intelligence Agency* (Frederick, MD: Aletheia Books, University Publications of America, 1981).

[2] 原注：House of Representatives, Oversight and Investigations Subcommittee of the Committee on Armed Services, “Intelligence Successes and Failures in Operations Desert Shield/Storm,” 103rd Cong., 1st sess., 1993 (Washington, DC: Government Printing Office, 1993).

[3] 原注：House of Representatives, Oversight and Investigations Subcommittee of the Committee on Armed Services, “Intelligence Successes and Failures in Operations Desert Shield/Storm,” 103rd Cong., 6th sess., 1993 (Washington, DC: Government Printing Office, 1993).

的部门——当时被称作军事事务办公室（Office of Military Affairs）。该部门由中情局人员和美军军官共同组成，目的是“强化合作并促进中情局和军方之间的信息流动”[1]。目前，负责这一职能的中情局军事事务副局长，由军方派出的将级军官担任，他在中情局与国防部的交流中发挥着关键作用。

促进紧密合作的动因

近年来，在促进国家情报机构与军方用户展开更紧密合作的因素中，最重要的一个因素是，美军近乎不停地在阿富汗和伊拉克开展了超过十年的军事行动。这些军事行动不仅凸显了军方和中情局根据各自的授权和能力开展合作的价值，也凸显出军方广泛的情报需求——包括精确掌握对手的组织脉络，以及广泛了解远超出军事战斗序列范畴的社会因素。军方对情报支持的需求日益增长，其中有一小部分涉及日常的军事行动（譬如开展搜集和分析以确定敌人在哪里），其他大部分则涉及广泛的多学科观点——包括政治、经济、社会、心理及文化因素等。

2010 年 1 月，阿富汗国际安全援助部队的迈克·弗林（Mike Flynn）中将及两名美国情报官共同起草了一份评估报告，报告强调了了解阿富汗政治、经济和文化环境的重要性。[2] 在支持在阿军事指挥官开展反叛乱行动（counterinsurgency, COIN）方面，三名作者批评情报界表现不佳，但不可否认的是，国家情报机构既有能力，也确实为军方领导人

[1] 原注："CIA Support to the US Military during the Persian Gulf War," Persian Gulf War Task Force, June 16, 1997, www.cia.gov/library/reports/general-reports-1/gulfwar/061997/support.htm.

[2] 原注：Michael T. Flynn, Matt Pottinger, and Paul D. Batchelor, *Fixing Intel: A Blueprint for Making Intelligence Relevant in Afghanistan* (Washington, DC: Center for a New American Security, 2010), www.cnas.org/files/documents/publications/AfghanIntel_Flynn_Jan2010_code507_voices.pdf. 弗林中将现为国防情报局局长。

贡献了更广泛的搜集能力和分析资源，这是军队指挥官所不具备的。事实上，一些人认为，在伊拉克和阿富汗问题上，国家情报机构和军队的作用与人们以往的认识有所颠倒。在这两场战争中，战略部门回答了一系列的战术性军事问题，而军队则要就外国作战环境中的政治和文化问题提出深入看法。[1]

优先考虑文职人员监管上述军事行动，是促成国家情报机构与军队指挥官开展更多交流的另一个因素。国家军事指挥机构由五角大楼和白宫的高层决策者构成，而国家情报机构也加入了为他们提供情报支持的行列。有鉴于此，这些决策者自然想要确保，所有相关人员（包括军方领导人在内）尽可能对局势有一致的理解。不论是在伊拉克还是在阿富汗，美军将领及美国驻当地大使都会收到由中情局和其他国家情报机构撰写的情报评估草稿，以便在评估正式发布前提出意见。[2] 这一政策安排是为了确保高层决策者在一份材料中，能够同时看到情报界的正式评估和军队指挥官的看法。

另一个重要的动因是，“9 · 11”之后，国家情报机构在应对全球范围的暴力极端主义方面发挥了重要的作用。举例来说，在阿富汗战争初期，塔利班和基地组织之所以在 2001 年被成功驱逐，一个关键因素便是中情局和美军特种部队成立了一些联合工作小组。这些小组与反对塔利班的阿富汗部队建立联系并提供帮助，还协助美军对塔利班和基地组织的武装人员实施精确的空中打击。[3] 后来，有关 2011 年抓捕奥萨玛 · 本 · 拉登行动

[1] 原注：Adam Cobb, “Intelligence Adaptation,” *RUSI Journal* 156, no. 4 (August 2011): 54–62.

[2] 原注：为确保这一做法不会导致分析过程发生偏差，分析人员获得的建议是，可以不参考军方指挥官的评论，因而也不需要对分析内容做相应调整。当军方指挥官不赞成情报评估时（这种情况时有发生），他们的评论会被当作个人观点写进报告，而不是情报评估的一部分。

[3] 原注：Henry A. Crumpton, “Intelligence and War: Afghanistan, 2001–2002” in *Transforming U.S. Intelligence*, ed. Jennifer E. Sims and Burton Gerber (Washington, DC: Georgetown University Press, 2005).

的公开说明，对中情局、国家安全局、国家地理空间情报局和美国特种部队间的合作给出了目前最为清晰的阐述。不过，类似的合作绝不仅限于一时一地。鉴于中情局在执行反恐任务方面的特殊职能与权限，它有必要展现最大限度的透明和协作精神。行动的成功不仅要求各方就反恐行动进行日常协调，还要求他们对全球、地区、国家甚至更小范围的威胁有共同的理解。

除了作战行动，在国家层面上，情报机构还向军方用户提供日益增多的支持。这也反映出，美军经常在更广泛的领域开展活动，这些活动远远超越作战或应对未来战斗的需要。在军方内部，一个经常被提及的术语是“政府整体”(whole of government)。这一术语的频繁使用表明，美军的活动不可避免地被纳入范围更广的国家政策目标中，且通常需要国防部以外的职能部门的协助。美军的地区作战司令部——非洲司令部、中央司令部、北方司令部、太平洋司令部和南方司令部目前还担负着被称为“军事外交”(military diplomacy）的重要职责：

- ★ 在这方面，军方领导人的职责是代表美国的政策目标，与外军领导人进行接触。这些政策目标包括帮助友军提升能力，使他们成为美国的合格伙伴——这些活动被称为“安全合作”或“伙伴能力建设”。此外，美军服务的政策目标还包括鼓励外军领导人支持美国的具体政策，并汇报其支持美国政策的公开迹象。这一作用最明显的体现，就是欧洲盟军最高指挥官（Supreme Allied Commander for Europe, SACEUR）——同时也是欧洲司令部司令，很大一部分时间都在与北约盟国沟通，以确保必要的政策和作战协调。
- ★ 当形势需要时，美军还担负着另一项重要职责，即提供人道主义援助并开展灾难救援。应美国国务院的要求，美军曾在巴基斯坦（2010 年)、海地（2010 年）和日本（2011 年）遭受灾害时提供了大量帮助。除此之外，在其他众多地区，美军还开展了一系列不太为人所知的人道主义救援行动。这些行动中，情报支持往往是提供政治、经济、社会情况，便于行动的规划和执行。

尽管美国结束在伊拉克的军事行动并缩减驻阿富汗的部队后，美军与国家情报机构接触的机会将不可避免地减少，但我们相信，双方业已建立的工作关系将为未来富有成效的合作奠定基础。伊拉克和阿富汗战争让大量处在事业初期的军官和情报人员走到了一起，使他们对彼此的能力、组织结构和文化有了更好的理解。在未来的很长时间里，这可能有助缓解政府官僚政治中常见的利益争夺。此外，应对诸如恐怖主义和核扩散之类的跨国威胁是个持续的工作，且需要情报部门的参与，这意味着促进军方和情报界开展紧密合作的动因仍将继续发挥作用。

促进更紧密的分析交流

上述动因是推动国家情报机构与军方开展更深入合作的外部因素，此外，情报界内部取得的一系列进展，也改善了国家情报机构对军队高层的分析支持。

情报分发技术的进步

自海湾战争以来，国家情报机构利用国防部的全球联合情报通信系统（Joint Worldwide Intelligence Communications System, JWICS）提供的网络通信能力，向各层次的军方用户提供情报产品，并在此方面取得了长足的进步。尽管不是所有的情报产品都会在该系统发布，但鉴于该系统能够发布绝密 / 敏感隔离信息（TS/SCI），大部分的情报产品都会上传至该系统。这意味着，遍布于全球的作战司令部用户，基本能够和华盛顿的高层决策者同步获取情报评估和报告。

在这方面，根据我在欧洲司令部（European Command, EUCOM）期间的观察，每天，该司令部高层——包括欧洲盟军最高指挥官本人——的情报参谋，都会关注中情局的《世界情报评论》（*World Intelligence Review*）

及其他国家情报机构的网站，从中搜索对其上级有价值的分析产品和具体的情报报告。欧洲司令部高层需要各类分析评估，其范围已远超诸如恐怖主义、任务区（area of responsibility, AOR）内其他军队和防御机构活动之类的直接威胁。举例来说，2011 年，在北非和中东爆发的“阿拉伯之春”（Arab Spring）期间，欧洲司令部的将领们需要广泛了解政局不稳的可能后果，因为这可能意味着他们要提前做好计划，以支持在地中海沿岸国家开展的非作战撤离行动（Noncombatant Evacuation Operation, NEO）。尽管在中东和北非问题上研究力量有限，但欧洲司令部可以利用国家情报机构及其他作战司令部的大量专业资源。此外，通过吸取多个渠道的分析评估，军队指挥官也可以受益于情报界内部一致以及不一致的分析。

分析合作的加强

除了上述的网络合作外，自 2004 年《情报改革与恐怖主义预防法》颁布后，分析合作的改善也让军方的用户受益匪浅。促成这一紧密合作的一个特别因素是，《总统每日简报》不再只由中情局编写，而是升格为整个情报界的产品。这一改变极大地扩充了分析队伍的数量和范围，让本已富于挑战的编写工作更加困难。但是，拓展协同与合作带来的好处也显而易见，尤其是在评估阿富汗和伊拉克的战事发展方面。在送达总统前，评估必须经过情报界内部的充分协商，这一要求自然而然地激发了更大的透明度和更深入的合作，并使得国防情报局和中情局——具备军事分析（military analysis）能力的主要全源分析机构——加大努力以确定各自分工。同时，在这一合作的基础上建立起来的机构间交流，也延伸到《总统每日简报》以外的领域。鉴于国防情报局是军事情报工作在国家层面的代表，美军各作战司令部及四个军种的情报人员，能有更多机会与其他情报机构开展交流。

目标分析能力向军方以外机构的扩展

在不同分析部门开展更深入合作的同时，原先用于作战行动的分析方法，也开始向更广的领域扩展。尽管国防情报局、国家地理空间情报局和国家安全局早就开始使用结构化分析方法，对目标进行动态跟踪，但中情局传统上却并不倾向于参加战术层面的活动。不过，“9 · 11”事件极大地改变了这一状况。随着中情局反恐任务的极大拓展，其内部被称为“目标分析”的专业分支也得到相应加强。

目标分析不是为决策过程提供分析评估支持，而是要掌握个人、组织和关系网的具体情况，以便达成行动目标。这些行动目标既可以是制订情报计划，以进一步搜集相关人员或组织的信息，也可以是制订行动计划，以制止这些人员或组织的活动。好的目标分析远不止于汇总目标的详细信息，而要就潜在的危险、行动的可能性及期望的结果做出细致的评估。2001 年 9 月 11 日之前，中情局情报分局中的目标分析人员主要集中在犯罪与毒品中心，负责对全球范围内的贩毒组织做出评估。“9 · 11”事件发生后，上述人员多被抽调出来，协助启动中情局针对基地组织的大规模目标分析。目前，中情局的目标分析已被确立为一门分析专业分支，其任务涵盖了反叛乱、反恐、防扩散、反毒品和网络安全。由于任务范畴的拓展，这些分析人员不仅能够支持中情局的行动，还能为诸如伊拉克和阿富汗战区的军事行动贡献专业技能。

军方对情报界领导力的增强

最后，我想给出一个可能颇具争议的观察，即让现役和前任的军方高层担任国家情报总监办公室和中情局的领导职务，是在引领国家情报机构向军队高层提供分析支持方面迈出的积极一步。近年来，迈克尔 · 海登（Michael Hayden）、戴维 · 彼得雷乌斯（David Petraeus）被任命为中央情报主任，迈克 · 麦康奈尔（Mike McConnell）、丹尼斯 · 布莱尔（Dennis

Blair）和詹姆斯·克拉珀（James Clapper）被任命为国家情报总监。对此，常有人公开或私下表达疑虑，其中一个主要的担心是，这些官员可能会抵制或压制其所监督的分析部门的观点。[1] 但据我观察，情况并非如此。我认为，让这些军官或前军官担任文职情报机构的负责人，总体上改善了分析部门与军方领导人对话的质量。

不管怎样，我的观点是：情报界整体的健康发展必须基于多样化的经历和观点。这一点的缺失将带来两方面的风险。一是情报支持可能会侧重于某一类情报用户，而忽视其他用户；二是如果一个组织非常强调指挥官意图和指示的重要性，那么在该组织中度过职业生涯的大部分时光，可能会让情报人员不太注重情报工作的批判性，而这对于培养敢于挑战常规认识和高层观点的队伍来说至关重要。

支持军方用户的最佳实践方式

最高指导原则：了解指挥官的需求

像服务于其他情报用户一样，要想为军队指挥官提供高质量的分析支持，首先要了解他们的需求、喜欢的接收信息方式，以及他们行动的环境和决策的圈子。这个说起来容易，做起来却很难，尤其是当情报人员与情报用户距离很远的时候，但这一点非常关键。对于未曾在军队服役过的分析人员来说，要想对军队的办事流程及术语（包括缩略词）有基本了解，也是一件颇具挑战的事情。尽管有军事术语和缩略词表作为案头参考，但新的术语仍层出不穷，且各军种的术语还有一定区别，因此，掌握术语的使用可能要花费数年的时间。

---

[1] 原注：David Ignatius, "Can Petraeus Handle the CIA's Skepticism on Afghanistan?," *Washington Post*, September 1, 2011.

比掌握军队基础知识更重要的是，分析人员要在军事规划和军事行动中抓准机会，让情报分析和情报报告得以发挥应有的作用。这样的机会主要有以下两类：

- ★ **战场空间的情报准备**（Intelligence Preparation of the Battlespace, IPB）。为作战司令部层级的复杂军事行动制订计划，是一个漫长的过程，它需要具备各种军事背景的人员参与，并贡献其技术专长（如目标获取、通信、后勤等）。情报只是这一计划过程的一部分。对国家情报机构来说，如何在这一过程中找到最佳的参与机会，并非易事。
- ★ **协助作战**。不过，一旦行动开始，按照作战司令部先期设定的战斗节奏，国家情报机构就可以相机提供情报。这时，主要的挑战在于，如何调整情报的生产和报送，以适应司令部高度精确的时间安排，尤其是当情报的生产者处在另一个时区的时候（这一情况在现实中经常发生）。另一个挑战则在于，军队指挥官希望了解信息的来源，而情报机构力图最大限度保护其来源，尤其是人力情报来源，这两个要求间存在矛盾。

让情报发挥作用，也意味着需要调整分析呈现的方式。在国家情报机构的分析人员中，存在着一种排斥 PPT 汇报的倾向，而这一汇报方式恰恰是美国军方喜欢的。不管怎么说，如果分析人员希望他们的分析在决策过程中被采纳，那么适应军方常用的沟通媒介就显得极为重要。军方人员一般乐见用图表的形式解释概念及信息，并特别标出关键问题和分析结论。对于这样做的分析人员，他们通常会表示赞赏。与此类似，全源分析部门的分析人员有时倾向于对情报分析和情报报告进行严格区分。但就像《总统每日简报》对最高层决策者提供支持那样，及时且附带一段简短分析评论的报告，可能要比一份全面却错过决策时机的情报评估作用更大。

成功驾驭挑战，成为团队一员

美军的目标就是要保证所有人员——不论职衔高低——都要统一行动，并一致贯彻指挥官的意图。军方的高层将领常常怀疑，在他们司令部内工作的国家情报机构代表是否真是团队的一员。与此同时，他们又很看重文职情报机构发挥的作用，因为这些机构能够提供司令部的参谋人员无法给予的外部观察。

对于文职情报人员来说，挑战在于既要成为军队指挥官团队中的一员，又要发挥不同于他人的作用。成为团队一员首先需要获得军方高层的信任。在我的职业生涯中，国内安全部门的一位地方负责人曾向我建议“信任源自透明”。这虽然是一句大白话，对所有成功的职业关系都适用，但尤其适用于情报机构之间，以及国家情报机构与美军大部分部门间的关系。在司令部内部，文职情报人员应与司令部的最高情报军官建立透明和信任的关系，这一点尤其重要。

作战司令部内，许多参谋军官都是第一次担负“联合任务”。一般情况下，如果之前不是情报专业人员，他们往往缺乏同国家情报机构合作的经验。在这种情况下，情报机构必须在环境允许的前提下，尽可能做到透明。比方说，当有些情报分析或情报报告只能通报部分参谋人员时，有必要向所有关键人员做出解释。举例来说，欧洲司令部的高层希望他们的重要下属能够收到同样的情报。在个别情况下，当这一做法不可行时，我们要确保司令及其下属知悉我们的规矩。

不过，作为团队一员并不仅仅意味着表现透明，它还要求文职情报人员积极活跃地参与军事行动。为达成这一目标，一个极好的方式是参加司令部组织的关键军演。美军举行军演的目的是开展必要的训练，以确保未来行动的成功。从这方面来说，国家情报机构的分析人员参与军演，能够为未来其与军方的成功合作奠定基础。举例来说，2010 年，一位资深的中东问题情报专家参加了欧洲司令部举办的一场演习，模拟在某个地中海国家开展非作战撤离行动。这位专家在演习中贡献很大，让美国驻欧海军部队（US Naval Forces Europe, NAVEUR）把国家情报机构的直接参与当作演习成功的“重要经验”。后来，当利比亚危机发生时，欧洲司令部已然认识到，极有必要吸纳专业的情报知识，以支持海军指挥官开展行动。

在“提供情报的义务”与“负责任的信息共享”间求得平衡

与中情局和其他国家情报机构相比，美军的大部分部门都极其透明。这既反映出美军的文化——确保团队中的所有人都领会指挥官的意图，也反映了美军开展行动的基本前提。鉴于美军的大部分后勤保障都要靠商业公司，重大军事活动的保障也必须在不保密的情况下进行。除后勤保障外，关于军事行动的多数规划和统筹，则都通过机密级的通信线路传达。[1] 此外，美军的许多行动都有外国部队参与，这让情况变得更加复杂。与美军及其外国伙伴不同，美国的国家情报机构在绝大部分行动的沟通上，一般都通过绝密级的通信线路进行，且所有的情报机构都会在特殊的绝密级隔离环境中生产和使用情报。

十多年来，信息共享的挑战是经常被提及的一个讨论课题。在维基解密（Wikileaks）泄露大量秘密和敏感信息后，美国政府的许多部门越来越担心，将敏感信息存储在国防部拥有数万用户的计算机系统上，可能会带来安全问题。[2] 尽管目前没有简便或全面的解决办法，但已开始实施了一些改进性的措施。有些作战司令部（例如欧洲司令部和太平洋司令部）的

[1] 原注：在这方面一个明显的特例是，美军的特种作战及军事情报部门都采取绝密/敏感隔离信息级的线路通联。此外，美军主要依靠其联合全球情报通信系统进行远程视频会议，这也是一个绝密/敏感隔离信息级的网络。

[2] 原注：对维基解密事件的后果，一位国务院官员提出了个人看法，可参见：Bowman H. Miller, “The Death of Secrecy: Need to Know . . . with Whom to Share,” *Studies in Intelligence* 55, no. 3 (2011), posted on the CIA website on November 11, 2011。

活动有盟军大量参与，因此需要使用一些技术手段和人力资源，以便通过加密渠道有效传送大量的情报信息。国家情报机构则扩大了情报报告的知悉范围，以便向涉密权限更低的广泛用户发送信息。与此同时，关于优先目标的最佳情报仍主要来自敏感的信息源 —— 人力情报或技术情报。随着情报曝光度的增加，这些情报来源遭泄露的可能性也在增加。

在这种情况下，国家情报机构能够采取的最好办法，就是与军方进行持续的沟通，以确定应该而且能够分享哪方面的情报。伊拉克战争期间，中情局的分析人员与战区内的许多军方人员就建立了直接的通信联络。而近年来，鉴于欧洲面临着大量且严重的恐怖威胁，国家情报机构和欧洲司令部逐渐达成共识，既与限定范围内的用户分享恐怖威胁方面高度敏感的信息，又要向需要了解这一问题的更多人员提供一般性的观点。不过，达成这样的共享也并非易事，需要双方在业已建立的信任的基础上逐个研究共享事宜。

利用美军的观点

国家情报机构与美军各部门之间典型的沟通方式，是单向的情报输送。不过，现实情况要比这复杂得多。之前提到的关于阿富汗情报保障的评估认为，连美军高层指挥官都不掌握有关阿富汗反叛乱行动进展的重要信息，更别说国家情报机构了。该报告据此建议成立情报分析小组，从在当地活动的美政府组织——譬如省级重建小组（Provincial Reconstruction Team, PRT）、军事训练小组以及步兵营那里搜集信息。

在战时的伊拉克，派出国家情报机构的分析人员队伍以实地搜集信息的理念，得到了成功实践。数年间，中情局的伊拉克分析办公室（Office of Iraq Analysis, OIA）向伊拉克派出了多个分析人员小组，以便从当地的美军军官、美政府成员及其他人员那里搜集信息，填补关键情报的信息缺口。这些被称作战地战略评估小组（strategic field assessment team），通常由伊拉克问题高级专家组成。他们通过上述渠道搜集独特信息，并将它们纳入大量的专项报告及涵盖范围更广的评估报告中，从而分享其发现。这些小组的活动涉及广泛，尽管篇幅都不长，但这些小组通过与美军非情报部门的交流，获得了他们对优先情报问题的看法，进而体现出独特价值，值得继续开展。

类似的方法在非战区也取得了良好效果。之前说过，美军的高级将领是与友军开展对话的关键人物，因而有条件深入了解世界范围内的军事动态。尽管在这样的对话中，友军基本都是照本宣科，向美国政府传达事先拟定好的信息，但即便这样的信息对情报机构来说也是有价值的。军方领导人一般都愿意转达相关信息，但国家情报机构可能需要牵头制定相应流程，以获取并分发这类信息。

向指挥官提供真正的附加价值

由于承担着区域广泛的多样化任务，军方高层既希望从各个渠道获得最深入观察，又不得不关注情报的来源问题。实际的做法通常是，确定国家情报机构在哪些领域拥有特别能力，并由其提供军方情报人员无法提供的附加价值。除了情报本身，国家情报机构的一个特别价值还在于，其对作为指挥官决策依据的国家政策讨论或情报分析有深入了解。尽管《总统每日简报》的分发由白宫和国家情报总监决定，但军方领导人一直希望知道总统和国防部部长获得了哪些情报。

此外，军方的高层指挥官还希望，其接收的情报产品既包含情报界的共同观点，又包含内部的不同观点。举例来说，国家情报委员会编撰的《国家情报评估》和其他评估产品尽管颇受军方用户的欢迎，但其数量有限，且不一定能满足作战司令部的特殊需求；而整合了一系列国家情报分析资源的情报评估，虽然不那么正式，却能够满足要求。2009 年，詹姆斯 · G. 斯塔夫里迪斯（James G. Stavridis）就任欧洲司令部司令，之后，该司令部提出希望对未来的作战环境开展广泛调研，以相应调整组织结构。针对这一需求，派驻欧洲司令部的国家情报机构代表们，成立了一个由国防情报局、国家安全局、国家地理空间情报局及中情局人员构成的小组，就 2020 年该司令部任务区内的安全环境进行评估。这是根据欧洲司令部的任务需求定制研究方向，并广泛吸纳了相关人员。这种保障方式，使该司令部的人员得以对其未来可能面临的威胁和机遇有了较好的全局性把握。

除了提供通力合作完成的评估外，国家情报机构的真正实力还在于，在诸多问题上拥有深入分析的资源和能力。在诸如核扩散、网络战、能源安全、非法金融及地下设施等专业领域，大部分的军事情报机构都不具备相应的资源和人员，无法拥有最高水准的情报技术专长。在这方面，国家情报机构面临的挑战是如何创造机会，以便向军队高层展示其拥有上述能力。有些时候，国家情报机构仅需派出专家予以说明，有时则需要使用特殊的方法和能力来满足军方对一系列问题的关注。举例来说 ：

- ★ 海湾战争期间，鉴于萨达姆 · 侯赛因可能炸毁伊拉克的油田和炼油厂，军方面临的一项挑战是如何限制这种环境破坏。在这方面，中情局关于伊拉克石油设施的评估让美军能够以更精确的方式动用空中力量，从而减少了对环境的破坏。
- ★ 美军目前面临的一项挑战是应对日趋严重的弹道导弹威胁。鉴于执行弹道导弹防御的时间窗口极其有限，相关的大部分决策都必须基于事前的细致谋划及对敌方弹道导弹部队的了解——尽管这种了解并不全面准确（参见文本框 7.1）。在这方面，国家情报机构关于伊朗弹道导弹部队的评估，对美军制订导弹防御计划颇有帮助。

文本框 7.1　国家情报机构对作战司令部进行分析保障的模式

由位于华盛顿的国家情报机构对作战司令部进行情报保障，是一项极具挑战的任务。尽管加密的远程视频会议系统有助于双方开展一定程度的直接交流，但地理上的距离及保障华盛顿其他用户的需求，还是给针对军方的保障带来较大困难。随着欧洲司令部越来越多地参与导弹防御，中情局采取了下述的多方式保障策略，以提升支持和合作水平：

★ 经常、连贯地提供与欧洲司令部导弹防御任务相关的分析评估。

★ 在华盛顿或欧洲，不定期地向欧洲司令部高层汇报情况。期间，要确保对国家情报机构和作战司令部的评估做到完全透明，并让欧洲司令部高层有机会就关心的问题开展交流。

★ 由华盛顿的技术专家量身定做情报汇报。

★ 与欧洲司令部的情报人员积极开展交流。

★ 与陆、海、空军的规划人员开展分析方面的直接交流。

★ 听取欧洲司令部人员任务后的情报汇报。

替代性分析的好处

国家情报机构及其在军队的同事，除了就特定问题提供更广阔的视角和深入的观察分析外，还通过挑战现有的方法和惯有的认识对军方领导人进行分析保障。在我看来，情报分析的“第一定律”应该是通过过去预测未来。不过，就像 20 世纪比利时军事情报官两次错判入侵威胁的杜撰故事所展现的那样，分析面临的更大挑战在于，发现什么情况下以往的模式不再适用，从而提出可能出现的替代性状况。关于这一情况，本书的其他章节也列举出一系列可用的分析方法。通常，挑战习常思维是最好的方法，也是最简单的方法。

了解对手

军事行动中的一个重要挑战是，如何获取关于敌军部队，尤其是其行动动机的尽可能准确的信息。伊政府军在伊拉克战争中被击败后，确定随后出现的叛乱活动的原因，就成为美国面对的一个主要情报问题。鉴于当时美国情报界对伊拉克反叛组织的了解并不全面，中情局的伊拉克问题分析人员遂采取了一个简单的办法，为支持叛乱活动的各类人物建立一系列个人档案。这些档案后来被拿来公开讨论，其中最引人注目的是“裁缝卡迈勒”（Kamal the tailor）。此人之所以被定义为叛乱活动的支持者，部分原因在于他反对在萨达姆垮台后美国对伊拉克的军事占领。[1] 他的档案表明，即便简单的分析方法，也能帮助决策者和军方高层了解导致军事行动成败的关键因素。

评估军事行动的进展

战时，一个重要的情报问题是如何确立评估框架和标准，以便让决策者和军方领导人了解军事行动的进展。之前提到的阿富汗情报研究指出，分析活动不能仅限于简单记录暴力活动的水平。为此，中情局的阿富汗问题分析人员确立了一种评估框架，以衡量阿富汗政府及塔利班对局势的掌控。当然，这样的评估首先要以准确的情报报告为基础，而情报报告的质量实际并不稳定。

不过即便如此，确立和使用这种评估框架本身也是有重要意义的。我曾陪同相关的分析人员向军方官员进行过几次汇报。期间我发现，该方法的一个重要意义在于，它能让会议集中于对情报评估的比较，以及对影响阿富汗未来局势发展的因素的讨论。

打破常规

考虑到军方在行动计划上投入了大量资源，对其计划所依赖的假定进行“可信度测试”（confidence testing）也是一个重要的问题。这一测试的

[1] 原注：Jim Hoagland, "Tailor-Made for the CIA," *Washington Post*, February 13, 2005.

必要性，通过观察“红队”在作战司令部中的广泛配置和在重大军事演习中的使用，就可略知一二。为达到类似效果，从而突破分析的常规并提前发现可能的“意外”，国防情报局和中情局这样的国家情报机构也使用多种分析方法，譬如魔鬼代言人法和“若则”（What If?）分析法。这样的分析方法用于军事问题时，通常都能取得令军方高层满意的结果。另外，这样的方法也并不一定局限于政府的资源。像国务院情报与研究局这样的国家情报机构，通常都与学术界及其他私营部门的专家保持着良好的关系，并从他们那里获得替代性观点。

展望未来

考虑到未来几年情报预算可能会缩减，国家情报机构怎样才能更高效运作是一个需要通盘研究的重要问题。在开展更紧密协作以保障军队高层方面，国家情报机构和军事情报机构面临着重重障碍。这些障碍有的源于不同的组织结构及文化，有的源自预算当局的其他考量及保障非军事事务决策者的竞争性需求。除此之外，在预算紧缩的时期，国家情报机构和美国军方还有可能减少在合作交流方面的投入。

不管怎么说，近年来，国家情报机构强化对军事事务的参与，这表明其对保障军方领导人的作用进行了重新思考，并取得了一定成效。如果编内人员和承包商数量减少，美军的作战司令部可能会考虑从国家情报机构那里获得更多帮助，来向军队指挥官提供保障。此外，国家情报机构和军方还面临着一系列共同的挑战，譬如如何高效分析社交媒体的海量信息，而这需要双方携手予以应对。在为军方用户提供情报保障方面，我们拥有相应的分析能力和信息基础设施。以上就是本章就保障方式提出的建议。

第三部分

诊断与处方

[第八章]

为何坏事发生在优秀分析人员身上

杰克·戴维斯（Jack Davis）

情报分析是在缺少可靠的、具有诊断价值信息的情况下，对复杂的国家安全问题做出评估。这本质上既是一个脑力劳动的过程，也是一个社会协作的过程。因此，在面对重大的不确定性时，强烈的心理作用会影响分析人员的评估判断、与同行的交流、遵循的相关组织规则以及向政策层官员通报判断的方式。为确保就复杂的问题做出正确的评估，我们应有效管控分析过程中的认知偏见及其他心理挑战的影响。这与投入大量专业力量同等重要，甚至更为重要。

了解达成优质情报分析所面临的心理挑战，有助于回答情报界内外批评人士经常提出的一个问题：有经验的分析人员为什么会错得如此离谱？讽刺的是，随着事件的发展和不确定性的消除，“后见之明”的批评人士会夸大自己应对分析挑战的能力，而低估分析人员在之前模糊和不确定的信息条件下工作时所面临的困难。

关于方法论和一些定义的介绍

本章内容得益于作者与小理查兹·霍耶尔就后者开创性的著作《情报分析心理学》一书进行的多次讨论。在20世纪六七十年代，霍耶尔认识到，认知心理学的许多发现对分析工作有重要的影响，该书就收录了他的研究成果。[1] 此外，对于最近一些有关中情局分析失误及改革意见的报告，本章也将进行探讨。[2]

本章的观点与上面提到的一些机构的观点不谋而合，但这些观点是我独立形成的——在中情局从事情报分析实践、管理及教学工作的50年间，以及在走廊和教室里与中情局同事交流经验的过程中。尤其有价值的是，在1983年至1992年，我为中情局开设了一门情报工作得失研讨课，本章将展示分析人员在课上进行的非正式个案研究成果。[3] 另外，20世纪80年代初电子讨论数据库被称为“分析之友”（Friends of Analysis），围绕其所展开的关于情报挑战的讨论也颇有价值。

在本章中，“坏事”被定义为广为人知的情报失误，也泛指分析判断上的重大错误。通常，如果分析人员未能预测到对美有利的形势发展，譬如民主德国政权的垮台、德国的统一，以及斯洛博丹·米洛舍维奇在两个多月的轰炸后向北约屈服，对这方面失误的调查则不会公开。不过，对判

[1] 原注：参见小理查兹·霍耶尔所著的《情报分析心理学》。

[2] 原注：Commission on the Intelligence Capabilities of the United States Regarding Weapons of Mass Destruction, *Report to the President of the United States*, March 31, 2005 (Washington, DC: Government Printing Office, 2005) (hereafter, *WMD Commission Report*); Rob Johnston, *Analytic Culture in the U.S. Intelligence Community: An Ethnographic Study* (Washington, DC: Center for the Study of Intelligence, CIA, 2005); and Jeffrey Cooper, *Curing Analytic Pathologies: Pathways to Improved Intelligence Analysis* (Washington, DC: CIA, 2005).

[3] 原注：据称这一课程由中央情报主任威廉·凯西发起。他对中情局的分析人员评价不高，并主张他们至少应该从自己的错误中吸取教训。1983年中情局一位从事训练的官员对作者讲述了这段故事。

断失误开展调查的方式与调查有害“意外”事件的方式基本相同。而且，由于“后见之明”也会在其中发挥作用，来自情报界及政策层领导人的严厉批评常常会接踵而来。

“优秀的分析人员”是指那些极具资质的情报分析从业者。这些人通过自身的努力，在事关战争与和平以及国家安全等重大事项的评估方面，获得了一席之地——这也是将评估失误转变为情报失误的一个先决条件。

举例来说，1978 年 8 月，即亲美的伊朗国王被革命浪潮赶下台的 5 个月前，一位资深的伊朗问题政治分析人员还表态说，伊朗“没有革命，也不处于‘革命前’的状态”。当时，这位分析人员在伊朗问题上的工作时间已超过 20 年，且多次访问伊朗，能用波斯语阅读和交流，与同时代美国学术界的众多知名伊朗问题专家保持着广泛的接触。1979 之前，我曾不止一次地听到中情局领导人的表态，说希望能有更多像他一样的分析人员。[1]

分析的重大风险

本章将要讨论妨碍优秀的分析人员做出正确评估判断的心理障碍，它们主要出现在分析工作的如下四个关键阶段：

★ 当分析人员面对极大的不确定性，不得不基于不可靠的假设和不完

[1] 原注：国家安全委员会的伊朗问题专家加里·西克（Gary Sick）在他的著作引证过这一判断，详见：*All Fall Down: America's Tragic Encounter with Iran* (New York: Random House, 1978), 92。哥伦比亚大学教授罗伯特·杰维斯在其未公开的作品“Analysis of NFAC's Performance on Iran's Domestic Crisis, Mid-1977” (November 7, 1978) 中评论道：“当时主要的政治分析人员……对伊朗局势的总体感觉很好。”(p. 8)1995 年，根据《信息自由法》，该作品以“CIA-RDP86B00269R00110011003-425X1”为名公开披露。

整的证据**做出判断**时；

- ★ 当分析人员与其他同事和领导**沟通判断**，而这些人却要捍卫自己的主观判断和官僚议程时；
- ★ 当努力管控不确定性的分析人员，在行文流畅和分析准确孰轻孰重问题上，遭遇表述不清的**机构惯例**时；
- ★ 当分析人员力求的职业道德被政府的外交和国内政治议程掩盖，转而寻求**协助用户**推进其政治议程时。

诚然，无数关于情报失误的事后调查得出的结论，都是改进情报搜集、更广泛地利用专业知识，以及对证据进行更细致的评估等等。不过，如果优秀的分析人员经常被拿来当替罪羊，那么上述的改进虽有必要，却不足以产生更好的分析产品。当一个人在错综复杂、行事隐秘和不确定性的环境中处理国家安全问题时，破坏正确分析的心理挑战也必须得到高度重视和良好管控。

我们应该把关注重点放在不确定性、不完整信息以及评估性判断上。前中央情报主任迈克尔·海登近期就表达过这样一个观点：当事实清晰时，情报也就完成了任务，没有必要再做分析。[1] 只有当掌握的事实不足以让人了解形势时，才最需要分析人员。但同时，他们也面临着心理和物质上的双重挑战。尤其是在诸如反恐、大规模杀伤性武器扩散等重大问题上，美国的对手会不遗余力地实施严格的安全保密措施或发送欺骗性的信息，来隐藏分析人员最想知道的事实。总之，面对不确定性时，情报分析人员仍要得出分析判断，他们所面临的风险大多存在于这一过程中。

---

[1] 原注：Office of Public Affairs Press Release, CIA, November 30, 2006, www.cia.gov/cia/public_ affairs/press_release/2006/pr11302006.html.

分配责任

或许有人建议用基于实践的“打分卡”来追究分析失败的责任：如果一位分析人员无力管控心理障碍和其他阻碍，未做出良好分析，就要承担分析失败的主要责任。提出这种建议的人，是不会替情报分析人员辩解的。

★ 如果常用的分析方法本可以得出正确的评估判断，但却未被使用，那么责任在分析人员。
★ 如果已有的分析方法本可以得出正确的判断，但却因为官僚机构的其他要务未被经常使用，那么责任在情报工作的管理者。
★ 如果已有的分析方法本可以得出正确的判断，但却因为政治因素未被使用，那么责任在政治领导人。
★ 如果已有的分析方法不能得出正确的判断，那么只能怪历史未能提供类似的经验。

工作站的心理风险

借用马克·吐温关于天气的一句话，每个人都在谈论认知偏见的危害，但却没有人为此做些什么。在处理不完整证据时，人们存在着思维缺陷：证实偏见（confirmation bias）或观念保留（belief preservation）；合理性偏见（rationality bias）或镜像思维（mirror imaging）。这些以及其他一些思维缺陷极具危害，无论你做多少次提示，都无法阻止资深分析人员犯错。一位观察人士将认知偏见比作视错觉（optical illusion）：就算你知道它是错觉，它也仍然会浮现在你眼前。[1]

[1] 原注：关于这些及其他认知偏见对情报分析影响的讨论，可参见小理查兹·霍耶尔所著的《情报分析心理学》。

要说明为什么坏事发生在优秀的分析人员身上，首先要做出区分：认知偏见实际是一种无动机的（心理性的）信息加工曲解；而与此不同，有动机的偏见是受世界观、意识形态或政治取向驱使的信息加工曲解。认知偏见集合在一起，构成对情报失误进行事后评估时最常发现的一个症结：思维定式。本章后面还将探讨对替代性情况进行更严谨的分析，以便应对认知偏见的问题。尽管没有办法消除这样的偏见，但分析人员可以学习使用一些方法减少其危害。

思维定式可被定义为分析人员的思维模式，是政府和机构在 X 国或 Y 问题上惯有的行事方式。在情报界，思维定式通常代表着“实实在在的专业知识和技能”，类似于学术界的“掌握‘一般理论’”的概念——都是基于对过往事件、关键各方及决策进程的了解而做出的判断。这样的知识和技能是专业人员孜孜以求且极为珍视的。[1] 事实上，中情局情报分局的诸多战略计划无一例外都要求开展更深入的研究，并投入更多资源将分析人员派往国外执行任务，这些的最终效果是帮助专家建立起思维定式。[2]

从定义上讲，思维定式确实导致分析人员在处理不完整信息的过程中发生偏差，但正是因为有了在长年工作中建立起来的思维定式，分析工作才得以开展，现实和远期情报评估才能够在时空条件的限制下编撰完成。在下一次分析失误发生前，用思维定式克服不确定性的过度自信，事实上受到了分析工作管理者的鼓励，或至少是认可。在大部分情况下，一般理论中的先例及其他因素能够发挥主要作用，也就是说，事件基本上是沿着某个特定方向发展，而且还会继续沿着这一方向发展；因此，专家沿用其思维模式时，通常都能做出令人满意的判断。考虑到分析人员要在信息不完整、事态不确定的情况下做出判断，曾有不止一位观察人士认为，思维定式是“必不可少”的。也就是说，开放的心态跟空洞的思想一样对分析

[1] 原注：Jack Davis, “Combating Mind-Set,” *Studies in Intelligence* 36, no. 5 (1992): 33–38.

[2] 原注：See John A. Kringen (director of intelligence), “How We Have Improved Intelligence,” *Washington Post*, April 3, 2006.

工作毫无裨益。[1]

每个分析人员都有可能受到认知偏见的祸害。可以说，如果事态发展不符合专家感知的先例或合理行为，那么，个人或集体关于该问题的知识越丰富，就越有可能做出误判。简单来说，专家们必须首先放弃他们之前习得的大量知识，然后才会承认目前的事态发展不同寻常，可能会颠覆他们投入大量心血构建起来的主导思维模式或思维定式。这种现象经常被称为专业知识悖论（paradox of expertise）。专家们常常会错误地期待事件会沿着原有的方向发展，思维定式让他们无视事件朝其他方向发展的可能。

首先，让我们来了解一下证实偏见。它代表分析人员的一种思维状态。在这种状态下，他们对符合自己思维定式的信息非常敏感，对不符合自己推断结果的信息的作用（诊断价值）却不予重视。[2] 当然，"事例分析"（analysis by anecdote）替代不了针对分析人员行为的系统性调查和受控试验（controlled experiment）。但我们不妨看看下面这个令中情局最为难堪的情报失误例子：1973 年 10 月 6 日，在国务卿基辛格从其他渠道获悉赎罪日战争（Yom Kippur War）已经爆发的数小时后，一份情报评估送到了他手上，称以色列和埃及、叙利亚不太可能爆发战争。

中情局的分析人员事先知道埃、叙两国的军队调动，但他们从以色列人的角度看待对方的军事活动，认为这要么是训练演习，要么就是针对以方可能的进攻而做出的防御性举动。分析人员的思维模式可以简单描述如下：像埃及的安瓦尔·萨达特和叙利亚的哈菲兹·阿萨德（Hafez al-Assad）这样精明的专制政权领导人，是不会冒着惨败并失去政权的危险开战的。尤其值得一提的是，在发动突袭之前，埃及空军据信已在 1967 年的"六日战争"中被以色列摧毁殆尽，重建至少需要几年时间。此外，最接近战场的以色列也认为战争不可能发生，除非埃及已经重新

[1] 原注：Davis, "Combating Mind-Set," 33.

[2] 原注：参见小理查兹·霍耶尔所著的《情报分析心理学》。

装备了空军。

事实上，萨达特政府正是通过其完美的欺骗行动，让美、以情报部门确信埃及在重建空军之前不会发动战争。一直以来，萨达特都在盘算使用苏联提供的地空导弹反制以色列的空中优势。[1]

下面是对证实偏见的后果进行的轶事性描述。赎罪日战争发生10年之后，美国的阿以问题军事分析人员主管就当时的情报失误给出如下解释："1973年，我们的分析人员对战争的可能性保持着警惕，但我们认为，在看到X事态出现前不必感到惊慌。当X发生时，我们决定，在Y情况出现前暂不发出预警。而当Y发生时，我们说，在看到Z之前不先于以色列人做出判断。然而当Z出现时，战争就已经开始了。"[2]

专业知识悖论解释了，为什么分析人员越是投入地构建思维定式以评估和预测一般性的事态发展，就越是难以接受不完整证据，认定它们不太常见或不会出现。这一道理还可通过赎罪日战争中的另外两个事件加以说明。

美国情报界的预警委员会（Warning Committee）主席对战争的前景感到担忧。他一连两个星期都在考虑，是否要在呈交情报界领导人的全球威胁报告中发出预警。期间，他两次召集中情局的中东问题专家到他的办公室。每一次他都表达了自己的担忧，但又都接纳了专家们有关战争不会发生的判断。他后来解释说，毕竟他要关注全球的局势发展，只是最近才开始具体关注中东的局势，而那些专家则长期专注于这一问题。[3] 另一件与此类似的事情是，一名政府高官在后来的报告中写道，他在研究了中情局监视办公室（CIA Watch Office）为他挑选的电报后，嗅到了一丝战争的气息。不过，他又看到一份由相关分析人员撰写的评估，在其中，分析人员

---

[1] 原注：Richard K. Betts, *Surprise Attack: Lessons for Defense Planning* (Washington, DC: Brookings Institution Press, 1982), 71, and Chaim Herzog, *The War of Atonement: October 1973* (Boston: Little, Brown, 1975), 24–25.

[2] 原注：出自1984年对中情局主管的采访。

[3] 原注：出自1987年对高级预警官员的采访。

看上去颇为自信地指出战争不可能发生。最后，他还是令人遗憾地决定将这份评估呈交给国务卿基辛格。[1]

专业知识悖论这一现象，还体现在许多分析人员的回忆录中。这些分析人员曾参与编写了：1962 年 9 月关于苏联在古巴军力增加的国家评估、未予公开的 1978 年有关伊朗国王未来统治的预测，以及 1989 年关于柏林墙不可能被拆除的高层汇报材料。在后来一个不太为人所知的事件中，一位“错判形势”的资深分析人员做了如下的坦率剖析：“分析人员普遍认为，他们的知识深度与他们花费在跟踪情况上的时间有着一种近乎完美的正相关关系。他们跟踪的情况包括东欧的街头上正在发生什么（譬如政府控制的崩溃），以及没在发生什么（譬如苏联的干涉）。”然而实际情况是，他们观察到的迹象并未撼动他们的固有观点。他们依旧认为，德国统一的问题“还没有浮上台面”。[2]1989 年 11 月 9 日，当中情局的苏联和东欧政治问题专家正向乔治 · H. W. 布什总统做汇报，阐释柏林墙短期内不会被拆除的原因时，一位国家安全委员会的工作人员彬彬有礼地进入椭圆形办公室，让布什总统打开电视机，看看东德人和西德人如何从两面同时用锤子砸击柏林墙。[3]

合理性偏见，也叫一致性偏见（coherence bias）或镜像思维。作为分析人员面对的另一种认知挑战，这也有助于解释，为什么有经验的分析人员会被一些划时代的事件搞得措手不及。毫无疑问，对美国的国家安全利益至关重要的国家和非国家实体，尤其是美国的对手，需要分析人员了解其领导人的行事方式和内部的派系。他们要投入大量精力，以深入了解这些外国领导人及组织的方方面面，譬如他们的意图、对风险的评估、对机会的感知力，以及他们在内部受到的限制等。了解方式通常包括跟踪领导人的演讲和外国媒体的报道，阅读传记和历史，分析人力情报报告，听取与上述领导人直接接触者的汇报，以及与同行们开展讨论等。

[1] 原注：出自 2006 年对前中情局官员助理的采访。

[2] 原注：出自 1990 年中情局资深人士在该局情报成功与失误研讨会上介绍的案例。

[3] 原注：出自 1990 年中情局资深人士在该局情报成功与失误研讨会上介绍的案例。

有些人指责分析人员拥有镜像思维，凭借美国的价值观和经验来预测外国领导人和外国实体的行为。对此，资深的情报分析人员通常都会嗤之以鼻，这其实也在情理之中。举例来说，在 1962 年古巴导弹危机爆发之前，评估苏联领导人尼基塔·赫鲁晓夫的意图的许多分析人员，都是些颇有成就的克里姆林宫问题专家。这些人长年跟踪赫鲁晓夫及其他苏联领导人的活动，以期发现他们的行为模式。[1]

通常这样的努力都会收获令人满意的结果。但由于寻求一致性的心理动机，分析人员作为由美国培训出来的理性主义者，常常会用自以为合理的解释，来填补理解外国领导人或外国组织行为方面的空缺。而面对异常或脱离一般模式的事件，这类替代性、自以为是、自欺欺人和自我毁灭式的合理化解释的后果，只有在分析专家的集体思维定式出现失误后才得以显现。

举例来说，中情局的分析人员后来才明白，赫鲁晓夫在 1962 年的想法是：如果他不顾美国警告坚持在古巴部署核武器，他对政权的控制将更加稳固；而苏联军方要求通过实施紧急军备生产计划（这可能导致苏联经济不稳）或其他耗资巨大的方式消减美国的核优势，如果他不采纳这一要求，他对政权的控制将存在风险。[2] 与此类似，中情局的中东问题分析人员，最终搞清楚了埃及总统萨达特在 1973 年的想法：如果他不冒着与以色列开战的风险寻求重启对话，以收回 1967 年丢掉的西奈半岛，那么他注定就会失去政权。[3] 此外，中情局分析人员还遗憾地发现，伊拉

---

[1] 原注：Sherman Kent, "A Crucial Estimate Relived," in *Sherman Kent and the Board of National Estimates: Collected Essays*, ed. Donald P. Steury (Washington, DC: CIA, 1994), 183–184.

[2] 原注：Fritz Ermarth, reviews of *Essence of Decision: Explaining the Cuban Missile Crisis* by Graham T. Allison and *Victims of Group Think* by Irving L. Janus, in *Studies in Intelligence* 18, no. 1 (Spring 1974): 104 (hereafter, Ermarth, "Book Reviews"), and Max Frankel, *High Noon in the Cold War: Kennedy, Khrushchev, and the Cuban Missile Crisis* (New York: Ballantine, 2004), 8–10.

[3] 原注：Herzog, *War of Atonement*, 23. The Insight Team of the London *Sunday Times, The Yom Kippur War* (Garden City, NY: Doubleday, 1974), chap. 3.

克总统萨达姆·侯赛因2002年之所以刻意模糊是否拥有大规模杀伤性武器的问题，是因为一种看上去扭曲的风险评估：他更担心伊朗人知道他没有这种武器后的恐惧，相比之下没那么担心美国人判断他拥有该种武器的后果。[1]

对分析人员在工作中面临的挑战可以总结如下。在正常情况下，被称作认知偏见的固化认知路径，能够给分析人员带来巨大的好处；而在发现、确认和"捍卫"对手行为模式方面的投入，将为政策层的用户提供及时和管用的情报支持。但是，在面对相对不常出现、不同寻常、前所未有、未曾预料甚至不可想象的事态发展时，这样的认知偏见就变成了心理障碍。此外，也没有哪种已知的理论、实践或方法论工具，能够辨别出即将发生的情况属于正常还是异常。[2]

审查与协调所带来的危险

就情报和其他复杂问题的研究来说，不管主要的研究者多么有经验，如果请一个由多方面专家构成的、运作良好的小组，对其评估产品进行审查，那么一般都会提升最终评估的质量。大体上，即便是中情局复杂得常常让人摸不着头脑的审查流程，也会提升评估产品——尤其是那些论证极不严谨的评估——的质量，这已经成为一条规律。尽管如此，与之前所述的各种偏见类似的心理现象，也能够并确实导致一些不好的事情发生在优秀的分析人员身上——不同之处在于这些现象反映的是情报界的人际互动。这样的心理现象包括团体迷思、领导思维、部门思维和无为思想。

[1] 原注：See the Iraq Survey Group, *Comprehensive Report of the Special Advisor to the DCI on Iraq's WMD, 30 September 2004* (Washington, DC: CIA, 2004), vol. 1, 4–6.

[2] 原注：Richard Betts, "Warning Dilemmas: Normal Theory vs. Exceptional Theory," *Orbis* (Winter 1981): 38–46, makes a similar point about academic assessments of foreign policy issues.

团体迷思（groupthink）。当批评人士指责情报界的分析工作时，他们非常倾向于用团体迷思这一心理现象来解释评估缺陷。依据其原始定义，这一现象展现了一个小群体的动态：他们观点相似且自我封闭，极度重视内部的一致，并对可能导致错误推断和结论的方法抱有过度自信。[1] 情报分析界确实存在许多这样的小群体。但是根据我自己的直接和间接经验，分析失误通常会涉及来自不同官僚部门的大量分析人员——其中很多人带有强烈的争辩倾向，一些人还受到上级指示要“修正”最终文稿，以使其符合本部门的利益。举例来说，谢尔曼·肯特——在他那个时代是知名的评估大师——就曾指出，至少有1000名情报专业人员（谢尔曼·肯特可能只认识其中不超过20个人），直接或间接导致1962年那份苏联不会在古巴部署核武器的错误评估。[2] 如此说来，分析部门的差错通常还缘于其他的原因，譬如说领导思维、部门思维和无为思想。

领导思维（boss think）。领导思维并不是对中情局资深分析人员及监管者的批评，这些人曾经帮助过众多年轻分析人员免于做出有瑕疵的推断及其他的错误分析，并且其数量已经日益减少。它只是描述了一种现象；对于一些长期研究复杂问题的资深从业者，当他们自以为是地认为自己“完全掌握”了评估不完整信息的方法时，这种现象就常常发生。领导思维有时会和专业知识悖论共同作用，导致人们推迟对范式转换[3]的认可，或导致人们基于过分简单的关键性推断确立某种思维定式。举个例子，几十年前，当我还是拉美事务国家情报官的时候，我推迟发布了一名年轻分析人员的评估报告，因为我认为他的评估与我对那个国家的观点不符。后来，事实很快证明我的观点是错误的。幸运的

[1] 原注：Ermarth, “Book Reviews,” 105–106. 我在本章借用了他的“领导思维”等说法，但我的解释与他的可能有所不同。

[2] 原注：Kent, “Crucial Estimate,” 175.

[3] 编注：范式转换（paradigm shift），最早由美国哲学家托马斯·库恩（Thomas Kuhn）提出，是指一个领域里出现新的学术成果，打破了原有的假设或者法则（即打破了范式），从而迫使人们对本学科的很多基本理论做出根本性的修正。

是，那份评估还是得到了及时发表，从而为中情局赢得了可以“掌控事件”的声誉。

部门思维（tribal think）。同上一个现象一样，部门思维也不在于批评分析人员，说他们未就某些问题在机构内外进行必要的职责划分。“协调”的过程能让具备不同职责和经验的分析人员，对评估草本做出评判、进行改进和加以丰富。不过，如果某个分析人员尝试脱离主导的范式，那么，在该问题的方方面面投入了巨大心力的同事们，就会立即跳出来反对，以免有人对事件或报告进行在他们看来错误的解读。

部门思维的一个例子发生在柏林墙倒塌的几个月前。一名中情局分析人员向同事们传阅他的评估草本，该评估认为德国统一面临的那些众所周知的障碍，已不足以阻止统一问题“浮上台面”。这个大胆且带有先见之明的看法，偏离了中情局的主流观点。于是，每个资深且带着善意的同事都建议他对评估“稍做改动”，以避免出现夸大其词和错误解读的现象。在这一协调过程中，对“细微错误”的改动冲淡了原有结论的意味。之后，一位高层的评估者又做出“致命一击”，在评估草本的重要判断中，剔除了这一创新观点。评估定稿后，只有仔细深入阅读的情报用户才能从字里行间发现那个脱离常规的分析判断。[1]

另一个例子发生在 1983 年，离苏联解体还有 8 年时间。当时的一位分析人员开展了广泛和开创性的研究，并得出结论：苏联的罢工、骚乱及其他形式的民怨表达是社会动荡的先兆。这一离经叛道式的结论不同于传统观点（苏联政权的稳定没有受到严重威胁），因而招致了中情局内部众多苏联问题专家的强烈反对。在近 6 个月的辩论过程中，最初的文字被改得面目全非。不过即便为了适应中情局专家的思维定式做了如此多的修改，这篇评估还是未能得到中情局分析人员的正式认可，最后只得以国家

[1] 原注：出自 2007 年在中情局关于情报成功与失误问题的研讨会上，中情局负责分析民主德国问题的办公室主任所做的演示报告，以及作者对该办公室资深分析人员所做的采访。

情报委员会的名义公开。[1]

无为思想（no think）。这是一种妨碍分析人员得出正确结论的心理障碍，当某个“已商量好的”推断或预估需要纠正时，持无为思想的分析人员会有意无意地进行抵抗。而事实上，这些有待纠正的推断或预估，可能只是花了数个小时克服部门思维而得出的。即便新获取的信息对主流观点形成挑战，只要已知的信息整体上是模糊、自相矛盾和不确定的，主管分析人员就很难心甘情愿地重新审视已经讨论通过的分析文本。与改变某个专家群体的看法相比，改变个别顽固分析人员的思维定式相对容易，但即便这样，其代价也相当高昂。一些分析人员可能不愿对已达成一致的观点提出质疑，而是倾向于忽视那些与之不符的信息。

当专门研究大规模杀伤性武器问题的某一特定方面时，技术专家和科技分析人员尤其容易受到领导思维、部门思维和无为思想的共同影响。在资深的地区问题分析人员或受人尊敬的国家情报官就敌方意图确定大的分析框架后，科技专家才开始着手评估已知的信息。他们在开始工作前可能就被预设了立场，将注意力更多地集中在那些支持主管分析人员所提假设的证据上，而不是那些与假设不符、需要他们重新思考甚至改写评估的证据。

针对2002年那份有瑕疵的伊拉克大规模杀伤性武器《国家情报评估》，情报界事后进行了数次调查。在调查中，上述倾向性问题都被单列出来加以批评。中情局的一名武器分析人员在一次采访中也承认，自己“接受”了主管分析人员关于萨达姆政权藏匿大规模杀伤性武器的判断，并在分析过程中带有倾向性地筛选证据，以期形成一种自圆其说的证据链条。[2]

---

[1] 原注：出自2007年对首席分析人员的采访。该评估经过编辑的版本后被解密，并被当作中情局分析部门成功预测苏联解体的范例加以引用。参见：Douglas J. MacEachin, *CIA Assessments of the Soviet Union: The Record versus the Charges—An Intelligence Memorandum* (Washington, DC: CIA, 1996), 18。

[2] 原注：出自作者2005年对中情局武器分析人员的采访。作者的大致观点可参见：*WMD Commission Report*, 169–171。

总之，在正常情况下，在复杂和不确定问题上，服从主管分析人员的权威并保持由思维定式得出的结论，有助于形成合理正确的评估。但是在一些重大时刻，延续这种做法将很有可能导致对异常事态的忽略。可以说，受思维定式驱使的分析与核电站的运作极其相似：在发生熔毁事故前，二者的生产都极为高效。

潜藏于组织文化中的障碍

就像其他的大型组织，尤其是那些缺乏市场机制约束的组织一样，中情局在什么样的分析才对决策者有价值这一问题上并不总是标准明晰。关于为什么坏事会发生在优秀分析人员身上，一个重要的解释是，在何时提倡当机立断（发布预警），何时又提倡对替代性假设及信息真伪做出严谨分析，从而在不确定的情况下做出更稳妥判断的问题上，情报机构常发出自相矛盾的信号。

不论分析质量的正式标准是什么，过去几十年间奉行的实际标准，通常都把产品数量置于质量之上。这种对产品数量（以及生产速度和产品简洁度）的强调，进而又强化了分析人员的自负心态。换个说法，在过去，非正式的标准一直鼓励分析人员对复杂事件做出并坚持唯一的解释，或就不确定的未来给出唯一可能的预测，进而弱化众多国家安全问题的复杂性和不确定性。

这一机制性的自负反映出两个问题。第一，之前也提到过，情报机构通常认可“由思维定式得出的评估”，即有经验的分析人员对于事件如何发展的看法。第二，在实际工作中，常常存在将简明叙述和严谨分析合二为一的不规范做法。一份评估报告如果读起来顺口，那么不管它是否对事件、趋势和前景做出了有力分析，都一样会获得赞誉。于是，不论是对分析人员进行培训，还是对已发布的产品进行评估，分析工作的“金科玉律”通常都要求评估报告：要有抓人眼球的题目，有支持这一判断的选择性证据，具有语气强烈且能够“发人警醒”的主题句。

在汇报影响美国利益的“正常”现实事件方面，这种强有力的、听上去自信满满的通报方式效果不错。当形势稳定、趋势延续时，专家得以通过思维定式就事件提供证据确凿的线性解读和预测，这种情况下，这一方式足以满足工作的需要。但在其他时候，对于涉及美国利益的国家，我们对其政治生态复杂性和不稳定性的低估，将导致分析人员得出令人难堪的判断。我在当分析人员时，曾两度及时预报了对美国利益构成威胁的军事政变，并因此获得了赞誉。不幸的是，之后我就军方何时还政于民的问题做出的两次预测却错得离谱，分别差了 12 年和 20 多年。

过去 10 年中，由于在分析工作上受到了前所未有的批评，中情局分析工作的负责人付出了极大努力，在改变工作标准、从强调产品数量转向强调分析质量方面，取得了一些令人振奋的初步成果。前中央情报主任迈克尔·海登指出，分析人员必须能够区分，在哪些问题上他们可以使用激光束（聚焦于正确方向），在哪些问题上则要画出分支，以便为决策者必须采取的行动指明方向。[1]

政策偏见：“秃子头上的虱子”

本书的其他撰稿者——特别是约翰·麦克劳林和詹姆斯·斯坦伯格——指出，情报分析人员与决策者之间的紧张关系是不可避免的。尽管他们指出了造成这一紧张关系的多种原因，但最重要的原因还是在于相互矛盾的职业操守和工作目标。通常，分析人员在评估国外事件时，并不需要刻意修改结论，以支持或反对政府的外交政策及国内政治议程；而对于政策层的官员来说，他们常常觉得有义务尽一切可能推动上述议程。多数

[1] 原注：Kringen, “How We Have Improved Analysis.” See also “Opening Statement by Michael V. Hayden before the Senate Select Committee on Intelligence,” May 18, 2006, 3, www.globalsecurity.org/intell/library/congress/2006_hr/060518-hayden.htm.

情况下，分析人员与决策者之间的紧张关系，会强化二者对国家利益的贡献，但也有可能导致分析判断出现问题。

本书其他章节指出，分析人员如果希望利用他们的专业知识和技能对决策施以影响，就必须尽量走近决策进程，以了解情报用户掌握了哪些信息，以及处在决策的哪个阶段。也就是说，他们必须将自己暴露在决策政治的影响之下，有时还会受到政治的利诱。政策层官员有时会对分析人员的初稿提出质疑，并请他们再次检查证据，重新评估判断，或者改变所提问题。斯坦伯格在第六章指出，决策者之所以对分析人员提出批评，有时是出于对分析质量和适用性的职业性忧虑。然而有些时候，决策者的目的却是政治性的。也就是说，他们想利用情报来压制与之竞争的政策同僚，或确保国会和公众对政府及部门倡议的支持。

从某种程度上讲，分析人员宁可受到质疑，也不愿被用户忽视。然而从过往的经验看，在面对批评时，分析人员及分析主管有时可能会转向政治化，通过刻意修改判断来支持或者反对总统的政策。[1]

不过，本章更关注的还是，无动机的（心理性的）偏见对评估证据和做出判断的影响。不论承认与否，分析人员及其主管通常对政府官员所期望的政策支持都心知肚明，这就好比是“秃子头上的虱子”。举例来说，在起草关于苏联在古巴军事意图的情报评估时，分析人员知道约翰 · F. 肯尼迪希望淡化威胁，以便与苏联改善关系，从而以“和平候选人”的身份角逐1964年大选。约40年后，起草伊拉克大规模杀伤性武器评估的分析人员也知道，乔治 · W. 布什希望评估强调威胁，以便在入侵伊拉克问题上获得支持。

处于上述及其他类似情况下的分析人员承认存在的政策压力，但不愿承认压力影响了他们的判断。不过，对事件的调查及学术研究还是发现了一些证据，表明当分析人员在不确定的情况下做出判断时，常常会受到政

[1] 原注：Jack Davis, “Intelligence Analysts and Policymakers: Benefits and Dangers of Tensions in the Relationship,” *Intelligence and National Security* 21, no. 6 (December 2006): 1008.

府或议会的政策偏好的影响。[1] 我个人作为敏感政治议题的分析人员及观察者的经历，也说明了这一点。了解总统及国会中的反对党想要什么，会对分析过程产生微妙的影响。在评估不完整和模糊信息过程中，这种影响能够部分解释为什么有经验的分析人员会做出错误评估。[2]

应对机制：严格的替代性分析

我曾在前面指出，受思维定式驱使的分析与核电站运作有类似之处，这种类比也有助于找到解决这一问题的办法。为降低熔毁的风险，核电站采用了多重安全措施。与此类似，即使是最优秀的分析人员也会受到思维能力的限制。为了降低由此引发的分析失误风险，也需要采取多重安全保障。为保证能够在已经确立的分析判断中发现错误，中情局正大力推行各种替代性分析方法，包括质疑分析（例如魔鬼代言人法）和结构化分析（例如竞争性假设分析法）。中情局还采取了补充性的措施，在就复杂多变的问题得出初步结论时，力推对替代性情况进行更为严谨的分析——对替代性假设进行系统性的梳理和评估。这一方法詹姆斯 · 布鲁斯在第九章关于认识论的论述中还将予以介绍。[3]

让我们回顾一下本章所涉及的评估失误。如果对事件及其发展前景的一系列可能解释进行严谨的评估，我们可能会发现存在于主流思维定式中的缺陷和矛盾之处，这要求我们对已掌握信息的可靠性和诊断价值做出严谨分析。情报问题越是重要，不确定性和信息缺失越大，就越需要在评

---

[1] 原注：Robert Jervis, "Reports, Politics, and Intelligence Failures: The Case of Iraq," *Journal of Strategic Studies* 29, no. 1 (February 2006): 36–38.

[2] 原注：Davis, "Intelligence Analysts and Policymakers," 1007–1009.

[3] 原注：本书第十四章也将进行介绍，或参见：Roger Z. George, "Fixing the Problem of Analytical Mindsets: Alternative Analysis," *International Journal of Intelligence and Counterintelligence* 17, no. 3 (Fall 2004): 385–404。

估文本中加入替代性的解释和预测，这是一个基本的做法。即便面对一个“高度确定”的判断，持正常怀疑态度的分析人员也能找出一系列时机和当口，使局势发生“意外”转变。

当分析人员基于多年来引以为傲的思维定式写出评估草本时，分析主管能做的最大贡献或许就是问以下几个问题：(1) 有什么新证据能让你改变关键的假定？(2) 为什么不基于修改后的假定审查所有证据？(3) 为什么在你的评估中，不考虑纳入替代性分析的成本和收益？

外部结构化分析——例如竞争性假设分析法、论证示意图（Argument Mapping）、事件节点分析（Signpost Analysis）——也许能够克服领导思维、部门思维、无为思想以及其他明显的思维缺陷对分析造成的障碍。作为一个“基于思维定式开展分析工作”的前从业人员，我对指责我仅凭“直觉”、不经严肃思考就做判断的说法感到愤怒。在编撰分析草本之前、之时和之后，包括在与同事沟通并对草本进行评估的过程中，我做了大量细致的——但却是内化的——结构化分析。不过，我和我的同事们都没有真正注意到潜藏的相互矛盾的假定，也没有意识到我们对支持某个假设的具体报告存在过分重视或轻视。如果当时我采用了外部结构化分析，那么我也不会一想起当年那些论据不足或过分自信的情报结论就睡不着觉了。

质疑分析——比如魔鬼代言人法、“若则”分析法和“高影响/低概率”分析（High-Impact/Low-Probability Analysis）——可能会在“不能犯错”的问题上，为分析人员及其主管提供额外的保障。在主要的分析人员就某个问题达成一致，并开始因为其解释性和预测性的判断而洋洋得意时，通常就该开展质疑分析了。这实质上是一种“为了争辩而进行的争辩”，即基于一系列看似不可能但又无法排除的替代性假设，而对证据（包括证据中的缺陷）开展的严谨评估。通常，质疑分析针对的用户不是决策者，而是分析界。其主要目的是检验假设、完善结论或调整可信度，并不一定是要否定原先的结论。

通常情况下，质疑分析只是让分析人员对其论证过程进行再次评估，但并未让其改变最初的结论。即便如此，它的开展也是极有意义的。有时，质疑分析更能发挥特殊作用，让富有责任感的分析人员改变其情报搜集要求、分析方法或对已有观点的确信程度。最后我想说，我们应该一方面基于专家观点（思维定式）做出创造性的分析结论，另一方面更为严谨和结构化地分析替代性情况以削弱认知偏见影响，这两方面的结合将使情报分析界的声誉、政策用户的需求以及国家的利益最大化。

[第九章]

让分析更可靠：为何认识论对情报很重要

詹姆斯 · B. 布鲁斯（James B. Bruce）[1]

> 我的另一个观点与哲学家所说的认识论问题有关：我们的知识是怎么来的？这些知识所包含的信息真实性如何？可靠吗？真实吗？这是情报界所面临问题的核心。
>
> ——国防部前副部长约翰 · 哈姆雷（John J. Hamre），就错误评估伊拉克大规模杀伤性武器的《国家情报评估》所做的评论，摘自 2003 年 9 月 22 日《航空周刊与太空技术》

既然情报工作是寻求建立某种形式的知识，那么分析就应该被理解成一种构建知识的活动。因而，要提高分析水平，首先必须对认识论有所了解，因为它是涉及知识的理论、起源和本质的哲学分支。本章将探讨认识论如何能够帮助我们生产更为可靠的情报知识，并解释为什么生产知识的某些方式要好于其他方式。此外，本章还重点关注一个重要但存在失误的《国家情报评估》，以此来发现分析工作中基于认知论的错误

---

[1] 原注：本章作者感谢罗伊 · 柯万（Roy Kirvan）、小理查兹 · 霍耶尔和阿隆 · 弗兰克（Aaron Frank）对初稿提出的真知灼见。

源泉以及可能的纠正方法。最后，本章还将展示分析工作中的自动纠错机制如何能够提升可靠性，以及为什么这些机制应该成为分析流程中不可分割的一部分。

知识与情报

情报是**关于我们所处世界的知识（knowledge）和预见性知识（foreknowledge），以便文职领导人和军事指挥官在决策过程中考虑可能的选项和结果**。[1] 如果**知识**和**预见性知识**是情报机构的产品，那么我们首先要问：这些知识和预见性知识是什么？其次，情报机构是如何生产——或者说应该如何生产——这些产品的？认识论应该成为讨论情报时的核心，它让我们意识到，不同的认知方式会深刻影响分析的结果，而了解这一点对分析工作来说至关重要。[2]

很久以前，中情局前局长艾伦·杜勒斯在其经典的《情报术》[3] 一书中，对知识和预见性知识在情报中的中心地位做出过如下解释：

---

[1] 原注：Briefing, *The Intelligence Community*, on the director of national intelligence (DNI) website, www.dni.gov. 另一个用知识来定义情报的概念，出现于国家情报总监一职建立之前："用最简单的词汇加以说明，情报就是关于我们所处世界的知识和预见性知识——它也是美国决策者在做出决定和采取行动之前最先了解的信息。"参见：Office of Public Affairs, CIA, *A Consumers' Guide to Intelligence* (Washington, DC: CIA, n.d.), vii。

[2] 原注：认识论不是情报文献广泛讨论的一个问题，不过它在下面的文献中多有论及：Woodrow J. Kuhns, "Intelligence Failures: Forecasting and the Lessons of Epistemology," in *Paradoxes of Strategic Intelligence*, ed. Richard K. Betts and Thomas G. Mahnken (London: Frank Cass, 2003), 80–100; Michael W. Collier, "A Pragmatic Approach to Developing Intelligence Analysis," *Defense Intelligence Journal* 14, no. 3 (2005): 17–35; and Matthew Herbert, "The Intelligence Analyst as Epistemologist," *International Journal of Intelligence and Counterintelligence* 19, no. 4 (Winter 2006): 666–684。

[3] 编注：《情报术》（*The Craft of Intelligence*）的中文版已由金城出版社出版。

> 早在公元前五世纪，中国的圣贤孙子就曾写道，预见性知识是"明君良将无往不胜的原因"。1955 年，赫伯特·胡佛第二委员会中的情报活动研究小组，在向政府递交的咨询报告中指出："情报涉及的是采取行动之前所有应该知道的事情。"这两段叙述尽管在时间上相距甚远，但都不约而同地对预知信息在实践中的运用予以强调。[1]

知识与预见性知识，和保密、谍报一道，构成了情报实践最稳固的几个特征。

关于知识和其他相关术语的定义，请参见文本框 9.1。首先要说的是，情报分析人员处于一个不确定的世界里，几乎不可能获得其需要的所有信息。在生产情报成品的过程中，他们常常搜集到包含模糊、相互矛盾，甚至欺骗性信息的数据，而他们需要的大部分东西却难觅踪影。尽管如此，他们仍被要求做出足够可靠的判断、预报和洞察，以便决策者据此采取行动（参见第一章）。

我们先来问这样一个问题：情报成品，即分析工作的最终产品，真正传达**知识**了吗？答案要取决于判断的实际内容及做出判断的方法。某些情报问题是二元性的，其答案要么是"是"，要么是"否"。举例来说：

- 环球航空公司 800 号航班坠机事件是由导弹引起的吗？（否）
- 萨达姆·侯赛因正在储备生物武器吗？（《国家情报评估》：是。实际情况：否）

从原则上讲，用于回答这些问题的情报应该是"被证实的正确观念"，或最高水准的知识。不过，实际情况并不总是如此。面对第 1 个问

[1] 原注：《情报术》的作者艾伦·杜勒斯于 1953 年—1961 年任中情局局长，是该局历史上任期最长的局长。

题时，分析人员较好掌握了所需事实，因而能够正确且颇为自信地做出回答。但在第 2 个问题上，情况却并非如此。正如第 2 个问题所展现的那样，当情报判断缺乏事实支撑时——大部分情况都是如此——其结果必然达不到严格意义上的标准。在这里要说的是，如果问题的答案缺乏事实支撑，那么这一判断的可靠性就要更多地依赖于得出该判断的方法。下面我们会看到，分析人员在编撰伊拉克问题《国家情报评估》时，不仅缺乏“事实”的支撑，其使用的分析方法也极为粗糙。在这种情况下，分析必然无法得出知识。

本章的主要观点是：**情报判断的可靠性，与其实际内容的真实程度以及所用方法的可靠性直接相关**。换一种说法就是：**如果掌握的事实较少，**

文本框 9.1　定义

知识（通俗定义）：事实、观点、理解，所有已知的东西。

知识（更为严谨的定义）：被证实的正确观念。

知道（to know）：直接感知，直接认知，对……有了解，看清……的本质。

事实：公认为真的事情，已经发生的事情；被看作是客观真实的事情。

预见性知识：预见或提前知道；提前掌握的关于某件事的知识或意识。

判断：基于对不完整和不确定的信息进行分析而得出的结论或推断；对可能正确也可能错误的现象或证据做出的解读。

可靠性：可以被依靠、被指望的能力；自信能够被予以信任。

分析：在不确定的情况下做出的判断。

来源：通俗定义来自《美国传统词典》及《韦氏新大学词典》。知识是“被证实的正确观念”这一定义，来自《斯坦福哲学百科全书》。还可参见本书第一章及书后术语解释。

那么判断的可靠性就严重依赖方法。既然如此，那么我们就有必要知道，为什么有些方法要好于其他方法。答案很简单，就看该方法**自我纠错的能力**。在考察构建情报知识的不同方法时，本章的一个重要观点是：是否具备自我纠错的能力，是判断一种认知方法是否天然优于其他方法的关键。在开展分析的过程中，了解并运用这一点极为重要。由于每种方法都对分析的准确性和可靠性有深远影响，分析人员在开展研究、撰写报告或就分析产品与他人沟通时，必须清楚地知道他们使用的是哪种认知方法。

主要的认知方法

构建知识的方法只有几个，这一点不论对情报还是其他学科来说都是一样的。本章将主要的方法分为四类：权威（authority）、思维习惯（habit of thought）、理性主义（rationalism）和经验主义（empiricism）。此外，还有第五种方法，即科学，它融合了理性主义和经验主义的重要特性。[1] 下面我们就一一予以说明。

权威

如果某人通过权威渠道“了解”到某一情况，那么这种知识基于的是，对某个权威性高于该人的消息来源的依赖。举例来说，如果有人声称，自己知道美国的情报机构在国内外从事邪恶和非法的活动，因为他从报纸或电视上看到过相关消息，那么他依赖的就是报纸或电视的权威。最

[1] 原注：相关内容可以在众多认识论文献中找到，不过我主要借鉴了丹佛大学克贝尔国际研究学院戴维·H. 贝利（David H. Bayley）的观点。本章的基本观点，来自三年前我上研究生时他在一次研讨会上所做的演讲。迈克尔·科利尔（Michael Collier）列出的七种认知方法清单与此类似，除了我提到的四种认知方法外，还包括信任、常识以及直觉（前两种方法被囊括进了我后面要讨论的思维习惯，直觉被我归入理性主义范畴），参见：Collier, “Pragmatic Approach,” 19。

终，他声称的这一情况是否属实，要看诸如《纽约时报》或广播电视网新闻播报员是怎么获知该消息的。如果某人通过教授、父母、牧师或者诗人了解到某一消息，那么情况也一样。即便消息的可靠性千差万别，但掌握消息的途径——对权威的依赖是一样的。

很明显，这种了解情况的方式**完全**依赖于信息的来源。如果消息来源可靠，那么其信息也可靠。反之，如果来源的权威性不高或真实性较差，那么其信息也不佳。举例来说，2002 年，乔治·W. 布什总统及其他的政府高官，声称掌握了伊拉克正在实施一项重要的大规模杀伤性武器计划。他们的声明来源于中央情报主任以及其他美国情报机构所提供的情报。而中央情报主任的情报基于的，则是《国家情报评估》及之前的一些情报报告。在这一案例中，情报的权威来源于《国家情报评估》——情报界最具权威性的情报产品。后面我们还会看到，该项评估所使用的各种认知方法也严重依赖权威。这种认知方法造成的一个严重后果是，分析人员很难对之前用以得出权威消息的方法加以评估，从而无法判断该权威消息是否属实，也很难发现其中可能潜藏的错误。这样的权威消息可能正确，也可能错误。如果这些消息曾是基于其他权威消息而得出的，那么其潜藏的错误是不可能通过自身的机制被发现和纠正的。

思维习惯

这种认知方法有两大最常见的形式：个体的偏见和群体的传统智慧（conventional wisdom）。人们常说，他们之所以知道某事，是因为“一直都知道”，或是因为他们一直以来都觉得事情就是这样，但却不知道为什么。偏见和传统智慧正是如此，缺乏具体的来源，也无从解释。刻板的成见便是一例。例如，二战之前，西方的情报官员普遍认为，日本的飞行员技术差、能力弱，日本的军事装备质量不高。[1] 当然，珍珠港事件及后来

[1] 原注：Roberta Wohlstetter, *Pearl Harbor: Warning and Decision* (Palo Alto, CA: Stanford

的战役证明了这些成见都是无稽之谈。与此类似，种族及其他方面的偏见和成见，通常都只源于思维习惯。当人们被问到他们是怎么知道某件事的时候，可能会引用典型的轶事性的“证据”，但通常都无法给出这类偏见的起源，只是盲目相信罢了。除了思维习惯，这类认知就再没有别的事实支撑了。

同样，传统智慧是指一种群体性的认识或知识，它所基于的只是最初形成这种思维习惯的所谓“事实”。而一旦某种群体性的认识得以确立，那么，不管它的起源是什么，这种认识都很难被推翻。不论是对物质世界还是情报界知识的构建，传统智慧都在发挥作用。举例来说，在哥白尼和伽利略的科学理论完全确立之前，不论是学界精英还是没文化的平民，都普遍抱持自托勒密以来就得以确立的观点，认为地球在宇宙中的位置是固定的，太阳和其他星球都围绕地球这一静止行星运转。这一起源于 2 世纪的地心说观点，逐渐固化成一种根深蒂固的认识。尽管后来的日心说倡导者有观察数据和逻辑上的支持，却极难撼动地心说的地位。[1] 伽利略由于不相信主流的观点而被宣布为异端，但现在，我们知道他的观点才是真正的“被证实的正确观念”，即最高级别的知识。

在美国情报界，与此类似的传统智慧还包括：20 世纪 60 年代初以前，人们一致相信苏联的行为在战略上是谨慎的；20 世纪 70 年代末以前，人们都认为伊朗社会是稳定的，政府在一个强有力的统治者领导下有效运作。这两个认识当时都没错，但只是暂时的。后来发生的事件，即苏联人试图在 1962 年 10 月将核导弹偷运进古巴，以及伊朗国王在 1979 年突然倒台，证明了上述两个认识都是站不住脚的。这两次情报上之所以出现意外，其根源就在于将思维习惯当成了认知方法。它们同时也表明，知识上的错误将导致预见性知识的错误。

University Press, 1962), 337–338.

[1] 原注：关于从地心说向日心说“范式转换”的解释，可参见：Thomas H. Kuhn, *The Structure of Scientific Revolutions*, 3rd ed. (Chicago: University of Chicago Press, 1996), 67–69, 150–155。

作为预见性知识的基础，思维习惯能对连续趋势做出有效预测。对预警情报来说，它通常都是一种可靠的——但也是懒惰的——认知方法。基本上，人们偏向于预测：明天会和今天一样。但是，这种认知方法抑制了对非连续趋势的预测，因而会导致重大的预警失误。对于预测诸如苏联导弹部署和伊朗革命这样的突发事件来说，思维习惯是一种不可靠的预警手段。[1] 如果思维习惯有误，那么必须通过其他的认知方法来发现其错误，因为和权威一样，思维习惯也不具备自我发现错误的能力。

理性主义

通过**推理**得到知识的认知方法被称作理性主义。伟大的理性主义者——苏格拉底、柏拉图、黑格尔、笛卡尔、斯宾诺莎还有康德，虽然推理方法不尽相同，但都拥有一个重要的属性：都认为人类的思维能够创造知识，有关物质世界的知识是思维的产物。[2]

在理性主义者创造或发现的**推理体系**中，最重要的有演绎法（deduction）、归纳法（induction）和溯因法（abduction）。[3] **演绎法**对符合普遍法则的事物做出推理或结论。最著名的演绎推理是下述说明苏格拉底有死的三段论：

> 人皆有死；苏格拉底是人；故苏格拉底有死。

我们从这个三段论中得不到任何有用信息，因为苏格拉底有死的观点已完全涵盖在其前提之中。这种形式的推理是空洞的，其结论不包含任何超越

---

[1] 原注：这些案例还将在第十章进一步讨论。

[2] 原注：Hans Reichenbach, *The Rise of Scientific Philosophy* (Berkeley: University of California Press, 1968), 74, chaps. 2–4.

[3] 原注：第四种体系为辩证推理，由弗里德里希·黑格尔创造，被卡尔·马克思发扬光大，但由于该方法对情报适用面较窄，所以本章不做讨论。

其前提的内容，不过是将事情说得更明白而已。[1] 不过，演绎推理在物理学中是有用的，因为科学和情报不同，它有普遍适用的法则，譬如万有引力定律，根据这些法则可以得出特定的信息。[2] 但是，将演绎法用于情报是有问题的，因为情报工作中不存在类似牛顿定律那样具备说服力的普遍法则。演绎法有助于提出假设，但在帮助分析人员得出可靠情报方面基本没有价值。[3]

与演绎法相反，**归纳法**通过由个别到一般的推理，寻求普遍规律或对事物本质的理解：

> 第 1 只天鹅是白色的；第 2 只天鹅是白色的；第 3 只天鹅是白色的……因此，所有的天鹅都是白色的。

归纳推理似乎是情报分析工作的主流选择。作为史学家常用的一种工具，该方法在情报工作中的运用要追溯到谢尔曼·肯特时期。[4] 如果使用得当，它能帮助分析人员发现趋势以及趋势的延续或变化，厘清看似混乱的数据，辨别行为或事件发展的模式，并通过寻找看似毫不相干的事物间的联系，确定可能存在于事物之间的关系。

此外，归纳法还有助于根据已掌握的知识做出预测。[5] 举例来说，在科学上，基于太阳近 50 亿年的升起和落下，我们可以预测它明天还会照

---

[1] 原注：汉斯·赖欣巴哈（Hans Reichenbach）解释道，"逻辑演绎无法得出独立的结论，这一点无论怎么强调都不为过。它只不过是一种联系思考的工具，根据给定的原理推出结论，但却不能告诉我们这个原理正确与否"。Reichenbach, *Rise of Scientific Philosophy*, 57, 37。亦见：Kuhns, "Intelligence Failures," 93。

[2] 原注：Reichenbach, *Rise of Scientific Philosophy*, 100–103.

[3] 原注：库恩斯指出，即便某些假设并不是被普遍接受的一般性原理，但演绎推理有助于确定它们可以推出哪些结果。这一方法可以在情报分析工作中发挥有益却有限的作用。详见：Kuhns, "Intelligence Failures," 91–92。

[4] 原注：Kuhns, "Intelligence Failures," 86. Also see Collier, "Pragmatic Approach," 31.

[5] 原注：赖欣巴哈认为，"除了演绎法，物理学家也依赖归纳法开展研究，因为他的工作始于观察及对未来观察的预测，后者既是他的目标，也是他用来验证假设成立与否的工具"。出自：Reichenbach, *Rise of Scientific Philosophy*, 114。

常升起。我们能够基于太阳一成不变的记录做出这一高度自信的预测。没有归纳法，我们不可能做出这一预测。

不过在预测人类的行为或事件，譬如恐怖袭击、革命以及其他的情报问题时，归纳法并不能像预测宇宙学问题那样给出明确答案。这一不确定性凸现出戴维·休谟（David Hume）所说的“归纳法的问题”，即归纳推理本质上是概率性的，因而有可能招致错误。虽然我们已经看到许多只白天鹅，但我们无法确定将来看到的天鹅也一定是白色的。不管我们在本地见过多少只白天鹅，如果我们去澳大利亚，就会发现黑天鹅。和演绎法不同，归纳法得出的结论并不包含在其前提之中，因为这一结论已延伸到了未曾被观察的事物。因此，其结论的可靠性是没有保证的。[1] 归纳推理可以产生知识，也可以导致谬误。

归纳推理既有优势也有弱点。它最大的优势在于，能够对事件和结果做出尝试性的解释，从而揭示规律并就未来的发展给出假设。

而它最大的问题则在于，不同的分析人员可以根据同样的事实或细节得出不一样的结论。此外它还存在另一个与概率主义相关的问题：如果不使用统计工具等方法来严格限制不确定性，分析人员就总是面临风险，可能错误判断事件发生的概率，比如发现一只非白色的天鹅或预见一次恐怖袭击。总之，归纳法必须与强大的分析工具结合起来使用，否则分析工作没法改进。迈克尔·科利尔指出，情报分析工作“从 20 世纪 50 年代到 60 年代末期，一直深陷于由谢尔曼·肯特开创的归纳方法而不能自拔，从而未能吸纳社会科学的最新研究成果”[2]。事实上，就情报分析文化展开的一

---

[1] 原注：Reichenbach, *Rise of Scientific Philosophy*, 81–82, 242. 归纳逻辑以概率论为基础。见：Abraham Kaplan, *The Conduct of Inquiry: Methodology for Behavioral Science* (San Francisco: Chandler, 1964), 232–234。

[2] 原注：Collier, “Pragmatic Approach,” 31. 持经验主义理念的分析人员，并非都赞成将社会科学的统计方法用于情报分析。对此持怀疑态度的人认为，情报分析人员研究的变量和关系通常更为具体，也更加复杂，不太适用于统计学方法。参见：Richards J. Heuer Jr., ed., *Quantitative Approaches to Political Intelligence: The CIA Experience* (Boulder, CO: Westview, 1978), chap. 1。后面我们还将继续讨论这一问题。

项重要研究发现，分析人员存在对科学方法的抵制，甚至是偏见。[1]

与演绎法和归纳法不同，**溯因法**是20世纪初才出现的一种推理方法，主要由查尔斯·皮尔士（Charles Peirce）创立。溯因推理有时也被称作“最佳说明的推理”[2]或“夏洛克·福尔摩斯的逻辑”，它寻求构建最合理的假设或推论，以“拟合”其他方法不能解释的事实和事件：[3]

> 基于事实1、事实2、事实3、事实4……而做出的假设H_1，是事件A最合理的解释。

溯因法也可被视为一种正式的逻辑体系，但它主要采用调查员的视角理解不同现象，是一种定性方法。情报分析人员通过溯因推理——通常都是不经意地——对过去、正在或即将发生的事件做出解释[4]，希望借此知晓未来。在做出假设方面，溯因推理的效果通常要好于其他推理方法。

与归纳法类似，溯因法的一个主要缺陷在于，基于同样一些事实，不同的分析人员可能做出不同的推理，或者对某些特定事实做出不同强调，从而导致不同的说明。此外，溯因法、归纳法及演绎法还具有一个共同的不足：**推理本身并不使某事物为真，它只能识别可能的真值**。对科学家来说，确立何为真即构建知识，这要求他们采取被称为**验证**（verification）或**否证**（falsification）的额外步骤。**没有哪个理性主义方法——溯因法、**

---

[1] 原注：Rob Johnston, *Analytical Culture in the U.S. Intelligence Community* (Washington, DC, Center for the Study of Intelligence, CIA, 2005), 19–20.

[2] 编注：《最佳说明的推理》，彼得·利普顿著，郭贵春等译，上海科技教育出版社，2007年。

[3] 原注：See John R. Josephson and Susan G. Josephson, eds., *Abductive Inference: Computation, Philosophy, Technology* (New York: Cambridge University Press, 1994), and Peter Lipton, *Inference to the Best Explanation* (London: Routledge, 2001).

[4] 原注：情报界最突出的一次溯因推理，是对1996年7月环球航空公司800号航班在长岛上空坠毁原因的解释，它否证了有关飞机是被导弹击落的假设。参见：Randolph M. Tauss, “The Crash of TWA Flight 800,” *Studies in Intelligence*, Unclassified Special Edition (November 2002), 101–111。

归纳法或演绎法——能够提供获取知识过程中的这一关键步骤。此外，当逻辑出错时，理性主义只能发现错误的**逻辑**，却不能发现据以得出结论的前提中，存在哪些事实缺陷。经由理性主义方法获得的认识可能正确，也可能错误。不过，鉴于其正确性依赖于事实中逻辑以外的内容，仅凭理性主义方法获得的认识还不足以被信赖为可靠的。要构建更为可靠的知识，我们需要利用第四种认知方法：经验主义。只有这种方法让我们看到了科学属性的闪现，而科学才是构建知识最可靠的方法。

经验主义

第四种认知方法代表了在认识世界方面的一次重要进步。培根、洛克、休谟和伽利略是开创这一方法的先驱者。经验主义基于我们通过感官获取的认识，即我们看到、听到、触到、尝到和闻到的东西。这一方法与观察、体验和实验相关。与相信知识产生于人类思维的理性主义者完全不同，经验主义者坚称“感官观测是知识的主要来源和终极评判，认为人类思维直接认识除逻辑关系外的各种真理是自欺欺人”[1]。经验主义者并不停留于推理，他们将注意力集中于观察所得的数据。这种从内在思维活动向外在观察数据的转变，打破了整个认知平衡。正如汉斯·赖欣巴哈解释的那样，理性主义和经验主义的对立，不能再尖锐了，“一旦经验观察不再被当作真理的来源，那么我们距神秘主义就仅有一步之遥。如果推理能够创造知识，那么人类思维的其他产物也会显得同知识一样可信”[2]。

经验主义方法很容易被情报分析人员接受，因为各种情报搜集门类——人力情报、信号情报、图像情报、测量与特征情报以及公开来源情报——首先就是感官性的。分析人员的周围充斥着经验数据。他们的工作

[1] 原注：Reichenbach, *Rise of Scientific Philosophy*, 75.

[2] 原注：Reichenbach, *Rise of Scientific Philosophy*, 32.

就是对这些数据做出解释，据之提出假设，做出判断、预报和洞察，并将其含义传达给情报用户。情报分析依赖搜集到的数据得出知识及预见性知识——这实质就是一个经验主义的认知过程。

有时，经验主义的批评者指责“科学”方法并不适合情报分析，并盲目吹嘘直觉和推理的所谓“高端”属性。[1] 还有一些批评者则不无正确地指出，事实并不能自己说话，并非所有的数据都是可靠的。有些事并不真像它们看上去的那样。[2] 搜集到的数据只是“采样”数据，它们可能是误导性、错误、歪曲或缺乏代表性的——通常情况下也确实如此。此外，这些数据还可能是编造的，或难以明辨的。不过，没有数据的情报不能算是情报。因此，情报分析人员面临的主要挑战，不光是**基于**数据做出判断，还要先对数据**本身**做出判断。后面我们还将看到，这一重要步骤并不总是得到采用或严肃对待。

总结起来，权威、思维习惯、理性主义和经验主义都展现出生成知识的能力，但也可能造成谬误。此外，这四种方法都不具备发现错误或给出纠正方法的内在能力。而后来出现的科学，则将第三和第四种方法结合起来，从而让这个全新的认知方法具备了一种强大的构建知识新属性：**自我纠错**。这在认知方法的发展上具有深刻的历史意义。虽说这五种认知方法都有可能产生谬误，但**只有科学具备发现和纠正自身错误的能力**。对情报分析来说，这具有显而易见且不可抗拒的诱惑：这样的自我纠错方法能够显著降低发生分析失误的可能，并极大提高生成可靠知识的概率。[3]

---

[1] 原注：2005 年 4 月 2 日，戴维·布鲁克斯（David Brooks）在《纽约时报》上发表《情报艺术》一文，对理性主义进行了激烈的驳斥。

[2] 原注：许多目击者描述，环球航空公司航班是被导弹击落的。这些其实都是错误的，根本就没有导弹。系统性分析令人信服地说明了这一点。参见：Tauss, “Crash of TWA Flight 800,” note 19。

[3] 原注：James B. Bruce, “Dynamic Adaptation: A Twenty-First Century Intelligence Paradigm,” unpublished internal IC paper, 4–5 (winner of a 2004 DCI Galileo Award).

科学

科学研究的独有能力，是获得正确的认识和可靠的知识。作为一种认知方法，它将理性主义和经验主义的优良特质结合在一起，创造了一系列能检查和纠正自身错误的内部机制。与其他四种认知方法相比，其发现和纠正错误的能力极大提升了可靠性。这一特性也是情报分析人员最感兴趣的一点。值得注意的是，近期一项研究认为，发展情报分析科学要比改变分析人员及其管理者的反对意见来得容易。[1]

科学方法之所以能获得可靠知识，是基于其他方法所不具备的几个特点。[2] 自然科学家和社会科学家普遍认为，科学研究必须具备以下特点：

★ **使用假设**。一般来说，任何科学研究都要依照某个特定的可否证的研究方向展开。尽管这一研究方向最初源于假设，但该假设必须是可检验的，因为研究者的主要目的就是确定假设的可靠或正确程度。他们会用搜集观察到的数据检验这一假设，使用严谨的研究方法确定其真伪，还可能使用推论统计学方法，以确定其真实性在多大程度上不会只是一种偶发事件。此外，检验还能找到假设最有可能成立或不成立的前提条件。

★ **客观的方法**。科学家采用严谨的流程确保以最客观的方式采集和分析数据，以免对检验造成影响或令其失真。科学家都是经验主义者。研究中用到的数据全都与研究的假设命题有关，但不论是数据采集还是分析方法，都不应该对研究的结果造成影响，譬如达成某

---

[1] 原注：Johnston, *Analytical Culture*, 19–21.

[2] 原注：解说科学是如何发挥作用的一本优秀入门读物，可参见：Hugh G. Gauch Jr., *Scientific Method in Practice* (New York: Cambridge University Press, 2002)；对社会科学尤其适用的著作，可参见：Kaplan, *Conduct of Inquiry*；对科学方法在情报分析工作中的适用性问题的总结，可参见：Collier, "Pragmatic Approach," and in Johnston, *Analytical Culture*, 19–20。

个特定或希望的结果，也不应该造成结果的偏差。

★ **透明度**。科学是一项公共活动，其流程要经得起检查。没有哪个科学成果可以隐瞒自己的研究方法。不论是研究成果还是研究方法都必须对公众开放，以便公众对其进行检验或加以利用。方法上的透明有助于保证研究的可信度和可重复性。

★ **可重复性**。所有的科学研究都必须能被其他研究者重复。如果一个或一组科学家通过研究得出某项结果，另一个或一组科学家应该能够重复相同的研究，甚至可能使用不同的方法，但仍会得出相同的结果。如果他们不能得出相同的结果，那么最初的假设可能就存在问题，需要开展进一步的研究。

★ **同行评议**。在其他有经验的研究者认可研究成果与研究方法的一致性，并赞同研究方法的正确性之前，新的研究成果尚不具备知识的属性。同行评议有时会很激烈，但通过这一评议流程的研究成果，要比那些没通过的更具权威性。严谨的同行评议，既可能妨碍也可能推动对某个研究结果的认可。

★ **暂时的结果**。随着流程的优化，科学研究的成果随时都会被修正。新的来了，旧的被替换。科学研究的这一动态性特点还因为科学家固有的怀疑态度而进一步强化。这意味着，当新的观念或信息出现时，原有的研究成果随时都会被改写。对科学家来说，假如丑陋的事实对优美的理论形成挑战，事实依然会是赢家。

采取上述流程会大幅提升可靠性：当科学出错时——有时确实如此——它所具备的内在能力能让其发现和纠正错误。这一自我纠错的能力，体现在近期被摒弃的两个著名科学研究上——物理学的冷核聚变及生物学的人类克隆。[1] 这种错误研究比较少见，因为很少有研究像它们这样

[1] 原注：在物理学这个例子中，犹他州的科学家宣称能够通过非常规的过程制造核聚变。其他物理学家后来试图重复这一“冷核聚变”过程，但发现这一说法不符合已经确立的科学标准。参见：David Goodstein, “Whatever Happened to Cold Fusion?”

过早公之于众。科学界的大部分自我纠错，都发生在研究结果成为新闻头条之前。

评估中的错误：未被发现的差错和未被纠正的失误

人们的问题不在于不知道，而在于知道太多不是那么回事的东西。

——致乔希·比林斯（Josh Billings）（1818—1885）

为了说明分析过程中可能会发生的认知错误，我们来看看 2002 年 10 月关于伊拉克大规模杀伤性武器的那份失误的《国家情报评估》。[1] 通过研究该评估，我们发现所有四种认知方法都对判断的失误负有责任，也看到如果在分析过程中不纳入发现并减少错误的措施，将会导致何种结果。

该份《国家情报评估》得出了错误的知识，按乔希·比林斯的说法，该份评估的编撰者其实知道其结论并“不是那么回事”。该评估三个最重要的判断都与事实相去甚远。[2] 其中，有两项错误判断是关于伊拉克可能拥有生化武器的，分析人员对此有“高度把握”；一项关键判断涉及伊拉

American Scholar 63, no. 4 (Fall 1994): 527–541。在人类克隆案例中，韩国研究者黄禹锡（Hwang Woo-Suk）宣称他成功克隆了人类 DNA。这一令人称奇的“研究成果”后来被证明是造假。参见：Nicholas Wade and Choe Sang-Hun, “Researcher Faked Evidence of Human Cloning, Koreans Report,” *New York Times*, January 10, 2006。

[1] 原注：National Intelligence Council, *Iraq's Continuing Programs of Weapons of Mass Destruction*, NIE 2002-16HC, October 2002 (hereafter, *WMD Commission Report*).

[2] 原注：萨达姆·侯赛因实际已在 1991 年—1992 年间关闭了伊拉克大规模杀伤性武器计划——包括化学武器计划、生物武器计划以及重建核武器计划的努力。这一结论可以在伊拉克调查小组（Iraq Survey Group）的《中央情报主任特别顾问关于伊拉克大规模杀伤性武器问题的综合报告》中找到。该报告已于 2004 年 10 月 6 日上传至中情局网站（www.cia.gov），也叫德尔富报告（Duelfer Report），以下简称《伊拉克调查小组报告》（*ISG Report*）。

克重建核武器计划，分析人员对此有“中度把握”。在拟制这份极其错误的《国家情报评估》的过程中，他们似乎对各种认知方法出错的可能已有充分了解。

权威

在得出所有三项判断的过程中，将权威作为认知渠道的做法，发挥了重要和毁灭性的作用。先从化学武器说起，在拟制《国家情报评估》的时候，分析人员面对的主要问题是：伊拉克有化学武器吗？《国家情报评估》回答有，并判断伊拉克拥有一个囊括了芥子气、沙林、环沙林和 VX 毒气生产的有效化学武器计划，并已存储了多达 100 吨至 500 吨的化学武器。评估还称，此前 1 年内，伊拉克生产了大量化学武器。与评估结论大相径庭的是，我们现在知道，在该项《国家情报评估》发布之前的约 10 年时间里，伊拉克根本就没有化学武器。

权威在得出这一判断方面起到了重要的作用。根据希尔伯曼－罗伯大规模杀伤性武器委员会的调查，关于化学武器最重要的证据——同时也是最重要的错误来源——便是“过度依赖萨马拉的油罐车这一单一、模糊来源，并用其支持多个判断”。[1] 图像情报是一个专业的搜集门类，图像分析人员通常都被看作是权威的图片判读员，负责向全源分析人员通报其发现。出现在疑似化学武器场地的所谓“去污车”的信息有限，远未达到确定无疑的水平，但正是根据这一有限信息，图像判读员凭借专业知识造成一种错误印象，认为图像信息比实际情况更具说服力。图像分析的权威属性——一种经验主义观察与专家判断的结合体——被视为《国家情报评估》中化学武器关键判断的基础，但现在我们知道这一判断是错误的。

关于生物武器“高度确信”的判断也严重依赖于权威，只不过这一

[1] 原注：这个问题在这里被极度简化了，但在《大规模杀伤性武器委员会报告》第 122 至 124 页有详细描述。

权威来自某个秘密人力情报来源，该人自称掌握了伊拉克生物武器计划的内部消息。《国家情报评估》在其结论中声称伊拉克拥有进攻性的生物武器，包括机动的生物武器实验室。评估还声称伊拉克生物武器计划的各个重要方面都在活跃运作，且大部分计划相较海湾战争期间都更具规模，也更为先进。尽管还有一些其他来源的消息也支持这一判断，但它们的权威性都无法与代号“曲线球”的人力情报来源所提供的情报相比。此人的情报被约 100 份情报报告采用并广为传阅。大规模杀伤性武器委员会发现，美国情报界“在做出关于生物武器的判断方面，近乎完全依赖‘曲线球’提供的情况”，但这一消息来源存在严重的问题。“曲线球”后来被曝出是情报编造者，这意味着关于生物武器的判断很大程度上均是基于编造的人力情报。[1] 正如敏感级的情报搜集经常出现的情况那样，对各种形式的、无法加以验证的权威来源的依赖，是情报分析的一大软肋。

《国家情报评估》中一个“中度确信”的判断是：伊拉克已开始重建其核武器计划，如果不被制止，将在 2010 年前拥有核武器。这一判断也严重依赖于权威。了解对手的核能力需要专业的技术知识，而为此次评估提供专业判断的两个机构却都出现了错误。对于伊拉克购买的部分铝管是用于生产常规迫击炮还是离心机的问题，陆军的国家地面情报中心（National Ground Intelligence Center, NGIC）做出了关键性的判断。该中心的专家权威们错误地认为，这些铝管是用于生产离心机，而不是常规武器（其实常规武器才是该机构的专业领域），从而极大强化了伊拉克正在重建其核武器计划的观点。美国能源部尽管在铝管的问题上与国家地面情报中心意见相左，但却赞成（基于其他依据）伊拉克已开始重建其核武器计划的关键判断。作为拥有核情报专门知识的机构，能源部在该问题上具有最高的权威。而能源部和国家地面情报中心二者专业观点的融合，则让

[1] 原注：*WMD Commission Report*, 87–100; 引用部分摘自第 93 页。“曲线球”是伊拉克移民，他向德国情报机构提供的情报，被后者通报给了美国国防情报局的国防人力情报分局。

《国家情报评估》中这一关键的错误判断具备了无与伦比的权威性。[1]

大体上，在导致伊拉克大规模杀伤性武器《国家情报评估》的三项错误判断中，权威占据了较大的分量，鉴于当时美国在这三个问题上经验的高度不确定性，权威对结论的实际影响可能更大。国会给出的 21 天时限，也对完结这些复杂武器问题的调查施加了巨大的时间压力。几乎可以肯定，如果没有这么紧的情报生产时限，权威的负面作用也不至于被如此放大。此外，在周一最后期限前的那个周五，关于该问题的协调会才结束，这也进一步加剧了做出结论的紧迫性。

思维习惯

在对伊拉克问题《国家情报评估》中关键判断的影响上，思维习惯这种认知方法与权威不相上下。和权威一样，思维习惯也有助于在较短的时限内完成评估。1991 年"沙漠风暴行动"结束后，美国有情报显示，情报界低估了伊拉克的大规模杀伤性武器计划。此后，关于该计划的新认识得以稳固确立。从 20 世纪 90 年代初开始，美国情报界逐渐确立关于伊拉克大规模杀伤性武器的共识，在此期间，没有出现任何足具说服力的证据对该共识形成挑战。到 90 年代中期，这一共识似乎已固化成了一般性认识。萨达姆 · 侯赛因自身的做法也强化了美国情报界的共识：他实施了重大的拒止与欺骗战术，让联合国的核查和美国的情报丧失效用。[2] 这一做法加剧了西方对萨达姆试图隐藏武器的怀疑，同时也削弱了联合国核查机制和美国情报侦察的能力，令其无从得知，其实萨达姆早在 90 年代初，就已销毁了大规模杀伤性武器。

中情局情报分局副局长（该局分析人员主管）在一次演讲中，对分析人员承认思维习惯的负面影响，指出在《国家情报评估》编撰过程中，

[1] 原注：*WMD Commission Report*, 65–79.

[2] 原注：*WMD Commission Report*, chaps. 1, 7, and 8, and 161–162, 169, 352, 372–375.

“继承来的假定”被不加质疑地使用。[1] 这些假定有许多都是错误的。参议院情报委员会也对伊拉克问题《国家情报评估》提出尖锐批评，将这一现象称作“叠加”——从字面上理解，就是开展情报评估时，“主要基于以前的判断，而不是根据新的具备实质内容的情报报告，同时亦未对新评估中累加的不确定性予以考虑”[2]。

即便在最乐观的情况下，推翻关于伊拉克大规模杀伤性武器的十年共识，也不是一件容易的事情，何况分析人员还缺乏足够的反面证据。更为糟糕的是，得出相反的观点，说明伊拉克确实没有大规模杀伤性武器的事实，还会让决策者目瞪口呆，因为多年来美国情报界一直对他们讲伊拉克保留有这样的武器。此外，妨碍情报分析人员得出正确结论的思维习惯，也同样妨碍着决策者，令后者很难改变多年来在这一问题上对谬误、新闻式的动态情报报告的消费。这一特定的思维习惯是情报界和政策层共有的问题。

在权威认知的消极影响不受约束的情况下，习惯性的认知方法还会严重妨碍替代性分析发挥作用，这一点很少有人能意识到。错误的权威认识之所以能够在分析中具备虚高的可信度，始作俑者正是广泛存在于错误判断中的思维习惯。

理性主义

与上述两种认知方法相比，推理在得出错误的大规模杀伤性武器结论方面，或许应该承担同等的责任。通过归纳性的推理，分析人员逐渐形成了伊拉克重建其核生化武器的印象，这进而又对其拥有大规模杀伤性武器计划的观点形成支持。受到思维习惯和错误权威的支持与强化，雄辩的

[1] 原注：Jamie Miscik, deputy director of intelligence's "State of Analysis Speech," All-Hands Meeting, CIA Auditorium February 11, 2004, 8–9, released March 2004.

[2] 原注：Senate Select Committee on Intelligence, *U.S. Intelligence Community's Prewar Intelligence Assessments on Iraq*, 108th Congress, 2nd Session, July 9, 2004, 22.

推理让错误的观点更进一步。尽管缺少确凿的证据，分析人员还是得出结论，认为伊拉克一定拥有大规模杀伤性武器——即便尚未被我们发现。事实上，**没有**发现似乎也成为伊拉克**拥有**这类武器的证据。其背后的逻辑看上去毫无破绽：我们知道萨达姆·侯赛因过去拥有这样的武器；他是个惯于撒谎、藏匿恶毒计划的独裁者；他无处不在的拒止与欺骗战术，正是我们发现不了大规模杀伤性武器的原因。如此一来，这一逻辑非但没构成反方意见，反而成为伊拉克拥有大规模杀伤性武器计划的**支持**证据。[1] 这样的论证虽然颇有说服力，但也表明逻辑作为一种认知方法，在作用上并不能超越逻辑前提中包含的内容。如果前提有误，即便最严谨的推理也只能重复错误。

经验主义

与上述三种认知方法形成鲜明对比的是，在伊拉克大规模杀伤性武器问题《国家情报评估》中，经验主义观察发挥的作用微乎其微：**在该评估自信满满地宣称伊拉克拥有大规模杀伤性武器计划的同时，美国情报界并未掌握能够证明伊拉克存有该类武器的直接证据**。尽管如此，经验主义方法还是任由其他三种认知方法歪曲分析过程。我们不禁要问：经验主义认知为何如此乏力？答案似乎是这样的：很少有直观证据能够证明，伊拉克重建核生物武器计划被过度解读、未经受严格的审核或基于反向证据的评估。1995 年，一名伊拉克高层叛逃者报告说，萨达姆早在 4 年前就已停止了其大规模杀伤性武器计划，但这一情况却直接遭到漠视。[2] 更为糟

[1] 原注：*WMD Commission Report*, 169–170. Robert Jervis, "Reports, Politics, and Intelligence Failures: The Case of Iraq," *Journal of Strategic Studies* 29, no. 1 (February 2006): 42–45. See also Robert Jervis, *Why Intelligence Fails: Lessons from the Iranian Revolution and the Iraq War* (New York: Columbia University Press, 2010).

[2] 原注：这位叛逃者是萨达姆的女婿侯赛因·卡迈勒（Hussein Kamel），1995 年叛逃，3 年后回到伊拉克，并被杀害。可参见：*WMD Commission Report*, 52; *ISG Report* 46; and the Butler Report, formally Committee of Privy Counselors, *Review of Intelligence on Weapons of Mass Destruction* (London: Stationery Office, 2004), 47–48, 51。

糕的是，所有情报搜集门类虽积极努力但一直未有斩获。尽管人们开展了协调一致的情报搜集行动，但仍未发现新的或有力的观察数据，来证明伊拉克藏匿有被怀疑的大规模杀伤性武器。这些事实被称为“反面证据”（negative evidence），因为不符合伊拉克拥有强大且有效的大规模杀伤性武器的习惯认识，所以它们不是被曲解为拒止与欺骗战术，就是被漠视。[1] 这种方法在宣传上被称作“洗牌作弊法”[2]，在伊拉克问题《国家情报评估》中，它被错误地当成是经验主义的分析。[3] 但分析人员并未积极考虑其他的假设，譬如关键证据的极度缺乏也可能意味着伊拉克已经停止了大规模杀伤性武器计划。这样的分析不管怎么说都不是经验主义的分析。

大体上，2002 年《国家情报评估》中对伊拉克大规模杀伤性武器问题的分析及相关的活动表明，当分析过程中经验主义认知的分量不足时，其他认知方法的影响就会上升——就伊拉克问题来说，其后果是严重的。此外，这一事例也表明，《国家情报评估》是一种认识论的“完美风暴”：所有四种认知方法——权威（谬误的）、思维习惯（未被质疑）、推理（前提有误）以及经验主义（要么是选择性的，要么干脆缺失），都没能得出可靠的认识。由于缺乏发现和纠正自身错误的能力，每种认知方法出错都是必然的。要开展可靠性更高的分析，我们需要考虑其他更为科学的方法。

---

[1] 原注：*WMD Commission Report*, 169–170. 从 2000 年 6 月至 2003 年 1 月，测量与特征情报来源提供了超过 1000 份关于伊拉克大规模杀伤性武器的报告，其中没有一份报告能够给出关于大规模杀伤性武器活动的确切证据，且 2002 年 10 月之前的报告也未对《国家情报评估》中关于伊拉克大规模杀伤性武器计划的结论形成有力支持。这种情况的部分原因是，“分析人员群体倾向于忽略与主流观点——伊拉克拥有大规模杀伤性武器相悖的信息”，详见：*WMD Commission Report*, 166。

[2] 译注：“洗牌作弊法”（card stacking），意思是在梳理论据时做手脚。

[3] 原注：小理查兹·霍耶尔曾描述了一名重要的苏联叛逃者是如何被错当成克格勃渗透者，而非真实情报来源的。这一事例可以解释，选择性运用证据以“证明”某个受青睐的假设，是如何歪曲分析的。详见：Richards J. Heuer Jr., “Nosenko: Five Paths to Judgment,” in *Inside CIA’s Private World: Declassified Articles from the Agency’s Internal Journal, 1955–1992*, ed. H. Bradford Westerfield (New Haven, CT: Yale University Press, 1995)。

针对分析的认知经验

成功的情报分析必须能够得出可靠的知识及预见性知识。上面讨论的《国家情报评估》，可谓是近年来曝光率和政策相关度最高的评估了。正如该评估中各种错误所展现的那样，所有的认知方法既能得出真相，也能制造谬误。而科学，与其他认知方法不同，拥有内在的、独特的自我纠错机制。那么，我们应该如何将这种机制运用于情报分析呢？答案存在于以下三个方面：发挥假设的作用，发挥协调的作用，以及在报告发布前，向分析人员及其主管提供有关认知方法缺陷的检查清单。

假设

科学严格区分知识（被证实的正确观念）和假设（可能正确，也可能错误）。二者之间存在重要的差别。在假设变成知识前，它必须经历严格的检验，包括为了证实假设不成立而采取的系统性做法。非科学的做法，譬如关于大规模杀伤性武器的评估，或一心谋求对被告定罪的诉讼，则仅是寻求“证实”某件事。对于多数情况下仅为定性研究的情报分析来说，做到这一点通常并不难。分析人员可以选取证实性的事实，忽略或贬低其他事实，并像律师那样合理利用手中的证据论述自己的观点。[1]

科学的做法恰恰与此相反。它的目标不是为了证明某个观点，而是达到客观性，**防止**结论沿着研究者**期望**的轨迹出现。为确保结论的完整性，科学的指导原则要求对被评估的假设进行诚实的分析。这一过程包括两个方面：假设的产生和假设的验证。

[1] 原注：律师可以“证明”有罪或无罪。数学家可以提供“证明”以解决某些问题。但科学不尝试证明任何事情，它只寻求一种不偏不倚的评估，以确定某项假设暂时是对的，或通过可靠的方法说明它是错的——同时保持开放的姿态随时接受进一步检验。

假设的产生指的是假设的来源。假设（可以通过经验主义方法加以评估的说法）可以来自任何渠道。理论和行为模式（例如国家、群体或人民的行为模式）是其最合算的来源。除了解释说明，理论最重要的功能就是提出可验证的假设。这一点也可以用来评判一个理论好坏。假设还可能来自我们之前讨论的诸如演绎法、归纳法和溯因法之类的逻辑体系，或者来自决策者、权威专家和形形色色的思想者，这些人能够提出大量有趣的观点，虽说他们也是这些观点的鼓吹者（需要注意的是，尽管在**提出**假设方面，决策者可以发挥重要的作用，但他们的偏见让其失去了**验证**假设的资格。验证应交由情报部门，而不是决策层来完成）。此外，假设还可能来自情报分析人员，尤其是那些运用头脑风暴、替代性分析和情景分析法等结构化分析方法的分析人员。[1]

假设的验证是科学与非科学活动最重要的区别之一，其目的就是准确判断一项特定研究结论是正确还是错误。不幸的是，运用统计工具和定量数据对假设进行验证，只适用于情报分析人员面临的极小部分问题。[2] 在现实工作中，大部分情报议题都是定性的，而非定量的。这一局限性让分析人员无法使用强大的统计工具来辨别结论的正误。那么，鉴于定量工具无法用于定性分析，分析人员还能够验证假设吗？

答案基本是否定的。目前定性分析使用的工具，无法达到定量工具所具有的严谨和可信度。**不过让科学具备自我纠错机制的属性，仍在很大程度上触手可及**。时至今日，社会科学尚未开发出验证假设的各种定性方法，并使其具有和定量工具同等的效力。但是，近来由一些方法创新而形成的新能力，将有助于情报分析人员接近这一目标。

在《情报分析心理学》一书中，小理查兹·霍耶尔描述的竞争性假设分析法，就具备验证定性假设的真正潜力。它通过比对每种假设与证据相

[1] 原注：参见本书第十四章关于结构化分析方法的讨论。

[2] 原注：在案例数（即 N）超过一定数目的定量分析中，进行统计学意义上的假设验证是件容易的事情。根据科利尔的说法，这一数字要超过 50，详见：Collier, “Pragmatic Approach,” 26–27。

符的程度，并采用力证假设不成立的方式，来验证假设。[1] 竞争性假设是对同一种现象的替代性解释，运用该分析方法，分析人员可以评估各竞争性假设的相对正确性。比如前面提到的关于大规模杀伤性武器问题的错误评估，如果竞争性假设分析法在评估过程中得以运用，发生灾难性后果的可能性一定会小得多。

因为竞争性假设分析法要求对多种假设进行比较，分析人员就不得不考虑多种可能。相比之下，那份有误的评估只为一种假设（伊拉克拥有大规模杀伤性武器）找寻证据。当时，如果在评估草本和协调过程中哪怕只加入一种**替代性**假设——譬如伊拉克没有这类武器，这个我们现在知道是正确的——分析的质量都会大为提升。此外，开展竞争性假设分析，也会迫使分析人员更加关注证据与《国家情报评估》结论间的关系。我们现在知道，关于伊拉克化学武器的图像情报证据、由“曲线球”提供的关于生物武器的情报，以及铝管在重建核武器作用方面的判断，并未经受住时间的考验。如果通过“敏感性调查”（sensitivity check）对这三项重要的、现在被否证的信息进行更仔细的检验，我们或许能早点发现三个关键判断对这些羸弱“证据”的严重依赖。[2]

总而言之，不论竞争性假设分析法能不能给我们带来明显不同的结论，我们都可以确定，它至少不会导致同样“高度确信”的错误结论。像竞争性假设分析法这样的结构化情报方法工具，能够防止“洗牌作弊法”及对偏爱假设的力证。将重心放在提出和验证假设上，并严格运用同行评

[1] 原注：参见小理查兹·霍耶尔《情报分析心理学》第八章。此外，还可使用竞争性假设分析软件来进行计算机辅助分析。用竞争性假设分析法验证假设时，要对各种假设进行比较，并放弃较不可能的假设（面对较多不利证据的假设），而不是采纳拥有最多正面证据的假设。最终保留下来的假设拥有更高的可信度。这一方法遵循了波普尔更为严格的否证原则，即要证明错误的假设不成立，而不是证明正确的假设成立，详见：Karl Popper, *The Logic of Scientific Discovery* (London: Hutchinson, 1959)。

[2] 原注：敏感性调查是竞争性假设分析法流程中的第六步。参见小理查兹·霍耶尔所著的《情报分析心理学》。如果一国在考虑是否参与武装冲突，那么在协调准备作为决策依据的《国家情报评估》时，这一步骤必不可少。

议，将有助于贯彻实施重要的纠错机制——客观性、透明性及可重复性。

协调

当分析人员坐在会议室里对《国家情报评估》进行逐句讨论时，协调的过程通常都是痛苦的，但一般也会提升分析产品的质量。情报界的这一做法与科学界的同行评议有异曲同工之妙。**协调是分析过程中唯一被证实明确具有纠错作用的步骤**。不过，协调的过程也常常被弱化成一种文字游戏。分析人员和他们的主管经常寻求赞同的说法，以便在各方之间达成一致，从而能够在规定的时限内完成任务。这种强调找寻合适字句以方便情报生产的做法，颠覆了协调过程本应具有的高度认知价值。在分析流程中，协调是可以发现和纠正错误的最后环节。

不过，当协调的重心从认知转向文字后，纠错这一重要的特征就不复存在了。我们需要重新审视协调过程，恢复其应有的认知功能，以便更好保障情报部门提供给决策者的知识和预见性知识的可靠性。此外，协调过程还应明确辨别，哪些判断是基于权威或思维习惯做出的，以便对其开展进一步的检查。对于任何基于理性主义方法得出的判断，都必须对逻辑前提中包含的事实进行考察，而非仅仅考察逻辑本身。

认知方法检查清单

针对具备重大政策意义的情报产品，譬如在战争规划期间发布的《国家情报评估》，在产品发布之前，分析人员和其主管应该让自己接受如下四项测试——在每一项测试中都要问：**我怎么知道 X 是正确的**？

★ X 之所以正确是因为分析人员相信这一信息的**权威**吗？**含义**：如果是，那么一定要了解权威得以确立的基础。如果该权威信息是认知的主要或唯一来源，那么分析人员必须承认，其认知的正确性极大依赖权威的可靠性，然后努力对该权威加以验证。

- ★ X之所以正确是因为该观点被分析人员普遍接受，且**曾被证实是正确的**吗？**含义**：思维习惯在一定程度上是管用的，但其起源通常并不明确，因而也难以评估。思维习惯倾向于认同趋势的延续，而不认同变化，容易忽略不可知的意外。如果思维习惯是认知的主要或唯一来源，那么分析人员应该知道，其认知的正确性极度依赖这种思维的惰性。思维习惯通常是对的，但也可能出错，而一旦出错，结果会非常严重。任何时候都不能不加鉴别、不做质疑地接受思维习惯。
- ★ X之所以正确是因为它源自分析的逻辑吗？**含义**：由于无法仅凭现有的推理方法得出可靠的认识，因此最好还是把源自逻辑的结论仅仅当作假设，并对其做进一步验证。理性主义的方法不仅容易出错，还无法独立判断其结论正确与否。对假设进行验证是一项经验主义的活动，它不是逻辑性的。好的推理对认知极为重要，但没有坚实的证据，其结论还不能算是知识。
- ★ X之所以正确是因为它得到了**观察数据**的佐证吗？**含义**：通过情报搜集得来的采样数据，其代表性并不明确。你也许还能搜集到其他不同的数据，并基于这些数据得出不同甚至相反的结论。如果情报搜集是不完整、不具代表性的，且缺失关键信息——情报工作的现实几乎总是这样——你就无法掌握事件的全貌。如果搜集到的数据被选择性地加以运用以“证明”某个观点，那么这个观点可以被证明，但已不再正确，它仅代表歪曲性方法所支持的那派观点。正确的经验主义认知方法要求对多种假设进行严格的验证，而不只是为某个受青睐的假设寻找证据。

本章指出，情报分析还可使用另一种更好的认知方法——科学。该方法可以通过结构化分析方法的严格运用来实现。更多倚重科学的情报生产方式，比较不容易犯错，因为这种方法在持续不断地发现和纠正错误。如果说，2002 年 10 月伊拉克大规模杀伤性武器问题《国家情报评估》的经验，可以为情报界选择认知方法提供些许借鉴的话，那么就是，未来的关键判断在提交决策者之前应该满足更为严格的认知标准。运用科学方法提供的自我纠错方法开展分析，将极大提高获得可靠结论的概率。

回到本章所使用的关于知识的更为严谨的定义，知识是被证实的正确观念。关于这一定义对情报完整性的意义，我们应有充分认识：当分析判断被送交决策者时，他们承载的是其生产者——情报机构及分析人员的观念。作为情报生产者，我们向用户传达的观念应该是正确的、经过证实的。如果情况确实如此，我们提供的就是可靠的知识，否则应详细告知用户，判断中蕴含不确定性（分析人员对判断的确信程度及其发生的可能性），以便用户了解哪些因素可能会影响判断的正确性。这是情报用户应该享有的最基本服务。

[第十章]

缺环：分析人员与情报搜集者的关系

詹姆斯·B. 布鲁斯（James B. Bruce）

尽管长期以来，分析人员与决策者的关系吸引了大量的注意力，但分析人员与情报搜集者的对接（参见图 10.1）其实也是影响分析有效性的一个关键因素。本章将通过简短回顾 8 个情报失误的案例，来分析这一重要的关系。我们将会看到，**当搜集不力时，分析失误的概率会急剧增加**。而如果分析得力，将有助于降低失误的风险。分析人员若能更好地理解其对情报搜集的高度依赖，将能清晰地认识到，二者间的相互配合对情报活动的促进作用。

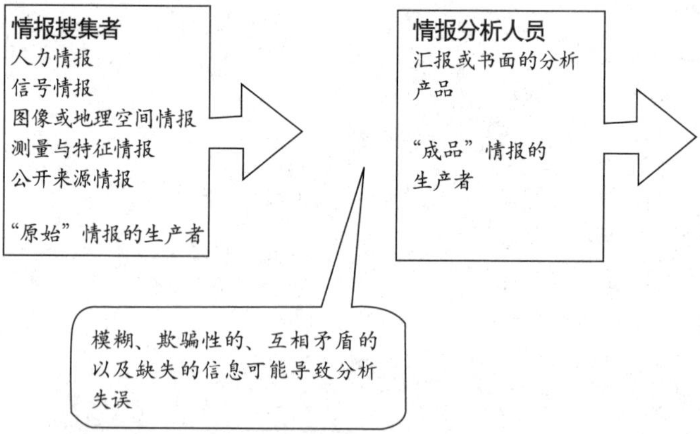

图 10.1　情报搜集与分析的对接

情报失误：8个具有启示意义的案例

我之所以选取下面 8 个情报失误的案例，是因为它们在情报工作历史上具有不可替代的重要意义。这些案例发生在 1941 年到 2002 年，它们并非是“具有代表性的样本”，无法概括在其延伸的这段时期情报工作的整体表现。但是，在揭示情报搜集与分析的重要关系方面，它们却具有高度的启示意义。这些案例表明，情报搜集的失误——主要是关键信息的缺失，在有些案例中是指信息的错误或误导——几乎肯定会导致分析失误。此外，尤其是由于对手的拒止与欺骗策略，或当分析人员错误的思维定式限制了对替代性假设的考量时，搜集到的信息可能会被误读，这也会导致分析失误。

这 8 个重大的情报失误案例涵盖珍珠港事件至伊拉克大规模杀伤性武器的评估，通过回顾，我们发现了一种反复出现的失误模式，即当分析过程无力应对搜集缺陷时，后者的负面作用会贯穿整个分析过程。从情报搜集的角度讲，导致失误的一个最重要的因素是情报拒止——由情报对象采取反制措施，以防对手成功搜集到情报。下面将要看到的案例几乎全部可以表明，拒止将导致**信息缺失**，而这些信息正是分析所需的。从分析的角度讲，应对信息缺失不力——加上想象力的缺乏和错误假定的影响——几乎必然会导致分析失误。此外，其他一些因素，譬如搜集需求不明确和信息共享不当，也会“累加”起来导致情报失误。

珍珠港：针对军事突袭的预警失误

对于日本人在 1941 年 12 月 7 日一早发动的袭击，美国军方和政界的决策者未能提前收到预警，其原因有很多。[1] 当时，美国海军舰队中的

[1] 原注：关于这一案例的经典材料包括：Roberta Wohlstetter, *Pearl Harbor: Warning*

很大一部分舰艇都停靠在夏威夷的小岛上。在毫无防备、如梦初醒的状态下，它们遭到了突然出现的数百架日本战机的袭击。日本人几乎没有遭到来自地面的任何还击，就组织有序、按部就班地击沉或重创了美军的21艘舰艇，包括4艘战列舰。此外，美军停在附近4个机场的164架飞机也遭到摧毁。大获全胜的日本轰炸机和战斗机是在夜间从6艘日本航母上起飞的。这6艘航母从日本一路驶向夏威夷，完全出乎美国情报机构的预料和掌握。"保密和欺骗措施有效掩盖了日本特遣舰队的行踪"，美国情报界未能掌握日本攻击美国的意图，也不知道攻击的地点、时间和强度。[1] 这一历史性的预警失误，除了导致海军舰艇和陆军飞机的损失外，还造成2400余名美国人丧生，创下了美国在单次袭击中损失人员的最高纪录。

为什么这样一支包括33艘战舰和辅助船只、连续航行11天的大舰队没有被注意到？为什么美军没有收到预警？为什么陆军和海军明明已经掌握了一些关键信息，却不向决策者发出预警？还有，即便没有确凿证据显示袭击正在酝酿当中或已迫在眉睫，但在已经掌握了足量信息的情况下，美国情报机构为什么不向军方发出预警，以避免这一毁灭性的打击？[2]

为便于说明我们的观点，关于这一预警失误的解释可以总结为以下四个关键事实：

★ **遭遇拒止与欺骗的情报搜集。**日本人准备和实施攻击时，采取了意在躲避美国情报侦察的方式。通过隐藏与美国开战的意图以及其他可能导致袭击败露的战术信息，他们对美国的情报搜集者成功实施

---

and Decision (Palo Alto, CA: Stanford University Press, 1962), and John Hughes-Wilson, *Military Intelligence Blunders* (New York: Carroll & Graf, 1999), chap. 4。

[1] 原注：Cynthia M. Grabo, *Anticipating Surprise: Analysis for Warning Intelligence* (Washington, DC: Joint Military Intelligence College, 2002), 123.

[2] 原注：本章的8个案例中，仅在珍珠港及后面提到的赎罪日战争2个案例中，分析人员掌握足够信息但却没能发出预警。当然这也是我们事后重构事件经过、发现分析人员应该掌握一些信息后，才得出的观点。不过这些案例也凸显出，还有其他一些因素会妨碍分析人员做出正确判断（后面将予以讨论）。

了拒止战术，而这种重要信息的缺失也严重影响了美国的情报分析。此外，日本还开展了涉及海军及其他部队的欺骗行动，其外交部门的欺骗活动也进一步弱化了美国情报机构预见袭击的能力。[1]

★ **低水平的情报共享**。美国情报机构确实掌握了一些本可以发挥决定作用的信息，但却未能对其加以全面利用，这要部分归咎于陆军（负责研读被破译的日本外交电报）和海军（负责研读被破译的日本海军通信）未能共享情报——尽管二者都担负着预警的职责。受限的情报搜集加上低水平的情报共享，极大妨碍了预警分析工作的开展。[2]

★ **信噪比**（signal-to-noise ratio）。尽管美国掌握了一些信息，但情报的低信噪比严重削弱了预警工作：大量边缘性、不相干的信息，掩盖、模糊了少量的重要信息，让后者难以被发现并得到正确解读，从而阻碍了预警工作的成功开展。[3]

★ **错误假定**。不管日本人实力如何，他们始终都没有暴露自己的进攻意图。美国的分析人员不但不相信日本人会袭击珍珠港，有些人甚至还断定这是一个极低概率的事件。根据珍珠港基地一位关键人物的说法，攻击夏威夷对日本来说意味着"全民自杀"。[4]

回顾珍珠港事件的预警失误，我们可以看出，日本人开展成功偷袭的

[1] 原注：Wohlstetter, *Pearl Harbor*, 121–122; 亦可参见第十二章的文本框 12.1 关于日本拒止与欺骗行为的总结。

[2] 原注：Wohlstetter, *Pearl Harbor*, 394.

[3] 原注：沃尔斯塔特在她的著名研究中解释道，"总之，我们不是因为缺乏相关材料而未能预见珍珠港事件，而是因为掌握了太多不相干的材料"。详见：Wohlstetter, *Pearl Harbor*, 387。另一名史学家也做过类似的解释，"关于珍珠港事件的情报灾难，一个最重要的事实是：大部分的证据都隐藏在同期大量不相干的信息之下……总之，有关珍珠港的声音被其他的噪声淹没"。详见：Hughes-Wilson, *Military Intelligence Blunders*, 73。

[4] 原注：这是珍珠港海军高官、太平洋舰队司令赫斯本德·E. 金梅尔（Husband E. Kimmel）海军上将的原话，引自：Wohlstetter, *Pearl Harbor*, 55。

一个关键前提，是对美国情报机构进行了成功的拒止与欺骗。美国的情报搜集部门，未能掌握日本特遣舰队在太平洋上为期 11 天大规模调动的任何信息，让分析人员失去了可以据之发出预警的最有力证据。受到外围和不相干信息的“噪声”干扰以及关键信息不共享的制约，再加上错误假定的限制，分析人员未能掌握或反制日本的拒止与欺骗战术。所有这些因素共同造成了珍珠港历史性的预警失误。

出现在古巴的苏联导弹：对秘密部署行动的预警失误

1962 年 9 月，国家评估委员会进行磋商，讨论苏联是否会在距美国海岸仅 90 英里（约 145 千米）的古巴秘密部署进攻性核导弹，磋商后发布的特别《国家情报评估》基本排除了这种可能性。当时，没有确凿的证据证明，苏联领导人会采取这一极具风险的军事挑衅举动，以突然打破核力量平衡；也没有相应的证据证明苏联人不会这么做。有鉴于此，该评估推断，苏联领导人不会尝试这种危险而鲁莽的举动，冒险让正在形成的超级大国关系失去平衡。该评估称，在古巴秘密部署导弹“既不符合苏联的一贯做法，也不符合目前我们评估的苏联政策。这一做法意味着苏联将背离其一贯表现，有强烈的意愿激化美苏关系，并将对东西方关系的其他领域及议题造成重大的政策影响”[1]。

不过在 1962 年 10 月 14 日，发布评估报告后还不到一个月的时间，U–2 侦察机的航拍图像证明，关于苏联将表现克制的动机评估尽管看似合

[1] 原注：*The Military Buildup in Cuba*, Special National Intelligence Estimate No. 85-3-62, September 19, 1962, 2, from declassified excerpts in *CIA Documents on the Cuban Missile Crisis*, 1962, ed. Mary S. McAuliffe (Washington, DC: CIA History Staff, 1992), 93. Other sources for this case study include articles in *Intelligence and the Cuban Missile Crisis*, ed. James G. Blight and David A. Welch (London: Frank Cass, 1998), esp. Raymond A. Garthoff, "U.S. Intelligence in the Cuban Missile Crisis," chap. 2, and Sherman Kent, "A Crucial Estimate Relived," *Studies in Intelligence* 8, no. 2 (Spring 1964), www.cia.gov/csi/books/ shermankent/9crucial.html.

理，但却是错误的。图像显示，在距离哈瓦那约 50 英里（约 80 千米）的地方，建有 SS–4 和 SS–5 型陆基机动导弹的阵地。有两方面的原因可以解释分析人员为何会犯错：

★ **遭遇拒止与欺骗的情报搜集**。评估编撰期间，其所需的关键信息有所缺失。由于苏联方面卓有成效的拒止与欺骗活动，美国的情报搜集部门未能提前获取确凿的证据，以更好地服务于情报分析。
★ **误导性假定**。由于缺乏确凿的信息（经验主义的证据），分析人员不得不依赖自己的假定。在这一案例中，他们的推理由于错误假定而存在瑕疵。

不管用何种标准来衡量，苏联为秘密部署导弹而开展的拒止与欺骗行动都令人印象深刻。即便在苏联内部，决策和执行也仅限于一个极小的范围：只有几位政治局委员及 5 名军官知晓该计划。为避免被美国发现，苏联对货物的名称、目的地乃至卸载过程都进行了深度伪装，其拒止与欺骗手段包括“从苏联港口的不同码头装船、伪造提货单、在古巴夜间卸载导弹，以及采取迂回的运送路线。此外，苏联方面还大规模地散布假消息，编造媒体报道，并通过苏共总书记尼基塔 · 赫鲁晓夫、外交部长葛罗米柯（Gromyko）和驻美大使阿纳托利 · 多勃雷宁（Anatoly Dobrynin）等高层，向美方私下做出澄清和保证。多勃雷宁后来在回忆录里表示，他当时对向古巴运送进攻性导弹一事并不知情”[1]。

除了欺骗，苏联成功的情报拒止也让美方的分析工作吃尽了苦头。在长达几个月的时间里，都缺少关于导弹部署的消息（这一情况一直持续到 10 月份 U–2 飞机开始进行空中侦察），这严重削弱了分析工作。由于情报

[1] 原注：Peter Clement, “The Cuban Missile Crisis,” in *The Directorate of Intelligence: Fifty Years of Informing Policy, 1952–2002*, expanded ed. (Washington, DC: Center for the Study of Intelligence, CIA, 2002), 91.See also James H. Hanson, “Soviet Deception in the Cuban Missile Crisis,” *Studies in Intelligence* 46, no. 1 (2002), www.cia.gov/csi/studies/vol46no1/ article06.html.

搜集乏力，分析人员的假定在评估的编撰中占据了主导地位。[1] 如果能够发现这些假定，对其进行清晰地确认和修正，它们的影响就是有限的；但如果这些假定不为人察觉，那么其影响也深藏不露。一旦假定出错，就像该案例的情况一样，便会发生预警失误。

如果使用诸如结构化头脑风暴、多假设生成法（Multiple Hypothesis Generation）或情景分析法（Scenarios Analysis）等更为先进的分析方法，以强制考虑多种可能性，分析人员是可以克服情报搜集不力的影响的。[2] 此外，他们也需要严谨地找出自己使用的那些假定——其中的重要假定包括，苏联人应该具有风险规避倾向，以及苏联人进行战略演算时低估了美国保持核现状的决心。[3] 现在，我们可以通过关键假定检查法（参见第十四章），找出类似的重要假定。若无法找到这些假定，分析人员将很难发觉它们对分析工作的误导作用。对于未来的分析工作，尤其是对那些易受重大情报拒止与欺骗行动影响的分析来说，这些重要经验依然管用。

赎罪日战争：预警失误

1973 年 10 月，埃及和叙利亚联手对以色列发起突然的军事进攻，而美国——还有以色列——的情报界分析人员，却没能对阿拉伯国家这一精心准备的入侵发出预警。[4] 交战双方政治对立，关系高度紧张，且自 1967

[1] 原注：没有足够证据支持苏联将会（或正在）古巴部署导弹的结论。由于缺乏明确的证据，评估只能靠对苏联意图的判断，而根据苏联过去的表现，分析人员倾向得出苏联领导人不会在古巴部署战略导弹的结论。Garthoff, "U.S. Intelligence," 21。

[2] 原注：参见由弗森和霍耶尔撰写的关于结构化分析方法的第十四章，还可参见 David T. Moore and William N. Reynolds, "So Many Ways to Lie: The Complexity of Denial and Deception," *Defense Intelligence Journal* 15, no. 2 (2006): 106–111。

[3] 原注：借助人力情报和出色的假设，分析人员有力引领了情报搜集，特别是通过加强对圣克里斯托瓦尔的空中侦察，发现了那里正在建设的导弹基地。Garthoff, "U.S. Intelligence," 53。

[4] 原注：情报分析人员判断敌对状态迫在眉睫，且一再重申这一结论。然而，它们是完全、明显、彻头彻尾的错误。From the Intelligence Community's Postmortem,

年“六日战争”以色列重创阿拉伯国家并夺取大片土地以来，有关双方再次开战的预期就不绝于耳。在这样的大背景下，这一失误显得尤为扎眼。事实上，以色列在 1973 年秋天一直保持着较高的戒备水平，在战争开始前的几个月，有关阿拉伯国家入侵可能性的讨论也在如火如荼地进行。这一失误引人关注的另一个原因在于：在这一案例中，情报搜集基本上是成功的，情报分析很难将失误归咎于搜集不力，这与本章讨论的其他大部分案例有所不同。那么，有鉴于紧张的政治局势、较高的战争预期以及良好的情报搜集，预警为何还会失灵呢?

大部分研究赎罪日战争的学者都赞同，以色列分析人员当时拥有充足的信息，本可以对迫在眉睫的入侵发出明确的预警。[1] 然而，以方分析人员并未发出预警，这一方面是因为怕拉假警报（“狼来了”综合征），另一方面也是由于他们错误地坚信对阿方意图和能力的假定。与这里讨论的其他大部分案例形成鲜明对比的是，以色列的预警分析人员尽管掌握了充足的信息，但要么忽视，要么误读了这些信息所包含的内容。[2]

毫无疑问，埃及和叙利亚的欺骗行动让以色列的预警工作变得极为困难。阿拉伯国家采取的策略，是在边境地区开展经常性的部队集结和军事演习，辅之以对军事装备及保养的公开抱怨、旨在掩饰埃叙军事协议的欺骗性声明，以及在入侵前一个月对亨利·基辛格和平倡议的公开表态。[3]

December, 1973, quoted in *President Nixon and the Role of Intelligence in the 1973 Arab-Israeli War*, symposium, January 30, 2013 (Washington, DC: Center for the Study of Intelligence, CIA, 2013), 15。

[1] 原注：For example, Ephraim Kahana, “Early Warning versus Concept: The Case of the Yom Kippur War 1973,” in *Strategic Intelligence: Windows into a Secret World*, ed. Loch K. Johnson and James J. Wirtz (Los Angeles: Roxbury, 2004), 153–165. Other sources used in this case study are Hughes-Wilson, *Military Intelligence Blunders*, chap. 8; Michael I. Handel, “The Yom Kippur War and the Inevitability of Surprise,” *International Studies Quarterly* 21, no. 3 (September 1977): 461–502; and Avi Shlaim, “Failures in National Intelligence Estimates: The Case of the Yom Kippur War,” *World Politics* 28, no. 3 (April 1976): 348–380.

[2] 原注：Shlaim, “Failures in National Intelligence Estimates,” 359.

[3] 原注：Handel, “Yom Kippur War,” 497–498; Shlaim, “Failures in National Intelligence

对于以色列人来说，阿拉伯人成功的情报拒止令他们优势尽失，因而没能完全掌握对手的欺骗活动。此外，他们还错误地坚持关于“概念”的假定。所谓“概念”，是指以方情报人员的一个特定观点：阿拉伯国家在发起攻击前，必须取得对以色列的空中优势，但在当时这种优势并不存在。“概念”也基于以色列对敌威慑的可靠性，不过敌方并未被其震慑。受到错误假定的拖累，以色列（还有美国）的情报分析人员未能正确理解阿拉伯人的想法。对后者来说，发起一次不可能的进攻反而是完全“合乎逻辑”的。[1]

赎罪日战争预警失误的关键问题，或许就是对不受质疑的假定的依赖。这一案例戏剧性地表明，当分析工作被假定主导时——这种情况几乎总在无意识的状况下发生——分析人员需要找出这些假定并加以严格论证。值得注意的是，以色列情报部门在赎罪日战争预警失误后开启的魔鬼代言人法内部流程正是出于这一目的，即确保在诸如突袭预警的重大情报议题中，重要的假定不能被不加质疑地使用。

伊朗革命：未被察觉

曾经颇受拥戴的伊朗国王穆罕默德·礼萨·巴列维（Mohammad Reza Pahlavi）突然倒台，推翻他的是当时还居住在巴黎的激进伊斯兰神职人员阿亚图拉·鲁霍拉·霍梅尼。这是一次真正的革命，它动摇了伊朗社会的基础，摧毁了伊朗的主流政治。迥异于全球各个角落造成政局不稳的无数政变，这样的真革命一百年里也就只会发生几次。然而，分析人员却错过了这场伊朗革命，在其结束很长时间后才完全明白它带来的深远影响。[2]

Estimates," 356; and Hughes-Wilson, *Military Intelligence Blunders*, 218–259.

[1] 原注：Kahana, "Early Warning versus Concept," 154–162.

[2] 原注：Case materials include James A. Bill, *The Eagle and the Lion: The Tragedy of American–Iranian Relations* (New Haven, CT: Yale University Press, 1989); Kenneth Pollack, *The Persian Puzzle: The Conflict between Iran and America* (New York: Random House,

为何会这样？这个案例再次凸显出搜集与分析对接的核心问题：搜集失误距离分析失误常常仅一步之遥。不过，即便搜集工作水平低下，聪明的分析过程如果能学着采取纠错措施，以克服搜集方面的缺陷，失误并非一定会发生。

当然，分析人员没能掌握关键的信息，否则他们就会知道，国王的政权已变得越来越不受欢迎——事实上是被日趋庞大的伊斯兰极端分子群体所憎恨——并正在迅速失去世俗中产阶级的支持。他们本应该发现，最信奉宗教激进主义的什叶派正在兴起，而一个孱弱、腐败的政府体系正在逐渐丧失其统治的能力与合法性。不过最重要的是，这样的关键信息会让分析人员看到，存在于愤怒的伊斯兰神职人员和世俗、现代的独裁者之间的分歧，正在扩大且不可调和：前者在遍布伊朗全境的清真寺内大行反政府说教，而后者则与躁动的民众渐行渐远，却还错误地以为这些人会一如既往地予以支持。

那么，这样的信息该从哪里获取呢？答案是“波斯街头”——从清真寺和集市中获取，或者通过问话获取。根据肯尼斯·波拉克（Kenneth Pollack）的说法：“20 世纪 70 年代初，中情局负责伊朗政治事务的人员数量实际低于 40 年代末的水平，在美国驻德黑兰使馆中的工作人员也极少有人会说波斯语或曾经在伊朗工作过。”[1] 这样的缺陷至少是部分地有意为之：当时使馆中的 10 名中情局情报官基本未涉足德黑兰城区外交圈以外的领域，他们关注的是苏联的需求或经济和能源方面的情报。为对巴列维政权表示敬意，美国的政策基本不允许美国情报机构涉足伊朗国内政治议题。而过度依赖伊朗国王的情报机构——萨瓦克（SAVAK，国家安全与情报组织）提供信息，导致国王的政权要么不掌握信息，要么不愿共享信

2004); and Barry M. Rubin, *Paved with Good Intentions: The American Experience and Iran* (New York: Viking Press, 1981). See Robert Jervis, *Why Intelligence Fails: Lessons from the Iranian Revolution and the Iraq War* (New York: Columbia University Press, 2010).

[1] 原注：Pollack, *Persian Puzzle*, 106.

息。这对美国来说无疑是个代价高昂的错误。[1] 由于这样的政策，美国的人力情报搜集部门对酝酿中的革命毫无察觉。

美国的情报分析人员一方面未掌握必要信息，不知道伊朗社会不断极端化以及伊斯兰神职人员日具颠覆性，另一方面，又没对伊朗的现实予以重视，而是心安理得地相信自己的假定——这些假定后来被证明大部分是错的。回想起来，参与伊朗问题的分析人员似乎对一种思维定式情有独钟。他们认为，在一个强有力且颇具决断力的领导人面前，之前发生的政治动乱没什么大不了，因为过去的经验表明，伊朗国王具备采取一切必要措施以掌控形势的坚忍和能力。不过事实上，这位领导人已不再像大家认为的那样强力和决断了。美国的情报分析人员不知道（但有少数几个法国医生知道）的是，曾经因为对国内骚乱采取果断措施而名声大噪的伊朗国王，当时已病入膏肓。[2] 所以，美国人关于伊朗国王应对能力的一个关键假定是错的。

这一案例中，美国未能正确评估酝酿中的一场革命，未能正确评估一位领导人日渐衰弱的应对能力。这再次显示出，在信息缺失的情况下，由错误的假定主导分析后果严重。这一分析失误源于对受限的情报搜集了解不足，它也凸显了分析人员不加质疑地坚持假定和缺乏想象力将带来危害。

印度核试验：次大陆上的意外

就政局多变的南亚地区即将发生的核试验，美国情报界未能向决策者发出预警，其根源也在于乏力的情报搜集和分析的相互作用。此外，印度的拒止与欺骗活动，也妨碍了美国像三年前那样再次获得印度准备核试的信息。另外，印度还精心策划了外交部长的欺骗性声明，以便让华盛顿相

---

[1] 原注：Rubin, *Paved with Good Intentions*, 180; Pollack, *Persian Puzzle*, 95, 136–137; and Bill, *Eagle and the Lion*, 402.

[2] 原注：Pollack, *Persian Puzzle*, 136; Bill, *Eagle and the Lion*, 403.

信印度政府没有开展核试验的意图。[1]

这次分析人员又是怎么犯错的呢？与其他案例一样，失误首先开始于对方成功的情报拒止和己方乏力的情报搜集。对于即将开始的核试，美国不掌握任何确凿的人力和技术情报。[2] 不过，公开媒体在几个月前印度大选期间的报道，本该引起分析人员的警觉，因为刚上台的印度人民党在竞选时承诺将印度变成一个完全核大国。但这些具备明确情报价值的公开信息，不是被忽略就是未得到应有的重视。[3]

在这个案例中，公开媒体的报道之所以未能发挥更大的作用，或许是因为其他的情报搜集手段，尤其是侦察图像，在过去被证明是非常准确的。1995 年，美国曾通过强有力的外交政策阻止印度核试验的企图，而采取这一外交政策的依据正是详尽的图像情报。这份情报在 1995 年也被出示给了印度——后来我们意识到这一做法是错误的。这种无可辩驳的摊牌方式，暴露了美国情报机构从太空探测核试准备的方式。作为一个拥有成像卫星的空间大国，印度可不会轻易忘记这个教训。通过这次事件，他们学会了更为谨慎地准备下一次核试，以免重蹈 1995 年面对出色的美方情报而被迫放弃核试的覆辙。这次，他们熟练地避开了卫星的侦察，掩盖了可能被成像卫星捕捉到的可疑迹象，从而防止了核试被提前察觉。[4] 印度

---

[1] 原注：戴维·杰里迈亚海军上将受中央情报主任指派，就美国情报界未能对印度开展核试做出预警一事进行调查，这一案例的材料就来自 1998 年 6 月 2 日他在中情局总部举行的新闻发布会，https://www.cia.gov/news-information/press-releases-statements/press-release-archive-1998/jeremiah.html; George N. Sibley, "The Indian Nuclear Test: A Case Study in Political Hindsight Bias," WWS Case Study 3/02, Woodrow Wilson School, August 7, 2002, www.wws.princeton.edu/cases/papers/nuclear test.html; and Evan Thomas, John Barry, and Melinda Liu, "Ground Zero: India's Blasts Dramatize the New Nuclear Age—How Did CIA Miss Them?" *Newsweek*, May 25, 1998, 29–32。

[2] 原注：在新闻发布会上，杰里迈亚海军上将称印度"开展了有效的情报拒止活动"，后面又补充说"我们的人力情报能力受到严重制约"。

[3] 原注：不过需要指出的是，仅对竞选承诺进行分析并不足以做出可靠的预警，反而有导致更多失误的风险。

[4] 原注：要想了解印度人从 1995 年外交摊牌中学到什么经验，并如何用来对美国

的这一适应性变化反映出，该国基于对美国秘密情报搜集能力的了解，采取了复杂的情报拒止手段。透过美方那次弄巧成拙的外交摊牌和败事有余的媒体泄密，印度了解到美国所具有的情报能力。[1]

之前曾被证明可靠的技术搜集手段遭到削弱，而分析人员对情报搜集的这一缺陷却毫不知情，依然过度依赖当下无法获取的信息，这必然会招致潜在的失误，但却并不足以造成失误。失误的原因还包括：印度有效的拒止与欺骗活动、美国对公开来源信息的糟糕利用，以及对证据不足的假定的依赖。分析人员认为，印度人民党的竞选纲领跟美国两党的一样不可信。这种以我为主的观点让分析人员相信，印度的政客会和美国政客一样，当面对执政现实时，其对竞选承诺的坚持往往会大打折扣。不过在这个案例中，情况却并非如此。另外，早在三年前，印度就已显示出开展核试验的技术能力。所以人们自然要问，这样一种能力和准备状态为什么没有进入分析人员的视野，让他们对一个公开宣称希望拥核的政党上台后可能出现的结果有所警觉？在情报搜集未能提供所需信息的情况下，分析人员的这种思维定式阻碍了其对重要事件发出预警。如果分析人员能够更好地意识到他们对搜集工作的依赖，了解聪明的情报目标可能针对美国的情报搜集开展拒止与欺骗，并认识到在政局发生变化的情况下存在出现意外的可能，那么他们就能够减少错误假定产生的消极影响。

情报机构实施拒止与欺骗措施，参见：Raj Chengappa, *Weapons of Peace: The Secret Story of India's Quest to Be a Nuclear Power* (New Delhi: HarperCollins India, 2000), 403, 413–414, 419–420, 425–428。

[1] 原注：杰里迈亚称："关于泄密，有些是我们的大使造成的，有些是媒体造成的。我认为，当你有机会发现别人在你的领地上觊觎的东西时，你就会知道该干什么来掩藏这些东西……我们可能是暴露了一些迹象……但是当然，你没必要给对方看你全部的牌。"还可参见：James B. Bruce, "How Leaks of Classified Intelligence Help U.S. Adversaries: Implications for Laws and Secrecy," in *Intelligence and the National Security Strategist*, ed. Roger Z. George and Robert D. Kline (Lanham, MD: Rowman & Littlefield, 2006), 403, 413, and Thomas, Barry, and Liu, "Ground Zero," 30–31。

苏联生物武器：一个（太）晚被发现的事实

当美国的情报分析人员开始了解到，20 世纪 70 年代和 80 年代苏联生物武器计划的巨大规模和范围时，苏联的政治军事体制已到了崩塌的边缘。[1] 冷战期间，苏联政府形成了对高度致命的生物武器进行研发、测试和部署的强大能力。由于这一武器计划在苏联内部极度保密，西方对该计划的规模及其对美国安全构成的潜在危害一无所知。对美国情报机构来说，这个问题根本就不存在。[2]

随着苏联两名负责生物武器计划的高级官员——弗拉基米尔 · 佩塞契尼科（Vladimir Pesechnik）和肯 · 阿里贝（Ken Alibek）叛逃西方并揭露惊人内幕后，这种完全不知情的状况才有了变化。[3] 阿里贝透露，在 1972 年签署《禁止生物武器公约》(Biological Weapons Convention）后不久，苏

---

[1] 原注：Ken Alibek and Stephen Handelman, *Biohazard: The Chilling True Story of the Largest Covert Biological Weapons Program in the World—Told from Inside by the Man Who Ran It* (New York: Random House, 1999), and Judith Miller, Stephen Engelberg, and William Broad, *Germs: Biological Weapons and America's Secret War* (New York: Simon & Schuster, 2001).

[2] 原注：一些涉及苏联军事实力的重要情报评估，对其大规模生物武器计划只字未提。这在一定程度上也反映出美国在这方面的欠缺。这些评估有许多已经解密，参见：Benjamin B. Fischer, ed., *At Cold War's End: U.S. Intelligence on the Soviet Union and Eastern Europe, 1989–1991* (Washington, DC: Center for the Study of Intelligence, CIA, 1999), 341–378; Gerald K. Haines and Robert E. Leggett, eds., *CIA's Analysis of the Soviet Union, 1947–1991: A Documentary Collection* (Washington, DC: Center for the Study of Intelligence, CIA, 2001), 229–310; and Donald P. Steury, ed., *Intentions and Capabilities: Estimates on Soviet Strategic Forces, 1950–1983* (Washington, DC: Center for the Study of Intelligence, CIA, 1996)。

[3] 原注：佩塞契尼科负责列宁格勒一个重要的生物武器研究所。他于 1989 年访问法国时叛逃。阿里贝叛逃前为苏联的生物武器计划工作了 17 年时间，包括在 1988 年—1992 年间担任生物制剂筹备（Biopreparat）的副主任。Biopreparat 是苏联制造生物武器的主要机构，成立于 1973 年，即苏联《禁止生物武器公约》签订后的第二年，旨在给军用生物武器计划披上民用外衣。该机构在鼎盛时期雇有 3 万名工作人员，占苏联生物武器工业从业人员的一半。参见：Alibek and Handelman, *Biohazard*, 43, 298。

联领导人即开启了一项规模宏大的秘密生物武器计划。20 年后当阿里贝叛逃西方时，苏联人已经秘密研发和贮存了用作武器的数百吨炭疽病毒及数十吨的鼠疫和天花病毒。根据这位高层叛逃者的说法，苏联人于 20 世纪 70 年代将生物武器装入单弹头的洲际弹道导弹，并从 1988 年开始研发用于多弹头的 SS–18 导弹的炭疽、鼠疫及天花病毒，用以对付美国的城市。此外，苏联还开展了在巡航导弹上部署生物武器的相关研究。[1] 那么问题来了，既然苏联人雇用了 6 万余人在 60 多座设施中开展致命细菌和病毒战剂的研究、测试、生产和贮存工作，为什么美国的情报分析人员没能注意到这样一项绵延数十年的军事计划呢？[2]

失误的模式大同小异：情报搜集的乏力预示了情报分析的失败。在这一案例中，在苏联叛逃者抵达之前，美国几乎没有开展相关的情报搜集。当然，生物武器计划一定是苏联内部最不易被触碰的情报目标之一，因为在这个最难渗透的国家的所有的计划中，它的保密级别是最高的。即便到了 1990 年，苏联政治局中也仅有 4 人知晓这一计划。另外，苏联还开展了大规模的拒止与欺骗活动，编造出令人信服的故事，如借用制药或基因研究的名义掩盖这一大规模的计划。苏联方面使用了各种骗术迷惑美国的核查人员，没有留下明显的蛛丝马迹暴露军方参与其中。1979 年，在斯维尔德洛夫斯克（Sverdlovsk），一场由生物武器事故引发的炭疽病流行导致 100 多人死亡，而苏联方面开展了全面的隐瞒行动，掩盖了该事件所有与生物武器有关的迹象。[3] 像其他国家一样，美国的情报机构也不掌握任何线索。

叛逃者抵达之前，分析人员未得到任何实质性信息。对于这种可能的威胁，分析人员从未设定相关假设，《国家情报评估》中从未对此予以关注，其他相关分析工作中也没有涉及这一重大威胁。这一问题，并没有成为情报搜集的目标，也不是情报界值得研究的分析问题。

---

[1] 原注：Alibek and Handelman, *Biohazard*, x, 5–8, 43, 78, 140–141.

[2] 原注：Alibek and Handelman, *Biohazard*, xii–xiii, 43.

[3] 原注：Alibek and Handelman, *Biohazard*, 70–86.

除了搜集方面的欠缺，这一失误也同样要归咎于分析方面的思维定式。这一思维定式具有两个重要的特征。一是想象力的缺乏或缺失。对于在几乎各个方面都要与美国军队一争高下的苏联军队来说，开展一项具有战略意义的计划并为其提供充足的资金支持，完全符合其作为一个大规模战略性军事机器的定位。二是分析人员对缺乏证据之观点的正常排斥。尤其是情报机构以外的专家（其中最著名的是哈佛大学生物学家马修·梅塞尔森），强烈反对苏联拥有生物武器计划的观点，且美国自己也在 1969 年放弃了生物武器计划。[1] 既然这样，情报分析人员自然没有必要去怀疑，苏联正在大规模地发展生物武器。

根据现在我们对苏联这一重大军事计划的了解，当年，在美国国防计划部门最需要了解该计划的时候，情报分析人员没能提供相关情报，这暴露出一个令人不安的缺陷：缺乏分析想象力——提出可能性不高但影响重大的假设的能力。要想解决这种分析能力的不足，只能采取统筹的情报方法、优化的情报管理，以及更好地理解与应对情报搜集的要求和缺陷。具体来说，这些方法包括结构化头脑风暴、红队分析和提出未曾想到的“最坏”可能，并根据这些方法制定有效的分析策略以弥补情报搜集的不足，然后按照分析工作的需要提出搜集需求。就情报机构对这方面缺陷不够重视的问题，希尔伯曼—罗伯大规模杀伤性武器委员会在报告中专门发出了警告，指出有必要大力提升分析部门在这方面的能力。[2]

---

[1] 原注：1988 年，斯维尔德洛夫斯克生物武器事故发生 9 年后，一个受梅塞尔森邀请访问美国的苏联代表团说服美国听众相信了苏联官方编造的原因，即斯维尔德洛夫斯克事件中的人员死亡是由受污染的肉引发的。1988 年 4 月出版的权威性《科学》杂志认可了这一欺骗性的解释。而在 1993 年接受采访时，俄罗斯总统叶利钦才公开承认了事件的真实原因。Alibek and Handelman, *Biohazard,* 85–86。

[2] 原注：Commission on the Intelligence Capabilities of the United States Regarding Weapons of Mass Destruction, *Report to the President of the United States, March 31, 2005* (Washington, DC: Government Printing Office, 2005) (hereafter, *WMD Commission Report*), 503–508.

2001 年 9 月 11 日：珍珠港事件的重演

珍珠港事件曾被富兰克林·罗斯福总统称之为“国耻”，而 60 年后，类似的“国耻”以成功实施恐袭的形式再次上演。在这次事件中，4 架被劫持的美国商业航班被当作导弹，撞毁了世贸中心双子楼并冲撞五角大楼。[1] 袭击过后，3000 名美国人丧失性命。美国民众受到了极大震撼，他们没想到自己的国家对于这种晴天霹雳式的袭击竟然毫无防备。尽管许多人认为，“9·11”恐袭事件并不能算作是战略预警失误（此前这一威胁的性质和重要性并未向决策者充分说明），但也有人认为，这至少是一次明白无误的战术预警失误（情报机构确实没有对事件做出预报）。另外还有一些人宣称，“9·11”是一次不可预测的事件。不过有一点共识是毋庸辩驳的，即“9·11”之前的预警能力已不能满足国家的需要。

如果诊断在更大范围的政府体系失灵中，情报所负有的责任，我们可以发现，珍珠港事件所暴露出的 4 个重大问题，在“9·11”事件中又再次出现：[2]

★ **遭遇拒止与欺骗的情报搜集**。与日本人掩盖突袭珍珠港的企图相比，“基地”组织在行动保密方面做得一点也不差。通过对情报搜集开展成功的拒止活动——主要是阻止人力情报和信号情报的侦察渗透——恐怖分子基本没让美国的情报分析人员得到任何信息，这大大加重了分析工作的负担。相关的重要信息——有关袭击的计

[1] 原注：The events of September 11 are best documented in the authoritative National Commission on Terrorist Attacks upon the United States, *The 9/11 Commission Report*, authorized ed. (New York: Norton, 2003) (hereafter, *9/11 Commission Report*). The commission discusses the Pearl Harbor and September 11 warning failures on p. 339 and pp. 346–348.

[2] 原注：“政府机构最严重的能力短板存在于国内情报领域”，该问题在联邦调查局、移民局、联邦航空局等机构中表现得尤为明显。参见：*9/11 Commission Report*, 352。

划，根本无从得知。[1]

★ **低水平的情报共享**。“9 · 11”委员会的一个重要调查结论重复了珍珠港事件的教训，即信息不共享降低了预警工作的水平。[2] 正如 1941 年陆军和海军出于官僚原因不愿互相提供情报一样，2000 年至 2001 年的联邦调查局和中央情报局也存在相同的毛病。双方都掌握着本可以帮助对方——从而帮助整个国家——的信息，然而却未及时进行共享。[3]

★ **信噪比**。前中央情报主任乔治 · 特尼特对“9 · 11”委员会表示，情报系统在 2001 年夏天确实“亮起了红灯”[4]。在数不清的事实、无意义的信息碎片及与恐怖活动相关的细碎情报中，明确指向“9 · 11”袭击计划的信息少之又少，因此轻易就被周围的“噪声”淹没。[5]

★ **错误假定**。分析人员的惯有思维认为，针对美国的恐怖袭击最有可能发生在国外而非美国本土，航班劫持则必然与绑架人质有关，而针对美国聚集大量人口的办公建筑进行大规模自杀式袭击，则不在情报搜集和分析的考虑范围之内。[6]

---

[1] 原注：尽管在 2001 年夏天存在许多威胁迹象，但它们“很少包含涉及时间、地点、方法或目标的具体信息”。参见：*9/11 Commission Report*, 262–263。

[2] 原注：*9/11 Commission Report*, 416–418.

[3] 原注：特别是关于恐怖袭击策划人哈利德 · 阿尔 · 米德哈尔、纳瓦夫 · 阿尔 · 哈姆兹以及陶菲克 · 本 · 阿塔什（· 阿卡 · 卡拉德）在国内外活动的信息，未得到及时共享。此外，国家安全局也没有分享可能有助于发现哈姆兹的信息。参见：*9/11 Commission Report*, 364–366, 417。

[4] 原注：*9/11 Commission Report*, 277.

[5] 2001 年春天，关于恐怖威胁的情报数量达到了 2000 年以来的最高点。威胁包括对波士顿、伦敦、印度、美国驻外使馆及白宫的袭击。当年夏天，受威胁的对象主要有巴林、以色列、沙特阿拉伯、科威特、也门、热那亚和罗马。7 月，有情报显示本 · 拉登的恐怖网络正在策划一场“叹为观止”的袭击。到了 8 月，大部分的威胁警报都显示恐怖袭击针对的可能是海外的目标，少部分情报则笼统地指出美国利益正遭受威胁。*9/11 Commission Report*, 255–263。

[6] 原注：*9/11 Commission Report*, 255–263.

上述四重因素的共同作用，让对“9 · 11”事件发出成功预警的可能性几乎降至为零。“9 · 11”委员会强调分析工作中想象力的重要性，并推断想象力缺乏导致预警失败，这些结论当然是正确的。但其将预警失误比作未能“连点成线”的说法，则无论如何都是误导性的。当被浩如烟海、成千上万甚至数十万的恐怖威胁预警信息包围时，2001 年分析人员并未发现太多与“9 · 11”恐袭计划有关的情报，因而也没法对即将到来的灾难发出明确的预警。[1] 这一情报失误的核心，并不在于未能“连点成线”，而在于从一开始就在整体上缺乏“所需的点”，即更多与袭击直接相关的信息。要连点成线，你首先得找到点。

不过，分析人员也确实担负着重大责任，包括在工作中发挥想象力、确定和指导情报搜集，以及在情报搜集乏力的情况下开展更可靠的分析。他们首先要做的，是发现情报搜集不力的问题，然后据此采取措施。

伊拉克大规模杀伤性武器：并不存在的武器

尽管对在伊拉克发现大规模杀伤性武器的期望值很高，但美国及其盟国军队在 2003 年入侵伊拉克后，却面临着铩羽而归的尴尬事实。[2] 另外一个专门团队，即伊拉克调查小组，也未能在伊拉克发现或定位任何大规模杀伤性武器。如果美国情报机构，尤其是在 2002 年 10 月发布的《国家情报评估》中，未曾宣称：萨达姆 · 侯赛因统治下的伊拉克在一系列大规模杀伤性武器方面拥有相当的能力，如果美国不是基于这一指控入侵伊拉克

[1] 原注：基于白宫当时负责反恐事务的最高官员理查德 · 克拉克（Richard Clark）的说法，详见：*9/11 Commission Report*, 345。

[2] 原注：关于该案例的事实主要来自权威性的《大规模杀伤性武器委员会报告》。有关萨达姆 · 侯赛因早在 1991 年—1992 年间就已终止伊拉克大规模杀伤性武器计划的结论，则出自伊拉克调查小组的研究报告《中央情报主任伊拉克大规模杀伤性武器问题特别顾问综合报告》。该报告也被称作“德尔富报告”，于 2004 年 10 月 6 日上传至中情局网站。也可参见：Charles Duelfer, *Hide and Seek: The Search for Truth in Iraq* (New York: PublicAffairs, 2009)。

并推翻萨达姆政权，那么这样的失误本来没什么大不了。然而，当年的情报却出了问题。

2002 年关于伊拉克大规模杀伤性武器的《国家情报评估》得出了如下结论：[1]

- ★ 伊拉克拥有有效的化学武器计划，正在生产芥子气、沙林、环沙林和 VX 毒气，并贮存了多达 100 吨—500 吨的化学武器制剂，其中大部分都生产于评估发布之前的一年。这一判断被贴上“高度确信”的标签，后来证明是错误的。
- ★ 伊拉克拥有包括机动实验室在内的进攻性生物武器。该计划的所有关键部分都在正常运作，大部分活动的规模和先进程度都超出海湾战争时期的水平。这一判断同样是“高度确信”，但也被证明是错的。
- ★ 伊拉克已开始重建其核武器计划。如果不被制止，可能会在 2010 年前拥有核武器。这个判断为“中度确信”，但还是错的。
- ★ 伊拉克正在发展无人机能力，目的可能是投送生物武器制剂，目标甚至包括美国本土。这一判断也是错的。
- ★ 伊拉克拥有射程超出联合国制裁决议允许范围的弹道导弹，并秘密保留了一支拥有数十枚导弹的部队。《国家情报评估》在后一项判断上再次犯错，其唯一正确的判断是，伊拉克导弹的射程超出了联合国允许的范围。

《国家情报评估》在涉及伊拉克大规模杀伤性武器的 5 个主要结论上错了 4 个，所以人们自然要问：分析工作为何如此糟糕？如果观察一下关于该问题的情报搜集，你就会发现，美国情报机构近乎所有的搜集手段都

---

[1] 原注：National Intelligence Council, *Iraq's Continuing Programs of Weapons of Mass Destruction*, NIE 2002-16HC, October 2002. Only the key judgments have been declassified. A penetrating critique of the analysis is provided by Jervis in *Why Intelligence Fails*.

未能发挥作用。面对实施强有力拒止与欺骗行动的伊拉克当局，美国的人力、信号和图像情报手段表现得差强人意。[1] 在 2002 年 10 月《国家情报评估》筹备期间，上述三个主要的搜集手段中，没有一个能够掌握伊拉克大规模杀伤性武器存在的直接证据——当然也没有掌握其不存在的证据。[2] 描绘萨达姆大规模杀伤性武器计划的情报，几乎都来自很多年前的情报搜集，早于伊拉克秘密销毁这些武器的 20 世纪 90 年代。之后的情报则都是细枝末节、片段性和暗示性的，全都不能用于得出结论，而情报分析人员对此却似乎并不知情。

分析失误的另一个原因在于，分析人员在证据单薄的情况下，对《国家情报评估》中的重要结论持盲目自信。在该评估中，关于伊拉克生化武器的判断被说成是“高度确信”，关于伊拉克重启核计划的判断则被说成“中度确信”。现在我们知道，当时掌握的证据根本不足以支持这种夸大的自信。未来，分析人员需要更严谨地根据证据匹配其可信度，在向决策者通报结论时，要更清晰地说明分析中的不确定性，以及事关重大问题的判断的可信度。

公正地讲，分析人员既不掌握能够证明上述大规模杀伤性武器计划存在的证据，也不掌握其不存在的证据。仅有一个明显的例外，即有一名叛逃者报告说伊拉克已经终止了其核武器计划。[3] 不过，仅凭此人的说法还

---

[1] 原注：*WMD Commission Report*, 161–165, 169, 352, 365–384. 关于伊拉克拒止与欺骗活动的有效性，尤其是 1990 年“沙漠风暴行动”后，针对联合国核查人员的拒止活动，可详见：David Kay, “Denial and Deception: The Lessons of Iraq,” in *U.S. Intelligence at the Crossroads*, ed. Roy Godson, Ernest R. May, and Gary Schmidt (Washington, DC: Brassey’s, 1995), chap. 9; Kay’s “Denial and Deception Practices of WMD Proliferators: Iraq and Beyond,” *Washington Quarterly* 18, no. 1 (Winter 1995): 85ff; and in Tim Trevan, *Saddam’s Secrets: The Hunt for Iraq’s Hidden Weapons* (London: HarperCollins, 1999)。

[2] 原注：*WMD Commission Report*, 158–167. 第四种情报搜集门类——测量与特征情报具备侦察大规模杀伤性武器的独特能力，但遗憾的是，其在伊拉克几乎没有用武之地。或者说，该搜集手段提供的唯一反面证据，是未能发现在伊拉克存在大规模杀伤性武器的证据，但这基本上被忽略了。

[3] 原注：萨达姆的女婿侯赛因·卡迈勒 1995 年叛逃西方，称为了让联合国解除对伊

远远不够。分析人员若要推翻情报界的普遍共识，就必须找出更具说服力的证据。考虑到伊拉克执意建立生化学武器库并将很快拥有核武器的观点已有约十年历史，且“9 · 11”事件之后相关问题变得愈发令人担忧，确立新观点的难度确实很大。伊拉克的历史和过往表现也符合现有观点。萨达姆曾对伊拉克库尔德人及邻国伊朗使用过化学武器，还针对美国在伊拉克的情报搜集实施了大规模且富有成效的拒止与欺骗活动，此外，他还妨碍联合国旨在确认其已销毁大规模杀伤性武器的核查进程——所有这些做法都加深了西方对于其一定藏匿了大规模杀伤性武器的怀疑。

和前面提到的案例一样，在这一案例中，由于缺乏确凿的证据，分析人员只得依赖不那么确凿的假定——而大部分假定又一次被证明是错误的。不过，分析人员最严重的失误还在于他们未对证据予以充分辨别。要做到这一点，需要他们采用更好的分析方法，并对情报搜集尤其是其缺陷有更深的认识。关于伊拉克重启核武器计划的部分证据，后来被证实来自伪造的文件，这些文件声称伊拉克企图从尼日尔购买铀黄饼（yellowcake uranium）。关于化学武器的一些关键证据，则源自对图像情报的错误解读，即误将萨马拉的卡车当作化学武器转运车。而关于生物武器的最重要证据，则是基于编造的情报，这些假情报是由“曲线球”杜撰，并经过德国的联络部门一路直达国防情报局的。[1]

回头看时，所有这些错误都显而易见。然而，为期21天的《国家情报评估》编撰时限让分析人员不得不选择肤浅的分析，采取以时效为纲的新闻手法而非更加系统和“结构化”的分析方法；同时，这也暴露出分析人员对情报搜集工作普遍缺乏了解。如果情报搜集的短板能够在《国家情报评估》赶制期间——或者更为理想，在其开始编撰之前——就被予以重视，那么分

制裁，萨达姆 · 侯赛因已于1991年下令终止核计划，不过他的说法未被采信。后来卡迈勒又逃回伊拉克，但随即被处死，这一事件本该促使美国分析人员重新审视之前其对卡迈勒说法的怀疑。

[1] 原注：*WMD Commission Report*, 75–79 (nuclear), 122–124 (chemical), and 87–108 (biological).

析人员很有可能做出更加准确的判断，至少不会信心满满地发布错误结论。

从失误中学习

上述案例说明，毫无疑问，情报搜集对分析工作意义重大。相关的重要结论请参见表 10.1。

表10.1　解读失误：8个案例的模式

案例	情报搜集				情报分析				
	关键信息缺失	信息不共享	搜集需求不明	拒止与欺骗	想象力不足	信噪比	错误假定	信息解读错误	拒止的影响未予纠正
珍珠港		×	×	××	×	×	×		×
古巴导弹危机	×			××	×		×		×
赎罪日战争		×		××	×		×		×
伊朗革命	×			×	×		×	×	×
苏联生物武器	×			××	×		×		×
印度核武器	×		×	×	×		×		×
“9·11”袭击	×	×	×	×	×	×	×		×
伊拉克大规模杀伤性武器	×			××	×		×	×	×

注：× 代表只存在拒止的情况；没有证据证明存在明显的欺骗。×× 意味着同时存在拒止与欺骗的情况。

情报搜集是不完整的，它只提供个别样本。鉴于所有的情报搜集实质都是采样，我们不清楚在这一过程中缺失了什么，也无从知晓所获样本是否具有“代表性”，是否真能代表我们所要全面了解的问题。可以这么说，情报搜集从来都是不全面的，也几乎总是不具代表性的，与事实相反的假定将可能导致分析工作过早出现失误。

尽管如此，上述案例中的情报搜集工作如果能够做得更好一点，情报分析工作也会因此受益良多。如果美国的分析人员在日本特遣舰队驶向珍珠港时，了解到该舰队的存在；如果他们知道苏联政治局决定向古巴偷运核导弹，以突然打破与美国的核平衡；抑或是，如果他们知道萨达姆事实上已秘密终止大规模杀伤性武器计划，但同时又在实施拒止与欺骗行动，刻意制造模糊以蒙蔽核查人员，阻碍情报侦察，并用其并不具有的武器恐吓对手；[1] 如果他们提前了解到本·拉登的阴谋，掌握更直接、更准确的情报，那么，分析人员可能会成功地完成工作。

不过现实情况是，情报搜集工作在有些案例中本可以做得更好，但在其他一些案例中则几乎不可能。必须得承认，要渗透进苏联、萨达姆统治下的伊拉克，以及现在朝鲜这样的封闭政治体的高层决策圈，其难度是现实存在的，而渗透进“基地”等恐怖组织的高层则更像是一种愿望，而非现实。卫星可以拍下房顶的影像，但却不能看到内部的情景，也不能读出我们尝试了解或改变的情报对象的思想。更好的情报搜集要求我们有更好的来源，更有效的方法，以及比现在好得多的反拒止与欺骗能力。此外，它也需要分析人员深度介入并贡献专业知识，以便对情报搜集进行更好的指导。在这方面，分析人员担负着重要的责任，但这份责任却未曾受到应有的重视。

尽管在上述提到的一些失败案例（譬如苏联生物武器和古巴导弹）中

[1] 原注：萨达姆刻意的模糊政策，旨在向不同的观察者传达相互矛盾的信息。他希望联合国和西方国家相信他已经销毁了被禁止拥有的武器，以便解除制裁，同时他又希望迷惑伊拉克的什叶派和库尔德人、伊朗人和以色列人，让他们相信他仍保有令人生畏的大规模杀伤性武器库。不过随着“自由伊拉克行动”的开展，他这种两面讨巧的计划宣告破产，并让他付出了政权和生命的代价。参见本书第十二章文本框 12.2。

不可能大力改善情报搜集，在另一些案例（赎罪日战争）中没必要这样做，但改善分析工作并提供更细致的说明判断还是可能的，也是非常有必要的。那么，怎样才能做到这一点呢？当面临重大的搜集缺口时，分析人员必须首先对情报搜集的流程及其缺陷，对各种技术侦察手段、人力来源的招募和审查工作有深入的理解。[1] 然而，大部分的全源分析人员都缺乏或根本没有接受过情报搜集方面的培训，也很少有机会在工作中学习。如果分析人员不能全面了解其所依赖的情报搜集手段的真实能力，就无法对其加以完全利用。同样，如果他们不能全面了解妨碍分析工作的搜集缺口，那么就既不能改善搜集工作，也不能在分析工作中纠正搜集缺口带来的不利影响。

为消除搜集缺口带来的消极影响，分析人员必须学着承认——然后纠正——用隐性假定替代缺失信息的自然倾向。分析人员的这种做法通常都是无意识的，这更凸显出发现隐性假定及其对分析结果影响的重要性。如果假定与证据的比例偏向假定一方，那么分析人员必须采取有效的情报方法，以发现影响其分析工作的假定并提出质疑。关键假定检查法正是为了这一目的而设计的。

采取更好的分析方法也是应对不可避免的搜集缺口的必要条件。在这方面，应该强化甚至加速推进对替代性分析及其他结构化分析方法的运用。[2] 如果情报分析方法无异于“经典的新闻手法”，仅对片段信息做肤浅的报告和解读——目前的动态情报和部分评估性情报正是这样——那么我们也别指望情报失误会有所减少，尤其是当情报搜集面对对手有效的情报拒止而表现不力的时候。结构化和严谨的情报方法——尤其是那些能够暴露出隐性假定并设置替代性的假设、解释或情景的方法——能够防止情报失误的发生。

---

[1] 原注：参见第四章文本框 4.1，该文本框总结了各搜集门类及分析人员在利用各门类情报时面临的挑战。

[2] 原注：See Roger Z. George, “Fixing the Problem of Analytical Mindsets: Alternative Analysis,” in *Intelligence and the National Security Strategist*, George and Kline, 311–327, and chaps. 8 and 14 in this volume.

除了错误假定外，上述案例还表明分析人员需要克服两方面的重要问题——不能修正情报拒止的影响和缺乏想象力。这两方面的问题可以通过下面的方法成功应对。要想修正情报拒止的影响，分析人员需提出正确的问题，考虑欺骗性的假设，并运用头脑风暴找出其他的假设：

- ★ 在评估困难的情报问题时，分析人员必须问自己：哪些重要信息是缺失的？信息缺口是由情报对象的拒止导致的吗？情报搜集工作为什么跟不上需求，如果改善情报搜集，我还能获得哪些信息？什么样的新信息会改变我的评估，为什么我现在得不到这样的信息？情报对象的拒止能力如何？再具体些说，它是如何、从哪些方面应对情报搜集的？它又为什么要这么做？
- ★ 分析人员还应该找出欺骗性假设。这一假设比其他的替代性解释更能引发一连串的问题，从而暴露出情报对象可能的目标、手法以及导致这些信息不为我方所知的搜集缺口。
- ★ 分析人员应该列出通过团队合作能够得到的帮助，以便找出其他的假设，进而得出替代性的解释。在这方面行之有效的方法包括结构化头脑风暴、红队分析、针对偶发事件的“若则”分析法以及“高影响 / 低概率”分析。

应对想象力缺乏最好的方法是提出替代性假设。在本章提到的案例中，分析人员似乎根本就没有想到：日本会突袭珍珠港；苏联会秘密在古巴部署核导弹；被削弱的阿拉伯国家会进攻以色列；极端的伊斯兰革命会推翻伊朗国王政权并改变伊朗社会。他们也没想象到：印度新上台的执政党会突然进行核武器试验；苏联人在签署条约后仍秘密开展大规模的生物武器计划；自杀式恐怖分子会劫持商业航班撞向办公楼，杀害 3000 名无辜群众；萨达姆 · 侯赛因会秘密终止其大规模杀伤性武器计划，同时却阻止联合国和西方国家发现事实真相。我们看到，乏力的搜集工作更凸显出分析人员想象力的重要性。为此，分析人员必须大力推动对结构化分析方法的运用，以便针对不太可能发生但后果严重，尤其是难以想象的事件提出假设。

通过上述几个案例，我们得出的最主要经验，是情报搜集与情报分析的内在关联。总结来说，当情报搜集失误时，情报分析失误的可能性也大大增加。基于模糊、相互矛盾和缺失的信息得出分析结论，是一项难以完成的任务。而在这三项中，处理缺失的信息又是最困难的。目前，我们还没有可以应对这一问题的分析模式或方法。另外，大部分的分析人员应对对手有效情报拒止的能力也很弱。就像病入膏肓才感到症状的人一样，许多分析人员在面对情报拒止时根本没有察觉。

本章主要讨论了以往的情报失误。[1] 与失误对应，我们还可以从另一方面得出结论：当情报搜集改善时，情报分析的质量也会提高。当分析人员对受限的情报搜集有更深的理解时，会对可能的结果和各种结果的可能性有更可靠的评估。情报机构应该更积极、明智地开展经验总结工作，加强成功和失误案例的研究。这有助于情报分析人员和情报搜集者确立二者间的最优关系。

当分析人员接受新的任务后，第一要务是对情报搜集应对情报对象的能力进行充分评估，确定情报搜集的薄弱环节和主要缺陷。分析人员要问自己：我如何才能更好地了解并利用这些搜集手段？能否对情报搜集加以指导并提高其水平？针对情报搜集，情报对象会采取哪些拒止与欺骗措施？应该如何有针对性地调整我的分析？

在21世纪，恐怕不会出现一场与发端于50年前的技术突破相当的情报搜集革命，因此，清醒、有经验的分析人员和搜集者都知道，情报搜集的水平不可能在不远的将来得到大幅提升。有鉴于此，分析人员应接纳情报搜集的缺陷，并做好准备在搜集乏力的情况下完成更具挑战的分析。

[1] 原注：本章内容未涉及对情报成功的研究，这也情报文献的一个严重缺陷。关注情报失误是必要的，因为它有助于发现异常的问题、错误的根源和纠正的方法，然而关注情报成功也是必要的，因为它有助于发现最佳实践方法，进而复制更多的成功。

第四部分

持久的挑战

[第十一章]

战略与情报的艺术

罗杰·Z. 乔治（Roger Z. George）

知己知彼，百战不殆。

——孙子，《孙子兵法》

在被认为是史上最早一部关于“战略”的著作中，中国古代大师孙子论述道，要想制定有效策略以慑服或战胜对手，必须要了解对手的基本情况（实力、弱点等）和自己的能力。在包含十三章的《孙子兵法》一书中，孙子描述了掌握战场各方面情况以及通过“间谍”获取敌方重要信息的方法。[1] 后来，诸如卡尔·冯·克劳塞维茨（Carl von Clausewitz）这样的西方战略问题作家，也强调了解对手、战争本质及战争所处政治环境的必要性，指出这是制订成功的进攻或防御计划的先决条件。[2] 这些关于战略的著作都认为，在我们现在所说的国家安全战略中，信息、观察和情报具有不可或缺的作用。然而不幸的是，即使到了今天，也很少有著作能更

[1] 原注：Quoted from Sun Tzu, *The Art of War*, trans. Lionel Giles, http://classics.mit.edu/Tzu/artwar.html.

[2] 原注：Carl von Clausewitz, *On War*, ed. and trans. Michael Howard and Peter Paret (Princeton, NJ: Princeton University Press, 1993).

进一步，对情报在现实国家安全战略的制定和实施过程中发挥的作用，进行描述或评估。与此同时，有效利用情报分析却一直是国家安全战略得以成功的重要“推手”[1]。

制定国家安全战略

关于“战略”的内涵，军事战略学者已经做过相当多的阐释，这里不再赘述。[2]不过，国家安全战略的基本内容通常包括：评估美国所在的国际环境、确认美国国家利益所面临的主要威胁和机遇、制定政策目标以及实现这些政策目标所要采取的行动（譬如达成目标的方法和手段）并按优先次序进行排序。国家安全战略的制定和实施看似是一个富有逻辑的线性过程，但即便我们能用几句或几段话将它描述清楚，实际情况也远非如此简单。

在理想情况下，战略家通过运用一套严谨的流程，来达成某个经过深思熟虑的行动方案。归根结底，战略要确保一个国家的目标（利益）与途径（实力）相符。正如孙子指出的那样，战略家必须知己知彼，这样才不至于让国家错误地确定利益或过度地消耗实力。相应地，战略家必须清晰全面地了解国内和国际环境，认清面临的威胁和机遇，知道为达成其战略目标而采取行动将会造成的风险和代价。战略家一旦确立了目标和行动

[1] 原注：使用“推手”一词的目的是将情报与传统意义上的“实力”形态区别开来，后者被战略家用来指称军事、政治、经济和信息方面的实力手段。部分研究战略的学者将情报也看作是一种手段，即“信息”实力，而另一些人则坚称情报只是帮助其他手段达成目标的“推手”。

[2] 原注：关于战略问题的优秀研究著作包括：Robert J. Art, *A Grand Strategy for America* (Ithaca, NY: Cornell University Press, 2003); Colin S. Gray, *Modern Strategy* (New York: Oxford University Press, 1999); and B. D. Liddell Hart, *Strategy* (Westport, CT: Praeger, 1954)。有关战略思维的精彩研究，参见：Peter Paret and Gordon Craig, eds., *Makers of Modern Strategy: From Machiavelli to the Nuclear Age* (Princeton, NJ: Princeton University Press, 1986)。

方案，并开始将其战略付诸实施，就必须经常性地评估环境是否发生了变化，对手的行为是否符合预期，预料的代价和风险是否与实际有出入。用克劳塞维茨的一句话来概括，"即便简单的事做起来也并不容易"[1]。

作为推手的分析人员

在协助国家安全战略家实现其重要目标方面，情报分析人员扮演着重要的角色。尽管分析人员不得直接参与国家安全战略的制定，但他们必须清楚国家安全战略是什么，当前的决策者如何界定美国的利益及其面临的威胁（和机遇），以及决策者主要的政策目标是什么。自"9 · 11"恐怖袭击事件后，美国确定了一长串涉及国家安全、国土防御、反恐、情报等方面的战略。如今的分析人员在了解这些战略时，既有优势又面临挑战。2010 年的《国家安全战略》（National Security Strategy）比以往的版本更进一步，明确指出情报在确定美国国家战略方面的重要作用："我们国家的安全与繁荣依赖于情报搜集和分析的质量，依赖于我们及时评估和共享这些信息并反制情报威胁的能力。不管是影响行政决策的战略情报，还是服务于国土安全、各级政府、军队及重要的国家使团的情报，在这一点上都是确定无疑的。"[2]2009 年的《国家情报战略》（National Intelligence Strategy）列出了美国情报机构担负的多项任务，并着重指出了第 3 项提供"战略情报和预警"的任务对于决策的重要意义。[3] 分析人

[1] 原注：有关战略家应该如何依据成本和风险考量战略环境、确立政策目标和分析行动方案，可参见：Terry Deibel, *Foreign Affairs Strategy: Logic for American Statecraft* (New York: Cambridge University Press, 2007)。作者希望向研究战略发展复杂性的德贝尔教授表达敬意，感谢他给予作者及其他众多学者和同事的教益。

[2] 原注：White House, *National Security Strategy*, May 2010, 15, www.whitehouse.gov/sites/default/ files/rss_viewer/national_security_strateg.pdf.

[3] 原注：Office of the Director of National Intelligence, *National Intelligence Strategy* fact sheet, September 2009, www.hsdl.org/hslog/?q=node/5060. 该说明列出 6 项主要任务：(1) 打

员如果能够提前了解关键决策者的战略思想，就能帮助这些战略家更好地完成政策制定和落实。

在这种大背景下观察，基本上所有的情报分析都是战略性的，因为它寻求的是帮助决策者通过既定的方法达成目标。也就是说，分析人员不论是对大的战略环境进行描述，就某些袭击发布预警，还是仅仅对敌方的军事潜力或基础设施的细节进行描述，或是提供极为战术性的目标信息，其工作本身都是在为具备特定目标的整体战略提供支持。

图 11.1 显示了在战略的制定和实施过程中，分析人员发挥的明确和具体的作用。首先，决策者将他的世界观和对国际环境的观察带入制定战略的过程，而分析人员则在这一过程中运用其专业知识和分析技能，帮助战略家完善其对环境的理解。其次，在战略家需要明确国家利益以及由国际环境产生的威胁与机遇时，分析人员的一个关键职能是：发现或“预警”可能造成上述威胁或机遇的事件和趋势。再次，在战略家拟制政策目标和行动方案时，分析人员描述对手的实力和弱点、外国对美国行动方案的可能反应，以及潜在的美国政策可能造成的未知后果。也就是说，分析人员阐述美国政策必将或可能引发的后果及风险，通过提供这样的信息来支持政策。

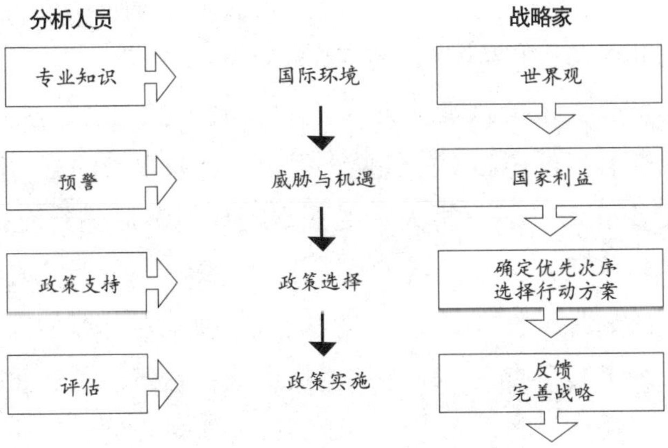

图 11.1　作为推手的分析人员：情报与国家安全战略家

击暴力极端主义；(2) 防止大规模杀伤性武器扩散；(3) 提供战略情报和预警；(4) 整合反情报能力；(5) 强化网络安全；(6) 支持正在实施的行动（外交、军事、执法）。

最后，在政策付诸实施后，战略家必须重新评估政策的有效性，并对整体战略进行完善和调整。这个时候，分析人员的作用是评估：敌方及盟友对美国政策的反应、这些政策可能达成哪些预想之中或预料不到的结果、国家和非国家行为体将采取何种行动以配合或抵制美国的行动。

将服务于战略的情报分析分解为上述四种方式，有助于说明这样一个事实，即情报分析不是“一锤子买卖”。它必须对战略所处的制定或实施阶段保持敏感。如果在战略家已着手选择行动方案或实施具体政策的时候，情报分析仍聚焦于趋势问题，那么分析可能就会遭到忽略。如果决策者在战略制定的初始阶段就不认同分析部门对某个问题的基本看法，那么对情报机构来说，为政策提供支持将是一件困难的事情。

确定战略背景：分析人员的专业知识和情报方法

不论是战略家还是分析人员，其最根本的目标都是了解美国及其盟友或对手所处的战略环境。不过，二者擅长的领域并不相同。战略家拥有坚定的价值体系、业已形成的先入之见和政策目标，而分析人员则必须尝试从不那么鲜明的美国立场出发，观察战略背景。

冷战期间，美国的战略家对共产主义制度抱有既轻视又警惕的态度。他们能够看到这一制度的弊端，但也给苏联政策的驱动因素赋予了太多意识形态色彩。而分析人员的职责则是对苏联进行全面的观察，从而理解其行为只是部分受到了意识形态的影响。乔治 · 凯南（George Kennan）在其划时代的“X”文章[1]中指出，斯大林的行为部分缘于意识形态，部分缘于其民族主义思想和偏执个性。此外，战略家还可能把苏联的行为往“最坏”的方面想——比如认为苏联希望寻求对美国的军事

[1] 编注：“X”文章（X article）是指 1947 年乔治·凯南在《外交事务》季刊发表的题为《苏联行为探源》的文章。

优势，考虑对美国进行先发制人的核打击，或企图利用世界每一起可能的危机推行共产主义；而分析人员则必须评估苏联国民经济、政治和军事力量的限制，考量莫斯科如何看待其（面对其他存在竞争关系的社会主义国家时）有限的国家利益，并了解苏联内部的利益团体（譬如执政党、军方和政府各部门）如何为了不同的目标而展开竞争和工作。

和冷战时期的情况类似，今天的分析人员也必须保持一种冷静的世界观，而不能像战略家那样满腔热情投入决策进程。分析人员必须客观地看待世界，而不能把它想象成所希望的那样。此外，分析人员必须对自己保持清醒和挑剔的态度，与战略家不同，他们可以对自己的政策持有怀疑。也就是说，分析人员不能仅仅因为自己持有某个专业的博士学位，能够说某国语言，或曾在某个地区生活过，就骄纵地妄下结论。另外，分析人员越是某个领域的专家，就越有可能掉进“思维定式陷阱”——认为自己对问题的看法能够最好地解释所有的行为。然而，就像许多情报失误所表明的那样，情报专家可能因为对自身知识的过度自信和对替代性解释的过度排斥，而对国际环境和对手态度的重大变化视而不见。分析人员必须经常性地挑战自己在某个情报问题上的观点，并使用不同的分析方法检验关键假定是否存在瑕疵，信息是否完整、是否存在误导或错误，以及关于某个问题的已知事实是否能够引发多重观点，而不是单一的结论。[1]

就不断变化的战略环境向战略家决策者提供信息，是分析人员多种日常活动中最包罗万象的一项工作。在谢尔曼·肯特看来，情报分析人员向政策辩论过程注入知识，目的是提升政策辩论的层次。对于情报的这个不算明显但却无处不在的功能，许多决策者并不总是认可，但在与决策者每日的交流中，情报分析人员几乎总是下意识地从事着这项工作——通过分析成品、口头汇报、电话或面对面交流的形式。有时候，向决策者提供一个不同的视角，可能是分析人员在战略辩论中最重要的贡献——前提是分

[1] 原注：See Roger Z. George, “Fixing the Problem of Analytic Mindsets: Alternative Analysis,” in *Intelligence and the National Security Strategist: Enduring Issues and Challenges*, ed. Roger Z. George and Robert D. Kline, 311–326 (Lanham, MD: Rowman & Littlefield, 2005).

析人员能够让战略家从对手的立场出发考虑问题，或者能够让战略家明白自己的观点并不是对现实问题的唯一可能解释。

与确立美国二战后安全政策和情报活动的战略环境相比，21 世纪的战略环境呈现给战略家和分析人员一个极为不同的世界。二战之后，苏联成了美国面临的唯一主要威胁，这决定了美国外交政策的方向和目标。美国围绕这个“主要敌人”构建了其情报分析活动。21 世纪，美国面临着更为多样化、不断变化且不明确的政策挑战和情报需求。举例来说，国家情报委员会近期发布的《全球趋势 2030》（*Global Trends 2030*）报告指出，世界正稳步趋于多极化，相互关联增强，且更易受到突发事件的影响。在这个世界里，存在着许多所谓的规则改变者和“黑天鹅”（高度不确定的因素和变量），它们能够造成对美国极为有利或者极为不稳定的外部环境。在这样的环境里，美国的地位虽然很重要，但却并非是唯一的重要玩家。[1] 这样的战略环境意味着，分析人员要有能力应对更多的趋势、问题和事件，甚至还必须对决策者的需求做出更快回应。有鉴于此，分析人员可能需要开展更多的内部合作，或者更多依靠情报机构以外的专家，来共同研究诸如气候变化、有组织犯罪、全球卫生及其他跨国问题等非传统的情报问题。

应对威胁与机遇：预警的职能

在大部分情况下，对情报分析人员的评判，在于其是否就即将到来的变局做出适当的战略和战术预警——尽管这种评判方式并不总是公平。相比而言，国家安全战略家面临的挑战则更为艰巨。战略家必须首先明确哪些是美国的长久利益，必须得到保护（譬如国土安全、民主的生活方式、

[1] 原注：Office of the Director of National Intelligence, National Intelligence Council, *Global Trends 2030: Alternative Worlds*, December 2012, executive summary, iii-iv, www.dni.gov/files/documents/GlobalTrends_2030.pdf.

繁荣的经济、稳定的能源供应、有效的盟友关系和国防，等等），以及如何使用美国的软硬实力以达成这些目标。在特定时期，确定哪些才是重要的国家利益并不是件容易的事情，而对时而出现冲突的各种利益进行排序、平衡和取舍也并不简单。[1] 如果美国的决策者在确定需要保护和推进的最核心利益方面遇到困难，那么情报分析人员自然也会遇到困难，无法确定哪些是值得关注并应该做出有效预警的问题，或者无法识别有哪些机会能推进重要国家利益。

“9 · 11”事件过后，预警恐怖袭击成了美国情报界的一项中心任务。美国发起了一项国家层面的宏大计划，建立起多个大规模的分析中心，以发现恐怖威胁并阻止其成为现实。这其中不仅包括由国家级情报机构派驻人员并提供支持的国家反恐中心，也有政府各部门，尤其是中情局、联邦调查局、国土安全部、国防情报局以及国务院情报与研究局各自建立的反恐部门。从这方面说，分析人员的任务是明确的。不过除此之外，美国还有其他一长串的国家利益需要保护和推进，其中大部分都不像反恐和防扩散议题那样有清晰的界定。那么，对可能涉及美国公民的国际人口和毒品贩卖、非法越境及有组织犯罪问题，应该安排多少分析人员进行跟踪和研究呢？还有，政府内部是否有高层官员关注这些问题？分析人员是否知道该向谁通报此类报告呢？

分析人员——假设他们掌握必要的资源和信息——在向战略家提供预警方面，面临两个主要挑战。第一，分析人员是否了解，在战略家眼中，美国的重要国家利益面临哪些威胁或机遇？乍一看，这个问题提得有些愚蠢。不过，过去确有情报界高管依据自己认定的国家利益挑战建立分析中心，后来发现政府高官对相关问题鲜有或毫无兴趣，于是又撤销这些中心。举例来说，20 世纪 90 年代末期，中情局成立了一个环境中心，负责跟踪、监测和

[1] 原注：当今，关于国土安全的辩论，常常围绕着如何平衡美国公民的隐私权和安全感这一问题。此外，一个同样富于挑战性的问题是，如何平衡国内权益（教育、卫生或机场安全支出）和国防开支及外国援助计划（旨在防止失败国家成为未来恐怖分子庇护所）的先后关系。

预警有地缘政治影响的环境趋势和事件（譬如像切尔诺贝利核灾难这样的外国核反应堆事故或其他自然灾害）。中情局后来发现，新当选的行政当局对此类活动基本没有兴趣，于是将相关资源又重新分配给其他的优先工作。随着全球气候变化引发极端天气，未来可能再次出现建立全球气候中心的呼声，以便能够评估海平面上升、沙漠化、海啸、地震等气候问题对受波及国家的内部稳定及对更广泛的地缘政治所造成的影响。

与此类似，"阿拉伯之春"的扩散也引发了这样一个问题：美国情报界是否对北非和中东的重大局势发展进行了恰当监测，是否对源自突尼斯一个看似不重要事件的多米诺效应做出了有效预警？此前，奥巴马政府减少了对伊拉克的关注，将注意更多地集中于伊朗。由此推测，情报分析部门也可能将更多的精力投入从伊拉克和阿富汗撤军以及伊朗核问题，而仅安排少数分析人员关注中东其他国家。针对 2012 年 9 月 11 日班加西袭击事件（Benghazi attacks）而展开的调查，很可能使情报界开展广泛评估，讨论如何分配资源以监控一个可能长期不稳定的地区。

分析人员面对的第二个挑战是，如何说服战略家相信其提供的是严肃的预警。战略家常常有这样一种倾向，即在政策失误后宣称情报分析人员没有向他们提供足够的战略或战术预警。作为回应，分析人员常常会翻出他们认为已做出恰当"预警"的过往评估——只是战略家并未花精力予以关注而已。二者孰是孰非？决策者声称其收到的"预警"深藏于评估之中，不够明确。与之相对，分析人员则抱怨说他们的经常性评估常常被无视，或被当作"狼来了"式的虚张声势。在《"9 · 11"委员会报告》中，争议总是纠缠于这样一个问题：决策者收到的预警，诸如克林顿和小布什政府期间的《总统每日简报》中提及的"预警"，是否足够明确，足以让政府高官信服（参见文本框 11.1）。这个问题得部分归因于战略背景的形成。分析人员必须对当下的战略背景有深入了解，以便发出的预警能够得到关键决策者的注意。目前的情况是，决策者经常把情报界的"预警"当作是假设性的低概率事件，将其看成是典型的最坏情况分析或"注意掩护”式的提醒[1]。分析人员只有先设身处地地了解战略家的思维定式，用恰当的表述方式编撰评估报告，将自己的结论与战略家的目标有机结合，才有可能让情报用户在恰当的时机认可分析人员的预警。

文本框 11.1 节选自《总统每日简报》的两次预警

1998 年 12 月 4 日

主题：本·拉登准备劫持美国飞机或发动其他袭击

本·拉登及其同伙准备在美国发动袭击，包括劫持一架飞机，以换取美国释放谢赫·“乌马尔”·阿布德·拉赫曼（Shaykh ‘Umar’ Abd al-Rahman）、拉姆齐·尤塞夫（Ramzi Youself）和穆罕默德·萨迪克·阿瓦达（Mu hammad Sadiq Awda）。据伊斯兰恐怖组织 IG 的一位高官称，该组织已代表本·拉登完成在美国行动的策划，但该行动现处于暂停状态……本·拉登所在的组织及其同伙距离实施反美袭击更接近了，地点尚不确定，但我们不知道袭击是否会针对美国飞机。

2001 年 8 月 6 日

主题：本·拉登已决心袭击美国

秘密渠道、外国政府和媒体报道显示，自 1997 年以来，本·拉登就想要在美国进行恐怖袭击。1997 年和 1998 年在接受电视采访时，本·拉登就曾暗示，其追随者将效仿世贸中心爆炸案策划者拉姆齐·尤塞夫，“将美国带入战争”。1998 年美国导弹袭击其在阿富汗的基地后，本·拉登告诉其追随者自己想在华盛顿复仇。

注：以上两份《总统每日简报》节选自 2004 年 7 月 22 日发布的《国家委员会就美国恐怖袭击的最终调查报告》，即《“9·11”委员会报告》。与这一袭击事件有关的《总统每日简报》，迄今为止只解密了这两份。

[1] 译注：“注意掩护”式的提醒（“cover yourself” behavior），常被视作是情报界在为自己开脱责任，因而决策者对这种预警并不放在心上。

战略家常常指责情报机构在某个具体问题上废话连篇，或者批评他们没有把“预警”描述得足够严重或提出得足够频繁，因而未能达到警示的效果。此外，在国家安全决策过程中，还存在着对战略家理解预警形成干扰的“噪声”问题。另外，预警的效果还可能被大量来自其他渠道、通常相互矛盾的信息所冲淡。在当今快节奏的、焦点快速转移的政策讨论中，决策者也很少有时间仔细阅读最新的情报分析，因而也不确定其是否值得进一步研究。任何的干扰或中断、对内容精良的情报成品的蹩脚概述，或者篇幅冗长、令决策者不得不暂时搁置等以后再读的评估，都有可能导致决策者忽视非常重要的分析判断。前国家安全顾问亨利·基辛格曾就一个被忽略的预警说过一句名言：“是的，你是提醒过我，但你说的不足以让我信服。”确实如此，分析人员面对的挑战不光是要有先见之明并甘冒风险做出争议性的判断，他还要说服决策者接受他的判断。

提供政策支持：分析人员未被注意的角色

和“预警”职能相比，分析人员为政策提供支持的工作更加经常化，但却更少受到决策圈以外人员的关注和理解。事实情况是，战略家花在选择和实施行动方案——选择政策工具并决定如何运用上的时间，要远多于他们初步评估战略环境并确定主要威胁的时间。一旦战略家认为自己已经了解国家所面临的国际环境和主要挑战，他们就会把关注焦点转向如何运用军事、外交、经济和其他手段。

这个时候，分析人员的职责就变成了提供分析，以帮助决策者最有效地落实行动方案——譬如实施制裁、提供或取消外国军事援助、威胁进行军事干预，或对公共外交加以利用。然而，很少有情报界以外的学者注意到，分析人员在这一阶段的决策过程中发挥了广泛的作用，因为这样的工作既不是重大的情报预警，也非针对重要国际事件进行的预见性重新评估。杰克·戴维斯就曾在其著作中指出，分析人员与决策者之间的数千次讨论，事实上都属于政策支持的范畴。战略家如何以最优方式运用诸如对外援助之类的政策工具，在拟与外国同行开展的对话中使用何种令人信服的措辞，在美国采取旨在增强其影响力的行动后预估对手将如何反制，对于这些具体政策问题，分析人员都能提供信息和观察。但是这些活动很少能被外界的观察人士所了解。

对于战略家来说，情报界真正的贡献恰恰体现在这种不为外界所知的政策支持工作。在这一过程中，战略家从分析人员那里获取最优良的信息和专业知识，同时又不会遭到后者经常性的质疑和对其假设的挑战，也不会与后者就政策是否有充分依据进行辩论。分析人员在这项工作中表现得最为客观，也最不会被决策者看作是在用重要的分析颠覆现行政策。不管分析人员觉得政策是对还是错，会成功还是会失败，他们通过这项工作为决策者提供信息、发挥“支持”现行政策目标之作用的效果都是最好的。表 11.1 列举了战略家可以运用的一系列政策工具，以及分析人员可以就此提供的分析支持。

从表格上看，分析人员在军事、经济及政治方面予以支持，就外国行为体针对美国的行动如何反应提供信息。对情报界众多的专家来说，监测诸如制裁机制或全球石油贸易模式的重大变化、评估主要盟友或对手的谈判立场、跟踪非法大规模杀伤性武器交易的资金流动，是他们日常工作的一部分。虽然其服务对象仅集中于政府机构或海外使团中的特定决策者群体，但此类政策支持活动的内容和工作量却极其庞杂，可以说是没完没了。情报界的分析人员通过参加跨机构会议、面对面汇报及与决策者进行重要的电话交谈等方式，接受分析请求或“任务”。

在评估潜在或已经实施的行动方案的风险和成本问题上，面向战略家的政策支持若能加以利用，将会发挥重要作用。举例来说，在考虑美国是否应该对某个流氓国家实施制裁时，分析人员会先行评估制裁措施的效果，看其对削弱该国获取或研发大规模杀伤性武器、控制内部局势或威胁邻国的能力会起多大作用。与此同时，其他的分析人员还要观察该国周边国家的政策与行动，因为它们对制裁的配合会影响到美国政策的有效性。

表11.1　情报作为政策支持的推手：伊拉克的例子

外交实力	经济实力	信息实力	军事实力
国际组织	**外国援助政策**	**公共外交**	**强制行动**
•向五国通报背景情况； •就伊拉克大规模杀伤性武器问题实行新的行动方针； •筹备伊拉克问题白皮书。	•监控腐败和滥用问题； •评估对发展政策的影响； •发现重大缺陷。	•大规模杀伤性武器问题白皮书； •评估政府言论； •监控并报告外国媒体的报道。	•支持封锁行动； •发现政权的重大弱点； •支持隐蔽行动。
国际法	**经济制裁**	**政治行动**	**准军事行动**
•报告暴行和战争罪行； •监视侵犯人权行为； •支持对国际法的解释； •支持对萨达姆政权领导人采取法律措施。	•监控越境行为； •评估地区影响； •报告违反制裁的行为。	•发现对手的重大弱点； •评估外国受众对媒体信息的接受情况。	•评估叛乱活动； •支持反叛乱行动。
联盟／同盟	**国际贸易政策**	**情报共享**	**部队开战**
•评估优势劣势； •监控政府和公众对伊拉克战争的态度； •预告可能的行动和贡献。	•监控世界市场； •预报石油财富对政权稳定的影响。	•与国际原子能机构共享评估； •对恐怖主义和大规模杀伤性武器目标开展联合分析与搜集行动。	•支持入侵性的核查机制； •支持心理战计划及特种行动； •发现疑似大规模杀伤性武器基地。
国际谈判	**人道援助**	**软实力**	**战争计划**
•评估对手谈判风格和态度； •制定美国的谈判立场。	•监视难民的流动及需求； •预报由战争和恐怖活动引发的经济混乱。	•评估外国公共外交活动； •监控针对西方的虚假信息及宣传。	•支持拟定作战计划； •制定作战序列； •开展轰炸损毁评估。

注：表格摘自国家战争学院罗伯特·莱文的演示稿，作者对其进行了调整。莱文作为中情局局长的教职员代表，在国家战争学院教授情报使用的相关课程时提出了情报作为推手的概念。

战略家还需要考虑美国政策的成本，包括给与美国结盟的周边邻国带来的经济损失。[1] 该行动方案的风险在于，制裁不一定会发挥作用。情报分析人员应该对风险进行评估，考虑美国的对手是否会出于抵制美方政策、强化其与该流氓国家关系的目的，或仅仅为了展现其不受美国这个超级大国的操纵，而尝试破坏或绕过制裁机制。

最后，情报分析人员还必须提醒战略家注意，有些行动方案可能导致意想不到的后果。就经济制裁的例子来说，分析人员应该提请决策者注意下述可能：制裁机制可能刺激有组织犯罪团伙通过偷运货物谋利，也可能让流氓国家借机贬损美国的意图，宣称“不公正”的制裁打击了该国的普通民众，从而在本地区煽动反美情绪。20 世纪 90 年代，萨达姆·侯赛因政权就使用了此类手法。在目前对伊朗实施全面制裁的情况下，就伊朗试图逃避制裁的努力进行分析，将有助于发现美国的对手从制裁中获益的可能方式。

将政策支持比作分析人员担负的“侦察兵”职责，或许是对该项工作最好的说明。战略家一直都希望在与对手或盟友的谈判中，能够设身处地地了解到对方的谈判策略。分析人员因而常被召集起来，猜测其他谈判方可能采取的做法、谈判底线和可能做出的妥协。分析人员不会直接就美国战略家应该采取的做法提出建议，但他们——要么作为美方谈判小组的成员，要么写出书面评估报告——通常会指出哪些方法对美国最有利。

中情局的分析人员全程参与了美苏之间的军控谈判，贡献了他们对苏联代表团、其过往行为和对克里姆林宫政治的了解，并协助制定了有效的美方谈判策略。如今，有许多分析人员在为美国与朝鲜、伊朗及其他国家的艰巨谈判提供支持。要了解这些国家的意图和行为，需要开展认真的全

[1] 原注：这样的情况数不胜数，譬如在 20 世纪 90 年代初期，当美国考虑对伊拉克实施制裁时，土耳其声称其会因为美国对伊制裁蒙受数十亿美元的损失。在南斯拉夫冲突期间，关于对塞尔维亚的制裁造成何种地区性影响，美国的分析人员也经常开展评估，估算支援波斯尼亚难民所需的人道主义援助开支，甚至评估天气如何影响联合国冬季救援行动。

源情报分析并具备精深的专业知识。

完善战略：评估工作的困难

有的人想法天真，一厢情愿地认为某个战略一旦确立，就会"自动"沿着既定轨道执行下去并达成目标。军方的指挥官经常讲："没有哪个计划能经得住与敌人的第一次交手。"与此类似，战略家在制定战略时，也会掉入所谓"第一步谬误"陷阱——以为对手会接受美方行动的必然后果并以美方预想的方式做出妥协。

不幸的是，现实世界相比而言要复杂得多且更难以预测。信心满满的战略家常常在宣称其政策会取得成功后，被敌方顽强的抵抗或其他玩家机智的反应惊得目瞪口呆。分析人员在战略制定和实施之后阶段的作用，是及时就已实施行动方案的有效性向决策者做出报告。这一职能也是对之前分析预测职责的补充。分析人员需要写出采取行动后的情况报告，以便战略家重新评估或调整政策。毫不意外的是，这样的工作虽有必要，但却很少受到欢迎，尤其是在行政当局可能面临不及格或非全胜的业绩表现时。理查德·科尔曾经指出："没有政策失误，只有情报失误。"

所以，如果分析人员希望保有战略家对他们的信任，并在将来的某一天继续为决策者提供分析，那他们就必须在提供政策反馈时小心行事。詹姆斯·斯坦伯格在本书第六章指出，聪明的战略家不会仅仅因为对政策的分析评估不符合他的期望，而对其置之不理。不过，历史上，仍不乏战略家对政策的期望与分析人员对政策的评估存在广泛争议的情况。在本书各章节及其他地方，多位情报界从业人士及决策者都曾记述了，长期以来情报界对美国在越南军事政策的评估，以及决策者对这些评估的驳斥。海湾战争期间，美国军方称已摧毁伊拉克几乎所有"飞毛腿"导弹，而情报界的轰炸效果评估有悖于这种说法。这个例子也经常被拿来使用，以说明美军的行动规划人员不愿承认其空袭并不如想象那般有效。[1] 类似的例子还有 20 世纪 90 年代末期南斯拉夫危机期间，美国的媒体对行政当局与情报界之间争论的大肆报道。当时，克林顿政府乐观地认为，塞尔维亚总理斯洛博丹·米洛舍维奇（Slobodan Miloševi）会在空袭三天后投降，但这一判断却遭到了情报分析人员的严重质疑。[2] 而在 2007 年另一起稍具讽刺意味的事件反转中，关于伊朗核计划的《国家情报评估》——其关键判断现已解密并已公布——认为，美国和国际社会的压力将迫使德黑兰暂时终止其部分核武器计划，然而美国的决策者却对该份评估提出了严厉的批评，称其破坏了华盛顿对伊朗持续施压的努力。

对战略家来说，更为复杂的是，他们计算调整战略的成本时，不仅仅是依据外部环境。分析人员只考虑敌方及盟友如何针对美国的政策做出反应，而与此不同，战略家还必须考虑制定战略的国内环境，其中包括：国会、公众和媒体对该战略的支持程度，在海外战斗的美军部队的士气，预算的压力，以及美国政策的整体信誉。所以，当情报评估开始质疑战略的逻辑或有效性的时候，战略家立即会有一种抵制质疑的倾向。如果因为对手没有按预想的模式行事，或者因为军事或经济措施没能达到预期效果，分析人员就强调对战略做出调整的可能，则会导致战略家与分析人员的关系高度紧张。一般来说，这样的摩擦可能会出现在制定战略的早期阶段，譬如在描述战略环境及评估各行动方案的有效性方面，战略家与分析人员会产生分歧。如果分析人员从一开始就对战略背后的逻辑持有高度的怀疑，那么战略家很有可能不接受分析人员说教式的政策支持。

战略家要想从情报机构那里获取不变的真相，唯一真正的保障就是保持分析工作的独立性。通过研究斯大林或希特勒所获得的低劣建议，我们可以发现，战略家干涉情报机构独立性但却没能得到一丁点好处的

---

[1] 原注：Richard Russell, "Tug of War: The CIA's Uneasy Relationship with the Military," in *Intelligence and the National Security Strategist*, ed. George and Kline, 479–493.

[2] 原注：This is in a March 2000 report titled "Behind the Kosovo Crisis"; see also Allan Little, "Behind the Kosovo Crisis," BBC News, March 12, 2000.

例子比比皆是。与此类似，由于萨达姆的安全机构只说他想听的话，他似乎并不了解自己的军队有多么羸弱，而美国在推动政策更迭方面的准备又是多么充分。我们也可以设想，朝鲜的情报机构很难让他们的领导人相信，美国对核不扩散问题持严重关切，平壤发动战争将会给半岛带来灾难性后果。

改善战略家与分析人员的关系

本章提出，战略家与分析人员的关系应该是密切、互利共生的，但事实上，二者间的互动绝不能用平滑和顺畅来形容。经常发生的情况是，战略家或分析人员要么对对方承担的职责鲜有了解，要么公开对对方在履行职责过程中面临的挑战嗤之以鼻。战略家可能会不经意地，有时甚至是恣意地驳斥分析人员的观点，认为他们不了解政策层的立场；更有甚者，战略家可能不相信分析人员具备对战略的真知灼见，而试图将情报专业人员拒之门外，担心他们可能危及政策建议或只看到尚未实施的行动方案的消极后果。与此情况类似，分析人员有时也并不认同战略家每天担负的巨大责任。分析人员并不像政策层用户那样必须承担起决策的重任。对于分析中内生的不确定性和猜测性的假定，他们可以轻松地予以剔除，并提出一个猜测性的结论。然而事到临头时，战略家却必须做出决定，选择行动方案并承担相应后果。

只有相互理解，战略家与分析人员的关系才有可能得到改善。虽说每个战略家本质上都是自己的分析人员，但很少有战略家真正做过情报工作，或体会过作为一名分析人员所面临的挑战。此外，也没有针对新任政府官员的情报课程，以便让他们了解情报的运作模式、美国情报搜集与分析的优势与弱点，以及专业人员当今正在使用的各种分析方法。

就分析人员来说，他们必须对决策者面临的复杂形势及所处的“宏观”世界有更好的了解。战略家常常要将情报汇报或新的评估置于更广阔的行政环境中加以考量。不幸的是，情报工作较窄的工作范围和较低的复杂程度，决定了分析人员通常只负责某个情报议题的“极小一部分”。很少有分析人员能够高屋建瓴地为战略家提供影响战略全局的具体判断。对事件进行狭隘孤立的分析，并不符合战略家看待世界的方式。在战略家的领域里，每件事都与其他事情保持关联。发生在一个国家的事件，将会给地区和世界其他地方造成影响。战略家没有条件持续不断地邀请各种专家到办公室提意见，以便连点成线。因此，分析人员首先要从更广阔、更全面的角度出发，看待所面临的情报问题，这样他们才能将分析答案置于战略家所看重的大环境中。这意味着，每个分析人员都要进行真正的多学科分析，而不仅仅是建立某种分析机制，将专门研究军事、经济及政治问题的分析人员简单地集合到一起。

战略家和分析人员在开展各自工作的同时，必须相互给予理解。就像孙子在几百年前指出的那样，我们越了解自己，就越有能力对我们所构建的关于世界和美国对手的知识加以充分利用。

[第十二章]

外国拒止与欺骗：分析必须考虑的问题

詹姆斯·B. 布鲁斯（James B. Bruce）

迈克尔·贝内特（Michael Bennett）

由于对手针对我方的情报搜集和分析开展了拒止与欺骗，我们极易受到情报意外、失误或缺失的影响，必须大力降低这一影响。

——美国涉大规模杀伤性武器情报能力总统委员会，

2005 年 3 月

对于每个曾经把情报“硬目标”（hard target）当作工作对象的情报分析人员来说，外国拒止与欺骗永远都是工作的一部分。[1] 这样的情报对象对美国来说具有相当高的情报价值。它们之所以被看作是硬目标，原因在于其对各种常见的情报搜集手段进行反制，并对情报分析构成最艰巨的挑战。由于其反制措施破坏或混淆了分析人员理解问题的事实基础，针对这样的情报对象开展的诸如人力情报、信号情报及图像与地理空间情报之类

[1] 原注：关于本章内容，也可参见：James B. Bruce, “Denial and Deception in the 21st Century: Adaptation Implications for Western Intelligence,” *Defense Intelligence Journal* 15, no. 2 (2006): 13–27, and Michael Bennett and Edward Waltz, *Counterdeception Principles and Applications for National Security* (Boston: Artech House, 2007)。

的一般情报搜集活动，通常都鲜有成果。冷战期间，苏联是典型的硬目标。如今，像中国、朝鲜、伊朗和后苏联时代的俄罗斯这样的国家实体，是硬目标的最好范例。此外一些非国家行为体——诸如基地组织和其他一些寻求获取大规模杀伤性武器的犯罪网络——也是情报硬目标。

什么是拒止与欺骗

情报拒止与欺骗与国家层面的决策者和作战人员高度相关。它被定义为：敌方——国家或非国家行为体——通过削弱我方情报搜集的有效性，或操控信息，或试图控制我方情报生产者与情报用户（譬如决策者和作战人员）的观点，来影响或欺骗我方决策层和情报界的活动（行动或计划）。开展拒止与欺骗活动的人员，试图通过操控对手的观察，进而控制其决策和行动；而操控情报用户观察的最直接方式，是影响其接收的情报。具体来说：

- ★ **拒止**是指为了消除、削弱、贬损或抵消个别或全部的人力和技术搜集手段的有效性，而实施的行动和计划。其目的在于通过藏匿信息，阻止对方情报部门形成对某个问题全面、准确的理解，因而歪曲对方情报产品。
- ★ **欺骗**是以操控对方决策者的观点、影响其行动和决策为目的，通过向对方的情报渠道输入错误、误导，甚至是真实但经过精心编排的信息，来操控对方的情报搜集、分析或者民意。其目的是**影响**情报生产者的判断，进而**影响**情报用户。

鉴于情报搜集和情报分析在影响决策者观点方面能够发挥重要作用，情报机构因而成了对方欺骗行动谋划者的重要目标。

针对情报搜集和分析的弱点而开展的有效拒止与欺骗，能够极大削弱美国的情报能力。这样的弱点会给目标情报机构造成巨大的伤害，正如美国情报机构之前的失误所表明的那样。在本书第十章讨论的 8 个情报失误案例中，欺骗多次出现，而拒止更是每次都出现。这既说明了拒止无处不在，也说明了其后果的严重性。与拒止相比，欺骗尽管较少出现——它只被用于少数合适的场合，但成功率却相当高，达到 90% 以上。[1]

历史上一个重要的拒止与欺骗案例，是日本于 1941 年在珍珠港对美国发动的军事突袭。日本的拒止措施令其成功隐瞒了大规模海军特遣舰队为期 11 天的海上奔袭。该舰队发起的突袭让 2400 名毫无防备的美国人丧失性命，并将美国拖入了第二次世界大战。日本的欺骗措施也非常成功，美国的情报、政策和军方官员甚至都没想过日本会与其开战（参见文本框 12.1）。

文本框 12.1　日本在偷袭珍珠港行动中的拒止与欺骗

拒止（通过有效的保密行动实现情报拒止）：

★ 从 11 月 10 日开始禁止特遣舰队船只间的无线电通信。

★ 在发动袭击前的一个月（11 月 1 日至 12 月 1 日）两次更换海军呼号，减慢美国翻译所截收的无线电信息的速度。

★ 之所以选定择捉岛（Etorofu Island）附近的北会合点，是因为这里难以被包括日本公民在内的外界观察到。军方隐瞒了购买及获取衣物、装备和给养的活动，使人无从得知这些是为了舰队会合及沿北部航线向珍珠港的进发。

★ 为降低被发现的可能，特遣舰队的船只严禁向水中倾倒垃圾或废物。

★ 只有日本海军高层行动规划军官知晓珍珠港计划；军部各大臣

[1]　原注：这一结论来自小理查兹 · 霍耶尔，他基于巴顿 · 惠利从 1914 年开始积累的两个数据库而做出了计算。其中一个数据库（N = 68）截至 1968 年，另一个（N = 93）截至 1972 年。根据这两个数据库进行的计算都表明，欺骗成功的相关数达到了 9 以上。参见：*Transforming U.S. Intelligence,* ed. Jennifer E. Sims and Burton Gerber (Washington, DC: Georgetown University Press, 2005), 138。

在计划后期才获悉消息；而一些内阁成员在行动开始前毫不知情。

★ 船员在出发后才被告知其目的地。

★ 为偷袭进行训练的飞行员和船员，对训练的最终目的一无所知。

欺骗（通过操控信息和观点来降低对方对袭击的预期）：

★ 日本力图造成一种特遣舰队仍在九州岛训练的假象。位于内海的主力部队实施了大规模的欺骗性通信以制造这一假象。此外，日方还通过允许东京和横滨的大量海员上岸休息来强化这一欺骗手段。

★ 日军向印度支那等其他战区的指挥官发送了虚假的军事行动计划。

★ 日本海军于 11 月 5 日发布战争计划，详细并准确阐述了将要对菲律宾和东南亚发起的进攻，但对珍珠港的任务却只字未提。关于后者的行动命令都是口头下达的。

★ 日本外务省宣布，其最大的一艘远洋客轮将于 12 月 2 日驶往加利福尼亚和巴拿马，以疏散那里的日本公民。这让人相信，该艘客轮仍在海上航行时，日本不会贸然发动战争。

★ 日本政府和媒体在袭击开始前仍不断炒作日美磋商议题。

来源：Roberta Wohlstetter, *Pearl Harbor: Warning and Decision* (Palo Alto, Calif: Stanford University Press, 1962), 368–385, and Cynthia Grabo, *Anticipating Surprise: Analysis for Strategic Warning* (Washiongton, DC: Joint Military Intelligence College, Center for Strategic Intelligence Research, 2002), 121–122.

不管是从历史经验还是从现实案例看，分析人员如果低估拒止与欺骗的作用，只会更容易受其影响；但如果他们了解拒止与欺骗的手段并掌握反制的方法，那么不管面对的是硬目标还是任何复杂程度的目标，他们都会表现得更好。成功的反制活动是避免战术与战略突袭的关键。

拒止：劣质情报产生的基础

情报拒止严重妨碍情报分析的成功开展。正如本书第十章所述，在美国重大的情报失误中，对手有效的拒止往往会破坏情报搜集。但是，分析人员却未能了解到对手的拒止行动，因而没有采取纠正措施。因此，分析人员需要更好地理解情报拒止对分析的影响。经常发生的情况是，尽管分析人员知道，情报信息对他们的分析工作有直接影响，但他们甚至没有意识到，很多时候他们需要的信息并没有被搜集过来。当针对人力和技术搜集实施的拒止措施发挥效力时，我们需要的情报会遭遇拒止，留给我们的就只是“缺失的信息”。

不过，即便我们知道敌方有效的拒止会导致信息的缺失，我们还是不能很好理解这种拒止对分析过程及其结果的**影响**。如果能够搜集到数量更多、质量更高的信息，那么关于一些困难问题（譬如恐怖主义、大规模杀伤性武器或者预警）的情报结论可能会大为不同，这一点没有人会怀疑。不过，**未**搜集到可能影响分析的重要信息，也会导致结论的失实。从本质上讲，在缺失信息的基础上得出的分析判断是不可靠的，也可能是错的。如果研究伊拉克大规模杀伤性武器问题的分析人员，能够更好地了解缺失信息对分析工作造成的影响，他们或许能够写出更加可靠的评估。

总体来说，情报搜集对象希望避免被发现或监视，它们手上一般掌握着两种资源：一是关于对手情报搜集能力的知识，二是针对情报搜集活动采取的反制措施，譬如针对图像情报或其他的直接观察手段进行伪装。我们有充分理由相信，伊朗会将其铀浓缩活动转入纳坦兹和库姆的地下设施——此类设施能够有效地防止空中图像情报侦察。除了图像情报外，善于实施拒止与欺骗行动的国家，还可以针对人力和信号情报采取反制措施。虽然大部分的拒止活动——譬如开展有效的保密活动或“躲在雷达探测范围以外”——都是被动的，但情报硬目标具有很强的拒止能力。这种能力不仅限于被动，还能主动消解对手的情报搜集手段。这种能力需要深入了解对手的情报搜集计划，而这样的计划通常是不可能通过公开渠道掌握的。强大的拒止能力意味着，必须成功利用有关搜集渠道和技术的秘密信息，而要想获得这些信息，常常要通过间谍活动、媒体泄密，以及其他授权或未授权的信息披露。由于众多且频繁的重大信息披露所带来的累加效应，实行拒止与欺骗行动的国家能够积极应对美国的情报搜集活动。

要想制订有效的拒止与欺骗计划，了解对手的情报搜集是必需的——这也是开展有效拒止行动的基础。除公开来源情报外，其他所有情报搜集活动都是秘密或暗中进行的，因此，其有效性与保密工作水平息息相关。鉴于情报实质就是通过秘密手段搜集秘密信息，要想获取情报对象的秘密（譬如发动突然袭击的计划），意味着最有效的搜集方法也必须是个秘密。

保密与透明相对。情报机构所使用的方法一旦变得透明，丧失的保密性将不可避免地影响这些方法的有效性。对于聪明的情报对象来说，其工作的一个首要目标，便是获取能够泄露对手搜集渠道和方法的信息。所有的情报硬目标都把击败对手的情报搜集作为工作的首要方向。这既可以通过被授权的信息披露（譬如情报共享或外交摊牌）来取得，也可以通过未经授权的信息披露（譬如媒体泄密）而获知。[1] 尤其需要指出的是，根据大规模杀伤性武器委员会的报告，媒体泄密“严重损害了美国针对硬目标的情报能力”[2]。而一旦秘密情报搜集能力遭到损害，情报分析也跟着遭殃。分析人员将得不到他们所需要的信息，因此，他们必须——至少跟实施拒止与欺骗行动的国家一样——清楚了解情报搜集能力受损给分析带来的影响。

---

[1] 原注：Commission on the Intelligence Capabilities of the United States regarding Weapons of Mass Destruction, *Report to the President of the United States, March 31, 2005* (Washington, DC: Government Printing Office, 2005) (hereafter, *WMD Commission Report*), 381.

[2] 原注：Commission on the Intelligence Capabilities of the United States regarding Weapons of Mass Destruction, *Report to the President of the United States, March 31, 2005*. See also James B. Bruce, “How Leaks of Classified Intelligence Help U.S. Adversaries: Implications for Laws and Secrecy,” in *Intelligence and the National Security Strategist*, ed. Roger Z. George and Robert D. Kline, 399–414 (Lanham, MD: Rowman & Littlefield, 2006).

总之，情报拒止手段的有效性常常比看上去的还要高。对方有效的拒止会造成关键信息缺口，如果情报搜集者和分析人员希望评估这种缺失的影响，就必须清楚知道各搜集门类中有哪些不成功或不得力的行动，并探究其背后的原因。如果分析人员希望取得成功，就要采取更有效的反拒止措施，以克服因敌方的拒止活动而产生的关键信息缺口。

欺骗的原则

如果说拒止是拒止与欺骗活动的基础，那么欺骗就是几乎不会打偏的银弹。要想避开这颗银弹，我们就必须了解欺骗发挥作用的方式。迈克尔·贝内特与爱德华·沃兹（Edward Waltz）对有关欺骗的文献及大量历史案例进行了全面梳理，并在此基础上总结出欺骗的四个基本原则：

★ 真相。所有欺骗都在真相的情景下发挥作用。
★ 拒止。向对手藏匿真相的某些方面是所有欺骗的前提。
★ 欺骗。这是所有欺骗活动必用的手法。
★ 误导。欺骗依靠操控对手的注意来发挥作用。[1]

我们可以在这四个原则构筑的框架内，通过研究欺骗者与欺骗对象的关系，以及欺骗为何屡试不爽的原因，来认识欺骗活动。

乍一看人们不禁觉得奇怪，为何**真相**会是欺骗的基本原则。然而若要欺骗发挥作用，它必须首先以一套关于周围世界公认的观点和看法作为实施欺骗的基础。第一个原则基于的，正是对自然界（含动植物）欺骗活动的研究及对生物体行为的观察——大部分的生物体在与其他生物体交流

[1] 原注：Bennett and Waltz, *Counterdeception Principles and Applications*, 58–66.

时，都期望得到真诚的回应。[1] 这样的互动让欺骗成为可能，在实施欺骗时，真诚的沟通信号得到的可能是未曾预料甚至不真诚的反馈。拒止与欺骗行动通过选择性地使用真相——向拒止与欺骗行动的目标提供真实数据，来得到行动目标的信赖，建立可信的交流渠道（譬如目标所使用的特定情报搜集手段，以及经该手段搜集到的信息）。

拒止则是从另一个方面入手，通过为欺骗者制造操控对手观点的机会来实现欺骗。拒止可以隐藏真相的某些方面，譬如欺骗者的真实意图和能力。即便不刻意进行欺骗，拒止本身也可能导致严重的后果。因此，正如珍珠港的案例表明的那样，拒止也是实施欺骗的基础。

真相和拒止为欺骗手段搭建了舞台，接下来就是四个原则中最显而易见的**欺骗**。巴顿 · 惠利（Barton Whaley）将以假情报形式出现的欺骗，称作是“诡计中最重要的一个大类”[2]。如果没有故意的欺骗，对手只会受制于错误信息或自我欺骗（而非欺骗）导致的错误观察。然而，上述三个原则一旦被整合到一起，欺骗者就有能力向欺骗对象输送看上去极其有用、高度真实的数据，而实际上，这些数据却在减少或者消解该对象急需的真实信号，使欺骗对象无法利用真实信号形成关于局势的准确观点。结果，欺骗对象只得依赖经过刻意整理的数据，其观点遭到欺骗者的操控。

许多人认为**误导**是魔术的必要基础，但关于战略欺骗的文献却很少把这第四个原则看作是一个明晰的概念。[3] 在魔术中，误导可以将观众的注意力从魔术手法转移到魔术效果上。在欺骗活动的历史上，也有很多欺骗者要么刻意转移受欺骗对象的注意力，要么利用环境因素达成类似效果。举例来说，佯攻被看作是真实的进攻（真相原则），而不是假的，其作用

[1] 原注：R. W. Mitchell, “Epilogue,” in *Deception Perspectives on Human and Nonhuman Deceit*, ed. R. W. Mitchell and N. S. Thompson (Albany: State University of New York Press, 1986), 358.

[2] 原注：Barton Whaley, *Stratagem: Deception and Surprise in War* (Cambridge, MA: Center for International Affairs, Massachusetts Institute of Technology, 1969), 17.

[3] 原注：See J. Lierpoll, Misdirection Resource Center, www.lierpoll.com/misdirection/misdirection.htm.

是转移敌方的注意力，使其偏离将要发起真正进攻的地方。

欺骗者协调运用上述四个原则，以便控制欺骗对象的观察数据，进而控制其消化的信息和形成的观点。成功的欺骗行动将导致欺骗对象的行事方法对欺骗者有利，而对自己不利。

偏见陷阱与分析弱点

上述欺骗原则描述了欺骗者在不同层面利用人性基本弱点的方式。这些弱点源于偏见，即观察、判断和推理方面的系统性错误。具体来说，这些偏见可以分成三个大类：文化与个人偏见、组织偏见和认知偏见。[1]

文化与个人偏见之所以产生，是因为个体会根据自己的成见和理念，对现象进行解读和判断。作为特定社会环境的一员，个体的成见和理念又受到社会文化的影响：知识、信念、习俗、品德、习惯及认知模式。其结果是，即便面对大量不相符的信息，这样的成见和理念也难被改变，而策划欺骗的人可能会利用这一点。此外，这样的偏见也会影响分析人员解读事件的方式。文化偏见还会影响人们如何解决问题和分析形势，并导致诸如镜像思维之类的分析瑕疵。而且，诸如自负（过分自信）之类的个性特点也容易招致欺骗。罗伊 · 戈德森（Roy Godson）和詹姆斯 · J. 沃兹（James J. Wirtz）指出，成功的欺骗者“必须了解欺骗对象形成观点时的情景，以便知道哪些错误看法在该对象看来是合理的”[2]。

组织偏见与文化偏见类似，主要与大型官僚机构的局限和弱点有关。

---

[1] 原注：Bennett and Waltz, *Counterdeception Principles and Applications*, 71–88. 小理查兹 · 霍耶尔引领了有关认知偏见加剧受欺骗可能的早期研究。参见：Richards Heuer, *Psychology of Intelligence* (Washington, DC, Center for the Study of Intelligence, CIA, 1999), and chap. 8 by Jack Davis。

[2] 原注：Roy Godson and James J. Wirtz, "Strategic Denial and Deception," in *Strategic Denial and Deception: The Twenty-First Century Challenge*, ed. Roy Godson and James J. Wirtz (New Brunswick, NJ: Transaction, 2002), 3.

这样的偏见源于官僚机构的目标、习俗、政策和传统，通常都以机构内部和机构之间信息流通障碍的形式出现。如果我们对某个特定问题的信息进行研究，观察它经过不同渠道时属性发生变化的方式，我们就可以发现这种更难被察觉的偏见。当涉密信息流经相关的机构（譬如情报机构）时，所产成的差异会更加明显。如前所述，信息流动的障碍以及因隔离信息分发不均而导致的观点差异，是美国未能预测出日本袭击珍珠港的重要原因。类似的信息流动障碍和观点差异，也是导致“9 · 11”预警失误的原因之一。[1]

在情报机构中存在两种主要的组织偏见：一是对共识的追求，二是紧迫的时间。我们在探究替代性分析的逻辑时发现，如果共识成为追求的目标，决策者或将不知道其所收到的分析判断可能存在瑕疵，也无从了解替代性观点的存在。而紧迫的时间，是快节奏分析和动态情报的固有特征。一直以来，分析人员都承受着及时提供情报的压力。但“9 · 11”事件之后，如临大敌的环境以及国会要求尽快给出答案的压力，可能进一步加重了分析人员的负担，并导致他们做出不成熟的判断——正如我们在伊拉克大规模杀伤性武器问题上所看到的那样。对一致意见的追求和紧迫的时间，都可能加剧认知偏见的影响，增加遭受欺骗的可能性。

认知启发法包含一系列涉及广泛的适应机制，能帮助人类渐进式地获取对周围世界的准确观察和理解。通常，这些机制能够帮助我们降低问题（如评估概率）的复杂程度，但也会让我们更易遭受视错觉、魔术把戏、行骗高手，以及军事和政治欺骗的影响。本章中，我们无法研究与拒止与欺骗相关的认知偏见的范围。[2] 不过幸运的是，心理学教授托马斯 · 基洛

---

[1] 原注：*The 9/11 Commission Report*, authorized ed. (New York: Norton, 2003), 416–418.

[2] 原注：更多关于认知偏见和欺骗的材料，可参见：Bennett and Waltz, *Counterdeception Principles and Applications*, chap. 3, and Richards J. Heuer, “Strategic Deception and Counterdeception: A Cognitive Process Approach,” *International Studies Quarterly* 25, no. 2 (June 1981)。关于认知启发法和偏见的更多内容，可参见：Daniel Kahneman, Paul Slovic, and Amos Tversky, *Judgment under Uncertainty: Heuristics and Biases* (Cambridge: Cambridge University Press, 1982)。

维奇（Thomas Gilovich）建立了一种精巧的架构，可以让我们发现上述启发法和偏见在欺骗活动中发挥的作用。他在总结了大量社会与认知心理学研究的基础上，提出了**可疑或错误理念的决定因素**，并将其分门别类，其中三大类与拒止与欺骗有紧密关联：[1]

- ★ 基于太少信息得出过多结论——倾向于根据不完整或不具代表性的信息做出判断，并过分相信这些判断。
- ★ 看我们想看到的——倾向于任由我们的愿望、成见和过去的理念左右对新信息的解读，以使其符合我们现有的观点。
- ★ 轻信我们听到的——倾向于认为好故事就是真实的，并任其影响我们的观点。

基洛维奇描述的这些认知陷阱具有极强的影响力，在 2002 年那份错误的《国家情报评估》中尤为明显。这一评估错误地判断伊拉克拥有大规模杀伤性武器，而事实上，伊拉克早已于 10 多年前终止了该计划。参见文本框 12.2。

文本框 12.2　伊拉克大规模杀伤性武器：欺骗悖论

欺骗本质上是复杂的。伊拉克的拒止与欺骗行动就是过犹不及，弄巧成拙，虽然愚弄了美国情报界，但也殃及了自己。

萨达姆·侯赛因的欺骗计划针对两个目标：一是联合国和西方，他希望让这二者相信他完全遵守了制裁决议，并中止了大规模杀伤性武器计划；二是他的敌人，在国内主要是指库尔德人（之前他用化学武器攻击的目标）和什叶派穆斯林，在国外指伊朗和以色列。萨达姆希望在他的敌人面前树立一个强大的专制领导人的形象，可以完全掌

[1] 原注：T. Gilovich, *How We Know What Isn't So: The Fallibility of Human Reason in Everyday Life* (New York: Free Press, 1991).

控建造于1990年以前的大规模杀伤性武器库，而实际上早在1990年的“沙漠风暴行动”中，这些武器就已遭到极大削弱。

萨达姆欺骗计划的困难在于，要尽可能地维持针对两个目标的自相矛盾的说法——让联合国和西方相信他已中止了大规模杀伤性武器计划，并让他的敌人相信他仍保有这些武器。这两种说法不可能同时成立，那么哪个才是真的？

2002年关于伊拉克大规模杀伤性武器的《国家情报评估》，认识到伊拉克拒止与欺骗行动的效果，并正确地指出拒止与欺骗会极大影响对伊大规模杀伤性武器的评估。但其结论却错误地认为，这些针对美国情报机构的拒止与欺骗措施，旨在藏匿大规模杀伤性武器。此外，萨达姆屡次拒绝向联合国交出相关文件，以证明他已销毁了大规模杀伤性武器，这一做法也间接支持了上述错误结论。事实上，伊拉克的拒止与欺骗旨在隐藏其没有这些武器的事实，但我们也只是后来才知道，在“沙漠风暴行动”后，萨达姆实际上已完全中止了核生物武器计划。

该案例表明这样一种欺骗悖论：虽然分析人员正确认识到伊拉克拒止与欺骗计划的规模和影响力，但却错误理解了该计划的目的。分析错误地认为伊方的拒止与欺骗旨在藏匿大规模杀伤性武器，而非隐瞒该武器并不存在的事实，这也印证了基洛维奇所说的认知陷阱的影响。

基于太少信息得出过多结论：伊拉克成功的拒止活动，让分析人员得不到判断其意图的必要信息，因而只得基于极少的证据得出不可靠的结论。此外，萨达姆为其欺骗行动设定了过多的目标。

看我们想看到的：分析人员预计伊拉克会采取拒止与欺骗措施，在这一点上他们对了；同时，他们还预计伊拉克会藏匿大规模杀伤性武器计划，但在这一点上他们错了。他们没有想到，伊拉克拒止与欺骗行动的目的，是为了隐藏大规模杀伤性武器计划已被中止的事实。

由于没有发现武器，分析人员推断拒止与欺骗行动的目的一定是为了藏匿武器，并判断伊拉克拥有大规模杀伤性武器。

轻信我们听到的：尽管分析人员本质上对一切都持怀疑态度，不会真的轻信听到的任何事，但在伊拉克大规模杀伤性武器问题上，他们不加辨别地延续了以往的分析思路——伊拉克在1990年前拥有大规模杀伤性武器（这一点是事实），由于缺乏令人信服的反面证据，因而断定在2002年这仍然是事实（这一点却错了）。

上述错误是可以预防的。优秀的拒止与欺骗分析，应该利用诸如竞争性假设分析法、关键假定检查法及结构化头脑风暴等结构化分析方法。这样的方法几乎肯定可以发现认知偏见的陷阱，并得出更为准确的分析结论。

来源：更多关于分析方法的讨论可参见：Bruce, "Denial and Deception in the 21st Century," in *Defense Intelligence Journal* 15, no. 2 (2006): note 1, 18–22, and chapter 14。迈克尔·I. 汉德尔也对拒止与欺骗支持军事意图、提升军事能力的方式做出过说明，参见：*War, Strategy, and Intelligence* (London: Frank Cass, 1989), 314–16 and figure 2。

欺骗的四个原则，以及基洛维奇提出的可疑理念的决定因素，为理解分析人员为何易受拒止与欺骗的影响提供了框架，也说明了欺骗者如何利用四个原则谋求优势。举例来说，从欺骗行动策划者的角度讲，向对手暴露部分真相会收获多重好处。比方说，从“基于太少信息得出过多结论”的方面看，选择性地提供真相能够让欺骗对象误信某些事物的存在。二战中盟军就利用了这一点，他们向德国人提供信息，让其相信所谓“美国第一集团军”（FUSAG）的存在，并让德国人对“坚毅”欺骗计划的其他内容也深信不疑。[1]“基于太少信息得出过多结论”的偏见，让分析人员对

[1] 原注：“FUSAG”系指由乔治·巴顿中将率领的美国第一集团军。美国当时宣称，这个虚构的陆军部队正在英格兰南部筹备盟军对加来海峡的进攻。而实际上，这只是

有限信息做出错误解读。欺骗者向对手提供真实信息后，还可以进一步让欺骗对象“轻信我们听到的”。通过将真实事件、人物、组织、装备及信息融入欺骗性的故事，欺骗者可以强化故事的紧迫性和合理性，让其看上去更可信。同时，这也能强化欺骗对象对其信息来源的信心，而这种对信息渠道的自信正是欺骗得以成功的关键。未来，欺骗者还能利用这些“可信”的受控渠道传递虚假信息，以便继续编造欺骗性的故事（欺骗原则）。

“看我们想看到的”式的偏见将拒止的效用变得最大化。调查研究和真实事件都反复表明，个体总是认识不到其所掌握的数据和信息是有限的。[1] 对于我们不掌握的或处于我们的视线之外的事，我们往往认为它们不存在。有效的拒止意味着，一旦对手获取信息，哪怕是极其有限、模糊不清的，他们都会急切地抓住，融入已有的期望和成见。因此，欺骗计划一旦启动，拒止就是确保欺骗对象不会改变观念的关键。

如果要把“轻信我们听到的”偏见与欺骗活动相对应，那么四原则中的欺骗原则可能是第一个在脑海闪现的词。毕竟，欺骗活动之所以重要，是因为历史上出现的各种欺骗形式：双面间谍、“肉馅”（Mincemeat）之类的欺骗行动、安全“泄密”事件，以及奇特的伪装技术。[2] 分析人员与决策者严重依赖于二手信息，这种依赖令他们极易受到严重偏见及错误的影响，尤其是在消息来源提供错误或不准确信息的情况下。更为严重的是，欺骗活动还利用“看我们想看到的”式的偏见，让分析人员欣然接受其收到的假情报，并将之融入已有的期望和成见。

误导可以分为两类，一类是有形的，一类是心理的。[3] 举例来说，二

用来蒙蔽德国人、掩盖盟军诺曼底登陆的欺骗计划。参见：R. Hesketh, *Fortitude: The D-Day Deception Campaign* (New York: Overlook, 2000), 193。

[1] 原注：Gilovich, *How We Know What Isn't So.* 该书对这方面的研究进行了很好的概述。

[2] 原注：二战期间，“肉馅”行动成功地欺骗了德国人，让其相信盟军的下一个进攻目标是希腊和撒丁岛——而不是事实上的西西里岛。参见：Ewen Montagu, *The Man Who Never Was* (New York: Oxford University Press, 1996)。

[3] 原注：P. Lamont, and R. Wiseman, *Magic in Theory* (Hatfield, UK: University of Hertfordshire Press, 1999), 36–52.

战期间，盟军总要确保既向德国人传递真实部队的调动信息，也要传递虚构部队的调动信息，以此来强化对手的心理期待，并将他们的注意力从英国西南部的真实军事集结上转移开。

反欺骗的原则

为了打败将拒止与欺骗当作重要武器的敌人，情报分析人员必须掌握反拒止与欺骗的知识、原则和方法，评估缺失信息对分析判断的影响，掌握情报搜集门类的大量知识，并调整对不充分信息的无原则依赖。鉴于情报机构在面对外国拒止与欺骗活动时乏善可陈的表现，上述要求具有现实的重要意义；同时，它也对确立有效的反欺骗原则具有理论上的重要意义。

贝内特和华尔兹梳理有关欺骗活动的文献后，不仅得出了欺骗的基本原则，还总结出四条**反**欺骗原则，后者全都指向分析人员的知识和理解水平：

- 了解你自己。
- 了解你的对手。
- 了解你的处境。
- 了解你的渠道。

了解这些原则并据此行事，是分析人员降低拒止与欺骗活动的影响、削弱其效果的前提。

第一条反欺骗基本原则，即“**了解你自己**”，源自对霍耶尔的著作及有关认知启发法文献的研究。简单点说，这一原则强调分析人员在面对拒止与欺骗活动时，首先要对前面讨论的认知缺陷有深刻了解。孙子说，如果你希望在战斗中取得胜利，那你必须了解你自己（知己）。[1] 对于欺骗者和欺骗对象之间的斗争来说，这一点也同样成立。惠利曾经指出，如果把欺骗对象的期望和成见（“**看我们想看到的**”式的偏见）利用起来，欺骗活动可以取得极好的效果。

分析人员和决策者应该经常用“**了解你的对手**”这一原则提醒自己，注意对手所用的手段、动机和文化。对手隐藏或夸大其意图、能力及活动的手段包括：准则、训练、人员、经验和方法。从历史情况看，动机总体上包含：出其不意、蒙骗恐吓、进行威慑、扩大声誉和影响力、勒索讹诈、寻求对手的让步。当今，一些拒止与欺骗活动的具体动机包括：隐藏大规模杀伤性武器的能力和交易，以及策划恐怖袭击。本条原则强调对对手要有深入的了解，这样才有可能克服以我为主的偏见，并从对手的角度出发看待问题。正如迪瓦尔（Dewar）所说，了解对手思维的能力可能是反欺骗分析人员最有效的武器。[2]

整个情报界的分析人员都需要对对手的拒止与欺骗能力有更好的了解。如果他们不了解，那么也不可能知道本国情报机构在面对对手时的能力及弱点。当分析人员接受一项任务，对某个国家或非国家行为体进行研究时，他们首先应该尽可能地了解情报对象，掌握其针对相关情报搜集手段开展拒止与欺骗的能力。

第三条原则“**了解你的处境**”是指，必须持续不断地评估环境，发现线索，以证明对手在制定战略、考虑选项、做出决定或开展行动时可能采取的欺骗手段。一个必须牢记的重要现实是，分析人员面对的肯定是对手持续的欺骗活动。这些活动就像日常行动的安全措施（拒止）一样，在对手看来是正常的，且不管形势如何都会被采用。由于复杂的大规模欺骗活

[1] 原注：Sun Tzu, *The Art of War*, trans. S. B. Griffith (New York: Oxford University Press, 1963), 84. See also Jennifer E. Sims, "Understanding Ourselves," in *Transforming U.S. Intelligence*, ed. Sims and Gerber, 32–59.

[2] 原注：M. Dewar, *The Art of Deception in Warfare* (Newton Abbot, UK: David & Charles, 1989), 194–203.

动比较少见，因此，我们可以通过环境因素发现重要线索，进而了解对手可能正在计划或实施的复杂欺骗行动。这些环境因素包括：

- ★ 利益攸关的局势；
- ★ 不均衡的实力对比；
- ★ 领导层、动机、政治目标、军事准则或技术能力的变化；
- ★ 高风险、高收益战略，使局势存在可能的意外和风险；
- ★ 国际环境中对安全构成威胁或形成机遇的事件。

第四条反欺骗原则“**了解你的渠道**”，是指有意识地对情报分析人员及决策者所用的信息渠道进行经常性审视。对于分析人员来说，这意味着深入了解各个搜集门类——知晓其能力与局限，特别是在面对拒止与欺骗活动时的缺陷——是他们的头等大事。**关键是，分析人员要知道情报对象在多大程度上掌握和了解这些搜集手段，这决定着这些手段是否容易受拒止与欺骗活动影响**。要想开展有效的情报分析，尤其是在面对硬目标的情况下，深入了解情报搜集渠道及情报对象对这些渠道的了解，是一项必不可少的要求。

正如本书第十章所言，分析人员需要更好地理解他们**对情报搜集的依赖**。简言之，当情报搜集发挥作用时，情报分析发挥效用的概率也大大增加。当情报搜集不力时，如 2001 年 9 月 11 日之前针对基地组织的情报搜集，以及“自由伊拉克行动”前针对伊拉克大规模杀伤性武器的搜集活动，那么，情报分析失误的概率则会大大增加。如果分析人员对情报搜集能力和缺陷一知半解，对掌握相关专业知识的重要性认识不足，受拒止与欺骗活动影响的可能将会大大增加。[1]

分析人员还要认识到他们**对一条或少数几条关键信息的依赖**。在有些情况下，去除某一复杂问题的一条关键证据，可能导致情报分析出现全面

[1] 原注：*WMD Commission Report*, 409–410.

问题。如果该条关键证据是不可靠、编造或单薄的——而分析人员对此并不完全知情——分析就有可能出错，分析人员的笃定和自信也就放错了地方。分析失误有时可归结到对不力证据的过度依赖。[1] 鉴于拒止与欺骗是证据缺失的一个重要原因，因而也是不力或欺骗性证据的一个潜在来源。

最后，我们都深知，在 2002 年伊拉克生物武器能力的错误判断中，代号为“曲线球”的情报来源造成了恶劣影响，因此我们需要对情报信息的来源进行更严格的审查。“曲线球”很大程度上导致 2002 年伊拉克大规模杀伤性武器《国家情报评估》中涉及生物武器的错误分析，这戏剧性地说明了依赖单一证据的缺陷。对人力及技术搜集的来源进行更为严格的审查，是情报机构更好应对拒止与欺骗活动的关键。当然，没有哪个情报机构会不加甄别地接受任何来源的信息，但是，由于复杂的拒止与欺骗方法通常都是隐蔽和不易察觉的，情报机构必须使用更好的反拒止与欺骗方法来审查情报搜集活动。[2]

易受影响的头脑与易受影响的组织

即便最有能力的分析人员与决策者也有被欺骗的时候。更糟糕的是，他们还会被那些颇具后见之明的人指责为无能。说我们有易受影响的弱点并非贬义，因为“弱点”这个概念有助于区分人员和组织受欺骗活动攻击和破坏的不同方式。因此，了解我们在面对欺骗时的弱点，将帮助我们采取行动以尽力克服这些弱点。

要想了解弱点，首先应考察什么是易受影响的头脑和易受影响的组织。[3] **易受影响的头脑**是指对拒止与欺骗最不具免疫力的人，他们以无意

[1] 原注：参见小理查兹·霍耶尔所著的《情报分析心理学》，还可参见第九章、第十章关于伊拉克大规模杀伤性武器《国家情报评估》的讨论。

[2] 原注：*WMD Commission Report*, 158–161, 367–372.

[3] 原注：Bennett and Waltz, *Counterdeception Principles and Applications*, 186–193.

识的方式透过个人的偏见、成见和期望看待现实。他们低估或无视由模糊、矛盾及缺失的信息所造成的影响，同时又会夸大所期待信息的重要性。这样的个人容易被编造的故事所欺骗或影响，在考虑复杂问题时容易过度自信。他们并不深入准确地了解对手，尤其是对手的拒止与欺骗能力。这些弱点将导致观察和判断出现问题，让欺骗者占得先机。成功的拒止与欺骗行动走的正是这个套路。

与之类似，**易受影响的组织**过分强调内部的一致、观点的延续和决策的果断，对于合作的潜力不能充分挖掘，在行动上只能达成一加一小于二的效果。这样的组织缺乏必要的学习机制，不能从过去的工作和失误中吸取经验，有可能会重复同样的错误。这样的组织只专注于当下，而不会从历史、战略和未来的角度看待问题。

反制拒止与欺骗

了解上述弱点后，我们就能制定出分析方面的反欺骗措施，以便使易受影响的头脑和组织转变为有准备的头脑和组织。

有准备的头脑

我们期望达成的目标是，消除或至少削弱拒止与欺骗活动的影响，以便做出更好、更准确的判断。

贝内特和华尔兹提出了两大策略，以削弱拒止与欺骗对头脑的影响。第一种策略是**改善信息获取**。达成这一目标有两种办法：一是改善搜集，采用多个情报来源和新的搜集方法，尽可能发现对手拒止与欺骗活动的瑕疵；二是建立更好的元数据库，以支持对情报来源（譬如人力情报）的审查。

第二种策略是**改善分析**本身。这要求我们努力克服认知偏见，采用系统化或结构化的分析方法，改进直觉式的推理，发展“敏锐”技能。[1]

“**了解你自己**”这一原则强调，个人要持续地发觉自己头脑中的弱点，如成见、期望和观念等，这些弱点最容易被对手利用。易受影响的头脑往往不能提出替代性假设，而对于这一弱点，情报界长期以来都未能给予足够的重视。之所以会有这一弱点，是因为人们“使用了一种次优的启发法”——认定看似最合乎手头证据的第一种解释（满足最低要求即可得出结论）。因此，替代性分析的一个重要贡献，在于它表明了多假设的价值。

此外，证实偏见和过度自信也会增加受欺骗的可能性。要想减少证实偏见和过度自信的影响，**重构分析任务**是一个特别有用的途径。这一途径的目的在于挑战造成证实偏见和过度自信的思维定式。以下是几种重构分析任务的方法：

- 要求分析人员列出原因，来说明为什么他们对某一问题的答案可能出错。
- 要求分析人员对一个判断或预测做出完全相反的解释，或让他们用其他观点解决问题（比如要求他们对同一结果做出不一样的解读）。
- 要求分析人员考虑，哪些证据能说服他们相信自己的解释是错误的，或者让他们改变原有想法。[2]
- 要求分析人员评估已被其排除的矛盾和不一致信息，看自己是否忽略了其他可能性。[3]
- 要求分析人员明确“警戒线”，说明在其认定的假设成立的情况下，有哪些事件不应该发生，有哪些界限不应被突破。太多警戒被触发的现象可能意味着，分析人员倾向于选择的假设是错误的。[4]

[1] 原注：Bennett and Waltz, *Counterdeception Principles and Applications*, 200.

[2] 原注：Gary Klein, *The Power of Intuition* (New York: Currency Doubleday, 2004), 147–148.

[3] 原注：Gary Klein, *The Power of Intuition* (New York: Currency Doubleday, 2004), 147–148.

[4] 原注：Gary Klein, *The Power of Intuition* (New York: Currency Doubleday, 2004), 147–148.

“了解你自己”原则强调，要发现影响分析人员观念的假定、成见和期望，而**“了解你的处境”**原则强调的，是要不断地评估所处环境，以发现可能存在欺骗的线索。重构分析任务时，也可以使用包括质疑分析在内的结构化分析方法，这样，可以使决定思维定式的假定、成见和思维模式暴露出来，并接受探究和检验。主要的结构化分析方法包括竞争性假设分析法、关键假定检查法、结构化头脑风暴、论证示意图和事件节点分析。质疑分析方法包括魔鬼代言人法、“若则”分析法及“高影响 / 低概率”分析。[1] 使用上述方法有助于发现可能存在的偏见或线索。

有准备的头脑会有意识地从对手的立场出发看待问题和环境。他们会不断地检验自己的判断，更新和评估手头的所有证据，并对环境中的线索和异常保持警觉，以发现哪些事件或信息发生了改变或存在缺失。当出现与复杂分析形势不符的异常情况时，他们不会忽视自己的直觉。此外，他们还会不知疲倦地更新和评估消息来源的可靠性，对任何可能被敌方侵蚀的渠道保持警惕，并经常性地对来源进行审查和验证。

有准备的组织

情报机构可以采取多种方法，来改善反拒止与欺骗分析，并克服拒止与欺骗的影响。总结起来，我们希望强调如下四种做法：

- ★ 优先确保有效的反拒止与欺骗能力，给予其足够的资源、激励和保护。
- ★ 让分析人员有条件开展更好的合作，获悉和分享敏感信息，并交换替代性和（或）不一致的观点。
- ★ 创造和鼓励活跃的分析学习氛围，侧重于过往经验和结构化分析方法。

[1] 原注：参见本书第十四章。

★ 增强对异常现象的敏感，确保小意外不会变成大事件。

有准备的组织拥有强有力的反拒止与欺骗分析能力。评判这种能力大小的主要标准在于：该组织反拒止与欺骗分析部门的实力（或者是否拥有这样的部门），该部门分析人员的能力和才干，情报界研究硬目标的部门中反拒止与欺骗分析人员的技能，以及向反拒止与欺骗任务提供直接支持的培训资源。过去数十年间，尽管情报界具备这样那样的类似能力，但长期以来其数量和质量还没有达到应有的水平。[1]

近期国家情报总监提倡建立“合作文化”，强调分析人员应开展更多更深入的情报共享。[2] 这是朝建立有准备的情报组织迈出的积极一步。更多更深入的反拒止与欺骗合作，也意味着必须鼓励提倡替代性观点。更具合作与共享精神的环境，必须能够持续地挑战和更新分析人员的期望、心理模式和对环境的感知。

有准备的组织也是学习型组织。对于反拒止与欺骗来说，两种类型的学习尤其必要。第一是积极发掘和共享过去的经验，帮助分析人员从以往的工作中学习。这样的活动不仅要关注历史事件，也要研究当前问题。[3] 有准备的组织还要抵住日常事务的压力，抽出时间对意外的事件进行研究，做不到这一点意味着将来仍可能受到类似事件的影响。第二种类型的学习，是让分析人员在包含拒止与欺骗的环境中提前演练。这两种类型的学习，都要求情报界设立比以往更加积极的培训项目。

最后，要想减少拒止与欺骗的突然影响，我们必须关注异常现象，即巴顿·惠利所说的“不一致性”。惠利的原则是：“当在较短的时间内重新

---

[1] 原注：James Bruce, foreword to Bennett and Waltz, *Counterdeception Principles and Applications*, ix.

[2] 原注：参见本书第十七章。

[3] 原注：Stever Robbins, “Organizational Learning Is No Accident,” *Working Knowledge for Business Leaders Newsletter*, Harvard Business School, 2005, http://hbswk.hbs.edu/item.jhtml?id=3483&t=srobbins.

审视足够多的证据，即运用分析人员前意识中的记忆时，只要存在有不一致性，那么这种不一致性就应该很明显。”[1] 卡尔·E. 韦克（Karl E. Weick）及凯瑟琳 · M. 萨克利夫（Kathleen M. Sutcliffe）对高度可靠的组织进行研究，发现它们都是在小意外发展成大事件之前对其进行处置。就拒止与欺骗问题来说，这正是情报界的目标。[2] 分析人员应该牢记辛西娅 · 格莱博就预警失误所做的教诲："尽管不是所有的异常现象都会导致危机，但所有的危机都是由异常现象构成的。”[3]

对未来的影响

欺骗自其诞生以来，就一直是这个星球上生活的一部分，未来它还会继续在人类的竞争与冲突中发挥重要作用。历史表明，不论针对的是幼稚还是老练的对象，对欺骗手段的运用都会让欺骗者占有巨大的优势。

我们的对手认可美国在经济、信息和军事方面的巨大优势。过去的历史表明，欺骗让欺骗者与美国之间本不对称的实力天平，朝有利于欺骗者的方向移动。美国目前面临着一系列的对手，这些对手将欺骗看作是有效的实力倍增器，是通过外交、军事战略及其他实力工具实施的可靠治国手段。

信息技术的爆炸式发展对欺骗和反欺骗都具有重大的影响。向欺骗对象渗透的渠道也正趋于多样。日益普及的移动终端、社交媒体及包括恶意软件在内的互联网技术，都大大拓展了向欺骗对象甚至是普通民众进行

---

[1] 原注：Barton Whaley, “Meinertzhagen's Havesack Exposed: The Consequences for Counterdeception Analysis,” unpublished manuscript, 2007.

[2] 原注：Karl E. Weick and Kathleen M Sutcliffe, *Managing the Unexpected: Assuring High Performance in an Age of Complexity* (San Francisco: Jossey-Bass, 2001).

[3] 原注：Cynthia Grabo, *Anticipating Surprise: Analysis for Strategic Warning* (Washington, DC: Joint Military Intelligence College, Center for Strategic Intelligence Research, 2002), 31.

渗透和施加影响的途径。由电脑生成的图像达到了以假乱真的程度，因此“有图有真相”的说法可能已变得不合时宜。而得益于材料科学和电磁学的发展，“智能蒙皮”式的伪装材料将有望出现，特征弱化及适应技术使得制造“遮蔽”设备成为可能。

概括起来，外国拒止与欺骗对成功的情报分析构成了重要的威胁。对拒止与欺骗的最好反制措施，首先是了解欺骗的原理（真相、拒止、欺骗与误导），认清导致被骗的偏见陷阱和认知缺陷。通过了解你自己、你的对手、你的处境和你的渠道，能够大大减少受拒止与欺骗影响而做出错误分析的可能。特别要指出的是，有准备的头脑和有准备的组织相结合，是确保情报分析不受外国拒止与欺骗影响的最佳保障。

[第十三章]

不确定时代的情报预警

罗杰 · Z. 乔治（Roger Z. George）

詹姆斯 · J. 沃兹（James J. Wirtz）

预警到底是什么：是最好的分析人员对掌握的所有迹象进行全面、客观的评估，并在此基础上得出经过深思熟虑的判断。该判断经过颇具说服力的语言被传递给政策层官员，以便后者认可其可靠性，进而采取适当行动以保护国家利益。

——辛西娅 · 格莱博，《预判突袭》（*Anticipating Surprise*）

如果说分析部门的基本任务是向决策层提供信息的话，那么专业分析人员必须履行的一项任务，就是开展有效的预警。本书讨论了分析的方方面面，其中许多章节涉及开展有效预警所面临的挑战，包括发现情报的缺口、应对缺失的信息、考虑遭受拒止与欺骗的可能、恰当地解读信息，以及当普遍接受的分析判断已不合时宜时，考量认知偏见在维持该判断方面扮演的角色。情报界与决策层的关系也决定着决策者对情报“预警”的接受程度。

本章将讨论情报预警所面临的挑战，包括“9 · 11”事件后呈现出来的挑战。[1] 主流观点认为，分析人员有预警的责任。该观点基于这样一个假设，即每个分析人员及相应事务的决策者，都了解预警的作用、预警面临的永恒困难，以及在“9 · 11”事件后预警呈现出的新特点。20 世纪 90 年代，一位资深的情报预警官员曾经指出，每当情报失误发生时，对情报预警的关注就会增加，但随着时间推移又会很快减弱。等下一次情报失误发生时，这样的循环又会再次开始。[2] 鉴于过去几年美国情报机构预警方式的变化，对于预警的关注度正面临再次消退的风险。

预警能提醒决策者关注会对美国的外交和安全政策造成巨大影响的事件，以便决策者采取行动避免或减小上述影响。这一定义包含下述几个假设。第一，假设分析人员能够识别出，威胁美国利益或政策的事件的发生概率正在增加。第二，分析人员必须掌握准确和及时的信息，并基于对过去和现在所有情报报告的全面评估，清晰了解情报对象的意图和能力。换句话说，仅根据某个近期获取的单一轰动性情报，是无法做出“战略”预警的；老练的分析人员要想得出这样的预警，一般都要深思熟虑，通过分析历史和当前的情报，来发现情报对象明显偏离标准作业程序或一贯做法的异常现象。预警凸显出情报对象采取某些行动的可能性正在增加，而行动之前并没有明显或可靠的征兆。通常它们被称作“迹象和预警”（indications and warning, I&W），列在具体的行为和行动清单上，预示着此后可能出现针对美国利益的敌对行动。这种迹象和预警清单的做法，源于情报界对敌方军队的监视，但这一方法也适用于新的非传统挑战。

第三，分析人员必须能够与情报界的其他同行开展及时的交流，并向重要的决策者通报严重危险的存在，以便后者采取反制措施。因此，必须事先制定出与其他情报专业人员共享预警分析的机制，尤其是要与情报搜集者共享信息，以便他们集中精力对预警的问题做出进一步澄

[1] 原注：本章内容部分来自对三名前预警事务国家情报官及情报界其他预警专家的采访。

[2] 原注：Robert Vickers, “The State of Warning Today,” *Defense Intelligence Journal* 7, no. 2 (Fall 1998): 9–15.

清。此外，在潜在危机发酵的初期，还必须有与决策者沟通的渠道。通过考察一系列的历史案例，预警从业者发现所谓的情报失误常常不是由信息缺口造成的，而是由于情报人员无法以令人信服的方式向决策者通报所获信息。[1]

有效预警的障碍

上述预警过程看似简单，但要及时做出预警实则非常困难。分析人员必须对自己的判断有足够自信，这样才会发出有分量的预警，让决策者改变现行战略和政策，否则将面临不作为的后果。一般情况下，分析人员能察觉到的信号都不算明确，因而只能提供关于某个重大事件可能会发生的较合理猜测。冯稼时指出，不确定性只能减少，不能消除。[2]“9 · 11”事件后，批评人士要么声称美国情报界未能在袭击之前“连点成线”，要么指责乔治 · W. 布什政府未能听取来自中情局的预警。中情局的辩护者坚称已向布什政府提供了足够多的“战略预警”，但涉及袭击具体细节——方法、日期、时间、地点的战术预警，则超出了任何情报机构的能力范围。[3] 事实上，情报机构中负责预警的高官也表示，情报界的预警失误主要在于未能提供战术预警，而非战略预警。[4] 关于美国驻班加西使馆遭袭事件到底是缘于预警失误，还是因为未在危险环境下采取必要的安全措施，争论还会继续进行。可能性较大的情况是，美国情报界对驻利比亚人

[1] 原注：Douglas E. MacEachin and Janne Nolan, *Discourse, Dissent, and Strategic Surprise: Formulating US Security Policy in an Age of Uncertainty* (Washington, DC: Institute for the Study of Diplomacy, 2006), 109–110.

[2] 原注：Thomas Fingar, *Reducing Uncertainty: Intelligence Analysis and National Security* (Stanford, CA: Stanford University Press, 2011).

[3] 原注：See Paul R. Pillar, "Think Again: Intelligence," *Foreign Policy*, January/February 2012.

[4] 原注：Vickers, "State of Warning," 10.

员所面临的总体威胁有准确的判断，事件之所以发生还是缘于其在战术预警——而非战略预警——层面的失误。

分析人员的责任

并非所有的预警失误（见文本框 13.1）都要归咎于分析人员，但如果分析人员对情报对象的历史、文化和行为模式有深入了解，很多不作为或乱作为的事情就可以避免或减少，毕竟情报对象所处的环境造就了它们的意图。对刚进入情报界的很多分析人员来说，这是一项尤其重大的挑战。尽管许多新来的分析人员都接受过一定的学术培训，但他们通常都不像其前辈那样熟悉情报对象过去的行为及模式。他们必须成为其所负责的国家或领域的专家，不光研究入行之后的问题，还必须往前追溯——在某些情况下甚至要追溯到几十年前——这样才能真正了解构成预警挑战的深层次文化及社会规范问题。在决定某个轰动性的情报是真正具有价值，还是不可当真的外围情况时，情景（或背景）是需要考量的唯一因素。此外，分析人员也必须了解情报搜集的强项和弱点，掌握情报对象是否会隐藏其真实动机和能力——也就是说，分析人员必须时刻提防由拒止与欺骗所构成的威胁。

分析人员最重要的职责，或许是以决策者能够理解的方式表述预警。分析人员必须了解决策者的偏好，以便说服其严肃看待相关预警。通常，这意味着要告诉高官们他们不希望听到的事情，或让决策者克服思维定式，不能轻视坏事发生的可能及风险。决策者的“愿望思维”（wishful thinking）、达成简单一致的冲动以及将情报评估斥为“糟糕”分析的倾向，都给分析人员的工作造成了额外困难。[1]

[1] 原注：MacEachin and Nolan, *Discourse, Dissent*.

文本框 13.1 突袭事件的 7 宗罪

1. 搜集失误：搜集需求或策略存在问题，导致缺少关于行为变化或环境变动的信息，进而给分析人员造成信息缺口。

2. 欺骗：情报对象提供虚假信息，对评估其能力或意图的分析人员造成误导。欺骗利用已知的分析思维定式，麻痹分析人员，让其相信没有必要发出预警。

3. 拒止：敌方通过对行动进行保密的方式，制造出搜集缺口，阻止对手察觉指标迹象或监视行为变化。

4. 错误解读：分析人员由于未考虑搜集缺口、拒止与欺骗活动、个人对敌方意图或能力的认知偏见，而对情报做出错误解读。

5. 信息不共享：情报机构中，“知情必要”及其他信息隔离的做法妨碍了重要数据的共享，而这些数据本可以填补分析人员面临的重大搜集缺口。

6. 混乱的信息：质量低劣的“预警”评估不能有效地将危险传达给决策者，也不能让决策者了解某个事态的重大意义及对美国利益的影响。

7. 政策层的抵制：“预警”评估的接收者因评估不符合其思维定式，而斥之为糟糕的分析，或认定评估是与其政策偏好唱反调。

预警的悖论

分析人员常常要面临是否发出预警的困难抉择。每当他们认为发生某种意外事件的可能性正在增加时，对于是否要提醒决策者注意，他们的第一感觉常常是“做也不是，不做也不是”。是宁可过于谨慎，在新的变化指标显现时一遍遍地发出预警，还是再等一等，以便积累更多的信息？是否应该冒着承担责任的风险，暂不向决策者发出重大军事进攻、恐怖事件、政变或金融危机的预警？大部分的分析人员都认为，如果发生进攻或危机的可能性超过五成，就有必要发出预警。不过通常情况下，预警面临的挑战并不是非黑即白，这时又该怎么办？所谓的“高影响 / 低概率”事件是最让人头疼的。“狼来了”式的预警会很快让分析人员丧失信誉，并让其在下次预警时更难获得决策者的信任。

在很多情况下，分析人员察觉到的指标都是模糊不清的，或者可以做出不同解读。在诸如外国政府或非国家行为体是否会发起进攻等复杂问题上，分析人员很少能达成一致。举例来说，负责预警事务的前国家情报官查尔斯 · 艾伦，就曾描述过在 1990 年伊拉克战争打响前，让各情报机构发布一条“战争预警”信息是多么困难。分析人员都认为，萨达姆的军事调动让他能够快速发起进攻，但很少有分析人员会说萨达姆正在筹备进行大规模入侵。在他们看来，这是萨达姆又一次的讹诈之举，最有可能的是，他会发动小规模的军事“入侵”，攫取几口油井以便向科威特政府施压。[1]从某种程度上讲，分析人员发布预警的方式让萨达姆的行为显得比实际情况更为理性、可信，但同时也低估了美国利益遭受威胁的可能。

人们常常在事后指责分析人员，认为他们夸大了威胁，事实情况本不像他们在预警评估里描述的那样糟糕。这里的悖论在于，由于美国决策者采取的行动会防止预料中的危险事件成为现实，我们并不知道预警在多大程度上帮助决策者避免这一危险的发生。有些预警，虽然事后看上去像是“狼来了”，但实际上可能真的是有效的预警，因为它们改变了美国的政策，让敌方觉得继续执行计划中的行动已不再具有吸引力。

事实上，历史上确实有关于这一现象的案例记载。1973 年 10 月赎罪日战争的前一年，以色列情报部门基于敏感的人力情报，就埃及发动军事进攻的计划做出过预警，这促使以色列动员了部队。可以想见，埃及总统安瓦尔 · 萨达特于是决定暂时放弃实施战争计划。1973 年 9 月，当年的人

[1] 原注：Charles E. Allen, “Warning and Iraq’s Invasion of Kuwait: A Retrospective Look,” *Defense Intelligence Journal* 7, no. 2 (Fall 1998): 36.

力情报来源再次发来关于埃及进攻计划的情报，不过这回以色列国防军没有调集部队，相反还批准很多士兵休假欢度节日。以色列的高官们似乎对该人力情报来源的可靠性产生了怀疑，然而，这一情报预警在被斥为不准确和夸大其词之后，最终证明是准确的。也只有当人们认为情报预警不实的时候，埃及才看到了向以色列发起突然袭击的机会。[1] 其他案例中，也有决策者因漠视情报预警而遭受突然袭击的。对这些案例的研究也表明，如果决策者采取措施，那么事件就有可能被避免，但决策者会因此认为分析人员对指标过度警觉。[2] 由此说来，预警越有说服力，其所预测的事件就越不可能发生——前提是美国能够通过改变其国防和外交策略影响事件发展。矛盾的是，具有说服力的预警在避免灾难性事件发生的同时，也间接把分析人员变成了说谎的牧羊人，这又将导致情报界与决策层的关系出现问题，从而给不作为和战略突袭的发生创造条件。

情报界的工作记录

正如本书第三章所述，预警工作的记录至多就是好坏参半。1945 年之后，情报界的工作记录中充斥着失误或缺失的预警，这不仅导致了美国情报界的调整，也损害了中情局及情报界分析工作的信誉。一般来说，大部分的失误案例都与军事有关，但也不全如此。政治、科技或经济方面的事态发展，也常常让美国情报界感到“意外”，决策者也因此指责情报界要对重大的情报失误负责。

人们最常提到的情报失误，一般都包含对可能敌对行动的预警失误。如果要对经常提及的军事预警失误列出清单，那么下面的事件应该被囊括其中：

---

[1] 原注：Uri Bar-Joseph, *The Watchman Fell Asleep: The Surprise of Yom Kippur and Its Sources of Surprise* (Albany: State University of New York Press, 2005), 49.

[2] 原注：MacEachin and Nolan, *Discourse, Dissent*, 63.

- ✶ 日本袭击珍珠港，1941 年；
- ✶ 朝鲜战争爆发，1950 年；
- ✶ 苏联在古巴部署导弹，1962 年；
- ✶ 苏联入侵捷克斯洛伐克，1968 年；
- ✶ 埃及进攻以色列，1973 年；
- ✶ 苏联入侵阿富汗，1979 年；
- ✶ 伊拉克入侵科威特，1990 年。

在这些预警失误的案例中，都有明显的迹象显示外国对手的行为发生了变化，甚至能看出其调集了军队和装备。分析人员将观察到的军事调动和集结报告给决策者，这在一些情报从业者看来就是战略预警。不过，当时的分析人员并不确信敌方的“意图”发生了变化，他们掌握的信息也不足以解释敌方行为变化背后的目的或意图。在很多案例中，敌方实施了拒止与欺骗行动以掩盖其意图；在其他案例中，所获信息要么太少，要么不够可靠，无法让分析人员相信真实的威胁已迫在眉睫。在少数案例中，战术预警没能在敌对行动开始前发出；而在其他大部分案例中，预警则来得太迟，以至于决策者无法通过调整政策或采取行动来阻止敌方。在部分案例中，预警甚至起到了反作用，因为它们提醒决策者注意敌方活动所能构成的最小威胁，因而在官员中造成一种“等等看”的心态。

军事突袭绝非预警失误的唯一形式。情报界在了解外国政治局势发展方面，一直面临较大困难，因为通过技术搜集，以及通过严谨的迹象和预警分析的发展，分析人员还是较难掌握这方面的情况。长期以来，美国的情报分析人员在这方面深受困扰，很难准确及时地获取信息，探究外国政府的内部稳定、反对党的性质及实力、弱社会发生秩序崩溃的可能性等问题。在这方面，1979 年的伊朗革命是一个经典的预警失误案例。鉴于当时的主流观点都把伊朗国王看作是地区稳定的支柱，很少有情报分析人员会思考他可能倒台的问题。此外，由于涉及伊朗内部反对派的情报极其有限，加上伊朗官员不断放出消息让美国决策者相信国王仍掌控大局，因此，这一观点得到进一步巩固。[1]

在这之后，由“阿拉伯之春”引发的局势动荡，也未得到成功预警。在该案例中，美国政府——也包括情报分析人员——实在没有预见到，突尼斯的一起由水果商贩引发的公共骚乱竟能席卷北非，甚至在叙利亚和中东其他国家持续发酵。根据一些报告反映的情况，早在“阿拉伯之春”开始之前，美国政府就已对中情局分析人员的直线型判断感到失望，对他们无视发生极端意外可能的做法表示不满。[2] 据称，中情局局长莱昂·帕内塔（Leon Panetta）之前就要求分析人员找出可能导致局势不稳的诱发因素。即便不太可能确定导致动乱的具体“诱因”，也应该看看有没有可能做出战略预警。一些情报高官承认，对于反映民众明显不满情绪的情报，分析人员没有予以重视。在他们看来，这样的情绪不足以导致群众走上开罗及其他地区的街道和广场，举行大规模的抗议活动。[3] 如果对导致“阿拉伯之春”的事件进行更全面的梳理，我们可能会发现，该案例暴露出的一系列问题也普遍存在于其他的预警失误案例中。这些问题包括：针对某个问题或国家投入的精力和资源不足；顽固地认为表面的稳定——即便是压迫统治下的稳定——会继续保持；对基层社会力量和反对派缺乏了解；对社交媒体放大局部某个小型诱发事件的影响力认识不足。[4] 这些弱点和不足，与 1979 年伊朗国王倒台前美国分析人员的问题惊人相似。

预警面临的最后一重挑战是科技和经济方面的意外事态。从历史上

---

[1] 原注：See Robert Jervis, *Why Intelligence Fails: Lessons from the Iranian Revolution and the Iraq War* (Ithaca, NY: Cornell University Press, 2010).

[2] 原注：David Sanger, *Confront and Conceal: Obama's Secret Wars and Surprising Use of Military Power* (New York: Crown, 2012), pp. 280–281.

[3] 原注：David Shedd, deputy director of DIA, quoted in the *Los Angeles Times*, July 19, 2012.

[4] 原注：迈克尔·弗林中将曾经针对另一个（非预警）问题批评情报界，说它们不懂了解冲突背后社会和文化背景的重要性。参见：Michael Flynn et al., *Fixing Intel: A Blueprint for Making Intelligence Relevant in Afghanistan* (Washington, DC: Center for a New American Security, 2010)。

看，美国情报界总体上较好地监视了军事方面的事态发展。理查德·科尔和迈克尔·沃纳在本书第三章指出，情报分析人员基本上没有漏掉苏联武器系统的每一项进展。不过，在评估外国对手发展和部署复杂武器系统的速度方面，美国情报界却屡遭意外。情报界关于苏联核弹及氢弹计划的评估，总是低估了莫斯科掌握和建造核武库的速度。与此类似，中国发展核武的速度也让分析人员感到吃惊。20 世纪 70 年代，情报界在监视印度和巴基斯坦武器计划的发展方面做得不错，但在评估其试验和将新武器编入战斗单元的进度方面仍屡屡滞后。1974 年，印度试验其首枚核装置，这出乎分析人员的预料。1998 年，印度又开展了一系列的试验，巴基斯坦也紧随其后进行了试验，这些再次震惊了美国的决策者。这次失误不是一次战略性的预警失误，因为情报界之前就已经警告决策者，说印度政府能够在不进行大规模额外准备的情况下随时试验核武器，但这的确是一次战术性的预警失误。事后调查发现，印度在筹备试验阶段对情报分析人员实施了欺骗。不过，鉴于新当选的印度政府在竞选时就曾承诺要进行核试，美国情报界本应对此保持警惕。[1] 2002 年，情报界针对伊拉克大规模杀伤性武器问题做出的《国家情报评估》大错特错，之所以出现这种预警失误，是因为情报机构的错误自信。如果情报机构提醒决策者，美国只掌握了关于伊拉克当前活动的模糊信息，那么布什政府也许会改变行动方式，或至少改变入侵伊拉克的理由。

美国对于经济危机的预警也一样薄弱。20 世纪 90 年代中期，墨西哥的比索危机让美国决策者倍感意外，而美国商界的资深领袖似乎对墨西哥国内的总体经济状况有更好的了解。据一位前情报官讲，情报预警“总是不够明确，因而也得不到财政部和其他负责相关事务的政府官员的认可”。更加一语中的的说法是：“信息就在那里，关键是如何解读和预测。”[2]1997 年的亚洲金融危机被看作是又一次的情报预警失误。分析人员没能意识到，泰国的

---

[1] 原注：Gregory Treverton, “Failing in India,” in *Reshaping National Intelligence for an Age of Information* (Cambridge: Cambridge University Press, 2001), 3.

[2] 原注：Gregory Treverton, “Failing in India,” 96–97.

货币危机会蔓延至亚洲各国乃至俄罗斯，并引发危险的社会和政治动荡。[1] 全球化的一个后果是，一个地方的经济形势变化可能会影响到世界的其他地方。狭隘地以国别进行分工的分析人员，需要与研究其他地区和课题的人员开展更为紧密的合作，否则他们无法察觉到，某个国家的经济、政治或社会形势变化，会对整个地区乃至全球经济造成雪崩效应（cascade effect）。

为了不给人造成情报界预警从未成功的印象，我们必须要承认，过去确实有过精准预警的成功案例。1967 年的阿以战争就是其中一例。当时，情报分析人员判断战争不会超过 7 到 10 天时间（战争从 6 月 5 日开始，至 6 月 10 日结束）。这一预测让林登·约翰逊总统印象深刻，于是他开始邀请中央情报主任理查德·赫尔姆斯参加他的小范围政策午餐会。情报界还时不时地就印巴边界的紧张局势发布预警，使美国政府高官能够及时介入，化解可能导致军事冲突甚至核武器使用的对抗活动。[2]1990 年关于南斯拉夫的《国家情报评估》，是情报界发出明确预警的一个极好案例，不过该预警并未获得认可。随后关于波斯尼亚的几份评估预测了同样的黯淡前景，迫使决策者更深地介入日益严重的危机，并最终结束了那里的民族冲突。近期，情报界关于后萨达姆时代的伊拉克以及伊拉克政权更替对地区影响的两份评估，也极具先见之明，但也基本未能获得决策者的认可。这是因为决策者对分析人员的知识技能和政治偏见抱有疑虑，同时也自信能够轻易地恢复那里的秩序。[3] 情报界还对俄罗斯和格鲁吉亚的紧张关系发布了预警，提醒乔治·W. 布什政府关注两国发生战争的可能，这场战争最终于 2008 年爆发。

[1] 原注：Douglas E. MacEachin and Janne Nolan, "The Asian Financial Crisis 1997–1998: Adapting Intelligence and Policymaking to the Challenge of Global Economics," Georgetown University Institute for the Study of Diplomacy, Working Paper No. 5, February 27, 2006, 9.

[2] 原注：Allen, "Warning and Iraq's Invasion," 36.

[3] 原注：Paul R. Pillar, *Intelligence and U.S. Foreign Policy: Iraq, 9/11, and Misguided Reform* (New York: Columbia University Press, 2011), pp. 56–58.

"9·11"后预警的变化

"9·11"事件凸显出情报界所担负的预警职能。"9·11"委员会的报告指出，情报界在搜集和分析情报以及合作和共享信息方面存在问题。2004年《情报改革与恐怖主义预防法》中，有大部分内容都旨在提升情报界开展有效预警的能力。有鉴于此，运行了多年的国家对外情报预警系统（National Foreign Intelligence Warning System, NFIWS）一直存续到2009年，就显得有些奇怪了。该系统始建于1973年赎罪日战争之后，是一套基于集中化领导模式的预警系统，由一名负责预警事务的国家情报官统管，下辖为数众多的国家预警工作人员。这些人通过召开跨机构会议（被称作国家预警委员会会议），发布阶段性的警示备忘录（alert memoranda），以对可能的敌对行动和破坏性事件做出预警。[1] 该系统为分析人员提供培训，帮助他们更深刻地了解预警问题。2006年，国家情报总监仍然认定，负责预警事务的国家情报官是其"对外情报预警的主要执行者，负责指导、管理和认证国家对外情报预警系统的运作能力、流程和表现"[2]。在国家情报总监给予上述肯定的同时，其他的情报官员却对"9·11"事件后仍保留冷战式预警系统的合理性提出质疑。不论是国家情报委员会内部的讨论，还是外部的各种研究都指出，新的预警方法必须超越军事范畴，将预警的责任分配到情报界的各个部门。[3]

新的预警体制被称为任务管理，将撤销预警事务国家情报官及国家预

---

[1] 原注：据有些前情报官员讲，统管预警事务的国家情报官被视作国家情报官中的老大，并很快成为国家情报委员会的第一任主席。通过这一任命，他有权召集委员会会议讨论预警问题，不过这样的会议也忽略了其他国家情报官所负责的地区和议题。

[2] 原注：Director of National Intelligence, *Intelligence Community Directive Number 201, National Foreign Intelligence Warning System* (Effective: 6 June 2006), declassified but heavily redacted, www.fas.org/irp/dni/icd/icd-201.pdf.

[3] 原注：作者的许多观察都是基于与三名前预警事务国家情报官的讨论。这几位国家情报官曾参与的相关商讨，引发了2009年和2010年改革措施的出台。

警工作人员等职位。取而代之的，是所有分析人员在自己负责的领域内进行预警。新体制奉行的理念认为，与服从集中化领导的多面手工作人员相比，课题专家能够对本领域的长期趋势有更好的理解。多年来，历任预警事务国家情报官都面临地区问题专家和职能部门人员的持续抵制，后者认为自己才是本领域的专家，理应负起主要的预警责任。预警事务国家情报官常被看作是入侵者，侵入他人领域指手画脚，但却不像国家情报委员会和情报分析部门中的问题专家那样具有丰富的专业知识。此外，鉴于预警不再局限于军事事务，而是涵盖了政治、经济和社会等广泛议题，将预警的职责交给有军事预警背景的单个情报官及其工作人员负责，似乎已不再合理。

不过，新的体制也带来了新的挑战。没有了负责预警事务的高级官员，那么该由谁来拉响警报呢？答案似乎潜藏在国家情报总监詹姆斯·克拉珀做出的决定中：由国家情报主管（National Intelligence Manager, NIM）负责本地区和职能领域的预警事务。国家情报主管作为高级情报官员，负责监督不同地区、国家及课题领域的情报搜集和分析活动。其人数并不固定，2012 年大约有 15 人被任命为国家情报主管。

国家情报主管的职责让他们成为新预警体制中的主要玩家。如果查阅明确设立这一职务的第 900 号情报界指令，你会发现，国家情报主管的核心职责正是针对预警所面临的一长串挑战——监督、评估和改进情报搜集、情报分析及信息共享。这些正是人们总结以往的情报预警失误时，指出需要强化的职能。[1] 文本框 13.2 列出了国家情报主管的主要职

[1] 原注：Director of National Intelligence, *Intelligence Community Directive Number 900, Mission Management* (Effective: 21 December 2006), www.fas.org/irp/dni/icd/icd-900.pdf. 该指令声明，目前已设立了反恐、防扩散、反情报、伊朗、朝鲜、古巴和委内瑞拉问题的国家情报主管，未来还可能就其他问题设立国家情报主管。自该指令颁布后，其他地区的国家情报主管职务也相继设立，并与已有的地区问题国家情报官的职责有所重叠，从而在国家情报委员会和国家情报总监之间制造出一些摩擦。许多国家情报官认为自己也负有向高层决策者提供预警的职责，并不甘心居于国家情报主管之下，但后者因为从属于国家情报总监，似乎拥有更大的影响力。

责。如果他们能够尽力完成这些任务，那么发生意外或预警失误的可能性就会大大降低。

文本框 13.2　国家情报主管：国家情报总监的主要预警者

第 900 号情报界指令明确了国家情报主管的职责，以下为涉及预警问题的一些重要方面：

★ 根据各自受领的国家情报任务设置情报搜集与分析的重点。

★ 评估任务范围内情报搜集的状况，发现搜集缺口，制定整个情报界的搜集战略以填补搜集缺口。

★ 发现任务范围内利用信息方面的缺陷。

★ 评估任务范围内的分析状况，发现分析工作与情报用户要求间的差距，并根据要求给分析人员部署任务。

★ 评估分析的质量，确保在任务课题上运用竞争性和替代性的分析。

★ 确保与任务相关的情报能够与情报界内所有合适的人员共享。

★ 评估情报界执行任务的有效性，包括（但不局限于）搜集、分析、利用、分发、信息共享、外交关系及资源等方面。

来源：国家情报总监，第 900 号情报界指令：任务管理（2006）。

现在的问题在于，国家情报主管既要监督情报的搜集和分析活动，又要履行第 900 号情报界指令所赋予的其他职责，他们是否能有足够时间，像负责预警事务的国家情报官那样担负起“主要预警者”的职责？国家情报主管可能不会像后者那样将预警看作其主要职能，也不会利用职务的影响力提升人们对预警事务的关注。令情况更为复杂的是，由于共同担负与高层决策者沟通的职责，国家情报官和国家情报主管还会产生摩擦。过去，国家情报官是与国家安全委员会高级主管、国务院助理国务卿及国防部副部长进行会面的高级情报官员；而现在，国家情报主管也具有向同一群官员预警的职能。目前二者尚未就此进行明确的分工，也没有迹象表明国家情报主管正在取代国家情报官成为高层决策者的主要情报顾问。

预警的未来

未来，预警仍将是美国情报界及分析人员的核心任务。围绕如何最好地定义“9·11”之后的预警，目前已有一些相关的讨论。传统的军事预警模式以预警事务国家情报官及其集中领导的预警人员为基础，但这已不再适用于情报界目前跟踪的广泛议题。不过，重组并彻底放弃业已建立的迹象与预警机制也是愚蠢的，因为对于一系列传统的军事目标以及一些非传统的非国家行为体来说，这一机制仍然适用。此外，有必要对中国的军事潜力进行严密监视，对于诸如伊朗和朝鲜之类已知敌手的军事活动也应如此。还要监视俄罗斯、印度和巴基斯坦等主要的军事力量，因为这些国家仍有可能在其边界附近或其他地方挑起敌对行动。由此看来，在监视这些国家的军队、发现其进行战争准备或实行军事干预的迹象时，迹象与预警分析的检查清单仍然是有用的。

鉴于目前尚没有一个由国家情报总监统领的预警体制，国防部建立自己的完整预警机制的兴趣似乎正变得越来越浓厚。最近，国防情报局新颁布了几项命令，重申预警是国防情报分析人员的核心任务，并拟建立所谓的国防预警网络。在这一新的机制中，来自作战司令部及作战支援机构（国防情报局、国家安全局、国家地理空间情报局，等等）的国防预警顾问组成国防预警委员会，提供预警评估，判断国防预警活动（包括搜集与分析）的有效性，并向国防预警网络传达参谋长联席会议及作战司令部对预警情报的需求。根据新的指示，对国防利益潜在或正在面临的风险、弱点及威胁，国防情报局的分析人员将负责进行识别、评估和预警。[1]

国防部新的预警机制保留了传统的基于指标的预警方式，这一方法能够被立即应用于像中国、俄罗斯、伊朗、朝鲜、印度和巴基斯坦这样的军事大国。此外，基于指标的预警方式也适用于与国家有相似之处的非国家行为体。现在我们知道，基地组织有着完整的组织结构，该组织中担负军事、情报、后勤及作战职能的具体部门，与一个国家的军队和安全部门中的相关机构并没有多大区别，因此这样的行为体也是进行识别、监视和评估的重要目标。此外，在网络战和网络犯罪领域的迹象与预警方法，也处在发展过程中。现在，我们可以在重大的网络攻击发生前监视其“前奏”，或在恶性病毒或恶意软件肆虐网络前将其发现。不过在某些情况下，需要对有关网络攻击的迹象和预警立即做出反应，这无疑给分析人员和决策者带来了政治、战略和技术方面的多重挑战。

可以想见，如果非国家行为体是有组织的犯罪团伙或恐怖分子，同样也适用于这样的预警方式。举例来说，当观察到某些秘密组织的活动偏离其正常模式时，可能意味着该组织已准备启动某项计划，而不仅仅是保持秘密活动。当犯罪或恐怖组织向其同伙传递加密信息，要求其准备应对执法活动的升级，并改变“平时”的指挥与控制程序时，这些组织在互联网上的通联可能就会增加。情报人员通过发现这样的通联，可以判断这些组织发动重大行动的可能性正在增加。看似与此矛盾的是，正常活动信号的缺失也可能意味着行动保密力度的大幅提高，而这可能代表着军队、恐怖分子或犯罪组织在发起重大行动前，正试图隐藏其最后的准备活动。互联网上通联的消失、正常活动迹象莫名其妙的减少，或许都是重要的信号，表明对手可能正在改变其战备状态。数据的存在或缺失，不管是特别信号的存在，还是日常信号的消失，都可能表明对手正从日常状态转入不寻常状态。

与此同时，情报界的其他部门正在考虑突破传统的“预警”观念，

---

[1] 原注：DIA directive, *Instruction on Defense Warning*, July 16, 2012.

适应新时期的现实。在这一新时期，意外可能发生于范围广泛的领域，而不仅限于直接军事威胁。在作者撰写本章节时，国家情报总监成立了一个跨机构的“老虎小组”（tiger team），目的是集中研究如何以最优方式开展“预见性情报”工作，进而发现可能对美国利益构成重大影响的苗头趋势。从某种程度上讲，这一做法也意味着承认，传统的迹象与预警分析无法解决某些新的跨国问题——世界卫生、全球气候变化、人道主义问题、金融危机等。如何监控这些新兴的问题，目前尚无确定的方法。有些人建议使用“地平线扫描”（horizon-scanning）方法，以监控基本的经济、人口、社会和政治趋势等一长串的问题，并在此基础上发现某些可能具有重大影响的变化。不过，这一方法在美国还较少有人尝试。

不管采取何种方法或组织结构来开展预警工作，有一点是确定无疑的，即预警仍将是美国情报界的一项核心任务。不论分析工作如何发展，它都不能推卸这一永恒的责任。相应地，情报界也应该投入部分培训和教育资源，让每名分析人员清醒地认识到，向决策者及时、清晰地传达预警情报至关重要。如果分析在成为一门真正专业的过程中存在所谓阿喀琉斯之踵的话，那么这个软肋可能就是未来的预警失误，这种失误将会破坏美国总统或民众对情报的信心。

第五部分

针对 21 世纪问题的情报分析

[第十四章]

结构化分析：一种新的分析方法

伦道夫·H. 弗森（Randolph H. Pherson）
小理查兹·J. 霍耶尔（Richards J. Heuer, Jr.）

分析若要成为一门真正的专业，标准化的分析方法就应该至关重要。本书其他章节指出，许多领域都在改善教育培训，并与更多的卓越中心建立联系，来推进分析的专业化。不过，与这些重要方面相匹配，情报界还要发展出更为严谨、透明和可重复的分析方法，以便得出可靠的情报结论。本章将主要讨论结构化分析方法的发展问题，这一方法正在被情报分析人员和情报机构越来越多地采用。

针对分析工作的自发改进虽然重要，但 2001 年 9 月 11 日的恐怖袭击及 2002 年关于伊拉克大规模杀伤性武器的错误《国家情报评估》，还是激发各方对情报分析模式展开更深入的重新评估。“9 · 11”事件后成立的委员会批评情报界“缺乏想象力”，而《大规模杀伤性武器委员会报告》则指出分析过程存在瑕疵，未能挑战分析思维定式、检验关键的假定、考虑替代性假设和发现欺骗性的情报。关注的焦点最初集中于替代性分析，即通过发现和分析替代性的解释或结果质疑传统观点。美国国会也呼吁情报分析人员采取竞争性和逆向思维的方法，或红队分析方法，来找出分析中的逻辑欠缺、证据错误及其他问题。[1]

结构化分析方法的起源和目标

情报界并非头一次遭受类似的批评，在发生上述情报失误前，它就已经开始着手改变分析工作的模式。前面一章提到，中情局为改进分析技巧的有效性，于 2000 年成立了谢尔曼·肯特情报分析学院。[2] 另外，本书的几位作者也参与了一个替代性分析的教学项目，负责向分析人员介绍一些旨在增强分析严谨度和结构性的新方法。经历了“9·11”袭击和伊拉克大规模杀伤性武器问题评估的惨痛失误后，对新分析方法的关注不断扩大，从之前的替代性分析扩大到后来被称为结构化分析的新方法。[3] 结构化分析使用一系列的方法，让内在的思维过程通过一种系统和透明的方式得以外化，以便其他人能够共享和利用这些思维过程，并对其进行便捷的评估。受益于这种透明度，每种分析方法都会留下一条可供审查的分析轨迹，这使得其他的分析人员、情报分析管理人员及情报用户可以检验和查看得出分析结论的基础。

情报界的方法学家和分析人员对各种结构化分析方法的运用，发端于

[1] 原注：See *The 9/11 Commission Report: Final Report of the National Commission on Terrorist Attacks upon the United States* (New York: Norton, 2005), http:govinfo.library.unt.edu/911/ report/index.htm, and Commission on the Intelligence Capabilities of the United States regarding Weapons of Mass Destruction, unclassified version of the *Report of the Commission on the Intelligence Capabilities of the United States regarding Weapons of Mass Destruction* (March 31, 2005), www.gpo.gov/fdsys/pkg/GPO-WMD/content-detail.html.

[2] 原注：分析技巧指的是“一些原则与工具，被分析人员用来增加其思维的严谨度，并防止认知偏见误导其分析判断”。该定义的重点在于：分析技巧可用来帮助分析人员挑战自己的假设和数据，提高创造力以预见难以预见的事情，并提高分析的诊断价值和严谨度。

[3] 原注：关于结构化分析方法更全面的历史，可参见小理查兹·霍耶尔和伦道夫·弗森合著的《情报分析：结构化分析方法》。

20世纪50年代的兰德公司，不过，在分析人员主体中加速推广结构化分析则是90年代的事了。当时，中情局率先开始就该方法进行较为正式的培训，之后国防情报局和联邦调查局逐渐效仿这一做法。[1] 目前，结构化分析方法已成为美国政府和军事情报机构培训和教育项目的主要内容，并传播到了加拿大、英国、澳大利亚及其他一些国家和地区的情报和执法部门。越来越多的学院和大学也开始提供这方面的培训，一些世界500强公司及非政府组织也将其应用于自己的商业实践。导致结构化分析方法越来越受到关注的因素主要有以下几点：(1) 对造成情报分析难以开展的认知局限和缺点的认识日益加强；(2) 重大的分析失误引发对分析流程的重新思考；(3) 分析人员面临着开展更多协同工作的压力；(4) 作为用户的决策者要求得出结论的过程更加透明。

克服认知局限

情报分析人员既要顶住时间压力，又要面对不完整、模棱两可甚至是欺骗性的信息。这让他们极易受到各种广为人知的因素影响，进而出现分析失误——正如本人在早前的《情报分析心理学》一书中描述的那样。[2]

---

[1] 原注：2003年，中情局的谢尔曼·肯特情报分析学院提供了为期三天的培训课程，这是第一个针对高级分析工具和方法的课程。2004年，联邦调查局开始要求其所有的分析人员，包括即将进入该机构工作的分析人员，在其结构化分析方法学院接受为期三天的培训。随后，情报界的主要教学机构都设置了各自（常常是委托开展）的课程。国防情报局关于批判性思维和结构化方法的课程，涵盖了超过15项方法。2007年，中情局的情报分局在不同的分析部门分别设置分析方法小组，为在动态情报问题上使用情报方法提供支持。国家情报总监办公室将包括论证示意图和竞争性假设分析法在内的结构化分析方法，纳入其为新晋分析人员开设的分析培训课程，并要求参加高级分析人员培训课程的人员接受有关高级分析工具的培训。

[2] 原注：参见小理查兹·霍耶尔《情报分析心理学》，英文版网址：www.cia.gov/csi/books/19104/index.html。还可参见：Thomas Gilovich, Dale Griffin, and Daniel Kahneman, *Heuristics and Biases: The Psychology of Intuitive Judgment* (Cambridge and New York: Cambridge University Press, 2002); Robyn M. Dawes, *Everyday Irrationality* (Boulder, CO:

结构化分析方法是针对常见分析缺陷的第一道防线。它帮助分析人员减少已知认知局限的影响，避免掉入某些分析陷阱，并解决与不受质疑的思维模式或思维定式相关的问题。它还敦促分析人员对某个分析问题做出更严谨的思考，确保各种先入之见、假定和思维模式（或定式）得到认真的对待和仔细的检验及测试。[1] 当然，没有哪种方法能够确保永不失误，但结构化分析方法的运用可以减少失误发生的频率，并降低其严重程度。

许多克服已知认知局限的方法都基于两个基本的原则：分解与外化。分解意味着将某个问题拆分成不同的组成部分。事实上，这正是分析的本质所在。字典中关于分析的一个定义是“将知识或物质的整体拆分成各组成部分，并对各个部分分别加以研究；对各个组成部分及其相互关系的研究，造就了一个整体”[2]。外化是指将分解的问题从人的大脑中转移到纸或电脑屏幕上，以某种简化的形式表示该问题的主要变量或因素，以及这些变量或因素之间的相互关系。

通过分解和外化分析问题来弥补记忆局限，并不是什么新生事物。1772 年，本杰明 · 富兰克林曾致信给氧气的发现者、英国大科学家约瑟夫 · 普里斯特利。信中说道：[3]

> 当这些困难的情形出现时，它们之所以看上去并不一样，主要是因为在我们考虑这些问题时，所有正反两方面的原因并非同时出现在我们的头脑中。有时我们想到一些原因，有时又会想起另一些，同时也会忘掉之前想到的，这导致不同的目的或倾向交替性地成为主导意见，并让我们被不确定性所困扰。

Westview, 2001); and Scott Plous, *The Psychology of Judgment and Decision Making* (New York: McGraw-Hill, 1993)。

[1] 原注：本段的判断依据，是作者个人的经历及与其他有经验的分析人员交谈时所得到的轶事证据。我们认为，情报界很有必要系统研究使用结构化分析方法带来的好处。

[2] 原注：*American Heritage Dictionary of the English Language*, 4th ed. (Boston: Houghton Mifflin Harcourt, 2000).

[3] 原注：Nathan G. Goodman, ed., *The Benjamin Franklin Sampler* (New York: Fawcett, 1956).

> 为克服这一问题，我采取了如下方法：在一张纸上画一条线，把这张纸分成两栏，在其中一栏列出正方原因，在另一栏中列出反方原因。经过三四天的思考，我会分别在两栏的一些大标题下列出随时想到的关于各种原因的简短提示。
>
> 我把所有的原因都记在同一张纸上时，就开始评估它们各自的分量。我发现两栏中各有一个原因分量相当时，就把它们同时划掉。我发现一栏中有一个原因与另一栏中的两个原因分量相当时，就把这三个都划掉……最终我就能发现平衡在哪里。之后再经过一两天的进一步思考，如果两栏中都不再出现重要的内容，我就能相应地做出决定。

有意思的是，富兰克林早在 200 多年前就已经认识到记忆力是有限的，且会影响个人的分析判断。富兰克林也找到解决的办法——将头脑中所有正反两方的因素以可见、速记的方式落实在纸面上。这样的讨论出现在两位杰出学者之间，也说明了什么样的人在使用上述分析工具。这样的工具并非只有能力弱的分析人员才需要，而能力强的就不需要。每个人都会受到人类认知局限的影响。越是机敏的分析人员就越能敏锐地意识到这一点，并最有可能认识到这类工具所带来的价值。

将想法写在纸上能够确保长久保存，并促使分析人员进行更多的思考。列表是一种有效的方式，因为它利用了每个人多少都存有的强迫症倾向——多数分析人员都想不断地往列表中增加内容。在这一过程中，我们能够发现明显和习惯性的答案，这样就能将更多注意力放在其他不那么明显的观点上。一位创造力方面的专家曾得出这样的观察结论："铅笔可以成为推动我们思想的撬棍。"将想到的写在纸上，就能激发新的联想。[1]

富兰克林推荐的列表只是结构化分析最简单的一种形式。情报分析人员可以列出的内容，包括早期预警指标、替代性解释、可能的结果、外

---

[1] 原注：Alex Osborn, *Applied Imagination*, rev. ed. (New York: Scribner's, 1979), 202.

国领导人决策时可能需要考虑的因素，以及对某个解释或结果赞成或反对的意见等。将问题的各组成部分进行外化的工具，还包括提纲、表格、图示、树图（tree）、矩阵（matrice）等，其中每种工具都有一些细分的小类。比如，树图包含决策树图和故障树图；图示包括概念图、思维图、论证图、影响图和流程图等。其他的结构化分析方法通常可分为三大类：想象、诊断和质疑分析。想象分析方法促使分析人员开展更有想象力的思考，并综合分析数据；诊断分析方法通常通过假设检验流程的方式，更加精确地区分、描述或发现某种特定的活动；质疑分析方法则强迫分析人员质疑自己的假定、证据的可信度及逻辑的严谨度。

激发更广泛的合作

目前我们处在高科技全球环境中，这越来越要求具备不同领域专业知识、代表不同组织观点的分析人员开展合作。结构化分析方法是这种交流的理想工具。与非结构化的分组流程相比，结构化分析方法的每一个步骤都能激发相关的讨论，且基本上都会带来更为发散的信息、产生更多的新观点。结构化分析方法的分步骤流程将分析人员划分成小组开展交流，这样有助于避免多种思维缺陷和不良做法降低团队的工作水平。

美国情报界的分析工作目前正经历转变，从主要由分析人员独自完成的思维活动向团队活动转型。[1] 推动这一转变的因素包括：

- ★ 国际问题复杂性日益增加，要求在大多数分析产品中融入多门类的情报。[2]
- ★ 机构间需要更多更快地共享信息。

[1] 原注：*Vision 2015: A Globally Networked and Integrated Intelligence Enterprise* (Washington, DC: Director of National Intelligence, 2008).

[2] 原注：National Intelligence Council, *Global Trends 2025: A Transformed World* (Washington, DC: Government Printing Office, November 2008).

★ 专业知识日趋分散，尤其是分析人员、搜集者及行动人员的界限日趋模糊。

★ 需要发现并评估替代性思维模式的可靠性。

促进这种转变的还有科技的进步，比如情报百科（情报界的加密版维基百科）和其他合作性网络。此外，这种转变还得益于兴趣社团的建立、在新一代分析人员中蓬勃开展的社交网络活动，以及对引导分析人员互动的结构化分析方法的更多运用等。结构化分析方法指导具有共同兴趣的分析人员开展对话，共享证据，并就证据的含义和影响交流替代性的观点。这样的方法不仅能构建我们个人的思维过程，也能组织起一个团队或小组内部分析人员之间进行互动。由于这类方法的思维过程是透明的，与不采用结构化分析方法的小组相比，采用该方法的小组的每一步互动都会激起内部的相关讨论，而这些讨论又会引入更多发散性的信息，激发更多的新观点，并引发对这些信息和观点的评估。换句话说，结构化分析方法能够促进协作。结构化分析方法与协作的关系就像手和手套，二者必须同步推动，共同发展。

单独工作的分析人员要面对认知局限和缺点，基于小组协作的分析在带来好处的同时，也会带来一系列的新挑战。[1] 不过，结构化分析方法可以指导团队内部进行互动，进而使团队工作的一些不利影响降到最小。这类方法有助于防止讨论偏离正轨，并引导每个小组成员提出替代性观点。分析人员发现，在观点出现分歧时，结构化分析有助于防止讨论变成个人间的争论。幸运的是，当今的科技和社交网络项目，让结构化协作变得比过去容易得多。

[1] 原注：For examples, see Paul B. Paulus and Bernard A. Nijstad, *Group Creativity: Innovation through Collaboration* (New York: Oxford University Press, 2003).

结构化分析方法在分析流程中的作用

科学的第一个步骤，是从一件事物了解到另一件事物。关于事物的知识存在于事物独特的性质之中。为了将这种知识长久地保留下来，必须要对不同的事物冠以独特的名称，且必须要记录并记住这些名称。

——卡尔·林奈（Carolus Linnaeus），
《自然系统》（*Systema Naturae*），1738 年

情报分析人员使用一系列的方法来处理不断增长的情报议题。许多研究者只划分出两大类相对的分析方法：定性与定量，直觉与实验（或者说直觉与科学）。还有些人可能会承认有三种方法，即直觉、结构和科学。本章作者根据所用分析方法的性质和所掌握数据的类型，提出四大类的分析方法（参见表 14.1）[1]。尽管每种方法都是明确的，但它们之间的界限却是模糊的。不过每种方法通常都要求进行不同种类的培训：

表14.1 分析方法的四种类型

	已知数据	未知数据
定性	独立的专家判断 （批判性思维过程）	结构化分析 （想象、诊断和质疑方法）
定量	经验分析 （基于数据的计算机工具和可视化技术）	准定量分析 （需要专家输入的基于计算机的工具）

来源：凯瑟琳·弗森和伦道夫·弗森，《战略情报的批判性思维》。

[1] 原注：该表由凯瑟琳·弗森与伦道夫·弗森提出，载于：*Critical Thinking for Strategic Analysis* (Washington, DC: CQ Press, 2013), 52–54。

- **独立的专家判断**：通常也被称作传统式的分析，这是一种被大部分情报分析所采用的直觉式分析方式。[1] 与新闻报道类似，这种方法最多只是包含证据推理，通常又被称作批判性思维（critical thinking）、历史研究方法、个案研究法和类比推理等。该方法与结构化分析最重要的区别还在于，前者通常都是一种个人的工作，在分析人员写出草案报告前，推理基本只存在于他个人的头脑中。这类分析的培训通常在研究生阶段进行，尤其是人文科学和文科专业，通常涉及侧重于某个国家或语言的特定领域研究。
- **结构化分析**：结构化分析方法将分析人员的思维外化，让所有人能够看到，从而让分析人员本人及其他有见地的分析人员能够逐条、分步地对该思维过程进行审查和评论。这常常会让分析过程成为协作式的工作，在这一过程中，结构化分析方法带来的透明度，也让分析人员接触到有分歧或有冲突的观点。人们认为，结构化分析方法能降低已知认知局限和缺点对分析造成的负面影响。未接受过统计学、高等数学或自然科学方面培训的分析人员，也可以采用。如果运用得当，结构化分析方法能够显著增强分析人员对自己分析评估和关键判断的信心。大部分关于该方法的培训都发生在情报界内部。学术界开发的分析方法通常需要丰富的数据，但这对情报工作适用性有限，因此，情报界基本上都是根据自身的需求设计或开展培训。比方说，大部分的《国家情报评估》都包含一个核心的结构化分析方法——关键

[1] 原注：对于这一分类，作者没有找到合适的名字。"传统式分析"的说法无法描述其与其他类别在程序上的差别。"直觉式分析"也未被采纳，因为直觉的定义暗含的意思是"缺少明显的理性思维和推理"。这肯定不适用于有意识的、深思熟虑的分析方式。"专家判断"是一个对描述传统式分析比较合适的词，但这个词无法将传统式分析与结构化分析区分开来，因为结构化分析也依赖于专家的判断。二者的不同之处在于，结构化分析的推理过程可以说是实时外化的。这一外化的系统性流程会有益于推理过程，尤其有利于分析人员相互之间开展合作。这就是为什么把相对更传统的分析方法称作"独立的"专家判断的原因。

假定检查法（参见文本框 14.1）。[1] 现在，越来越多的大学和学院，纷纷将结构化分析纳入其情报、执法和国土安全研究项目。

文本框 14.1 关键假定检查法

何时使用

在开始分析工作的初期，独自或与其他分析人员一道列出关键假定清单；在分析工作完成时，重新审视最初的清单，看是否需要做出修改。

附加价值

列出支撑分析的关键假定清单，可以将这些假定置于严格的检验之下，进而使分析人员对左右局势最关键的动态关系有更好的理解。分析人员发现潜藏于关键因素之间的关联，以及可能对假定造成颠覆性影响的事态发展。当新获取的信息导致假定不成立时，这种做法能够降低发生意外的风险。

方法

就议题开展工作时，不仅需要相关分析人员参与进来，还要吸纳其他不太熟悉该议题但能公开质疑关键假定的人员。列出支撑分析的所有关键假定清单，并询问分析人员对每个假定有多大信心及为什么有信心。找出可能造成假定被颠覆的情形，并思考假定的真实性与过去相比是否有所减弱。重要的是，要询问假定无效将对分析结果造成什么影响。可将假定划分成基本可靠、有条件正确，或未经证实（“不确定性”的重要一种）。优化清单，删除不正确的假定，增添新确定的假定。

[1] 原注：关键假定检查法、多假设生成法以及象限处理法™，本应该运用于“华盛顿狙击手”案例。相关讨论，可参见萨拉·毕比和伦道夫·弗森的《情报分析案例：结构化分析方法的应用》第八章。

★ **准定量分析**：分析人员分析某个情报问题时，通常缺少经验数据，所以必须依靠专家得出的数据。在经验数据缺乏的情况下，许多方法被设计出来，以便对专家提出的定量数据——尤其是其主观的概率判断——加以利用。情报界使用特殊的方法使专家们做出此类判断，这些方法包括贝叶斯推理（Bayesian inference）、动态模型（dynamic modeling）和仿真（simulation）。举例来说，使用政变可能性方法（Coup Vulnerability Methodology）时，分析人员要对构成军民之间高、中、低 3 个层次紧张关系的 4 个发展阶段的 54 个具体因素进行评估打分，以便监测某个国家发生军事政变的可能性。[1] 关于此方法的培训以研究生教育的形式开展，涉及的领域包括数学、信息科学、运筹学、商学及其他科学学科。

★ **经验分析**：可量化的经验主义数据与专家得出的数据大不相同，因此，使用数据分析问题的方法和针对的问题类型也极为不同。计量经济学模型就是一种常见的经验分析方法。其他的例子还包括使用政治、经济、人口或民意数据来进行统计假设检验。在情报工作中，搜集到的各种类型的经验数据，可以用来分析外国武器系统等。关于此方法的培训通常在统计学、经济学或其他科学学科的研究生教育阶段进行。

一个分析项目常常会用到上述两个或多个大类中的分析方法。举例来说，我们可以用结构化头脑风暴（参见文本框 14.2）这样的结构化分析工具，来确定在某个动态模型中引入什么变量，并用专家给出的数据确定变量的值。[2] 与此类似，针对某个外国军事威胁开展分析时，可以综合使用结构化分析方法评估敌方的动机或意图，并用定量分析方法评估敌方的技术能力。

---

[1] 原注：关于政变可能性方法更为详细的描述，可参见凯瑟琳·弗森和伦道夫·弗森的《战略情报的批判性思维》。

[2] 原注：关于结构化头脑风暴更为详细的描述，参见小理查兹·霍耶尔和伦道夫·弗森的《情报分析：结构化分析方法》第五章。萨拉·毕比和伦道夫·弗森的《情报分析案例：结构化分析方法的应用》第十章中，使用了这种方法研究孟买袭击的案例。

文本框 14.2 结构化头脑风暴

何时使用

当开始一个分析项目时，结构化头脑风暴能够帮助分析人员提出全部的假设，保证一个问题的方方面面都得到考量。在项目的进行阶段，该方法有助于激发新的研究理念或研究方向。当需要重新审视某个常规或一成不变的观点时，也可以使用该方法。

附加价值

头脑风暴的过程能够激发新的观点和创造性思维。它将具备不同背景、观点和技能的外部专家引入分析流程。通过扩展关于某个问题的视角，它常常能帮助分析人员发现“未知的新情况”。

方法

头脑风暴只有在“被结构化”的情况下才是最有效的，在“随心所欲”或非正式进行时则不然。要进行结构化头脑风暴，首先必须要设立一个明确的目标或题目。邀请各式各样的人带着提前准备好的想法清单来参加讨论，将有助于丰富这一团队活动的内涵。为了从各式各样的观点中获益，永远都不要限制任何“奇怪”或“外行”的观念，因为它们或许正是这一过程所要发掘的新观点的种子。新的观点应该被立刻记录下来，并在会后分发。那些重要的看法将导致新观点的产生，并将帮助到每一位参与者。

创立分类法

发展分类系统是组织知识并推动某个学科进一步发展的重要步骤。罗布·约翰斯顿（Rob Johnston）创立的变量分类法，影响了后来的情报分析。他指出："一个分类法进行分类的方式是，确定研究范围、命名规则和兴趣领域，帮助设定研究的优先方向，并经常激发新理论的产生。分类法就像指路牌，标明了哪些是已知的，哪些有待发现。"[1]

从21世纪初期，情报界开始将注意力集中到结构化分析方法，目的是改善情报分析，因此，我们可以按照这些方法改善情报分析的不同方式，来对它们进行分类。结构化分析方法能够削弱一些人类认知局限的影响，解决由不受质疑的假定和思维模式带来的问题，确保这些假定和思维模式得到检验和测试。这些方法组织并支持决策进程，而对它们进行归档则有助于信息的共享和协作。

对结构化分析方法进行分类的第二个目的，是将各个类别的方法与不同类型的分析任务结合起来。本章作者在《情报分析：结构化分析方法》中，介绍了50多种最适合分析任务的方法，并将它们归结为8类：

- 分解与可视化；
- 观点生成；
- 情景与指标；
- 假设生成与检验；
- 因果评估；
- 质疑分析；
- 冲突管理；
- 决策支持。

核心的基本方法

结构化分析方法构成了一个方法体系——一整套的原则与流程，使

[1] 原注：Rob Johnston, *Analytic Culture in the U.S. Intelligence Community* (Washington, DC: Center for the Study of Intelligence, CIA, 2005), 34.

情报人员得以分析每天都必须处理的各种不确定性。过去几十年来，分析人员发现有些方法对他们的日常工作用处最大，并将其确定为核心方法。2006 年，中情局的谢尔曼 · 肯特情报分析学院启动了培训教官项目，资深的分析人员在这里花上几天时间，学习如何推广四种核心结构化分析方法的使用。这四种方法包括：[1]

- **结构化头脑风暴**：使用便利贴记录新获得的想法和概念，进而开启多情景分析活动。
- **关键假定检查法**：找出分析人员解读证据和进行推理时依据的假定，并系统性地质疑这些假定。
- **竞争性假设分析法**：找出全部替代性假设，系统地评估每个假设，通过重点分析与假设不相符的信息，来确定最合适的假设（参见文本框 14.3）。
- **指标法**：预先设置好可被观察到的现象集合，经常检查这些现象有助于分析人员跟踪事件，发现新出现的趋势，并就意料之外的变化发出预警。

文本框 14.3　竞争性假设分析法

何时使用

竞争性假设分析法可用于任何需要对替代性的解释或结果进行检验和权衡的问题。富于争议的问题需要保留得出分析结论的过程，以便日后审查，因而适于开展竞争性假设分析。当分析人员与决策者在分析结论上出现分歧时，竞争性假设分析法能够帮助他们找到关键的分歧点。

---

[1] 原注：关于这里提到的分析方法的详细描述、何时使用和附加价值的情况，可参见霍耶尔和弗森撰写的《情报分析：结构化分析方法》。

附加价值

竞争性假设分析法能够防止三类常见的分析缺陷：(1) 把基于不完整数据得出的第一印象当作恰当的解释；(2) 在分析项目启动时未能找出全部的假设；(3) 依赖对分析人员偏好的解释形成支持的信息，而没有意识到这样的信息也可能支持替代性的解释。宽泛地讲，竞争性假设分析法能够克服证实偏见，即防止以支持主流观点的方式接纳或解读新信息。此外，它还有助于发现，分析人员在证据说服力和相关度方面是否存在意见分歧。

方法

分析人员以矩阵的形式安排所有相关的信息。在这个矩阵中，信息被安排在一条轴线上，假设则被安排在与之相对的另一条轴线上。分析人员研究每条信息，讨论其与每个假设的关系（或者说诊断价值），确定每条数据是否与替代性的假设相符。这个过程结束后，分析人员就可回过头来重新审视其工作，并确定哪些信息不太具有诊断价值（不能用来排除假设），哪些信息具有较强的诊断价值（只适用于一种解释）。然后，分析人员就可决定哪些假设可以舍弃，哪些最值得关注并应该成为主要的假设。

继谢尔曼·肯特情报分析学院选出了上述四种核心结构化分析方法之后，一家全球性的商业咨询公司决定把上述四种方法中的三种——关键假定检查法、竞争性假设分析法和指标法，直接纳入其精雕细琢的方法体系。此外，该公司还确定了其他三种对分析过程具有重要价值的方法：[1]

✶ **"若则"分析法**：假设某个事件已经发生并可能造成重大的积极或

[1] 原注：21 世纪最初 10 年的中期，弗森联合公司向该公司简要介绍了多种与商业咨询有关的分析方法，这几项方法就是从中选取的。

消极后果，然后对事件的来龙去脉做出解释。该方法尤其适于处理富有争议的课题或信息大量缺失的议题。

* **象限处理法™**（Quadrant Crunching ™）：这是一种结构化头脑风暴方法，它系统地质疑假设，探究相互对立的解释的含义，并发现未知的新事物。同时，它也能制造出大量相互排斥的替代性情景。该方法设立大量情景，然后集中分析其中最值得关注的情景，进而帮助决策者避免意外，并预见难以预测的事件。
* **事前分析与结构化自我批判法**（Premortem Analysis and Structured Self-Critique）：为了在报告发布之前纠正错误，降低报告发生失误的风险，该方法事前假想分析报告在发布数月或数年之后被证明是一个巨大的失误。该方法的价值在于节省时间：在报告提交审核和编辑之前，花费几小时时间进行事前分析，能让分析人员避免将来花费数天甚至数月的时间，解释为什么分析是错的。

基于与分析人员多年共事并对他们进行培训的经验，我们认为，情报界和私营部门的分析人员之所以挑出上述七项核心方法，主要是因为这些方法：(1) 明显让分析过程更为严谨；(2) 透明且让分析过程有迹可循；(3) 让分析更具说服力；(4) 节省分析人员的时间。

近年来，另外两种方法也引起了广泛关注，并有可能成为分析人员工具箱中的标准配置：

* **指标验证法**（Indicators Validation）：这是一个评估指标诊断价值的简单过程。该方法将各个指标按诊断价值强弱排序，有助于分析人员确定哪些指标不应作为情报搜集目标。举例来说，一个具有诊断价值的指标，极有可能出现在特定的情景中，但鲜有可能出现在其他的情景里。而一个不具备诊断价值的指标，则可能出现在任何情景中，这对分析人员没有任何帮助。
* **对抗性协作法**（Adversarial Collaboration）：这要求持对立意见的各

> 方一起工作，以解决他们之间的分歧。他们要尝试更好地理解分歧在哪儿，以及为什么出现分歧，这常常意味着他们要合作撰写报告来描述分歧。然后，各方可以将报告提交给主管或其他更高级别的机构，以寻求解决分歧。[1]

对这些分析方法进行分类时，我们发现，有几种方法能够被轻易纳入八个大类中的三个甚至更多，因为这些方法具有多重分析职能。举例来说，关键假定检查法一般可归到因果关系评估的类目下，但也属于质疑分析、假设的提出与检验，以及观点生成。其他“多领域”的分析方法，还包括由中情局的谢尔曼·肯特情报分析学院确定的所有四种核心方法，早已在情报界确立地位的情景分析法，以及相对较新但正快速得到分析人员青睐的象限处理法™。

另外，还有两种方法也可被看作是“多领域”的，即交叉影响矩阵法和德尔菲法，但它们却未能在情报界推广，这一点出乎我们的预料。当分析人员尝试搞清楚一个极为复杂的情况，需要探究特定场景下每个因素如何影响其他因素的时候，交叉影响矩阵最能派上用场。德尔菲法则要求一组专家就某个情况给出多轮次的匿名评价。我们猜测，这种方法之所以未能推广使用，是因为它要求投入大量时间和资源进行多轮搜集和分析。希望随着更强大的网络软件工具的出现，这一障碍能够克服。

驳斥对结构化分析方法的批评

针对结构化分析方法最常见的批评是：“分析人员没有足够的时间运用这些方法。”不过从大部分从业者，尤其是主管的经验来看，这种批评是站

[1] 原注：关于对抗性协作法更为详尽的讨论，以及关于管理潜在冲突的六种方法的描述，参见霍耶尔和弗森的《情报分析：结构化分析方法》第十章。

不住脚的。事实上，如果分析人员停下来考虑一下，他们花费了多少时间研究问题、撰写报告、协调分析、在报告的编撰协调过程中提供指导，他们就会发现，使用结构化分析方法几乎总能提高分析的效率和效果。

- ★ 许多方法，譬如关键假定检查法和指标验证法，都只需要很少的时间，但却可以极大提高分析的严谨度。
- ★ 有些方法需要花时间学习，但一旦掌握则会在未来给分析人员节省大量时间。竞争性假设分析法就是一个极好的例子。分析人员学习掌握如何寻找与假设不相符的信息后，能够通过发现与某个假设不相符的确凿数据，来快速排除该假设，从而节省大量时间。
- ★ 在分析任务启动之初，诸如启动清单法（Getting Started Checklist）、用户清单及问题再定义之类的结构化分析方法，对不知如何开展分析的分析人员尤其有用。[1]
- ★ 结构化分析方法通常能够协助团队工作，帮助分析人员在构思报告的初期即达成一致，从而避免在后期协调阶段出现重大争论。此外，该方法也让分析背后的推理变得更加透明。

举例来说，指标验证法、事前分析与结构化自我批判法，是两个可以节省大量时间的结构化分析方法。验证指标的过程一般都不会超过一两个小时，且通常都能排除一定数量的指标（一般占所有被列出指标的 10%—20%）。这些指标不具诊断价值，因而不应向情报搜集者发布。事前分析与结构化自我批判法通常需要花费更长时间——按照分析任务的复杂程度，少则几个小时，多则一天，但它能够改善分析质量或避免分析失误，从而给分析人员带来巨大好处。与旨在确定分析结论或建议为何失实的事后调查相比，事前分析花费的时间要少得多。不论是在情报界还是在商界，这

[1] 原注：关于启动清单法的完整论述，可参见《情报分析：结构化分析方法》第四章和《战略情报的批判性思维》第一部分。

样的事后调查都会耗费数天甚至数月的时间，同时也会牵扯大量人员的时间和精力。

分析人员抱怨没有足够时间使用结构化分析方法，对此最好的反驳或许就是问："你是说你没有时间把分析做好吗？"结构化分析方法不过是给广为人知的思维过程增加严谨度而已。它们将科学实验的原则——譬如大部分人在高中或大学里学过的假设检验——应用于分析流程。

如果分析人员正在处理的是一个短期的工作，譬如当天要求完成的动态情报简报，那么说没有时间运用关键假定检查法或竞争性假设分析法，也确实情有可原。但如果分析人员在之前时间不太紧张的时候，已经练习过如何运用这些方法及与其相伴的理念，那么相应的思维习惯可能已经在他们的头脑中扎下了根，他们可能会在压力下不自觉地运用这些方法。[1] 一个掌握了核心结构化分析方法的优秀分析人员，会出自本能地做如下事情：

1. 知道在什么时候质疑自己的关键假定，质疑频率常常要比预想的高很多。

2. 考虑每个事件可能存在的替代性解释或假设，包括零假设（null hypothesis）和欺骗假设（deception hypothesis）。

3. 寻找不相符的数据，以便为快速排除候选假设提供足够依据。

4. 聚焦最能合理解释已经或即将发生的事件的核心因素。

5. 预见用户的需求，了解其工作的大背景。

举例来说，如果在过去一年中，一个分析人员曾经数次参与竞争性假设分析，那么他更有可能会问自己："究竟有多少相互排斥的假设能够解

---

[1] 原注：伦道夫 · H. 弗森在回答英国内阁办公室分析人员的问题时，提出了大师级分析人员的 5 个习惯。这些分析人员希望使用结构化分析方法，但苦于没有足够时间编撰评估。对于这样的困境，弗森建议分析人员在时间相对充裕时，练习使用诸如关键假定检查法、竞争性假设分析法和象限处理法™之类的方法，这样，挑战假设、寻找不一致数据或确定关键因素之类的活动，能够潜移默化地成为分析过程的一部分，并在需要的时候被自然而然地加以运用。

释这一新现象？”或者：“我要在报告中提出哪些关键假定？这些假定的可靠性如何？”最后，多数分析人员都会发现，使用结构化分析方法会帮助他们节省时间，让他们的分析更具说服力，并增加他们对所提交的关键判断的信心。

确保正确使用结构化分析方法

随着结构化分析方法在美国政府和全球范围内的推广应用，人们的主要担心集中在，该方法是否能被正确使用。为此，美国情报界和国土安全部门采取了一些措施，以评估结构化分析方法的使用问题，但相关的努力还远远不够。2012 年，卓越分析论坛基金会（Forum Foudation for Analytic Excellence）作为一个非营利组织，发起了几个前瞻性的项目，以确保在美国乃至全球，结构化分析方法被正确地使用和传授。其课程内容包括结构化分析方法和相关软件的使用，学生们之后要参加该基金会认可的资格认证考试。如果通过考试，他们就会得到一份证书，证明他们有能力使用几种核心方法——头脑风暴、结构化头脑风暴、关键假定检查法、假设生成法、竞争性假设分析法、指标法及指标验证法。该基金会还设立了一个类似的教师课程，以证明教师具备教授上述核心方法的能力。

分析人员和分析专业的学生还可以阅读以下两本书：《情报分析案例：结构化分析方法的应用》和《战略情报的批判性思维》，从书中获得如何正确使用结构化分析方法的知识。[1] 这两本书介绍了使用结构化分析方法的详细实例，并给出关于该方法运用之优缺点的珍贵提示。2013 年，由 CQ 出版社提供的案例研究虚拟图书馆，会再增加八个研究案例，来介绍如何使用结构化方法。

---

[1] 原注：关于如何使用这 23 种方法的 12 个案例，可参见毕比和弗森的《情报分析案例：结构化分析方法的应用》。关于关键假定检查法和竞争性假设分析法价值的案例研究，参见凯瑟琳·弗森和伦道夫·弗森的《战略情报的批判性思维》。

构建合作

新开发的协作软件能够生成多种假设，开展竞争性假设分析活动，并对指标进行验证。这加速了结构化分析方法的运用。目前，基于网络的协作工具也处于研发过程中，其中就包括象限处理法™及关键假定检查法的协作版本。2013 年，互联网上出现了可供下载的测试版软件工具包，其中包含竞争性假设分析法的非协作版本、关键假定检查法的基础版、链接分析的简版，以及一个专门的工具，能够帮助分析人员确定问题的人物、事件、方式、时间、地点、原因及问题背后的关键假定。分析人员可以在工具包的不同软件间传输信息，而无须再次输入数据。[1]

结构化分析方法协作软件的发展，不仅会改变分析人员的思维方式，还会改变情报界的运作方式。使用这类软件，能够通过以下方式克服协调过程的严重问题：

- ★ 促使分析人员首先确定问题的通用定义。
- ★ 确保来自不同办公室和机构的分析人员基于同样的证据和论证方法开展工作。这让每个参与其中的分析人员都有平等表达观点的机会。
- ★ 让假设和认知偏见变得清晰，并记录每个分析人员的观点，使之前未予说明的观点分歧暴露出来。
- ★ 通过比较每个分析人员提交的观点暴露观点上的分歧，探究分歧的根源，并分析分歧可能会对最终结果造成的影响。
- ★ 提供框架，用于在协调会或分析报告中清晰展现分析结论，或就替代性观点进行讨论。

[1] 原注：有关这些工具及其作用的更多信息，可查阅：www.globalytica.org。

随着用于互联网的协作工具被开发出来，并被纳入情报界协作性的信息技术系统，在不同机构或不同国家和地区工作的分析人员，如果有相同的兴趣，将有可能建立起共享的虚拟工作空间，并在真正参与协调进程之前就共同关心的问题开展交流互动。他们可以组织并使用共同的证据，确定关键的假定，挑选最具诊断价值的信息，并开展交互式的虚拟“聊天”。通过在虚拟工作空间开辟新的机构间合作模式，并协作运用诸如竞争性假设分析法一类的结构化分析方法，情报界将在改变现有的独立分析领地文化上迈出重大一步。

目前，基于结构化分析方法的协作软件虽有所发展，但距离本书的另一位撰稿者——负责分析事务的前国家情报副总监冯稼时所设定的目标，还有很长的一段路要走。在他看来，进一步融合的主要目标是“把情报界的分析部门从一种机构联盟或封建领地式的集合，转变成一个由专业人士组成的分析人员团体，致力于向全部情报用户提供最为优秀、及时、准确及有用的分析观察”[1]。换句话说，就是成为一个更具协作性的团体。

结论

结构化分析方法之所以被称为“方法”，是因为它能够引导分析人员思考问题，而不是像有些人以为的那样，给分析人员一个明确的答案。它让分析的过程更加系统化，更为严谨，并增加分析人员的信心，让他们相信自己没有遗漏重要的信息，相信自己已展现了清晰的论证过程。许多人指出，结构化方法是连接科学实验和直觉观察的结缔组织，是帮助分析人员完成分析任务的思维工具。但归根结底，要想体现结构化分析方法的价值，还要通过分析工作参与者的专业知识、信息、情报技巧及协作技能。目前，该方法正稳步成为全球情报和执法界工作的一部

[1] 原注：Thomas Fingar, speech to the DNI's Information Sharing Conference and Technology Exposition, Denver, August 21, 2006, www.au.af.mil/au/awc/awcgate/dni/20060821_2_speech.pdf.

分，初步迹象表明，它还有可能延伸至商业咨询、医药、金融分析和学术研究等其他领域。

本书的两位主编指出，要让情报分析成为一门真正的专业，我们需要像医药和法律界曾经做过的那样，开发出一套被广泛接受的实践和流程，而采用结构化分析方法正是这个专业化进程的一部分。只有让结构化分析方法获得更广泛的认可，才有可能发展出关于分析、方法和标准的共同语言。过去十年来取得的成果表明，上述努力已成为美国情报机构、大学和商界的一项长期工作，且目前这些机构还在继续完善结构化分析方法的应用。我们有理由相信，结构化分析方法将有助于达成可靠的分析判断和预报，使分析部门在面对 21 世纪的情报挑战时能够提供更深入的洞察。我们希望，结构化分析方法取得的成就能够证明这一点。

[第十五章]

适用于战术军事情报的新分析方法

文森特·斯图尔特（Vincent Stewart）　德鲁·库克（Drew Cukor）
约瑟夫·拉尔森三世（Joseph Larson III）马修·波廷杰（Matthew Pottinger）

对于各级军事指挥官来说，战术情报都不可或缺。[1] 军事领导人即便具备了丰富的战斗经验以及深厚的知识、阅历和专业技能，也必须清楚地了解他们所处的战场环境和面对的敌人。战场指挥官必须运用一切手段完成任务，包括有效地利用并整合全源情报，以便对战场态势有可靠、全面、准确的了解。只有对敌人和环境有全面了解并开展扎实分析，指挥官才能做出更好的决策。

中情局和国防情报局这样的国家级情报机构，通过运用结构化分析方法，正在努力提高分析的质量。[2] 在战术层面，这些方法多被加以修正、

[1] 原注：战术是指“为完成战斗或其他军事行动赋予的特定任务，所使用的概念或方法。战争期间，战术集中研究在特定时间空间的战斗中，如何使用军力以击败敌人。在履行非战斗任务期间，战术还包括遂行其他任务的计划和方法，譬如在执行维和任务期间维持秩序和保证安全。通常我们所说的战术都是作战背景下的战术，它可被看作是赢得战斗和战役的艺术与科学，包括对火力和部队机动的运用、对兵种的整合及对有利战机的利用等”。参见：Marine Corps Doctrinal Publication 1, *Warfighting*, 27–29; Marine Corps Doctrinal Publication 1-3, *Tactics*。

[2] 原注：参见本书第二、第十四和第十七章。

改善和机制化，以便支持作战人员并反映战场的独特环境。本章展示的是美国单个军种——海军陆战队。本章将介绍，海军陆战队如何针对战术情报设计结构化分析方法，如何将新的分析方法应用于实践，如何测试和检验这些方法以便推广应用。海军陆战队在全球的部队都引入了这种以结构化模型、方法和技巧（structured models, approaches, and techniques, SMATs）为知识载体的应用性技巧（applied tradecraft）。

以情报支持战术军事行动

现代战场充斥着众多具备战场适应力的非正规敌人、混合敌人及常规敌人，他们拥有先进的技术，能够躲避美国盟友的侦测，从而给美国制造复杂的情报谜局。美国在当代面临的挑战——也是本章将要讨论的问题——是：美国军队在迈进日益复杂的威胁环境时，如何发掘最有效的方法，改善服务于战术军事行动的情报，并将这种方法加以机制化。[1]

从近期几场战争中得出的经验，既是对过去战争经验的重复，又再次证实了之前得出的观点：对敌人和战斗环境进行可靠、透明、细致和良好的分析，事关军事行动的成功。根据美国海军陆战队的条令，分析意味着要结合指挥官的任务及其所辖部队的行动，来理解数据和信息。[2] 这是

[1] 原注：由美国陆军开发的“战场情报准备”（参见：“Intelligence Preparation of the Battlefield” (IPB), published in 1994 in Field Manual (FM) 34–130）是战术分析取得的一次重大进步。“战场情报准备”最初是为国家间的冲突而设计的，它将常规战争与分析联系在一起，代表了一次飞跃。但是，对于反叛乱环境的复杂问题，和包含着非正规战、武装团伙和非国家行为体等因素在内的“非常规”战斗问题，“战场情报准备”仍然不能有效解答。

[2] 原注：关于分析的更多定义，参见：US Marine Corps, *Marine Corps Warfighting Publication 2-1: Intelligence Operations* (Washington, DC, 2003), and Center for Marine Expeditionary Intelligence Knowledge, *21st Century Marine Expeditionary Intelligence Analysis* (Quantico, VA: Center for Marine Expeditionary Intelligence Knowledge, 2011), 3–4。

我们这个时代的战场情报所面临的一个明确而重大的挑战。战术情报的一个最重要的功能，是找到关于复杂和隐蔽问题的答案。非结构化的数据集可能涉及局势和事件的方方面面，但对情报毫无裨益，除非这些数据有助于全面把握局势，并可以据之采取行动。分析人员必须在浩如烟海的数据中，找出多个问题的答案。在使用社会科学的原理梳理问题脉络时，他们还必须将指挥官的情报需求转化成明晰的问题，以便在使用和分析数据的基础上做出回答。

相较于其他领域的分析，战术军事情报分析的发展相对滞后，因而分析人员常常依赖非结构化和直觉式的方法评估复杂的问题。这种方法极易受到认知偏见、逻辑错误、分析人员个人偏见或群体偏见的影响。[1] 在伊拉克和阿富汗战争期间，军事分析人员随营、团和师级部队在前沿阵地开展行动。这些分析人员接受过情报文化和技术的基础培训，负责就复杂的反暴乱问题提供见解和行动建议，涉及问题包括部族政治、政治接触、高价值目标的确定、尖端武器分析及行为模式确认等。尽管战术情报分析人员做出了巨大的努力，但不可否认的是，他们提供的产品与战场指挥官所需要的分析，在深度和精确度方面有时还存在差距。在许多情况下，由于缺少能满足指挥官要求的方法和工具，情报分析人员不得不依靠直觉解决问题。

技术的进步无法从根本上解决战术军事情报分析所面临的基本困难。从情报搜集资源到战地计算机再到协作工具，美国各层级的情报人员都配备有最尖端的技术。尽管如此，单靠技术并不能解决战术军事情报环境下的所有问题。道理很简单：技术有助于分析，但取代不了好的情报分析。情报分析要求由接受过良好培训、具有深刻见地的人来运用技术。[2] 按 J.

[1] 原注：在使用结构化分析方法前，这方面的缺陷也出现在战略或国家层面的情报分析，参见霍耶尔《情报分析心理学》和本书第十四章。

[2] 原注：See J. C. R. Licklider, “Man-Computer Symbiosis,” *IRE Transactions on Human Factors in Electronics* HFE-1 (1960): 4–11. 利克里德认为，计算机和技术方面的进步是对人类思维的补充，但永远也不能替代后者。他特别指出，关键问题不在于“答案是什么”，

C. R. 利克里德（J. C. R. Licklider）的话说，设定目标、提出假设、确定标准和开展评估的工作，仍然需要由海军陆战队员来完成。用技术完成的日常工作，只是情报判断和作战决策的铺垫。

好的情报分析不能仅凭直觉或使用更多计算机，在理解这一点的基础上，美国海军陆战队将注意力重新聚焦于对分析人员的教育和培训上，并开始向战术分析人员传授特定问题的最佳实践方法。他们还将分析工作结构化，并发明了更加实用和贴合实战的方法，比如用于分析敌人地下活动的社会组织理论等，这些都是为满足战术情报分析人员的需求而做出的创新。

背景：结构化分析

从 20 世纪 90 年代中期开始，美国情报界在战术情报方面越来越多地使用结构化分析方法。从那时起，通过不断提高分析质量，情报界内部大量借鉴了认知心理学的研究成果，以帮助分析人员发现其直觉的弱点，避免认知和观察失误。[1] 这些做法的结果，就是强调分析的“结构化”，进而减少认知错误、提高分析的准确度和可靠性。之后，结构化分析方法就成为提高分析质量、保障决策者的重要工具。结构化分析方法能够帮助分析人员进行批判性思维，挑战关键假定，并保证观点分歧不被忽视。在美国情报界内部及美军各军种的战术情报分析人员中，这类方法现已得到广泛运用。[2]

而在于“问题是什么”。设定目标、提出假设、确定标准及开展评估的工作，仍然要由人来完成，而计算机只是完成必要的日常工作，以便人通过科学技术的思维进行深入洞察和决策。

[1] 原注：参见霍耶尔《情报分析心理学》。

[2] 原注：举例来说，2005 年由中情局谢尔曼·肯特情报分析学院出版的权威性读物《情报技巧入门》（*Tradecraft Primer*）确定了对诊断、逆向和想象思维方法进行结构化处理的 13 种技巧工具。该书旨在帮助分析人员克服由思维定式引起的认知局限。思维定式

本质上，结构化分析方法是对科学分析方法的模仿和运用。这类方法有助于将有价值的信息从无用数据中分离出来，预防偏见，测试竞争性假设，提高透明度，基于结果调整对事件的解读，并且提供反馈。鉴于战略层面的评估所具有的重大意义，我们有必要使用结构化分析方法，以确保分析结果的科学性。[1]

不过，战术情报分析人员仍然面临这样一个问题：他们需要的不仅仅是结构化分析方法的基础技巧，还要有效使用情报技巧的实例，以应用于其所面临的战术情报问题。要求战地分析人员运用批判性思维方法或检验自己的偏见，并不足以让他们找到上述问题的答案。他们需要的是**针对现实问题的方法**。这种方法最好是通过实战获取的，并经过了验证和优化。这种方法还应将日益增多的实战案例，传授给海军陆战队的分析人员，以便他们在战场上加以运用。简言之，除了需要掌握结构化分析方法的基础技巧外，战术分析人员还需要掌握**应用性技巧**。

尽管结构化分析方法是生产高质量分析产品的优良工具，且可以很好地满足美国情报界的需要，但对于战术军事情报来说，它们并不特别适用。大部分的结构化分析方法，都不是针对战术分析人员所面对的问题而设计的。此外，结构化分析方法优先考虑的是可靠性、复杂性和准确度，而不是速度、个别性和简洁度。在战术层面，指挥官可能需要以确定性为代价，换取更快捷的答案，以便根据情报评估立即做出行动决策。在这种情况下，结构化分析方法不应该是战场情报分析的唯一方法，其他形式的结构化分析必须予以补充。另外，在培训、教育和个人背景方面，战术情

是分析流程所固有的一种思维模式，它有助于对现实世界进行概念化处理，但也会导致分析人员有意无意地忽视、夸大或者歪曲用于情报评估的信息。战术层面的军事分析人员也面临着同样的挑战。

[1] 原注：科学的情报分析方法之所以科学，就在于科学具备发现和纠正自身错误的能力，这一特点是其他建构知识的方法所不具备的。参见本书第九章以及：National Research Council, National Academy of Sciences, *Intelligence Analysis for Tomorrow: Advances from the Behavioral and Social Sciences* (Washington, DC: National Academies Press, 2011)。

报分析人员也有自己的特点。通常来说，在就某个情报问题开展工作前，战略和行动性情报分析人员就已具备了较深层次的专业技能，或在某个专门领域或地理区域上具有专业背景。即便是通用型人才，一般也都接受过高级教育，并具备特定方面的知识。

但是，工作在另一条战线的战术分析人员，通常未接受过社会科学或分析方法的系统培训，缺乏用以开展分析的可观知识。对他们来说，仅仅进行结构化分析是不够的。这就好比让一个未接受过解剖学或生物学入门课程培训的外行，运用为专业医生设计的医学诊断方法一样。如果分析人员缺乏渊博知识或大量时间，那么，仅凭结构化分析方法无法搭建出战术层面的情报工作框架。

威胁资金链与结构化分析方法

威胁资金链（threat finance）分析，就是上述现象在战术情报领域的一个具体实例。假设一名部队指挥官对一名战略层级的专业文职分析人员提出如下问题：塔利班每年在阿富汗赫尔曼德省的花费是多少？这名分析人员可能会运用一系列的结构化分析方法来寻找答案。他或她可能会运用想象思维方法提出某种假设：“塔利班将其每年的罂粟收入全部用于叛乱行动，因此，他们的花费取决于从罂粟中取得的税收和销售收入。”他或她可能会通过诸如“若则”分析法或魔鬼代言人法之类的逆向思维方法，对该假设加以分析。在得出结论后，他或她还必须对结论进行诊断价值测试，譬如进行关键假定检查或信息质量检验，以确保结论与数据相符。

这名分析人员可能一开始就对威胁资金链领域的一些基本情况有所了解。他或她可能了解对象收税的方式，能够通过直觉找出一些估算税值的方法。他或她还可能对阿富汗金融体系的运作方式有所了解，包括了解“天课”（*zakat*）的规定，或知道资金通过哈瓦拉网络（Hawala network）转移的方式。他或她也许能看懂基本的资产负债表，知道收入与支出的区别，懂得如何从五花八门的文档中查找收支数据，计算出运营一个反叛组织所需的资金量，了解为其行动提供资金支持的方式。在进行分析之前，分析人员至少要有充足的时间和资源，来掌握关于威胁资金链的基本知识。

威胁资金链与结构化模型、方法和技巧（SMATs）

现在来设想一下，一名部署在行动区域的战术军事情报分析人员，被问到同样的问题：塔利班每年在阿富汗赫尔曼德省的花费是多少？该名分析人员和部署在战区的其他分析人员一样，不具有会计和金融方面的知识背景，不掌握定量分析的方法，也不了解所在地区在筹资方面的做法。战区的分析人员一般也无法接入网上图书馆或律商联讯数据库，也没有接触过大学的经济学课本或会计学方面的初级读物。此外，快速给出答案（通常在数小时之内）的要求，也导致分析人员无法与情报界可能具备相关专业知识的同行进行讨论。

该名分析人员可能需要使用结构化分析方法以外的方法，来研究反叛组织筹集资金的问题。他或她可能需要**适用于该特定问题**的结构化方法，在不了解或较少了解威胁资金链的情况下，就该问题进行快捷的分析。这类方法能够：

- ★ 确定诸如税收、开支、资产、负债、股权、债务和利息之类的会计原则；
- ★ 列出合法及非法的税收类目；
- ★ 根据组织的活动列出各种花销类目；
- ★ 以现有的经济学模型（譬如莱茨与沃尔夫关于反叛活动的经济学模型），阐释威胁资金链筹资过程；
- ★ 用图示描述威胁资金链分析的步骤，以强化分析效果；
- ★ 讨论制定情报搜集需求，推动涉及威胁资金链网络的信息搜集；
- ★ 提供关于威胁资金链组织和情报界内部资源的更具体的信息；
- ★ 帮助战术指挥官发现敌人基本行动架构的弱点。

我们称这样的方法为**应用性技巧**——可被直接拿来使用的特定分析方法，能在各种军事行动中快捷地生产情报。这类方法将战地的最优实践与既有的社会学和科学方法结合起来。应用性技巧既像结构化分析方法一样，又能为战术分析人员提供特定的分步式指导。SMATs 的技巧涵盖了多个方面的问题集合，包括从现有的情报渠道中搜集数据，进行分步式的分析以寻找战术问题的答案，以及生产战地指挥官需要的情报。除了威胁资金链问题，该方法还聚焦于其他一些特定领域，包括目标确认、针对敌方目标人员及其生活方式的分析、文化与政治议题、基础设施、资源以及地形等。

使战斗情报结构化

同结构化分析方法一样，应用性技巧也是一种结构化分析。它使用一种可从外部观察到的正规方法，帮助分析人员梳理局势脉络，让其有办法解释做出分析判断的原因。[1] 该方法针对的是某个特定课题；作为其分析依据的数据、理论、技巧、方法和产品模型，对其他分析人员来说是透明的，且与最终的分析产品明确相关。为消除认知偏见，应用性技巧不仅提供普遍性的方法，还寻求在分析过程中融入与分析课题有关的背景、理论、模型及实例。最重要的是，应用性技巧通过 SMATs 为分析人员提供具体的分步式指导，以便他们按程序走完分析过程，并快速向指挥官提供答案。

SMATs的构成与发展

SMATs 作为知识载体，包含了特定的分析步骤、社会科学理论、范例

[1] 原注：Stephen Marrin, *Improving Intelligence Analysis: Bridging the Gap between Scholarship and Analysis* (Abingdon, UK: Routledge, 2011), 31.

产品模型，以及有助于分析人员在战术环境下运用情报方法的其他指导。和结构化分析方法一样，用于战术情报的应用性技巧也必须具备高质量分析的如下特点：它必须是结构化的、可靠的、可重复的、管用的、及时的，能够被大量具备不同背景的情报从业者共同接受和理解，并且经过精密的品质控制程序的检验。不过，仅仅照搬结构化分析方法，并不足以全面涵盖社会科学的知识、情报分析的方法及从战斗中得出的观察。另外，每一种应用性技巧都只聚焦于某个特定的情报问题。

经过细致的研究，海军陆战队的情报部门创造了名为 SMATs 的知识载体。它既可以不断发展，又便于在战术环境下进行传授和应用。它包括以下几个部分：

- **模型**（model）：作为结构化技巧（structured tradecraft）的最常见形式，模型将研究课题凝练成各种鲜明的概念性特征，以反映现实世界的过程或活动。
- **方法**（approach）：方法的使用面不像模型那样宽泛，它指导分析人员生产服务于战术指挥官的情报产品。
- **技巧**（technique）：作为 SMATs 知识载体中最成型的部分，技巧提供明晰、可重复的分步式分析流程。

SMATs 应用性技巧内部的几个类目，不论以何种方式排序，都必须具备以下几个因素：

- **关键情报问题**：处于战术环境下的分析人员面临着诸多的课题，其中很多都可归入特定情报问题下的某个类别。是否存在某个特定的情报问题——而不是一般性的方法或模型——是区分 SMATs 与结构化分析方法的关键。情报问题是开展分步式分析的基础，它决定着何时运用某种技巧。
- **理论基础**：SMATs 要定义并解释其分析结构的理论基础（譬如社

会网络理论)。它指导分析人员使用某个特定的理论，提出假设并增进对问题的理解（参见文本框 15.1)。

文本框 15.1　SMATs 示例：社会科学理论与高价值人员目标的确认

假设一名分析新手被派往反叛乱行动区域，主要负责确认涉嫌支持叛乱活动的特定高价值人员（High-Value Individual, HVI）目标。在开展非结构化分析的情况下，要确认高价值人员目标，分析人员要阅读情报报告，制作基本的关联图表，并基于个人的观察和直觉圈定大致目标。在一个包含着潜在有用信息的海量数据时代，单凭人力很难全面、可靠地筛选关于高价值人员目标的数据，发现规律，并勾勒出其与他人的关联。

相较而言，基于社会科学的方法会更复杂一些。它要求分析人员用一系列基于社会科学的工具，检验潜在的高价值人员目标，以确定将其定为目标的做法是否符合指挥官的总体要求。分析人员要接受相应培训，以便能够选用适于开展分析的理论。

社会网络理论（social network theory）帮助分析人员提出情报问题，确定哪些重要结点事关该网络的生死存亡；同时给分析人员提供工具，让他们通过分析这些结点找出网络中的高价值人员目标。这些工具包括使用度中心性（degree centrality)、接近中心性（closeness centrality)、中介中心性（betweenness centrality）和特征向量中心性（eigenvector centrality）等度量指标，来分析高价值人员目标在一个复杂系统中的核心度。

政治空间模型（spatial model of politics）帮助分析人员提出精英权力和地位方面的问题，并提供工具，使他们发现重要否决者和利益攸关者，这些人可能会成为高价值人员目标或能够对高价值人员目标造成影响。

组织形式和行为理论（theories of organizational form and behavior）

帮助分析人员探究组织形式和程序是否会影响高价值人员目标在该组织中的身份和作用；并帮助分析人员搜集信息，以确定该高价值人员在目标名单上的排名。

威慑理论（deterrence theory）研究如果消灭特定领导人，是会形成威慑，还是引发更多的暴力活动，抑或让更多人加入恐怖或反叛组织。该理论还帮助分析人员对消灭第二、三号顺位领导人的后果问题开展分析。

暴力螺旋理论（spiral-of-violence theories）有助于确定，针对高价值人员目标的打击，是否会引发以牙还牙的报复或暴力循环的升级。

- **对情报生产的指导**：除了由社会科学理论提供的洞察外，SMATs 还在如何生产情报产品方面提供明确的指导。这包括使用何种原始情报，开展计算机辅助分析时使用何种工具，以及怎样运用特定的理论开展分析并支持军事行动。
- **模型情报产品**：SMATs 为分析人员提供了情报产品的结构化模板，以便他们以清晰、准确和便于指挥官采取行动的方式上报其分析结果。

为了便于使用，SMATs 的每个具体方法都被打包，使其包含下述的文档、训练和实施素材：

- 一份简明文档，包含导语、背景、信息来源、优缺点和使用指南等部分，用来解释该方法的内容、其背后的理论及如何使用。
- 一份用于正式培训的演示文档。
- 一个实用的练习。

★ 一份试题，用于考察分析人员对该方法的理解程度。[1]

SMATs 也反映了自 2007 年以来应用于伊拉克、阿富汗及其他远征行动的全源情报方法，其中囊括了组织结构分析、精英分析、人口分析和影响范围分析等应用性技巧。其他的一些技术情报方法和产品模型，如数据聚合与展示、最佳实践方法、情报搜集与分析的替代性方法，则对应用性技巧构成了补充。更注重技术的应用性技巧包括：反叛乱与常规情报摘要产品模型（Counterinsurgency and Conventional Intelligence Summary Product Models）、趋势与战术情报（Trends and Tactics Intelligence）、对起诉的情报支持（Intelligence Support to Prosecution）以及敌方媒体分析（Enemy Media Analysis）。而更具战术性的应用性技巧，往往是基于从更基础的 SMATs 中习得的基本知识而确立的，具体包含：高价值人员目标确定、对文件与媒体的利用（Document and Media Exploitation），以及对人道主义援助和减灾行动的情报支持（Intelligence Support to Humanitarian Assistance and Disaster Relief, HA/DR）等。

上述知识载体为分析人员提供专门知识和分析指导，以使其克服自身的知识缺陷，并提供与现实战场环境相符的情报支持。通过使用经过验证的方法，SMATs 既包含了结构化分析方法的大部分优点，在处理具体的战术层面问题时又不要求专业人员的参与。

关于 SMATs，人们常常有这样一种偏见，认为其得出的分析结论过度结构化，也就是说，通过提供特定的理论和事实将方法置于分析之上。不过，根据我们的经验，情况并非如此。分析人员仍然需要从事分析所特有的活动：设定问题，搜集数据，检验来源，做出中期和最终评估，回应情报需求，做出判断和预测，并提出行动建议。相较之前向指挥官或行动人员提供的那种非结构化的、被观点主导、有时存在偏颇的战术分析，这是

[1] 原注：用于 SMATs 和技巧培训的素材并非公开资料，但美国政府的用户可以通过海军陆战队情报活动机构下属的海军陆战队远征情报知识中心获取这些素材。

一种跨越式的进步。在战场上让缺乏经验的分析人员开展分析，同时又要求分析具备较高质量，其结果必然是高度结构化的分析产品。这种对高质量分析的投入，不是集中在工作流程的末端（让分析人员解决问题），而是集中在前端——开发出高效的情报方法，以引导缺乏经验的分析人员得出战场指挥官所需要的可靠、管用的答案。这好比是让士兵拿着组装好的装备上战场。

应用性技巧并非要替代现有的结构化分析方法，而是对后者的补充。有些情况下，分析人员可能会选取某种结构化分析方法，作为提出或检验假设的最佳工具；有时，他们会认为，应用性技巧是向指挥官提供及时、可靠评估的最好方法。新的结构化模型并不一定是对现有模型的否定，而是提供了运用多种结构化方法的选项。总而言之，应用性技巧将主要用于时效快且多样化的战术情报领域。[1]

应用性技巧代表着对本已比较完善的情报理论知识领域的一种新型投入。它需要持续地投入时间和资源，直到战术情报分析人员能够掌握并熟练运用他们开发出来的方法，通过结构化方法对这些方法加以改进，创新并有意识地增加应用性技巧的种类，以满足多领域情报分析的需要。如果手边有一长串的应用性技巧可供使用，分析人员就能够针对困难的问题做出可靠的回答，并向指挥官提供可以据之采取行动的情报。[2]

结构化技巧的确立与机制化：伊索的乌鸦与战场创新

伊索有句名言："需要乃发明之母。"这句话实际是对一则寓言的注解。在寓言中，一只口渴的乌鸦发现了一个水罐，但水罐的口太窄，它没

[1] 原注：对分析技巧的选择取决于分析人员面对的情报问题、战争的形态、可用的时间、评估的性质、分析人员所受的培训和教育，以及分析人员的情报来源。

[2] 原注：Center for Marine Expeditionary Intelligence Knowledge, *21st Century Marine Expeditionary Intelligence Analysis,* 2–3.

法喝到里面的水。乌鸦没有坐以待毙，而是找来石子投入水罐。随着水位的上升，它终于喝到了水罐里的水。这则寓言令读者拍手称奇，因为乌鸦在解决一个乍看上去无法解决的难题时，展现出了令人赞叹的创造力。这则寓言告诉我们，任何可以思考的生物在被环境所迫时，都能发挥巨大的创造力。

正如伊索的乌鸦一样，海军陆战队的战术情报分析人员为了生存，创造出了全新的解决问题方式，在新的、不确定的作战环境中这些方法甚至不断发展壮大。在伊拉克、阿富汗及其他一些地方，分析人员要做出判断，以应对植根于陌生文化的威胁。这些威胁采取了不对称的战术，或融合了传统、非常规及犯罪手段的混合战术。为了在这样的环境中有效完成任务，海军陆战队的分析人员进行了创造性的发明，研发出新的工具、产品、模板和方法，以解决战斗中涉及的各种困难问题。我们可以稍稍列举以下几样发明：

- ★ 为回应指挥官对驻在国情报的需求，分析人员开发出涵盖广泛的系统化模板，以便汇报重要的国家领导人与部落和政治领导人接触的情况。
- ★ 为回应对简易爆炸装置（improvised explosive device, IED）威胁的关注，分析人员开发出一套标准化方法，用来积累和分析威胁数据，并以系统化图表的形式向车队成员和行动规划者报告评估结果。
- ★ 为回应指挥官对敌方战斗持久力的关切，分析人员开发出独特的方法分析事件报告和袭击数据，以确定叛乱分子发动和实施行动的能力水平。
- ★ 为回应上级对敌人组织结构的关切，分析人员改进了利用社会科学情报和情报搜集渠道的现有方式，以便更好地确定敌人地下金融和指挥体系的模式。

上述发明代表了当今战术情报分析的最新前沿，但同时它们也必须经过恰当的选择、改进、验证和机制化处理。从行动伊始，各军种都针对部署和行动开展详尽的事后调查及报告，但成功确定分析方法并对之加以改进的次数却少之又少。多数情况下，上述发明都被束之高阁，存入老旧的文件夹、布满灰尘的共享硬盘，或是无人管理的服务器里过期弃用的网页上。

关键问题在于对信息的发掘和共享。伊索中乌鸦的故事虽然证明了创新的意义，极富教育价值，但乌鸦发明的解决方案却是临时的。下一只面对相同困境的乌鸦将不得不发明自己的方法，否则将面临被渴死的命运。

为促进应用性技巧的机制化，海军陆战队成立了一个新机构，专职负责对作战部队开发出来的应用性技巧进行管理、推广和品质控制。这一新机构就是海军陆战队远征情报知识中心（Center for Marine Expeditionary Intelligence Knowledge, CMEIK）。它搜集战场上由陆战队（包括作战部队的情报分析方法小组）研发的分析方法，同时也从其他情报部门、智库和学术界那里搜集分析方法。该中心对这些方法进行验证、改进和标准化处理，然后为 SMATs 中的每种方法创建易用的结构化培训包，方便个体分析人员或基层部队培训和掌握。

海军陆战队还成立了情报分析方法小组，作为连接新成立的海军陆战队远征情报知识中心和前沿情报单位的桥梁。这些小组是海军陆战队情报部门所用情报方法的保存者，是分析方法和应用性技巧的现场专家，负责监管基层部队对 SMATs 的培训和使用。作为其所服务的基层部队的一个组成部分，情报方法小组还与海军陆战队远征情报知识中心紧密合作，从事新方法的开发和改进工作。

上述这些机构合作研发用于整个海军陆战队的 SMATs，对其进行推广并加以机制化。这一过程包含了研发、验证和培训，囊括如下几个部分：

1. 搜集产生于战场上的分析方法和分析产品；

2. 将其交给位于弗吉尼亚匡提科的海军陆战队情报活动机构（Marine Corps Intelligence Activity, MCIA），由军职和文职情报专家及学者组成的小组评估；

3. 再将新的情报方法交给由具备相应领域理论和实践经验的外部专家组成的社会科学委员会，由他们做进一步的评估、改进和验证；

4. 创建易于参考的培训模块，将实用练习、案例研究及用于解决类似问题的最佳实践方法纳入其中；

5. 确保所有的海军陆战队分析人员，包括战场上最早提出这些方法的人，都可获得上述培训包。

审核情报方法：技巧的评估

出现于军事行动过程中的应用性技巧必须交给有资质的专家进行客观评估，以尽可能地辨别其可靠性和透明度。正如海军陆战队远征情报知识中心在其《21 世纪海军陆战队远征情报分析》中所述，“方法本身并不足以让情报分析变得‘科学化’,必须要有证据证实其具备较高的准确性”[1]。因此，对待应用性技巧时，必须采取整体性思维，对新方法进行评估、验证和改进。

社会科学委员会组织由社会学家和课题专家组成的跨学科小组，依据以下准则对技巧进行评估和改进：

- ★ 明确情报问题和分析目标；
- ★ 提供理论基础；
- ★ 实施方法标准以评判准确性和可靠性；
- ★ 在 SMATs 及相关的应用性技巧间，明确界限和关联；

[1] 原注：Center for Marine Expeditionary Intelligence Knowledge, *21st Century Marine Expeditionary Intelligence Analysis,* 16.

* 定义数据需求；
* 评估提议的情报产品。

这样的评估遵循自有的方法，并得出可据之采取行动的结论。社会科学委员会使用经过验证的社会科学方法，针对发现的缺陷改进应用性技巧。SMATs 的应用性技巧一经验证，就可加入工具库，供战术情报分析人员使用。

运用于实战的SMATs：两个实例

在伊拉克反叛乱行动的高峰时期，美军前沿部队通过使用结构化技巧应对战术问题，强化了其了解和打击叛乱者的能力。以下两个简要的例子将向我们说明，海军陆战队的分析人员是如何研发和使用 SMATs，以解决涉及反叛组织资金和宣传情况的特定情报问题的。

反叛活动的资金支持

回到前面讨论的威胁资金链问题，我们会发现 SMATs 确实是在伊拉克反叛乱行动的高峰时期投入实战的。当时，驻扎在安巴尔省的海军陆战队分析人员，要确定叛乱分子在发动袭击方面的花费。分析人员对该问题的回答将决定切断恐怖分子资金链的紧迫程度，以及开展这一行动的有效方式。

不过，当时海军陆战队的分析人员并不具备解决这一问题的充分能力。他们不像华盛顿的文职全源情报分析人员那样拥有金融和会计学方面的知识背景，也不认识具备这样知识背景的人。可想而知，他们处理问题的方式一定是初级的。这些分析人员研究了手头已有的“原始”情报信息，试图发现涉及敌人资金的数据，并请求人力情报搜集者向其伊拉克线人询问叛乱分子花销的规模和细节。分析人员使用批判性推理，仔细展示了得出评估结论的“计算方式”。尽管如此，他们的评估产品仍显得证据单薄，是一种基于臆测的直觉式分析。

这些分析人员需要的是一种针对该特定问题的结构化方法。为构建这样一种方法，他们需要一份已经回答过类似问题的评估作为指引，并由更富于经验的分析人员给他们清晰地讲解方法。后来，他们通过新的 SMATs 流程完成了评估，完成情报产品数周后，该方法成为针对该特定问题的结构化方法。

流程的第一步，是由匡提科具有资质的分析人员对来自安巴尔省的评估进行审查和评定。之后，通过与具备威胁资金链实际分析经验的外部专家进行协商，他们制定出可用于该情报问题的应用性技巧。他们建议将近期的一次袭击拆分成不同的组成部分：在市场上购买 AK–47 步枪弹药、火箭弹及自制爆炸物的价格，购买油料以便用皮卡运输战斗人员的花销等。他们搜集近期获取的文件，获知叛乱分子从反叛组织那里领取薪水的数额——这些资源长期以来并未得到情报界的足够重视。他们对现有关于恐怖分子筹资模式的公开研究加以总结，并用图表描绘叛乱分子筹集资金的各个步骤以便对其进行分析。之后，他们将上述这些“第二代”的情报技巧置入应用性技巧工具，并交给前线的分析人员使用，使伊拉克的分析人员得以生产出更具洞察力的分析产品。后来，这种关于威胁资金链的 SMATs 工具，又被阿富汗赫尔曼德省的陆战队员采用，其结果同样令人满意。

这正是**应用性技巧**的精髓——它是一种特定且具体的分析方法，包含于表述清晰的、具有指导意义的案例研究中。情报分析人员可以将这样的案例研究运用到具有类似环境的不同战区中。

敌方的宣传

第二种成功的 SMATs 模块，同样也源自安巴尔省，涉及对叛乱分子网上宣传的分析。在此之前，海军陆战队的分析人员花费了几个月的时间，来研究讲述叛乱分子发动袭击的视频。通常他们只是对叛乱分子的声明进行翻译和总结，这一做法尽管有用，却缺乏洞察力。在接收了多份这样的分析产品后，匡提科决定成立一个小组，专门研究叛乱分子的宣传模式，以期得出更具洞察力且有助于开展行动的分析。之后，一些有意思的规律很快显现出来：通过对比盟军部队关于战场大事的记录，该小组发现叛乱分子极少在宣传视频中杜撰袭击事件。尽管他们会夸大袭击的效果，但其给出的时间、目标及发起袭击的组织名称等信息通常都是准确的。这样的"第二代"分析，导致该小组得出的结论，与前方分析人员的臆断截然不同：袭击事件并非是由伊拉克的基地组织发起的，而是由 30 来个不同的组织发起的，这些组织大部分是相互竞争的关系。通过媒体分析，分析人员还得出了关于这些组织相对实力的重要信息，从而为协助盟军部队遏制叛乱活动的势头开辟了新的途径。这样的经验现已纳入 SMATs 案例研究或训练模块，并被其他战区采用。

在情报时代谋求战术洞察力

美国现正处于国际关系与国家利益交织的十字路口，内外环境变化如此之快，使我们无法继续依赖老旧的模式和过时的做法。关于未来的地缘政治环境，美国海军陆战队认为，伊拉克和阿富汗战争的结束并不会开启全球和谐的新时代。威胁——常规的、混合的及非正规的并不会消退，美军仍将不可避免地卷入国际事务。未来，我们会发现新的威胁在多个领域涌现，包括跨国恐怖主义、常规军力发展及非国家行为体的活动等。随着网络战、贫困、疾病、自然资源争夺等全球趋势的出现，由上述威胁引发的问题还将加剧。如何调整我们的实践和组织机构以应对这些威胁，将构成美军发展的下一篇章，而在这其中，分析将发挥关键的作用。

未来，美军部队在战场上的成败，将主要由军事情报分析的现代化进程来决定。这一判断的依据非常简单：成功的行动需要可靠和实用的战术情报，而要想获得这样的情报，必须用结构化工具和现代方法对原始情报数据加以严谨分析。我们有必要向情报分析人员传授分析的基本方法，并教授他们用最高水平的结构化思维读、写、研究和分析。但这不足以保证产出情报的可靠性。相反，可靠性的标准必须来源于对应用性技巧反复和积极的运用。这样的情报方法源自战场的实际经验，向战术情报分析人员传授前又经过了规范、验证和改进。而战术情报分析人员的分析和专业化水平，将是决定 21 世纪美军战场成败的主要因素。

[第十六章]

国内情报分析

莫林·巴金斯基（Maureen Baginski）

关于**国内情报**目前没有官方或者统一的定义。本章讨论的国内情报，主要是指威胁美国边界附近或国境之内安全环境的信息或活动。国内情报关注的是美国境内的目标与来源，这与对外情报有所不同——尽管二者有时也有交叉。对外情报关注的信息与活动，主要是涉及外国政府、人员、网络和间谍的计划、意图和活动。国内情报为担负保护美国领土任务的联邦、州、地方和部落机构，提供决策支持和行动支持。[1] 本章将从分析人员的视角对美国国内情报的历史予以简要介绍。鉴于目前尚没有一个机构依照法律的规定对国内情报行动进行统一领导，本章将就国内情报分析人员由此面临的独特现状进行讨论，并探讨强化国内情报分析的可行步骤。

在国家层面开展国内情报分析的机构，主要来自国土安全部、司法部和国家情报总监办公室。国土安全部的情报机构包括两个被纳入美国情报

[1] 原注：自“9·11”以来，“国内情报”和“国土安全情报”这两个词汇常常被交替使用，在指代涉及美国国内安全的信息时，两者含意是准确的，但在指代搜集此类信息的行动时则是不准确的，因为不论是国内情报还是国土安全情报的搜集行动，在《情报改革与恐怖主义预防法》以及其他情报法律中都没被明确授权。这类行动目前都由执法机构（而非情报机构）实施。

界的组织：情报与分析办公室（Office of Intelligence and Analysis, I&A）及美国海岸警卫队（US Coast Guard）。此外，国土安全部下属的司局部门还设有一些不属于情报界的情报机构，其中比较出名的机构包括特勤局、海关与边境保护局（Customs and Border Protection, CBP）以及交通安全管理局。司法部也拥有两个属于美国情报界的机构：联邦调查局情报分局和美国缉毒署（Drug Enforcement Administration, DEA）国家安全情报办公室。其中情报分局受联邦调查局下属的国家安全分部（National Security Branch, NSB）领导，受其领导的还有反恐与反情报部门以及大规模杀伤性武器处。此外，司法部的其他一些部门，譬如烟酒枪械及爆炸物管理局和美国法警署，还拥有一些不属于情报界的情报机构。在国家情报总监办公室，国家反恐中心也负责涉及国际恐怖主义的国内情报分析活动。在州、地方和部落层面，有数不清的组织被赋予国内情报分析的任务，但它们都不是美国情报界的成员（参见表 16.1）。

表16.1 国内情报从业者

联邦机构	情报界成员	非情报界成员
司法部	联邦调查局情报分局 缉毒署国家安全情报办公室	烟酒枪械及爆炸物管理局 法警署 联邦监狱管理局 部落司法办公室
国土安全部	情报与分析办公室 海岸警卫队	海关与边境保护局 移民和海关执法局 公民和移民局 交通安全管理局 特勤局
国家情报总监办公室	国家反恐中心	

法律框架

美国的法律在对国家情报活动进行授权的同时，也对情报搜集的**目的**和行动所获的**信息**进行了区分（参见文本框 16.1）。“9 · 11”事件之后，“国内”情报一词被随意地使用，但需要指出的是，美国的法律并未规定有这样一个情报门类。2004 年，《情报改革与恐怖主义预防法》取代 1947 年的《国家安全法》的时候，确实曾出现过授权设立国内情报门类的机会。不过，新的法案最终还是保留了 1947 年的法律条文，规定情报行动

文本框 16.1　定义

对外情报（foreign intelligence）：对外情报行动的目的，是搜集有关外国政府或组织的计划、意图和能力的信息。对外情报的搜集对象是非美国公民和居民——除非根据美国《对外情报监视法》（Foreign Intelligence Surveillance Act, FISA）的规定，美国公民或居民被认定是外国间谍。在后一种情况下，可以依据《对外情报监视法》的许可，开展针对美国公民或居民的情报搜集行动。

反情报（counterintelligence）：反情报行动的目的，是阻止敌对势力搜集关于美国的敏感信息。反情报信息可以通过美国的执法机构和对外情报机构，从国内和国外两个渠道分别获取。在美国国内，反情报行动的主角是联邦调查局，而在国外，这一行动主要由中情局承担。

国内情报（domestic intelligence）：国内情报是指威胁美国边界附近或国境之内安全环境的信息或活动。国内情报关注的是美国境内的目标与来源，这与对外情报有所不同——尽管二者有时也有交叉。后者主要关注涉及外国政府、人员、网络和间谍的计划、意图和活动的信息。

的目的是获取两类信息：对外情报和反情报。一直以来，这两类情报行动在活动空间上并不受限制，范围也包括美国本土。与之相比，为搜集国内情报信息而开展的情报行动从未获得过授权，即便在新的《情报改革与恐怖主义预防法》中也是如此。《情报改革与恐怖主义预防法》确认了国内情报搜集行动的现状，将管理这类行动的权力主要交由执法部门而非情报界负责。

《情报改革与恐怖主义预防法》并没因为搜集国内情报信息的需要，设立一个新的国家情报行动门类，而是将精力集中于扩充并优化国家情报的定义，使其涵盖涉及美国国内安全的各类情报信息——不论其搜集目的是什么，搜集地域在哪里。根据修订后的定义，"国家情报"和"涉及国家安全的情报"这两个术语指的是不分来源的所有情报，既包括搜集于美国境内的，也包括境外的。这些信息可以"(1) 根据总统的指示，涉及不止一个政府机构"；或"(2) 涉及 (i) 美国及美国的人员、财产或利益所面临的威胁，(ii) 大规模杀伤性武器的研发、扩散或使用，或者 (iii) 其他关系到美国国家安全或国土安全的事项"。[1]

根据上述定义，《情报改革与恐怖主义预防法》将涉及对美威胁的各种来源信息都当作是国家情报信息。此外，该法还授权国家层面的机构，特别是国家情报总监，负责此类信息的共享。该法通过这一授权创造了条件，使人们可以对满足上述定义的全源信息开展综合性分析。不过有必要指出的是，国家情报总监尽管有权接收所有的国家情报信息并进行分析，但也被明确禁止，除了向对外情报和反情报搜集者布置任务外，不得直接向境内其他人员下达搜集此类信息的任务。

2013 年 6 月，在两天时间里，国家安全局的两个监视项目遭到非授权人员的披露，由此我们了解到，负责指挥情报搜集活动的机构与负责分享情报的机构间应有所区别。根据媒体的报道，在其中的一个监视项目中，

[1] 原注：Intelligence Reform and Terrorism Prevention Act of 2004, Public Law 108-458, US Statutes at Large, section 1012, www.gpo.gov/fdsys/pkg/PLAW-108publ458/pdf/PLAW108publ458.pdf.

联邦调查局根据美国《爱国者法案》第 215 条的规定，利用其执法机关的地位从美国的服务提供商那里搜集了大量通话记录（不是通话内容），随后联邦调查局将这些信息分享给了作为对外情报机构的国家安全局。根据《爱国者法案》关于授权搜集此类信息的规定，联邦调查局必须提供一份事实陈述，以表明其有理由相信要搜集的通话记录“与一项授权开展的调查有关”——换句话说，搜集活动对其完成执法任务是必要的。在另一个监视项目中，国家安全局援引《对外情报监视法》第 702 条的规定，以开展**对外情报行动**为名，直接监视境外的外国人经美国国土进行的通话。[1]

由于这一法律框架，在国家层面工作的国内情报分析人员所处的境地，变得与其情报界的同行截然不同：其情报分析和信息搜集分别受两个不同机构的领导——国家情报总监，以及拥有或搜集“国家情报”的机构（通常都是执法机构）。分析人员的职位受国家情报总监预算资金——国家情报计划（National Intelligence Program, NIP）的保障，其分析工作自然也要遵循国家情报总监的业务标准。然而，对他们所需信息进行的搜集、分发和共享，却要依照执法和公共安全官员订立的政策和优先次序开展，而国家情报总监对这些官员并无领导权。更为重要的是，分析产品的价值要由这两类官员共同决定。对于什么样的信息才有利于决策的问题，两个领导机构各有不同但都合理的观点，又都可以指导和评估国内情报分析人员的工作。目前已有多部著作论及单独设立一个国家级的国内情报机构的好处，在此我们不再赘述。[2]

[1] 原注：关于这些项目更详细的讨论，参见：Congressional Research Service report *NSA Surveillance Leaks: Background and Issues for Congress*, http://freedownloadb.org/ pdf/nsa-surveillance-leaks-background-and-issues-for-congress-89928166.html。

[2] 原注：更全面的讨论，参见：Richard Posner, *Preventing Surprise Attacks: Intelligence Reform in the Wake of 9/11* (Lanham, MD: Rowman & Littlefield, 2005)。

简要历史

“9 · 11”事件之前，构建国家层面国内情报能力的呼声并未彰显。当时的主流观点认为，国家安全威胁并非来自美国国内。此外，历史上，就国家层面的国内情报行动开展的尝试往往以丑闻告终，譬如20世纪六七十年代，由国家安全局、中情局及联邦调查局开展的监视公民行动，就是旨在监控或压制政治异见人士。这些丑闻连同广泛存在于美国国内的安全和利益观念，让人们相信，国家层面的国内情报行动不仅没有必要，在某种程度上甚至是令人生厌的。尽管20世纪六七十年代联邦调查局对权力的滥用，就是源自其与执法部门的联合行动，但截至目前，国内情报职能仍主要和执法机构的个案调查联系在一起。大众普遍认为情报人员可以违反外国的法律，但执法和公共安全人员不管身处哪个国家，都必须依法行事。2013年6月，媒体报道了国家安全局和联邦调查局合作开展的可能针对美国公民的监视计划。这一事件是否会改变现有的观点，目前还不得而知。

一直以来，美国“国内的战士”——政府各个层级的执法和公共安全官员，都认可情报在其行动决策中发挥的作用。早在“9 · 11”事件之前，他们就投入资源和精力培养专业的情报分析人员，并推动信息共享。不过由于缺乏一个单一的国家机构，对联邦、州、地方和部落的执法及公共安全活动进行协调——这一状况是由美国的联邦体制决定的——这样的努力到目前为止仍是自发性的。

举例来说，1956年，26个州及地方政府的执法机构，联合成立了执法情报小组（Law Enforcement Intelligence Unit, LEIU），以处理共享机密犯罪信息事宜。这些执法专业人员清楚，犯罪团伙可能会利用交通和通信领域的技术进步来增强机动性，组成在地域上高度分散的网络，以扩大其影响力和活动范围。他们做出了正确的判断，认为共享威胁信息将有助于执法人员网络的建立，进而提高合作应对威胁的成功率。

执法情报小组目前仍在运作。[1]1967年，由J. 埃德加·胡佛（J. Edgar Hoover）领导的联邦调查局，创建了国家犯罪信息中心（National Crime Information Center, NCIC）数据库。该系统如今仍在公共安全领域发挥着重要作用，同时也是美国国土安全行动的一个关键组成部分。与此类似，1981年，国际执法情报分析人员协会（International Association of Law Enforcement Intelligence Analysts, IALEIA）成立，"以推动建立地方、州、省、国家和国际层面执法情报分析的高行业标准"。国际执法情报分析人员协会目前也仍在运作。[2]

"9·11"事件凸显出这样一个事实：随着全球化时代的到来，全球化的威胁也应运而生；在间谍和贩毒以外的领域，美国的国家安全也面临着实实在在的威胁，而这些威胁可能就源自美国本土。尽管我们了解这些威胁的本质，但却不知在现行的联邦体制和宪法之下，如何应对这些威胁。从孤立的角度看，就此采取的行动和设立的机制确实大有裨益，但整体上却给国内情报分析人员造成了新的挑战：

★ 2002年，为确保将威胁拒于国门之外，美国成立了国土安全部。国土安全部下辖情报分析与基础设施保卫局（IAIP，即现在的情报与分析办公室），负责分析全源信息（包括国家情报和执法情报），以预防恐袭，并掌握美国本土尤其是基础设施所面临的恐袭威胁。
★ 2003年1月，总统在国情咨文中宣布成立恐怖主义威胁综合中心（Terrorist Threat Integration Center, TTIC）。除重要基础设施的保卫外，该中心（现在的国家反恐中心）的任务，与国土安全部情报分析与基础设施保卫局担负的任务基本相同。
★ 联邦调查局于2003年成立情报分局（Directorate of Intelligence, DI），并于2005年成立了国家安全分部，以更好地整合对外情报、

[1] 原注：See the LEIU home page, http://leiu-homepage.org/index.php.
[2] 原注：See the IALEIA home page, www.ialeia.org/.

反情报及执法行动，从而将联邦调查局变为一个融合了传统的执法与情报职能的国家安全组织。

★ 联邦调查局扩充了联合反恐特遣部队（Joint Terrorism Task Forces, JTTFs）的规模。根据司法部的说法，这些部队系“由来自美国数十个执法和情报机构的调查员、分析人员、语言学家、特警部队专家及其他专业人员组成的小型分队，他们接受过良好培训，部署在当地，具有高度工作热情。该部队的创建要归功于由司法部和联邦调查局领衔的跨机构合作，目的是整合联邦、州和地方的执法资源”[1]。

★ 2005 年，美国设立了国家情报总监一职，以统管协调情报界（包括那些兼具执法和情报功能的机构）的行动。

★ 州和地方一级的政府共设立了 72 个情报融合中心[2]，以整合关于威胁的信息。这些信息涵盖“所有的犯罪和有害活动”，而不仅仅是恐怖主义活动。

国家情报机构职能与活动的扩展也造成了一定的困惑：2007 年，国土安全部情报与分析办公室，被确定为与情报融合中心开展协调并向其提供支持的国家机构，而联邦调查局则将下属各外勤情报大队（Field Intelligence Group, FIG）说成是“与情报融合中心进行信息共享的关键环节”[3]。2008 年，“根据第 12333 号行政令的规定”，联邦调查局被指定为

[1] 原注：Department of Justice, “Joint Terrorism Task Force,” www.justice.gov/jttf/.

[2] 原注：国土安全部将融合中心定义为州和地方层级的核心部门，负责在联邦、州、地方、部落和海外领土的合作伙伴间进行涉威胁信息的接收、分析、搜集和共享。参见网址：www.dhs.gov。

[3] 原注：Federal Bureau of Investigation, “Eric Velez-Villar, Assistant Director, Directorate of Intelligence, Federal Bureau of Investigation, Statement before the House Homeland Security Committee, Subcommittee on Counterterrorism and Intelligence Washington, DC, February 28, 2012,” www.fbi.gov/news/testimonyintelligence-sharing-with-federal-stateand-local-law-enforcement-10-years-after-9-11.

“国内情报搜集活动的领导机构”[1]。2012 年,国家情报总监指定联邦调查局的特工主管（Special Agent in Charge, SAC）们——系执法人员而非情报人员——作为其在美国国内的个人代表，尽管国家情报总监事实上并无直接指挥这些人员搜集国内情报的权力。

孤立地看，上述机构在保护美国的安全方面均发挥了重要作用，但是作为一个整体，却反映出相关的工作缺乏协调。由于将传统国家层面的情报工作模式——由一个单一机构统管情报的需求、搜集、处理、分析和分发——套用在国内情报工作上，这些机构还面临着一定的困惑。对于国内情报来说，保护国土安全的任务被划分成多个部分，由分属不同部门的机构各自完成。这种生硬的套用对国内情报分析人员的工作产生了深远的影响，在一定程度上导致美国在“9 · 11”事件发生 10 年后，仍未形成强有力和统筹一致的国内情报分析能力。

执法文化对国内情报分析的影响

如果把情报分析称作“基于推理和证据的判断”——这里的证据指最广义的证据，包含可用来确定或证实某个说法的一切事物——那么鉴于国内情报分析在执法调查机构中的作用，其质量必须十分过硬才行。对国内情报分析来说，与执法行动紧密相关既是其最大的优势，也是最大的劣势。

[1] 原注：Federal Bureau of Investigation, “Eric Velez-Villar, Assistant Director, Directorate of Intelligence, Federal Bureau of Investigation, Statement before the House Homeland Security Committee, Subcommittee on Counterterrorism and Intelligence Washington, DC, February 28, 2012,” www.fbi.gov/news/testimonyintelligence-sharing-with-federal-stateand-local-law-enforcement-10-years-after-9-11.

证据来源

执法部门的诉讼文化把对证据来源的验证放在工作的首要位置，这一点恰恰是对外情报和反情报分析的弱项，并常常出现在对情报失误的调查中——也包括2003年情报界对伊拉克大规模杀伤性武器能力的错误判断。[1] 将证据公开提交法官（有时还需提交陪审团），并由其进行评估，决定了执法专业人员必须十分小心地验证证据来源（尤其是人力情报来源）的可靠性。对这一做法持赞成态度的情报分析人员，都会照着这样做。分析人员如果支持基于个案的执法行动，通常会对情报来源的可靠性有更好的洞察力。事实上，这些人常常也是验证情报来源活动的参与者。在这方面，国内情报分析人员通常要比其对外情报和反情报同行更具优势，后者由于来源和方式保密的原因，常常对信息的源头一无所知。

但与此同时，执法行动的特点也决定，它并不鼓励分析人员进行超出调查需要的追根溯源。这给情报分析人员带来了两种挑战：(1) 他们用来进行分析的信息仅与其开展的调查有关；(2) 其利用情报信息开展新调查的能力同样会受到限制。因此，国内情报分析人员只是针对调查个案和抓捕嫌犯的有限目标开展工作，而非研究可能出现在多个案件中、涉及范围更广的战略问题。这一现状的影响是深远的：行动和战术情报分析得到了优化，而根据《情报改革与恐怖主义预防法》的规定，旨在生产和分享国家安全信息的战略情报分析却未得到足够重视。

调查流程、情报分析及科学方法

调查性情报方法、情报分析方法和科学方法有许多相似之处。三者都

[1] 原注：The Commission on the Intelligence Capabilities of the United States regarding Weapons of Mass Destruction, *Report to the President of the United States, March 31, 2005* (Washington, DC: Government Printing Office, 2005), chap. 8. Hereafter cited as *WMD Commission Report*.

利用一系列的方法来调查现象，获取新知识，并纠正和整合已有的知识。调查性情报方法与科学方法的鲜明特点是，尽量保持客观以减少结论中带有偏见的解读。[1] 此外，二者都旨在让证据自己说话，不管其是否支持某种理论。过去，因为缺少像调查性和科学方法那样的内在严谨性，情报分析曾多次遭受诟病。在伊拉克大规模杀伤性武器问题上的情报失误，就常常被拿来当作缺乏客观性的一个典型例证。不管公正与否，人们常常指责情报分析人员，称其利用信息来支持用户的先入之见和已有理论，而不是由信息本身来证明理论的真伪。将国内情报分析人员与执法人员配置在一起，能让国内情报的分析方法与调查流程结合得更加紧密，从而为其开展更科学的分析、得出更客观的结论创造条件。

“9 · 11”情报失误常常被归咎于“想象力的缺失”。[2] 我们知道，想象力是成功情报分析的重要特征，它的缺失常常也是分析失误的原因之一。[3] 执法调查文化虽然也允许提出假设，并在个案的框架内让证据证明假设是否成立，但该文化特别不鼓励超出个案范畴的调查。

联邦调查局在“9 · 11”事件前的表现，或许最能体现这种文化对国内情报分析方法的消极影响。当时，联邦调查局掌握了在美国两座城市的飞行学校中学习的多名可疑学员信息，但没能将这些信息联系起来加以分析。2001 年 7 月初，联邦调查局总部的宗教激进主义者小组及其下属的奥萨玛 · 本 · 拉登小组，收到了来自凤凰城办事处的一份备忘录。该备忘录指出，亚利桑那州某些飞行学校的学员与伦敦一个宗教激进主义团体有关，并表达了担忧。凤凰城办事处建议对全国的类似学校进行拉网式调查，以找出潜在的恐怖分子，但联邦调查局未采取任何行动。2001 年 8 月，明尼阿波利斯的一家飞行学校也向联邦调查局报告，表达对一名学员的怀疑——该学员名叫扎卡利亚 · 穆萨维，后被认为是“9 · 11”事件的

[1] 原注：参见本书第九章关于科学方法的论述。

[2] 原注：See *The 9/11 Commission Report: Final Report of the National Commission on Terrorist Attacks upon the United States* (New York: Norton, 2004), 344–348.

[3] 原注：参见本书第十章。

第 12 名劫机者。当时，该飞行学校怀疑他的理由包括：他不想学习起飞和降落，无任何飞行方面的知识，以及用现金支付学费等。联邦调查局立即启动了对穆萨维的调查，但由于官僚程序的原因，明尼阿波利斯办事处未能获得搜查他电脑的授权，也没有收到凤凰城办事处的那份备忘录，从而失去了让情报分析人员将两件事联系起来的机会。“9 · 11”事件之后，尽管联邦调查局将工作重心放在恐怖主义预防上，类似的事件可能不会再发生，但调查文化的个案属性妨碍分析人员提出并验证超出个案范畴的假设，而这才是预警失误的真正原因。

为方便执法行动自发开展信息共享的历史

从 1956 年创建执法情报小组开始，美国执法部门就形成了信息共享的固有传统。在情报界工作了近 25 年后，我于 2003 年加入联邦调查局，负责当时的情报办公室。那时，执法部门开展信息共享的方式令我印象深刻。事实上，我一直认为这一方法会让情报界获益匪浅。接着，政府部门建立机制，推动国家犯罪信息中心的运作，这是我观点的最好体现。美国各地的执法机构同意分享他们各自掌握的人员识别信息，以强化全国范围的公共安全合作。

即便不知道有国家犯罪信息中心这样一个数据库的存在，人们仍有可能接触到这个系统——譬如当他们购买武器或注册摩托车的时候。你们有没有因为交通违章而被勒令在路边停车，耐心地等待警察从他或她的车里出来并走到你的车跟前？有没有想过这期间警察都干了些什么？事实上他或她是在对你的车辆信息和国家犯罪信息中心的记录进行比对，以便在决定如何接近你和你的车辆前掌握尽可能多的信息。这一做法可以说是“对警队安全行动的情报支持”。在国家犯罪信息中心的运作过程中，由执法部门领导人组成的管理机构负责商讨制定信息共享的标准，包括信息的要素和格式，以及最重要的，对不恰当地获取或滥用信息的制裁。据我所知，美国情报界还未曾提出构建类似的系统，来共享源自对外情报和反情报搜集行动的人员识别信息。

尽管执法机构天然倾向于共享信息，以服务公共安全利益，但他们在搜集和共享信息以供内部使用时，并不了解这些信息对负责保卫国家的其他组织（包括情报部门和军队在内）也有用处。当然，他们之所以不愿与执法机构以外的部门共享信息，的确是有法律方面的考量。各州、地方和部落执法机构采取行动时依据的法律和政策，限制了信息的共享。例如，《美国联邦法规》（Code of Federal Regulations, CFR）第 28 条第 23 款，确立了执法机构管理受联邦资金支持和多重管辖的犯罪情报系统时的联邦指导原则。该法规就执法部门如何有效地使用犯罪情报信息系统做出了指导性规定，并在犯罪情报信息的搜集、存储和分发过程中，兼顾保护个人隐私和宪法权利。这意味着，在由联邦拨款支持的融合中心里，情报分析人员也适用于该条款中关于信息共享的限制。

由此可见，在国家层面上，国内情报分析人员分享情报信息的指导原则，来自两部相互冲突的法规。目前，我们不知道情报分析人员该如何调和《美国联邦法规》第 28 条第 23 款及《情报改革与恐怖主义预防法》的相关规定，而调和两部法律中有冲突规定的政策性工作也鲜有进展，这让国内情报分析人员在考虑共享其分析成果的时候，选择遵循更具权威的执法政策。

情报分析：对信息既要重视物理获取，更要重视虚拟获取

情报分析与执法调查尽管存在相似之处，但也有一个重要的不同：情报分析实质是一种借助存储的大量信息而开展的智力性案头工作，而执法调查的特点则是对信息进行物理获取，其中大部分信息都不会进入信息库，从而无法被其他人员使用。造成这一状况的原因有两个：(1) 尽管有国家犯罪信息中心这样的成功系统，但支持执法行动的信息系统大体上还

是非常欠缺；(2) 相比书面信息，执法官员更看重口头消息。[1] 情报界的搜集者大量撰写报告，以确保其信息通过合适的信息系统得以发布。与此不同，执法人员不太倾向于将所获信息落实在纸面上，一来是因为他们较少有机会进入相关的信息系统，二来也是因为他们要保护案件信息的安全。对于执法官员来说，案件是所有相关信息汇集的地方——相当于一个装信息的“桶”。情报界的专业人员对信息来源或平台的看法，与执法部门专业人员对案件的看法没有太多不同，但是情报界花费了很多年时间设计政策、制定流程和创新方法，以便在保护信息来源的同时与需要采取行动的人分享这些信息。与之相比，执法部门在共享信息方面的经验则少得多，同时也缺乏推动信息共享的相应政策、流程和方法。

我记得我刚进联邦调查局任职的时候，曾经问过一组特工，他们是愿意“挨个敲 40 户人家的门呢，还是愿意让情报分析指引着他们前往该去的 10 户人家”。他们对我的问题报以漠视和缄默，一开始让我不太能理解。一段时间之后我开始明白，调查文化已深深植根于对案件所需信息的物理获取实践。随后我意识到，在国家安全局工作期间，我一直处在一个信息极度丰富的环境里，不用离开办公室就能开展情报分析工作。同时我也认识到，执法官员和国内情报分析人员则处在一个信息极度匮乏的环境里，预算的限制和基于个案的调查文化严重妨碍了情况的改善。你只需要问问国土安全部派驻情报界国家反恐中心工作的分析人员，以及在国土安全部总部工作的分析人员，让他们描述各自所处的信息环境，就能够发现存在于两者之间的巨大不同。在国家反恐中心工作的分析人员，会感叹每天必须要处理大量的数据。在国土安全部工作的分析人员，对其接触到的对外情报信息也会有类似的看法，但对其开展情报分析所需的国土安全情报信息，则深感欠缺。

[1] 原注：类似的两点观察可参见：Henry A. Crumpton, *The Art of Intelligence* (New York: Penguin), 112–113.

开展分析：国内情报机构的做法

国家级机构的情报分析具有三方面的环境特征：(1) 接触信息；(2) 优先服务于所支持的行动人员；(3) 多数情况下，包括公众在内的情报用户，都在非保密的信息环境中工作。

国土安全部和联邦调查局的信息系统，都不是针对多来源信息分析而设计的。这么安排有非常充分的理由，其中多数都涉及严重限制信息共享的法律和政策。当然在对外情报和反情报机构中也存在着类似的障碍，不过这些机构多年来已经形成了一套系统和政策，能够在不违反法律和政策的情况下共享信息。

在判断分析产品的价值时，与国内情报分析人员一同工作的行动人员采用的标准是：这些分析产品在多大程度上有助于他们的工作。虽说这是一个恰如其分的标准，但它仍然只是标准之一。从"9 · 11"的悲剧事件中，我们得出但未吸取的一个教训是：一个机构获取并存储的信息对其他机构来说也是有用的，因此应该分享信息以帮助其他机构开展行动，防止国家遭受伤害。举例来说，2012 年 8 月，联邦调查局副局长肖恩 · 乔伊斯（Sean Joyce）曾公开表示，联邦调查局 95% 的情报分析产品都为该局所用。乔伊斯的话表明，联邦调查局的情报分析仍然是对本部门的支持活动，而非对所有国家机关（包括国防部和国土安全部）给予支持的全国性活动。

搜集部门以外的国内情报分析用户，多数时间都在非保密的信息环境下工作、决策。就算国内情报分析人员获得许可，可以与本机构以外、担负保护国土任务的人共享分析产品，他们仍需在非保密的条件下进行分享，这通常会削弱其分析产品的影响力。

这三方面的环境因素导致的结果就是，国内情报分析基本上仍是一种类似于"收件箱 / 发件箱"的短期新闻式活动。这种形式的报告并非毫无价值。事实上，在 2003 年 5 月我刚调入联邦调查局的时候，《情报信息报告》(Intelligence Information Reports, IIR)这种原始情报的产量每年平均只有 34 份。从那时到现在，原始情报的年产量增加了数百份。联邦调查局对原始情报及分享这些报告的重视结出了累累硕果，值得赞赏。不过，这种重视也基本让评估性的战略情报分析失去了发展空间。鉴于战略情报分析不受重视和关注，国内情报分析人员也无从发展和应用先进的情报分析方法。许多国内情报分析人员在加入国内情报机构之前，都在对外情报和反情报部门从事情报分析。这些人知道如何开展评估性分析和战略性分析，但也清楚这种分析在他们现在的机构中并不受重视。对他们来说，理性的做法无非就是离开国内情报机构，抑或是按上级喜欢的形式开展情报分析。

最初的十年：一份早期的成绩单

"9 · 11"以来国内情报分析取得的进步值得庆贺。很明显，无数起针对美国本土的恐怖主义阴谋能被瓦解，各级政府在改善国内情报分析质量上所做的努力可谓功不可没。对那些不知疲倦地工作、在保护我们的过程中甚至献出生命的人，每一位美国公民都应该抱有感激之情。他们改善国内情报的努力是真诚的，工作是努力的，成绩也是毋庸置疑的。

同时，"9 · 11"之后美国本土发生的两起恐怖袭击也表明，尽管已经取得了显著的进步，但要想发展强有力的国内情报分析能力，使其可以支持并推动执法调查行动，我们仍有许多工作要做。2009 年 11 月 5 日，美国公民、陆军少校尼达尔 · 马利克 · 哈桑（Nidal Malik Hasan），闯入得克萨斯州胡德堡陆军基地的部署中心，开枪打死 13 人，打伤 32 人，制造了继"9 · 11"之后美国本土遭受的最严重恐怖袭击。美国参议院国土安全与政府事务委员会（Senate Homeland Security and Governmental Affairs Committee）对该事件进行了调查，除了得出一些涉及系统性信息共享问题的结论外，还发现："在哈桑的案件中，鉴于联邦调查局已经掌握的证据，情报分析人员本可以提出不同的观点，但是联邦调查局并未有效发挥这些人的作用。”[1] 该委员会的报告指出，如果让情报分析人员牵头调查哈桑的行为，或能发现他的极端化倾向并阻止那次袭击。关于 2013 年 4 月 15 日的波士顿恐怖袭击，初步调查报告显示，在信息共享和让情报分析人员完全融入调查进程方面仍存在问题。[2]

十年的时间看上去不短，但期望在十年之内发展出强大的国内情报分析能力，则是不现实的。美国的对外情报和反情报分析能力已经存在了 65 余载，但仍没有人（包括情报分析人员）会说这些能力已趋于“完美”，不再需要改进了。此外，对外情报和反情报分析人员也会因为他们和情报机构的关系而享有一定的优势，而这些优势却是工作在执法机构里的国内情报分析人员的劣势。在情报改革的头十年中，这些劣势并未得到充分地纠正。正因为如此，国内情报分析虽然在行动和战术层面得到了加强，但在战略层面仍显羸弱。这让人们对各级政府中执法部门的转型产生了怀疑，质疑其未能成功将行动的重心从刑事诉讼转向预防国家安全威胁（包括犯罪）。

十年的国内外战争对所有的情报机构都提出了挑战，迫使他们在战略情报分析和战役 / 战术情报分析之间保持艰难的平衡。这种持久的紧张是对外情报和反情报分析活动的显著特征之一。毫不奇怪，同样的紧张也一定存在于更为年轻且更不成熟的国内情报分析活动中。不过羸弱的战略性国内情报分析或许更值得关注，因为其基于个案的分析环境倾向于排斥并低估战略分析的价值。分析的主要用户——执法专业人员以分析能否提供“线索”来判定其价值。他们想的是，基于这些信息他们可以采取哪些行

[1] 原注：See “A Ticking Time Bomb: Counterterrorism Lessons from the U.S. Government’s Failure to Prevent the Fort Hood Attack,” by Joseph I. Lieberman, chairman, and Susan M. Collins, ranking member, Committee on Homeland Security and Governmental Affairs, US Senate, www.hsgac.senate.gov/public/_files/Fort_Hood/FortHoodReport.pdf.

[2] 原注：参见 2013 年 7 月 10 日在参议院国土安全委员会上，波士顿警察局长爱德华 · F. 戴维斯三世（Edward F. Davis III）所做的证词，网址：www.hsgac.senate.gov/download/ ?id=7810b6aa-5ed6-4e71-8b9f。

动，启动什么样的调查，跟踪哪些线索。这一现象存在于从国家到州、地方和部落的各级执法部门。

大体上说，战略情报分析不包含特定的“线索”信息，这一方面是因为其关注的问题已经超越了个案范畴，另一方面也是因为战略情报分析人员所接受的培训，要求他们避免在工作中给出政策处方。情报分析人员不会根据自己的分析，告诉基于信息采取行动的决策者应该采取哪些行动。只要国内情报分析继续与执法行动绑定在一起，其价值的衡量标准还是对行动的贡献，那么战略层次的情报分析就不会得到充分发展，甚至有可能销声匿迹。这样一来，在执法部门以外担负保卫国家重任的人，将无法在战略性国内情报分析的基础上做出决策。

没有统一的国土威胁形势图

“9 · 11”事件十年后，美国国内情报分析上述各自为政的特点，以及在战略性国内情报分析方面的缺陷，妨碍了相关部门针对美国本土所面临的威胁勾勒一幅统一的形势图。造成这一局面的原因有很多，但主要原因有以下两条：(1) 国家层面的国内情报行动主要集中在反恐领域，而州和地方政府的行动则涉及“所有的犯罪和危害”；(2) 国内情报分析仍附属于以个案为基础的执法行动，这虽然优化了战役和战术情报分析，但却牺牲了战略情报分析。由此一来，国土安全部形成了自己的威胁形势图，而联邦调查局及 72 个融合中心也各有各的形势图。从另一方面来说，这也不啻是一大成就，值得赞许。这一进步要归功于各级政府中情报分析人员及执法专业人员的远见卓识和巨大付出，以及对国家安全的高度重视。

国家层面的国内情报分析所隶属的机构，并不只担负情报任务。在这些机构中，情报分析被看作是一种对核心业务的支持职能，这一点在州、地方和部落层级的政府机构中也是一样。从事核心业务的人，会自然而然地把自己当成是情报分析的主要用户。近年来，分析人员与核心业务人员的合作关系得到了加强，战术行动的水平也由此得以提升。不过，关于美国全境所受威胁的单一形势图目前仍是缺项，原因在于担负各项任务的人对于威胁的内容和紧迫性都有不同的看法。除非担负保护美国本土任务的人能够一起讨论，并共同描绘出一幅威胁形势图，否则情况不可能改观。在目前的情况下，国内情报分析人员很难摆脱战术行动**支持**者的角色定位，成为用分析产品预测和阻止新威胁的人。

情报分析人员

国内情报分析人员不应再被当成是“摆设”或“地毯上的灰尘”[1]，摆在他们面前的工作有很多。国内情报分析人员本身也属于专业人员，具有与执法专业人员平起平坐的地位，而并不仅仅是支持人员。这个问题在国家层级的政府机构中显得尤为突出，在州和地方的执法部门中倒不太明显，因为在那里情报分析人员的职能通常都由警官代行。在融合中心，情报分析人员的职务通常都由雇员担任，因为用于固定职位的资金有限，而使用联邦资金找人填补这些空缺则相对容易。很少有融合中心要求其情报分析雇员满足国家情报总监的分析标准，尤其是那些关于分析方法培训的规定。不过值得指出的是，诸如国际执法情报分析人员协会这样的情报分析人员专业协会，不但生存了下来，而且还愈发壮大。联邦调查局的情报分析人员也倡导成立了情报分析人员协会（Intelligence Analysts Association, IAA），并亲力亲为推动协会发展，因为这将关系到联邦调查局乃至全球的情报分析。[2]

[1] 原注：Chris Strohm, “Ex-Federal Officials Question Pace of FBI Reforms,” Government Executive, June 6, 2005, www.govexec.com/defense/2005/06/ex-federal-officials-question-pace- of-fbi-reforms/19367/.

[2] 原注：See the FBI IAA’s home page, www.fbiiaa.org.

根据《情报改革与恐怖主义预防法》的要求，联邦调查局局长应“为该局分析人员提供与情报界其他机构的分析人员相当的培训和职业发展机会”[1]。2005 年，联邦调查局的拨款法案取消了第五条，该法条曾限制分析人员晋升至外勤 12 级和总部 13 级工作人员。由此，联邦调查局的情报分析人员，也可以像情报界其他部门的对外情报和反情报分析人员一样，晋升至高级行政岗位。

直到最近几年，对于联邦调查局履行推进情报分析专业化的承诺，人们仍感到乐观。但在 2012 年中期，出于评估情报分析工作及重组情报分局的考虑，联邦调查局冻结了分析人员向 13 级以上职务的晋升。目前，重组情报分局的工作仍在进行，但所有的分析人员都不得担任情报分局的直接主管，而是要接受总部和外勤调查部门的双重领导。这一重组不仅阻断了联邦调查局分析人员与情报界文化上的联系，妨碍了由国家情报总监确立的分析标准与情报方法，也极大降低了情报分局的权威，让其成为一个无权用情报指导调查行动的政策部门。尽管该局后来解除了对分析人员晋升的冻结，但这一现状，与《情报改革与恐怖主义预防法》第二条中关于联邦调查局情报架构及情报分局责权的规定显得格格不入，[2] 也让人对该局履行推进情报分析人员队伍专业化承诺的态度产生怀疑。

从 2006 年至 2009 年，我有幸在国土安全部的一个情报分析人员培训课程上授课。期间，我接触了国土安全部的许多情报分析人员，并向他们提供了职业发展的些许建议。曾有一名情报分析人员向我讲述了他的调动考虑：“我现在在海关与边境保护局工作，但我正考虑是否调往国土安全部。”他想征求我的意见，而当时我不太理解他的问题，因为海关与边境保护局本来就是国土安全部的一个部门。但他的问题透露出国土安全部

[1] 原注：Intelligence Reform and Terrorism Prevention Act, section 1012 c6, www.gpo.gov/fdsys/ pkg/PLAW-108publ458/pdf/PLAW-108publ458.pdf.

[2] 原注：Intelligence Reform and Terrorism Prevention Act, section 1012 c6, www.gpo.gov/fdsys/ pkg/PLAW-108publ458/pdf/PLAW-108publ458.pdf., title II.

的职员、批评人士及捍卫者普遍承认的一个事实：该部还不是一个整体，而是一个由 22 家机构和部门组成的松散联盟。由于国土安全部的调查部门及其工作人员还未合成一个整体，因而其内部也未形成整合情报分析的迫切要求。国土安全部的许多部门，譬如交通安全管理局、海关与边境保护局、移民和海关执法局以及特勤局，都有各自的情报部门和情报分析人员，但这些部门和人员都不是美国情报界的成员。在国土安全部内部，只有情报与分析办公室以及海岸警卫队是情报界成员。与联邦调查局的同行们不同的是，国土安全部的情报分析人员（即便是那些属于情报界的分析人员），并没有可供他们沿情报专业发展的职业上升通道——尽管国土安全部正试图解决这一问题。

情报需求

目前，尚没有一份关于情报需求的单一权威性文件，能用于指导国内情报的搜集与分析活动。代表国家情报总监指导对外情报和反情报分析活动的国家情报优先框架（National Intelligence Priorities Framework, NIPF），不能用于指导国家情报总监无法直接指挥的情报分析活动。另外，由于国内情报的搜集者和用户大量存在于各州和地方政府层级，他们不具备必要的涉密权限，因此，即便是国家情报优先框架文件本身的内容，也不能向他们开放。

最近，国家情报总监为推进情报界的融合，设立了国家情报主管，来围绕情报课题而非搜集渠道组织情报活动。这种以课题为中心的做法很有可能将国内情报活动整合进来，值得赞许。国家情报总监办公室指出，“负责具体地区或职能的国家情报主管，要为地理区域和情报课题设立统一情报策略（Unifying Intelligence Strategy, UIS），这是帮助情报界围绕最优先的情报课题合作开展工作的路线图”[1]。不过值得注意的是，国家情报

[1] 原注：Office of the Director of National Intelligence, “Intelligence Integration: Who We

总监并没有为美国或者美国本土单独设立一个国家情报主管职位。后来他也只是同意"尝试"本土国家情报主管的概念，将该职责置于西半球国家情报主管的职能范围内。国家情报总监在这方面的犹豫其实不难理解。国家情报主管应能整合情报分析和情报搜集活动，但国家情报总监对大部分国内情报搜集活动并没有领导权。

联邦调查局将国家情报优先框架设为指南，指导其国家安全分部确定情报分析与搜集的优先方向。[1] 目前我们尚不清楚，对国家安全分部以外的执法行动，该框架是否也有指导作用。国土安全部的情报与分析办公室也有自己的情报需求框架，用以指导该部门的国土安全情报分析。国土安全长期信息需求（Homeland Security Standing Information Needs, HSEC SINs），"是国土安全部内部信息搜集活动的基础，同时也便于情报界其他机构和国土安全部门有效利用它们的搜集、分析和通报资源，来支持国家安全行动。国土安全长期信息需求列出了各种威胁和危害的长期信息需求,这些危害均与国土安全工作息息相关"[2]。《国家犯罪情报共享计划》和《融合中心指导方针》，被奉为指导州、地方和部落政府开展国内情报分析的两部圣经式文献。它们并未提及情报需求的框架，但两者都强调需要共享涉及"各类犯罪和危害"的信息。[3]

Are," www.dni.gov/index.php/about/organization/intelligence-integration-who-we-are.

[1] 原注：国家安全分部包括联邦调查局的反恐和反情报部门、大规模杀伤性武器处和情报分局，但不包括联邦调查局的犯罪和网络部门，后两者所属的分析人员和特工均不受国家情报总监国家情报计划的资金支持。

[2] 原注：Department of Homeland Security, "More About the Office of Intelligence and Mission Analysis," www.dhs.gov/more-about-office-intelligence-and-analysis-mission.

[3] 原注：关于《国家犯罪情报共享计划》和《融合中心指导方针》,可分别参见网址：it.ojp.gov/docdownloader.aspx?ddid=1153,it.ojp.gov/documents/fusion_center_guidelines_law_enforcement.pdf。

信息技术

目前，支持个案或跨案件国内情报分析的信息技术，还远不能满足要求。2003 年，当我调入联邦调查局时，我的主要印象就是信息匮乏。尽管从那以后，从事国内情报活动的人员可以接触到对外情报，但让从事对外情报活动的人员接触国内情报的系统仍未建立，更别提整合对外情报和国内情报以促进基于课题的战略情报分析了——这一状况在保密通信系统中也是一样。国内情报机构内部开发的系统（譬如联邦调查局的“哨兵”）的设计初衷是用来支持对案件的管理，对跨案件的情报分析来说则没有太大帮助。国家情报总监办公室的国家反恐中心是一个明显的例外。该中心进行了大量投入，为恐怖主义的全源分析创造一个统一的信息环境。按照《情报改革与恐怖主义预防法》的要求，国家反恐中心依据国家情报信息开展情报分析。该中心应该被当作是一个综合情报分析行动的样板，可应用于恐怖主义以外的其他威胁。

国家情报总监办公室的角色

自 2005 年成立以来，国家情报总监办公室在发挥国内情报分析的作用方面，一直行动迟缓。更好整合国内情报和对外情报分析的需要，推动了《情报改革与恐怖主义预防法》的出台以及国家情报总监办公室的设立，但《情报改革与恐怖主义预防法》的起草恰巧赶上了伊拉克大规模杀伤性武器的情报失误。由于这一事件，情报改革的重心自然也扩大到了处理由大规模杀伤性武器委员会指出的缺陷。[1] 更宽泛的改革重心进一步边缘化了国内情报议题，但同时也强调了改善情报分析的重要性，包括改进分析方法、标准和培训，甚至提出建立巡察官一职，以便分析人员在感到

[1] 原注：*WMD Commission Report*, chap. 10.

其替代性分析观点受到忽视或刻意压制后提起申诉。

从理论上讲，这种对改善情报分析的强调应该也有利于国内情报分析人员，但实际上，截至目前的四任国家情报总监，均未对包括国内情报分析在内的国内情报行动予以重视。这一方面可能是因为海外的两场“热战”过多牵扯了国家情报总监的精力，另一方面也可能是因为他无权指挥国内情报的搜集，因而也不知道该如何管理国内情报分析。

提升国内情报分析的专业化水平：需要做什么

进一步提升国内情报分析的专业化水平，需要强化战略性国内情报分析的能力。这一艰巨而又紧迫的任务要求我们采取综合措施，具体包括以下几个方面：

- ★ 认可国内情报**行动**各司其职的特点，认可并保护战术和战役性国内情报分析的进步，后者要归功于情报分析人员和执法专业人员的集中办公。情报专业人士应该适应这种安排，因为在军队内部，将战术和战役性情报分析加以融合以支持作战行动的做法，已取得了良好效果。这样的融合提升了作战行动效果，造就了一批精于保障军事行动的情报分析人员。我们通过整合国内情报分析人员和“国内战士”，已经发展出了类似的国内情报分析能力。这种做法是一种积极的进步，它将直接推动国内情报分析人员的专业化发展。
- ★ 要意识到战术和战役性情报分析并不足以保护美国本土，正如此类分析不足以保障军事行动一样。在下一次情报失误发生前，我们应该积极主动地创建一个类似于国防情报局那样的、国家层面的战略性国内情报分析机构。
- ★ 国家情报总监在领导国家层面的战略性国内情报分析上，应有明确的权威。他应将主抓战略性国内情报分析的职责，赋予国土安全部情报和分析事务副部长。之所以将这一职责赋予国土安全部，是希望战略性国内情报分析及情报与分析办公室的工作重点，应在于通过防御性措施保护美国的边界和重要基础设施（包括美国的网络基础设施），而不是通过进攻性的手段缉拿特定的敌人。战略性国内情报分析应该为反制措施的形成提供信息支持，以便在针对国土的威胁变为现实前就将其制止。而战术和战役性国内情报分析，则应将精力集中于在上述反制措施失效的情况下，通过进攻性的手段缉拿敌人。

★ 基于这一新的防御重点，总统的国土安全顾问应该牵头设立国内情报优先框架，以引导战略性国内情报分析工作。该框架应该是非保密的，并应作为国土安全部情报和分析事务副部长推荐的搜集任务，在所有的国内情报搜集者、私营机构和公众中推广。

★ 国家情报总监应指派国土安全部情报和分析事务副部长，负责在联邦调查局涉及战略性国内情报分析人员的职业晋升规定中，贯彻由《情报改革与恐怖主义预防法》明确提出的原则和倡议。此外，联邦调查局的相关规定中，还应包含《融合中心指导方针》及《国家犯罪情报共享计划》确立的分析标准。

《情报改革与恐怖主义预防法》明智地扩充了“国家情报”的定义内涵，以确保国家、州、地方和部落层级所有担负消除国内威胁职责的机构，都能够获得相关的信息。同时，该法案也正确地认识到，建立一个所谓的“国内”情报搜集门类并不符合美国的宪法和联邦体制。截至目前，在战术层面上将国内情报分析与国内保护行动加以融合的工作，已取得了令人振奋的进展，但在国家层面，还缺少一个统一的机构，来贯彻国家情报总监在获取和分析所有涉及美国国土安全的信息方面的权力。和国家情报总监一样，国土安全部情报与分析办公室也只有分析——而不是搜集——国内情报的权力。合理的做法应该是，由国家情报总监指定国土安全部情报与分析办公室具体承担这一重要职责——搜集和分析国内情报。在此之前，我们很难乐观地期待出现一个有效、统一的国土安全网络，能够抵御和阻止由恐怖主义、犯罪、黑客、核扩散和间谍网络等构成的国内威胁。

第六部分

引领分析变革

[第十七章]

构建分析人员团体

冯稼时（Thomas Fingar）

当今情报分析人员的核心任务与职责，与杜鲁门、艾森豪威尔及肯尼迪时期的情况相比，没有太大区别。和他们的前辈一样，21 世纪的分析人员还是要通过数据得出洞察，对碎片式的信息进行解读，并对复杂的问题做出客观判断，以此来保障政府决策者和其他用户的情报需求。[1] 和过去一样，分析人员的主要职责仍是向政府官员提供更优质的信息，帮助他们就涉及美国国家和民众安全以及美国政策成败的事项做出决定。这些都是分析工作中一脉相承的重要方面。不过，美国的利益、情报能力，以及国家安全工作的众多其他方面，都已发生了巨大的变化。[2] 情报工作也发生了一些改变，尽管幅度相对较小。由此造成的情报需求与情报能力间的鸿沟，还有继续扩大的趋势。

能力与需求的不匹配在很多方面妨碍了工作水平的提高，造成这种

[1] 原注：See Jack Davis, “Sherman Kent and the Profession of Intelligence Analysis,” Sherman Kent Center for Intelligence Analysis, Occasional Papers, vol. 1, no. 5 (November 2002), www.cia.gov/library/kent-center-occasional-papers/vol1no5.htm.

[2] 原注：Roger Z. George and Harvey Rishikof, eds., *The National Security Enterprise: Navigating the Labyrinth* (Washington, DC: Georgetown University Press, 2011).

情况的原因有很多。人们要求情报搜集者和分析人员研究更多领域和数量更多的潜在问题，对他们能力、信息和专业知识的要求都已超出了过去需要或可能达到的水平。情报界现在面对的许多问题和事件，相较过去要复杂得多。要达到决策者的要求，分析工作需要掌握更多细碎的信息，运用更多种分析技能，这些在以往大部分情况下都是不需要的。针对快速变化的复杂局势，情报用户越来越多地要求分析人员提供实时的信息。如果得不到所需的信息或对信息内涵的细致评估，他们就会对情报界的表现感到失望，并常常提出批评。由于要阻止恐怖袭击，阻断武器、核材料及其他违禁物品的走私，或者在军事和执法行动中减少附带伤害或美方人员的伤亡，对“行动性”情报的需求正变得越来越旺盛，这进一步加剧了情报分析能力与需求之间的差距，并使这种差距变得更加危险。总而言之，目前对情报分析的要求是：在更短的时间内，就更多地区更为复杂的局势，给出更准确的信息，并做出更细致的分析。作为“我能行”式的支持机构的最佳代表，情报界必须努力满足日益加码的情报需求。[1]

在多数情况下，情报专业人员都能通过创新的办法和勤奋的工作，努力弥补能力和需求之间的鸿沟，但也有例外。有时，即便倾尽全力也未必能够满足用户的要求，这会让寄希望于情报支持的政府官员感到失望，并让他们对情报工作失去信心。这样的“情报失误”一般不会像“珍珠港”或“9 · 11”事件那样，造成巨大影响或引发严重关注，但它们会渐渐腐蚀分析人员的士气，伤害情报专业人员和受其保障的用户间的关系。比起那些偶尔发生的灾难性情报失误，这些“失误”积聚起来会对国家安全工作造成更大的伤害。更为可悲的是，如果帮助情报分析人员以 21 世纪专业人员的标准开展工作，那么许多这样的问题即便不能避免，本来也是可以缓解的。我认为，适用于情报分析人员的专业化标准应包括：课题方面的专业知识，学科方面的培训，对分析方法和标准的掌握及严谨使用，对合

---

[1] 原注：Thomas Fingar, *Reducing Uncertainty: Intelligence Analysis and National Security* (Stanford, CA: Stanford University Press, 2011), chap. 2.

作价值的认可，以及对“做对事”及为政府用户提供最佳情报支持——而非保护官僚地盘或效忠某个特定机构——的高度重视。本章接下来将考查情报分析在专业化过程中所面临的障碍，以及在推进专业化、提升情报分析部门工作水平方面已被证实有效的措施。

改进工作以恢复信心

作为负责分析事务的国家情报副总监，我在 2005 年的第一个工作重点，是恢复外界对情报界分析工作及分析人员的信心。成千上万名极富事业心的专业人员因为少数十来个人的罪过而蒙受羞辱，而后者——也包括我自己——才是应该对生产声名狼藉的伊拉克大规模杀伤性武器评估真正负责的人。那些接受我们服务的人、公众以及众多分析人员，对我们的能力、方法和产品失去了信心。就此做出最好的补救办法，是提高国家情报委员会的产品以及《总统每日简报》的质量和技巧。我们在这些“旗舰”产品上有所改进，因而收获了监管机构的称赞，并为其他分析产品树立了榜样。这一做法取得了成效，由此我们也获得了对推进更艰巨改革的支持和动力。[1] 第二阶段的计划则是将工作重心从“纠正”问题转向“变革”分析，以便应对 21 世纪的诸多挑战。

不论当时还是现在，“分析变革”都是一个包含着方方面面工作的长期愿景，其中最重要的部分便是帮助情报界分析人员以更智慧的方式工作。[2] 智慧工作的一个方面，是实施工作评判标准并让分析人员加以运用。另一个方面，则是清除合作过程中存在于体制、文化、通联和安全等

[1] 原注：Thomas Fingar, *Reducing Uncertainty: Intelligence Analysis and National Security* (Stanford, CA: Stanford University Press, 2011), especially chap. 6.

[2] 原注：Mark M. Lowenthal, “Intelligence Analysis: Management and Transformation Issues,” in *Transforming U.S. Intelligence*, eds. Jennifer E. Sims and Burton Gerber (Washington, DC: Georgetown University Press, 2005), chap. 13, and ibid., 128–138.

方面的障碍。为应对当前和未来的复杂挑战，我们必须综合利用整个情报界的专业知识和技能，因为没有哪个机构能够单凭自身的专业知识和技能同时应对多样化的问题。要应对这样的挑战，我们必须构建一个愿意并迫切需要开展合作的分析人员团体。

情报界体制：优势和劣势

自 1947 年成立以来，情报界的体制相对只发生了稍许改变。[1] 情报界接纳了少数几个新成员，但其背后的工作逻辑仍和原来一样：要想保障国家安全官员（譬如负责国防、外交和国土安全的官员）获取所需的定制情报支持，最好的方法是建立专业化的下属情报单位（譬如国务院情报与研究局）。针对其他任务和机构（包括白宫）的情报支持，则主要由中情局负责。此外，该局还负责向拥有下属情报单位的机构提供"第二观点"式的分析支持。[2]

这种体制有助于情报机构发展与其核心任务紧密相关的专业知识和技能，也有助于分析人员理解用户的任务、需求和时限，但也反映出一些普遍存在的机制缺陷，包括官僚机构间的竞争以及轻视机构以外人员能力的倾向，这些都妨碍了分析人员的整合与合作。[3] 这些优势和劣势现已成为广泛共

---

[1] 原注：C. Thomas Thorne Jr. and David S. Patterson, eds., *Foreign Relations of the United States 1945–1950: Emergence of the Intelligence Establishment* (Washington, DC: Government Printing Office, 1996), http://history.state.gov/historicaldocuments/frus1945-50Intel, and Amy Zegart, *Flawed by Design: The Evolution of the CIA, JCS, and NSC* (Stanford, CA: Stanford University Press, 1999), chaps. 2 and 3.

[2] 原注：参见马克 · M. 洛文塔尔所著的《情报：从秘密到政策》以及：Thomas Fingar, "Analysis in the U.S. Intelligence Community: Missions, Masters, and Methods," in *Intelligence Analysis: Behavioral and Social Scientific Foundations*, National Research Council (Washington, DC: National Academies Press, 2011), chap. 1。

[3] 原注：Rob Johnston, *Analytic Culture in the U.S. Intelligence Community: An Ethnographic Study* (Washington, DC: Center for the Study of Intelligence, 2005), chap. 8, and Catherine H. Tinsley, "Social

识，也是旨在提高情报界表现的相关建议的关键。正是根据这些建议，2004年《情报改革与恐怖主义预防法》出台，国家情报总监一职得以设立。[1]

整合情报工作是每一任国家情报总监的头号任务，但截至目前，情报工作的基本架构并未发生变化。[2] 在情报整合方面取得的一些进展并不均衡，也不足以清除情报合作所面临的关键障碍。在国家情报总监办公室成立近十年之后，情报界的分析工作仍像封建王国间的合作，而非一个专业团体的内部合作。将情报界合并成一个单独的分析部并不现实，可能也没有必要。放弃这种难以企及的目标，情报界要做的，是减少妨碍同事间开展合作的体制性障碍。在这方面，目前还有许多问题需要解决，但下面总结的一些措施已经初见成效。

妨碍和促进合作的规定

诸如组织结构和文化这样的规定和工作流程，对分析的开展和质量既有积极作用，也有消极影响。其对如今的合作和专业化努力造成的消极影响，要追溯到 1947 年情报界成立之初及冷战期间特殊的历史条件和安全关注。和现在一样，当时人们也极为重视情报来源和搜集方法的保护，以防敌方情报机构发现或破坏美国的秘密情报活动。不过，当年被用来达成这一目的的规定，在被解读和执行的过程中发生偏差，反而降低了分析水准，阻碍分析人员团体的形成。这方面的遗留规定包括限制与特定机构的分析人员或专家（即便他们获得了必要的许可）分享情报报告，以及禁止

Categorization and Intergroup Dynamics," in National Research Council, *Intelligence Analysis*, chap. 9.

[1] 原注：Michael Warner and J. Kenneth McDonald, *U.S. Intelligence Community Reform Studies since 1947* (Washington, DC: Center for the Study of Intelligence, 2005), and "Intelligence Reform and Terrorism Prevention Act of 2004," Public Law 108-458, December 17, 2004 (hereafter IRTPA), www.gpo.gov:80/fdsys/pkg/PLAW-108publ458/pdf/PLAW108publ458.pdf.

[2] 原注：*The National Intelligence Strategy* (August 2009), www.dni.gov/reports/2009_NIS.pdf.

透露决策者的情报关注等。[1]

如果我们用这类冷战的遗留规定，来排斥在情报界其他机构工作的具备相关专业知识的分析人员，那么它们就是非建设性的。在废除、放宽或替换这类非建设性的规章制度方面，美国情报界已经取得一些成效，但即便是有国家情报总监的支持，自上而下的改革也只能取得有限的成果。目前，情报界各机构及其雇员仍主要对所属部门负责，然后才对国家情报总监负责。此外，每个情报机构似乎都——至少在某些情况下或针对某些问题时——更有兴趣保有本机构的领地，或保持对信息的优先获取（而不是情报界的整合）。[2]

当然，现有规定也有其积极的一面。举例来说，2007 年通过的关于情报分析生产和评估的统一标准，就促进了分析人员团体的建立和情报分析的专业化。[3] 一个专业的显著特征是，任何一个专业的成员都必须遵循专业行为的统一规定。[4]《情报改革与恐怖主义预防法》就情报分析技巧规定了统一标准，2007 年，该标准由国家情报总监办公室予以实施。在此之前，各情报机构都在传授并实施各自对分析产品的要求。[5] 尽管各机构的要求有所重叠，但统一标准的缺失还是导致了机构的偏见，并使人们往往不认可其他情报机构分析人员的工作质量。事实上，统一标准的普遍规

[1] 原注：Jennifer E. Sims, "Understanding Ourselves," in *Transforming U.S. Intelligence*, eds. Jennifer E. Sims and Burton Gerber (Washington, DC: Georgetown University Press, 2005), 32–59.

[2] 原注：如果情报界是一个整体，那么当其中一个机构的分析人员在获悉决策者对某个问题感兴趣时，他们就能立即通知在其他机构中研究相同问题的分析人员，以确保后者也向自己的用户提供有关的信息和观点。这种情况本应是情报界的常态，然而事实却并非如此。我在国务院情报与研究局任职期间，该局与中情局的竞争常常导致其中一方在向自己的用户上报评估后才通知对方。此类做法可谓司空见惯。

[3] 原注：Intelligence Community Directive (ICD) Number 203: Analytic Standards (June 21, 2007), www.fas.org/irp/dni/icd/icd-203.pdf.

[4] 原注：参见本书第四章。

[5] 原注：IRTPA, sec. 1019. Other relevant directives include ICD Number 206: Sourcing Requirements for Disseminated Analytic Products (October 17, 2007), www.dni.gov/ files/documents/ICD/ICD_206.pdf, and ICD Number 208: Write for Maximum Utility (December 17, 2008), www.dni.gov/files/documents/ICD/icd_208.pdf.

定还是过多地保护情报来源和搜集方法，并限制情报合作；而诸如明确假定、说明确信程度以及优良的情报分析技巧应该具有的其他特点，则缺少明确指导（参见文本框 17.1）。规定本身不是形成一门专业或专业行为的充分条件，但它是一个必要条件。

文本框 17.1　第 203 号情报界指令规定的分析标准

第 203 号情报界指令规定了分析的要求，其中的重点被总结出来，打印在一张卡片上，供每个分析人员随时参考：

A. 客观性；

B. 独立于政治考量；

C. 及时性；

D. 依据所有可能的情报来源；

E. 展现恰当的分析技巧标准。

其中，分析技巧标准具体为：

1. 准确描述情报来源的质量和可靠性；
2. 正确提示和表述分析判断中的不确定性及该判断的可信度；
3. 准确区分隐含的情报与分析人员的假定和判断；
4. 在适当的情况下将替代性分析包含在报告之中；
5. 考虑到与美国国家安全的联系；
6. 论证符合逻辑；
7. 论述连贯一致，突出变化；
8. 准确进行判断和评估。

组织结构和规定奠定了情报分析人员开展工作的环境和条件，从这个角度来说，它也会影响分析工作的做法和质量。确定正确的结构和规定——至少让其更有利于合作和专业化的发展——是生产优质情报分析的一个必要但不充分的条件。[1] 改变规定要比改变结构来得容易，但两者都不如改变分析人员思考和工作的方式来得重要。事实上，分析人员在情报界及美国政府的组织结构框架内工作，受官僚制度约束或支持，而他们才是决定情报界工作表现的最重要因素。

培训与情报技巧

情报界的分析人员背景各异，从只接受过在职培训的高中生，到在工业部门或能源部实验室工作多年的博士生，应有尽有。此外，他们的个人经历和担负的职责也有很大的差异。其他方面的不同还包括：工作的地点和类型，与主要用户的接近程度，以及专攻的学科和课题等。分析人员之间的差别是如此之多，如此之广，以至于人们不禁要问，他们之间的共同点是否足以让他们被划分进同一专业。我认为答案是肯定的。[2] 其他的专业（譬如医药、工程、法律和教育）也网罗了许多专长和技能各异的人员。他们的共同点在于，对共同目标的投入和对工作标准的遵守。根据我个人的经验，情报分析人员也具备这样的共同点。[3]

尽管如上所述，新加入情报界的分析人员具备各不相同的教育背景，不过总的来说，高学历的比例还是很高的，而且还在继续提高。[4]

[1] 原注：除了要满足第 203、206、208 号情报界指令对质量标准的要求外，“优质”的分析还必须满足主要情报用户的需要。为达到“有用”的标准，分析必须是及时的、针对用户关注的，并能提示决策者注意他们可能没有考虑到的相关因素。另可参见：Lowenthal, *Intelligence*, chap. 6。

[2] 原注：Thomas Fingar, “All-Source Analysis,” *Intelligencer: Journal of U.S. Intelligence Studies* (Winter–Spring 2012): 63–66, www.afio.com/publications/Fingar_All_Source_Analysis_ in_AFIO_INTEL_WinterSprg2012.pdf.

[3] 原注：参见本书第四章。

[4] 原注：基于我作为负责分析事务的国家情报副总监的任职经历，我凭借主观印象得出这一观察。

“9 · 11”事件发生后不久，来自美国顶级大学和研究生项目的优秀毕业生的求职申请就出现了井喷式的增长，这一势头到现在仍在持续。情报界不乏拥有优异学术资质的人，这些人一般也都接受了情报专业学科的严格培训。

高学历即便不能保证他们精通情报界分析工作涉及的众多学科，至少也能保证他们对这些学科有所了解。事实上，情报界的许多分析人员都具备其他专业领域核心学科的坚实学术基础，这一点意义非凡。首先，情报界的多数分析人员——其中大部分人是在“9 · 11”事件后加入的——熟悉各自专业领域的最新理论、工具和分析方法，并且迫切地希望将其运用到情报界的新工作中去。[1]

情报界从这些新成员的技能和方法中获益匪浅，但实际上本可以收获更多。情报机构常常把这些成员当作是一个技不外传的行业里的终生学徒，而非迫切想要将所学知识和技能投入应用的年轻专业人士。[2] 这样的做法可能会让曾经满怀激情的新成员倍感疏离，并增加他们离开情报界的风险——而他们本可以做出重大贡献的。

其次，在当前和可以预见的未来，大部分的分析人员都会把自己看作是多个行业的成员。他们既希望成为并被当作情报专业人员，又视自己为某些学科、地理区域或课题方面的专家，认为自己有资格加入情报界以外的专业团体。这让他们成为情报界连接学术专家、商业分析师及其他研究类似问题的人员的潜在重要桥梁。然而，在雇用大量分析人员的情报机构，这种潜在的好处却难以兑现，因为陈旧的规章制度对此并不鼓励，甚至限制分析人员与情报界以外的人员进行接触并开展合作。[3] 这些规定和

---

[1] 原注：这一判断是基于我任国家情报副总监期间，与情报界各机构的分析人员与管理人员进行的谈话。

[2] 原注：Johnston, *Analytic Culture*, chap. 8. 有一种方法是在网络空间开展合作，基于能力而非所属机构组建虚拟小组，以研究复杂但又转瞬即逝的问题。这一方法目前尚未得到充分利用，且常常不受重视。

[3] 原注：为了促进与情报界以外专家的合作，我极力推动要求——而不只是鼓励——这种合作的情报界指令获得通过。该项工作耗费了三年时间，而且还是在允许各机构

实践既影响了情报分析工作，也破坏了情报界满足政府用户需求的能力。安全规章还迫使年轻人放弃与外界接触和合作的做法，而按照他们所接受的教育，这些做法正是专业化的重要特征。我们应该帮助分析人员同时成为情报专业人员和其他多个专业领域的成员，而不是强迫他们在二者间做出非此即彼的选择。

毫无疑问，新成员给情报界带来了新的价值，但要成为情报专业人员，他们还需要接受额外的培训。情报分析人员在成为专业人士之前，还需接受更加专业的指导和学徒式培训。这里所说的“情报专业人员”，指的是情报界的所有人员——分析人员、搜集者、技术怪才、隐蔽行动专家和管理者等。他们工作的场所、内容，以及他们所用的素材，决定了他们与情报界以外具备类似技能的人员存在本质的不同。这种不同的核心便是：他们有义务保护情报来源和搜集方法；作为美国政府的官员，他们必须尊重和保护议事过程、谈判策略，以及其他一些出于工作原因只有他们能掌握的信息。情报界充分地强调保护敏感信息的必要性，以及其他的情报工作要求，但是在这一过程中，情报界也夸大了自身的特殊性，从而妨碍了情报分析人员作为分析专业人士开展工作的能力。[1] 举例来说，在培训中，情报界灌输的秘密信息比公开信息更加可靠的观点，让分析人员放弃了从非秘密渠道寻找答案和观点的努力。反过来，这有时——或经常——会让分析人员做出如下判断：由于他们知道的“每一件事”都来自秘密渠道，因而不能冒着泄漏情报来源和搜集方法的风险，和没有安全授权的专家交流信息和分享观点。在极端的情况下，这甚至会限制情报分析人员与决策者之间的对话。

将各自现行的指导方针写入指令的情况下才得以完成的。这也显示出情报界内部反对意见的强大。更为恶劣的是，机构的指导方针有一次甚至凌驾于该指令之上。详见：*Intelligence Community Directive 205*: *Analytic Outreach* (July 16, 2008), www.dni.gov/files/documents/ICD/ICD_205.pdf。

[1] 原注：有人认为，情报界并非如其宣称的那样特别，它可以学习其他复杂组织的经验，详见：National Research Council, *Intelligence Analysis*, especially chap. 1。

情报技巧涉及广泛，在这里我只着重讨论那些与分析行为直接相关的议题。我承认这是一种将事情简单化的做法，但我们有必要将情报技巧分成下面四个方面加以讨论：

- 专业知识和学科培训——这是分析人员通过日积月累获取并带入情报工作的东西；
- 情报需求和工作规程——这能够反映情报分析在国家安全工作中的独特作用；
- 保护情报来源和搜集方法，指导情报搜集；
- 使用情报界分析人员现有的工具和方法。

这四个方面的情报技巧都可通过培训向分析人员传授，最理想的传授方式是将课堂教学、师傅帮带和在职培训加以综合。在国家情报总监办公室引入改革之前，情报界各机构的传授方法可谓大相径庭。[1] 当然这样的区别也有其合理性，它反映出情报界各机构在任务分工、目标用户和专业知识方面的差别，同时也是各机构规模和预算不同所导致的必然结果。这样一种现状说不上好坏，因为它同时具有积极和消极两方面的意义。最重要的两点消极意义在于：它妨碍了分析人员以及机构间的合作；而且阻止了分析人员团体的成立，让分析人员无法作为同行共同思考和行动。

联合培训

一直以来，美国情报界都依赖学术机构提供学科理论和方法方面的基础培训和高级培训。尽管有呼声要求为情报界的分析人员创造更多机会，以便他们利用由情报界全部或部分出资的项目获得高级的培训和学位，但

[1] 原注：Lowenthal, *Intelligence*, chap. 6, and Nancy Bernkopf Tucker, "The Cultural Revolution in Intelligence: Interim Report," *Washington Quarterly* 31, no. 2 (Spring 2008): 47–61.

目前状况不太可能发生大的变化。[1] 如今，国家情报大学可在几个有限的领域提供高级培训（可颁发情报学硕士学位），但在基础技能的获取和提升方面，依靠普通大学开展培训仍是一个行之有效的主要办法，将来依然是可行的策略。

情报技巧培训关乎情报分析人员职责和作用的发挥。与《情报改革与恐怖主义预防法》规定和推动的其他创新相比，在培养共同目标和共事合作的精神方面，情报技巧培训还可以做得更多，也将促进分析专业化的发展。2006 年，培训体制引入了一些关键创新，包括采纳适用于所有机构的统一标准，以及对所有机构的新成员进行联合培训，这些创新还在不断完善中。[2]

对情报界的所有新成员开展联合培训，让他们在同一课堂内接受来自相同教员的统一指导，是非常重要的。原因有以下几个方面。首先，采用共同标准能够确保所有机构的分析人员都学到相同的方法，并让他们知道，情报界会采用联合课程中传授的标准，来评估其内部的所有分析工作。这些标准并非是最低水平的公分母，而是基于 2004 年《情报改革与恐怖主义预防法》的要求提出的高标准，旨在将各机构的工作水平提高到一个前所未有的高度。换句话说，这个被为“分析 101”的入门课程，事实上提升了培训新分析人员的标杆，以便让他们达到更高的工作标准。[3] 这一信息还通过其他一些事件的发展得到强化，包括采纳统一的分析标准，以及要求国家情报总监每年以这些标准衡量情报界分析人员，并就其

[1] 原注：《情报改革法案》（第四部分：改善情报界的教育）认可在情报界内部及高等学府开展培训的重要性。不过，情报界并不像军队那样人手充裕，任何时候它都只能安排一小部分分析人员进行脱产培训。正如洛文塔尔所说的那样，情报界没有“板凳”分析人员。这严重限制了对分析人员的培训强度。参见：Lowenthal, “Intelligence Analysis,” 224。

[2] 原注：Tucker, “Cultural Revolution in Intelligence.”

[3] 原注：Tucker, “Cultural Revolution in Intelligence,” and Richard H. Immerman, “Transforming Analysis: The Intelligence Community’s Best Kept Secret,” *Intelligence and National Security* 26, nos. 2 and 3 (April–June 2011): 159–181.

工作表现向国会做出报告。统一的标准——再加上由国家情报总监办公室及个别机构提出或推动的新举措——促进了分析产品质量的整体提升。[1]

其次，统一标准和联合培训能够部分抵消机构文化的有害影响，强化分析合作，减少重复劳动。通过参加联合培训，分析人员（还有他们的管理者）了解到，其他机构的同行也接受了同样的培训并遵循同样的标准。这有助于他们克服前面提到的部门主义的消极影响，为开展合作、推动整合创造更好的条件，而这又会进一步强化分析人员同属一个行业的归属感，有利于合作分工的发展及对其他机构分析产品的利用。

再次，联合培训的好处在于，它有助于打造一种共同的分析专业文化。这种文化的开端，就是打造人员的互信和建立跨机构网络。通过参加为期数周的联合培训，分析人员能够了解到，来自其他机构的学员也具备同样的智慧和专业精神。以贬损他人来鼓舞本机构士气的传统做法，只会妨碍专业化和合作的发展，从而降低情报保障的质量。事实上，用户要求的及时客观的分析，必须包含来自所有渠道的信息和观点。分析人员彼此尊重，有助于他们从同行变为同事。

了解用户需求

情报技巧的第二个方面涉及情报界与用户的关系，以及分析人员与搜集者的关系。这可以被看作是两个不相干的议题，但我觉得应该把它们当作一个现象的两个方面。情报界与用户关系的最重要特征，在于前者尽心尽力的投入、所提供信息的特有性及分析的客观性。投入是情报界专业人员，尤其是情报分析人员的独特属性，其中包含可获得性。作为美国政府的一部分，情报界存在的意义就在于保障政府决策者的信息和分析需求。

[1] 原注：分析产品质量的提高，既是根据《情报改革与恐怖主义预防法》的要求向国会提交的年度工作表现评估（机密）中给出的客观结论，也是众多高层情报用户及总统情报顾问委员会成员向我转达的主观判断。

情报机构和人员的首要任务是预见信息需求，回答问题，向特定用户或美国政府提供观点和预警。[1] 对于美国政府的官员来说，情报界的支持是一种免费的产品。他们（几乎）想到什么就要什么，而无须考虑情报机构和情报人员的竭力付出。[2] 情报人员是全身心投入的公仆，其首要目标是确保决策者了解他们所负责的议题。

情报界的分析人员构成了美国政府中最大的分析队伍，也是唯一专注于国家安全工作保障的分析队伍。他们能够接触其他政府或非政府部门接触不到的信息来源。在大学、智库和公司等部门，也有众多极具天赋的分析人员，但这些人获取信息和回答特定问题的能力，完全不能与情报界的分析人员相提并论。不管从理论上还是从实践上讲，由情报界分析人员提供的评估，通常既包含可以被任何团体或个人获取的公开信息，也包含只有情报界才掌握的秘密信息。情报界所获的拨款被大量用于情报搜集，它拥有令人印象深刻的人力和技术搜集能力，以及无与伦比的信息获取和处理能力。这些能力专门用于保障美国政府的需求。由情报界的分析人员做出的评估，并不见得总是好于其他机构或个人的评估，但就决策者的需求来说，它们一定包含更优质的信息和（或）更好的定制化分析。此外，情报界分析团队的规模、强大的分析技能和日益增强的协作能力，也意味着由其提供的评估能够也应该包含来自不同情报机构和个人的信息和观点。

客观性是情报界分析的重要属性。正是由于客观性，情报界的分析保障得以区别于（在很多重要方面优于）决策者获得的其他很多信息。一般来说，源自其他渠道的信息与分析都有影响决策者行为的嫌疑。美国政府中的官僚部门都有各自的倾向性立场，这一情况放在外国政府、有影响力的国会议员、游说者甚至媒体身上也是一样。情报界则没有自己的政策目标，能尽可能客观地向决策者报告关于某个问题的所知、所不知和所想。[3]

---

[1] 原注：Fingar, "Analysis in the U.S. Intelligence Community," 9–19.

[2] 原注：Fingar, *Reducing Uncertainty*, chap. 2, and Lowenthal, *Intelligence*, chap. 6.

[3] 原注：Fingar, *Reducing Uncertainty*, 36.

保护来源和指导搜集

如前所述，分析人员和情报界的其他成员一样，既有意愿又有责任保护情报来源和搜集方法。许多情报搜集方法都附带高风险，在耗资不菲的同时也能提供从其他渠道无法获取的信息。泄露有关搜集方法可能危及生命，让情报目标有机会散布假情报或误导性信息，或者导致信息获取在某个关键时间中断。一直以来，情报界的培训都很强调对情报来源的保护，多数分析人员也心知肚明，如果情报来源和搜集方法遭到泄露，他们将失去有价值的情报。不过，由于对保护情报来源和搜集方法的过分强调，现有的许多规定和程序已妨碍了对信息的利用。在保护和利用之间，我们需要找到更好的平衡。在这方面，我们已经采取了一些重大举措，包括第 208 号情报界指令：撰写可被最大化利用的报告。[1]

培训和规定是必要的，但所有这些措施还需要专业做法的补充，即要允许分析人员组织管理其工作所需的信息。我们必须保护情报界其他机构的情报来源，这种专业精神也是打造情报分析人员专业团体的一部分。

情报分析人员向决策者提供优质判断的能力之一，是对用户的信息需求做出预测，并将其转化成对搜集者明确且有重点的指导。情报分析技巧包括通过与用户的接触，辨别他们对信息和观点的需求、需要信息的时间、已经（或自认为已经）掌握的信息，以及可能导致他们改变形势评估的情况，并根据这些信息指导情报搜集。对分析人员来说，了解各搜集系统的优劣是有帮助的，但并非不可或缺。相比指导搜集者具体使用哪种方法或系统，指导他们沿着哪个方向搜集哪些信息其实更为重要。

---

[1] 原注：ICD 208, and Intelligence Community Policy Memorandum Number 2007-200-2: Preparing Intelligence to Meet the Intelligence Community's "Responsibility to Provide" (December 11, 2007), www.dni.gov/files/documents/IC%20Policy%20Memos/ICPM%202007-200-2%20Responsibility%20to%20Provide.pdf.

工具和方法

情报技巧的第四个方面涉及对工具和方法的运用。许多分析人员把“工具”看成是一个肮脏的字眼，因为贩卖概念的人和（或）吹嘘者常常拿这个词来形容他们所宣称的“魔弹”方法，说这种工具定能过滤数据、发现模式、融合多渠道信息以发现重要关联及隐蔽的因果关系。此外，这一问题还会因为过早采纳一些未经验证的分析方法而变得更加复杂。[1] 由于这些原因，许多分析人员都刻意回避现成的工具，而宁愿依赖他们更为熟悉的分析方法。此外，有时，由于分析人员知道或假定情报用户对定量或其他的分析方法不了解，这一问题也会变得更加突出。

没有哪个分析人员掌握所有的工具和方法，但他们应该知道在特定的情况下应该选择哪种工具和方法，以及向什么人寻求帮助。此外，他们还应该能够评估特定工具和分析方法的相对优势和缺陷。另外，他们不应该再想当然地看待政策层的用户，以为他们不了解或不希望收到诸如定量分析和演练—理论预测之类的情报分析。和情报界年轻的分析人员一样，当今的决策者也有着和他们前任不一样的知识背景及对分析的期望。如果情报界的分析人员希望满足决策者的分析需求，那么他们必须更新方法，改善提供分析产品的方式。

变革的源泉：向前看

与 2008 年本书初版时相比，今天的情报界分析人员队伍更多地表现

[1] 原注：关于工具和方法的数量，可参见霍耶尔和弗森撰写的《情报分析：结构化分析方法》及本书第十四章，还可参见：National Research Council, *Intelligence Analysis*, chap. 2。

出一个专业化团体的特征。[1] 这一改变并非是偶然的，也不是“正常”官僚生态的进化所能推动的。导致这一变革的原因包括：人员和预期发生变化，分析高管普遍认同老方法已不足以应对新挑战，以及国家情报总监办公室提出了愿景和倡议。不过，这三方面的因素虽然必要，但仍不能确保上述变革的成功推进。目前，妨碍变革的官僚和文化阻力依然存在，分析界仍有个人和团体把保持现状和传统当作其优先目标，而不是努力向国家安全决策者提供高质量的情报分析支持。

自下而上的变革

除了学科技能和最新的专业知识外，新加入情报界的分析人员还带来了他们特有的禀赋和对分析的期许，这些都影响到他们开展分析的方式。虽说“使用社交网络的一代人”可能偶尔会在共享机密信息方面犯错，但重要的是，要利用好他们在合作和信息共享问题上的态度。[2] 对于那些在“9 · 11”事件后加入情报界的分析人员来说——其人数接近全部分析人员人数的三分之二——“分享”与合作同多任务处理一样，是一件极其自然的事情。此外，他们天生对刻板的等级制度缺乏好感。

这些分析人员在判断信息——以及他们的同事——的价值时，更多是看有用性和响应性，而不是以来源和职位作为标准。他们很适应网络上的互动，愿意通过团队合作的方式解决问题。他们发现，在他们所知的适用于其他领域的方法和他们获准可以在情报界使用的方法之间，存在着某种不一致。当然，工作和个人生活之间确实存在区别，但情报界的“标准”

[1] 原注：James B. Bruce and Roger Z. George, “Introduction: Intelligence Analysis—The Emergence of a Discipline,” in *Analyzing Intelligence: Origins, Obstacles, and Innovations*, eds. Roger Z. George and James B. Bruce (Washington, DC: Georgetown University Press, 2004), 1–15.

[2] 原注：Gary Hamel, “The Facebook Generation vs. the Fortune 500,” *Freshmix*, September 17, 2010, www.managementexchange.com/blog/facebook-generation-vs-fortune-500.

工作方式在他们眼里常常是莫名其妙、毫无道理的。在他们看来，若公开信息可以大量获取并易于共享，优先使用秘密信息，尤其是本机构所掌握的秘密信息，是无助于情报生产的。同理，在建构专业知识的大目标下，限制分析人员与他们从前在学术机构的导师或其他领域的专家同学接触，也是一种作茧自缚的做法。在现有规定和程序允许的范围内尽力开展合作，是这一代分析人员的自发本能。庆幸的是，他们愿意为了工作把合作推向极致。

自上而下的变革

变革的第二个重要动力来自分析高管——我的同事与前辈。这些经过努力进入分析界高层的人，可以站在更高的高度看待“全局”性问题，并发现改革的机会。他们中的大多数人愿意根据自己的观察，利用现有的职务，解决由“9 · 11”委员会、大规模杀伤性武器委员会和其他机构指出的问题。[1] 这对情报界和国家来说不啻是一件幸事。更为重要的是，他们意识到，情报界要想承担起新的责任，应对新的挑战，以及保留正在取代婴儿潮一代成为分析人员主体的杰出人才，就必须转变现有的分析工作模式。这个领导团队还认识到，《情报改革与恐怖主义预防法》等事件给变革提供了他们一辈子都难得一遇的机会。他们绝不希望浪费这个机会，正如有人说的那样，“这给了同在一个屋檐下的人们改造居所的机会。现在，我们真正有了机会，能够改变我们曾经抱怨但在当时又无力改变的一些事情，那就别让机会溜走”。

---

[1] 原注：National Commission on Terrorist Attacks upon the United States, *The 9/11 Commission Report* (Washington, DC: Government Printing Office, 2004); US Senate, Report of the Select Committee on Intelligence on the U.S. Intelligence Community's Prewar Intelligence Assessments on Iraq together with Additional Views, 108th Congress, 2nd sess., S. Report 108-301, July 9, 2004, www.intelligence.senate.gov/108301pdf, and Report of the Commission on the Intelligence Capabilities of the United States regarding Weapons of Mass Destruction, March 31, 2005, http://fas.org/irp/offdocs/wmd_report.pdf.

由外而内的变革

导致变革的第三个因素是《情报改革与恐怖主义预防法》创造出的机会和动力，以及我在担任分析事务国家情报副总监期间有幸牵头开展的一些成功改革。如前所述，说服分析人员以集体或团队（分析人员团体）一员的身份开展思考和行动，对于我们的“分析改革”愿景至关重要。[1] 前面我还说过，改变情报界的组织结构是一件极其困难的事情，定会遭遇巨大阻力。这就要求我们制定一套策略，首先克服存在于“其他”机构及其分析人员内部的特有做法和消极模式。

该策略一方面的工作，是上面提到的培训和情报技巧改革。不论从理论上还是从现实做法上看，用同一套标准培训和评估情报界所有机构中的分析人员，并让他们进行跨机构的合作，都将有助于分工与合作的开展。另一方面的工作，是拆除妨碍网络空间信息共享与合作的藩篱。[2] 这一点比确立情报技巧标准更难实现，因为它触碰到关于信息权限的陈规。在这方面，国家情报总监迈克·麦康奈尔决定替换“知情必要”（need to know）的陈规，可谓是关键的一步。在此之前，具有“提供信息责任”的情报搜集者及其他“信息掌管者”常常拿着“知情必要”的规定，凭着他们对“谁在负责什么议题？各问题相互间如何关联？”的肤浅理解，拒绝向其他机构和个人提供情报。后来的规定明确说明，信息掌控者应确保需要信息的人得到信息。[3]

目前来看，我们已经取得的成果还不够均衡和稳固，容易遭受阻力

[1] 原注：Immerman, "Transforming Analysis," and Thomas Fingar, *Analytic Transformation: Unleashing the Potential of a Community of Analysts*, September 1, 2008, http://semanticcommunity.info/@api/deki/files/17689/AT_Digital_20080923.pdf.

[2] 原注：其中关键的创新是情报百科（Intellipedia）与 A-space。更多的信息可参见：Fingar, *Analytic Transformation*。

[3] 原注：Intelligence Community Policy Memorandum Number 2007-200-2.

或半途而废。但无论如何，这种趋势一定会持续发展下去，并将有助于分析人员团体的建立和壮大。之所以对这一趋势抱乐观态度，关键的一个原因在于，将情报分析人员定位于一个专业团体，有助于个人和整体工作表现的提升。不过，目前尚不能确定这些做法是否可以增加分析人员的工作满足感，并留住那些对“陈旧”做法可能已心生厌倦的分析人才。可以确定的是，官僚机构间的竞争以及封闭式的学术研究，正在被合作、团队工作以及新的专业化思维所取代，因为后者能够产出更优质的分析。换句话说，我们正在经历官僚机构的“适者生存”。在这一过程中，旧的观点、结构和领导体制将逐渐被更适应新形势的变种所取代。

[第十八章]

情报分析人员的教育和培训

马克 · M. 洛文塔尔（Mark M. Lowenthal）

本书的基本观点是：情报分析能够并且正在成为一门被认可的专业。如果有人对一门专业应具备的最基本属性进行考察，那他就会发现情报分析具备其中的大部分属性：[1]

- ★ 是一个全职的工种；
- ★ 要求有专门的知识；
- ★ 具有一定的专属性；
- ★ 具有某种精神气质和内部凝聚力；
- ★ 具有约定俗成的行为准则。

不过正如本书其他章节提到的那样，其他一些专业因为具有额外的、更为严苛的标准，而被认定为学科。具体来说，这些学科会通过一定的措施——通常是成立一些正式或非正式的监管机构——来确保其成员达到最

[1] 原注：给“专业”下定义时，最早也是最常被引用的是：Ernest Greenwood, “Attributes of a Profession,” *Social Work* 2 (July 1957): 45–55。

高的专业标准。更为重要的是，这些学科同时还寻求构建并管理本专业的知识。例如，法律和医药之类的学科保留了从业者的集体智慧，并确定了存储和查询这些知识的统一标准。为此它们必须进行授权和认证，确定行业道德标准，并持续开展职业教育。[1]

关于情报分析能够在多大程度上满足上述特点，目前尚无定论，不过多数人认为，情报分析还远未达到学科的标准。其最大的专业缺陷——同时也是可以取得巨大进步的地方——或许就在于培训和教育。当代美国情报界成立于 1947 年，虽已有六七十年的时间，但其教育和培训活动仍是不均衡、非连贯和封闭式的。成功的教育计划，必须从一开始就明确目的。而鉴于情报分析的深度和广度，我们可能会为它的教育和培训设定过多的目标。尽管如此，我们还是可以在某些领域开展扎实的教育和培训，以推进情报分析的专业化。

本章将探讨美国情报界分析人员培训和教育的现状，用学科的标准来评判当前的情报分析专业，并就培训和教育方面的问题提出一些应对做法和创新性建议，以便让情报分析的水平更接近专业化的标准。

作为一门专业或职业，情报分析最奇怪的特点在于，大部分分析人员（以及其他情报人员）都是因为机缘巧合从事情报工作的。可以说，情报是误打误撞获得的工作。谁要是想成为医生、律师或工程师，那他至少要在大学一年级之前就下定决心，以便参加必修课程并准备研究生院的考试，然而这样的从业之路在情报界并不存在。尽管有些人早在获得第一份工作之前就萌生了成为情报人员的想法，但就我这一代情报人员来说，多数人是因为抓住了摆在面前的机会而进入情报领域的。在当时，他们并没有太多的想法。[2] 事实上，情报分析人员的多样性恰恰是我们引以为傲的特点，与之相反，为培养情报分析人员而规定一套本科课程，则与这一特点格格不入。这种多样性本是情报分析人员的优势，但如果我们想通过教育和培训来设立共同做法、规范及行业精神，这种多样性无疑会对我们构

[1] 原注：参见本书第四章。

[2] 原注：这一观点是基于目前仍在进行的一个针对情报界工作人员的轶事性调查。

成些许挑战。随着私立大学情报研究项目的发展，以及本科和研究生阶段对国土安全研究兴趣的升温，这一状况正在发生改变，但近期的成果无论如何也不能与法学和医学的预科课程相提并论。[1]

背景：美国情报界的教育与培训

1947 年美国情报界成立时，人们没怎么考虑过建立专业情报分析人员队伍的事情。这并不奇怪。在当时的情报界，分析部门的主体是具有数十年分析经验的军事情报单位，以及在撰写分析性电报方面具备专门知识的国务院。中情局在 1947 年成立之初，只负责整合和评估情报，并不提供情报分析。因此，在当时没有必要让情报分析人员接受教育或变得专业化——情报分析人员要么已经通过军队或国务院获得了必要的经历和专门知识，要么根本就不需要这些东西。许多加入情报界的分析人员开展工作时，依靠的是他们在历史、经济学或政治学方面获得的本科阶段教育，这些知识在当时被认为足以应付许多工作。更为重要的是，当时几乎没有关于情报分析这门“专业”的讨论或文献，这在现代情报分析之父谢尔曼·肯特看来，不啻是一个巨大的缺口。他指出，情报分析若要成为一门真正的专业，相关文献是必不可少的重要前提。[2]

1948 年 1 月，这一系统缺陷很快就暴露了出来，并在杜勒斯—杰克逊—科里亚报告中得以体现。[3]1950 年朝鲜战争爆发后，杜鲁门政府开始着手重组情报部门。中情局也变成了一个情报生产机构，其分析分局下辖

[1] 原注：目前在私立大学中，有数十个专门从事情报研究的项目。针对有志于在联邦和州政府的国家安全或执法部门从事分析工作的学生，有几所学院和大学已开设了情报分析本科和（或）研究生课程。

[2] 原注：Jack Davis, "Sherman Kent and the Profession of Intelligence Analysis," *Kent Center Occasional Papers* 1, no. 5 (November 2002): 7.

[3] 原注：Allen W. Dulles and William H. Jackson, *The Central Intelligence Agency and National Organization for Intelligence* (Washington, DC: CIA, 1949), www.foia.cia.gov.

有负责评估、经济情报和动态情报的办公室。[1] 在那之后，多数——并非全部——的重要情报机构，都推出了针对分析人员——至少是新加入的分析人员——的培训计划。中情局现有中情局大学，下设针对秘密情报官和分析人员的学院。国防情报局下设联合各军种的军事情报学院，该院有数十年的办学经历，现在为国家情报大学的所在地。国家安全局和国家地理空间情报局都拥有本机构的培训项目，也会派送分析人员到国家情报大学（前身是国防情报学院）参加培训课程（参见文本框 18.1）。在这些机构中，国务院下属的情报与研究局规模相对较小，并且是个例外。受资源和人员限制，该机构无法年复一年地开展新分析人员培训，此外，它也没有充分利用情报界其他机构的项目，对自己的新人进行培训。

文本框 18.1　情报界的学校

情报界各机构的教育状况差别较大，基本都是以本机构为中心开展培训。

国家情报大学（National Intelligence University, NIU）成立于 2005 年第一任国家情报总监在职期间，但由于近些年国家情报总监走马灯式地换人，该大学到目前为止仍基本停留在建设阶段。目前，国家情报大学由国防情报局管理，后者正致力于在此前由它主导的国防情报学院的基础上建设该校。

中情局的分析人员在**谢尔曼·肯特情报分析学院**接受培训。该校是中情局大学的分析学院，提供基础和高级分析培训。该校的核心课程是为期 17 周的职业分析人员培训计划（Career Analyst Program, CAP），课程内容涵盖分析方法、写作和汇报方法方面的基础培训。此外，该校还提供各种高级情报技巧和语言课程，并设有一个任务学院和一个领导者学院。

[1]　原注：Mark M. Lowenthal, *U.S. Intelligence: Evolution and Anatomy,* 2nd ed. (Westport, CT: Praeger, 1992), 22–23.

国防情报局于1962年成立**防务情报学院**（Defense Intelligence College），整合当时各军种的情报分析培训项目，并开设战略情报研究生课程。1981年，该院首次获得学位授予权（这一点与其他机构不同）并增设了课程和研究项目。1993年，该院更名为国防情报学院（National Defense Intelligence College, NDIC），反映出其研究生培训、学术出版和面向其他国家级情报机构学员的培训不断扩展。目前该院已被确定为国家情报大学的办学地，计划在2014年前将主校区迁至马里兰州贝塞斯达。如今，国防情报局要求下属的所有新晋分析人员，都必须参加国家情报大学为期10周的基础分析课程。

国家密码学校（National Cryptologic School, NCS）隶属国家安全局，校址位于华盛顿以北国家安全局总部院落内。该校是美国国防部密码培训体系的一部分，该体系负责向国防部的军人和文职人员提供外语分析与研究、计算机科学、高等数学、物理学、工程学及电子学方面的教育和技能培训。

联邦调查局学院（FBI Academy）位于弗吉尼亚州匡提科，为新分析人员提供为期16周的情报基础课程（Intelligence Basic Course, IBC），以便他们了解情报和执法界的基本情况，以及"9·11"之后联邦调查局分析人员的职责。该课程还提供研究与批判性思维、书面与口头交流，以及宪法和其他适用法律方面的基础培训。此外，联邦调查局学院还教授一系列涵盖范围广泛的高级和专业化课程，包括由国家情报总监及情报界其他机构资助的一些课程。

国家地理空间情报局的**地理空间情报学院**（Geospatial-Intelligence College）负责向该局以及国防部和情报界其他机构的15000余名学员，提供地理空间情报、情报管理及专业发展方面的学习培训，其中地理空间情报专长的核心培训课程涉及分析、传感器和军事等方面。该校的一个重要战略目标是，在美国的整个国家地理空间情报体系内确立并推行统一的培训标准。

分析人员需要什么

如果我们希望找到更好的方法来教育和培训情报分析人员，必须先就培训计划的目的和涵盖范围达成一致。第一，我们必须就情报分析人员应该具备什么样的专业特质达成一致。不幸的是，目前情报界并未在这方面付出多大努力或达成某种共识。在本书的前言中，詹姆斯·布鲁斯和罗杰·乔治列举了专业分析人员的一系列特质，包括课题领域的专业知识以及通过经历和培训获得的相关情报技能。[1] 前者包含了分析人员在接触情报工作之前就应该具备的技能和知识，而后者则要在工作和培训中逐渐获得。简单来说，即使是刚入行的课题专家，不管是本科生还是研究生，都应该具备某些领域（譬如中国、伊朗、网络战、反叛乱等方面）的专业知识。这一点非常重要，因为分析人员能够获得情报这份工作，凭借的是他们的知识，而非技能。此外，他们还应该了解基础的研究方法，掌握一些书面表达的方法，并在研究方面具备足够的想象力和严谨度，以便能够使用定性方法提出和检验假设。不过这些只是基础，光有这些还不够。

第二，我们还要开发技能。这是正式培训项目的重点，也可以通过工作经历获得。学术方面的专业知识需要不断强化，各方面的能力只有通过情报界的实际工作经历和特殊的培训才能获得。分析人员在工作中形成的特质包括：了解特殊（且机密）的情报搜集技术，掌握国家安全政策如何发挥作用，对认知偏见对分析的影响要有自知之明，包容相左的意见，承认错误并从中吸取教训，以及能够在既合作又竞争的环境中工作等。因此，要想成为真正的专业人士，分析人员必须同时具备课题领域的专业知识和情报专业的额外知识。分析人员在进入情报界时都具备第一类知识，

[1] 原注：参见本书第一章。

即他们在高等教育阶段获得的课题领域的专业知识。但他们能否在工作中获得第二类知识却不好说，因为在他们的职业生涯中，情报界并不能提供连贯一致的培训，以拓展和深化他们的知识水平。这一现状与情报界的教育能力有关。情报界不具备将新分析人员培养成课题专家的必要资源，但它可以让分析人员成为更有能力的工作者。

问题在于，挑选分析人员的依据和标准是什么？国家安全局的分析人员戴维·摩尔（David Moore）和丽莎·克里赞（Liza Krizan），将情报分析的核心能力描述为以下四种：能力、特质、知识和技能。[1] 当然，特质是极难通过学习获得的。你要么具备求知欲、好奇心和阅读的兴趣，要么就不具备。或许你可以通过学习表现出某些方面的特质，但除非它们是与生俱来的，否则你的努力只能是装点门面。除此之外，其他三种能力都较容易通过培训获得，与布鲁斯和乔治列出的分析人员特质也都基本吻合。

摩尔—克里赞及布鲁斯—乔治列出的分析人员特质，为设置新晋分析人员核心培训课程奠定了良好基础，且这种课程无须考虑分析人员未来的工作领域及所属的情报机构。用摩尔—克里赞的划分法衡量，大部分的情报分析培训项目都集中在能力和技能方面。布鲁斯和乔治指出，之所以出现这种状况，一方面是因为分析人员在接触工作之前，一般都已具备了类似于课题专家的知识基础，另一方面也是因为相较于情报所涉及的繁杂知识，从能力和技能方面入手制订连贯一致的培训计划更为可行。包括中情局在内的一些情报机构还通过报销学费的方式，为年轻的分析人员提供经济学、区域研究及科学方面的研究生培训机会。国家安全局的做法与此类似，通过支持各类外语培训项目来培养潜在的熟练语言学家。国家情报总监也于 2005 年成立了学术卓越中心（Center of Academic Excellence, CAE），旨在构建情报相关领域的知识。该中心使学术培训成为情报分析

[1] 原注：David Moore and Lisa Krizan, "Core Competencies for Intelligence Analysis at the National Security Agency," in *Bringing Intelligence About: Adding Value to Information in the U.S. Intelligence Community*, ed. Russell Swenson (Washington DC: Joint Military Intelligence College, 2002): 81–113.

人员的人才库，也强化了情报界分析人员队伍的多样性。在此之前，分析人员在分工和文化方面的多样性一直存在不足。[1] 在设计之初，学术卓越中心的学术培训项目强调知识、能力和技能的同步发展，但很多项目事实上都更侧重于能力和技能的培训，而不是知识的传授。

向新分析人员传授基础知识与技能的课程，只是培训和教育的开始。国家情报总监办公室的入门情报课程，就被恰如其分地冠以“分析 101”的名称——尽管该课程目前只有两周的时长。它是整个情报界范围内第一个分析人员初始培训课程，包含了对批判性思维、假设检验和其他一些分析方法的介绍。尽管该课程目前只惠及部分 2001 年后加入情报界的分析人员，但截至 2012 年底，其培训的分析人员总数已有 5000 余人。这些分析人员主要来自国防部下属的情报机构、联邦调查局以及国土安全部。

虽说这是一个不错的开始，但我们仍有必要更全面地看待分析人员的职业发展，综合认识他们在职务晋升和责任增加过程中的技能发展。如果我们希望情报分析发展成一门专业，那我们就应该为分析人员职业发展的各个阶段设立更为具体的技能水平标准，包括达到这一标准所需的时间。迈克尔 · 海登将军在就任中情局局长后，曾反问负责分析事务的副局长：多长时间就能培养一个“从业 20 年的专业分析人员”？这个问题的重点在于，技能和知识的积累既需要时间也需要资源，还必须随着分析人员的进步和需求的变化而变化。只有这样，用于传授或改进技能的培训才能与分析人员的发展同步。每个情报机构都大致具有低—中—高级的分析人员等级结构（各个级别的具体称呼可能不尽相同）。在此基础上，我们可以设立“分析 201”、“分析 301”以及类似高层论坛的“分析 401”课程。遗憾的是，我们在这方面做得不太成功。尽管有些机构的情报学校提供了额外的培训机会和专业认证，但从整个情报界来看，这种做法尚不够普遍。在这方面，国家情报总监可以做一些有益的

---

[1] 原注：P.L. 108-177, sec. 319 (FY2004 Intelligence Authorization Act). 学术卓越中心的网址是：www.dni.gov/cae/overview.htm。

工作，通过开设面向情报界所有分析人员的培训课程，一方面提升分析人员的专业知识，另一方面也帮助他们分享观点，并获得在本机构单一的培训活动中无法产生的观点。

第三个问题是，成为一个真正的专业人士，需要多少培训和教育。这已触及问题的核心，即当今情报分析的本质。在几乎每个情报机构中，持续"生产"似乎都是主旋律。新入行的分析人员一旦完成了初期的培训并被分配了工作，其主管通常都不太愿意让他们继续接受更多的教育和培训。海登将军在前面提到的那次讨论中说过，作为一名职业军人，他曾连续数年接受全日制的职业军事教育，所以当他发现专业分析人员只接受几周或至多不超过几个月的全日制培训时，他感到非常震惊。当然，情报和其他所有的职业一样，都会提供为数不少的在职培训，但不同的是，当我们结束相对较为全面的入门培训后，在职培训就成了培训的主流。情报可以从其他行业那里借鉴很多有益的做法。作为开展继续教育的一部分，这些行业每年都会要求开设、举办一定数目或一定时长的课程、会议或研讨会等。

把情报分析当作一门专业，还有更深一层的含义：需要把全部的分析人员队伍看作是一个整体，而不是一些以机构划分的小股力量。在这里，我们还是要承认，国家地理空间情报局、国家安全局、联邦调查局以及中情局等机构的情报分析确实各不相同，但即便如此，我们还是可以针对分析人员的部分技能，开展跨机构的共同教育和培训。不管这些分析人员来自哪个机构，他们的这部分技能要应对的挑战和要达到的要求，在整个情报界都是一致的。近年来，构建更紧密的情报界得到了大量关注，因此这一点不难理解。事实上，"情报整合"正是国家情报总监詹姆斯·克拉珀的主要工作目标。[1]这么做有两点好处：一是可以在整个情报界确立并推行共同的分析方法，确立更重要、更专业的价值观；二是通过开设课程，让来自不同机构的分析人员互相接触以促进融合，不管他们

[1] 原注：现任国家情报总监的"愿景陈述"是："国家因为情报界的完全整合而变得更加安全。"其第一项任务是："整合情报分析与情报搜集，以支持上至白宫、下至前线的决策活动。"参见网址：www.dni.gov/mission.htm。

是处于事业开端还是其他不同时期。只有当分析人员对他们之间的整合感到习以为常时，情报整合才有可能实现，这与美国军方强调的“怎么打就怎么练”的理念有所类似。

我们应该教什么

前面提到的两个目标——确立更清晰的标准，以及更好地开展跨机构整合，为制订更全面的分析人员专业培训计划，奠定了良好的基础。国家情报总监办公室还可以在现有的基础上拓展和延长其“分析 101”课程，以便应对所有分析人员都可能碰到的一系列专业、机构和道德难题，而不仅仅是向他们传授情报方法。这种得到拓展的“分析 101”课程，应该成为所有情报机构中新晋分析人员的必修课。个人可以对课程提出改进意见，包括重视道德与价值问题，以及关注分析人员日常工作和面对决策者时可能面临的困境。情报分析既是独立工作又是团体活动。[1] 情报初稿肯定得由个别分析人员撰写，但在此之后，还会有其他的分析人员、负责审查的同事及高管贡献观点，甚至还会组织跨机构的协调会以及其他活动。因此，除了专业领域的知识和沟通能力外，一个优秀的分析人员还应该具备更多的能力。分析人员必须懂得谈判（何时该坚持，何时要退让）与合作的方法，也必须了解其他机构或办公室的人员会受到哪些议题和行为的驱动。

了解情报的历史，也有助于分析人员开展工作。国家情报总监克拉珀指出，“摇滚的历史并非始于打开收音机的那一刻”[2]。2001 年后加入情报工作的分析人员中，大部分都对“9 · 11”事件和伊拉克大规模杀伤性武器问题背后的分析议题有所了解（尽管这种了解可能并不完整），但他们或

[1] 原注：参见本书第八章。

[2] 原注：国家情报总监克拉珀曾在多个会议场合做出过这一表述。

许并不了解与苏联的50年冷战对情报工作有何影响，可能也不知道情报界从古巴导弹危机、“春节攻势”或珍珠港事件中吸取了哪些教训。说到“经验教训”，在这个对任何行业来说都非常重要的问题上，情报界又一次落到美国军方的后面。国家情报总监办公室只具备最基本的经验总结能力。妨碍其能力发展的原因不光是人员的匮乏，还在于其对情报界的培训几乎没有实际影响力，因而也就无从知晓过去的经验是否受到了重视，是否在各机构的培训中得以体现。

所有这一切都表明，国家情报总监办公室应以情报界的名义发起更多的跨机构培训。这类培训并不一定要复制各机构的培训，或损害它们的影响力。一方面，它可以由个别情报机构或下属部门，在其拥有专长知识的领域，开展针对该机构以外分析人员的培训。另一方面，它也可以就某些特定的、应形成全情报界共识的问题开展培训。比如，设立情报界的统一标准，以及认可各机构存在的差异等，就无法通过单个机构的培训来实现。举例来说，这类课程可以包括：

- ★ 针对分析人员的搜集门类介绍：由来自人力、信号、地理空间及其他情报搜集门类的资深专家，介绍各自搜集系统的优势和弱点，并向分析人员介绍使用各来源情报的方法。
- ★ 针对分析人员的预警功能介绍：从搜集和分析两个方面探讨以往预警成功或失误的案例及其“经验教训”。
- ★ 使用对外情报来源的培训：人力情报和反情报专家介绍对外情报来源可能对使用者构成的挑战，以及与对外情报人员开展合作的方法，进而让分析人员做好使用对外情报来源的准备。
- ★ 利用外部学术资源的培训：国家情报总监办公室的外联专家可以向分析人员传授方法，让他们掌握如何与情报界以外的专业人员建立安全的联系网络，如何增加对公开来源知识的了解。
- ★ 高层主管与高级分析人员培训：对于为期数周的针对情报界新晋高级分析人员（GS–15级联邦公务员 / 高级情报人员）的培训，国家情报总监可以进行资助。这使他们可以就共同关注的问题开展探讨，并与高层情报用户进行接触以听取后者对情报的看法。

上面列举的只是一小部分可以开展的共同培训项目。这类课程在设计时，应着眼于拓展分析人员对将来可能遇到的重大问题的了解，让他们提前准备好，未来可能会花更多时间与本机构以外的高层情报和政策官员接触。

最后，还应该对知识的产生、保存和传播问题给予更多关注。分析人员不应只是信息的转发器。情报分析的一大作用是“点石成金”——分析人员应该具有向决策者提供附加价值的能力。关于附加价值，你可以有多种解释：环境、背景、观察，或者能从一个不确定的事件推测可能的结果。换句话说，附加价值就是超越现有情报所提供信息的能力——不管手头掌握的情报是多还是少。简言之，对分析人员的期待主要有三个：提供判断、预报和洞察。[1] 这些也是知识构建和知识管理的重要因素。用彼得·德鲁克（Peter Drucker）的话来说，情报分析人员是“知识工作者”[2]——在工作中主要与知识打交道，或者生产与使用知识的人。了解作为一个知识工作者意味着什么，知识是什么，怎样产生和管理知识，当今的情报分析是否符合知识的标准，这些无论对分析专业还是分析人员来说都有好处。[3]

对于情报分析的知识属性，不管怎么强调都不为过。过去几年，情报分析行业针对数据和“大数据”的重要性进行了很多讨论。数据当然很重要，对于有些问题来说数据甚至是关键性的，但是后面我们将会看到，数据很少会成为决策者直接需要的东西。数据的量并不能解决萦绕在决策者心头的核心问题：朝鲜下一步会干什么？一个政权是否还有其他的可行选择？中国会和平崛起吗？在此我们又触及知识的一个并不关键但却非常

[1] 原注：参见本书第一章的讨论。

[2] 原注：这种说法首次出现于：Peter Drucker, *Landmarks of Tomorrow* (New York, 1957)。

[3] 原注：参见本书第九章的讨论。

重要的方面：给出超越数据的判断或者预报，或至少圈定带有一定可能性的结果。不过这里也存在着一种矛盾：如果过于严格地执行来源审核的标准，那么分析人员可能无法或不愿做出不能被多来源情报完全支持的判断或预报。这可能会妨碍分析人员，使他们在不可辩驳的证据出现前，不敢对危险趋势发布预警。所以说，我们希望分析人员提供的所谓可靠知识，其实已经超越了他们所掌握的多来源情报。情报界的专业培训应该涉及此类与知识有关的重要问题。

培训与教育面临的关键障碍

情报界的分析教育与培训至少在四个方面遭受着持续的批评。第一，教育与培训活动仍主要以机构为单位开展，受到强大机构文化的影响与制约。每个分析机构都以自己认为合适的方式培训分析人员。这么做具有一定的合理性，比如对国家安全局分析人员的最终能力要求，肯定有别于对国家地理空间情报局和中情局的分析人员提出的要求。但是，有一些基本的要求是所有分析人员都应该达到的。目前的培训方式存在两个方面的缺陷：一是它强化了以机构为中心的封闭体系，这存在于美国情报的方方面面；二是它实际排斥了跨机构课程，从而也剥夺了各类分析人员（单来源、多来源和全源分析人员）学习基本技能并与其他机构的分析同行接触的机会，而这样的接触越早越好。具有讽刺意味的是，情报界内部的隔离文化也导致，在一个封闭体系的内部产生了更多的封闭体系。举例来说，情报分析人员通常都不会获准与学习其他技能的情报官共同参加培训课程。在中情局，分析人员与秘密情报官的培训会在不同地方举行，两者的培训计划几乎不存在交集。即便是在主要的情报搜集机构工作的分析人员，也很少能够参加由该机构举办的人力或技术搜集专业培训。

第二，情报机构很难清晰界定分析人员的职业晋升步骤，从而很难制订与晋升过程相配套的培训计划。2008年，国家情报总监迈克·麦康奈尔签署了第610号情报界指令：情报界工作人员能力目录。[1]这个一般性的目录明确了情报专业人员的通用能力，但没有对情报分析人员的能力做出清晰界定。[2]该能力清单就分析人员大体上应该具备什么样的能力给出了指导性意见，但其规定仍需经过细化才能转变成课程要求，以确保分析人员经过培训能够获得必要的技能和知识。即使如此，从确定所有分析人员都应具备的技能和知识，到确保分析人员通过培训（最好是整个情报界范围内的培训）获得这些技能和知识，仍存在巨大的空间。在这方面，情报界以机构为单位开展培训的做法，再一次显露出与美国军方重视早期跨军种联合训练的差距。

对美国情报界教育与培训第三个方面的争议或批评，源于其分析标准。标准是一个行业应具备的主要特征，这一点不存在争议。问题在于，应该如何制定一套具有真正价值且获得整个分析界认可的标准。我们希望从一份分析报告中得到什么？关于这个问题，我们没有标准的答案，所谓的标准会因为课题的性质、针对的用户及撰写时限的不同而发生变化。即便把这些变量统统考虑进去，分析的标准也并未就此完结，大部分——如果不是全部的话——的分析还必须具备一些基本的特征。我曾经撰文指出，分析应该具备四个方面的基本特征或标准：及时性（其最主要的特征）、对决策者需求的针对性、易读性以及明确性（明确说明哪些是已知的，哪些是未知情况）。[3]

国家情报总监办公室于2007年6月公布了关于分析的一套标准。[4]这套标准没有什么本质上的问题，但是过于笼统，特别是在当前尚没有人将其纳入正式培训内容的情况下，它对改善分析产品的质量可能作用不大。

---

[1] 原注：Intelligence Community Directive 610: Competency Directories for the Intelligence Community Workforce, September 1, 2008, www.dni.gov/files/documents/ICD/ICD_610.pdf.

[2] 原注：关于情报搜集者、分析人员、反情报专家、语言学家等应具备的具体情报技能，参见：AnnexG:Competency Directory for Analysis and Production, www.dni.gov/files/documents/ICD/ICD_610.pdf。

[3] 原注：参见马克·洛文塔尔的《情报：从秘密到政策》。

[4] 原注：ICD 203: Analytic Standards, June 21, 2007, www.dni.gov/files/documents/ICD/ICD_203.pdf. 也可参见本书第十七章。

不过，中情局的谢尔曼·肯特情报分析学院制定了“情报分局质量框架”，在建立分析标准方面取得了令人瞩目的进展。[1] 该框架（参见表18.1）真正触及分析与写作环节的核心问题，并对分析报告必须具备和可以具备的方面进行了区分。当然，分析产品不会因为有了这些标准就一定能达到更高的精确度，但这些标准可以让分析人员和分析主管对成功分析产品的特征有更好的了解。

第四个方面的批评集中于对领导者的培训。美国情报界数十年来的做法，一直是从成功的分析人员中选拔分析主管和领导者，而忽视了这两类工作所需的技能其实是完全不同的。此外，在这方面还存在着一种自我复制的倾向：分析主管会自然而然地选择与他们极为相似的分析人员作为门徒和继任者。目前管理层的流行做法是，从曾经成功地向《总统每日简报》的读者——一般都是内阁或比内阁低一层级的决策者做过汇报的分析人员中选拔高管，但这只是所谓“成功”分析人员的一个标志，说明不了分析人员的管理水平。中情局成立的领导者学院，代表情报界在扩展主管选择范围上的一种努力，但这一做法并未得到大范围推广。需要进一步指出的是，领导者培训的关注重点——如果有重点的话——只局限于本机构的高层管理，它不会提升分析人员跨机构工作的技能，或让其具备与本机构或部门以外的人员开展合作的团队精神。在培养分析人员担任更高级的领导职务方面，情报界很少花费精力，再次显露出与美国军方的差距。被提拔为分析领导之所以具有吸引力，完全是因为它可以使人在本机构内部得到晋升，并拥有更高的专业地位。

所有这四方面的问题——以机构为单位开展培训、缺乏明确的职业发展路线、缺少可被广泛接受的分析标准，以及领导者的选拔和培训存在问题，都不应被忽略。从法律上讲，国家情报总监拥有“为情报界人员的教育、培训和职业发展设置标准”的权力。[2] 但就像他的其他大部分

[1] 原注：情报分局的质量框架是由谢尔曼·肯特情报分析学院提供的。

[2] 原注：In the Intelligence Reform and Terrorism Prevention Act (IRTPA, 2004, P.L. 108–145).

表18.1 情报分局质量框架

	分析性	说服力	结构性	语句严谨
主要观点鲜明清晰	给出判断，并非只提供事实	给出足够且无可辩驳的证据，以支持其判断	**每个部分、段落和句子都在推进论述**	**使用精确的语言，引用具体实例，避免隐晦、模糊的术语及行话**
主要观点从明确发展为普适	**给出必要的背景、关键的驱动因素、适当的历史环境，启发观点的比较以及权重；指出新的发展是否符合原有趋势**	**没有实际或表面上的矛盾（标题、总结、文本、范围说明和背景说明保持一致）**	**每段只有一个主要观点**	**凝练**
主要观点表明对美国来说"会怎样"	**预见关键用户的问题，并在文中回答**	**清楚说明信息的可靠性（如确切性和可获得性）**	**说法要与其所在的段落一致**	**没有语法、打字或拼写错误**
如果当前的分析与以往不符，要说明哪些因素造成对之前判断的修改	对不同观点或替代性解释予以清晰说明，指出这些差异的原因和潜在影响	**不掺杂存在偏见、带有倾向性的术语及主张**	**避免烦冗；合并同类项**	**避免生硬的表达**
说明给美国带来哪些机会	**具有前瞻性**	发现信息缺口及对分析的潜在影响，并设法弥补缺口	包含对文字内容形成有力补充的图表	
提供预警		说明判断的可信度		

说明：宋体无下划线：缺一不可的特征，如缺少将会导致分析失误；

黑体无下划线：情报分局所有分析都应具有的特征；

宋体有下划线：适用时应具备的特征；

黑体有下划线：既是情报分局所有分析都应具有的特征，又是其他机构适用时应具备的要素。

职权一样，国家情报总监在履行这一职权时必须“与情报界其他机构或部门，以及这些机构和部门的上级机关负责人商量”[1]。截至目前，国家情报总监在设置标准方面做得还很平庸：国家情报总监办公室资助了少数几个跨机构课程，具体来说就是“分析 101”和“情报界 101：美国情报介绍”课程。[2]这两个课程的主要问题都在于，如何获得情报机构和国家情报总监办公室的共同支持。目前已有部分机构为其情报人员确定了职业发展路线，并设立了所需的课程。举例来说，位于亚利桑那州华楚卡堡的美国陆军情报中心就是这么做的。此外，中情局也根据该局高级分析岗位对资质的要求，为资深分析人员设立了高级分析人员课程。不过，美国情报界如果真希望像一个团体一样工作的话，就应该设立一套被各机构共同认可和实施的核心培训课程，并向初、中、高及领导层级的分析人员提供必要的教育和培训。

在哪里开展职业教育以及为什么

情报界在开展教育和培训时忽视的一个重要方法，是建立一个活跃的教育培训“社区”中心。现在的国家情报大学成立于 2005 年，是国家情报总监办公室架构的一部分。该大学极不平坦的历史也很好地反映出，在推进情报界范围的教育和培训方面存在着根深蒂固的问题。早前的争论甚至一度聚焦国家情报大学应该是实体还是虚拟大学，这两种观点在不同时期还都占据过上风。争论的核心并不在于教育方法或其运用。对虚拟大学持赞成意见的人认为，如果他们不提出大规模的人员转移和基础建设的要求，那么就更有可能获得情报机构以及国会的许可。而那些倾向于建设实体大学的人则坚称，分析人员群体的融合与社会化只可能在真实的物理空

[1] 原注：In the Intelligence Reform and Terrorism Prevention Act (IRTPA, 2004, P.L. 102a).

[2] 原注：“情报界 101”课程由我设立和推行，此外我还是“分析 101”课程的客座讲师。

间里实现。

2011 年，国家情报总监指定国防情报局——更具体来说是国防情报局的国防情报学院——为国家情报大学的代办机构。[1] 这一决定有其合理考量，因为该学院从 1962 年成立开始就一直不间断地在运行。在随后的数十年间，该学院数度更名，这也从一个侧面反映出其获得了更多的授权，得以教育来自不同机构的越来越多的学员。除了悠久的历史，该学院作为国家情报大学的办学地还具有其他几方面的优势：它面向多机构学员授课——尽管这些学员多来自国防部各部门；它具有情报学学士和硕士学位的授予权；此外它也是一个受到正式认可的教育机构。新的国家情报大学面临的主要挑战，是如何超越其作为国防部下属机构的历史，真正成为整个情报界的教育基地。

除了政治和预算问题外，这里还有一个更为基础的教育问题。这个问题很要紧，但并非只局限于情报界。在当今的学术界，网上课程正变得越来越流行。许多著名大学（包括哈佛、麻省理工和斯坦福大学等）都决定把部分课程放到网上。[2] 这些“大型开放式网络课程”（massive open online courses, MOOCs）可包含视频课程片段、嵌入式的测验以及实时的反馈，但这样的课程一般不能帮助参加者获得授课大学的学分。“大型开放式网络课程”的目的是让更多人接触到课程的内容。对于这类课程的质疑主要涉及学习体验的本质：如果学习的目的只是让学生浏览一遍材料，那么参加网上课程可能就够了。但如果学习的目的是获得更广泛的教育体验——与老师和同学开展互动，这是学习过程中除教学大纲内容以外的另一个重

[1] 原注：在美国政府中，代办机构（或称执行代理）可以代表其他机构，履行一个部门的日常职责或开展某项活动，但这不改变原机构所拥有的领导权。

[2] 原注：Tamar Lewin, “Harvard and M.I.T. Team Up to Offer Free Online Courses,” *New York Times*, May 2, 2012, www.nytimes.com/2012/05/03/education/ harvard-and-mit-team-up-to-offer-free-online-courses.html/, and Tamar Lewin, “Instruction for Masses Knocks Down Campus Walls,” *New York Times*, March 4, 2012, www.nytimes.com/2012/03/05/education/moocs-large-courses-open-to-all-topple-campuswalls.html?pagewanted=all.

要部分——那么只参加网上课程可能就是不够的。[1] 所以说，如果情报界开展教育的目的之一是帮助构建一个整合的团体，那么网上课程或虚拟大学是无助于情报界的整合或行业发展的。

情报界开展教育培训的第二个前提条件是，情报机构承诺派分析人员参加全情报界范围的培训课程，尤其是分析人员的初级入门课程。截至目前，这方面的工作开展得还不均衡。首先，国家情报总监在情报界内部的权威不足是一个问题。如前所述，尽管国家情报总监能够设置教育方面的标准，但他并不能轻易将其贯彻到全情报界的强制培训课程中去。实际情况是，许多情报机构更有可能是以支持者的姿态在各自的培训项目中落实国家情报总监的标准。其次，坦率地讲，国家情报总监也不会在教育与培训问题上浪费他在各情报机构负责人那里有限的政治资本。在中级培训课程中，跨机构参与的比率已有所上升，目前约有 25% 的名额被分配给了主办机构以外的学员。这一成果尽管值得赞赏，但远非社会化或情报整合的最优途径。相关的活动应该从入职初期开始，而不是职业生涯的中期才起步。

改善情报教育与培训的第三个前提条件是，必须任命一个全职的高层人员推动培训事务。国家情报总监办公室在成立之初，曾设有负责教育与培训事务的助理国家情报总监一职，此官员同时也是国家情报大学的校长。该职务后被撤销，相关职能被归入首席人力资源官（chief human capital officer, CHCO）的职权范围，但后者除教育外还担负着其他一系列与人力资源有关的职责。2012 年 6 月，国家情报总监克拉珀成立了情报界培训委员会（Intelligence Community Training Council, ICTC），以处理“涉及教育与培训的事宜”。该委员会由情报界一名“首席教育官”任主席。这些都是朝着正确方向采取的积极步骤，但其成功与否，仍然在很大程度上取决于国家情报总监及其代表，看他们能否制订出具体的计划并在所有

---

[1] 原注：Mark Edmundson, “The Trouble with Online Courses,” *New York Times*, July 19, 2012, www.nytimes.com/2012/07/20/opinion/the-trouble-with-online-education.html/.

的情报界机构那里获得支持。

战略方向：领导者的问题

情报界的培训与教育问题没有一揽子的解决方案，它必须要不断调整，以适应情报界所面对的不断变化的环境和挑战。首先，情报界需要战略性的领导者，以便预见国际趋势的走向及对美国情报需求造成的影响。只有这样的领导者才能催生出更加专业的培训与教育。预测未来的趋势是困难的，它需要资深的领导者指引情报界朝正确的方向发展。在这方面，首先要做的就是达成整个情报界对培训和教育的统一看法。目前，我们几乎总是在机构的内部提拔和培训该机构的领导者，也怪不得他们难以脱离机构文化的束缚，无法从整个情报界的高度看待情报分析专业的要求。要想克服这样的障碍，我们要给予一线的中层分析主管培训和教育的机会，以便他们在成为高管前超越自身的狭隘观念。在这方面可供借鉴的范例，包括美军为新晋升的准将举办的“顶点”（高层主管）课程。为新晋的高级情报官设置与之类似的跨机构课程，应该成为情报界努力的第一步。

其次，培训和教育应保持灵活，以适应不断变化的培训需求。这意味着需要频繁地对分析人员学到的必备技能和方法进行评估。有些核心的技能和方法可能长期保持不变，有些则会因为决策者兴趣点的变化而发生变化。

再次，如果我们对情报界的专业化持认真态度的话，就应该把分析方面的教育和培训看成是全情报界范围内的一种知识构建和管理活动。尽管这一目标目前尚未达成，但它原则上是可行的，也必将给情报分析带来质的飞跃。这意味着我们的机构——譬如国家情报大学——不能只把课程目标设定为“技能”（譬如汇报、撰稿以及搜集等）的发展，还应关注研究方法的更新、知识的发展以及专业知识的构建。

最后，我们不能把事情搞得过于复杂。针对情报分析人员的培训和教育应该囊括一些核心的技能。传授这些技能的最终目标只有一个：（让分析人员）生产出情报分析，以帮助决策者从容自信地应对复杂问题。这个目标看上去简单，但要达成却极其困难，需要对作为专业的情报分析有更加全面的认识。我们已经拥有了足够多的知识和经验，也拥有一支高度专注的分析人员队伍，只要给予这些人时间和体制上的支持，他们就能从知识和技能方面推进分析的专业化。但迈出第一步往往是最困难的。

[第十九章]

分析外联：专业知识构建及专业化的途径

苏珊·H. 纳尔逊（Susan H. Nelson）

对 21 世纪国际性挑战的认识，推动了情报界分析方法的改革。在众多的举措中，分析外联把情报分析人员与情报界以外的专家联系在一起，从而为情报分析工作注入了新的思想。正如本书其他章节所强调的那样，复杂的外部事件要求我们采取一种新的分析工作模式，而不再仅仅依靠个体分析人员的思维能力。

情报分析人员可以采取更积极的分析外联，与美国情报界及政府以外的拥有不同观点的专家进行联络与合作。本章将集中讨论这种外联对分析的促进作用。这样的外联并不是什么新鲜事物。在冷战期间，美国政府内外的苏联问题专家——此外还有水平相当的经济学家、历史学家、科学家以及商人——就经常交换各自的看法，以便更好地了解我们的头号对手。外联也并非只有一种形式，或只存在于某一个机构内部。目前它已成为情报分析必不可少的部分，而不再是可有可无的。本章将讨论 21 世纪外联的必要性、形式、好处及其带来的挑战。

本书的其他章节也提到了合作对于分析的重要意义。前国家情报总监办公室的高官冯稼时就曾指出，面对 21 世纪的要求与期望，以及可以预见到在新的紧缩时期时间和资源上的限制，决策者必须在政府内外推进合作。他还在其他场合指出："我们需要建立和维持范围广泛的'外部专家'网络。这些专家具备某些领域的丰富知识，愿意与美国政府分享这些知识，并且对华盛顿的工作节奏和其他方面的要求也极为适应，能够为紧急的分析任务提供及时和有针对性的观点。”[1]

从许多方面看，分析外联只是合作能力的另一种体现，而合作能力正日益成为优秀情报分析技巧的一个基本要素，以及分析人员职业发展的一个关键指标。在分析人员的职业生涯中，他们不但需要利用美国政府内部的专家网络，也越来越多地利用情报界以外的网络，来回答困扰美国国家安全的一些最棘手问题。分析人员既要了解传统情报挑战，诸如中国或俄罗斯未来如何发展，也要了解非传统的情报挑战，譬如国际有组织犯罪、武器和人口走私、贩毒、瘟疫或气候变化等跨境安全问题的兴起等。有一点可以明确，即情报界没有哪个分析人员或机构可以独自完成上述所有的任务，有时即便汇集整个情报界之力也难以达到预期效果。当要研究的问题跨越了分析部门的界限，甚至超出了高级分析人员的能力范围时，综合各来源、各领域的专业知识就变得极为重要。

许多学者还注意到，日益增长的信息量给当今的分析人员造成额外压力。分析人员都认同摩尔定律（Moore's law），即计算机的处理能力大约每 18 个月就增长一倍。信息革命是推动情报界发展的驱动力，它让今天的安全环境与冷战时期的两极世界相比显得截然不同。威廉 · M. 诺尔蒂（William M. Nolte）就曾指出：“21 世纪的分析人员的确需要……更多地依赖公开来源和专家们的研究成果，以及与他们的交流。原因很简单，‘他们就是信息的源泉’。”[2] 外部专家可以帮助分析人员整理和验证这些信息。

其他一些早期的情报分析研究也强调，要想理解当今的复杂世界，

---

[1] 原注：Thomas Fingar, *Reducing Uncertainty: Intelligence Analysis and National Security* (Stanford CA: Stanford University Press, 2012), 30.

[2] 原注：William M. Nolte, "Intelligence Analysis in an Uncertain Environment," in *The Oxford Handbook of National Security Intelligence*, ed. Loch K. Johnson (New York: Oxford University Press, 2010), 411.

分析人员需要开展团队合作，而不是单枪匹马地得出分析结论：“‘单个专家’的工作模式已越来越无力应对当今的分析课题”；而且，“观点只能通过对知识的综合，而不是剖析来获得”。[1] 分析人员可以与情报界以外的各类专家进行直接交流，以分享观点、质疑假设并得出新的观察，从而提高分析产品的质量。这样的外联活动有助于分析人员考虑替代性的观点。它开辟了一条新途径，使人们针对当前和未来最具挑战性的问题进行创新和发展新思维。事实上，在改善情报界分析方法的众多建议中，美国国家科学院就曾指出，应鼓励情报界加强与外部的合作，以创新和发展新的分析研究方法。[2]

对整合外部观点必要性的重视并非现在才有。冷战期间，分析人员为了解苏联社会生活的真实状况，常常要依赖政府以外的苏联问题专家及其他专业人员，从他们与苏联的官方交流中获得洞察。不过，当时分析人员与外部专家的交流都是临时性的。2005 年的《大规模杀伤性武器委员会报告》指出，情报界分析人员与愿意挑战其常规观点的外部专家间缺乏充分联络，应该有意识地开展更多的分析外联活动。在推动出台关于分析外联的第 205 号情报界指令上，该报告是关键因素。[3]

---

[1] 原注：Carmen A. Medina, “The New Analysis,” in *Analyzing Intelligence: Origins, Obstacles, and Innovations*, eds. Roger Z. George and James B. Bruce (Washington, DC: Georgetown University Press, 2008), 242, 247.

[2] 原注：National Research Council, National Academy of Sciences, *Intelligence Analysis for Tomorrow: Advances from the Behavioral and Social Sciences* (Washington DC: National Academies Press, 2011).

[3] 原注：有多份报告呼吁情报界通过外联加强分析。2005 年 3 月 31 日，美国大规模杀伤性武器情报能力委员会向美国总统提交报告，敦促情报界就如何利用“外部知识资源……以挑战常规观念”的问题“进行更具创造力和……战略性的思考”；2010 年 5 月的美国总统《国家安全战略》要求“通过战略伙伴关系发掘利用政府以外的创造力”，详见：www.whitehouse.gov/sites.../national_security_strategy.pdf。

分析外联的制度化

2008年7月，国家情报总监发布了首个关于分析外联问题的指令：第205号情报界指令。[1] 该指令将分析外联定义为“情报界分析人员与情报界以外的人员进行接触，以考察其他的或替代性的观点，获得深入洞察和新的知识，或者获取新信息的公开的、有意识的活动”。分析外联并不要求外部专家搜集情报。它是一种观点的交流，而且为达成有效性，它必须是互惠的，即必须是在分析人员与外部专家之间展开的一种真正意义上的双向交流。

第205号情报界指令的内容，可被归纳为以下几点：一是情报界所有的分析人员都应与外部专家进行接触；二是情报界每个机构都应指派一名分析外联协调员；三是国务院的情报与研究局是情报界分析外联的代办机构。[2] 该指令的宗旨在于“支持、改善和充实分析”。它认可分析外联的积极作用，将其看作是分析人员职业发展过程中的关键因素，并称之为“优秀情报分析”的要素之一。[3] 外联是分析人员专业职责的一个组成部分，

[1] 原注：2008年7月16日，时任国家情报总监麦克·麦康奈尔签署关于分析外联的第205号情报界指令，呼吁分析人员与情报界以外的专家开展交流。第205号情报界指令参见网址：www.dni.gov/files/documents/ICD/ICD_205.pdf。本章所有涉及第205号情报界指令的评论，都是基于2008年的版本。该指令更新后的版本目前我们尚不掌握。

[2] 原注：情报与研究局的主要任务是通过情报服务于美国的外交。基于全来源情报，情报与研究局为国务院的决策者提供增值的独立分析，确保通过情报活动支持美国的外交政策和国家安全目标，同时作为国务院的专责部门，该局要确保对敏感的反情报和执法活动进行政策评估。参见网址：www.state.gov/s/inr/ 和 www.intelligence.gov/about-the-intelligence-community/member-agencies/。

[3] 原注：第205号情报界指令指出，“优秀的情报分析要求分析人员在美国国内及国际上构建人际网络，与（包括）学术界、智库、工业界、非政府组织、科学界、各州、地方和部落政府、情报界以外的政府机构以及其他部门的专家建立值得依赖的关系”，参见第205号情报界指令第2部分第4个目标，网址：http://www.dni.gov/files/documents/ICD/ICD_205.pdf。

因此，情报界的每个机构都要建立相应机制以方便外联活动的开展。第205号情报界指令建议，高级、资深的分析人员及分析主管应指导更多的年轻分析人员，教授他们如何与外部专家进行安全、有效的接触。此外，该指令也呼吁情报机构在其职务描述、空缺职位公告、奖励和业绩标准中，说明“他们对分析外联的要求”。情报机构应该“创造更多的职业发展机会，以帮助高级分析人员成为本领域的顶尖专家”，包括让他们积极参加会议、研讨会、研修班或提交论文等。第205号情报界指令同时也明确指出，没有“普遍适用”的外联政策与流程。每个情报机构都应该根据自己的任务分工，在安全和反情报政策的框架内持续推进外联工作的开展。

外联的好处

外联有多种形式。它绝不只是一种活动，更是一种思维习惯。与外部专家接触和交流是一个认知的过程，它能够改变分析人员看待问题的方式。外联的价值并不仅是获得具体问题的答案，而更多在于帮助分析人员以开阔和创造性的思维思考问题。前国家情报委员会副主席格雷格·特雷弗顿（Greg Treverton）就曾指出：“（情报界）经常想吃‘现成饭’，实际上他们应该寻求外界帮助，以提升‘饭菜’质量——通过开展分析、各学科和基础研究方面的培训，了解如何从学术、语言、文化、道德以及技术对行为的影响等方面获得答案。”[1] 和特雷弗顿一样，诺尔蒂也呼吁情报界“授权分析人员成为研究者……可以委托他人开展研究，并自发创建与外部专家的联系网，而不需要恳求情报搜集者和安全官员给予许可”[2]。分析人员的工作不仅是处理情报，在与情报界同行和外部专家开展广泛合作的

[1] 原注：Gregory Treverton, *Bridging the Divide between Scientific and Intelligence Analysis* (Vallingby: Swedish National Defence College, 2009), 26.

[2] 原注：Nolte, “Intelligence Analysis in an Uncertain Environment,” 412.

过程中，他们也在创造新知识。外联的思维习惯意味着，分析人员乐于在他们熟知的问题上保持开放的心态，并在新信息、新观点出现时调整其既有看法。本着持续学习和求知探索的精神，分析外联有助于保持分析的新鲜度，并促进分析人员的成长。

由于引用了非保密、公开来源的文献，外联也强化了全源的分析。分析人员所需的大部分信息都可从公开来源获得，这一点现已成为普遍共识。外联、公开来源分析以及“教育 / 职业发展”之间，存在着一种相互促进的关系。通过与外部专家交流和研究公开文献，分析人员会变得更具智慧，能够更好地服务决策者。在综合运用外联和公开来源分析的情况下，分析人员能够向决策者提供非保密的观点，以便后者在公开场合使用。为了更好地发挥其服务决策的作用，分析人员还必须熟悉自己的研究领域，了解本领域重要研究者的主要成果，否则他们可能遭到决策者的漠视，因为后者自己也可能与外部学术界保持着接触，他们希望全源分析人员至少要与学术界和智库中的同行水平相当。

得出观点

分析人员可以从情报界以外的专家那里学到很多东西。这些人常常能够接触到一些美国官员见不到的人物（从精英界的密友到“街头”的草根），前往他们去不了的地区（从偏远的乡村到封闭的社会）。他们可以与分析人员分享其对外国官员的印象和了解，以及对其他文化的近距离观察。情报界开展分析交流的非正式属性，有助于观点的自由交流，让政府内外的专家们无所顾虑地提出大胆或具有争议性的想法，以激发出新的观点。

正如一位外联的支持者指出的那样，“尽管交流中的大部分知识因为其非保密属性可被列入‘公开来源’范畴，但这些信息并不总是能够在广播、书籍、杂志或其他形式的媒体中找到。事实上，大部分这样的知识都是‘隐性的’，也就是说，它们只存在于掌握这些知识的专家的脑子里，是他们通过研究、经历或其他特殊技能才得到的”。[1] 分析人员只能通过与这些专家（也包括外国学者）的直接接触，才能获取这样的内在知识并从中获益。全源分析人员通过整合各个来源的知识——公开信息、通过外联获取的诸多观点，以及秘密的信息——来为决策者厘清面临的情报问题。

搭建网络以构建关系

外联活动是以人为基础开展的，并通过整合政府内外的专业知识搭建网络和连接人脉，而分析交流正是达成这一目的的绝好机会。对新晋的分析人员尤其如此：他们可以在交流中遇见情报界的同行、政策层的重要用户，以及本领域有名望或新涌现的专家。这样的网络支持了外联的互惠本质。搭建网络不光是为了分享知识，也是为了建立职业关系。外联活动将情报界的分析部门及分析人员融入了更广泛的专业圈子，同时也将美国情报界和政府内部的众多网络绑定在一起。这样的大网络有助于加强美国情报界对全球议题的研究，尤其有益于多学科分析和比较分析。

1997 年，国家情报委员会通过全球专业知识储备计划，设立国家情报委员会合作者计划。此后，它就一直是与外部专家建立持久关系的领跑者。在 2008 年国务院情报与研究局成为外联活动的代办机构后，该项目被更名为情报界合作者计划。当时，其麾下拥有约 200 名知名学者，这些人帮助情报界研究急速发展的各类事件，发现并评估各种长期趋势。该计划的合作者由情报界高官提名，在某个项目上工作一年时间，以帮助拓展情报界覆盖全球议题的能力。他们参与分析交流，开展授权的研究，评估《国家情报评估》报告，进而以局外人的视角进行“合理性检查”。近

---

[1] 原注：Roger Z. George, “Meeting 21st Century Transnational Challenges: Building a Global Intelligence Paradigm,” Studies in Intelligence, Center for Study of Intelligence, www.cia.gov/library/center-for-the-study-of-intelligence/csi-publications/csi-studies.

期，情报界合作者在自己专长的领域领导了多个跨机构的分析小组——譬如著名的国家情报委员会全球趋势系列报告的下设小组。这一前沿性的计划为情报界的分析人员提供了机会，使他们可以有针对性地与业内同行和外界专家建立持久关系。

分享多样化的观点

外联的一大好处在于，其囊括的广博经历与专业知识能够激发分析人员的想象力，来寻求研究和分析的新方法。外联不是一项静态的活动，政府以外总是能找到新的天才。自发布第 205 号情报界指令以来，情报界通过分析外联协调员机制做出了大量努力，帮助分析人员与美国国内外的学术界和商界人士、非政府及国际组织的代表、科学家、记者、律师等建立了联系。国际化的观点对分析人员来说尤其重要，它们能够帮助分析人员超越"西式"观点的束缚，以便更好地了解其他人对世界，尤其是对美国的看法。

从利用各类非政府专家的角度讲，国家情报委员会在编撰《全球趋势 2025》和《全球趋势 2030》报告上的做法，算得上是国际交流的金科玉律。针对每一份报告，国家情报委员会都在欧洲、亚洲和拉丁美洲召集了十多次重要会议，以搜集外国人对美国和世界所面临的主要趋势的看法。参加会议的不光有情报和外交部门的官员，也有历史学家、记者、商界领袖及其他一些专业人员。这些人很乐于挑战美国的观点和各种假定，也能够发现不被华盛顿重视的问题和趋势。[1] 在这一过程中，国家情报委员会也得以了解到，这些专家是如何看待美国政策对上述趋势的影响——这样的观点是无法从自己人那里获得的。

[1] 原注：参见国家情报委员会《全球趋势 2025》的序言，网址：www.dni.gov/files/documents/ Global%20Trends_2025%20Report.pdf。

通过外联进行战略性思考而非预报

对战略分析或前瞻研究——预测未来的威胁和机会——来说，多样化的观点是极其重要的。战略分析的目的是避免出现意料之外的事件，并帮助决策者尽早采取有利于美国安全和繁荣的行动，以便更好地掌控未来。情报界对待战略分析的态度前后并不一致，其开展预警的方法经历过一次转变——从过去由预警小组专职负责到如今让每名分析人员都从事预警分析工作。诺尔蒂曾指出，情报界有“侧重现实或短期分析、排斥战略或长期分析的倾向”[1]。但国家情报战略的第 3 个任务目标，却要求情报界提供战略性的情报和预警，“以便决策者、军方将领和民事当局能够有效地阻止或回应威胁，并对出现的机会加以利用”[2]。

本书其他章节指出，从苏联的解体到“阿拉伯之春”的爆发，情报界经常因为没能“预报”意外事件而遭受批评。情报分析人员不能也不应该被要求“预报”未来。没有人可以拿着水晶球预测未来，但我们可以利用一些工具来协助预测未来的趋势。通过与外界的各类专家开展交流，研究未来可能的各种情形，分析人员可以审慎和系统化地探求未来可能的发展变化。

为应对不测事件，情报分析人员所说的“情景分析法”是最有效的方法。伦道夫 · H. 弗森和小理查兹 · J. 霍耶尔在本书的其他章节，也对该方法进行过细致的介绍。情景分析法探求驱动未来的关键因素，并帮助分

[1] 原注：Nolte, “Intelligence Analysis in an Uncertain Environment,” 416.

[2] 原注：国家情报战略的第 3 个任务目标指出：“影响未来安全环境的问题和趋势包括经济的动荡、国家的失败、民主的兴衰、地区大国的崛起、人口结构与社会力量的变化、气候变化、太空探索、流行疾病，以及颠覆性方法的扩散（这里只列举了一小部分）。这些将考验情报界做出战略预警和避免意外事件的能力。目前，大部分的情报界分析人员都将精力集中于对现实和近期重大事件的评估。情报界必须提高预见和发现潜在挑战与机会的能力。”参见网上报告：www.dni.gov/files/documents/Newsroom/Reports%20and%20Pubs/2009_NIS.pdf，第 7–8 页。

析人员创见性地思考各种未知因素的作用——这些因素是不太可能发生，但一旦发生就会引发巨大反响的事件。情景分析法的另一位知名专家彼得·施瓦兹（Peter Schwartz）及其同事道格·兰德尔（Doug Randall）也指出："每个人，从分析人员到决策者，都不会错过正在发生的变化，也不会对其造成的全球影响视而不见……预见战略性的意外事件使得决策者能够从正确的方向入手，发掘可能改变游戏规则的事件，进行系统性的跟踪。"[1]

情景分析法极度依赖外部的专业知识，因为只有在各类人员共同参与的情况下，其效果才是最好的。施瓦兹和兰德尔将这种多样性看作是衡量和分析数据的不同"滤层"，声称"多样化的框架、观点和经验是必要的，因为它们可以给基础信息注入不同种类和范畴的观点"。这正是外联发挥威力的地方，它拓宽了分析人员接触信息和观点的范围。施瓦兹和兰德尔表示："我们敦促情报机构与外部人员展开接触。这些人来自不同的学科领域，分析信息时使用不同的思维和滤层。"[2]

国家情报委员会全球趋势系列报告

国家情报委员会的全球趋势系列报告寻求通过发现重要的趋势、驱动这些趋势的背后因素、趋势的发展方向和趋势之间的相互作用，来激发战略性思维。[3] 该系列报告运用情景来展示其所研究的驱动因素（譬如全球化、人口问题、新兴大国的崛起、国际体系的衰落、气候变化以及能源

[1] 原注：Peter Schwartz and Doug Randall, "Ahead of the Curve: Anticipating Strategic Surprise," in *Blindside: How to Anticipate Forcing Events and Wild Cards in Global Politics*, ed. Francis Fukuyama (Washington, DC: Brookings Institution Press, 2007), 97.

[2] 原注：Peter Schwartz and Doug Randall, "Ahead of the Curve: Anticipating Strategic Surprise," in *Blindside: How to Anticipate Forcing Events and Wild Cards in Global Politics*, ed. Francis Fukuyama (Washington, DC: Brookings Institution Press, 2007), 100.

[3] 原注：国家情报委员会在编撰第一部《全球趋势 2010》时，主要依赖美国情报界自己的专业知识，但随后的系列报告则越来越多地吸纳外界对重大趋势的看法，与外国专家的交流项目也越来越宽泛。参加网上相关描述：www.dni.gov/nic/NIC_2025_project.html。

地缘政治等）的相互作用，以及给未来的决策者带来挑战和机遇的可能方式。整体来看，它更像是在描述可能影响未来发展的各种因素，而不是确切预报未来将要发生的事件。

2012 年 12 月发布的《全球趋势 2030》，是国家情报委员会牵头开展的该项研究活动的第 5 个成果，旨在发现可能影响未来十年或更长时间内全球局势的“大趋势”。不论是报告本身，还是其编撰过程，都吸取了之前几个版本的经验教训。由于它囊括了更广泛的科学家和技术人员的成果，以跟上技术日新月异的步伐，《全球趋势 2030》也成为该系列报告中最具合作性的一个版本。其在外联方面的一项创新是开通了博客，并得到了来自 167 个国家的专家的“点击”。[1] 考虑到 2009 年奥巴马政府对《全球趋势 2025》报告的接受程度，这份新的报告很有可能会影响到国家安全战略的制定。巴黎或北京的研究人员认为，该系列报告有助于他们了解华盛顿对未来的看法，有鉴于此，《全球趋势 2030》也可能沿用以往做法，翻译成多种语言出版。

筹备全球趋势报告的过程及其附带的好处，同最终报告一样意义重大。在编撰报告的过程中产生的想法和获得的观察，丰富了无数分析人员的工作内容，并被国家情报委员会和情报界其他机构用于难以计数的分析产品当中。报告包含的轶事性证据也影响了参与编撰过程的非政府人员的思维和工作方式。这也从另一个方面表明了分析外联的互惠属性。

受全球趋势系列报告的启发，2010 年和 2011 年，国务院情报与研究局下属的外联办公室（OTR）也与国防大学和国土安全部合作制订了行动性远景计划，以强化长期分析与国家安全决策之间的关联。[2] 国务院情报

---

[1] 原注：National Intelligence Council, *Global Trends 2030: Alternative Worlds*, “Introduction by NIC Chairman Christopher Kojm,” www.dni.gov/index.php/about/organization/ national-intelligence-council-global-trends.

[2] 原注：该成果主要归功于情报界的两位分析人员。第一位是全球未来伙伴论坛的创始人卡罗尔·杜梅因（Carol Dumaine），提出了“行动性”概念；第二位是在 2008 年—2011 年效力于情报与研究局外联办公室的沃伦·H. 菲什拜因（Warren H. Fishbein），他设计了该远景计划。此外，后者还就战略远景问题撰写了大量著作，包括《向

与研究局外联办公室将该计划所称的“远景”定义为，对未来的各种可能进行严谨分析，以便决策者掌握其所需的信息，进而更好地影响未来的局势。该远景有助于决策者限制不确定性，了解被忽视的事实，增强面对不确定性时的信心，并通过及早发现正在形成或潜在的危机来延长反应时间，从而让其有更多的时间和选择来采取行动。

行动性远景计划帮助搭建起了一个跨国界兴趣团体，约有 200 人参与其中，包含了远景问题专家、美国政府各部门的决策者，以及情报界各机构的分析人员。通过该计划，分析人员得出了最重要的两点发现，一是情报界应该通过关于未来的战略对话与决策者进行直接接触；二是应该将远景问题与决策者当前面临的主要任务和挑战直接绑定在一起。分析人员应该确立当前行动与未来趋势的关联，搞清它们可能导致的结果。

通过吸纳政府以外的专业知识，行动性远景计划也对全球范围内的远景预测能力进行了比较性研究。结果显示，新加坡和芬兰政府在这方面处于领先地位。隶属于新加坡总理办公室的风险评估与水平扫描（Risk Assessment and Horizon Scanning, RAHS）分析项目，旨在通过对一系列涵盖广泛的指标进行经常性监督，以发现预示着变局的反常情况。芬兰议会的未来委员会则就气候变化、能源政策、人口及技术发展等议题，向议员们提供远期分析。

全球未来论坛

全球未来论坛（Global Future Forum, GFF），是美国情报界就战略性的跨境安全议题开展国际交流的平台。这一多国网络由来自 25 个成员国的

更可靠的情报分析努力：在充斥多重复杂威胁的年代里开展“着眼预防的预测”》，网址：www.kcl.ac.uk/sspp/departments/warstudies/research/groups/foresight/Programme.pdf，以及《21 世纪的新威胁》，摘自全球未来论坛预测与预警研讨会系列报告，网址：www.css.ethz.ch/publications/pdfs/Emerging-Threats-final.pdf。

国家安全专业人员组成，主要致力于对共同关注的跨境安全议题开展研究（参见文本框 19.1），其工作是完全公开的。加拿大一直都是该论坛的主要资助者及重要活动的联合赞助国，近期新加坡和芬兰也主导了许多新活动。论坛成员国通过举办互动式的研讨会来吸纳本地人才的观点。举例来说，论坛下设的冲突、暴力与极端主义兴趣团体（Community of Interest, COI），分别在美洲、欧洲、亚洲和中东等地就“身份政治”议题举办过研究交流。每个地区的交流活动都邀请本地著名的暴力极端主义问题专家做主旨发言。在此基础上，该团体正努力对跨地区的暴力极端主义进行比较评估。

文本框 19.1 全球未来论坛

全球未来论坛由政府的国家安全专业人员和政府以外的专家组成，是就正在形成或潜在的全球安全挑战开展合作研究的跨国团体，其宗旨是激发跨文化和跨学科思维，挑战现有观点。其拥有：

23 个成员国；
25 个关联成员国；
1500 名人员；
7 个兴趣团体，包括：

- ★ 新兴与颠覆性技术兴趣团体；
- ★ 人类与自然资源安全兴趣团体；
- ★ 冲突、暴力与极端主义兴趣团体；
- ★ 跨国有组织犯罪兴趣团体；
- ★ 战略预见和预警兴趣团体；
- ★ 扩散问题兴趣团体；
- ★ 情报实践与组织兴趣团体。

全球未来论坛研究的许多战略性议题都跨越了政府机构的“藩篱”。该机构对于研究不同地区或领域如何相互影响尤其有用，因为这样的研究通常要涉及不同国家、地区组织和多种学科。举例来说，人类与自然资源安全兴趣团体由苏格兰政府牵头，对食物、水、能源、环境与健康之间的关系开展研究。由美国牵头的新兴与颠覆性技术兴趣团体，在 2012 年资助举办了一系列的研讨班，旨在研究未来 20 年可能会对人类安全造成极其剧烈影响的技术，譬如机器人与纳米技术、人体机能增强、生物技术、能源、计算机以及通信技术等。其隐含的假设是，技术发展本身会对人类的行为造成巨大影响。随着技术进步步伐的加快，研究政府、商界、机构和个人所面临的全球治理环境的潜在变化，显得愈发重要。全球未来论坛通过汇集全球各地的决策者、分析人员、规划者、科学家、技术人员和长期趋势分析人员，就趋势的可能发展及对当今决策的可能影响进行辩论，并促进人员之间的对话交流。[1] 美国情报界的分析人员也可获邀参加全球未来论坛的研讨班，从而得以见到他们在华盛顿见不到的外国专家，接触不经常涉及的新领域的专业知识。

组织外联：国务院的职责

在设立国家情报总监职位之前，外联活动基本是由情报机构和分析人员自行组织，缺乏总体的指导或协调。由于没有统一的外联理念或指导，各机构要么以自己的方式开展外联活动，要么鉴于其安全规定禁止

[1] 原注：针对五大类的方法，全球未来论坛召集了从技术人员到科幻小说作家在内的众多专家，与多数都是非技术出身的国家安全分析人员一同探讨技术领域可能出现的变化。在分组讨论中，分析人员运用他们新学到的知识，来分析技术融合生成新能力、新流程的可能性。之后各分析小组评估，在未来 5 到 15 年时间内，这些新能力、新流程在经济、社会、政治及其他领域可能引发何种变革及影响（威胁和机遇）。举例来说，在一个日益充斥着传感器的世界里，隐私——以及秘密——正变得越来越少，这对情报分析人员构成了新的挑战。

分析人员与外国专家接触，而忽视或限制外联活动。时至今日，各机构在分析外联的开放度方面仍存在较大差别，这要部分归结于某些机构对安全问题的关注及对传统情报要求的重视——传统上，对敏感情报来源和搜集方法的保护被摆在极其重要的位置。不过，作为国家情报总监深度融合情报界活动的一部分，分析外联有助于情报界从深度的跨机构合作与协调中获得好处。因此，如前所述，美国国务院——尽管其情报机构是情报界中规模最小的一个——承担起了协助指导情报界与外部专家开展合作的职责。鉴于在与外部专家开展接触以提高其对国务院决策者的分析保障水平方面，国务院情报与研究局拥有经验及便利性，第 205 号情报界指令将情报与研究局指定为分析外联代办机构的做法并不令人意外。[1]

情报与研究局既是国务院的一个下属机构，直接对国务卿负责，又是美国情报界 16 个机构中的一个，也要对国家情报总监负责。由于情报与研究局直接脱胎于战略情报局的研究部门，其分析人员一直与学术界保持着紧密的联系。事实上，二战期间为战略情报局研究分析处工作的第一批分析人员都是学术界人士。与学术界的这种联系一直保持至今，目前情报与研究局的许多分析人员仍受雇于教育机构。有些分析人员——也包含情报界其他机构的分析人员——业余时间还在地方大学担任兼职教授。从很多方面看，外联都已经融入了情报与研究局的基因。[2]

---

[1] 原注：情报与研究局的组织形式具有明显的国务院特征，工作范围涉及所有的国家和现实议题。其人员队伍结合了具有广博的驻在国经验的外交官，以及具有深度专业知识的文职专家。从 1970 年开始，情报与研究局就通过其长期评估与研究办公室（Long-Range Assessments and Research, LAR）开展研究和举办会议。该办公室的职责随着其名称的改变也在发生变化。2008 年，该办公室更名为外联办公室（Office of Outreach, OTR），负责关于分析外联问题的第 205 号情报界指令的具体实施。关于情报与研究局早期开展的更多外联活动的情况，参见肯尼斯·E. 罗伯茨（Kenneth E. Roberts）在 2005 年 3 月国际研究协会会议上提交的论文《填补政策界与思想界之间的鸿沟：如何用学术专业知识提升政府的工作表现》，网址：www.allacademic.com/meta/p70845_index.html。

[2] 原注：情报与研究局与情报界的其他机构有着明显区别：其与决策者关系密切，未设置任何的情报搜集部门，另外由于它隶属于国务院，因此其分析人员能够经常会见外国的外交官和学者。

作为情报界最小的全源分析机构，情报与研究局要想为分析人员提供持续的教育和职业发展机会，必须具备丰富的资源。外联正是这样的一种资源。因此，该局进行了大量投入，发展出完善的分析外联机制，并鼓励其分析人员积极与外部学术界人士进行经常性接触。该局分析人员可以参加地方智库的研讨会，与学术界以前的同事和导师保持联系，以拓展知识面及对公开来源材料的掌握。他们可以根据自己的职责计划，自主与有关专家建立新的联系。与有些情报机构的分析人员相比，情报与研究局的分析人员在参加专业学术协会方面或许更为积极，同时也更加自如。举例来说，在斯拉夫、东欧及欧亚研究协会的年度会议上，该局负责欧亚区的分析人员经常递交报告或担任分组主席。该局负责其他地区的专家也同样与有关地区的研究组织保持联系，以便接触到相关领域的专家并邀请他们担任顾问。

除了熟悉外联工作外，情报与研究局还拥有现成的管理机制，可以对外联项目予以支持。该局的外联办公室通过多种渠道帮助分析人员与外部专家取得联系。情报与研究局及情报界其他机构的分析人员，经常与外联办公室合作，就一系列地区和领域的议题设计和开展外联计划。[1] 情报与研究局在外联事务上采取包容性做法，在设计外联计划时邀请情报界其他机构的分析人员参与。通过这种方式，一些不具备活跃外联项目的情报机构的分析人员也可以参加外联活动，既从讨论交流中取得收获，又不必因担任主导角色而感到不自在。

随着时间的推移，情报与研究局开展外联活动的方式也在发生变化，从早期领受任务式的冗长研究，发展到今天互动式的分析交流计划（参见文本框 19.2）。举例来说，外联办公室每年要组织实施约 170 个外联计划，参与交流的外部专家人数可达数百人，其中每次交流一般持续数小时到一整天时间，有 8 至 10 位专家参与，并由 1 至 2 名学者做主旨发言。

[1] 原注：分析人员开展外联的方式可以多种多样——既可以被动地参加由情报界组织的分析交流、智库研讨会或专业协会的会议，也可以主动提出要求，或与本机构的分析外联协调员共同设计或组织外联计划。

文本框 19.2 情报与研究局的外联设计：一种分析实践

分析人员是每个按需定制的外联计划的核心。情报与研究局的外联办公室在以下做法上处于领先地位：

1. 召集重要的利益攸关者——与课题有关的情报界分析人员及决策者。
2. 定义成功。我们如何知道外联计划是否取得了成功？
3. 为了计划的成功设计关键的分析问题。
4. 通过以下方法寻找能够回答上述问题的外部专家"最优"人选：
   - ★ 发现新人才；
   - ★ 尽可能减少"经常性人选"的数量；
   - ★ 确保多样性，平衡各种替代性观点的提出。

来源：国务院情报与研究局外联办公室

每年，这些外部专家遵循查塔姆研究所规则（Chatham House Rule）——不记录，不具名，与数千名分析人员和决策者在非保密的情况下开展坦诚的分析交流。[1] 每次交流都是按需设计的，旨在强化情报界对具体问题的分析，更好地支持决策。涉及的议题包括寻求冻结冲突的新方法、评估即将开始的选举、了解转型国家的局势发展，以及研究诸如国际金融危机之类的跨国挑战等。外联尤其有助于研究科学和技术领域的课题，因为科技

[1] 原注："分析交流"这个术语涵盖了所有的外联形式——会议、研讨会、研讨班、座谈等。一次典型的针对某个国家的交流可能会涉及其国内政治、历史、经济与能源、社会压力、安全问题，以及包括与美国关系在内的外交政策。在行政部门的分析交流中，专家们就他们认为的新任驻外大使最需要了解的事项表达看法。情报与研究局会邀请情报界各机构的分析人员参加这类交流，以贡献观点并听取众多外部专家和重要的政策用户的意见。

领域的进步是一种常态，而诸如国务院之类的政府部门在这方面的专业知识又相对有限。可想而知，国务卿的科技顾问自然就成了情报与研究局外联项目的铁杆用户。

随着国家情报总监职务的设立及其整合情报界活动的职责，情报与研究局自然而然地牵头为情报界的外联活动制定早期战略愿景。该局人员担任国家情报分析与生产委员会分析外联小组委员会的主席，该小组委员会由情报界各机构指定的分析外联协调员组成，负责制订未来的外联计划，以减少重复劳动并分享最有效的外联实践。[1] 各机构的外联协调员可以在小组委员会内部发挥各自的优势，譬如在围绕情报界其他机构的具体任务而举行的外联活动中，邀请该机构的分析人员参加。

当然，情报与研究局的做法并不是分析外联的唯一模式。情报界每个机构都有自己的做法和政策。有些机构——譬如国家地理空间情报局和国防情报局——的协调员围绕具体任务设计了演讲者系列活动。国防情报局每两周更新一次详细清单，列出情报界即将在华盛顿、美国其他地区或国外举办的外联活动。这些活动按议题归类，以方便查询。对于整个情报界的分析人员队伍来说，这些都是重要的外联资源。对于希望拓展分析思维与视角以提升工作能力的分析人员和分析高管来说，国家安全局的分析学院（Institute for Analysis, IFA）是一个富有创造性的外联资源。该学院的宗旨是帮助分析人员寻找并联络行业和学术界的知名专家，利用之前未曾使用的智力资源来发展新的分析流程、方法及情报技巧，以供分析界在适当的时间和地点加以运用。该学院致力于在情报界内部培养合作关系，提升每个分析人员的认知能力，其资助的项目包括“挑战问题”“网络事件（演讲者系列之一)”以及“行动学习小组”。这些项目有助于学院向分析人员传授其研究成果。分析学院成功的关键，在于其与“监视 360”公司建立了特殊的合作关系。该公司擅长解决复杂

[1] 原注：外联协调员的作用是在本机构内部创造机会，以鼓励分析人员离开办公桌，走出情报界的“保密气泡”。他们经常在情报界的分析人员队伍中发布即将举办的外联活动信息，并邀请分析人员参加。

和模糊的问题，又因为拥有一大批各具所长、富于创造力且能够参与政府分析人员兴趣项目的思想者（属于其“杰出人才”计划），而在国际上享有盛誉。

在国家情报总监一职设立之前，中情局拥有一个不算集中但却非常活跃的外联体系。各分析办公室与诸如兰德公司之类的非政府卓越中心保持着联络，后者长年针对苏联开展各种秘密和公开的研究。与此类似，负责中东问题的分析办公室每年也会召开地区问题公开会议，吸引美国各地及海外的学者参加。中情局的反恐问题专家也经常向从事恐怖主义分析的外部专家和研究中心开展咨询。此外，中情局还设立了内容更为宽泛的“驻校学者”计划，允许政府以外的专家作为中情局青年情报官的评估者与导师，与中情局的分析人员一道工作一至两年时间。20 世纪 90 年代，中情局的情报分局还成立了战略分析组（Strategic Analysis Group, SAG），负责就一系列的跨界问题开展长期研究，并与政府以外的专家合作对这些问题开展更具推测性的分析。其中的一个例子是，战略分析组分析人员与非政府的能源问题专家，就石油市场问题开展了活跃交流；另一个例子是，通过与外部学术界人士、智库专家及商业咨询人士的合作，战略分析组在大规模建模与情景设置方面开展了早期实验。此外，中情局也是全球未来论坛的早期创始机构，曾资助该论坛的活动达数年之久，直到论坛作为国家情报总监外联职责的一部分转由国务院情报与研究局负责，并最终成为国家情报委员会的下设机构。

外联面临的挑战

外联也面临着挑战——尤其是考虑到情报工作的秘密属性，以及政府部门的分析人员在与不具涉密权限的外部专家交流时所受的限制。在第 205 号情报界指令发布后不久，国务院情报与研究局联合国家情报总监办公室及一家独立咨询公司，代表国家情报分析与生产委员会的分析外联小组委员会，就情报界外联活动的状况进行了评估。通过与情报界内部各家机构的广泛交流，调查人员发现，情报界内部关于外联问题存在着冲突和竞争性的价值观，其中有许多矛盾一直延续至今，[1] 包括：

- ★ 和非涉密专家交流所造成的安全风险，与不挖掘多样化观点所造成的分析风险之间的矛盾；
- ★ 秘密信息的价值与多渠道观点的价值之间的矛盾；
- ★ 基于搜集到的事实而开展的分析，与基于观点所描绘的背景而开展的分析之间的矛盾；
- ★ 作为分析活动一部分的外联与独立于分析活动的外联之间的矛盾；
- ★ 和外部专家建立临时交易性关系与保持长久关系之间的矛盾；
- ★ 在情报界内部设计和开展的外联活动，与对外开展的外联活动之间的矛盾；
- ★ 定量评估外联的价值与定性评估之间的矛盾。

不过，情报界不应把这些矛盾的两个方面视作是相互排斥的，而应在二者之间找到平衡。很明显，对外联的安全关注有其合理原因，正如待在“保密气泡”里明显有其弊端一样。上述的很多矛盾其实都可通过教育和培训得到缓解。举例来说，分析人员可以通过熟悉本方向的公开文献，掌握与非涉密专家开展互惠和公开交流的共同语言来降低泄密风险。此外，国家情报分析与生产委员会分析外联小组委员会的一部分教官，还为分析人员设计了一个为期两天的课程，以便他们掌握如何安全、有效地开展外联活动。在该课程的基础上，情报界各机构的外联协调员还设计了适用于本机构的外联培训课程。最近几年被广泛曝光的几起安全泄密事件，在某种程度上抑制了官方积极开展分析外联的热情。有些机构的分析文化还远

[1] 原注：在 2009 年 4 月的研究报告《外联的作用：对关于东南亚面临威胁的知识加以利用——战略与国际研究中心跨国威胁项目报告》中，战略与国际研究中心引述了此处提到的多个障碍。

未适应在其他机构中已尝试开展的外联形式。在这些机构中，关于会见学术界人士和外国专家的繁复审批程序，让试图扩展自己专业圈子的年轻分析人员望而却步。关于这个问题，情报界应该秉持这样一条根本标准：必须帮助分析人员学习掌握与外部专家安全接触的方法，并相信分析人员能够在外联活动中做出正确判断。

情报界的分析外联活动面临的一个重大挑战是专项资金的缺乏。作为纳税人金钱的管理人，各机构的外联协调员通过相互开展合作以尽力分摊成本，并对有限的外联资金加以充分利用。通常，用于会议和出差的资金会首当其冲地成为被削减的对象，但这一做法对外联活动造成的影响却未受到应有重视。我们有可能进入一段持久的财政紧缩期，用于外联活动的资金可能会越来越少，除非我们的情报高管能够本着对培训和教育的高度重视，力保相关资金不受预算整体缩减的影响。

与资金紧密相关的另一项挑战，是如何衡量外联的影响或价值，从而证明为该活动买单的正当性。我们怎么知道外联活动是否真的提升了分析的质量？怎么衡量分析人员通过与外部专家进行交流所获取的观点的价值？又怎么衡量不与他们开展交流将造成的损失？为此，情报与研究局的外联办公室对其服务于整个情报界的分析交流活动，进行了统一的数据采集和统计分析。

基于标准化的调查问卷及调研对象组的讨论结果，外联办公室对其为期六个月的外联活动进行了概览式的总结，展示了外联活动的开展情况，评估了外联活动的影响和价值。评估结果反映了 759 次针对分析交流效果的调查，以及由情报与研究局 5 名分析人员组成的调研对象组反馈的意见。当然，上述调查结果仅反映了部分（选择参加分析交流活动的）分析人员的观点，可简要归纳如下：

- ★ 约 90% 的受访者表示与外部专家接触对于开展工作来说“重要”或“非常重要”。
- ★ 约 75% 的人“赞同”或“强烈赞同”交流提供构建关系网的机会。

- ★ 约 88% 的人“赞同”或“强烈赞同”交流增加他们对议题的了解。
- ★ 约 80% 的人“赞同”或“强烈赞同”交流有助于探讨替代性观点。
- ★ 约 76% 的人“赞同”或“强烈赞同”未来可以把参与交流的专家当作信息来源。
- ★ 约 85% 的人“赞同”或“强烈赞同”把交流成果纳入分析工作。

对于调研对象组的分析人员来说，外联的价值在于构建关系网并听取替代性观点。根据这些反馈，外联协调员能够对外联计划加以改进，使交流活动更好地契合分析人员的需求。下一步的评估将着重研究外联的长期影响，并通过对选择不参与分析交流的分析人员的调查，来发现其排斥外联活动的原因。

未来之路

在制订外联计划、帮助分析人员和决策者利用外部资源方面，美国情报界已经取得了相当的成绩。过去我们只是自发地开展一些临时性的外联活动，而现在开展活动的方式则经过统筹与协调。第 205 号情报界指令为推动情报界的分析外联确立了框架，但这一工作仍需持续推进。毫无疑问，与 2008 年国家情报总监签署第 205 号情报界指令时的情况相比，情报界内部在开展外联活动方面已经具备了更好的统筹与协调。

不过，外联工作仍有很大的提升空间。情报界的很多人目前尚不能完全接受与外部专家的直接交流。情报界对安全问题高度敏感的文化与规定，继续给分析人员与外部专家的交流造成障碍，并妨碍了分析工作的专业化进程。我们很难再找到另外一个行业，规定禁止本行业人员与研究相同领域的其他人员开展交流。然而，这确实就是情报行业当前面临的障碍。此外，这样的交流目前仍被经常看作是“可有可无”的活动，而不是实现情报界工作目标、向决策者和高层官员提供优质分析时所“必须开展”的活动。直到现在，通过秘密渠道搜集到的信息仍经常被看作比学者或商人与政府自由分享的信息更具分量，更加明确且更有深度。

最后，分析文化必须接受外联应是双向的交流。也就是说，分析人员必须准备好与外部专家分享他们的观点——而不是情报来源和搜集方法，以便也让后者通过参加外联活动而有所收获。仅仅出席学术会议，却从不发表意见观点，甚至也不交流名片，不会让外部专家对分析人员产生任何好感，更不用说让他们分享任何有价值的观点。

情报界可以采取一些措施推动外联的发展，以提高分析的质量。首先，情报界当下正致力于制定新战略以更好地理解面临的挑战，而分析外联应该成为其研究新挑战的标准工具之一。[1] 其次，情报界可以在分析人员的工作表现评估、专业发展目标以及教育和培训计划中加入更多激励措施，以鼓励他们开展分析外联活动。再次，情报高管应该牵头开展情报工作重心的再平衡工作，从过去过于关注动态分析（current analysis）转向更多关注长期的战略议题，后一项工作的开展将得益于与众多非政府机构及中心的著名学者、研究人员进行交流。外联对情报分析的一个最重要贡献在于其创造了战略分析的空间——将政府内外最优秀、最聪明的人才聚集在一起，以预测并更好地应对未来的挑战。我们需要想办法将预测工作更好地纳入分析。正如诺尔蒂建议的那样，情报界应该考虑从分析人员队伍中“辟出”一部分人从事长期研究，在这方面可以借鉴军方在各个战争与参谋学院建立研究中心的做法。[2]

---

[1] 原注：为了整合分析与搜集，国家情报总监在 2011 年设立了“国别及课题事务国家情报主管”，负责制定和实施“重要地区和课题领域的统一情报策略”。关于国家情报主管的更多介绍可参见本书第十三章。国家情报主管可被视为指导涉及某情报课题的分析与搜集活动的活文献。在理想情况下，应该为他们每个人配一个拥有适量活动资金的分析外联部门。国家情报主管为情报界确立情报研究的优先次序。参见网址：http://www.dni.gov/index.php/about/organization/intelligence-integration-who-we-are?

[2] 原注：Nolte, “Intelligence Analysis in an Uncertain Environment,” 416.

美国情报界已具备国家情报委员会的战略前景小组、全球未来论坛以及行动性远景兴趣团体等，这些是开展外联活动的良好基础。各机构的外联协调员完全有条件支持情景设置之类的活动，以便分析人员考虑未来的趋势，更好地面对必将出现的情报工作新要求。如果我们和多数人一样，只具备在理解现实世界的层次上开展分析的能力，那么我们就必须与其他一些具备不同视角的人接触，并借鉴他们的观点。

[第二十章]

结语：推进21世纪情报分析的专业化

罗杰·Z. 乔治（Roger Z. George）
詹姆斯·B. 布鲁斯（James B. Bruce）

先生们，我们没钱了，所以必须思考。

——温斯顿·丘吉尔爵士

丘吉尔这句恒久经典的励志名言，可以直接适用于情报分析：目前情报界已深刻地认识到，要想找到解决问题的更有效办法，需要运用智慧而不单是增加投入。预算紧缩的时代意味着需要更加重视情报的作用。情报常常被称作是美国国力的“倍增器”和“推手”。毫无疑问，优秀的情报分析正具备这样的能力。在资源紧张的年代，情报分析提供了一个重要的途径，能够帮助美国应对日趋不确定的世界所带来的危险。

分析专业化——过去十多年来许多情报从业者不懈努力的目标——对提高分析的质量和效用可谓贡献良多。正如前面的章节所述，这样的分析正服务于越来越多的国家安全决策者，尤其是国土安全领域的决策者。自2008年本书初版以来，情报分析在专业化的许多方面都取得了长足的进步。在构成一门真正学科的各个属性——共同的知识、专业标准、行为准则、严谨的培训和分析方法的发展上，我们都发现了进步的迹象。对于情报培训与教育、情报分析方法、情报界的知识管理及标准确立等方面所取得的进展，前面的章节已做了着重介绍。这些进步都说明分析的专业化正在持续发展，在某些领域甚至是加速发展。很明显，从整个情报界来看，这样的进步还不够均衡，但这也是事物发展的常态：总要有先行者给后来者带路。下面是情报分析专业化发展过程中的几个里程碑式事件：

★ 国家情报大学——曾经的虚拟大学——现已成为一个由国防情报局运营的实体机构，囊括了之前由国防情报学院提供的众多学位授予课程。
★ 国家情报总监办公室面向整个情报界的分析人员提供入门情报分析培训，这对那些自身无力提供培训的情报机构来说尤为重要。
★ I 空间合作工具以及国家情报分析产品图书馆的出现，开启了基于情报的信息编目、共享和查询。
★ 部分机构开展了高级情报技巧的培训，其中有些培训可对分析人员进行“认证”，让其具备升入“高级分析人员”行列的资格。

我们还可以从本书各章节中发现更多的里程碑式事件。[1] 我想说的是，分析的专业化仍在持续发展。它不但是一个值得期待的目标，也是一个能够达成的目标，在这一点上目前已形成广泛共识。我们相信，即便是在资源日渐匮乏的时代，分析的专业化也将继续深入进行下去。

如果能够恰当开展并正确运用分析，国家领导人及在一线推进国家外交和军事战略的行动者将拥有决策上的优势。在当今全时沟通、相互依存的全球化世界里，决策优势——让美国拥有信息优势或先于别国动用国家力量的能力——显得越来越重要。[2] 随着情报分析人员提供可靠分

[1] 原注：本书第四章和第十七章详细介绍了中情局和国家情报总监在这方面的许多努力。

[2] 原注：Jennifer Sims, “Decision Advantage and the Nature of Intelligence Analysis,” in *Oxford Handbook on National Security Intelligence*, ed. Loch Johnson (New York: Oxford University Press, 2010).

析和预测能力的提高，在指导相关人员睿智地运用国家力量方面，他们正发挥着愈发不可或缺的作用。约翰·克林根在本书中指出，军方的指挥官越来越依赖情报分析，将情报分析视作其了解现实和虚拟战场时必不可少的一个环节。[1] 冯稼时也强调说，国家领导人不仅需要通过情报分析来了解“我们知道的事实”，也需要通过分析了解复杂国际局势的“不确定性”，以便在采纳或排除特定行动方案时谨慎地予以权衡。[2] 鉴于资源的限制，美国决策者越来越需要选择优先发展哪些军事战略和计划，优先处理何种外交危机，以及优先制定什么应急方案，而情报将有助于评估——或有助于决策者评估——相关选择的紧迫性、影响力、后果或风险。

21世纪富于挑战的环境

美国近来的财政和预算危机表明，在当前的时代，我们不能像之前预算快速增长的十年那样，拥有较为充足的资源。不过这并不是什么特殊情况。在后冷战时期，美国的国家安全预算逐年增加，并随着一系列国际冲突的出现呈现爆发式增长。在朝鲜战争和越南战争时，国防开支和情报活动快速和大规模增长。战争结束后，相应的开支则出现收缩。与此类似的是，苏联解体后，美国国防开支水平长期走稳，有些人还说情报开支缩减近 25%。这一趋势随着“9 · 11”袭击和随之而来的阿富汗和伊拉克战争戛然而止。在此之后，国防和情报开支再次快速增长，并持续了近十年时间。在高峰时期，国防部每年的开支超过 6000 亿美元，而官方公布的国家情报年度预算也接近 800 亿美元。[3]

[1] 原注：除非特别注明，此处提到的作者均为本书之前章节的作者。

[2] 原注：Thomas Fingar, *Reducing Uncertainty: Intelligence Analysis and National Security* (Stanford, CA: Stanford University Press, 2011).

[3] 原注：ODNI, News Release No. 21-10, “DNI Releases Budget Figure for 2010 National Intelligence Program,” October 28, 2010.

现在，开支快速增长的时期已经结束。未来削减开支的计划也正在酝酿之中。目前，总情报预算已连续两年下滑，在 2012 年降至 750 亿美元。[1] 可以预期的是，伴随财政危机的持续，预算还将进一步缩减。

紧缩时期意味着美国情报界必须用更少的资源更好地工作，必须确立重要事项的优先次序。从以往情况看，情报培训并不像其他的所谓“基本任务”那样，被看作是不可或缺的项目。不过，本书认为，通过更加专业的培训和教育而得到改善的情报分析，将成为开支缩减背景下美国军事和外交的力量倍增器。所以，削减旨在提升分析质量的培训计划，是非建设性的举动，尤其是在情报分析预算——与技术搜集计划及海外行动的预算相比——只占总情报开支较小一部分的情况下。换句话说，在我们看来，改善情报分析会让我们的钱花得更值。

情报面临的另一个重大挑战，是美国所处的国际环境不断变化。随着中国、印度、巴西等国家的崛起，未来我们将看到一个新的多极化世界。而权力的分散意味着美国将毫无疑问地面临更多的问题和挑战，也意味着新兴国家与美国之间更具挑战性的关系和更多的潜在冲突，同时也意味着有更多的复杂事件需要情报界关注并帮助决策者了解。美国参联会主席马丁 · 邓普西（Martin Dempsey）将未来描述成具有持续冲突的“日具竞争性的环境”[2]。国家情报总监詹姆斯·克拉珀在向国会各主管委员会做年度全球威胁汇报时，也强调了当前环境的不可预测性。[3] 此外，国家情报委员会的《全球趋势 2030》报告，也通过其对未来世界的描述强化了上述观点：[4]

---

[1] 原注：Mark Hosenball, “Intelligence Spending Fell in 2012 for Second Year in a Row,” Reuters, October 2012.

[2] 原注：Martin Dempsey, *Chairman's Strategic Direction to the Joint Force*, February 6, 2012; available on the CJCS website, www.jcs.mil.

[3] 原注：2013 年 3 月 12 日，詹姆斯 · 克拉珀在参议院情报委员会上的证词，可在国家情报总监办公室网站查询，网址：www.odni.gov/index.php/newsroom/testimonies。

[4] 原注：National Intelligence Council, *Global Trends 2030: Alternative Worlds* (Washington, DC: Director of National Intelligence, 2012), executive summary, iii.

> 到2030年，权力分散到更多国家将造成巨大的影响。基于对国内生产总值、人口、军事开支及技术投资的估算，亚洲将在全球影响力方面超越北美和欧洲实力之和。中国将可能在2030年到来前的几年，超越美国成为全球最大的经济体……与国家实力的转移相比，国力性质的变化或许更加重要，也更为深刻。通信技术的发展将推动涉及多领域的松散网络的形成，并促进权力向这些网络的转移，从而影响到国家和国际社会的行动。有些国家即便在某些方面——GDP、人口等——具备最强的实力，也未必能够施展其力量，除非学会在多极化世界的网络和联盟中行事。

上述趋势会对美国的国家安全政策和情报优先方向造成深远影响。情报分析的种类和课题也必将做出调整。相应地，分析人员的情报技能必须超越传统上按地区、国家或武器划分的专业界限。多学科的分析人员小组，可能会研究目标和行动不明的跨国团体对社交媒体的使用，抑或是跟踪由气候变化造成的大规模民族迁徙，并评估其对地区稳定和冲突所造成的影响。同样重要的是，若要实现《全球趋势2030》对全球治理较为积极的预测，那么美国的情报分析人员应该就全球气候、农业、水资源和能源等方面的趋势和挑战，与更广泛的国际伙伴和组织交流信息。这将导致情报共享模式从狭隘的“知情必要”到国家情报总监办公室所说的“有必要共享”的范式转换。届时，分析外联将变得比今天更为活跃和深入。

提升专业化的需要

更有限的预算及更复杂的国际环境对情报分析构成了双重挑战，也意味着分析必须再进一步。考虑到未来的决策将变得愈发复杂，且附带更多的衍生后果，决策者可能会更加倚重情报的支持。对于那些难于把握、细节不明且与其他重要问题相互作用的棘手问题，需要用到多方面的情报分析。[1] 在未来的十年，如果不继续深化情报分析的专业化及专业知识的构建，那么满足日益增长的情报需求就只是一句空话。可喜的是，与2008年本书第一版发行的时候相比，美国情报界现在能够更好地回应上述需求。情报分析已具备了真正成为一门专业的基础。随着国家情报大学、针对结构化分析方法的培训计划和公共知识图书馆的建立，以及根据岗位要求即可晋升为高级分析人员的体制，情报分析作为一门学科的特征已开始显现。但在上述每个方面，情报分析还有更多工作要做。

设置联合专业分析教育

情报界若要最大化地发挥情报分析对国家安全政策的支持作用，就必须把分析专业化放在更优先的位置，不仅要保护现有的专业化举措（如传统的培训与教育）免遭大幅预算削减，同时还需要采取更多的新举措。我们认为，可以参照联合专业军事教育体系的培训与认证模式建立情报界的相应体制，以实现情报分析人员队伍的全面专业化（参见文本框20.1）。现有的许多计划——包括国家情报大学培训项目的扩展及华盛顿特区西北部新校区的建立——实际都契合了这一长远目标。分析行业不像军种那样，针对未来的高级分析人员设置进阶式的培训要求。国家情报总监办公室有必要考虑制订这样一个贯穿分析人员职业生涯的培训与教育计划，一方面可以促进分析人员个人技能和专业知识的提升，另一方面也可以推动联合分析文化的发展。我们强调“联合”一词的目的，是让所有分析人员对分析专业及其特点以及适用于整个情报界的分析工作标准有统一认识。虽然我们并不要求分析人员放弃各自机构的特殊方法和工作实践，但这一

[1] 原注：典型的例子包括全球气候变化、医疗、瘟疫、核武、贩毒及社会不公等。学者们认为这类问题由于涉及很多相互关联的因素，且需要大众在观念上做出改变，因此极为复杂，对寻求解决之道的公共政策专家构成极大挑战。

标准肯定有别于单个情报机构的标准。

文本框 20.1 联合专业军事教育：可能的模板？

联合专业军事教育的完善体系是围绕“军种专业”的概念而建立的。美军的军种专业分工始于19世纪西点军校（1802年）、安纳波利斯海军学院（1845年）、海军战争学院（1884年）和陆军战争学院（1901年）的建立。在20世纪，该体系得到了蓬勃发展，囊括了其他的高级军事学院及众多的专业指挥与参谋学院。

经过对两次世界大战经验的研究及大量的跨军种研究，**联合**教育（而不是单军种教育）的概念得以确立。二战之后，德怀特·D. 艾森豪威尔将军及其他的战时指挥官决定，有必要把各军种的高级军官聚集在一起进行教育，并开展更多的跨机构合作。于是，1946年在华盛顿成立了国家战争学院。从那以后，联合专业军事教育的培训范围得到了极大扩展，将国家安全部门的高级文职人员以及外国军队的高级军官也纳入其中，其中许多培训项目都发展成具有完全资质和学位授予权的教育机构。

在整个职业生涯过程中，军官有必要持续发展其专业军事技能：从参加基础培训课程到参加专业军兵种培训（炮兵、空军、海军及其他专业），再到参加高级教育以便承担起国家层面的职责。美军领导人对这一必要性表示认可。在军官职业生涯的初期，“技能”是培训的重点；不过随着军官的晋升，联合专业军事教育的目标转向了制定国家安全战略、开展跨机构合作及实施多国行动等方面的“教育”。联合专业军事教育的这种阶梯式培训，被看作是军官升入更高级的指挥岗位和国家决策层的必备条件。事实上，1986年的戈德华特—尼科尔斯国防部重组法案，已将联合专业军事教育规定为晋升将级军官的法定条件。

一般来说，一名服役20年的军官能够参加总计2到3年的培训和教育。在职业生涯的特定时期和特定衔级，他们需参加特定类型的培训和教育，这被看作是继续晋升的必备条件。而要晋升至上将军衔，美军军官必须脱产参加培训，以便了解其执行任务时所处的国家安全环境，以及要与之开展合作的其他民事部门与机构的职责和任务。特别是从戈德华特—尼科尔斯的改革实施以来，对于“联合”的强调已成为一种受到普遍认可的实践。文职机构也认识到，其高级官员也可通过晋升培训获得联合工作的经验，而这一点非常重要。

来源：Cynthia Watson, *Military Education: A Reference Handbook* (Westport, CT: Praeger, 2007).

这样的一个联合专业分析教育体系，无须全盘复制联合专业军事教育体系的做法，但须努力整合各情报机构的不同培训计划，并为各机构的分析培训设置一些共同的标准。国家情报总监办公室可以参照联合专业军事教育的军官专业军事教育培训（Officers Professional Military Education Training, OPMET）标准[1]，为情报界设置一些类似的标准。军官专业军事教育培训被美军各军种司令部、参谋学校及高级军事学院广泛采用，以便为培训和教育设置共同的目标、层次和标准。与此类似，情报界也可以为分析人员职业生涯的各个阶段设置不同的培训和教育目标，并要求他们完成相应阶段的培训计划以便晋升至更高一级的分析职务。

举例来说，刚入职的分析人员可能会被要求参加由某个情报机构或国家情报总监办公室提供的基础分析课程。在完成了入门基础培训后，他们才能就某个问题开展工作。一段时间过后，他们可能又会被要求参加额外的全日制培训。我们认为，可以考虑在以下几个领域开展额外培训，下面我们将简要地予以介绍。

[1] 原注：有关联合专业军事教育的优秀论述，可参见：Cynthia Watson, *Military Education: A Reference Handbook* (Westport, CT: Praeger, 2007)。

对认识论的基本认识

本书第九章指出，很少有分析人员能够认识到自己做出分析判断、预报和洞察的认识论基础。要构建知识，他们必须了解知识构成的基础，因为并非所有知识都同样可靠。如果仅仅因为一些信息出自所谓的权威来源，或契合了当前的思维定式（习惯思维），分析人员就过度依赖这些不确凿信息，那么将会带来威胁——詹姆斯·布鲁斯曾经专门提到这一点。还有些人将论述过度地建构于逻辑之上，却没有全面检验逻辑所用前提的事实依据。更有些人，在不同的数据可能导致不同结论的情况下，仍倾向于不加评判地采纳数据。杰克·戴维斯在本书第八章警告说，分析人员若盲目相信其高层主管的权威或本机构过去或现在的定论（分析惯性），而不是基于实证或科学的方法，则可能会导致判断偏差。针对分析人员的培训极少触及知识的本质，也很少教授他们批判性地考察结论的依据。因此，有必要把作为分析专业基础的认识论纳入分析人员培训的基础课目。

此外，作为培训的一部分，分析人员需要掌握更为科学的知识生产方式的力量。本书第九章强调，科学是唯一被证明能够发现并纠正错误判断的方法，它依靠的是对假设的检验、客观的方法、对信息的验证、方法的透明、一定程度的可重复性，以及经常回顾结论及其得出方式的自觉。对使用结构化分析方法的重视，有助于加快情报分析向一门真正专业的转变。这是因为结构化分析方法在对研究进行结构化处理的过程中，凸显了更为可靠的基于科学的知识获取方式。与有关认识论的基础知识同等重要的，是对知识的管理——建立可对信息进行分类、查询和提取的公共数据库。这有助于构建一个更为完整和可靠的知识体系，以便未来的分析人员更好地吸取过去的经验。[1] 知识管理还有助于确保组织学习，而后者正是成熟学科的关键属性。

[1] 原注：不过，由于缺乏成熟的情报课题分类系统，同时在“知情必要”式的情报文化中存在着分级保密和授权知情的要求，这方面的进展将受到一定阻碍，因而需要付出更多努力。

分析与搜集门类

搜集来源是情报判断的基础，更好地了解搜集来源是分析人员培训中一个不可或缺的组成部分。如前所述，只有极少数分析人员真正了解他们是“如何知其所知”的。了解情报搜集的能力和局限，正是这一重要认知过程的关键环节。然而，绝大多数的分析人员对于人力情报、信号情报及图像情报的来源仅有肤浅认识，对评估来源真实性和可靠性的方法也缺乏了解，只有少部分的分析人员会花费时间研究这些搜集活动的复杂性，了解其优势、弱点及可能带入分析过程的偏见。由于我们无法要求分析人员在每个主要的情报搜集机构都工作一段时间，那么退而求其次的方法，就是为分析人员设计有深度的培训计划，让他们了解搜集体系的工作模式，掌握对信息进行最优利用、确定来自各搜集渠道的众多原始情报可信度的方法。

为分析人员设计一系列的高级培训课程，让他们了解人力情报、信号情报、图像情报、测量与特征情报及公开来源信息的搜集方法，并非是一件不可能完成的任务，它应该成为分析人员技能培训必不可少的一部分。情报搜集机构应该为分析人员提供专门培训课程，或者对分析人员及本机构的情报搜集人员进行交叉培训。从我们的个人经验看，我们在职业生涯中极少有机会了解情报搜集活动，除非被指派在某个情报搜集机构中工作或参与某项情报搜集活动，但并不是每个分析人员都有这样的机会。应该增加类似的培训机会及其他一些专业培训。

预警基础培训

本书许多章节都提到了分析人员曾经遭遇的重大情报预警失误。科尔和沃纳在第三章详细描述了情报界在监控苏联及全球的其他情报对象方面好坏参半的记录，并引用了一些预警缺失或无效的具体案例。詹姆斯·布鲁斯指出，许多情报失误的责任应该由情报搜集者和分析人员共同承担；失误的原因包括缺失的信息、错误的假定、局限性的思维定式以及对手的拒止与欺骗。分析人员对情报搜集的依赖要比通常认为的严重得多。乔治和沃茨在第十三章指出，“9·11”之后预警的范围进一步扩大，将国家和非国家行为体都囊括在内，而预警的责任则由指派的高级预警官转移到所有分析人员身上。具有讽刺意味的是，尽管分析人员被寄予厚望，但与预警相关的培训和教育却没有跟上预警对象扩大的步伐。只有极少数分析人员将预警看作是其主要责任，很少有人了解前面章节所述的预警工作流程及潜在风险。基础的分析培训至少应该包括预警的职能、对手可能针对情报搜集者和分析人员使用拒止与欺骗的方式，以及分析人员就预警问题与情报界和决策者进行沟通的最佳实践方法等内容。

在贯穿分析人员职业生涯的培训中，另一个重要步骤可能就是专业知识的构建。在掌握了分析与搜集活动的基础知识后，分析人员需要通过进一步的学术教育来积累关于“本方向”更深入的知识。目前，新入职的分析人员很少具有博士学位，大部分人都在本科或硕士教育阶段参加过少量涉及本方向的地区、国家或职能事务的课程。所以，即便不能深化新晋分析人员对各自研究领域的理解，通过培训让他们重温相关知识也是有实际意义的。目前，有些情报机构通过给予假期或报销学费的方式，支持分析人员进行研究生阶段的学习，这与促进课题领域专业知识构建的联合专业分析教育没有本质区别。不过，类似的活动在情报界内部还开展得很少。情报界当前的做法，仍然是希望分析人员在入职之初即具备基础的专业知识，然后在工作过程中深入了解所研究的领域，并运用自己的语言技能或者主要利用个人时间恢复语言技能。[1]这种随意的做法不是构建专业知识的严谨方式，也支撑不起一门学科所要求的专业知识水平。更为规范的做法，应该是通过设立课题专业的教育计划，让分析人员了解新的分析方法，接触情报界以外本领域的著名专家，以此来拓展他们的分析外联网络，让他们了解公开信息来源和封闭的情报界以外的专业领域。

联合专业分析教育的最后一步，可能就是参加高级情报学院的培训

[1] 原注：脱产的语言培训一般只面向海外派遣的分析人员，而不脱产的语言培训则主要是为了维持分析人员的语言技能，一般每年都会举行。

课程。目前，有一小部分情报分析人员能够参加各军种战争学院及华盛顿国家战争学院的培训。这样的培训计划本质上带有联合的属性，因为参加者包括来自各军种、文职国家安全机构及情报界的高级官员。在为期一年的时间里全面接触“整个政府”体系，让情报分析人员能够以一种更宽广的视角看待其对决策者、军人、外交官及执法人员的支持。除了借鉴各军种学院的经验外，国家情报大学还可以为情报界的高官——也包括分析人员在内——设立某种顶级培训计划，以进一步拓展情报界未来领导人的视野，让他们了解所有情报机构面对的大量议题，而不局限于他们各自的情报机构内。[1] 这样的顶级课程面对的是即将晋升的管理人员或高级分析人员，其宗旨是让这些人更好地承担起高层的责任。[2]

使分析方法标准化并进行验证

在设立联合专业分析教育计划之前，有必要为所有分析人员制定一套更为统一且广受认可的培训目标。分析专业的一个重要属性潜藏于“我们如何开展工作”的问题当中。分析的方法、技巧和技能是分析人员的显著特征，将分析人员与情报界以外的课题专家、情报界内部的其他人员区分开来。弗森和霍耶尔曾无可辩驳地指出，现有的许多结构化分析方法应该在情报界获得更广泛的应用。事实上，这一工作目前正在进行——尽管进展缓慢且不够均衡。如果国家情报总监办公室能够制定适用于整个情报界

---

[1] 原注：军队的顶级培训课程面向新近遴选或晋升的将级军官。这些人将在国家层面开展工作，需要了解高层的战略。相比军事学院为期一年的脱产课程（许多高级学员之前已经参加过），这类课程时间较短（约六周左右），由现役或退役的中将带领。其班级规模也比较小，以便于开展研讨式的学习。美国国务院也曾设置过类似的课程，称作高级研讨班，参加人员包括有晋升潜力的高级外交官以及经过遴选的情报界和军方官员。

[2] 原注：在行政部门，高层行政人员按高级行政官员制度确定职级。在情报界，类似的体制被称作高级情报官员制度。一般来说，官员进入这一体制即意味着，其经验和专业化水平已经达到了可担任本部门或机构行政主管的程度。

的标准，汇集课程素材，并向各情报机构尤其是那些无力自主开展分析培训的机构提供培训课程的话，结构化分析方法会得到更好的推广。情报界应该继续就具体方法的使用开展研讨，通过案例研究的形式介绍单个结构化分析方法的使用案例，并探讨其成功或失败的经验和原因。构建结构化分析方法的案例研究库，不但为培训提供了有力的工具，也有助于对这些方法本身进行更多的评估。事实上，目前对结构化分析方法的使用存在一大缺陷，即除了理论上的正当性外，几乎没有研究能够证明这些方法可以产出更精准的判断、预报，抑或是更有用的分析。

因此，国家情报总监办公室应该提供支持，就分析方法的有效性开展更多研究，对其有效性和局限性进行更详细的记录，并考虑如何进一步利用被证实最有效、最具潜力的分析方法。目前，在国家情报总监和中情局的支持下，中情局的情报研究中心和国防情报局的知识实验室（Knowledge Laboratory）已具备了总结“经验教训”的一定能力。不过在笔者看来，这些项目由于过多聚焦对搜集活动的研究，因此未能充分发挥出对情报界分析部门的作用。

因此，就分析的经验教训建立案例库还是非常有必要的。案例研究人员可以被派往某个分析小组，观察该小组就某个议题进行分析的全过程，记录分析人员如何合作、使用了哪些分析方法、怎样做出判断以及如何向决策者通报分析结果。此外，他们还可以记录分析工作的效果，并搜集决策者给予的所有反馈。相关的案例研究应该是开放性的，以便后来的人对有关判断和预报能否经得起时间检验做出评估。评估结果将有助于对相应分析方法的验证。过去，情报界往往通过事件结果，或通过收集决策者的主观满意度——通常都在决策者已经忘记了某个分析产品之后[1]——来评估分析方法的有效性。与过去的做法相比，如今的评估要先进得多。

[1] 原注：从“事后反馈”的效果看，《总统每日简报》是一个例外。负责汇报的人员在向总统和内阁官员送呈情报分析材料后，会当场听取评论并领受新的任务。这种现场反馈当然弥足珍贵，但并不适用于大多数的情报保障，也无法评估分析方法的长期有效性。相比来说，案例研究式的评估会更加系统。

进一步发展基于知识的学习

国家情报总监办公室成功地在全情报界范围内建立了更多的分析数据库，并促进分析人员加深合作。由于当今技术的进步，情报共享及跨越时空远距离查询分析产品变得更加容易。I空间和国家情报图书馆就是两个因技术进步而成为现实的例子。毋庸置疑，未来还会涌现出更多的创新举措，它们将利用技术进步改善分析数据库，让其适用于更广大分析人员。

另外，情报界可能需要投入更多精力，推出真正对分析活动进行同行评议的刊物。谢尔曼·肯特早在50多年前就提出过这方面的问题。目前，中情局乃至美国情报界推出的刊物中，最接近这一设想的可能就是中情局情报研究中心发行的《情报研究》杂志。该季刊拥有公开和内部两个同步发行的版本，一直以来都是记录中情局及其他情报机构搜集和分析活动经验教训的主要刊物。相比之下，《国防情报杂志》主要聚焦军事问题，受关注程度相对较低，内容也较少被其他研究者引用。在情报界以外，值得一提的至少有两本学术刊物——《情报与国家安全》及《国家情报与反情报杂志》。它们的文章涵盖了所有的情报议题，包括情报行动案例、现实分析问题以及情报—政策挑战等。

尽管上述刊物的重要性不言而喻，但截至目前尚没有出现一个专门研究分析问题的刊物，譬如以“情报分析杂志”命名的刊物。这样的刊物应该能够作为一个平台让各方交流不同分析形式的有效性、分析面临的新方法或新挑战，以及重大分析结论及其对情报界的影响。这样能够填补现有的空白，成为持不同或少数意见的分析人员发声或讨论的平台。比方说，分析人员可以在刊物中就某些结构化分析方法的有效性发表不同意见，或就被多数分析人员和情报机构认可的分析判断表达少数派观点。这样的刊物最有可能成为新近扩充的国家情报大学的一部分（就像拥有包括《联合部队季刊》等众多出版物在内的国防大学那样，新的国家情报出版社也可考虑扩大工作范围，出版分析或其他情报专业的刊物）。我们认为，同时出版公开和内部版本的分析杂志（参照《情报研究》的现行模式）颇有价值：首先它可以利用秘密渠道的信息，其次也可让分析人员的观点接受外界的检验和评论。由于保密的原因，情报界的分析一直都摆脱不了偏狭的毛病。在方法和专业知识方面与外界增加接触，是另一种形式的分析外联，也应该成为公开版分析杂志的目标之一。对于一些大学的情报研究课程来说，这样一本杂志也大有裨益，因为它促使大学改善课程内容，更好地满足那些想要成为情报分析人员的学生的需求。

准入与认证过程

如马克·洛文塔尔所说，情报分析是一个奇怪的行当，它从来都不是那种“吸引”大学生参加相关专业培训的工作。作为这种因“误打误撞”而从事的专业，在分析人员任职的初期，如果能针对入行的要求和今后必须持之以恒坚守的标准做出更加明确的规定，那么它自己也将从中获益。分析专业涵盖多种学科，仅从大的方面讲，就包含军事、政治、经济、科技、领导艺术，以及新出现的目标确定等。有鉴于此，为新入职的分析人员制定一套单一的岗前培训要求，可能是一种过于简单的想法。举例来说，根据今后具体研究方向的不同，一个成功的大规模杀伤性武器问题分析人员，可能在入职之初就要具备一定程度的化学、生物甚至是政治学方面的知识。

不过，对于将要从事外交政策层面研究的分析人员来说，即便其未来工作仅限于大规模杀伤性武器专项问题的外交政策研究，他们也应在国际事务、外国研究和语言方面具备一定的专业水平（或至少表现出兴趣）。所以，一位具有成功分析人员潜质的求职者不仅要精通自己的学科，还应掌握关于世界事务和分析技能的基本知识。要让分析人员兼具这两方面的能力，情报机构可以考虑借鉴外交部门的长期做法，对求职者进行一般性的入职考试。目前，一些情报机构只要求网上填写报名表，或者提供一些分析性的材料，并说明与分析工作相关的经历或技能，仅此而已。

如前所述，新分析人员很少能在入职之初即成为本领域的真正“专家”，因为从本质上讲，他们还是有待学习提高的新手。情报机构因此需要知道，求职者是否具备进一步深化专业知识的能力，以及是否具备求知的欲望以保证他们未来的成功。情报机构可以采取一些办法来衡量求职者的上述特质，譬如借鉴外交部门的做法，要求求职者参加标准化测试以考察他们对世界的了解；且这样的测试适用于具有不同学术背景的所有求职者。这种入职考试也可涉及求职者从事的研究、工作风格、内在求知欲及发展潜能，以便招募者更好地了解求职者是否有能力开展研究、在分析团队内部进行合作，以及随着经验增长成为本领域的带头人。

此外，对已经招募的分析人员进行测试，从来都不是分析文化的一部分。一直以来，在职训练（通过在同事和主管的观察与评估下“开展分析”）和工作记录，都是衡量分析人员是否取得进步的仅有指标。这种“试用”期的目的是确定分析人员是否具备开展工作的能力，但它的标准常常是主观性的。目前，许多由情报机构提供的培训课程仍是“不打分”的。这些课程只要求分析人员参加，但却很少花精力检验他们是否学有所获。我们需要在评估分析人员的分析能力时引入更具实验性的方法。

第一步就是要参照军事学院和军事情报培训课程的做法，将评估标准纳入培训计划。情报界可以用字母或用“达标”“优秀”和“不达标”来划分学员的等级。设立课程评估标准，包括评估分析人员的年度表现或能力，将激发情报部门对培训的重视，创造更多的培训机会，也让情报主管在考虑是否提拔某个分析人员时有更好的依据。技能培训课程应该引入评估标准，以衡量分析人员能否运用所学的分析方法。与此类似，在研讨会或模拟分析课程中，情报教官应该对分析人员贡献观点、开展合作及主导交流的表现做出评估。

不管采取什么样的评估标准体系，它都应该与分析人员将要承担的任务直接相关，并推动相应课程的发展。有部分情报分析学院认为，他们可以通过派遣“老道”的分析人员担任基础分析课程的教官来达成上述结果，不过，这样的分析人员虽然来自分析一线，却不一定是最合适的教官。各情报学校和国家情报大学应该去挖掘那些既有实际分析工作经验又在教学方面具有兴趣和天赋的人员。

只有确立了培训和工作表现的标准，对分析人员进行认证的体系才更容易设立并受到认可。国家情报总监办公室无须对每个情报机构进行微观管理，规定**基础**、**中级**和**高级**的分析技能水平即可。该标准既与相应的培训和教育课程的完成情况有关，也与分析人员的工作记录有关——后者能够反映分析人员对本领域情报分析工作的认识逐渐深化的过程。

分析与政策

之前的章节都指出，分析的专业化将提高效率、改善专业技能，以及最终向决策者和其他情报用户提供质量更高的分析产品。前面的章节还提到，分析人员要做好“心理准备”，不但要应对自身的认知偏见，也要应付对手用以掩盖其意图和实力的拒止与欺骗。要想避免新的战略突袭和情报失误，最好的办法是帮助分析人员和情报机构克服这些障碍，开展优质分析。在过去的十年，我们有幸避免了再次遭遇“9 · 11”式的袭击，或类似伊拉克大规模杀伤性武器《国家情报评估》那样的情报失误，但我们没法保证这样的事件未来一定不会发生。尽管大部分的决策者和国会议员对情报界如何未雨绸缪地开展工作并不感兴趣，不过他们十有八九会把未来可能发生的意外事件归咎于分析人员和情报机构。

归根结底，评判分析部门的工作表现，还是要看分析产品被接纳和使用的情况。我们甚至可以这样说：没有情报分析的进一步专业化，情报界就摆脱不了政党和官僚政治对情报分析的滥用和误用。围绕“9 · 11”袭击和伊拉克大规模杀伤性评估而产生的情报争议，让我们痛苦地意识到，情报分析人员是怎样被贴上专业技能（甚至是工作道德）欠缺的标签，成为政策失误的替罪羊。庆幸的是，自那以后没有发生过与情报分析有关的国家丑闻，尽管围绕无人机使用、酷刑及国内监控政策等与分析无关的情报活动还存在着激烈的争论。更为重要的是，击毙本 · 拉登让各方更深入地理解，情报分析人员、搜集者和特种部队是怎样合力结束美国反恐历史上的痛苦篇章——正如本书开篇指出的那样。

尽管情报失误不可避免，但随着专业技能和工作标准的发展，在未来的情报争议中，错误的分析方法或劣质的分析产品成为众矢之的的可能将会降低。正如某位学者所说，情报政治化最有可能发生在其对国家安全政策至关重要的情况下。[1] 可以基本确定的是，鉴于有限的信息和情报目标的拒止与欺骗，美国针对伊朗和朝鲜核计划的情报分析仍将是重要却富于争议的。分析人员常常不得不就外国决策者本人、其意图以及开展的活动做出重要的假定。对于自身知识和观点的局限，分析人员越是能够以透明、严谨和开放的态度与决策者沟通，就越能更好地服务于美国的决策，降低失误的风险。

与此类似，中国——美国最大的经济（暂且不是军事）对手——的崛起，也让美国的战略家颇感头疼。有时，他们甚至会因为对中国政府的意图和能力知之甚少，而备感挫折。过去，中情局的分析人员因为没有夸大中国可能对美国的利益和盟友造成伤害的军事威胁能力，而被保守派批评人士指责为“辩解者”。未来，关于中国的争论还会持续升温，而在关于美国如何正确应对（遏制、接触还是介于两者之间）的辩论中，情报将是一个核心议题。因此，采取最高的分析专业标准，保持严谨的分析作风，同时像批评人士那样对自己和自己的工作表现开展自我批评，将是情报界维护其在美国公众和政府中信誉的保证。未来如此之不确定，又如此重要，情报界必须不遗余力，全力以赴。

---

[1] 原注：Joshua Rovner, *Fixing the Facts: National Security and the Politics of Intelligence* (Ithaca, NY: Cornell University Press, 2011).

术语解释

“A 队 / B 队”分析（Team A/Team B Analysis）：该结构化分析方法通过建立不同的分析小组，来比较关于某个情报课题的两个或多个鲜明观点或替代性假设。各个小组在列出了关键的假定后，利用手头的证据做出自己的评估。该方法的价值就在于不带倾向性地列出所有竞争性的观点，由此显示不同前提如何引发分析人员得出不同的结论。

部门情报（departmental intelligence）：这是产生于某个政府部门内部且主要服务于该部门高级官员的情报，有别于国家情报。例如，国务院情报与研究局生产的部门情报主要服务于国务卿及本部门其他高官，国防情报局主要服务国防部。

测量与特征情报（measurement and signatures intelligence, MASINT）：此类情报数据可通过技术手段获取，但不包括典型的图像与信号情报。测量与特征情报需运用一系列涉及广泛的学科，包括核科学、光学、无线电频率、声学、地震与材料科学等。例如，通过地震传感器或者搜集分析空气和土壤样品的构成来探测低当量核试验。

地理空间情报（geospatial intelligence, GEOINT）：见图像情报。

洞察（insight）：它指的是对决策者有帮助的看待问题的新方式，以及 / 或者对提出政策倡议或重新考虑现行政策具有启发作用的观点。对复杂局势清晰和深入的理解是它的鲜明特征。

动态分析（current analysis）：它报告的是涉及当前利益和局势的情况，以每日一次或更高频率发布，仅有极少时间开展评估或进一步研究。鉴于其较高的时效性，动态分析一般以每日刊物的形式出现，譬如《总统每日简报》《全球情报报告》，以及其他的部门情报刊物。

对外情报（foreign intelligence, FI）：对外情报是涉及外国政府、人员、组织、网络或其代理人的情报搜集与情报分析活动、行动或信息。在美国，对外情报的主要对象是从国外针对美国——包括美国的人员、财产和利益——的威胁。

方法论（epistemology）：它是哲学的一个分支，主要涉及知识的起源、本质和理论，解决涉及知识生产方法的问题，也包括评估某些说法是对还是错。情报分析常见的方法往往包括权威（使用情报来源或其他的权威参考）、思维习惯（类似于锚定偏见）、理性主义（各种形式的推理）和经验主义（使用搜集到的感知数据）。科学方法将理性主义和经验主义加以结合，通过采取别的认知方法所不具备的内部纠错机制来提高分析的可靠性。

反情报（counterintelligence, CI）：它指的是针对外国势力、组织、人员及其代理人或国际恐怖主义组织指使的间谍及其他情报活动、颠覆活动或暗杀行动，为识别、欺骗、利用、挫败或避免这些活动，而搜集的信息或开展的行动。

分析（analysis）：分析是结合推理和证据的认知和实证活动，目的是为了帮助国家安全决策者深化理解并降低不确定性而做出判断、预报和洞察。分析人员生产的评估“成品”涵盖动态情报和更具战略性的课题研究，以满足政府官员的信息需求。分析包括了解和安排情报搜集、评估和使用公开及秘密信息、提出和评估关于事件或趋势的假设，并确定其对美国安全政策的潜在影响。

分析假定（analytic assumptions）：这指的是被分析人员认作是真实的、且被用来作为其评估基础的任何假设。尽管使用假定是分析过程的一部分，但分析人员事先一般都不清楚他们使用了哪些假定。隐含假定在未予明确或检验的情况下推动着分析论证的发展，而优质的情报技巧则能够发现隐含假定，并对这些假定进行评估。

分析技巧（analytic tradecraft）：它是分析人员用来增加思维过程的严谨度、防止认知偏见歪曲分析判断的原则与工具。通过使用结构化分析方法，分析人员得以让证据、论证和逻辑更加透明，且便于进一步验证。

公开来源情报（open-source intelligence, OSINT）：此类情报包括两部分：从非保密的、公开的渠道搜集信息，并分析其对美国政府的意义。公开来源包括报纸、杂志、广播电视、电脑中的多语言信息，包含在政府报告、新闻发布和演讲里的公开数据，专业和学术性杂志以及会议等。目前，公开来源情报搜集越来越注重对网站、博客甚至是社交媒体的发掘利用。公开来源中心是美国情报界负责搜集和分析公开来源信息的主要组织。

国家防扩散中心（National Counterproliferation Center, NCPC）：该中心成立于2005年，隶属于国家情报总监办公室，负责协调情报支持以协助阻止大规模杀伤性武器及相关投送系统的扩散。该中心还负责制定长期策略，以更好地搜集和分析关于未来大规模杀伤性武器威胁的情报。

国家反恐中心（National Counterterrorism Center, NCTC）：该中心隶属于国家情报总监办公室，负责整合美国政府内部关于恐怖主义威胁和反恐政策的所有情报——包括对外情报和国内情报。国家反恐中心根据2004年《情报改革与恐怖主义预防法》成立，负责为关键的政策部门拟定战略行动计划和生产涉及恐怖主义问题的情报分析。

国家秘密行动部（National Clandestine Service, NCS）：该部门之前被称作（中央情报局）行动分局（DO）。作为中情局的一部分，国家秘密行动部负责指导包括联邦调查局和国防部在内的美国政府机构的所有对外人力情报搜集活动和隐蔽行动。国家秘密行动部是美国人力情报搜集的主管部门，正如国家安全局是信号情报的主管部门一样。

国家情报（national intelligence）：根据2004年《情报改革与恐怖主义预防法》的定义，它包含从美国境内外各个渠道搜集到的关于美国国家安全所受威胁的全部情报。

国家情报官（national intelligence officer, NIO）：国家情报官是某个地

区（譬如欧洲、亚洲、非洲、中东）或职能领域（譬如大规模杀伤性武器、跨国威胁、常规军队）的高级专家，负责指导《国家情报评估》中相关课题内容的生产。国家情报官对相关领域的分析生产予以指导并评估其质量，代表情报界分析人员出席跨机构会议，并与高层政府官员进行经常性交流以确保情报生产始终指向重要的政策议题。

《国家情报评估》（National Intelligence Estimate, NIE）：它通常由国家级情报机构生产，是美国情报界各机构分析人员的观点集合，是关于外国或非国家行为体的能力、弱点或可能做法的战略性评估。该评估在国家情报委员会的支持和一至数名国家情报官的指导下编撰完成。情报界各机构的分析人员都会参与编撰或审核评估文本。之后《国家情报评估》将被递交至美国情报界的领导成员，并作为情报界关于某个情报课题最为权威的声明，由国家情报总监予以正式发布。

《国家情报日报》（*National Intelligence Daily, NID*）：这是每周六天、每天发布一次的重大动态情报问题汇编，由中情局情报分局会同国防情报局、国务院情报与研究局及国家安全局发布，面向美国国家安全机构的高级官员及海外的军队和外交机构。经过重新设计（包含电子版），《国家情报日报》现已更名为《全球情报报告》。

国家情报委员会（National Intelligence Council, NIC）：该委员会由十来名高级情报官（国家情报官）组成，负责为美国政府生产《国家情报评估》，并管理情报界范围内情报的分析生产。

国家情报主管（national intelligence manager, NIM）：这是在国家情报总监办公室下属负责情报整合事务的副总监办公室的支持下设立的管理岗位，旨在监管并整合情报界涉及某个地区或职能领域的所有搜集和分析活动。每一位国家情报主管都是国家情报总监办公室内部负责整合相关领域情报活动的唯一工作核心。

国家情报总监（director of national intelligence, DNI）：这是美国情报界的首脑，也是美国总统、国家安全委员会及国土安全委员会的首席情报顾问，负责监督、指导国家情报计划的实施。

国内情报（domestic intelligence）：它指的是威胁美国边界或境内安全的信息或活动。在情报对象和情报来源方面，国内情报主要聚焦于美国本土，但与对外情报（主要关注源自国外的安全威胁）也时有交叉。

红队分析（Red Team Analysis）：这一结构化分析方法通过组建一个分析人员小组，刻意"像敌人（而不是像美国的情报分析人员）一样思考"，来克服文化偏见和镜像思维。红队分析人员研究并扮演某个外国政府或恐怖团伙中的关键决策者。他们模仿对手，采取相同的决策风格、决策目标和决策方法。红队的评估让美国的决策者得以通过非常规的视角，看待对手观察局势的可能方式。一些人沿用了中情局的"红细胞"（被正式赋予"跳出常规思考"的任务）说法，用"红帽"（red hat）来形容此类分析，并使用"红队"（red team）一词来指代挑战常规观念的反常规分析。

后见之明式的偏见（hindsight bias）：这种偏见倾向于视过去的事件具有超出实际情况的可预测性和合理性。在事后，分析人员往往认为其过去的预测要比实际情况更加精确。事实上，分析人员在评估早前的预测时，受到了已掌握事件后续发展的影响。

假设（hypothesis）：假设通常指分析人员力图通过检查所有的证据，以证实或否证某个情报课题的可检验的观点或理论。假设可以是关于对手可能做法或事件可能解释的一般性观点，分析人员可以通过评估手头所有的信息，来看数据是否符合该假设。

基础情报（basic intelligence）：它指的是关于某个国家或议题的基础性、事实性参考资料，包括经济数据、地形与地理信息，以及关于一国政体、法治和选举制度的信息等，是分析人员开展动态情报和评估性情报分析的依据。中情局的《世界概况》就是这样一个产品，包含了世界主要国家的基础信息。

结构化分析方法（structured analytic techniques, SATs）：这些方法可用来使分析判断更加严谨、透明并经得起检验。各种结构化分析方法——譬如结构化头脑风暴（Structured Brainstorming）、关键假定检查法（Key Assumptions Check）、魔鬼代言人法、竞争性假设分析法、情景分析法——常常被统称为分析技巧，其目的是指导并记录分析人员在得出判断过程中的逻辑、方法和对证据的使用。通过遵循一整套的原则（例如列出关键的假定、评估信息的质量、检验多个假设、发现搜集缺口及可能的拒止与欺骗等）来解构分析，分析人员能更为系统地确立其判断的可信度。此外，分析人员还可以继续跟踪分析判断的变化，伴随新证据的出现重新调整其结论。

镜像思维（mirror imaging）：这种认知错误指分析人员假定外国行为体应对同样的形势时，将采取与自己类似的方式。也就是说，在观察外国行为体时，分析人员看到的其实是自己。通常，分析人员已就某个课题形成了一套有效的专业知识，并认为不论是武器系统的研发、政变的发动、还是决策的形成，都应该有一个合乎逻辑的过程。于是，他们会假定外国行为体会以和自己类似的方式处理上述事务。镜像思维的经典事例包括，分析人员认为苏联会在古巴导弹危机中回避风险，以及以为 1973 年阿拉伯国家不愿与以色列打仗。

经验教训（lessons learned）：这是通过发现、验证、存储和传播一个组织的隐性和显性智力资产，使组织内所有成员都能从他人的经验中汲取智慧的知识管理方法。任何总结经验教训的倡议，都在于从过去的失败中学习并找出最佳实践方法，改进培训，确立专业知识，优化政策和流程。比较著名的经验教训项目有国家航空航天署的经验教训信息系统，以及美国陆军的陆军经验教训中心。

竞争性分析（competitive analysis）：它指的是明确使用存在竞争关系的分析人员或分析小组，就相同的情报课题做出各自判断，其目的在于发掘不同的假设、对证据的不同运用或大相径庭的观点，从而强化分析人员对某个重要课题的理解。1976 年，关于苏联战略部队的官方（A 队）评估受到了另外一个分析小组（B 队）的挑战，可谓是历史上最著名的竞争性分析案例。关于苏联军队的发展，中情局和国防情报局常常基于对苏联行为的不同假设开展竞争性分析。

竞争性假设分析法（Analysis of Competing Hypotheses, ACH）：该方法

发现关于事件发展的替代性解释（假设），分析所有的证据，以评估并协助证明这些解释不成立（而非成立）的方法。该方法比照所有的数据和多种假设，以确定与每条假设相符或不相符的证据。通过这一方法，分析人员很快就会发现，多数或大部分的数据通常都支持多个假设，仅有一小部分数据与某个特定的解释不相符。

迹象和预警（indications and warning, I&W）：这是一个描述情报活动的通用术语，用来识别或报告可能威胁国家安全的外国活动等高敏感性信息。

机遇分析（opportunity analysis）：它有时也被称作行动分析（action analysis）。它评估可能帮助政策规划者和其他决策者抓住眼前机会的诸多因素，进而对美国安全政策的实施予以直接支持。它只评估决策者可能会考虑的不同政策行动的成本与收益，而不会倾向性地支持任何政策选项。

军事分析（military analysis）：它是针对外国政府或非国家行为体的战斗能力和意图进行的基础、现实和评估性分析，包括战斗序列、训练、战术、学说、战略及武器系统。其研究领域涵盖整个作战区域（陆、海、空、天、网络）、对手的运输和后勤能力、军工生产及配套工业、地下设施、军民指挥、控制和通信系统（C3）、伪装、隐藏与欺骗、对外军事情报及反情报等。

拒止（denial）：这是由情报对象发起的活动和计划，旨在消除、妨碍、削弱或中和针对他们的人力或技术搜集行动的有效性。拒止活动包括针对信号情报的通信加密、针对图像情报的伪装和隐藏，以及针对人力及其他所有情报搜集门类的行动安全措施等。成功的拒止会造成情报缺口，由此引发的信息缺失常常导致分析质量的降低。

可信度（level of confidence）：分析人员根据已掌握信息的质量和所研究课题的复杂性，给出对其分析判断的确信程度。可信度“低”可能源自搜集缺口、矛盾信息或拒止与欺骗等因素，可信度“高”则可能是因为掌握了关于敌方军事计划或武器系统的非常敏感的人力情报或极其精确的技术情报，且这些情报得到了多个独立来源的证实。

跨机构进程（interagency process）：分析人员经常参加跨机构会议，

并在会上提交其情报评估，以供在国家安全委员会、国务院和国防部之间开展政策讨论使用。工作层面的跨机构会议，常常在举办更高级别的会议并做出决定之前召开。一般来说，分析人员参加的都是工作层面的会议，并为会上的讨论提供支持。对于副手会议（副部长级）或主管会议（部长级），分析人员会提供汇报材料，或帮助情报界高层领导人进行准备，以便后者代表情报界出席讨论。跨机构协调是指将分析产品，譬如《国家情报评估》，交由多个情报界机构共同评议。

来源和方法（sources and methods）：这是通过人力或技术渠道秘密搜集情报信息的方法。情报来源可以是运行在外国上空的卫星成像系统、源自驻外使馆的外交官报告，或者是某个外国谍员通过与情报官秘密接触而发来的关于其政府内部高层会议的报告。分析人员必须就他们所掌握的各种报告——最好源自多种来源和搜集门类——做出声明，以表明其报告和评估的来源，同时还要评价其报告的真实性和可靠性。这样的审查可以降低遭受欺骗或收到假报告的可能，尤其是在情报来源单一的情况下。

满意策略（satisficing）：认知学理论家认为，人脑总是寻找对所观察现象最快的解释方法。一旦发现了足够好或令人满意的假设，人脑就会停止寻找更好的解释。在决策进程中，认知学理论家也观察到类似的现象：决策团队常常会在发现了关于某个问题的第一个满意解释后就停滞不前，尽管后来掌握的信息可能会减少最初假设的可信度。

锚定偏见（anchoring bias）：当之前的分析妨碍了分析人员重新评估其判断，只允许其对预报进行累加式的修改时，这种认知偏见就会出现。最初的判断实质就像一只锚，阻碍了分析人员根据新掌握的信息做出偏离最初判断的最终评估。

秘密情报（classified intelligence）：它指的是需要通过特殊、昂贵或危险的方法搜集的信息。这些方法不论是通过技术系统还是人力渠道，都必须加以保护。根据这些方法和渠道遭到暴露所产生的风险，相应的情报被划分成不同的安全等级（秘密、机密或绝密）。秘密情报只能与具备相应权限和“知情必要”的个人分享。分析人员在使用这些信息撰写评估时，需根据所用信息的等级，仔细确定情报报告的密级，以保证这些材料只被具有相应权限的人使用。

魔鬼代言人法（Devil's Advocacy）：这是一种通过提出相反假设，来挑战关于某个情报课题的现有共识的分析方法。这种“反主流”的分析，主要针对持传统观点的分析人员的关键假定、证据或解释提出质疑。该方法主要用于对现有思维进行检验，并不一定要取代现有观点，常常被用于涉及“生死存亡”的问题。

判断（judgment）：这是基于对不完整和不确定信息的分析，而得出的结论或推断，附带有一定程度的可能性，也可能含有以可信度表示的修饰语。判断并非事实，而是对事实或证据的解读。这些证据以后可能会得到证实，也可能被否证。超越了事实的评估基本上都以这类关于未来的判断为基础。

评估性情报（estimative intelligence）：这是主要研究远期的、本质上不可知的事件或结果的情报评估成品。之所以被称作“评估性”情报，是为了表明分析判断基于的是不完整且有时甚至是不存在的证据。从定义上看，评估已知对手未来的活动、行为或军事潜力，就是这样一种情报活动。最广为人知的评估性情报，是由国家情报委员会编撰的《国家情报评估》。

批判性思维（critical thinking）：这是个人通过对某个课题、内容或问题的思维过程进行分析、评估和重构，以提高其思维水平的思维模式。批判性思维基本是一种自我指导、自我规范、自我监督和自我纠错的思维过程，要求个人采取严苛的标准并自觉地加以运用。

情报分析成品（finished intelligence analysis）：这是由全源分析人员在评估原始的情报报告后撰写，并向美国政府其他机构分发的书面评估材料，例如《总统每日简报》《国家情报日报》（现更名为《全球情报报告》），以及国防情报局的《军事情报摘要》。上述材料均为每日发布，此外情报分析成品也包含像《国家情报评估》这样的远期评估。

《情报改革与恐怖主义预防法（2004）》（Intelligence Reform and Terrorism Prevention Act of 2004, IRTPA）：该法规定了国家情报总监一职的设立，

并将“9·11”委员会和其他专注于情报改革的研究项目及委员会的诸多建议付诸实施，其中包括设立国家情报总监一职，成立一个国家反恐中心和一个国家防扩散中心。之前，中央情报局和美国情报界由中央情报主任（director of central intelligence, DCI）领导，国家情报总监一职设立后，扩充了原中央情报主任的职责。中央情报主任一职撤销，中情局的负责人改称中情局局长。

情报界（intelligence community, IC）：截至2013年，美国情报界包括如下16个机构或他们的关键部门：空军情报、监视和侦察处（Air Force Intelligence, Surveillance, and Reconnaissance Agency, AFISR），陆军情报局（Army Intelligence），中情局（Central Intelligence Agency, CIA），海岸警卫队情报处（Coast Guard Intelligence），国防情报局（Defense Intelligence Agency, DIA），能源部情报与反情报办公室（Department of Energy's Office of Intelligence and Counterintelligence, OICI），国土安全部情报与分析办公室（Department of Homeland Security's Office of Intelligence, I&A），国务院情报与研究局（State Department's Bureau of Intelligence and Research, INR），财政部情报分析办公室（Department of the Treasury's Office of Intelligence and Analysis, OIA），缉毒署（Drug Enforcement Administration, DEA），联邦调查局（Federal Bureau of Investigation, FBI），海军陆战队情报处（Marine Corps Intelligence Activity, MCIA），国家地理空间情报局（National Geospatial-Intelligence Agency, NGA），国家侦察办公室（National Reconnaissance Office, NRO），国家安全局（National Security Agency, NSA）以及海军情报办公室（Office of Naval Intelligence, ONI）。国家情报总监是美国情报界的主管。

情报技巧（tradecraft）：该术语最初指用于保守外国谍员与情报官之间的秘密关系，以防情报行动被敌方反情报工作发现的操作手法、方法和装备。用于分析活动时，该术语指为满足决策者及其他情报成品用户的需要，分析人员用来搜集、整理和解读数据，并做出判断、观察和预报的认知与方法学工具及方法，包括类似竞争性假设分析这样的结构化分析方法。

情报失误（intelligence failure）：目前没有一个被普遍认可的定义。情报失误发生时，往往是（情报部门或情报工作）出现了系统性或结构性的问题，以至于无法及时准确地获得、正确地解读或及时地分析信息，从而无法就局势的重大进展向决策者做出提示。通常，情报失误均伴随有搜集和分析方面的问题、不够鲜明的情报工作重心和不充分的关注度，因而不能让决策者重视相关预警并做出适当反应。

情况报告（situation reporting）：这是分析人员得到信息后即快速分发的分析，以便决策者对快速发展的情况有及时了解。其内容一般集中于对事实和当下影响的陈述。政变、世界领导人的离世、军事冲突、局势突然失控或谈判破裂是这类报告最常见的主题。

情景分析或情景设置法（Scenarios Analysis or Scenarios Development）：这一结构化分析方法通过开展由团队设计的、用以设定多种未来情景的活动，来提出关于未来趋势或形势发展的多个假设。情景设置活动召集多领域的专家，邀请他们就决定未来趋势的关键因素进行脑力风暴。在确定了关键的因素（通常被称作"驱动因素"）后，活动人员会对这些因素进行不同的组合，设计出三种或更多的未来情景。该方法在商业咨询公司中应用广泛，现在也常常被情报部门及其他国家安全机构使用。

欺骗（deception）：它是通过把错误、误导乃至真实但经过编排的信息置入情报搜集渠道，以影响分析判断和使用这些判断的决策者的情报操控活动。国家和非国家行为体一般会同时运用拒止与欺骗两种手段，通过削弱对手的情报搜集能力，操控信息或者操控情报生产者及其用户（例如决策者或军人）的观点来获取优势。诸如珍珠港事件（美国）、诺曼底登陆（德国）和赎罪日战争（以色列和美国）这样的经典情报失误案例均包含有欺骗因素。

《全球情报报告》（*Worldwide Intelligence Report, WIRe*）：这是在美国政府高层政策官员内部传阅的中情局动态情报刊物。《全球情报报告》的前身是《国家情报日报》，现已成为一个更多依赖网络的刊物，其电子版也向华盛顿各机构和海外分发。与《国家情报日报》每天发布一次不同，

《全球情报报告》全天都在频繁更新。

全源分析（all-source analysis）：它是综合各搜集渠道——包括人力情报、图像情报、信号情报、测量与特征情报以及公开来源情报——的信息，所得出的最优报告。全源分析人员可以接触到公开和秘密两种信息源，大部分时间里，他们都不是或不只是像图像情报或信号情报分析人员那样，基于单一来源的信息开展工作。

人力情报（human intelligence, HUMINT）：这指的是由人员（而非仅仅依靠技术手段）接近人物（线人或联络员）、地点（例如“被拒绝进入的区域”）或事物（譬如信息系统），以获取事关国家安全利益的敏感信息的情报搜集活动。由人力获取的情报包括：由渗入目标组织的线人从外国政府情报部门秘密搜集到的（“联络”）信息，或由外交官、武官及其他驻外政府人员公开获取的信息。人力情报对评估外国政府或非国家行为体的计划和意图具有特别的价值。

认知偏见（cognitive bias）：这指的是由无意识和简化的信息处理策略造成的智力错误。人脑发展思维模式或“定式”的自然倾向，常常会歪曲、夸大或无视新获取的信息，从而造成判断或思维的谬误。认知偏见的形式多种多样，包括镜像思维、锚定偏见、证实偏见和后见之明式的偏见等，不一而足。

声明（caveat）：有鉴于信息来源上的问题或对所掌握信息的人为解读，分析人员用诸如“我们认为”或“我们估计”之类的定性说法，表明他们做出的是判断，而不是陈述事实。

事实（fact）：这是经过核实的信息，涉及的是业已存在或发生，且通过观察或证据能够证实的事物。

思维定式（mind-set）：它是分析人员用来评估和权衡信息的某种“过滤器”或“透镜”。思维定式或思维模式由观念、假定、概念和记忆中的信息构成，并引导着对新信息的观察和处理。一般来说，思维定式的基础是分析人员对研究对象行为模式的一系列假定。与思维定式紧密相关的是思维模式，后者包含了关于某个课题更为成型的一套观念。思维定式和思维模式形成起来很快，且难以改变，尤其是在它们被证实能够有效预报未来趋势的时候。而一旦被证实管用，分析人员就可能会对思维定式和思维模式不加批判地予以接受，而不会顾及形势的变化，也会忽略其已经过时或发生偏差的可能。

搜集缺口（collection gap）：分析人员确定其在某个问题上的知识缺口，从而让这些缺口成为未来的搜集“要求”。发现重大的搜集缺口，不仅有助于搜集者开展工作，也有助于分析人员敏感地意识到应该对判断进行充分证明，或者做出有警示意义的说明，或在得出分析结论时为其结论给出一个更合适的可信度。

搜集者（collector）：它是搜集情报的个人或运营多种技术系统或间谍单位的组织。这些组织从属于美国情报界，通过分析人员制定的复杂“搜集要求”领受任务。举例来说，国家安全局是主要的信号情报搜集者，而中情局的国家秘密行动部则是主要的人力情报搜集者。

特征（signature）：分析人员依靠理解特征，或观察情报目标操作、装备或部署军队或武器系统的模式来开展工作。举例来说，凭借军事通信的模式可以预见部队在战场上可能运用的作战方式；这些特征能够表明部队的战备水平如何，以及是否正在开展作战行动。特征的变化需要予以严密监视。

替代性分析（alternative analysis）：这一术语在 20 世纪 90 年代经常使用，指的是那些被用来挑战某方面的常规思维的结构化分析方法。“替代”一词被用来强调使用各种方法——譬如魔鬼代言人法、“A 队 / B 队”分析或竞争性假设分析法——以凸现对手头信息进行替代性解释的重要性。

团体迷思（groupthink）：这是为追求一致性而禁止考量所有可能性的错误的群体决策。团体迷思常常发生在具有高度凝聚力的小群体内部以及时间要求很紧的情况下。该概念由心理学家欧文 · 杰尼斯（Irving Janis）在研究美国在越战期间的决策时提出，常常被错误地用来指代可能存在认知错误的分析失误。

图像情报（imagery intelligence, IMINT）：它有时也被称作地理空间情

报或照相情报，来源于由多种平台——从手持相机到由政府控制的空基及其他空中成像系统——搜集到的图像。图像分析人员利用上述图像系统研究特定的情报对象，并发布主要基于其所搜集的图像得出的报告。国家地理空间情报局负责处理和分析图像情报及地理空间数据，并交由全源分析人员及其他政府机构使用。

协调过程（coordination process）：涉及多个专业领域的情报评估，常常需要众多分析人员或多个分析小组共同评议。该过程与学术界的同行评议类似，由主要的分析人员或分析小组牵头，与本机构乃至其他分析机构的专家就该产品进行“协调”，从而生产出能够反映本机构甚至整个情报界的集体观点，而非主要起草人个人观点的“团队”产品。协调有时被批评是一种将判断稀释成最低共识的过程，但从另外一个角度看，由于产品的来源、用词和质量得到了众多分析人员和管理者的检验，协调也确保了分析的可靠性。

信号情报（signals intelligence, SIGINT）：它指的是对情报目标传送的技术信号和通信系统进行的截收与分析，包括通信情报、电子情报（譬如针对雷达进行的情报搜集）和外国仪器信号情报。国家安全局是美国政府主要的信号情报搜集者。

预报（forecast）：预报是关于未来的情报判断。在分析中，这类评估性或预见性的陈述，旨在减小或限制关于正在发展、尚不确定之形势的不确定性，并向决策者指出其可能影响。预报一般都附带有可能性声明，表述方式可以是从高度可能到极不可能，也可以通过数字对事件发展的可能性加以描述。

预警分析（战略及战术性）（warning analysis [strategic and tactical]）：这是预见潜在的威胁性或敌对性活动，并警示决策者注意活动可能影响的分析。“战略”预警一般针对相对长期的局势发展，能够让决策者有足够的时间对预报的事件或趋势制定政策或反制措施。“战术”预警提示的则是近期事件，留给决策者准备的时间较少。

战斗序列（order of battle, OOB）：在军事分析中，战斗序列确定战场上某个建制部队的下属分队、指挥结构，以及人员、装备和分队的实力和配置。

战斗支援机构（combat support agency, CSA）：它经与国家情报总监商议，国防部长可为某些国家情报机构支援军事作战行动制定政策和任务。这类机构目前包括国防信息系统局（Defense Information Systems Agency）、国防情报局、国防后勤局（Defense Logistics Agency）、国家地理空间情报局，以及其他由国防部长指定的国防部下属机构。

战略分析（strategic analysis）：它不像情况报告或动态分析那样聚焦于事件，而是关注长期的趋势，通常仅涉及与美国的利益持续相关的课题。举例来说，不管决策者当下的政策议程是什么，就外国弹道导弹或中国军力发展进行的战略研究，都应是其长期关注。由于缺乏关于数年之后趋势的详细信息，战略分析本质上都是评估性的。

证据诊断价值（diagnosticity of evidence）：诊断价值是指通过评估、检验、证实或否证涉及某个情报课题的多个假设，而确定的证据价值。如果某项数据仅符合一个而非多个假设，那么则可以判断该项数据在确定该假设的可信度方面具备高诊断价值；如果该数据支持多个假设，那么相对来说它就不那么重要了，也没有多少诊断价值。

证实偏见（confirmation bias）：这指的是人类沿着证实某个先入之见的方向搜集或解读信息的倾向。分析人员常常会搜集能够证实其倾向性假设或“传统观点”的证据，或对此类证据给予更大关注，同时轻视或排斥与之不符的信息。

政治化（politicization）：并没有一个广受认可的定义，通常政治化指为了适应特定的一系列政策或政治性的目标或议程，而对情报分析进行的刻意歪曲。如果让自己的观点影响了分析判断或因为太认同决策者的观点而失去了客观性，分析人员就有可能出现政治化倾向。决策者也可以通过说服分析人员做出适合政策议程的判断，或通过歪曲解读让分析支持其倾向性政策，来“政治化”情报。

指标（indicator）：这是关于对手行动或决策进程的一种宽泛的、理论性的说法。分析人员需要对指标予以关注，以便对针对美国利益的敌对行动预先做好准备。指标清单包含对手拟采取敌对行动时可能会考虑且能够被外界观察到的军事、政治、外交和内部因素。

知情必要（need to know）：高层情报主管采用这一原则，来确定是否要将情报分享给其他的情报专业人员，联邦、州和地方政府层级的政策官员，或者外国政府。根据总统的行政令，只有那些因为职责所系需要接触上述情报的人，才可以知悉或持有这样的信息。

知识（knowledge）：它是被证实的正确理念，包括：事实，理念，对已知事物、事实或认识事物条件的理解或认知。

专业知识悖论（paradox of expertise）：分析组织文化方面的学者认为，分析人员越是专家，就越可能因为对业已形成的思维模式或思维定式过分信任和依赖而犯错。其悖论在于，专家关于某个课题的丰富知识，让其容易忽视不太可能发生的情形或发生重大转折的“微弱信号”，而赞同有关形势将延续或线性发展的解读。

《总统每日简报》（*President's Daily Brief, PDB*）：这是由中情局、国防情报局和国务院情报与研究局每日提供的、与国家政策高度相关的动态情报汇编，由一名汇报者专程向总统报送，另由其他一些汇报者向总统指定的通常为内阁层级的少数政府高官报送。每届总统选举过后，《总统每日简报》都会适时更新，以适应新总统在格式、汇报风格与长度方面的个人偏好。

最坏情况分析（worst-case analysis）：这指的是分析人员在判断未来事件时“假定最坏的情况”——譬如假定对手总是会选择能给美国带来最大麻烦的行动方案，或者对手总是对美国充满敌意——而做出的分析。分析人员常常被指责使用这种假设来确保其能够警示决策者注意可能的意外事件。最坏情况分析因此也成为决策者忽视预警的合理借口，而实际上这些预警可能比决策者认为的要合理得多。

撰稿者简介

莫林·巴金斯基（Maureen Baginski）是一位私人咨询顾问，曾作为教员、语言学家、分析人员和行政人员在国家安全局工作25年，后进入联邦调查局担任情报事务行政助理局长，期间主导设立了首个联邦调查局情报分析项目计划，现为国家情报大学监事会主席。

迈克尔·贝内特（Michael Bennett）是拒止与欺骗问题专家，也是《反欺骗原则及国家安全的实施》（阿泰克书屋）的作者之一，在美国政府和私营机构从事多种与情报有关的工作长达超过25年时间。

詹姆斯·B. 布鲁斯（James B. Bruce）是兰德公司的资深政治学家以及乔治城大学安全研究项目兼职教授，退休前作为职业情报分析人员在美国情报界工作了24年，在中情局情报分局和行动分局都工作过，还曾任国家情报委员会科技事务副国家情报官。此外，他还曾在国家战争学院、哥伦比亚大学和美利坚大学执教过，撰写过情报和欺骗方面的文章。

彼得·克莱门特（Peter Clement）曾在中情局情报分局担任过多个职务，包括俄罗斯和亚欧事务主管以及《总统每日简报》汇报者，2005年后任中情局分析事务副局长。作为任职35年的中情局职业分析人员，克莱门特在俄罗斯事务、分析方法及政策支持方面经验丰富。

德鲁·库克（Drew Cukor）是美国海军陆战队一名拥有20年战术情报工作经验的中校，历任从步兵营至海军陆战队远征队不同层级部队的情报官。

杰克·戴维斯（Jack Davis）是一名退休的中情局职业分析人员，撰写过发展和改进分析方法问题的诸多文章和专著；曾任拉丁美洲事务国家情报官，多年担任中情局分析培训项目资深教官，目前仍在分析方法问题上与中情局保持着沟通和交流。

冯稼时（Thomas Fingar）是斯坦福大学弗里曼·斯波格里国际问题研究院（Freeman Spogli Institute for International Studies）的杰出学者。其情报职业生涯延续了近40年时间，曾在国务院情报与研究局任分析事务助理国务卿和副助理国务卿，以及国家情报委员会主席和负责分析事务的国家情报副总监。冯稼时最近一本书是由斯坦福大学出版社出版的《减少不确定性：情报分析与国家安全》。

丽贝卡·费舍尔（Rebecca Fisher）是一位作家、研究人员和图书馆员。她在加入美国情报界之前是一位医学图书馆馆员，曾在乔治城大学药学院达尔格伦纪念图书馆，向医学学生、教职员工和研究人员教授基于证据的药学研究方法。费舍尔对用户如何选择和评估信息产品，以及信息搜索行为和对信息的掌握如何影响生活的选择问题有特殊的兴趣。

罗杰·Z. 乔治（Roger Z. George）是国家战争学院的国家安全战略教授和乔治城大学安全研究项目兼职教授，之前是中情局的职业情报分析人员，期间曾在国务院和国防部任职，并担任过欧洲事务国家情报官。罗杰·乔治参与编辑了多部关于情报和国家安全研究的书籍，最近（与哈维·利什科夫合作）的一部是乔治城大学出版社2011年出版的《国家安全工作：在迷宫中摸索》。

约翰·H. 赫德利（John H. Hedley）曾任《总统每日简报》主编和中情局审查委员会主席，并作为中情局驻校情报官和副教授在乔治城大学教授情报课程，退休后担任国家情报委员会的兼职顾问和《国际情报与反情报杂志》编委会成员，撰写过众多涉及情报问题的文章。

小理查兹·J. 霍耶尔（Richards J. Heuer Jr.）是一位退休的中情局职业情报官，曾在中情局行动分局和情报分局工作，撰写过众多涉及分析、欺骗、反情报和人事安全的文章和书籍。他的著作《情报分析心理学》探讨了与分析有关的认知问题，被美国情报界广泛用于分析人员的培训。此外他还与伦道夫 · 弗森合著了《情报分析：结构化分析方法》。

罗布 · 约翰斯顿（Rob Johnston）是专门研究国家安全和人类学的专家，现为中情局情报研究中心经验教训项目主管。约翰斯顿曾是国家情报委员会的成员及谢尔曼 · 肯特中心的访问学者，也是《美国情报界的分析文化：关于人类学的研究》一书的作者。

理查德 · J. 科尔（Richard J. Kerr）曾任中情局副局长和代理局长；1960 年开始从事关于苏联军队发展的分析工作，有超过 30 年的职业情报分析工作经历，担任过中情局多个高级分析职务，包括负责情报事务的副局长和东亚分析办公室主任；1992 年退休后，曾在多个高层委员会供职，负责评审情报分析的质量。此外，他还作为美方成员，在负责监督《贝尔法斯特协议》（Good Friday Agreement）执行的英国—爱尔兰委员会中工作过 7 年时间。

约翰 · 克林根（John Kringen）曾在 2008 年—2011 年任美军驻欧洲司令部的高级情报顾问。此前，他曾担任过中情局的多个分析和管理职务，包括负责情报事务的副局长和犯罪与毒品中心的主任。此外他还担任过国家地理空间情报局的前身——图像分析办公室——的主任。目前，约翰 · 克林根是国防分析学院的高级研究员。

约瑟夫 · 拉尔森三世（Joseph Larson III）是美国海军陆战队的预备役少校、情报官以及律师，在伊拉克、东南亚和阿富汗担任过多个战场情报官职务。

马克 · M. 洛文塔尔（Mark M. Lowenthal）是情报与安全学院的院长兼首席执行官，也是约翰 · 霍普金斯大学的副教授，曾在国会研究服务处和国务院从事情报分析工作，担任过众议院情报委员会的人力主管。其最近的一个政府职务是中情局负责分析与生产的助理局长，著有《情报：从秘密到政策》一书。

约翰 · 麦克劳林（John McLaughlin）曾任中情局副局长和代理局长，现为约翰 · 霍普金斯大学保罗 · H. 尼采高级国际研究学院杰出驻校研究员。在中情局工作的32年时间里，麦克劳林担任过众多高级职务，包括负责情报事务的副局长、国家情报委员会代主席以及前联和欧洲方向办公室主任。除中情局外，他还在国会和国务院工作过，并曾作为美国陆军军官在越南服役。目前他是外交关系协会和美国外交学院的成员。

苏珊 · H. 纳尔逊（Susan H. Nelson）现为美国国务院情报与研究局外联办公室主任。她在国务院工作了30多年。作为情报与研究局外联活动的主管，纳尔逊的任务是将美国政府和私营部门众多学科的专家们召集到一起。此外，她还是国家情报总监办公室国家情报分析与生产小组委员会的主席，以及东欧独联体方向研究与培训项目的执行主管。

伦道夫 · H. 弗森（Randolph H. Pherson）现为全球分析有限责任公司（Globalytica, LLC）首席执行官、弗森联合有限公司主席以及卓越分析论坛基金的创始董事。作为中情局的前职业情报分析人员，弗森的最后一任公职是拉丁美洲方向国家情报官。目前他向美国政府和私营部门的分析人员传授高级分析方法和批判性思维方法。此外，他还与小理查兹 · J. 霍耶尔合著了《情报分析：结构化分析方法》，并独自撰写了多部关于情报分析案例、结构化分析方法和批判性思维方法书籍。

马修 · 波廷杰（Matthew Pottinger）曾在伊拉克、阿富汗和日本任美国海军陆战队情报官。他2010年退出现役，目前在主要研究东亚事务的中国六咨询公司（China Six）担任首席执行官。

詹姆斯 · B. 斯坦伯格（James B. Steinberg）曾于1996年—2000年任比尔 · 克林顿政府的国家安全顾问，在2009年—2011年任巴拉克 · 奥巴马政府的副国务卿，还曾任国务院政策规划部门主管及负责情报与研究事务的副助理国务卿。离任政府公职后，斯坦伯格曾任布鲁金斯学会外交政策研究主管，以及林登 · B. 约翰逊公共事务学校校长。目前他是锡拉丘兹大学麦克斯韦尔学院的院长。

文森特 · 斯图尔特（Vincent Stewart）美国海军陆战队少将，也是一位具有30多年战术情报经验的资深情报官，有连、营级指挥官经历，曾作为情报官随队保障“沙漠盾牌行动”和“沙漠风暴行动”各一次，保障

“自由伊拉克行动”两次。

迈克尔·沃纳（Michael Warner）是美国国防部历史学家，经常就情报工作的历史、理论和改革撰文和授课，曾在美国大学、哥伦比亚大学和约翰·霍普金斯大学任教，其《情报的兴衰：一部国际安全史》一书最近由乔治城大学出版社出版。

詹姆斯·J. 沃茨（James J. Wirtz）是加州蒙特利海军研究生院国际研究生系主任，曾任国际研究协会国际研究分部的主席和项目主席，经常就突然袭击理论撰文和讲课，与他人合编的文集《情报：间谍的隐秘世界》最近由牛津大学出版社出版。

英汉词汇对照

acoustic, infrared, and laser signals 声学、红外和激光信号

actionable intelligence 行动性情报

Adversarial Collaboration 对抗性协作法

alert memoranda 警示备忘录

Analysis 101“分析 101”课程

analytic outreach 分析外联

applied tradecraft 应用性技巧

Arab Spring“阿拉伯之春”

area of responsibility, AOR 任务区

Argument Mapping 论证示意图

Association of Former Intelligence Officers 前情报官协会

Baader-Meinhof Gang 巴德尔—迈因霍夫帮

Bayesian inference 贝叶斯推理

belief preservation 观念保留

betweenness centrality 中介中心性

Biological Weapons Convention《禁止生物武器公约》

brinkmanship 战争边缘政策

cascade effect 雪崩效应

Center for Marine Expeditionary Intelligence Knowledge, CMEIK 海军陆战队远征情报知识中心

Central Intelligence Group, CIG 中央情报组

CIA Watch Office 中情局监视办公室

closeness centrality 接近中心性

coherence bias 一致性偏见

conventional war 常规战争

conventional wisdom 传统智慧

counterinsurgency war 反叛乱战争

counterinsurgency, COIN 反叛乱行动

Counterterrorism Center 反恐中心

country analyst 国别分析人员

Coup Vulnerability Methodology 政变可能性方法

customer of intelligence 情报用户

Customs and Border Protection, CBP 海关与边境保护局

deception hypothesis 欺骗假设

decision advantage 决策优势
Defense Intelligence Journal《国防情报杂志》
degree centrality 度中心性
Department of Defense, DOD 国防部
deterrence theory 威慑理论
Directorate of Intelligence, DI 情报分局
Drug Enforcement Administration, DEA 美国缉毒署
dynamic modeling 动态模型
eigenvector centrality 特征向量中心性
electro-optical imaging 光电成像
Enemy Objectives Unit 敌方目标小组
evidence-based literature 循证文献
FBI Academy 联邦调查局学院
Foreign Intelligence Surveillance Act, FISA《对外情报监视法》
foreknowledge 预见性知识
Geospatial-Intelligence College 地理空间情报学院
Global Future Forum, GFF 全球未来论坛
hard target 硬目标
High-Value Individual, HVI 高价值人员
improvised explosive device, IED 简易爆炸装置
Indicators Validation 指标验证法
Intelligence and National Security《情报与国家安全》杂志
Intelligence Community Directive, ICD 情报界指令
intelligence cycle 情报周期
intelligence process 情报流程
International Association of Law Enforcement Intelligence Analysts, IALEIA 国际执法情报分析人员协会
International Journal of Intelligence and CounterIntelligence《国际情报与反情报杂志》
International Studies Association 国际研究协会
I-Space I 空间
Joint Chiefs of Staff 参谋长联席会议
Joint Military Intelligence College, JMIC 联合军事情报学院
Joint Professional Military Education, JPME 联合专业军事教育
Joint Terrorism Task Forces, JTTFs 联合反恐特遣部队
Joint Worldwide Intelligence Communications System, JWICS 全球联合情报通信系统
Law Enforcement Intelligence Unit, LEIU 执法情报小组
magnetic and radiofrequency data 磁与射频数据
Marine Corps Intelligence Activity, MCIA 海军陆战队情报活动机构
Multiple Hypothesis Generation 多假设生成法
National Academy of Sciences 美国国家科学院
National Crime Information Center, NCIC

国家犯罪信息中心
National Cryptologic School, NCS 国家密码学校
National Defense Intelligence College, NDIC 国防情报学院
National Foreign Intelligence Warning System, NFIWS 国家对外情报预警系统
National Ground Intelligence Center, NGIC 国家地面情报中心
National Intelligence Council, NIC 国家情报委员会
National Intelligence Priorities Framework, NIPF 国家情报优先框架
National Intelligence Program, NIP 国家情报计划
National Intelligence University, NIU 国家情报大学
National Photographic Interpretation Center 国家照相判读中心
National Security Act《国家安全法》
National Security Branch, NSB 国家安全分部
National Security Council, NSC 国家安全委员会
National Security Strategy《国家安全战略》
National War College 国家战争学院
Navy Department 海军部
Noncombatant Evacuation Operation, NEO 非作战撤离行动
nuclear radiation and debris 核辐射及尘埃
null hypothesis 零假设
Office of Analytic Integrity Standards, AIS 分析道德标准办公室
Office of National Estimates 国家评估办公室
Office of Strategic Services, OSS 战略情报局
Office of the Coordinator of Information 情报协调局
Office of the Director of National Intelligence, ODNI 国家情报总监办公室
Operation Enduring Freedom "持久自由行动"
Operation Iraqi Freedom "自由伊拉克行动"
optical illusion 视错觉
overhead imagery 空中图像
paradigm shift 范式转换
photo interpretation 照片判读
Premortem Analysis 事前分析
President's Foreign Intelligence Advisory Board 总统对外情报顾问委员会
President's Intelligence Advisory Board 总统情报顾问委员会
proxy war 代理人战争
Quadrant Crunching ™ 象限处理法™
rationality bias 合理性偏见
Red Brigades 红色旅
Red Cell "红细胞"
Rumsfeld Commission 拉姆斯菲尔德委员会
Senate Homeland Security and Governmental Affairs Committee 参议院国土安全与政府事务委员会
Senate Select Committee on Intelligence 参

议院情报特别委员会
Senior Analytic Service, SAS 高级分析局
Sherman Kent School of Intelligence Analysis, SKS 谢尔曼·肯特情报分析学院
signal-to-noise ratio 信噪比
Signpost Analysis 事件节点分析
Silberman-Robb WMD Commission 希尔伯曼—罗伯大规模杀伤性武器委员会
simulation 仿真
Six-Day War "六日战争"
social network theory 社会网络理论
space-borne radar 星载雷达
spatial model of politics 政治空间模型
spiral-of-violence theories 暴力螺旋理论
strategic parity 战略平等
structured models, approaches, and techniques, SMATs 结构化模型、方法和技巧
Structured Self-Critique 结构化自我批判法
Studies in Intelligence《情报研究》杂志
subject-matter expert, SME 课题专家
targeting analysis 目标分析
Terrorist Threat Integration Center, TTIC 恐怖主义威胁综合中心
Tet Offensive "春节攻势"
The Intelligencer《情报人》杂志
thermal infrared sensor 热红外传感器
threat finance 威胁资金链
total war 全面战争
Tradecraft 2000 course "情报技巧 2000" 课程
Trends and Tactics Intelligence 趋势与战术情报
TS/SCI 绝密 / 敏感隔离信息
Unifying Intelligence Strategy, UIS 统一情报策略
War Department 陆军部
Warning Committee 预警委员会
warning fatigue 预警疲劳
Warsaw Pact 华沙条约
wishful thinking 愿望思维
Yom Kippur War 赎罪日战争

国家安全与保密参考书目

策划人：朱策英
邮　箱：gwpbooks@yahoo.com

《美国政府保密史：制度的诞生与进化》　[美] 戴维 · 弗罗斯特　著

本书论述了美国政府自建国前至今的保密史。作者以大陆会议、宪法制定、曼哈顿计划等各种历史事件为切入点，讲述了保密如何在维护美国国家安全中发挥重要作用，政府保密制度与文化怎样跟随历史不断演变。

《先发制人：国际冲突的先制与预防》　[美] 迈克尔 · 多伊尔　著

一个负责任的政府是应采取预防措施，对潜在敌人发动先制战争以防患于未然，还是待冲突发生后再采取动作？为因应“9•11”恐怖袭击后的挑战，作者就近数十年来的国际冲突案例进行了深入浅出的分析，提出了自己的国家安全主张。

《突然袭击：被袭国的视角》　[以] 伊弗雷姆 · 卡姆　著

本书系统分析了 1939 年以来的全球 11 个经典突袭案例，梳理致使一国遭受战略突袭的分析困难、判断偏见、组织障碍等，是研究战略突袭的经典之作。它告诉我们，突袭虽极难预防，但只要处理得当，并非完全不可避免。

《分析情报：国家安全从业者视角》　[美] 罗杰 · 乔治　詹姆斯 · 布鲁斯　主编

本书从国家安全的视角，汇集美国情报界 24 位顶级专家的思想，深度阐释情报分析的 20 个核心议题，包括搜集缺口、认知缺陷、外国拒止与欺骗、分析与政策关系、不确定性、反恐斗争、国内情报等，是情报分析领域论述最为全面的书籍之一。

《情报分析案例：结构化分析方法的应用》　[美] 萨拉 · 毕比　伦道夫 · 弗森　著

作者精选出 17 个经典案例，指导情报分析人员运用结构化分析方法处理实际问题。本书是《情报分析心理学》和《情报分析：结构化分析方法》的姊妹篇，与《情报分析案例 • 实操版：结构化分析方法的应用》是配套用书。

《情报分析案例 • 实操版：结构化分析方法的应用》　[美] 萨拉 · 毕比　伦道夫 · 弗森　著

本书是《情报分析案例：结构化分析方法的应用》的配套用书，采用情景化示范的方式，论证了结构化分析方法的实际应用，为情报分析及其他行业的决策者和管理者提供有效的工作指南。

《情报分析：结构化分析方法》　[美] 小理查兹 · J. 霍耶尔　伦道夫 · 弗森　著

本书采用结构化分析方法的新理念，将 55 种情报分析方法分成 8 大类，不仅阐述每一种分析方法本身的内容，还指出其适用场景、增加的价值、具体的操作步骤等，可有效提升情报用户的预测和决策能力。

《情报研究与分析入门》　[美] 杰罗姆 · 克劳泽　原著　[美] 简 · 戈德曼　改编

本书全面探讨了情报研究与分析的各个阶段，重点讨论了情报研究的规范程序和适用的分析方法工具、模型，优秀情报分析人员的必备特质，以及如何提升情报产品的质量，是情报研究与分析入门必备教材。

《战略情报的批判性思维》　[美] 凯瑟琳 · 弗森　伦道夫 · 弗森　著

本书关注如何在情报工作中应用批判性思维，系统阐述了 20 个重点问题，介绍了其中的各种实用技巧与工具，以及简单易懂的解决办法。这是一部情报工作者高效思考力指南，情报分析的三大黄金标杆教科书之一。

《情报搜集技术》　[美] 罗伯特 · 克拉克　著

本书是首部系统论述情报搜集技术的专著，集中讨论了各种技术搜集手段，情报搜集策略与管理问题等；重点探讨了搜集技术在国家安全领域的三大用途，让读者一窥美国情报界强大的情报搜集能力、发展动向及维护国家安全的最新思维。

《情报：从秘密到政策》　[美] 马克 · 洛文塔尔　著

本书详细阐述情报的概念、历史、流程、搜集、分析、反情报、隐蔽行动等问题，重点讨论情报在美国国家安全决策中的重要作用。本作品享有极高声誉，多次再版修订，已成为全美外交、国关、国安、情报等诸多学科的权威教材。

《情报分析心理学》　[美] 小理查兹 · J. 霍耶尔　著

本书主要探讨了人类在判断不完整或模糊信息过程中的认知心理问题，以及这些问题如何对情报分析产生影响，而我们又怎样有效克服这些影响。本书既是美国情报机构培训员工的经典教科书，也是中情局情报官员的必备参考读物。

《情报分析：以目标为中心的方法》 ［美］罗伯特·克拉克 著

作者创造性地提出运用“以目标为中心”的情报分析方法，完善情报分析的逻辑过程，形成“确定目标—问题分解—建立模型—评估数据—填充模型—进行预测”的情报分析流程，称得上是一部名副其实的情报分析教科书。

《斯诺登档案：世界头号通缉犯的内幕故事》（修订版） ［英］卢克·哈丁 著

本书对“斯诺登事件”进行了全面介绍和解读。它详细追踪了斯诺登的泄密动机、获取机密文件的方式、媒体的报道过程及事件的后续发展，讲述了事件背后各方的博弈较量与攻防策略，披露了美英等国监控全球的手段和规模。

《二战后的美国对外政策》 ［美］史蒂文·胡克 约翰·斯帕尼尔 著

作者将美国置于全球背景下，系统讲述了1945年二战结束后该国对外战略的重大发展与变化，深刻剖析了其外交政策的决策机制，提示了其对外战略的形成过程与规律。通过本书，读者可以了解美国对外政策的根源和复杂性，深入理解其对外战略的全景图。

《谁来监管泄密者?：国家安全与新闻自由的冲突》 ［美］盖里·罗斯 著

通过美国政府历史上重大的泄密案例，作者探讨了未授权信息泄露背后的动机、代价、法律困境和解决之道，以提醒全美情报系统：对手如何获取美国情报，获得情报后会取得怎样的优势。本书是信息时代普及国家安全意识的必备佳作。

《情报术：间谍大师杜勒斯论情报的搜集处理》 ［美］艾伦·杜勒斯 著

本书作者以第一人称的视角展开，着重阐述了情报的实用技巧——情报如何搜集和处理，以及形成的结果怎样为制定国家政策服务。本书是“间谍大师”、中情局任期最长局长、美国现代情报系统缔造者杜勒斯的收官之作。

《骗中骗：克格勃与中情局的无声战争》 ［美］爱德华·爱泼斯坦 著

本书以美国反间谍头目詹姆斯·安格尔顿之死为缘起，追踪了苏联从建国伊始到冷战末期“欺骗对手”的各种行动，以及美国是如何应对和接招的。该书呈现了中情局与克格勃在情报与反情报上的较量，是国家安全研究的重要资料。

《全民监控：大数据时代的安全与隐私困境》 ［英］约翰·帕克 著

阿桑奇、斯诺登等的接连爆料警示我们，“全民监控”的时代已经来临。为了获得全方位的监控能力，西方国家利用闭路系统、窃听设备、身份识别技术、定位追踪装置等随时随地监视民众。本书是读者迅速掌握隐私与信息安全知识的必读之作。

《网络战：信息空间攻防历史、案例与未来》 ［美］保罗·沙克瑞恩 等著

通过梳理各种经典案例，本书系统探讨了网络战历史、现实和未来。以跨学科的研究方法，作者有机融合理论与实例，涵盖了从个人、组织机构到国家的网络安全问题，细致阐述了网络空间的生存之道。

《秘密情报与公共政策：保密、民主和决策》 ［美］帕特·霍尔特 著

全书讲述了美国安全情报的起源与演变，介绍了与国家安全政策制定相关的四大情报活动，穿插了一些情报利用、误用、滥用等的经典案例，并展望了情报和政策两者的未来关系。

《国家安全与情报政策研究：美国安全体系的起源、思维和架构》 ［美］伯特·查普曼 著

本书总结和收集了大量以美国为主的世界各国国家安全政策资料，重点介绍了美国国家安全思想和架构的起源和发展历程，以及作为其国家安全基石的情报政策的历史变迁，具有极强的资料性和实用性，是研究国家安全历史的重要案头书。

《恐怖主义如何终结：恐怖活动的衰退与消亡》 ［美］奥德丽·克罗宁 著

通过精心研究各种恐怖组织，本书总结出终结恐怖组织的六种模式，分别系统、深入地加以论述，辅以大量实际数据、案例研究和图表作支撑。本书极具历史性、实践性和经典性，论证严谨，是反恐领域的一部不可多得的标杆性读物。

《21世纪犯罪情报：公共安全从业者指南》 ［美］理查德·赖特 等主编

本书全面、系统、深入地介绍了以美国为主的西方国家犯罪情报工作的过去、现在和未来，论述了犯罪情报工作的思想、流程、方法、工具和实践。全书在理论上揭示了犯罪情报工作的基本规律；在实践上提供了犯罪情报工作的方法工具。

《数据与监控：信息安全的隐形之战》 ［美］布鲁斯·施奈尔 著

在西方世界，大量的个人数据会被政府和企业监控，政治自由与公平、商业公平与平等，甚至隐私以及安全等都因监控岌岌可危。本书给出切实可行的建议，探讨如何才能有效应对监控，保护信息安全和隐私。作者被誉为信息领域的“安全教父”。

《金融情报学》 王幸平 著

本书探讨了金融情报的概念，金融情报的搜集、撰写和分析，金融情报人员的定位，金融情报机构与金融决策机构的关系，以及金融反情报等等。全书思想丰沛，案例多样，构建了一套专业情报学框架，对金融理论创新和国家安全研究均有参考价值。

《阿尔塞纳的前半生》：一篇来自《队报》的文章，记录了我的童年生活和球员时代。

我和我的母亲路易斯。

我的父亲阿方斯。

我与父母、姐姐和哥哥。

在杜特伦海姆参加一场婚礼，走在我身前的是堂兄弟马丁尼。

我在杜特伦海姆加盟了人生第一支足球队，照片中站在最左侧，身着大衣头戴礼帽的人是我的父亲，而我是后排男孩里的右数第二个。

照片是我 1976 年效力沃邦时所摄，我站在后排最中间。

在斯特拉斯堡青训营，我学会了当球员该怎么做，当教练又该怎么做。

代表沃邦出战法国杯对阵尼斯的比赛，和我对位的人名叫罗杰·卓菲。

UN ATOUT DE TAILLE DANS LE JEU DU FCM

ARSENE WENGER,

«UN GRAND BLOND AVEC...»

En annonçant, hier, que le FCM était en passe d'obtenir la signature d'un grand «espoir» du football alsacien, c'est bien à Arsène Wenger que nous faisions allusion. Mais, pour ne pas gêner les tractations, nous ne pouvions citer de nom.

A présent, la mutation est réglée et Arsène Wenger, 23 ans (il est né le 22.10.49 à Strasbourg), passe de l'AS Mutzig

效力斯特拉斯堡竞技俱乐部期间。

来到摩纳哥俱乐部任教后的新班底，从左到右依次是马克 · 哈特利、格伦 · 霍德尔、雷米 · 沃格尔、法布里斯 · 梅格和帕特里克 · 巴蒂斯顿。

我与 1995 年金球奖得主、未来利比里亚总统乔治 · 维阿。

摩纳哥击败马赛，问鼎法国杯冠军。

“摩纳哥：温格的大麻烦”

我和法国杯的冠军队成员合影。和我同一排的球员，从左到右依次是拉蒙·迪亚兹、罗杰·门迪、伊曼纽尔·佩蒂特、克劳德·普埃尔、弗兰克·索济、让-卢克·埃托里，前排的五个人，从左到右分别是杰拉德·帕西、尤里·德约卡夫、乔治·维阿、卢克·索诺、鲁伊·巴罗斯。

法国杯夺冠的庆功宴上，我与摩纳哥王子兰尼尔和阿尔伯特相谈甚欢。

REGLES DE DIETETIQUE

Important : 1) - Eviter de boire en mangeant - un verre de vin à la fin des principaux repas suffit - boire entre les repas et au moins une 1/2 h avant de manger.

2) - Eviter l'absorption en même temps de légumes verts et de pommes de terre.

3) - Eviter le café au lait ou le thé au lait : indigeste

RATION-TYPE EN PERIODE D'ENTRAINEMENT

Petit déjeuner (entre 7 h et 8 h) (café noir au réveil)
- Céréales au lait sucré
- Pain grillé - confiture - beurre
- Jus de fr uit ou Fruit

Déjeuner entre 12 h et 13 h.
- Crudité ou légume cuit assaisonné (citron-huile)
- Viande ou Poisson ou Foie
- 1 féculent ou 1 légume vert
- 1 fromage
- 1 fruit ou compote

Goûter 17 h
- Thé ou café léger ou lait
- Biscottes ou Biscuits secs

Diner 19 à 20 h
- Potage aux légumes passés
- Viande ou Poisson ou 2 oeufs au jambon
- 1 légume vert ou 1 féculent (suivant le menu de midi)
- 1 salade ou 1 fruit
- 1 entremets au lait ou 1 yaourt

Quantités à prendre chaque jour

Pain : 300 gr - P.d.t. : 400 gr
Céréales : 30 gr - Sucre : 50 gr - Confiture : 50 gr
Viande : 250 à 300 gr - Lait : 0 l 400
Fromage : 60 gr - Beurre : 30 gr - Oeuf : 1/2
Légume vert : 500 gr - Fruit : 150 gr
Agrumes : 150 gr

Au moins : 1 repas par semaine prendre du foie - à la place de la viande

2 à 3 repas par semaine prendre du poisson.

我在摩纳哥执教时期为自己详细制定了赛前和赛后的食谱。

LA VEILLE DU MATCH

- repas habituels mais remplacer de préférence la viande par du foie de veau et éviter les féculents ainsi que les boissons alcoolisées.

APRES LE MATCH

- **Boire** : 300 gr d'eau de Vichy contenant 1 gr de sel
- **Eviter** : toute boisson alcoolisée ou riche en gaz carbonique
- **Prendre** : 1/2 heure avant le diner 1/2 l d'eau d'Evian
- **Au dîner** :
  - 1 bouillon de légumes salé
  - 1 plat de pâtes ou de riz ou de P.d.t. avec 15 gr de beurre frais
  - 1 salade verte à l'huile ou au citron avec 1 oeuf dur
  - 1 ou 2 tranches de pain (hypazoté) ou biscottes
  - 1 ou 2 fruits mûrs
  - 1 verre de bordeaux

LE LENDEMAIN

- **Petit déjeuner** (10 h) :
  - 1 gr. tasse de café léger ou thé sucré avec biscottes
  - 1/4 l. de jus de fruit frais
- **Déjeuner** :
  - 1 légume crû - 1 plat de pâtes ou riz servi avec beurre ou fromage râpé
  - 1 salade à l'huile ou au citron - Fruits mûrs ou secs
  - 1 verre de vin
- **A 16 h** : - 1/4 l de jus de fruit
- **Diner** : - Habituel avec viande ou poisson

LE SURLENDEMAIN

- Les 4 repas doivent être copieux - Petit déjeuner habituel, plus 1 tranche de jambon - Déjeuner habituel, plus gâteau de riz ou de semoule - Diner habituel, plus fromage.
- Les autres jours, retour au régime normal.

与长期合作的助手波罗 · 普里莫拉茨以及我们的日语翻译村上先生在日本用餐。

执教名古屋鲸八俱乐部期间，我和球队一起拿到了 1996 年的天皇杯冠军。照片中前排从左往右包括了弗兰克 · 杜里克斯、佐藤佑介、德拉甘 · 斯托伊科维奇、浅野哲也、冈山哲也、平野孝；在他们身后，与我同排的有波罗 · 普里莫拉茨、小仓隆史、森山泰行、亚历山大 · 托雷斯。

我与女儿莉娅。

我与前妻安妮、女儿莉娅。

我和队长托尼·亚当斯 1998 年携手率领阿森纳夺得英超、足总杯双料冠军。

我与队长帕特里克·维埃拉在我们 2002 年共同赢下的三座冠军奖杯旁合影留念。那一年，阿森纳将足总杯、社区盾杯与英超联赛三项大赛冠军收入囊中。

我与阿森纳球迷群体共同欢庆。

寒冬中在场边焦急喊话。

我与俱乐部历史上最伟大的射手蒂埃里·亨利。

我和塞斯克·法布雷加斯，他不仅是俱乐部历史上最年轻的一线队球员，更是阿森纳未来队长的不二人选。

2001 年 4 月，《队报》在一篇评论阿森纳队的文章中写道，“阿尔塞纳 · 温格只用了五年时间，就把这支伦敦俱乐部引向了欧洲足坛顶尖舞台。”

L'ÉQUIPE

MERCREDI 24 FÉVRIER 1999 LE QUOTIDIEN DU SPORT ET DE L'AUTOMOBILE ★ 53e ANNÉE – N° 16 423 – 4,90 F

UN MATCH POUR L'EXEMPLE

Plus que la qualification d'Arsenal (2-1) contre Sheffield, il faut surtout retenir le déroulement de ce match rejoué après une intervention d'Arsène Wenger, qui n'avait pas supporté de voir son équipe s'imposer sur un coup douteux. Un comportement à méditer et à suivre. (Page 3)

“一次值得效仿的尝试。”我无法接受与安菲尔德联有失公允的杯赛结果，所以俱乐部提出了重赛要求。（《队报》1999 年 2 月 24 日报道截图）

替补席上的轻松一刻。

随同俱乐部主席皮特·希尔-伍德（我的右侧）和老董事肯·弗莱尔一起面见英国女王。

我在酋长球场的建筑工地，下图中是球场完工后的样子。

2014年,我们在温布利球场以3:2击败赫尔城,再夺足总杯冠军。从图中,你可以看到巴卡里·萨尼亚、奥利维尔·吉鲁、佩尔·默特萨克、托马斯·维尔马伦、马修·弗拉米尼和如今的球队主帅米克尔·阿尔特塔。

2017年足总杯决赛2:1战胜切尔西之后,回到酋长球场,我们又一次为胜利欢庆。

庆祝赢得 2017 年足总杯冠军。

执教生涯尾声，我迎来了主场谢幕战，2018 年 5 月 8 日对阵伯恩利，我的球队用一场 5：0 的大胜向我送别。

是时候道别了。

“谢谢你，阿尔塞纳，我们也会一直想念你的。”

Arsène Wenger

温格自传

我的红白人生

MY LIFE IN RED AND WHITE

[法] 阿尔塞纳·温格 著

颜强 译

金城出版社
GOLD WALL PRESS
中国·北京

图书在版编目（CIP）数据

我的红白人生：温格自传 / (法) 阿尔塞纳·温格著；颜强译. --
北京：金城出版社有限公司, 2022.2
书名原文: My Life in Red and White: My Autobiography
ISBN 978-7-5155-2206-7

Ⅰ. ①我… Ⅱ. ①阿… ②颜… Ⅲ. ①温格 - 自传
Ⅳ. ①K835.655.47

中国版本图书馆CIP数据核字(2021)第093372号

MA VIE EN ROUGE ET BLANC
By Arsène Wenger

我的红白人生：温格自传

作　　者	(法) 阿尔塞纳·温格
译　　者	颜　强
责任编辑	李轶武　王寅生
责任校对	岳　伟
责任印制	李仕杰
开　　本	710毫米×1000毫米　1/16
印　　张	19
字　　数	180千字
版　　次	2022年2月第1版
印　　次	2022年2月第1次印刷
印　　刷	鑫艺佳利（天津）印刷有限公司
书　　号	ISBN 978-7-5155-2206-7
定　　价	59.80元

出版发行	**金城出版社有限公司** 北京市朝阳区利泽东二路3号　邮编：100102
发 行 部	（010）84254364
编 辑 部	（010）64391966
总 编 室	（010）64228516
网　　址	http://www.jccb.com.cn
电子邮箱	jinchengchuban@163.com
法律顾问	北京市安理律师事务所　18911105819

整整 35 年，我像一个顶级运动员一样，沉溺于自己的热情。我不去剧院或电影院，很大程度上，我忽略了身边的人。

整整 35 年，我没有错过一场比赛、一场杯赛比赛、一场锦标赛，这意味着我必须遵循铁的纪律而生活。

我今天仍然如此：清晨 5:30 起床，活动身体进行热身训练，和我以前的球员一样早餐。我已经不知道，这到底是生活本能，还是我将自己圈禁其中的习惯。但这是我唯一的生活方式。

——阿尔塞纳·温格

目录

序言

我在2018年5月13日离开了阿森纳。

这个俱乐部是我生命中整整22年的全部。这里凝聚了我的激情、我全部的注意力。感谢阿森纳，我完全能以我想要的方式，追求我的执教职业：我可以影响到球员们的人生；能在这俱乐部树立起一种足球竞技风格，并且能体验一些真正美妙的胜利；我拥有自由和权力，现在的足球教练难以企盼。

离开这家俱乐部，非常艰难，尤其在这么多不可思议、紧张激烈、难以忘怀的岁月后离去，失去那种掌控局势的力量。阿森纳仍然是我生活中的一部分：当我谈到阿森纳，我总在说“我的俱乐部”。即便掌管俱乐部的已经是其他人，我仍然保持着一如既往的激情，对俱乐部，对球迷，对那些选拔出来、培训出来、得到支持并且被推动着能奉献出最佳表现的球员们。在我看来，重要的是这项运动，和从事这项运动的人。足球所具备的独特魅力，这种魅力传递给了热爱足球的人，以及为足球奉献一切的人。

胜利的比赛，是宝贵的回忆，而失败的比赛，那些我至今仍然不敢再看的比赛，多年至今，依旧萦绕于心：我们当时应该怎么做？到底发生了什么？我的一生，都是在热爱胜利和痛恨失败之间摇摆着。

我对足球充满热情，这种热情从未淡却。

当我初到阿森纳时，英国人不知道我是谁。那个“阿尔塞纳，谁？”的疑问，时不时出现。我能理解这一点。我是英格兰顶级联赛历史上第四位外籍教练，前三位命运迥异。英国人创立了现代足球规则，就像法国人完善了红酒标准。我们不会邀请一个英格兰人来酿制波尔多葡萄酒。22年来，我努力让这项运动和比赛的真相，合理地呈现。我了解这项运动关于失败、失望、巨大愤怒、离别以及天才球员的种种，但没有任何球队，像阿森纳这样，成为我生命的一部分。

这个俱乐部改变了很多，我也随之发生了改变，足球也随着我们的改变而改变。我所热爱的足球，那种我跟随着自己的热情、我拥有过的自由、我在单一俱乐部执教的长寿，这些几乎都已经消失。我不知道现在还有没有球员，14岁仍然没被某个俱乐部吸纳，或者一个19岁的教练，能从法国地区锦标赛，直接去到法甲，还踢了很多场比赛、有过那么多历险际遇的。我也不太确定，如今是否还有教练，能像我那样，在一支像阿森纳这样的球队，承担全面管理责任，按照我的方式挑选球员，有着绝对自由和保持自己全身心投入。我很幸运，同时我也知道，我为之付出了多大的牺牲。

近年来，足球发生了很多深刻改变。其中一些改变，我觉得，要比其他的更加显著：越来越多的俱乐部是外籍控股所有者；社交媒体迅猛发展，带来的需求和过度需求；对球员和教练不间断的压力，以及让他们不得不孤立于社会的环境，而对他们的期待值和要求却前所未有的高。足球的赛前和赛后，发生了巨大变化，特别是对比赛的分析。然而有一点却不会改变：场上那90分钟，仍然属于球员，那90分钟，他就是王。

欧洲足球不再被三个俱乐部垄断，有一段时间确实如此。其他球队开始上升，恢复各自的竞争力。

各种分析者在足球运动中扮演了更鲜明的角色，从半场休息开始，他们的作用越来越突出。他们的存在，能帮助大家更好地了解这项运动，也有了分析比赛的客观标尺，以前一切都是由主教练的主观判断决定的。不论如何，主教练仍然是唯一决策人。

数据和科学，必然会是对竞技表现分析的一部分，但数据和科学的使用，需要和对足球运动的深入理解结合起来。最新的研究显示，太多使用数据，会让很多球员意志消沉，毫无疑问，他们会觉得自己的个人特点，在这样的数据冲击过程中，损失得太过严重。

这样的时代背景下，主教练对球队的赛果影响越发重要，尽管他未必拥有影响每个决断的必备条件。对主教练的评论总容易极端化：“他出类拔萃”，或者“他就是垃圾”。

我们深陷这些改变之中，又时常不自觉改变的发生，而我们必须集中注意力于自己的信念。时至今日，我从故我脱身而出，看到的一切都更清晰了：那些不正当的攻击、那些夸大的表达、作为主教练的孤独。

我每天都阅读《队报》（*L'Équipe*），每天看两场或三场比赛。我聆听，并且思考，如何表达才是公平合适的，一些事情发生的原因是什么，比赛的真相何在。我以同样的方式，面对我自己的生活、我的承诺和我的热情。

我观察着各种变化、思考着各种变化，不过我对足球的认知和对足球未来的判断依然没变：一场万事皆能发生的比赛、球员们、90分钟、美妙的移动、运气天才或勇气的某个元素、魔幻的触球……以及对那些观众而言，在一场比赛中，对生活中兴奋激情、美妙记忆或者生活哲理的寻求。

足球需要压力才能得到更好呈现。你也得明白，如何后退一步，从更高视角分析事物。为了成长发展，一个俱乐部必须遵循三个标准：战略、规划布局和执行。

我从孩童时代就开始踢球，我认识许多业余足球俱乐部的球员和教练，他们球技超凡，对每场比赛都充满热情，无时无刻不在谈论着足球。他们能坐着火车二等卧铺横穿法国去参加一场比赛，然后第二天凌晨赶回斯特拉斯堡回到工厂上班，并且没有任何抱怨。他们除了期待下一场比赛上场、帮助球队获胜外，没有任何其他奢望。这样的生活方式，形成了球员间的毕生关联。那些球队的教练们，都是我的导师。他们充满热情，同时又很务实。他们知道如何交流和传达他们对这项运动的热爱。

直到今天，踢球仍然是我生活中的一项快乐源泉，和那些踢过球的人一样，不论水平处于什么级别，我都能重新找回了孩童时代踢球的快乐。

没有足球比赛的一天，对我来说是空虚的。我仍然享受看球的乐趣，因为我仍然想继续学习、继续思考、继续提升我对这项运动的理解，以及我如何帮助球员进步所能提出的建议。但是过去几个月，我偶尔会错过一场我欣赏球队的比赛直播，或者错过一场我觉得会比较有趣的比赛。偶尔跳过这些原本神圣不可侵犯的事件，我会和女儿或者朋友们共度良宵。这在过往是不可能的。当我如今能发现一些周边的美好，不论是在乡间还是在伦敦这样一座都市，或者我停留越来越多的巴黎，我拥有了更多平静的时间。

整整35年，我像一个顶级运动员一样，沉溺于自己的热情。我不去剧院或电影院， 很大程度上，我忽略了身边的人。整整35年，我没有错过一场比赛、一场杯赛比赛、一场锦标赛，这意味着我必须遵循铁的纪律而生活。我今天仍然如此：清晨5:30起床，活动身体进行热身训练，和我以前的球员一样早餐。我已经不知道，这到底是生活本能，还是我将自己圈禁其中的习惯。但这是我唯一的生活方式。没有这种习惯，我会很不开心。如果说幸福就是你喜欢自己的生活方式，我可以说我一直很幸福，现在也很幸福。

这么多年来，对我重要的总是下一场比赛和其结果。这么多年来，我想要的一切就是胜利。我的时间和思考，都被这唯一的目标所消耗。当我在场边时，我才真正存在。对于身边人，对于那些我热爱的人，我总是在别处。我或者视若未见，我见到的一切，都是红白两色——我所执教过的所有球队，南锡、摩纳哥、名古屋、阿森纳，都是红白两色。我体会不了生活中其他的美好、愉悦或者放松。什么度假，什么开心玩，我从没想过，或者几乎没想过。哪怕入睡，我梦里也都是足球。我梦想着未来的比赛、梦想着我要给出的建议。我会想着我不太确定的两三名球员——是立即派他们上场还是让他们去别处锻炼，或者平复他们的挫败感，继续鼓励他们？这些都是我的梦魇。

我和朋友们开玩笑说，足球草皮是我唯一上瘾的东西——那片我最常踏上的草皮、能影响一场比赛胜负的草皮、我极为关注的草皮、我每天早上和俱乐部场地工交流讨论的草皮。

自我离开阿森纳后，我拒绝了好几家俱乐部的邀约，因为我感觉，我可能得不到过往的自由和过往的那种权力。我接受了国际足联对我发出的邀请，因为这是一个全新挑战，一种能让我反思这项运动的有效方式，并且能和一个团队协作努力的职位。直到某一天，或许我能回到一个主教练职位的天堂和地狱间。

我想和你们分享，我从这项运动中学到的东西，并且传递给那些热爱足球、想要了解足球以及对足球的力量和美仍然不太了解的人群，还有那些想知道我们该如何获得成功、如何带领球队获胜、如何从失败中汲取教训、如何从别人身上汲取教训的人群。我希望能帮助这项运动在全球建立架构，能保证不论球员来自何处，他们的才华都能被发掘并得到发展。

今天，我的前球员们不再是我的梦魇，未来的比赛，不再是我梦里仅有的内容。

姐姐去世后，我的哥哥居伊几个月前也辞别人间。他比我大5岁，比我更早踢球，是我最早的球友：小酒馆楼上的卧室里、在我们村的街道上、在迪特勒南俱乐部。我们一道开启足球梦想，那样的梦想产生，其实和周边各种事务都有所关联。我当时年龄最小，但意志坚定。我竭尽努力，要和哥哥以及他的伙伴们一道踢球。

那都是儿时的梦想，发生在阿尔萨斯，至今仍然我感觉是家乡的地方，塑造了我个性的阿尔萨斯。

那都是我能听到的只有阿尔萨斯德语方言的梦想。

那都是将我带回到一切故事起源地的梦想。

梦想着足球的孩子

我时常因为自己强烈的欲望而备受折磨，即便我当时并不知道这种感觉从何而来。毫无疑问，这一切源起于我长大的那个阿尔萨斯村庄：迪特勒南，距离斯特拉斯堡只有几公里。那是一个已经不复存在的村庄，岁月流逝，一切都变了。

我是出生在另一个世纪、另一个时代的孩子：我所熟悉的街道、我最开始踢球的地方、那些教育过我的人、那些和我一道成长的人、我们俱乐部比赛所用过场地、那个年代的氛围、孩子们当时的成长方式——一切都变了。那是一个农庄，马的作用无与伦比。那里有三个铁匠，现在全没了。

我从那个世界而来，来自那个如同一座孤岛的村庄。我成为如今的我、当年那个球员的我、后来那个教练的我、那个整天只想着足球的我，都是在那个村庄、被那里的人锻造而成。那里的成长经历，帮助我形成了后来的精神世界。我生活在一个崇尚身体力行的世界里。

在那个年代，村庄是与世隔绝的，如同阿尔萨斯所有的村庄，宗教至高无上。世代传承，姓氏不变，大家都用母亲家族的姓氏来称呼我们这一家："梅兹家的"。生活就在如同手帕大小的方寸间：小酒馆、学校、教堂、市政厅、商铺和距离火车站2公里的足球场——那火车站反正也没人去，为什么要离开这个港湾，离开人人互相帮助的家乡？

村庄周边，都是田地，我的周末和学校假期，很多时间都花在田地里，那是我最开始学会干重体力活的地方，学会挤奶，一如我的祖辈和父辈。那个小农经济的世界里，身体力量是备受尊敬乃至崇拜的。我认识的成年男人，每天在地里干活、靠地里的收成养活一家，我真心热爱这些人。他们的收入当然微薄，种的农作物多为烟叶、小麦、黑麦、甜菜和土豆。那个年代还没有拖拉机，拖拉机直到我14岁（1963年）才出现在村庄里，所以一切都得依靠男人和耕马来干活。我的祖父祖母有一匹耕马，谁家要是有两匹耕马，那就是富足的象征了。

田地里劳作的，都是些坚韧而沉默寡言的男人，每个周日清晨，他们结伴去教堂，平时一有时间就会去我父母的小酒馆。在我14岁时，他们会给我一支烟和一块手表，因为14岁，在他们的脑海中，就意味着男孩成为了男人，到了离开学校去工厂或田地里工作的年龄了。这个村庄就是他们世界的全部，他们在这里结下友谊，他们在这里开始罗曼史，他们在这里努力劳作，他们在这里抚养着孩子们成长。

这个封闭的世界里，我们作为孩子是自由的，我们无所畏惧，我们彼此信任。只要我们干了什么蠢事或者错事，马上就会口口相传，并受到惩罚。宗教至高无上，让我们非常清楚对错的尺度、品性的优劣和真假区别。我们这些村里的孩子总在一起，在街道和田地里成长，但我们各自的梦想却不尽相同。

我的父亲就是这样一个来自乡村的男人，他非常理性，和乡村的一切紧密相连，是一个极其勤奋并且虔诚信教的人。他教会我寻找生活道路的方向，让我具备面对任何考验和最恶劣背叛的超凡力量。他是法国文化中特殊的那一群“我们”（malgré-nous），那些被强行征募（违背本意）而和德国人一道，在二战中与法国为敌的人。他从来不和我们谈及那场战争，但我一直钦佩他的勇气、他的谦虚和他所经历过的恐怖考验。

我在二战之后出生，1949年10月22日，和那个地区所有的孩子一样，我的儿童时代，弥漫着二战之后的独特气氛，以及当年所有家庭都不得不经历的悲剧。

父亲14岁到17岁间，在布加迪工作过，后来和母亲一起经营小酒馆，再往后，便在斯特拉斯堡附近，开始了自己的汽车配件生意。他一天都不休息，从来没有过周末。他的每一天都从清晨7点开始在小酒馆工作，然后去到自己的公司，晚上8点回家，又是在小酒馆继续工作。

小酒馆，就是足球俱乐部聚合的地方，公布俱乐部比赛成绩以及未来赛程。每个周三晚上，俱乐部的委员会——大概是1923年成立的——就会在这里布置周日比赛的球队阵容。

看到我们这些孩子们总在踢球，了解到我们对于足球的热情，也知道我们并不是太差，我的父亲开始组织俱乐部青年队，哥哥和我成为了青年队成员。父亲肯定喜欢足球，只是他从来不多说。对他而言，这是给村里增添活力的一种娱乐，通过几场精彩的比赛，可以让大家得到放松。但足球肯定不是他也不是村庄里其他成年人的梦想，肯定不是需要他们投入一切的激情所在。他和我的母亲，从来没想象过哥哥和我能成为足球运动员：那简直是不可思议的事。

哥哥很有才华，他能踢中场和中卫。他可能具备成为职业球员的一切条件，但他缺了点什么，很关键的一点：信仰。足球对当时所有人而言，更多的是一种消遣，仅此而已，绝不是一份工作。工作或者职业，那是更严肃的事，是能让你安身立命的事。那个年代的足球，却并不是一份工作。

事过多年，我仍然能回想起当初那种工作和娱乐的氛围，在这两个方向上，我们都倾尽了全力。

孩童时代的我，是绝对自由的，却也常常很孤独。母亲后来回忆说："我们都习惯了将你留在房间里，完全不担心你。"或许这就是我独立性格形成的原因。在学校、田地和教堂之间的任何时间里，我都会找机会踢球，在街上、在院子里、在花园里，这些经历教会了我很多东西。我和其他孩子一样踢球，和哥哥一样，和村里成人一样踢球，按照我舅舅们谈论的方式踢球。足球已经占满了我的大脑，逐渐变成了一种令我痴迷的东西。

那肯定是我最早的记忆：我在看我们的球队踢球，我和球场保持了一定的距离，我满怀信仰和热情地观看着，我手捧着一本《圣经》，祈祷我们的球队能够获胜。我可能就5岁或6岁的样子。我当时是否知道，哪怕年幼，我们这球队水平不怎么样，我们真的需要上天赐予的奇迹来支撑我的信仰，来帮助我们获胜？我是否已经知道，哪怕年幼，哪怕有一些奇怪的梦境，足球会变成我唯一的信仰、我唯一的希望——赢得一场比赛、一场胜利、一场美丽而值得尊敬的比赛？

我是否在那个年龄，就有了强烈的获胜欲望？多年之后，我用优秀的球员，替换了当年手捧的《圣经》，为追求胜利做好了各种准备，我用理智取代了当年的信仰祈祷。

我还有另外一段记忆，是对我期盼胜利的良好描绘。我常常会在田里，和一位农夫待上好几个小时，和他一道劳作，他的名字叫阿道夫·科切尔。我们谈论足球，一起分析球队糟糕的战果。我们会回顾整场比赛。他向我宣称，他是一名优秀的球员，如果他能上场，球队的表现会令人惊叹，而且肯定能获胜。“你等着瞧吧，孩子，下场比赛，我就会上场的。”之后几天，我都对下一场比赛翘首以盼，满脑子都想着他会如何表现，梦想着他的各种进球。可这家伙对我撒谎了：下一场比赛他根本没有上场。我脑中的一切想象土崩瓦解。我就是那么一个为了胜利不惜一切的孩子，除了胜利，对一切都不管不顾的孩子。

父母的小酒馆就是村子跳动的心脏。如同阿尔萨斯地区那么多小酒馆一样，这里每天都开张，小酒馆中央有个暖暖的火炉，大概摆上二十张桌子，酒馆里都是啤酒一杯又一杯喝着的男人们，抽着没有过滤嘴的香烟，没完没了地谈论足球：他们的球队、隔壁村的球队、他们接下来要交战的对手，以及他们最崇拜的球队斯特拉斯堡竞技俱乐部。这些都会让他们群情激昂，抽更多烟、喝更多酒，不停地嘶吼争吵，乃至打斗，留下一地狼藉。

小酒馆名叫La Croix d'Or，这是我的人生学校：我聆听他们的对话，我意识到谁声音最大，谁在撒谎，谁是骄傲的那一个，谁最沉默，他们的预言，他们的愤怒，他们的种种分析。行动比言辞更可靠。这是不是我观察个体和群体活动的学校？当然如此。我记得那些高谈阔论的人群，而父亲却是那么的沉默。作为孩子，我常常穿过小酒馆，后来到了10岁或者12岁的时候，我有时会在小酒馆担任服务生。我会不间断地聆听、观察、尝试理解发生的一切。如果我后来开始热爱球员、教练、各种真诚热情的人，如果我学会了如何聆听并且分析各种人的不同，一切都得归功于小酒馆的各种顾客和村里的人。我保留了和他们一样的热情，却不会有他们过度的消耗：酒精、争斗、暴力，那些种种让孩童如我恐惧和恶心的行为。看到那些我仰慕的人，父亲的顾客们，因为过度酗酒，有时会产生的暴力行为，真的让我很难接受。他们得有所控制，这一切都给我留下了深刻印象，同时也赋予了我自控的力量和一种非凡的本能。

离开那烟雾缭绕的小酒馆，我会上楼回到我们居住的套间里。我们这一家人，对“家”这个词几乎没有清晰的概念：父母从早到晚都在工作，或者是两人都在小酒馆里，或者母亲在小酒馆父亲去了他的汽车配件公司。他们都是从14岁就开始工作的。母亲很早就成为了孤儿，他们是勇气和坚韧性格的代表，从来不抱怨。我们从来不在一起吃饭，彼此几乎不交流。姐姐比我大10岁，哥哥比我大5岁，我是最小的那一个，人人都想保护我，但我却是总想着自行其是的那一个，一个自己观察、模仿，总想着快快长大的那一个。

在家里每一层楼，我都有一个完美的“观察哨岗”，这是一个隐秘的、别人看不见的地方，这样我能去观察那些成年人的失败和放纵，又能从他们身上学习到最好的一面，比如他们的经验，他们的激情，他们不懈的努力，去理解他们生命中的勇敢，他们简单纯朴的生活，去理解这些生活疆域狭窄、不能离开村庄的人群，以及他们心中的梦想。我对一切都好奇，而且毫无疑问，比别人更没耐心，所以我总在打探其他城镇、其他地区的情况。我意识到，我生活在一群很快就面临生活方式发生巨大改变的人群当中，他们的习惯和简单的信仰都可能被颠覆。我感觉到自己想要逃离这一切，即便这意味着我要背负逃离家乡的负罪感。我并不是抛弃这一群人，这里仍然是我的世界，哪怕我的父母、姐姐和哥哥都会因为我的离去而伤心。他们从来不多说话，他们很少赞美，也很少批评，很少讲述自己的伤痛。我想我的离开对哥哥的打击最大，不过我们一直都很亲近。在我执教阿森纳期间，哥哥会观看阿森纳的每一场比赛，每当他发现我做错了什么的时候，他都会像大哥一样对我吼叫。

在村里，我们拥有的不多。有时我会怀疑，我的激情是不是因为这种挫败感而生：在这小小的世界，大家交流时用的词汇都不多，那些我们球队输掉的比赛，那个和正规足球场相比那么小的球场——斯特拉斯堡有正规足球场，舅舅们每年会带我去看两场比赛，每次输球我都会落泪。

在之后的职业生涯当中，我见过太多没经历过传统青训培养体系却能成才的球员，以及很多最初被体系抛弃却能大器晚成的球员，那些一度被认为和足球无缘，但最终能昂首实现足球梦想的人，像奥利维尔·吉鲁、劳伦·科斯切尔尼、恩戈洛·坎特、弗兰克·里贝里等等。

当我想起我的童年时代，有一些记忆非常清晰。

我们在街上踢球；我们没有统一球衣、没有教练，也没有裁判。

没有统一球衣是宝贵的足球体验，会迫使我们必须抬头寻找伙伴，这扩大了我们观察外界的视野、加深我们的感官认知。在那样低龄阶段，没有教练同样是宝贵的体验，这意味着我们踢球时需要主动创造。今天的足球，是不是落入了一个完全相反的境地？

我们或者会随机组队，或者会任由两队队长挑伙伴组队。那个时候两队队长往往是踢得最好的两个。

我和同龄人踢球，这些伙伴至今都是我珍惜的朋友，像约瑟夫·梅兹、像布雷尔兄弟、盖斯泰尔兄弟，还有乌格斯·沙莱斯。我们彼此相像，念同样的学校，同样的家境。我也会和更大的孩子踢球，和我哥哥一般大的年龄，甚至更大一些的。当你和大孩子们一道踢球时，你必得更顽强，甚至狡诈、毫无畏惧。和同龄人以及更大的孩子们一道踢球，我很快意识到，我能适应这一切并且我也能为人接受。

我们靠着本能就会觉察到谁踢得更好、谁发挥不错、在比赛中应该依靠谁。

我们的足球当然是自娱自乐，但这也是一种胜利。

比赛往往是在争吵乃至打架中结束，当有人受伤时，可没有替补更换，受伤的人就成了旁边的看客。你得在这样的环境中生存下来，咬紧牙关。

哥哥和我会在卧室里练球，会在家对面的街上练球，也会在小酒馆背后的花园里练球，无休无止。我们彼此不交谈，他拿我当小孩子看。能和他待在一起的唯一方式，就是和他踢球，并且还得踢得不错。

我们会徒步去到球场，当我们要去邻村和其他球队比赛时，我们也会走着去对方的球场，就像从一个世界去到另一个世界。

这是低级别业余足球比赛，充满着荣誉感、自由、愉悦和激情。比赛有时会因为一两个人早退而中断，因为我们得回家做功课、吃午饭或者到教堂干活，这种情况总让我愤怒。这种比赛，是关于灵活应变、关于坚持不懈、关于激情和关于身体力行的良好学习方式，让我终身受益。

到了赛季结束的时候，村里会组织一次赛季末杯赛，4支球队参加，牧师会祝福所有的球队和球员，大家都会在我们的小酒馆里更衣，然后走向球场。那就是我们的世界杯。比赛之后，我们的生活当然还会有很多巨大的欢乐，不过这杯赛是大家难忘的记忆。

我常常会想起一位我非常尊敬的塞尔维亚球员所讲述的故事，他小时候居住的村庄，和我的故乡相似，而且更加贫穷，与世隔绝，那是一个被遗忘的南斯拉夫乡村。他说他很小的时候，叔叔送给他一个美妙的闪亮白色足球，他和他的兄弟们，是如此珍惜这只足球，以致于大家都舍不得让球落地，以免玷污了那纯净的白色，所以大家只用头来顶球。他们只有这一个足球，大家都得保护好这白色。之后在一场比赛中，他被贝尔格莱德红星的一名教练发现，才走上职业球员道路。他一直很怀念童年时代，那段只用头顶球期间自己练就的各种技艺是他后来被选中的原因。如果他当年能有20个足球，他会成为怎样的球员？

为了不弄脏他得到的珍贵礼物，他坚持不懈地用特殊的方式自我训练。我十分喜欢这个故事，那个白色的足球对我而言，直到今日，也是神圣的。

这就是我的足球启蒙。如果父母都是足球爱好者，并且一直鼓励我踢球，或者从5岁开始，我在学校就得到教练的专门指导，如果我很早就读过那些足球训练手册，能看到电视上直播的每一场比赛，我会成为怎样的球员、怎样的教练？足球不是我从电视上获知的一项运动或游戏，因为我们童年时代家里就没有电视。偶尔在学校，我们能看上电视，每个孩子掏出1法郎，大家能在学校的黑白电视上看上一场比赛。或许就是在学校里，我观看过1960年的欧冠决赛，当时我10岁。那场经典比赛，皇家马德里7比3打败了法兰克福，连续夺取第五座冠军奖杯。在那个年月，我支持的俱乐部是斯特拉斯堡，以及德国的门兴格拉德巴赫。不过我热爱皇家马德里。我觉得他们是所有俱乐部中最强大、最美观也最让人印象深刻的。所有球员一身白色战袍，看上去无与伦比。他们有我崇拜的球员，科帕、普斯卡什和迪斯蒂法诺。那真是一个梦想中的俱乐部。多年之后，当我执教阿森纳时，皇马两次向我发出执教邀请，要拒绝儿时的梦想俱乐部，是一件很残酷的事，但阿森纳当时对我而言，是一种使命，也有一份合同需要遵守，我早已对阿森纳给出过承诺。皇马之外，我或许是拒绝各方邀约最多的主教练：巴黎圣日耳曼、尤文图斯、法国和日本国家队。每次这样的拒绝都不容易，但承诺就是承诺，这也是我从孩童时代就坚守的道德底线。

足球是一个遥不可及的世界，周边没有人相信足球会成为我的世界、我的人生。

在我内心深处，我希望足球能占据我心中第一重要的位置，因为如果没有这个梦想，我想我会很悲催：和村里其他人不一样，我想要离开，想要走上真正的球场，去体验那些真正的竞技搏斗。

那些充满希望和发现的岁月。

之后当我和那些远涉重洋来到欧洲踢球的球员们交流时，尤其是那些非洲球员，我了解并且认同他们孩童时代梦想的重要意义，了解他们在不同地区的成长经历以及塑造他们体格和性情的不同方式。在阿尔萨斯度过的童年和少年时代，塑造了我的行为和道德规范以及我的耐力。并且在肌体上也留下了终身烙印，有些痕迹至今仍在：我的脊柱最上端有一个小空洞，后来好多医生说，我可能40岁就会瘫坐在轮椅里。这显然是在我很小的时候搬运重袋煤矿石这种体力活形成的。这个脊柱上的空洞仍在，但并没有影响到我作为球员的奔跑，我现在仍然能直立行走。

毫无疑问，要成为一名优秀的足球运动员，技艺至关重要，这是你很小的时候就要学会的，最好是在7岁到12岁之间。但仅仅掌握技艺并不够，你还得具备无畏的品质，知道如何积极主动，你得意志坚韧、诚实可靠，和队友团结一致，另外还要有点狂放，满腔都是激情——我想你很小的时候就需要具备这些品质。

孩童时代，我已经如饥似渴地想要了解自己，去直面自己的极限，并且超越这些极限。足球是我超越自我的工具。我不想受困于自己肉体和精神的局限，我更想了解这些局限，并且去克服这些不足。成长于这个村庄，我只会说阿尔萨斯方言，学校里教的很多东西我都不懂，也没有去刻苦学习。父母都很忙，所以我就成了一个习惯四处乱跑的孩子，我在学校的表现简直像个“游客”。幸运的是，到了15岁，我突然醒悟了过来，然后凭借自己的努力，赶上了所有的课程。我发现如果我努力投入，我就能有所成就。我中学顺利毕业，之后在斯特拉斯堡大学获得了经济学学位。这个是我自己选择的专业方向，让我之后对俱乐部运转、设置预算、安排投资和收购球员有了更好的准备。之后到了29岁，我还专门去到剑桥，参加了一个三周的语言培训班，提高自己的英语水平。我当时就很笃定，这些学习和准备，对我投身足球会大有帮助。

14岁是天主教徒坚振礼的年龄，村里的人认为，你已经从一个孩子长大成人，要去工厂或者田地里正式工作了，他们会给你一支烟和一块手表。一切开始改变。我没有去工厂上班，但我确实得到了一块手表。之后多年在戛纳工作时，我才开始抽烟，和我的朋友让-马克·吉卢，因为我们每晚都在长时间谈论足球。

父母后来卖掉了小酒馆，将所有时间投入到他汽车配件生意上，母亲便也不再工作。我们搬进了村子里父亲建造的一所房子。一直到今天，存留于我心的，仍然是迪特勒南青年队参加的足球比赛、小酒馆、我的人生课堂和那些足球俱乐部聚会。

2

踢球的年轻人

20世纪60年代，哥哥和我都在迪特勒南球队效力。我们应该踢得还不错，但我从不满足，觉得事事可为，事事可以争取。俱乐部说我们很有才华，是村里最好的球员，但这说明不了什么，因为俱乐部在地区足球最低级别竞技，还老输球。我们没有教练，不过我清晰地记得，如果我们组织得当，并且投入足够的激情，一切都有可能。我们有过一些漂亮的胜利，有过一些充满默契的相互支持，有过队友之间的呐喊吼叫，这都是足球智商、足球创意的培训过程。

我们的球衣是红白色的，这可能就是宿命，红白将会是我之后执教每支球队的主色。

我们不训练，只是比赛，用一种有些混乱的组织方式。每个周三晚上，我们开始准备周日的比赛，有一个俱乐部委员会，确定周日比赛的球队名单，这就是所有赛前准备。村里刚开始安装电气照明，之前晚上都没法训练。事过多年，当我知道其他俱乐部、其他联赛的球队的准备和训练都比我们强太多的时候，通过对比，我才发现在迪特勒南那段时间的经历，在我身上留下的足球优缺点。缺乏体能训练，让我尤其吃亏。所有队友都来自同一个村庄，我们之间居然从来没有合练过，从来没有过体能训练。

我想，我的勤奋努力和无穷激情，弥补了这些缺乏系统训练、缺乏严肃准备和缺乏教练指导的短处。我为胜利而比赛，踢球不仅是自娱自乐，也不仅因为足球是乡村生活中仅有的几种消遣——舞会是另一种，我跳舞也非常棒。我记得没人教过我如何跳舞，你学会跳舞，得从邀请一位女孩做舞伴开始，投入进去，无知无畏。这就像游泳一样，那年月不像现在有游泳教练，把你扔到水里后，你得自己琢磨如何活着出来。

每个周日的比赛，我都觉得是搏命之战。赛前赛后我都非常紧张，我是一个很差的失败者。但是在比赛过程中，我感受到了自由。我在球场上能量无限，我逐渐发现，我喜欢那种赛前极度的紧张情绪，就像我喜欢场上那90分钟一样。我全身心被比赛所吸引，呼吸在比赛的空气里，没有任何东西能让我分神。

有时我都意识不到天正下着雨，直到比赛结束，回到更衣室的我全身湿透。我喜欢这种全力以赴的感觉，我喜欢全心投入比赛，挑战那种痛苦感：感觉到痛苦、身体的挣扎、不断提速，每分每秒都在竞技对抗，这都是比赛的一部分，甚至是比赛艺术的一部分。就算在迪特勒南这样的小地方，我也不断逼迫自己进步。这种自我驱动的训练，对我很有帮助，让我明白在各种地方都要要证明自己：修正自己的一些技术缺陷，例如接球，例如我的第一脚触球不如我期待的那么精准，例如我的身体力量有些不足等。不过最重要的，是当我在我们这支小小弱队踏出第一步时就明白的：我喜欢踢球，喜欢在场上表达自我、超越自我、倾尽全力。我喜欢那种对抗单挑，一对一的竞技。

我很顽强，我也有足够的耐力。我很快就发现，我对比赛的战术阅读和战术分析也挺不错的。

那些年，和那些队友们——其中有些至今仍是我的好友——我们夺取了不少胜利，成为了村庄的骄傲！

不过改变我人生的，并不是胜利，而是一场失败，一场1比7的惨败。

迪特勒南和AS米奇格交手，我当时踢的是中场。AS米奇格的教练是马克斯·希尔德，他们完全来自另一个世界。他们有教练，他们在CFA级别联赛里竞技，那是法国的正规业余联赛，和我们所处的地区联赛相比，要正经严肃多了。我们在地区第三级联赛，他们可是法国全国第三级联赛。

对我们来说，这比赛就是一场灾难，我对自己非常生气和失望。我认识对方一些球员，例如让-马里·杜通，他踢的也是中场，至今仍是我的朋友，他后来告诉我比赛之后发生的故事。马克斯·希尔德回到更衣室，首先祝贺球队获胜，然后说道："今天最重要的是我见到了一位优秀球员，一位一流的中场。"让-马里·杜通站了起来，挺胸叠肚，以为马克斯是在表扬他，但对方主教练赞扬的却是我，那个惨败一方的中场球员。让-马里对这事一直耿耿于怀，虽然这从来不影响我俩的友谊。他后来总是充满幽默感地重复强调说，他复仇成功，因为他娶了我的第一位女友为妻。

这也是那个年代关于足球的内容：球队之间的敌对竞争关系、球队之间的相互尊重、对手之间形成的一生友谊。

*

那场比赛之后，一切都改变了。我在1969年加盟AS米奇格，我开始了解什么是足球教练，这是一个新领域，蕴含着新的风险和新的挑战。最重要的是，我结识了一个如同足球父亲的教练，他也是我的毕生榜样。

马克斯·希尔德，1932年出生，阿尔萨斯人，在阿尔萨斯成长，阿尔萨斯地方文化塑造了他的性格。他热爱足球，最初在他出生的韦耶塞姆踢球。之后他加盟过那支征战法甲的优秀球队，斯塔拉斯堡竞技俱乐部。他的执教生涯从米奇格开始，在这个岗位上，他开始学习如何系统执教。球员时代，马克斯就是一名优秀中场，6号位置的球员，串联进攻和防守的分球者（distributeur）。不过他职业生涯重要的时刻，是1966年在瓦格纳酿酒公司赞助的米奇格开始执教。他精研战术，形成了独特的足球观念，并且具备挖掘人才的眼光，充满爱心地帮助年轻球员成长。

马克斯身材不高，5英尺6英寸（1.68米左右），说话阿尔萨斯口音很重，和蔼可亲、善良仁慈，对足球有着一种天生的好奇感和热情，他身上这些特殊品质，间接点燃了我内心的足球火种。他感觉到我的焦躁、我那种想要提高、想要比赛和想要学习的渴望。他给了我很多比赛的特别机会。马克斯话语不多，他从不告诉我，他为什么在那场比赛发现了我并且对我另眼相看。他的回答、他的赞扬和他的鼓励，都是和比赛相关的。

我要感谢马克斯，他让我认识自己的内心世界，同时我也具备一些基础条件，成为了一个优秀球员。同样，我之后走上教练道路也要感谢他。米奇格之后，我效力于牟罗兹、沃邦，最重要的是，我效力过斯特拉斯堡竞技俱乐部。我结识了很多优秀教练，像牟罗兹的保罗·弗朗茨，以及斯特拉斯堡的吉尔伯特·格雷斯，他和马克斯是球员时代的队友，携手夺取过法国杯。他们都为足球而疯狂，都是阿尔萨斯足球的象征。他们都有那种对自我的苛求、那种突破自身极限的努力、那种渴望比赛的如火欲望。同时他们彼此相熟彼此尊敬。保罗·弗朗茨在斯特拉斯堡执教时，指导过球员格雷斯。马克斯·希尔德在业余联赛里和格雷斯交手过。后来作为教练，格雷斯带领马克斯进入斯特拉斯堡的青训体系，然后马克斯又将我带入了这个世界。我喜爱这些彼此间的人及相互关联，这些相互交错的人生道路和彼此的支持。那是一个忠诚和友谊重若千钧的年代。从米奇格开始，我亦步亦趋地追随着马克斯，不论何时他召唤我，我都会立即投效。因此他是塑造我并且影响我最深的人。马克斯在2014年去世，当年为他效力的球员，曾经一起拜访他的墓地，每一个人都在静默中告诉他，我们欠他很多。

在米奇格，他能将大家组织起来，形成一种独特的氛围。那种关联，那种球员之间以及球员和他之间的友谊历久不衰。我们一同比赛、一同训练、一同进餐，我们讨论足球，我们几乎时刻都在一起，这让我学会了很多。但人生从来都不会容易。

我得适应足球生活的节奏变化。突然间，我们每周得训练两次，之前我从来没经历过。我全身心投入训练，结果到周六的时候，已经体能透支。

于是我对自己满是怀疑，不知道自己能否达到这种要求。训练中，其他队友也在考验我。他们会绊倒我，看看我如何反应，我会不会倒地，会不会抗议，或者我只会忍气吞声。我在更衣室里学会了一点，你必须快速告知队友们："你们可以信任我。"我学会了如何让人知道我的存在：去奋斗。

我也学会了如何将自我怀疑转化为力量。我拒绝恐惧——那种被其他人考量的恐惧、那种对结果的恐惧，这种恐惧会限制我在场上的发挥，会限制我前进的步伐。

马克斯对我的影响十分重要。刚加盟米奇格的时候，我没有任何特殊之处，我很难为自己找到立足之地，但感谢马克斯的坚持，他给了我比赛的机会。这就是教练的必修课：你必须给球员时间，而这一点，恰恰是今天足球的缺陷。今天的球员，准备得更充分了，得到的时间和机会却更少了。

每到一个新俱乐部，我都需要重新学习、重新证明自己，克服自己的各种不足。但我又是狂躁不安的。我很快明白，在米奇格、牟罗兹、沃邦以及斯特拉斯堡，我效力过的俱乐部和后来执教过的俱乐部，生活都是一种旅程，总会被各种挑战和折磨不停打断，这种打断，就是我们在适应自己的恐惧、内心情绪起伏和喜怒哀乐的过程中，不断成长的经历。

米奇格之后，牟罗兹俱乐部在1973年签下了我，在这个俱乐部，我结识了保罗·弗朗茨。就像刚开始加盟米奇格一样，开头的日子总是很难过，尤其第一年。我很难找到自己的位置，受伤更让我痛苦。我找不到自信，没有了米奇格时期有过的成就感以及团队支持。不过第二年，我进入了状态。我坚持训练、不懈努力，一点点地进步。这些坚持收到了回报，最重要的是，我在球队中得到了一个超乎预想的机会。因为俱乐部财务困难，球员们指派我和另外两名队友去和俱乐部主席商谈薪资以及奖金事宜，这应该是我平生第一次兼顾俱乐部和球员的福祉，去谈判和钱相关的事。最终我们达成了一个协议：赛季期间俱乐部发放50%的薪资，如果最终赛季保级成功，球员得到剩余的一半。我想这应该是对所有人都公平的一种妥协，可是后来我才知道，有些队友私下里找到主席，签订了个人条款，仍然能在赛季期间获得全额工资。由于我在赛季末离队，追随马克斯·希尔德加盟ASPV斯特拉斯堡——俗称沃邦的那个俱乐部，我那剩余50%的工资，再也没能收到。

牟罗兹是一所完美的学校，在这里我为职业生涯下一阶段做好了准备，补上了完美的一课：我学会如何谈判、如何考虑团队的利益、如何让自己成为球员和俱乐部董事们之间沟通的桥梁。那种暂时放弃一些利益的感觉并不差，这样我们会更珍惜自己的收获。我也在这里知晓了生活中必然存在的一些挑战：谎言、背叛和一些卑鄙勾当。

在沃邦效力3个赛季之后，再次感谢马克斯·希尔德，我在1978年成为了法甲俱乐部斯特拉斯堡竞技的一员，这是梦想成真的一刻。

从孩童时代起，我们就对这个家乡俱乐部着迷，同时又因为这是法甲俱乐部，显得有些遥不可及。实现梦想的时候，我更愿意为这个俱乐部付出一切。我总是第一个到场训练的人，如果需要的话，我愿意一天训练4次。我的时间几乎全在训练场和球场，当时我就住在罗马大街，距离俱乐部10分钟。我从不计算自己的工作时间，因为我并不觉得付出了多大牺牲，这都是顺理成章的：这就是我想要去的地方。

在斯特拉斯堡，我一人扮演多个角色：球员、青训中心管理员和青年队主管。还是得感谢马克斯·希尔德，我必须学会分配好自己的时间，既是球员，同时又是一位青年队教练。马克斯和我有过很多长时间的讨论，我们会一起去看各种各样的比赛，尤其去德国。我们对各种细节观察入微，从训练前热身到比赛之后的放松。有时结束这些看球旅行回到斯特拉斯堡都是第二天黎明四五点了。这是极其难得的经验累积阶段，我想马克斯可能是第一位意识到我具备教练潜质的人。他在青训中心为我提供了一份教练职位，当他一队主教练的职位被解除时，他本可以回到青训中心继续当教练，但他将机会让给了我，“现在轮到你了”，他总这么说。

我在青训中心什么活儿都干，乐此不疲。我在尝试学习掌握这项工作的各个方面，我为球员做按摩、给他们缠绷带、见他们的父母、安排他们的比赛旅行等等。只要有时间，年轻球员的训练，我一场都不会错过，全身心地观察和学习。我大量阅读各种技术书籍，去掌握那些我不熟悉的知识，然后参加CREPS培训，那是体育教育的地区培训中心，之后我在维希的国家足球学院，考取了我的教练证书。

斯特拉斯堡对我而言，就像是一个实验室，为将来当教练的各种工作做准备。我很幸运，因为我得到了信任，在青训中心得到了全权委托。我尝试着找出一些新方法，来帮助年轻球员成长，但当时我也有一些疑虑。我快30岁了，却在执教十八九岁的年轻人。我能教他们什么？我必须更大胆，尝试各种新的可能。例如我第一次邀请一位精神病学医生来到青训中心，他每周都和球员们单独约谈，帮助他们分析自己的特点，学会面对自己内心的恐惧。这种尝试是之前闻所未闻的，直到今天，我仍然不确定，会不会有很多职业球队做这种尝试。

斯特拉斯堡也是我尝试帮助球员提高心理能力的地方。如何在心理压力之下，帮助球员充分发挥特长，如何帮助那些优秀球员，在竞赛中保持清醒的头脑及时做出各种最优选择。

在成为职业教练的过程中，有许多人对我极其重要。

初始阶段，有几位技术指导，像杰基·德穆特和皮埃罗·德穆特，教会了我教练工作的基础内容。在斯特拉斯堡的CREPS培训时，皮埃罗和我有过很多充满激情的深夜讨论。

还有佩特雷斯库，在斯特拉斯堡的CREPS教授我们训练技巧的罗马尼亚人，那是他的特长。他帮助我加深了对青训足球和青训教练的理解。佩特雷斯库领先那个时代20年，他已经开始尝试一些独特的训练手段，培养球员的长期记忆和短期记忆。他对帮助球员们如何学习各种技巧有了完美的认识。

在国家培训中心，有乔治斯·布伦，他为在此受训的学生付出了太多。乔治斯负责设计各种培训课程，以及教练培训的规范。他向俱乐部主席们不断抗争，要求所有俱乐部都建立教练培训中心。乔治斯担任过法国国家队主教练，他了解教练工作的一切，尤其知道这职业是多么的孤独，这职业有时是多么的不讨喜。在那个年代，教练头天上任第二天在毫无先兆的情况下被解雇，屡见不鲜。正是在布伦指导下，我拿到了自己的职业教练证书，之后我们保持着密切的关系。每次当我输掉一场决赛或者在一场惨痛失败后，他是那个对我谆谆教诲的人："有时你就得让别人享受他们的机会。"他是对的，虽然我对失败总是难以接受。

放弃球员身份，在学习成为教练的过程中，就变得很自然了。有一天斯特拉斯堡的主席对我说："你有点太老了。"我像被针扎了一下。那天我没有获得上场机会，这让其他球员都感觉意外。我默默地观看着比赛，然后……场上球员发挥得都特别好！这让我明白，是时候集中精力去当教练了。

生活中每件事，都有着一系列连续性、逻辑性和明确性的发展结果。我结识了那么多优秀的人，每一位都是引导我走向更好未来的一道门径。我把握了降临在我身上的机会，也学会了如何及时做出合适的决定。

那些年，在那些俱乐部效力和那些我敬仰的教练们合作，给我留下了许多美好的回忆。当然也有一些相当糟糕的往事。

我记得尤其清楚，是1978/1979赛季在斯特拉斯堡的一场比赛，我们夺取法甲冠军的那个赛季。比赛中的一次单挑我输了，当时我们和朗斯交手，我面对阿根廷边锋圣地亚哥・桑塔玛利亚，那是一个非凡的球员。他断球成功，利用我的失误，然后我们失球。那就是我的错。我对此深深自责，直到今天，我都能记得当时对自己多么恼怒、多么内疚。我的记忆中当然会有很多进球、很多胜利的比赛，但在这些记忆中，对桑塔玛利亚的那次失误，总是记忆犹新。

内疚、体验过的不公、有些比赛中过度的暴力——那仍然是一个裁判们对各种犯规置若罔闻的时代，一个没有电视直播的时代。在那个时代，我们比赛结束后，球场就会关灯，然后会有球员之间充满暴力的群殴——那种愤怒，当时我们甚至觉得，可能是极大提升士气的好事。

在这些艰难体验的同时，那同样是一个能遇见和结识榜样、让我心中充满崇拜的时代。那个时代的真正巨星，是阿尔弗雷多·迪斯蒂法诺、贝利、弗朗茨·贝克鲍尔和君特·内策尔。内策尔和我位置相似，也是中场球员，他的长传以及他切换边路的打法，是对那个时代中场球员的灵感激励。我同样也是贝肯鲍尔的大球迷，他有着难以言喻的优雅。他就是一个艺术家。当然我们从来没有在场上交手过，不过在他短暂执教马赛那几个月时，我带领摩纳哥和他的球队有过比赛。

我还认识了居伊鲁，当时他已经是欧塞尔的教练，我还在米奇格踢球，我打进了对欧塞尔的决胜球。之后经年，即便我们的执教方法和个性大相径庭，但他带领着那个小规模的俱乐部问鼎法甲打进欧冠，以及他在欧塞尔执教的时长（44年！），都让我满是敬意。

在这段职业成长的年月里，这些教练都令我肃然起敬。他们与众不同，但他们都会尊重球员、尊重比赛，珍视足球之美，将自己球队的发挥放在至关重要的位置而不只是算计对手的弱点。这就是马克斯·希尔德、吉尔伯特·格雷斯和约翰·克鲁伊夫的教练之道。对我来说，足球只有让人们充满梦想，才能自称为一种职业。看到那些优秀教练执教的球队，我才明白了这一点。

我对球员也有着无限尊敬：那些有着自我足球哲学的人，那些热衷个性表达、不惧挑战，敢于直面自身恐惧而不屈服的人。

这些就是我欣赏且尊敬他人的原因，也是我之后在执教道路上要从球员身上去寻找的东西。

理解球员的上进心、他的恐惧、他的愤怒，尊重他对这项运动和团队有益的技艺，保持倾听——那些年我的学习和经历，让我养成了这些品格。我觉得自己已经做好了准备，能够离开阿尔萨斯，离开我的导师和朋友们，开始独立执教，去面对全新挑战了。

3

在戛纳和南锡的执教初期

斯特拉斯堡竞技俱乐部，是我年轻时代的激情所在。我在俱乐部青训中心担任过教练，将自己所有时间都投注在球员身上。我尽可能地在阿尔萨斯和德国观看各种比赛，阅读各种我能找到的关于执教艺术的读物。我甚至在青训中心，为5岁到7岁的孩子，开设了一所小学校。当时我拥有自由，能让我影响俱乐部的运行，能按照我选择的方式工作，总在不断创新。我可以在斯特拉斯堡呆得更长一点，这正是我的导师们，例如俱乐部的几位董事，建议我做的：继续努力工作，充满激情地拾级而上，这样有一天我将成为一队主教练。

然而我心中有另一个声音，对冒险的向往，要大于在安逸环境中的稳步成长。我想要去见识新的足球、新的球员、有着不同执教方式的其他教练。在进步道路上，人不应该止步。

一次带队和牟罗兹预备队比赛时，我认识了让-马克·吉卢，这被证明是我生命中非常重要的一次相逢，就像之前认识的马克斯·希尔德、乔治斯·布伦一样。

让-马克是一名十分优秀的球员，先后在昂热和尼斯效力，他是一位无可匹敌的攻击型中场，入选过法国国家队，最有名的，是参加了1978年阿根廷世界杯。让-马克是属于20世纪70年代的优秀球员，只是因为随后那一代球员更加优秀，才有些为人淡忘。那一代球员往往在一个俱乐部效力多年、成就非凡，却需要很长时间才能为外界获知。对比一下今天的足球，时时让人震惊——这绝不是我夸张——我有一种印象，似乎如今只要一场比赛，就能发掘出有天赋的球员。球员时代结束后，让-马克·吉卢开始在牟罗兹执教，将球队从乙级联赛带上甲级。

比赛结束之后，让-马克想和我见面，我俩一谈就是几个小时。我们工作上的紧密关联和个人友谊迅即形成。让-马克不管是当年还是现在都保持着强有力的个性。他对于足球运动有着精准认知，这让我敬佩也让我受益。当他成为法乙戛纳AS俱乐部一队主教练时，他邀请我去担任他的助手，并且担任青训中心的教练。

我没有和任何人商量，没有听从劝诫我留在斯特拉斯堡的任何建议，就做出了接受这个邀请的决定。我去到戛纳，和让-马克·吉卢会面，然后他将我介绍给俱乐部总经理理查德·孔特。当时我没意识到，孔特后来也成为了我的好友。我们花了一整夜时间谈判合同，直到凌晨才达成妥协。当年我们争执的数目，现在看起来会显得很可笑，不过当时谁都不肯让步，这就是我们性格的写照：三个充满韧劲的人，谁都不愿意认输，都不愿意放弃寸土，个个都做好了随时应战的准备。之后我们成为了完美的三人搭档，没有争执、彼此尊重，满怀同样的理念和对俱乐部的爱，推动着俱乐部前进。

那一夜的谈判，在我脑海中留下了非常深刻和完整的记忆，给我们弥足珍贵的友谊打上了深刻烙印，这份情谊存留至今。那也是我第一次离开阿尔萨斯，作为教练走出的第一步，同样也是我的第一次个人合同谈判。我孤身上阵，意志坚定，跟着自己的直觉本能走，非常在意要向别人和自己证明我有足够的能力，同时也很紧张，但没有让这种紧张情绪麻痹我的理智判断。

前往戛纳，我还有一段记忆，特别能反映我当时的精神状态，以及那个年代的足球环境。我知道让-马克想签下一名中锋，就在我加盟前，我在《法国足球》杂志上，读到了关于SC Orange一名球员拉明·恩迪亚耶的精彩数据，他的表现让他成为了一名优秀射手。上车前往戛纳之前，我给恩迪亚耶打过一通电话，对话内容以及我给他发出的邀请，如今我都能逐字回忆：和他以及几个朋友，约在高速路的一个出口停车场，“我会带上球鞋，我们一起踢会儿球”。第二天他如约出现，我们踢了会儿四对四的小场，然后是我和他一对一较量，我马上能感觉到，他是多么优秀的球员，而且他还具备提高的潜力。让-马克·吉卢也赶到了那个高速路出口停车场，仔细观察着这名球员，他有着我和一样的热情。第二天，我们就将恩迪亚耶带到了戛纳，和他签订了第一份职业合同。这是我为球队招募的第一名球员，他也很快成为了一个真正的朋友。恩迪亚耶在法甲效力多年，先是戛纳，后来去到牟罗兹。退役之后，他在喀麦隆执教。球员时代的他，入选过塞内加尔国家队，2008年又成为塞内加尔国家队主教练，在非洲多地执教。我仍然认为，在停车场踢球考察球员，是我们终生难忘的记忆。谁能想象，时至今日，还有可能用这种方式签下球员吗？

我在AS戛纳作为助理教练和青训中心主管，只待了一年，不过那是决定性的一年。

那是一次不小的挑战，最初离开斯特拉斯堡去到戛纳，我的感觉是放弃了一辆劳斯莱斯，而开上了“法国国民小车”雪铁龙2CV，感觉就像是职业上降了一级。然而这种挑战极其令人兴奋，因为我们是在开启一项新事业，同时让-马克、理查德和我之间的配合简直完美。AS戛纳仍然是一个在成长初期的法乙俱乐部，没有太严谨的职业架构。和理查德·孔特、让-马克·吉卢，我们得一切从头开始：建立青训中心、招募年轻球员、安排试训、架构球队、反复思考训练排期和内容等等。这让我们必须用7×24的方式全心工作。那真是极大的挑战，但那也是我为什么如此热爱那份工作的原因，那无比紧凑充实的一年，促进了我作为教练的快速成长。

在这座法国南部城市的最初几周，除了让-马克和理查德，我谁都不认识。而在家乡斯特拉斯堡，我有全家人以及很多朋友。离开阿尔萨斯，是很大的一种心理转变。一开始，我生活在孤独中。我租下了一所公寓，完全像个苦行僧一样活着。公寓里只有一张床、一个沙发和一台电视，所以每天晚上，我只能不断重看我之前录下来的一些比赛。不过这种孤独的深度体验，也帮助我更理解那些刚加盟俱乐部球员的心态——来到一座陌生的城市，举目无亲。有了亲身体验，我之后总会留给新加盟球员更充分的适应时间，至少6个月，来找到自己的生活节奏，找到家的感觉，这样他才能集中精力于足球。

过一段这种完全隔离、独居、事事都陌生的生活，也是一种心灵启示。我意识到，不论身处何地，哪怕没有任何生活关联、情感羁绊，只要和自己的喜好在一起，我都能生存得不错。内心深处的急迫感从未消失，但我已经能和这种感觉共处。我是个喜欢和团队在一起的独居隐士，一个喜欢做决定和做准备时保持独立性，同时又愿意和团队分享这项运动快乐和炽热强度的人。

离开熟悉的阿尔萨斯足球，去到一个完全不同技术组成和心理状态的足球环境，开始当然非常艰难。在戛纳以及法国南部，足球风格更注重脚下技术，而阿尔萨斯的球风，长传会更多，更注重创造场上的空间。戛纳的足球短传更多、脚下活更细腻、更讲究技术性，但也更粗野。这就是另外一大不同：对手们更粗暴，裁判和对手的威胁都更大，这两者结合起来，常常会给教练带来对比赛场上无法无天的无力感。我很快适应了新环境，即便我此前在阿尔萨斯对此一无所知。这种发现，也是一种成长经历，尤其对年轻球员而言，我们得在这种新环境里表现出无畏斗志，我们必须做好即时回应挑战的准备。对我而言，我喜欢这种紧张的情绪、这种激情和这种竞争。

*

担任着青训中心主管，同时又是一队助理教练，我的工作负担很重。有时我发现自己一天要负责管理4个不同的训练排期！青年队在上午8：30到10点以及下午2点到4点训练；一队在上午10:15到12点训练，然后是下午4点到6点训练。球队打客场时，我得随队，周日上午回来，带领球队做赛后放松，然后又得和预备队一起出发，例如去马赛打客场。那是一种不间断的高强度工作节奏，我必须全力以赴，还得督促别人也全力以赴。这后来成为了我的职业常态：我得到了信任，我必须说，我和让-马克·吉卢之间的信任是相互的。我的工作有很大自由度，作为回报，我简直就当俱乐部是自己的。我会为了自己的合同，即便分歧较小时，也绝不在任何细节上让步，但一旦签署合同，我会投入一切。最重要的是，我绝不会反悔，绝不会为了自己的利益要求修改合同。

我很确定我能胜任这个职位，并能赢得球员们的尊重。我能提高训练质量、增强球队的竞争力，而且我从不缺席。那个年代，努力投入是成功的诀窍，而不是俱乐部的财力。我们的目标是建造一支能打进法甲的球队，以及建立起一个高质量的青训中心。我们所有人——俱乐部主席、教练和球员，都在为这个目标而努力。当时的氛围，就是勤奋工作，同时又让俱乐部保持着欢快的家庭感觉。团队精神好得令人惊讶，那种相同的战斗意志，大家共同的比赛竞技、争胜和分享快乐的氛围，都是我长久渴盼的，后来也在我执教过的一些俱乐部中营造了出来。比赛结束后，我们会一同进餐，之后一天，我们会一同早餐，无话不谈。

那一批我们招募而来组队训练的球员，热情洋溢，同时也很成熟。他们不再年轻，有着钢铁意志，因为他们都想获得成功。队中有打中场的拉明·恩迪亚耶、让·费尔南德斯、吉莱斯·兰皮隆和伊夫·贝尔图齐。前锋线上有帕特里克·雷维里和伯纳德·卡斯特拉尼。防线有吉莱斯·艾奎姆、巴普蒂斯特·詹迪利和伯纳德·卡索尼。

在戛纳，我学会了更好地理解球员，而且发现，哪怕我们一穷二白，物质资源极为贫瘠，但只要我们有着强大的意愿，我们照样能不断进步并获得成功。足球世界里有过太多小俱乐部逆袭成功的案例，像当年的欧塞尔，以及如今的亚眠。

戛纳也是我最开始犯错的地方。

作为教练和球员，我从比赛中学到了太多。

最开始的时候，让-马克和我对球队了解不够透彻，我们对球员场上位置做出了误判。这是一支攻击动力十足的球队，但场上位置搭配有些失衡。我们丢球实在太多。让-马克是一个了不起的创新者，他从不害怕冒险。足球运动中，搭建一支平衡的球队至关重要，但这需要时间才能做到，很多情况下，需要一个关键球员来促成这种动态平衡。我从让-马克那里学到了很多，我意识到，一支球队需要在把握控球和进攻中形成组织化平衡。我也发现，球队不能忘乎所以地一味进攻，你得考量风险，并且找到一个合理的应对方案。你需要足够数量的中场球员控球，为进攻搭建基石，需要一定数量的创造型球员，释放出足够攻破对方防线的灵感。我正想成为这样的教练，如同让-马克或者马克斯·希尔德那样，构建自己主动进攻的球队，而不只是通过赌博对手的弱点来求胜。

加盟戛纳之前，我在斯特拉斯堡青训中心工作时，对培养未来球员有着极其浓厚的兴趣。而在戛纳，工作目标为的是即时成功。我们需要立即获得成绩，每个决定都更加重要，因为结果就在眼前。我们一开始只能采取些短期行为，组织一支球队，然后我们必须快速融合成型并达成场上平衡。

改变一个球员的场上位置，常常会激发出他的潜能，在这方面，教练的观察能力至关重要。和任何心理测试相比，比赛是最能展现球员品性和能力的。在比赛中，不再有任何遮掩，你是什么，在场上就会呈现出什么。

让-马克和我，在戛纳可能还犯了另一个错误，之后我们学会了如何避免。赛季开始的时候，我们全队去到圣马丹韦叙比耶，集训三周，我们把球员练得太狠了，练得大家都筋疲力尽。我们每天安排三次训练，每天早上都要跑山地越野。有些球员晚上8点上床，但很认真地告诉我说，他们无法入睡：他们太害怕第二天的训练了！

赛季正式开始的时候，球员们明显能量不足，用了一段时间才得以恢复。之后我们仍然保持着高强度训练，但放缓了训练的频次，训练精准度和整体质量有所提升。我仍然坚信，训练中咬牙吃苦，能让球员们在比赛中更顶得住，不过我也了解到，训练计划安排如果过重，会有很多负面影响，尤其会在赛季初让球员身体不达标。

在戛纳学到的另外一课，就是我有一线执教的能力，我已经开始执教职业球员。我享受这种工作。一次让-马克去科特迪瓦出差几周，招募一位优秀前锋，这人后来我在AS摩纳哥执教过：尤素福·弗法纳，一个有着难以置信力量和爆发力的惊艳球员。突然间，让-马克出差了，我得行使主教练职权去面对主教练所要面对的所有问题：以一己之力组织球队、随队打客场、对所有比赛结果负责。我喜欢这种责任感。这一小段单独执教全权负责的经历，让我意识到，我内心很渴望主教练这种工作角色。这一小段经历，让我更坚信自己的雄心壮志。

赛季结束时，我们在法国杯四分之一决赛输给了摩纳哥。之前我们淘汰了巴斯蒂亚，很强的一支球队。最重要的是，我们意识到自己在不断进步，越来越自信。我们确信，这个俱乐部是有前途的。之后一些更有经验的球员加盟，例如阿兰·莫伊赞、阿尔伯特·埃蒙、菲利克斯·拉库埃斯塔和丹尼尔·桑切斯，俱乐部在让·费尔南德斯和理查德·孔特的带领下，升上了法甲。我们搭建的青训中心，后来培养出了像齐达内、维埃拉和米库这样的优秀球员。

赛季末的时候，我收到了来自索肖俱乐部和AS南锡俱乐部的邀请，于是我马上和让-马克探讨，他鼓励并建议我去南锡，那也是对我更执着的一家俱乐部。当时南锡俱乐部足球总监是阿尔多·普拉蒂尼，我们彼此欣赏。我已经见过南锡俱乐部主席，于是做出了决定，我将离开戛纳，加盟南锡。这样我签下了第一份法甲职业主教练合同。

33岁的年龄来到南锡，我成为了一队主教练。职业上我升级一格，成为了顶级联赛俱乐部主教练，正式进入一个法国教练人才层出不穷的年代，当时像艾梅·雅凯、让-克劳德·苏奥多、赫拉德·霍利尔、丹尼尔·伊恩杜普等，后来都获得了很高成就，而这时居伊鲁已经在欧塞尔成名。这是我想测试自己并且证明自己的世界。有些经验丰富的球员，最开始见到我时会对我有些怀疑和保留，例如埃里克·马丁、鲁本·乌皮拉、布鲁诺·热尔曼、迪迪埃·卡西尼、迪迪埃·菲利普和阿尔伯特·卡地亚。我从朗斯找来让-卢克·阿里巴特，一名优秀球员。这是一支实力很强、经验丰富的球队，不过俱乐部财务上捉襟见肘。俱乐部主席克劳德·屈尼很有远见，将AS南锡改造成职业俱乐部，并且配置了高质量的组织架构和青训中心。这支球队有一位杰出的队长，米歇尔·普拉蒂尼，在1978年对尼斯的法国杯比赛中，带领球队夺取过伟大胜利。米歇尔是阿尔多的儿子，一位非凡的球员，是20世纪80年代足球世界里最灿烂的明星之一，他后来带领法国队夺取了欧洲杯，那是法国足球的第一次国际大赛成就。我要向那一代球员致敬，他们重建了法国足球的自信，给法国足球带来了有些姗姗来迟的成功，之后法国足球的荣耀，都是以1984年欧洲杯为基础和起点的。

对我这样一个年轻教练来说，南锡是一个巨大挑战，同时也是一次合适的学习机会：我们必须要平衡预算、节衣缩食，调动我们能调动的所有资源，和那些更有钱的俱乐部竞争，例如梅兹和波尔多。他们所在的城市，足球氛围更好，球迷基础也更扎实。

我明确走上了职业足球一线工作岗位。那是令人兴奋刺激的3年时间，有些阶段非常艰难，有些阶段又成绩斐然。在南锡工作期间，我充分信赖俱乐部足球总监阿尔多·普拉蒂尼，他有着绝佳的足球眼光，能给出许多独到的人才评析，我们之间的沟通非常多。我和其他俱乐部董事交流也很多，就像在戛纳以及后来执教的其他俱乐部一样，他们都给了我很大的工作自主权。所以即便资源匮乏、财务穷困，我仍然能够用自己的方式进步，去学习新的知识，并且用自己的办法去不断创新。

我开始关注正常训练之外，那些能对竞技状态产生影响的不同方面：围绕球员和他们身边人的饮食安排、肌体的按摩和放松、精神调节和准备、睡眠、生活质量等等。球员的生活状态，必须不断地为下一场比赛做准备。在阿尔萨斯时代，我已经对这方面投入极大关注，并且开始研究，尤其是和皮埃罗·德穆一道工作的时候。一个球员在俱乐部会好好训练，但是回到正常生活中，那些训练中为未来比赛的准备，很可能会在各种生活流程和琐事上被消耗殆尽。因此一个球员必须事事关心，要让自己时刻为达到最佳竞技状态做好准备。最重要的，就是球员在生活方式上的这种进步。

“看不见的训练”，这是对身体状态保持和生活方式的一种整体态度，牵涉到营养、睡眠、肢体伸展、按摩等等方面，还包括心理建设和精神鼓舞。因此，“看不见的训练”是一种创新理念，球员如何去训练，将会是决定性的。训练目的是为了求胜，那些有了5年职业球龄的球员之中，保持着强大上进心和良好生活习惯的球员，和那些得过且过的球员，状态和能力上会有着天壤之别。

在南锡的第一个赛季，一队里经验丰富的球员比较多，此后第二个和第三个赛季，则更多提拔来自俱乐部青训中心的年轻球员——南锡青训中心主管是阿兰·佩兰（译者注：曾担任过中国国家队主教练），未来南锡的主教练。我有机会能更好地观察俱乐部青训球员，了解他们在进攻、防守和战胜自我过程中的各种基本能力。许多足球教练上岗之前，或者缺乏球员背景，或者没有在青训体系工作过，这会是很可惜的一种工作经验短缺，因为青训体系里，5岁到15岁乃至17岁的孩子都能见到，你可以见证他们的成长过程。我比较幸运，我在斯特拉斯堡和戛纳，作为青训中心教练，对整个青训流程已经谙熟于胸。成为主教练后，我同样对青少年球员阶段性成长满是兴趣。我意识到，7岁到12岁间，是孩子们掌握基本足球技能的年龄段，之后12岁到16岁，是身体力量大幅上升的阶段，再往后，17岁到19岁，是他们在精神上沉淀的阶段，最后在19岁到22岁，是确立他们足球职业生涯水准上限的关键阶段。如同盖房子最后盖好屋顶的流程，他们需要丰富这两个方面：智慧和主观能动性。培养人从来都是长远工程，在南希的三年，包括后来在摩纳哥和阿森纳，我知道培养人提高是最重要的工作组成。

球员们不断成长，通过各个年龄阶段，最终成为职业球员。足球应该是他唯一的信仰。他要对足球运动负责，在各种环境下做出最优选择。一个球员不可能马上学会这一切，他需要时间，专注于每一个细节。例如他如何接球，如何与对手抢位卡位，如何权衡失去控球权的锋线，如何迅速做出决定等等。教练的工作，是要帮助球员更好地理解关于足球的一切，为了达成这个使命，教练需要和球员心中那个纯真孩童形成沟通，找到球员少年时代的本我，并且理解这个长大成人的职业选手。很多时候，教练为了追求胜利，为了让球员达到自己的要求，只会和球员之间像成人那样交流，给出各种指令，却忽略了球员心灵深处那个只是活在当下、只是为了快乐踢球的纯真孩童。

我总会竭尽所能，保护我的球员们不受压力环境影响，尽可能让他们“活在当下”，这样他们能够更自由地在球场上表达自我，而不要太受环境评判的威胁，不被结果压力吓倒。

常常会有年轻教练询问我各种建议，我会劝告他们主动去描绘自己对足球的认知，但不要忘记这项运动本身就是一位最好的教练。在足球运动中，观察往往会比说教更有效。

任何一场比赛，都蕴藏着数以亿万的组合可能，这使足球成为一种如此美妙、富有和充满惊奇的运动。球员要不间断地使用自己的技术来应对各种环境，他不能只靠本能反应来应对，他得做好准备，不断修正自己，找到自己的位置，然后做出决断。这些都是他需要掌握的本领，需要长时间千锤百炼、一点点积累从而成为习惯。同时他又要在比赛中不断创新，因为他每次做决断的环境，都和过往会有不同，不论他之前在各种场景、各种比赛中积累了多少见识和经验。我们这项运动是建立在三项标准之上的：控球、决断和执行质量。

一个优秀的教练，应该培育出球队对这项运动的尊重，以及良好的团队氛围。不论我在何处执教，团队里总会有些球员，不是那么循规蹈矩，这时候就需要教练去说服他们，要让他们知道，他们对团队投入多少，团队就会回报他们多少。然而当竞技水平越高，彼此竞争就会更激烈，这些自由散漫的球员，对团队形成的消极影响就会更明显。因此我从南锡到阿森纳，总会挑选出那些脚踏实地、诚恳对人的球员来，并且赋予他们更大的责任。

事实上，从南锡执教开始，我就在不停地寻找这种球员。我的人生如今和阿森纳紧密捆绑在一起，以至于人们都忘了我最开始执教一队的成长经历是什么。南希是我的起点，他们给了我机会，也教会了我很多。

从南希工作的第一天开始，那三年我全身心投入。我赢得了球员们的信任，用我的坚定投入和严格要求，有时甚至是有些严酷的要求。我和那些离经叛道、玩世不恭的球员开战，我希望所有团队成员都参与团队建设，希望所有人都能达到我的要求。这对我来说是十分重要的。我能感觉到，作为教练，我的职业前景总是命悬一线，所以我们必须竭力去拼争。这是我为什么会关注所有细节、成为一个不能再名副其实的“足球经理”（manager），在尽可能多的事情上做出决断。

我知道和其他法甲俱乐部相比，南锡不够富有，尤其和那些大都市的俱乐部相比——他们有更多球迷，连年参加欧战也让那些俱乐部收入更高。我和俱乐部主席一样，对俱乐部花的每一分钱都谨慎小心。当ISPO体育用品和服务集市在慕尼黑开张时，我会独自驾车前去，然后在这个行业集市上，一个一个摊位去讨价还价，购买足球或者其他训练用品。我记得有一次和Derby这个品牌谈成了交易，他们以合理的价格，每赛季卖给我们100个专业足球，我一路驾车回南锡，为自己完成的交易感觉骄傲，同时也为俱乐部高兴。

我逐渐明白，如果我想要最好的工作环境，例如训练中使用最好的专业足球，那么平素最细微的细节也是重要的。这是为什么我每天清晨训练之前，总会和场地工聊天，不断地骚扰他们的原因，让他们加大力度，保证我们场地的质量。这也是为什么当那些成名球星离队后我会给经验相对匮乏的年轻球员更多上场机会的原因。

第一次在职业足球第一线面对挑战，我体验了那种特殊的强烈快感，特别是第一个赛季，我们有过一些精彩比赛和了不起的胜利，同时我也因为自己激情过度而备受挫伤。我总和球队在一起，我对自己的选择负责。我知道周五宣布联赛首发名单时，我必须面对落选球员的失望，以及那种他不会原谅我的风险，然后我又必须要在下周一，让他恢复自信和主动。最重要的是，我接受了只有我能对失败负责的事实。我深知失败是多么的难以承受——肌体上我都难以忍受。到了第二个赛季和第三个赛季，球队竞技水平有所下降，事事都变得更难，失败也在增加。我学会了如何与这种输球后的挫败感共处。同时我也发现，足球对我而言，简直就是生死大事。

例如有一年圣诞冬歇前，我们输了一场比赛，我几天都没出门——只在平安夜和父母相聚——但我就是个无精打采的倒霉蛋，像一具僵尸。今天我仍然对自己这种不服输的个性感觉有些尴尬，可我仍然不知道我为什么如此难以接受失败。我知道那种痛苦和内心深处的阴暗，同样也是这种痛苦和内心深处的阴暗，让我学会了耐心、忍耐和严谨。我每次都需要重新找到这些积极品质，来振作团队，而我自己的内心感受，在失败之后往往是最糟糕的，恨不得挖个洞让自己藏起来。那个圣诞节，我就一个人待着，因为我知道没人会意识到我在干什么。我可以在这种隔离中放纵自我。球员们都在度假，当这黑暗的一段过去，我知道我会恢复我的乐观。那种痛苦和自责，折磨了我整整三周，如今回想起来，那就是对之后我要经历的种种事件打下的一针疫苗。

我生活中还有一件事，能证明我这种性格：挣扎在痛苦中，却无损我的自信，那么多失败之后，不动摇我坚信胜利总会到来的决心。那是14岁的时候，我发过一次高烧，几天时间摇摆在生死边缘，谁都不能解释到底我身体出了什么状况。终于有一天，高烧退去，生命力占据了上风。我记得——我的身体也记得——那些日子我经受的折磨。那个年龄我个子很矮，4英尺7英寸的样子（约1.40米）。高烧过后，我神奇地开始长个儿了，到来17岁，我已经超过5英尺11英寸（约1.80米）。这就是亲身经历教会我的又一课：永远别丧失希望、永远别放弃自己。

在那之后，我逐渐相信，没有什么能打垮我。

在南希，我很快意识到这份工作有多难。第一个赛季，3轮过后，我们在法甲和波尔多并列第一，和波尔多直接交手，吉雷瑟的进球打败了我们。那场比赛给我留下了深刻印象：那就像是一个转折点。即便我们赛季开局不错，但波尔多和其他俱乐部确实比我们更强，我们必须拼尽全力。第二个赛季我们勉强在法甲保级，第三个赛季的最后一轮之前，我们都相信自己能保级。幸运的是，俱乐部董事们对我充满信任，哪怕最后降级了，仍然给我提供了一份新的5年合同。我准备留下来，带领球队打回法甲，对此我考虑了很久。与此同时，巴黎圣日耳曼的弗朗西斯·伯雷利和摩纳哥的让-路易斯·坎波拉，同时对我发出了邀请。我和两家俱乐部先后见面，最后是AS戛纳的总经理理查德·孔特说服我选择了摩纳哥。

4

摩纳哥

和让-马克·吉卢、理查德·孔特在AS戛纳合作时，我就对摩纳哥的氛围和魅力有所了解，一支代表这个公国的法甲球队，兰尼埃王子非常关心俱乐部事务。整个摩纳哥王室和俱乐部关系紧密，阿尔伯特王子也是一位热情的球迷。让-路易斯·坎波拉从1975年主管俱乐部，我在不少场合见过他。

那一年我37岁，执教摩纳哥这样一个俱乐部，有些过于年轻，不过我满怀雄心壮志，也对我所追求的东西概念清晰。摩纳哥能为我和球员们提供最佳生活和训练条件。这正是我选择了摩纳哥，而不是留在南锡，或者前往巴黎圣日耳曼的原因。

让-路易斯在许多备选教练中选择了我，那么我必须得直面这种挑战，来证明自己。这支球队和这些经验丰富、身体强健的球员们，都在猜测我这个不知名的阿尔萨斯人是怎么回事，刚来自一个法甲降级俱乐部，比一队很多球员都大不了几岁，看上去还比较严厉冷峻。我也得向他们证明，我有实现俱乐部雄心的能力。

主席坎波拉，将前任主教练史蒂芬·科瓦奇留在了俱乐部，作为他的顾问，我想，可能也是俱乐部要留一手——一旦我达不到俱乐部要求，主席还有个备选方案。因此从上任开始，我的一举一动，都是被监测和考量着的。与那些刚加盟俱乐部的新球员相似，他们或早或晚都需要在场上和更衣室里证明自己的存在，我也得体现自己的价值，展现出我的足球哲学，并且提出我的种种标准和要求。为了达成这些目标，我和科瓦奇保持着距离，让自己有更大的工作自由度，同时我与让内·珀蒂合作，他成为了我的助理教练。让内比我先加入摩纳哥，对俱乐部和法甲联赛都很熟悉。对于一个主教练，有一位熟悉俱乐部文化的助手极其重要，让内也是一名经验丰富的前球员。此外俱乐部技术总监亨利·比安切里值得信赖，他也是一名前摩纳哥球员。我们慢慢地在辛勤的工作中彼此适应，相处的时间很长，赛季开局状况也不错。于是最初的一些怀疑和保守，逐步消散了。

从一支弱队来到摩纳哥，此前的工作经历，让我体验了很多失败、很多中小俱乐部在艰难时刻比较糟糕的工作环境，所有这些都让我保持着谦逊的态度，这样的态度价值非凡，即便在摩纳哥的第一个赛季，我们成绩彪炳。之后几个赛季，环境要糟糕很多，法国足球的氛围也不是很健康，我却没有因此而陷入绝望。

初到摩纳哥，正是这种雄心和谦逊的结合，这种平衡感，最能说明我的状况。

赛季开始前，我们在寻找一位10号球员。主席向我推荐英格兰中场组织者格伦·霍德尔，因为霍德尔和托特纳姆热刺的合同要结束了，巴黎圣日耳曼也在争取他。此外还有一个选项，就是在边路活动更多的马尔科·米纳里奇，同样是一位技术出众的球员，他当时效力萨格勒布迪纳摩。让-鲁伊·坎波拉要求我赶紧从摩纳哥赶到萨格勒布，去看看米纳里奇的比赛，然后做出决定。当我星夜赶回，坎波拉的女儿在尼斯机场等着我，她告诉我说，我得在第二天早上6点前做出决定。我记得当时回到家，一整夜都在观看各种比赛录像带，问了自己一大堆问题，心里很明白，两个选项中挑出的那一个，对我们球队会有着决定性影响。

凌晨5点30分，我给格伦·霍德尔的经纪人致电，当时他和格伦已经赶到了机场，正准备去巴黎和巴黎圣日耳曼签约。我让他们搭乘另一班飞机，是去往摩纳哥的。我们需要一名创造性球员，在我看过的一些比赛里，格伦有些传球妙不可言。此外几周前，我们已经签下了一名英格兰前锋马克·哈特利，我知道他俩关系不错。格伦后来成为了摩纳哥传奇，队友们对他交口称赞，摩纳哥球迷至今仍然认为他是俱乐部世纪最佳。

我在摩纳哥的第一年，1988年，就像是一个足球美梦。我在维尔弗朗什和理查德·孔特于同一幢公寓楼里租到了一套房。每天我会去到拉蒂尔比耶的俱乐部和球员会合。我只对球员和下一场比赛感兴趣。我有几位好友，偶尔会晚上相聚，谈论的也总是足球，或者干脆就一道看球：理查德·孔特、让-马克·吉卢，当然还有戛纳的艺术家佩里萨。博拉·普里莫拉茨在戛纳效力过，我非常喜欢他，还有伯纳德·马西尼和罗兰德·舒贝尔。这帮朋友了解我对足球的痴迷，并且对我满是支持。

俱乐部、球员和我都要面对巨大的挑战：摩纳哥从未晋级过欧洲冠军杯第二轮，更是多年未尝法甲联赛冠军滋味了。我们都希望俱乐部能在最顶级的足球舞台上留下自己的痕迹。

为了达到这个目标，我们需要主席坎波拉的雄心。他非常了解足球，也是法国联赛主席让·萨杜尔的好友。坎波拉是一个成功者，输球之后，脾气简直和我一样坏。他建造了一个很棒的青训中心，我和青训中心的主管教练皮埃尔·图尔内里、保罗·佩特里关系都很好。

这支梦幻之队，有不少杰出球员，好几个在1979年到1983年受训于赫拉德·巴尼德。他们身强体壮，在队中很有威信，例如马努埃尔·阿莫罗斯，世界上最好的左后卫，例如克劳德·普埃尔，例如我们的守门员让-卢克·艾托里，在摩纳哥俱乐部影响力巨大。例如多米尼克·比若塔，例如布鲁诺·贝洛内，例如卢克·索诺尔……这些球员在场上信心十足，他们知道自己的目标，绝不会被对手所左右。我在训练场和赛季头几轮比赛，立即认识到了这支球队的特点，他们的场上魅力和他们的足球知识以及经验是联系在一起的。当严酷考验到来时，他们能保持自控。作为杰出的职业运动员，他们也能享受着生活中的美好，这种状态，在近来的足球环境里，已经越来越罕见。那一代的职业球员，已经开始进入高收入时代，不过他们没有忘记是如何通过努力才能达到这样的高度。他们彼此间讨论一切，尊敬教练，却不怕提出自己的不同意见，沟通和交流都很通畅。他们还没有被律师、经纪人或者名为顾问其实是亲属家人的人群包围着。之后经年，职业球员身边的那一群人，变成了球员和教练之间的阻隔。

他们都自称为Monégasques，即摩纳哥本地人，都愿意为俱乐部和这座城市的荣耀而拼争，他们是摩纳哥城市精神的完美代表，那种荣耀和雄心的结合、对完美的不懈追求、对平庸的鄙弃。所有为这个公国效力的人，都有类似的品格。我们得尽最大的努力去代表摩纳哥，这样我们才能匹配摩纳哥并获得那种仪式感的尊重。我非常欣赏这一点，我也非常喜欢这种深入影响着比赛和场上球员的精神。

当我想起摩纳哥和我故乡乡村的生活不同时，我有些晕眩。

首场比赛的重要性不言而喻，那是一次真正的考验。我们和马赛交手，波尔多之后，这是我们最重要的对手。马赛有一些明星球员，例如前锋让-皮埃尔·帕潘。我们不够自信，虽然都知道我们队很强，但是面对法甲最顶尖的球队时，我们是否足够强？我们到底是一支中游球队，还是一支争冠级别的球队？

上半场我们就确立了难以超越的优势，最终3比1获胜。这就是一场决定性的比赛：比赛给整支球队带来了希望，也让球员们对我产生了一定的信心。随后一场，我们客战朗斯，发挥得同样精彩出色，再度获胜。6轮过后，我们的表现依旧强劲有力，只输了一场比赛，对手是蒙彼利埃。第7轮更加艰难，主场我们输给了尼奥尔。主席坎波拉这时展现出了他的价值，赛后他十分罕见地和队员们进行交谈。在我还属于“试用期”、没能赢得球队绝对信任之时，他的出现给了我巨大的帮助。坎波尔和球队进行了一次非常平静的短暂交流，感谢他的这一次出面，队员们没有因为失败而丧失自信，也没有降低对我的信任。我确信，那一个赛季的成功、联赛锦标的争夺，在那一刻得到维系。

我逐渐体现出了自己的价值和信念，并且将这些东西分享给我的助手和队员们。训练中我要求十分严格，嗓门也很大，我相信好多人还记得我当时的嘶嚎，以及我们之间有过的各种争论。对于糟糕的传球，以及意志不坚定的表现，我完全不能容忍。我承认，有时我是不够公平的，但我面对的都是个性分明、直言不讳的球员，我想有时候训练当中的怒火，能激发大家的积极能量。执教后期，我的耐心逐渐增加。

我自己的身体状态保持得也很好：我同样刻苦训练，总在带头行动，这对球员们形成了积极作用。当我们离开摩纳哥，去进行一个10天的训练营，每天都是3次训练。在那个阶段，我开始规定非常严格的赛前饮食要求。我们采取的每一项措施，都需要大家严格执行，这样我们会对未来赛程做出最好的准备。我要让队员们得到最好的按摩师和骨科大夫的服务，每一个细节都很重要，尤其是场地草皮状况。后来当我离开摩纳哥教职的时候，我相信俱乐部场地工都会开香槟庆祝！俱乐部主场修建在一个停车场上方的水泥地面上层，铺盖了40厘米的土壤，但是在夏天高温环境下，空气中的盐分、海风都对草皮形成很坏的影响，这让队员们难以发挥：草皮会很硬，对我们传导渗透的球风相当不利。所以我们要求给草皮盖上遮阳罩，防止太多的阳光直射，然后每个晚上又得将遮阳罩取开，让草皮呼吸。偶尔遮阳罩安放得不够好或者根本没有安放，场地工第二天就得听我的各种抱怨了！

如前所述，在斯特拉斯堡的时候，皮埃罗·德穆特和我讨论过很多次那种“看不见的训练”对职业运动员饮食规范和作息时间的重要性。我希望我的队员们能够养成这些习惯，这样能帮助他们在场上更好地表达自我。自然而然，我也得养成这些习惯：不论是在训练场，还是在热身阶段、在我们一起吃午饭的时候、一起征战客场的旅途中，我都是这么做的，除开抽烟这一项——我在戛纳当助理教练的时候，晚上要看很多比赛录像，那时候开始抽烟了。在摩纳哥，我抽得更凶——你能找到我在教练席上抽烟的照片。但我必须要领先一步，虽然我后来能成为阿森纳主教练，得感谢一支烟的功劳！我一直坚信，作为一个领导者，率先垂范、事必躬亲和坚持原则的典范作用。

*

执教任何球队，我都希望能为每一位队员找到完美位置，能让他们充分表达自我，能保持进攻足球的风格，踢出有魅力的足球。在球队当中，我有格外信任的球员，那些经验丰富的硬汉，像守门员让-卢克·艾托里，像后卫马努埃尔·阿莫罗斯、帕特里克·巴蒂森和卢克·索诺尔。这也是我在摩纳哥学会的一课：如果主教练和球队当中最好的球员关系紧密，那么主教练的权威也会更高。倘若不是这样，那主教练就总得逆流而上。主教练和球员之间，要有共同的信念、相同的价值观、类似的执行态度，这样大家才能一路向前。

另外一个我能依赖的球员是格伦·霍德尔，他来的时间并不长，但他的表现很快赢得了所有人的尊敬。霍德尔是一个不多见的有着虔诚宗教信仰的球员：我们征战客场的旅途中，他会随时手捧《圣经》。场上的霍德尔，就是一个魔术师。我也很欣赏克劳德·普埃尔的坚毅，有时我没让他首发，他能明白我的用意。我希望他能更好地了解自我特征，这对他来说没有任何坏处，因为他很清楚自己的强项，他是一个优秀的战士，坚毅无比。哪怕是训练场上，他也总是一心求胜，从不轻易放过任何一个对手。卢克·索诺尔，则有着绝佳的速度和盘带能力，我给他重新定位，让他更多游弋在边路，并且为他单独安排了很多次训练。我让他观看一些特别安排的比赛，然后再结合训练对他提出特别要求——例如我希望他更多地传中。我也为其他球员设置了各种单独训练，以及一对一的训练，每个队员都得强化在他们各自位置上所需要发挥的功能。

我们在摩纳哥选择的是区域防守，那个年代的主流打法还是人盯人。帕特里克·巴蒂森和雷米·沃热尔已经很熟悉区域防守，当罗杰·门迪加盟后，区域防守战术在摩纳哥成型。

摩纳哥的所有训练，都对队员的技术能力要求极高，传球就是和队友的沟通交流，是为队友提供的优质服务。对传球质量的强调，是至关重要的，完成一次优质传球，传球者要设身处地为从接球队友考虑，因此传球是一种对球员场上智慧和慷慨态度的考验，我称之为“技术共鸣”。

高质量的训练，让我能帮助球员提高在场上的表达能力，不论是个人表达，还是团队发挥。我理解每个队员都心存忧虑，他们要达到顶级水准所付出的努力，超乎普通人想象，但我对每个队员都有着很高的期待。

一个合格的主教练，需要做到在情感上和队员们息息相关，在专业判断上能保持独立冷静。要具备权威性，就必须对全队的抉择有着绝对的控制权。如果一名队员认为，一个助理教练或者俱乐部主席，能够影响到主教练的决策，那么主教练的可信度就会大打折扣。

因此主教练必须保持这种双向沟通的绝对通畅。大部分情况下，主教练们总会对这种沟通的效果过于乐观，有些原则是必须遵守的：

· 平均下来，在个体能力得到尊重的前提下，三分之二的人能有更多发挥；

· 约30%的人，因为缺乏自信、缺乏对主教练的尊敬或者缺乏对职位明确要求理解，而不能达成期望值，因此为了提高队员们的信心，细化对他的具体期望要求非常重要；

· 和一名需要提高的队员交流时，给出一点批评意见的同时，必须给出三点积极意见，以保证其信心不受损害；

· 不要对队员们提出太多繁复要求，每次一个或两个要求就足够了；

· 主教练永远不能忘记，沟通交流的时机和环境地点极其重要。

成为一名职业球员，是青少年实现个体梦想中最难的挑战，对自我放松要求，也是职业球员最大的职业风险。为什么？因为在团队运动中，个体的一些表现，时不时会被掩藏起来。薪资合同一旦固定，短期内他们不会有足够的驱动力去促使自己提高。同时职业球员身边的人，都不会用真正客观的眼光来进行评价——恰恰相反，他们往往会吹捧过度。有多少优秀球员，成名之后停滞不前的？对我而言，训练的最大意义，就是让职业球员保持技术水平和精神面貌的高昂，因为只有这样的高标准严要求，才能推动队员们持续提升。

主教练同样要形成一种团队氛围，能让球队敢于冒险，甚至鼓励球队去尝试冒险。遭遇失败时，主教练必须要毫不动摇地支持球队，坚守自己的信念，并且一定一定不能批评球员。当他在准备比赛的时候，主教练的挑战，就是既能摧毁对手的强势优点，又能让自己的球队充分表现。如果你夸大对手的强势处，你的队员们会产生恐惧心理，从而不敢尝试冒险。在摩纳哥，我们的优点和当时那帮队员的性格有关，就是从不回避强敌：他们谁都不怕。

在摩纳哥我强烈体会到，一个主教练完全能够创立起独特的风格传递给球队，然后通过队员们积极的态度，将这种足球风格传播四方。那种摩纳哥人（Monégasque）的风格，就是积极主动地比赛，是这支球队品质的完美展现。主教练的目标，是获胜并且强化这样的足球风格，能让球队充分表现，构建起流畅的体系和敢于冒险、团队至上的风格。当这些球员退役后执教，选用不同的球员时，也能将类似的足球风格传播开来，这对我而言，是一种莫大的满足。

第一个赛季结束，我们夺取了法甲联赛冠军，我对失利场次的记忆要比那些胜场更深，不过作为一名主教练，你永远不会忘记自己夺取的第一个锦标。在那之前，我知道我能带领球队在比赛中获胜，然而联赛冠军则完全不同。这意味着在整整一个赛季里，保持着胜利者姿态。这个冠军给了我巨大的信心，但并没有让我忘记自己的根本。

这个冠军也让我在和一队紧密工作的同时，有更多时间在青训中心和皮埃尔·图尔尼尔进行配合，一道观看更多青年队比赛，尝试发掘出更多年轻人才。在摩纳哥，俱乐部董事、总监和教练们之间，形成了非常良性的团队合作关系。球员招募上，我们协同一致。

这也是为什么我能发掘出一名特殊球员的原因：乔治·维阿。

当时克劳德·勒罗伊是喀麦隆国家队主教练，他来摩纳哥看我，我午餐时和他倾诉，表示说我对马克·海特利的状态有些担心，因为他受伤了。我需要一个替补前锋。勒罗伊马上告诉我说，在亚翁达托内尔，有一名球员不错。克劳德回喀麦隆后，我连续几周，每个周一和他通电话，询问他看好的这名前锋近况如何。之后我委派亨利·比安切里去实地考察维阿，亨利赛后和我通电话：乔治手上打着石膏参加的比赛，表现不多，不过每次他接到传球，现场观众都会热情欢呼。这是个好迹象。于是我决定将这名球员带到摩纳哥来，那时候维阿23岁，第一次参加训练，他的表现很糟糕：身体上，他完全没有做好准备。旁人都觉得这个非洲小伙子没戏，甚至肢体动作还有些笨拙。他只能说英文，个性腼腆羞涩，所以开始只能和我交流。一个职业球员，对于给予他首秀机会的主教练，总会保持着特殊好感，这也是我和维阿特别情谊开始的原因。他必须要额外努力，才能证明给其他球员，或者说证明给自己看。这些勤奋努力，我认为是一种“顽固的艺术”。

乔治极其努力。我会带着他奔跑冲刺，带着他做身体训练，就我们俩。训练能让人成长，在他身上体现得尤其明显。他逐渐赢得了其他球员的尊重。他肢体瘦长，但骨骼肌肉都非常结实，而他的脚下技术有了极大提升，超乎所有人想象的细腻，有着一种独属于他的艺术风格。他相当聪明，力量十足，因此每场比赛他的自信都在增长。刚开始的时候，他在对方禁区总会受尽欺凌，但他没有半句废话，接受挑战，继续挑战，非常了不起。我时常对他说：“好了，你别着急爬起来，那就是对你的点球犯规。”但他不听，他总会在被对手放倒后，爬起来继续比赛。这是一个绝对诚实的人，一个一心只关注比赛的人。乔治是1988/1989赛季的球队成员，我让他在对雷克雅未克瓦鲁尔的比赛登场，乔治进球，我们打进欧冠第二轮。一点一点地，他和霍德尔形成了搭档关系，他逐渐成为了一个真正的球星，后来更是世界上最优秀的球星之一。在摩纳哥起步期间，乔治非常孤独，不过之后的赛季，我会不断引进利比里亚球员，像1991年的中锋詹姆斯·德巴、1992年的进攻型中场凯尔文·塞博威，他们形成了关系紧密的群体。

然而在1988年，见到他抵达摩纳哥开始足球生涯的人，谁能预言他能在1995年获得金球奖？他就是一个奇迹，谁都不会预言他可以走得那么远，但他的确做到了。摩纳哥之后，他加盟巴黎圣日耳曼，然后在AC米兰名扬天下，最终他在马赛和阿布扎比结束自己的球员生涯。当他效力米兰期间，获得金球奖时，我正好也在米兰，乔治找到我的住址，特别邀请我参加颁奖典礼。我当时没有官方邀请函，保安不允许我入场，乔治亲自出面干预，我可以想象，颁奖典礼结束后，我手捧着乔治转赠给我的金球奖奖杯往外走时，那些保安心里会怎么嘀咕！那是一段奇妙的回忆，或许是仅有的一次，当一名球员获得巨大个人荣誉时，居然会邀请他的前教练上台，然后将这份荣誉转赠给前教练。

*

1989年是我在摩纳哥的第二年，和马赛的竞争关系加剧，最终马赛夺取联赛冠军。马赛和摩纳哥的关系，很快就变成了类似之后曼联之于阿森纳的对手关系。马赛是一支才华横溢的球队，拥有着最好的法国球员，比赛充满激情，全心投入，和他们疯狂的球迷一样。我极为热爱这样的对抗关系，迷恋那种比赛中的紧张情绪，当时的法甲，非彼即此！我们常常获胜，马赛也是如此，这一个赛季他们夺取了联赛冠军，但我们也一直保持着对榜首的争夺。这也是摩纳哥终于在欧洲冠军杯上有所表现的赛季，首轮淘汰冰岛俱乐部瓦鲁尔，第二轮面对的是布鲁日，我们主场6比1大胜。又是一段美妙的记忆。之后四分之一决赛，对手是加拉塔萨雷，情况有些特别。之前因为在他们土耳其主场的赛场风纪问题，加拉塔萨雷被要求在德国科隆安排主场比赛，结果7万多疯狂的球迷为他们加油助威，这当中绝大多数，都来自科隆庞大的土耳其移民社区。具有讽刺意义的是，加拉塔萨雷在伊斯坦布尔的主场容量只有科隆球场的一半，所以欧足联的惩罚适得其反。这个客场让我输得非常窝火。

随后的赛季，我们持续进步，忘掉过往的失败，埋头奋战，继续强化球队，推动大家向前，我们必须得补充一些新鲜血液。维阿之后，我发掘出了利利安·图拉姆，他和维阿都属于奇迹类的球员，不过他的成长故事又大不相同。

图拉姆当时在CS枫丹白露俱乐部效力，场上位置是右中场。摩纳哥青年队的主教练向我推荐这名球员，对方俱乐部主席也是我的朋友。我和对方主席通电话，询问这名球员的潜力，主席很看好图拉姆，但告诉我说图拉姆已经和尼斯之间签订了转会协议。我立即强力介入：马上派人去和图拉姆另外签订一份转会协议，并且让他第一时间邮寄给法甲联赛委员会，这样他和我们的协议，会早一步抵达官方机构。而尼斯那边和图拉姆签约的代表，虽然签约时间比我们早，但寄出公文邮件的时间，是之后一周的周一，这样利利安就加盟了摩纳哥。

他是一名中场，不过我将他改造成了中卫，因为他空中对抗能力非常强，一对一防守无所畏惧，有着极强的心理优势。只是在一些技术细节和战术执行领域上，他还得努力，才能达到顶级水准。当时的利利安，尚不具备防守球员的即时反应，但他有着很强的学习欲望。我没有让他立即上场比赛，要求他首先多练习长传出球，结果就是在这个训练阶段，他受伤了。队医很紧张，因为伤势核查，发现情况很严重，发生在膝盖骨部位：膝盖骨周边的肌肉，和骨头的连接很不正常，导致的结果，是他的肌肉条带比别人更长，因此当他在发力踢球的时候，肌肉容易拉伤乃至断裂。而且他两个膝盖都有这毛病。队医建议说，他两个膝盖都要做手术，不过我们最终选择只做一个膝盖，因为如果两个膝盖都做手术，那康复过程简直无法进行。手术之后，利利安用了一年时间康复。这是巨大的考验，凭借着钢铁意志，他一点点地恢复着肌体水准，然后逐步开始跟队训练，再上场比赛。他后来的职业生涯里，再也没有第二次膝盖手术，这就是一个奇迹。如果当时有人告诉我说，利利安会打破法国国家队的历史上场纪录，并且在世界杯打进两个进球，我绝对会认为说这话的是个疯子！

利利安的故事，是关于倔强和谦逊的另一课。在足球世界和普通生活里，你永远都不要关上机会的大门。我对他始终有信心，我相信他如饥似渴的学习态度。

我也曾经一度将他移出主力阵容，因为利利安也会犯一些球场大错，或者过于精益求精对自己要求过高，这当中有名的案例，是一场对梅兹的比赛。但他绝对是一个天生正直的榜样，一个全心投入的球员，一个总能从自己的失误中汲取教训的人。开始阶段，他并不是最出色的球员，他的技术能力是逐年一点点增长的，他最终达到了世界顶级水平。

1989/1990赛季，我们继续和马赛、巴黎圣日耳曼竞争，这个赛季我们联赛排名第三。之后一个赛季，我们取得了第二个奖杯：法国杯。欧战中我们持续进步，对垒最顶尖的欧陆豪强，我们意识到自己有了足够的竞争力，在1992年我们打进了欧洲优胜者杯决赛。

我们不断获得胜利、不断进步，提升着俱乐部的影响力，并且依靠这一代我此前提及的经验丰富的球员以及从摩纳哥青训中心或其他俱乐部培养出来的年青一代，我们保持着欧洲一流水准。青训中心培养出来的球员里，包括伊曼纽尔·珀蒂。最初他有些被边缘化，不太被信任，因为关于他的传闻，认为这是一个有些反叛的球员，青训教练们不知道摩纳哥是否能留住他。我却希望能给予这名球员足够的信任，哪怕是在一场重要比赛的前夜，他凌晨两点才回到房间。珀蒂给出的解释，是自己对第二天的比赛感觉压力沉重，所以需要出去走走。我选择了相信他，第二天仍然派他首发。珀蒂发挥得非常好。有时候，球员的职业生涯，就是被一些小事所左右的。比赛当中，珀蒂会付出所有努力，他意志极其坚定，斗志顽强，总在不断地奋争，包括对抗自身的不安全感。在团队中，他是一个十分慷慨的人，能量十足。所有和他做过队友的人都知道，这家伙有多棒。

我还给了尤里·德约卡夫法甲首秀的机会，他此前在斯特拉斯堡效力，法乙联赛。阿尔萨斯的朋友告诉我说，这是一个非常出色的球员，让诺特·珀蒂去看了他的比赛，回头也向我确认了他的优秀。德约卡夫在摩纳哥表现非凡，有时他会过度依赖自己的天赋，不过他是一个很聪明的球员，知道自己需要全力投入。

我们在每个细节上强调进步，训练手段、详细全方位的赛前准备、各种组织架构和工作流程的不断优化。我们同时也率先尝试了一种全新的数据评估体系，这是我的好友让-马克·吉卢开发的系统。

这套系统名为Top Score，通过观察和量化球员的表现，来评估他们的综合能力。对一个球员的各种表现和状态，我们用数字进行量化，例如成功的向前传球10分，横传5分，回传2分，然后叠加起来，得出一组关于这名球员在进攻和防守两个方面的综合得分。

初始阶段，让-马克觉得这套体系很难推行，我们没日没夜地讨论，我尤其紧密关注这套体系的发展。我觉得这是很好的足球专业应用工具，对球员的表现，能提供一套相对客观的评估标准。在那之前，评估球员依靠的都是教练和球探的主观观察，这显然不够。我们的各种决定，传统上依靠的都是各种主观判断、本能判断，对我来说，我需要客观数据的支撑，例如我需要从一个球员的传球质量、回抢次数里，判断出他的实战技术能力。我们总希望有更好更客观的标准，来评判个体球员的技术和战术表现。之后在英格兰，我是第一个量化球员体能状况的主教练。我和一个数据公司签订了合同，他们后来将这套评估体系卖给了专业体育数据公司ProZone，于是我又和ProZone形成了合作。在阿森纳，我们于2011年收购了数据公司StatDNA，利用他们的评估体系，来量化球员的技术和战术发挥。之前我们在2002/2003赛季就和ProZone签订过独家合同，以量化球员的体能状态。体能量化和技战术能量化，是不同的评估体系。

在摩纳哥期间，我就将这些数据长期保留，来观察一名球员的进步和成长程度。感谢Top Score的这套体系，我们发现中场球员到了32岁，往往防守得分会下降，但进攻得分却会上升，因为在体能上，这个年龄段的球员，对抗能力会下降，却会在进攻端有着更好的自我表达能力，战术意识也更好。理性思维能帮助我们更好地认知这个世界。

一个教练不可能看清楚一切，有时候，因为他的失望情绪，或者是他的憎恶或者他的怒火，都在影响着他的理智判断，从而失去客观性。任何个体，和自身情绪的距离，总是太近。这是我为什么常常会反复看一些比赛。Top Score成为了增强客观性的一种额外工具。俱乐部主席坎波拉、让诺特·珀蒂和我都意识到，Top Score之于转会市场，是一个重大机会。我们知道摩纳哥不像巴黎圣日耳曼、马赛以及那些欧陆顶级豪强从来都资金充足，我们必须谨慎地控制俱乐部财务，不可能像那些俱乐部一样无所顾忌。我们同样需要不断引入新球员，但成本必须控制在我们的预算范围内，而且还得尽可能去找一些相对低成本的解决方案。有了Top Score提供的一系列分析指数，我们或许能找到尚未被竞争对手发掘或接触的人才。另一方面，财务实力的限制，也促使我们给自身青训中心培养的年轻球员更多机会。

之后的1992年，摩纳哥在欧洲优胜者杯有明显进步，但最终决赛失败相当惨痛。打进决赛的过程，我们一场未输，克劳德·普埃尔居功至伟，为球队提供了坚实的防守屏障。遗憾的是，他在决赛前的训练中受伤，我不得不调整了一个更具攻击性的阵容，但这个阵容在面对实力强大的云达不莱梅时，防守有些脆弱。给决赛带来致命影响、对我们全队情绪氛围乃至长久记忆，都形成了巨大伤痕的，是赛前那个夜晚发生的福利亚尼悲剧。当时的一场法国杯半决赛，在科西嘉岛进行，巴斯蒂亚对阵马赛，看台崩塌，球迷多人伤亡。我们在决赛主办地里斯本的酒店里彻夜难眠，不知道第二天的比赛会否进行。在这样的悲剧发生后，我们如何还能比赛？我们发挥得很差，球场也是空荡荡的，大家心思都不在比赛上。这场决赛的失利和赛前的悲剧，都成为了我们一辈子的伤疤。比赛第二天我们和俱乐部主席坎波拉一道，前往巴斯蒂亚的医院和教堂。巴斯蒂亚是一个资源有限的小俱乐部，但他们的成就非凡，弥漫在当地的是一种愤怒的激动情绪。我们都深受影响，一如1985年的海塞尔惨案。在这样的艰难时刻，我们才能感觉到生活的真实，远离了那个自以为是的职业体育世界。虽然最终我们还是得回到竞技环境中，却不敢淡忘那些死难者和备受折磨的球迷。我们必须得让我们的俱乐部以及足球的主管机构，从这些惨案中，对这项运动和这项运动影响的人群有更深的认识和更好的呵护，确保这种灾难不再发生。

1993/1994赛季，摩纳哥阵容有了一些更迭，一些球员离开，一些球员受伤，新加盟的年轻球员正在努力融入球队。于欧战之中，我们在改制后的欧足联冠军联赛起步不错，连续战胜雅典AEK、布加勒斯特星队和加拉塔萨雷，这都是了不起的胜利。不过在半决赛，我们对上了如日中天的AC米兰，遭受重创。虽然那是摩纳哥在欧冠中取得的长足进步，但那一次失败，以及那些黑暗年月带来的苦涩，让我身心俱疲：对于法国足球腐败的长久怀疑、比赛被操控的阴影、对裁判和球员的收买、我和马赛俱乐部之间公开的矛盾等等。最终法国司法部门介入，来调查操控比赛丑闻，算是给这个延续多年的腐败体制画上了句号，然而所有人在这个过程中都深受其害。

即便到了今天，我都很不愿意去回想那一段过往。为什么有那么多的怀疑、有那么多的证据、有那么多的证人，却很长时间大家都无所作为？时隔这么多年，为什么法国足球对那一段过往，仍然没有一个公允的评判？我离开了那一个黑暗的环境，庆幸的是，那一段黑暗的遭遇，并没有摧毁我对这项运动、对所有体育运动乃至对人性的信心。

我们当时就知道，腐败和黑色操作，只发生在极少数人当中。重要的是，我们都得站稳脚跟，相信自己的队员，哪怕你有时忍不住会产生种种怀疑。重要的是，这些猜疑没有影响我们的训练和比赛。我们也不可能总是怀疑我们的对手。我们非常清楚，马赛是一支杰出的球队，有着很多优秀球员，他们不需要那些或有或无的额外帮助……

那种不健康的氛围、那种更衣室里球员间的吵闹争斗、那种关于这个人或者那个人涉嫌的种种传闻，这一切逼迫着我只能听天由命。我们都只能将各种猜疑搁置在一边，集中我们的注意力，去相信那些我们能相信的。我压制着自己的愤怒，我在那一段岁月里，从不拿或许有人涉嫌打假球作为比赛失利的借口。与之相反，我们必须要加倍努力。如果我对自己的球员有所怀疑，那我就没法继续执教。一个教练就是一个向导、一个带领大家前进的人，你必须对自己的团队成员充满信任。我不想让那些龌龊肮脏玷污我的梦想，抑或亵渎这项运动的美好。不惜一切代价的获胜，这永远不会发生在我身上，这永远不会是我愿意接受的求胜方式。

离开摩纳哥，前往日本，极大改变了我的心情。那段黑暗时刻的痛苦，逐渐离我而去，那种猜疑的氛围消失了。我将那些年月抛弃在身后。我知道那些年月、那些肮脏的过往，肯定会影响到很多人对这项运动的观感。当你知道发生了那么多的不公、那么多令人沮丧失望的事，能平息猜疑和沮丧的任何做法，都是值得的。我向来是一个愿意挺身而出维护公正的人，哪怕要为之付出代价。这些代价都是值得的。近来关于视频助理裁判系统（VAR），我也听到了很多批评声，但我仍然认为VAR是足球公平竞争的一大进步。很多人觉得VAR抹杀了足球比赛的意外突然性，而在过往，哪怕有一些比赛误判，时间一长，大家总会获得一个相对公平的平局值。我完全不认同这种观点，因为没有任何证据能证明，判罚错误最终能正误相抵。即便最终正负相抵形成平衡，也不能说明，发生过的错误就不够严重、就是可以接受的。

我的观点恰恰相反，一如对法国足球发生过的种种不公，我的解决方案，是大家更努力地工作，去争取更大的公平和透明度。

在摩纳哥的那几年，充满了胜利的喜悦、欧战夜晚的兴奋以及和敌对俱乐部强烈的竞争关系。我在摩纳哥呆了7年，是摩纳哥俱乐部任期最长的主教练。离开摩纳哥之前，我拒绝了拜仁慕尼黑的邀约，因为我要对球员、对摩纳哥这个我热爱的俱乐部负责，我得履行完合同。最后一个赛季，开始阶段非常糟糕，大面积的伤病，1994年9月，俱乐部主席决定解雇我，他知道合同到期后，我也不会续约了。我当时感觉，这种对待我的方式有些粗野、不够公平，但我也知道，这个行业满是类似的辛酸。

摩纳哥改变了很多，因为俱乐部的结构变了。管理层的意图，是像经营一项生意一样运转俱乐部，而不仅仅是搭建有竞争力的一队。今天的摩纳哥，盈利主要依靠高价出售球员，即便这意味着不断拆散球队、不断毁掉过往努力获得的成果。事事都在变、人人都在不断地改变中，包括俱乐部所有者、教练们、球员们，只有球迷还保持着忠诚和热情。新的足球行业管理规定，和这种新的俱乐部宗旨，让摩纳哥变得和我当初执教时大相径庭。当年那种摩纳哥风格，以及摩纳哥人气质在球队上的体现，已经变得面目全非。

我准备前往日本，但我非常希望保留住那段时间，我们通过共同努力达成的一些成功：俱乐部这些年来提升了自己的地位，在欧洲豪强行列中立足，摩纳哥也培养出了许多优秀球员，例如最后那一批就包括蒂埃里·亨利。他在1994年完成职业生涯首秀。亨利在U17队的时候，我就长期关注他的表现，我确信他会成为一个极其锋利且聪明的优秀球员，他有着难以置信的身体能力。我们不用多久，会在阿森纳重逢。我还渴盼着能够在足球运动中，找回一些有点迷失的东西：比赛的精彩、杯赛的悬念、那一点点纯真和乐观。这些，我很快都会在名古屋重新找到。

ち

日本

执教摩纳哥期间，我住在维尔福朗什，住所可以鸟瞰海湾。那简直就是田园牧歌般的生活，在这里我有朋友，在这里我认识了安妮，后来我俩结婚，并且在1997年，我们有了女儿莱亚。安妮·布洛斯特豪斯，常常来摩纳哥球场，这是我们相识的地方。她也是一名运动员，以前是篮球选手。之前她结过一次婚，和一位职业篮球运动员有过两个孩子。我们相识时，她是一位体育老师，在球场里上课。我们的恋情逐渐发展，相识之前，我们都有过其他生活伴侣，而这时都是单身。对我来说，自由是最重要的，我早就学会了独居，按照自己的方式和规则生活，而且我有足球这样占据了我所有时间的热爱。不过在摩纳哥，安妮和我彼此相识、彼此理解、彼此能够相互分享对体育的爱。我们都明白，运动会对人的生活提出很高要求，需要很强的纪律性。我们见面次数越来越多，当我决定去日本执教时，她常常会在假日里过来和我相聚。

1994年的秋天，我和国际足联技术委员会合作，对刚结束的世界杯做一些技术分析。这项工作很有趣，不像俱乐部工作那么每日不间断。我已经马不停蹄地和球员们工作了多年，有些想念教练工作、训练场、比赛这一切了。里维埃拉的景色如此优美，但不论是这周边景色，还是优雅的生活方式，都难以再继续俘虏我。我准备再找一份俱乐部的工作，在遥远的远方。当人们问我，离开是否很艰难，离开这维尔福朗什海湾，我说这个决定足以说明我的性格，以及我当时的状态。在摩纳哥，即便有着最美的景色，如果输掉了一场比赛，什么景色都难以入我眼。去到日本后，我有一套非常舒适的公寓，不过从卧室的窗户看出去却是一堵墙。即便如此，我茫然不觉。如果赢下了一场比赛，这堵墙就是世界上最美好的风景。

经纪人米兰·卡拉桑，一位前贝尔格莱德红星和萨格勒布迪纳摩的球员，帮助名古屋逆戟鲸八，然后联系上了我。我知道年轻的日本J联赛在1993年创立，发展速度很快，当时吸引了不少优秀球员，像为鹿岛鹿角效力的莱昂纳多，当时在磐田茱比洛的邓加。那个时候的J联赛资金充足，给球员和教练开出的薪资，比欧洲普遍要高，当然现在情况就大不相同了。我表示说，我愿意去那边看看，我确实对俱乐部和那个国家感兴趣，但并不太确定我会不会接受他们的邀请。

我和米兰一道前往日本，考察了那座城市和那个俱乐部。名古屋是一座相对粗犷的工业城市，没有太多吸引人处，我的第一反应，是特别希望俱乐部能给我留下好印象，因为名古屋肯定不是一个旅游目的地！俱乐部在J联赛创立这一年才转为职业俱乐部，最早的创立时间是1939年，当时就是丰田汽车的足球队。俱乐部有着一种公司化思维，球员转为职业身份之前，都是代表公司踢球，以公司为生，愿意为公司付出一切。这是一种很强的团队精神。然而我也意识到，在我观看他们主场比赛时，俱乐部处在很大的困境当中，他们在当时的J联赛，是很差的球队，一度连输17场。因为当时日本还没有职业二级联赛，所以没有降级风险，但球队在J联赛垫底。我在现场观看的第一场比赛，他们也输了，只是我能感觉到球员的全力投入程度，输球更是因为球队组织不当，而且在球员构成上，一些核心位置缺人：防守型中场、组织型中场、优质中后卫和一个可靠的门将。我能感觉到这个俱乐部具备的潜力，以及那种良好的工作氛围。俱乐部董事们也值得信赖。要想振作这个俱乐部，需要投入巨大的工作量，这恰恰是我想要的。

之后一天，我们围绕合同条款开会谈判，回到维尔福朗什，我心里仍然有些犹豫不决，于是告诉日方，我需要两三周时间做出决定。我带回了很多名古屋比赛的录像带，仔细地分析他们的比赛，琢磨我究竟能为这个俱乐部做些什么，以及我能得到多大的自由度。考虑之后，我做好了这次探险的准备。

就在再度启程日本开始新工作之前，我开始寻找名古屋所缺乏的球员。我去到巴西，因为我知道在这里，能找到名古屋预算范围内合适的球员。

首先是在圣保罗。我充分利用时间，观看各种比赛，以及比赛录像。某天，一个经纪人给我带来一盘录像带，告诉我说："看看这个中卫，他就是你要找的人。"我看了整场比赛，反倒觉得参赛另一方的中卫让我印象深刻。第二天经纪人就安排好了，那名年轻中卫和他的代理人答应，他们会从里约赶过来跟我们见面。与此同时，我找到了这名球员另外的一些比赛录像带，仔细观摩，越看越觉得这就是我要找的人。他对比赛有着很好的理解，预判能力出众，身材高大，脚下技术细腻，这都是我们所需要的。我没有在现场看过他任何比赛，决定就是通过观看他比赛录像带做出的。这名年轻球员，就是亚历山大·托雷斯。

会面被安排在第二天下午2点，事先我并不知道对方经纪人的姓名，所以当他们抵达时，我稍有些不安。对方经纪人的面孔，看上去很面熟，我请教对方大名：卡洛斯·阿尔伯托！那就是1970年传奇世界杯冠军巴西队的队长！著名的巴西右后卫！他不但是亚历山大的经纪人，更是亚历山大的父亲！卡洛斯当时和巴西足协关系非常紧张，这也是亚历山大无法入选国家队的原因。这次会面坚定了我的决心，当我在之后再看亚历山大现场比赛时，我更加确定这就是我要找的人。他不仅是一位优秀的球员，他同样是一个优秀的人，单纯善良、优雅可靠。亚历山大和他的父亲，成为了我的好朋友，之后他们经常来阿森纳看望我。

当时的计划，我应该从里约回到法国，然后和安妮一道，去阿尔萨斯和我父母一起过圣诞。我突然发现塞尔维亚要来巴西，和巴西队踢一场热身赛。于是我推迟了归期，想看看塞尔维亚国家队里，有没有我想找的人才。这样我就错过了和家人欢聚的圣诞。尽管这一次现场考察，我没能发现想要找的人，但我早就知道，名古屋逆戟鲸八阵中，已经有一位十分优秀但才华没有得到充分施展的塞尔维亚球星，德拉甘·斯托伊科维奇。如果我能帮助他继续提升，而且他也愿意和我合作的话，我相信，他完全能恢复到几年前世界顶级中场的水准。

和亚历山大·托雷斯一道，我还找到了另外两名球员，两个我熟悉的法国人：赫拉德·帕西，一位攻击型中场，以及另外一名中场，弗兰克·杜里克斯。帕西在摩纳哥为我效力过，我也观察过杜里克斯在戛纳的表现。我和戛纳谈定了杜里克斯的转会条件，然而让名古屋的足球总监飞到欧洲，在尼斯完成签约。可是就当我们要签合同的时候，这位日本人有些犹豫。“这球员可能不够好吧。”他对我说。那一瞬间，我差点就决定不去日本了。这便是生活中人人都会经历的糟糕时刻，当事事都在控制之下，当所有的细节都处理到位了，局面却会突然转向。当时的转折，几乎葬送之后我在名古屋的18个月。对我来说，是否签约是一个原则问题，我给了这位总监10分钟时间做决定，或者我们按照原计划签下这名球员，或者我取消作为主教练加盟名古屋的合同。他们最终做出决定，签下了杜里克斯，之后也完全没有后悔。

杜里克斯和帕西是两位很有才华的球员，我知道他们能给球队和日本联赛带来些什么，我也知道日本联赛能给他们带来什么。这对大家都是一个新机会。经历了法国足球那些年的黑暗岁月，去日本踢球，是一个新生机会。同时作为外籍球员，这也是一个了解一个新生联赛的机会，能给他们充分表现自我的自由。我知道，在日本的这段经历，改变了他们的人生，一如这段经历对我的改变。

在我抵达名古屋几周之后，博拉·普利莫拉茨也前来报到，成为我的助手。我心里非常清楚，作为球员，博拉在南斯拉夫以及后来在里尔和戛纳的超群能力，同时我还知道，他是一个正直并且充满热情的人，不过在日本，我才真正了解到他作为教练的才华。从这里开始，到后来的阿森纳，我们之间形成了良好的搭档关系。我们对足球有着相似的看法，他对于团队运动，有着惊人的知识储备。和我的默契也非常好，训练中，经常在我一句话还没说出的时候，博拉就能领会到我的意图。他还有着一种天然的好奇心和生活适应性，这让他能在任何地方安居，能适应各种不同环境，能为球员所接受并喜爱。我们都是只身来到日本，没有家人陪伴，只有节假日，家人或者伴侣才会赶来日本和我们相聚。家人伴侣不在身边的时候，我和博拉住在一起，我们似乎形成了一种默契系统，这样谁都不会孤单独处，为了足球，为了工作，我们朝夕相伴。共同生活的那18个月时间，升华了我们的友谊和合作工作方式。我记得有一件特别的事，尤其能说明我俩的友谊，以及我父亲的品格：在阿森纳执教的时候，父母来伦敦看我，我们约好一起聚餐，我一家人，以及博拉一家人，结果晚餐从头到尾，博拉都和我父亲在亲密交谈。事后我问父亲，他们到底在聊什么，结果父亲说他根本没明白博拉一晚上在和他说什么！看来博拉和我之间，沟通交流使用的是一种只有我们俩懂的语言，这种语言就是在日本诞生的！

赛季开始前，我带着全队，包括外援，去到冲绳岛集训。当时我的考虑是将一队人数从35人缩编到20人，因为精简一队人数，能让球队更加紧凑团结，球场战斗力反而能增强。但我却遇到了一个大难题：整个集训过程，所有球员的体能、训练态度和投入劲头，都让我无法割弃任何人。这简直是无可挑剔的一群球员。他们对职业球员这份工作、对于自我提高和进步，有着令人难以置信的意愿。我由此知道，我要淘汰的，都是那些有着钢铁意愿、有着绝对勤奋态度和对俱乐部无限忠诚的球员，这样的球员我只能在日本见到。执教名古屋的18个月时间，我在所有的日本球员身上，都能看到这些优良品质，他们从不松懈的努力。正式训练之前，我们得把球藏起来，担心到了真正训练的时候，他们已经把自己练得累趴下了。这种努力投入的态度，是有着巨大感染力的，很快带动起外援们的同样投入。就像德拉甘，他过去几个月在一队上场并不多，我当时的理解是，如果德拉甘要恢复状态，他还真得在训练中多投入。因此我对他的训练要求有些严酷，没想到良好的团队氛围，让他全情投入到赛季准备期，坚持始终，然后很快找回了过往的场上感觉：他效力名古屋7个赛季，是J联赛当之无愧的招牌球星，所以后来他成为名古屋的主教练，也就顺理成章了。

结束冲绳岛的集训，我们第一场热身赛，是和巴西劲旅圣保罗交手，当时巴西国家队是世界冠军，这样的比赛当然是对我们的一次考验。我开始用我的方式来准备比赛，提出我的各种要求，当然，最重要的是，向球队传递我对足球的热爱：我想通过这种比赛来测试，球队到底处于怎样的水准。没想到这场热身赛，虽然我们后防并不稳固，我们居然赢了下来！这样一场热身赛，让我坚定了许多想法，也有对我自己的一种肯定，我认识到了球员的潜力。没想到的是，当联赛正式开始，一切又陷入了灾难之中：我们一场接一场地输，8周过去，我们的积分只有3分，14支球队组成的联赛，我们“敬陪末座”。这样的赛果，让球员信心低落，我都能感觉到，俱乐部董事们对我的信心也已经丧失殆尽。我记得俱乐部召集大家开会，会前我对博拉说：“我感觉我们得收拾行李了。”会上董事们和我都承认，比赛结果相当令人失望，接下来，我以为就是要解雇我的消息了……然而他们宣布的，是要解雇我的翻译！董事们的观点是，如果我的理念和要求，无法传递到球员身上，那肯定是翻译的错！我努力为翻译辩护，希望他能留下来继续奋斗，董事们接受了我的观点，在这场特殊比赛中，我们算是获胜了。董事们保持了一定的耐心，或许他们觉得赛季再差，也不会比此前一个赛季差吧……我总算是多了一点呼吸空间，至于我们会不会追平过往赛季17连败的纪录……董事们亲眼见证了我在俱乐部和J联赛中的工作状况、投入程度。我时刻在努力，希望能帮助架构好这个联赛，推动大家一起前进。

为了加强防守，我从中卫位置上进行调整。当我安排大岩刚和亚历山大·托雷斯作为中卫搭档后，我们的防守效率提高了。不过我首先要做的，是提升球员们非常低迷的信心，鼓励他们相信自己的长处、自己显而易见的才华，而不是屈服于对手施加的压力。我们的队员都信念十足、斗志顽强而且身体灵活。他们努力训练的劲头非常足，有着铁的纪律性，对我能传授他们的每一件事，都保持着极高的尊重。这就是日本文化的一种体现，从插花、相扑到棒球，都是如此。我的日本队员们，对那些富有美感、精准和巧妙的动作，都充满着无限热情。这是运动竞技中，对优雅的美学追求，也恰恰是我非常欣赏的。不过这些日本球员，虽然步伐轻灵，但身体力量不足，竞赛中，有时会对美感的追求超过实效。他们会用更精准、更灵巧、更轻盈乃至更坚韧的方式，来弥补这些不足。对我而言，他们需要在力量和对抗上加强，这样他们的优点会得到更好展现。这正是我执教生涯中，对所有球队极力传授的：根据自己的特点和强项，不断耕耘挖掘，然后将这些优势发挥出来，弥补任何其他短缺，而不是怀疑自我的能力。这支名古屋队身上，具备着我后来在英格兰发现的相似团队品质：很强的团队精神、发自内心相互帮助的意愿。胜利，必然是大家协同努力的结果。

我也学会了如何妥协、如何调整我的评判标尺，以及我的教练手段，以求符合日本足球的传统、日本足球人的信仰。我也学会了用他们更适应的方式来提出我的要求，这样大家都能更好接受，让我们整体工作效率能更高。不论如何，这又是一段弥足珍贵的学习体验。在摩纳哥以及其他俱乐部，我可能会有点顽固、强硬和强调教练权威，在名古屋，我更好地适应了这里完全不同的文化环境，想尽办法去和大家沟通交流，并且尝试理解各种细节的不同。在这个过程中，我考虑足球的方式，当然会发生很大变化，我得量体裁衣，去寻找最合适的执教手段、去理解和体验不同国家乃至不同足球俱乐部的内里文化，这样也能帮助我自己进步，能让我更精准地解决问题，让我丰富我的执教手段，以及更好地理解和把握那些信息必须要传递到位的沟通途径——例如怎样安排训练细节、怎样准备一场比赛、获胜的关键因素有哪些以及我该如何适应或者改变，还有我可以暂时做出妥协的一些原则要求。

我也不得不妥协。在欧洲，足球运动员，乃至所有运动员，都被警告：赛前一天不要泡热水澡。可是在日本，桑拿，以及各种温泉，实在是亘古以来的生活习俗。第一次见到队员们在温泉里浸泡几小时并且乐在其中时，我脑子里警铃大响，但我什么都没说：你得尊重这些生活传统。

我还得保持礼貌和节制，不能冒犯我的队员以及我的助手。对日本人来说，荣誉是至高无上的，不丢脸，是生活中至关重要的事。如果一个教练告诉他的队员，他踢得很糟糕，一无是处，队员会觉得很丢脸——队员觉得自己一直是按照教练的要求，勤奋训练。我必须找到合适的语言和表达方式，来传递出我的不满、我的批评，同时又不至于让大家面子上挂不住。如果我实在找不到合适的词汇和表达方式，我知道我的翻译会帮助我委婉表达。

此外，在一些个人习性上，我也需要调整和适应，那就是日本球员的纪律性以及努力工作的劲头，实在太足了。这些在任何行业中，都是无可争议的美德，但是如果走过头了，也可能会成为问题。例如日本球员对主教练是如此尊敬，以至于他们希望主教练能帮助他们解决一切问题。他们一丝不苟地根据我的要求去执行一切，却不敢有半点偏离或即兴发挥。他们觉得，我会告诉他们每时每刻该如何做每一个决定、每一个动作，一旦我没有这么详细要求，他们就会有些迷失。于是我得耐心地告诉他们，我的一些批评，是帮助他们做好准备，这样他们自己能在场上做出最好的决定，但最终做决定的，只能是他们自己，他们得勇于面对风险。他们必须形成独立思维，找到球场上自我表达的自由。这样一点点打磨，我们终于能形成了一种球队风格，充满速度感和灵活性，建立在球员精良技术，以及他们的足球创造力、空间使用能力基础上的球队风格。

我还告诉我的队员们，成功依靠的，只有不停地苦练苦练再苦练，可我从没想到，日本球员有那么坚韧不拔的决心，我从未见过那么强大的意志力。那可能也是我执教生涯中，仅有的一次。我必须想办法，有时候要把球藏起来，在训练正式开始前，不允许他们踢球，否则这些人真会把自己练伤的。

我们都得适应，都要做出各种妥协，然后我们就开始赢球了。球员也在适应和妥协，他们适应了我的训练方式，更理解我的足球价值观，我同时也做出让步，适应他们的生活习性和文化传统。这是一段价值连城的经历。我适应了如何远离朋友和家人的生活，不是生活在像东京这样的大都会，而是在一个体量更小的城市里。在名古屋，我学会了如何阅读那些广告牌，然后将这些广告牌作为导航标志，让我每天顺利完成从公寓到球场40分钟的车程，一路上还在祈祷，可千万别换这些广告牌，否则我必然迷路！这些广告牌当然会不断更换，不过我还是认熟了这段路。我还能回想起来到名古屋后的第一次新闻发布会，当时是安排在一个传统日餐厅：没有桌椅，没有条凳，我们只能跪坐在地上，臀部压在自己的脚跟之上。这么坐了10分钟，我就感觉自己要完蛋了！这可比任何训练都难啊。所以我只能每5分钟起立一下，离开会场一次，于是现场的日本记者都以为我生病了。我认识到日本人对时间安排的绝对遵从，他们的严谨和精确，他们的纪律性——从来不会有一班火车晚点，从来不会有一个晚宴聚会结束时间晚于邀请函上说明的时间。我在这里认知了极致的诚实和秩序性，这种生活方式，对比此前在摩纳哥那么艰难的几年，简直就像是一场梦。

我同时认知到，日本文化对我的足球观、我对这项运动的理解以及我对成功的态度，产生了价值超凡的影响。相扑是一项古老的运动，保留了许多从创立至今从未更改的礼仪和规则。我经常看相扑比赛，从中学到了很多。彼此尊重，是相扑运动的基本价值观。每年在日本有六个相扑锦标赛，你得赢取其中两个锦标，才能升到横纲级别。不过获胜的相扑选手，必须得接受评估委员会的审核，看他们的言行是否无可指摘。竞技竞争很重要，但这不是一切，一个获胜的相扑士，在言行上同样得保持完美。我从未忘记这些竞技原则，对我而言，足球也应该如此，也必须如此。这种领悟，是我的自我释放，我不再受限于不惜一切代价获胜的压力，帮助我找回了对这项运动的热情——我从孩童时代就对足球拥有的淳朴的热情。

相扑的规则还包含一条，那就是不存在平局，每一回合的结果都要分胜负。J联赛的规则，之后发生了调整，但在当时也是不接受平局的，如果90分钟打平，那么需要有加时和点球。当年必须分胜负的规则，对球员的比赛热情和投入程度，都能形成一些影响。

在日本的18个月，我将自己和朋友家人区隔开，回避了法甲的压力，也回避了欧洲足球普遍存在的残酷和暴力。和摩纳哥、南锡时代相比，我并没有变成一个跟过往很不相同的教练，但我依旧是只围绕足球只为足球而生。我不去了解媒体的报道，我根本不知道外界如何评论我，这样我回避了新闻报道中必然会产生的各种误解和扭曲以及对我可能会形成的干扰。我回到了我们这行业最初的原点。和各种不间断的评论、建议、批评以及赞誉区隔开，也能让我感觉到自由。当我抵达阿森纳时，我还以为我不会马上面对这种外界压力，不会成为周边被足球热情裹挟的人将我再度裹挟的受害者。当然，事实证明，我很快又掉入了这种陷阱。只是在日本能体验一段心理上的平静和安宁，对我从之前那种高度紧张艰难经历中复苏是一种巨大帮助。

我们很快从积分榜第14位攀升到第4位，然后上升到第2位！那是一段壮丽的攀升，优秀的成绩，更好地帮助我们团结全队，给每个人带来了更强的自信。赛季下半程，我们保持着优秀表现，赛事结果相当有利。我们夺取了1995年天皇杯，随后一年问鼎日本超级杯。当我在1996年9月末离去时，我们已经是联赛锦标强有力的竞争者。当时联赛榜首竞争很激烈，我们最终获得亚军。我仍然能记得那个年代球场里疯狂的热情，一切妙不可言。我们找回了这项运动的快乐，也找回了这项运动的纯净，在处处满座的球场里竞技。这些都是强有力的人生记忆：绝对的热情、偶尔会有的静默、当我们输球时球迷面庞滴落的一颗泪水。那种激情和热忱，让每个主场比赛，都像是一个欧冠夜晚，我们球场没有出现过空缺的座席。

那是一个美妙的赛季，但是一名优秀球员的受伤，让一切都蒙上了阴影——那是我们的前锋小仓隆史。他在赛季中休赛期，代表U21比赛时，膝盖十字韧带断裂。我当时人在尼斯。小仓隆史很快接受了手术，不过效果很不好，他实现了复出，只是之前的状态、力量和球风，都找不回来了。小仓隆史的职业生涯，没能达到他能力应该达到的高度，所以如何确保受伤球员得到最好的待遇，能接受最好的手术和治疗，让小仓隆史这样的顶级球员不被糟糕地对待，这成为了我时刻惦记的大事。

1996年6月，大卫·戴恩、彼得·希尔-伍德和丹尼·菲兹曼，一道飞来名古屋，代表阿森纳俱乐部和我会面。我认识大卫已有多年，也做好回归欧洲的决定，不过我回去的前提是能得到一份大俱乐部工作，去迎接一个真正的挑战。阿森纳就是一个大俱乐部。我们一个小时内就达成了协议，我会尽快赶到伦敦，不过我并不想在赛季中放弃名古屋。

没想到名古屋俱乐部的日本董事们，很轻松就找到了我的接替者！他们并不想如同其他俱乐部那样过分地挽留我，他们已经有了很好的工作安排。日本足协的规划是，在一百年内，将日本发展成为世界最强足球国家！我只是这过程中的一个小齿轮，是他们整体计划中很细微的一个部分。这样的规划，能让你更好理解日本人的时间规划、他们坚持不懈的韧劲和他们一定要做好事的决心。对我来说，决定已经做出，阿森纳是我的未来方向。这是一个改变我人生的决定。我怎么能想象到，我会由此开启一段长达22年的历险。

6

阿森纳的生活，我的家

英格兰对我的吸引力、我对英格兰足球的热情，产生得太早太早。我在1996年10月1日来到阿森纳，这一度遭逢，改变了我的人生。阿森纳成为了我的激情所在，成为了让我沉溺的中心，这种激情和沉溺，吞噬掉了我所有的能量。我住在伦敦，我能见到的一切，就是训练场和球场。

我们得往回走很多年才能理解，这次相逢对我产生了多么巨大的冲击，这个特别的俱乐部有多么重要，我的人生会发生怎样的转折。似乎很多年前，我就做好了在伦敦久居、只为这一家俱乐部服务，并且将自己一切都完全奉献给阿森纳的准备。

*

大概才7岁、8岁或者9岁的时候，我在阿尔萨斯小村庄生活着，满脑子想的就只有足球。最开始在学校我们能看到电视，之后在我们家的小酒馆里，我们能看到在传奇温布利球场进行的足总杯决赛。那个年代，都是黑白电视机，足球在赛场草皮上是那么地明亮夺目。温布利的草皮，在完美修剪和维护后，是那么地美观，而我们村里的球场，还是靠马拉犁耙来进行粗糙修剪。那是一段让我眩晕的记忆，那才应该是足球完美的图像。我小时候总这么想，长大以后我一定要踏上那片草皮，但这只是我心里的小秘密，不敢大声说，哪怕对自己都不敢说出来。英格兰和温布利球场，那时候就像是另外一个星球、另外一个世界的故事。想象一下我的感觉，当我加盟阿森纳两年，我带领球队走出更衣室，第一次踏上温布利的草皮，内心深处，是那么地难以置信。突然间，我居然在面对着我的梦想和我的所有足球热望：升温到沸点的比赛、满场球迷狂热的情绪、球员眉宇间清晰可见的紧张、白色的足球——一切组合成了完美的足球画面。在这座传奇球场以及同样美轮美奂的卡迪夫千年球场，我参加了8次足总杯决赛，7次夺冠；9次慈善盾或社区盾比赛，7次夺冠。每一次都能感受到强烈的激情和震撼，就像我还是那个观看着黑白电视屏幕、内心却被深深触动的孩子。

29岁时，我决定去剑桥进修英语，这也是很重要的一件事。没有在那座英国小城独自停留的三周时间，我绝不可能在后来成为阿森纳主教练。那是我的休假时间，没有任何人或者事，强迫我去剑桥学习，但我必须要求自己说好英语。我当时就有一种感觉，掌握这门语言是很重要的，如果没有多语言能力，我无法想象自己的人生将如何继续。于是我就有了去英国学英语的想法，当我和一位朋友提及此事时，她说道：“那就去剑桥吧，那是学习的最好地方。”于是我飞去伦敦，坐火车赶到剑桥，并不知道我会待在哪里，或者会加入哪一所语言学校。我就这么生生地赶到剑桥，想着如何沿街敲门，在某个当地住户家租下了一间房子。我当时很走运，一位女士租给了我房间，并且建议我去某所语言学校报名，第二天就要做一个基本测试。测试之后，学校安排我进入中级班，我和一帮十来岁的少年同班，最关键的是，我上课才发现，原来老师就是我的房东！她就是我这段时间的童话奶奶！那三周时间我学习很刻苦，我希望能熟练地掌握这门语言，达到我能达到的最高水平。我希望我的房东老师，能为她的学生而自豪。

回到斯塔拉斯堡后，因为我学习英语投入这么大，可不想轻易丢掉这门语言，于是我广泛阅读英文书籍，做笔记记下那些我不认识的词汇，这样我可以在字典里统一查找。这样我坚持了好多年。我的阅读范围很广，从小说到各种调查报告、科学和管理学著作，阅读对学习语言提供的帮助非常大。时至今日，我的女儿莱亚在英国长大，11岁之前上的都是英国公立学校，之后是法国公立学校，然后在剑桥大学做研究。她正在完成自己神经科学的博士学位，我会时常去看望她。

我尝试过好多次，去找找我当年的房东太太，第一次登门，她就对我那么友善，给我上了第一堂英文课。可惜我的记忆太过模糊，一直没有找到她。她也改变了我的人生。

大卫·戴恩将我带入了阿森纳。他的父亲是一个裁缝，大卫自己通过从事糖和咖啡贸易完成财富积累。1989年我结识他时，他已经是他从小热爱的阿森纳俱乐部的执行副主席、大股东。他后来还担任过英格兰足总副主席，是英超联赛创始五人当中的一员。我们首次见面前几天，法甲赛季中期休赛，我在土耳其过圣诞节，顺便看一场加拉塔萨雷的比赛，因为摩纳哥随后要和他们交手。比赛时间是12月31日，在科尼亚，我在安卡拉过的夜。之后我没有返回尼斯，而是去到英国，去看看他们繁忙圣诞赛程期间的比赛。我给格伦·霍德尔的经纪人打电话，让他帮我安排一场有趣的比赛，于是元旦这天我决定飞去伦敦。这就是我在海布里观看的首场比赛：阿森纳对阵诺里奇。阿森纳获胜，不过那个夜晚我记忆最深的，不是比赛进球。在那个时候，阿森纳还是一个非常传统的俱乐部，俱乐部董事的妻子们和俱乐部来宾，是被分配在另外一个包厢的。我当时还抽烟，于是半场休息时，我和大卫·戴恩妻子的一位朋友聊天，向她借火。

因此，感谢这一支烟的功劳，也感谢我在剑桥学会的还凑合的英语，以及这次聊天，当天晚上，我被邀请到大卫·戴恩家做客。他发出邀请时对我说："我们会好好谈论足球的。"不过我记忆中，那就是一个非常社交化的夜晚，各种笑声，以及好像是一种猜字游戏的娱乐。我大概记得，其中有一个需要我扮演的角色，是《仲夏夜之梦》主题，那可真不容易，而我似乎轻松过关了。于是，我和大卫之间的友谊、默契和相互理解，从第一次聚餐形成，此后经年，我们从没断绝往来。

大卫在法国东南部昂蒂布港有一艘游轮，名叫"放轻松"（Take It Easy）——他常常开玩笑说，最好给游轮改名为"请拿走"（Take It Please），因为游轮太费钱了！每次他来法国的蔚蓝海岸，我们总能欢快聚会。他会来到路易斯二世球场，观看摩纳哥的比赛。大卫对一切都很好奇，和我一样，对足球充满热情。他意识到摩纳哥的球风和他在阿森纳见到的球风大不相同，这让他很受吸引。他一直在琢磨，这种风格的足球，有没有可能在英格兰也踢出来。我们会长时间在一起，讨论这项运动、讨论某一场比赛、讨论这项运动和我们这个职业的发展变化。在那个年代，英格兰足球并不能从电视转播中赚多少钱，因此很多英格兰球员都会到海外寻找工作机会，像在摩纳哥效力的格伦·霍德尔。当时的英格兰足球，更是一种直来直去、原生态的、大家极度投入的风格，英格兰联赛的俱乐部，几乎都由英格兰本土以及不列颠岛其他地区的球员组成。俱乐部在所有权上，全都属于英国社会富有的个体或者家族，有太多父子传承的归属关系，这当中对俱乐部传统、对足球运动价值观的认知，也随同血缘关系传承了下来。这当中对优雅风度和公平竞争的珍视，百年来都没有发生多少改变。感谢大卫·戴恩和阿森纳，让我意识到了这些礼仪和行为准则的存在，也让我认识到了狂热的球迷，认识到这个没有外籍主教练的联赛，以及赚不到太多钱的俱乐部和球员。

1994年，我离开了工作7年的摩纳哥，那一年，阿森纳也和他们的功勋主教练乔治·格雷厄姆分手。乔治为塑造俱乐部、架构球队贡献良多，我并不太清楚他被解雇的原因。大卫·戴恩当时就邀请我和彼得·希尔-伍德见面，彼得从1982年开始担任阿森纳俱乐部主席，从他父亲丹尼斯和祖父萨穆埃尔手中接下俱乐部。在我前往名古屋之前，我们一起吃过一顿饭，我感觉他们只是想听听我的意见，并没有做好任命一位外籍主教练的准备。格雷厄姆之后，是布鲁斯·里奥奇继任，但这次任命不够成功，俱乐部在联赛中游挣扎着。如我此前所言，1996年6月，彼得·希尔-伍德、大卫·戴恩和丹尼·菲兹曼，来日本和我见面。菲兹曼是俱乐部董事之一，也是当时俱乐部最大股东之一。这次他们直接向我表达了雇佣我为主教练的意愿，不到一小时我们就达成了协议。那是塑造我命运的一个小时。

我是否意识到自己将面对怎样的挑战？我是否意识到俱乐部将为我提供一切，我也会为俱乐部奉献我未来22年所有时间、所有精力和所有热情让阿森纳变成我的家？我是否意识到从斯特拉斯堡到名古屋的这么多年工作和学习，都是为加盟阿森纳做准备？我是否意识到在更大和更广意义上，我能将我关于执教的所有意念都实施于阿森纳，来帮助这个俱乐部进步？

阿森纳的新赛季已经开始了，我却还在日本停留着，我不能放弃自己对名古屋的承诺，在他们没找到下一任主教练前半途离去。在我缺席期间，我未来的阿森纳助理教练帕特·莱斯负责球队训练。帕特是一位前阿森纳球员。我试图在日本就开始着手准备阿森纳未来球员招募，这是我引入雷米·加尔德和帕特里克·维埃拉的方式。他们还不是一队主力，在我没到位的时候，就开始了阿森纳的比赛。我每周都和他俩、帕特以及大卫通电话，阿森纳也将每场比赛的录像带寄给我。由于时差的原因，那段时间我感觉自己无时无刻不在工作，这对我之后夜以继日的阿森纳工作，其实是一种很好的准备。

哪怕是在遥远的日本，我已经开始接下来要在英格兰进行的工作。我逐渐意识到，我需要做的每一件事，包括如何投入自己的时间和精力，如何将我的能力证明给每个人看。俱乐部的董事们，做好了让我改变这个俱乐部的准备。他们知道我有不同的足球观念，而且他们也有着很好的心理建设，接受了一位完全陌生的外国人直接从日本来到英格兰。这样的任命，肯定会激起不小的波澜，也肯定会遭遇到很多猜疑，乃至引发很多敌对意见。某种意义上，他们比我要勇敢。我知道，对我的迎接会是冰冷的，这其实是每一位新主教练，去到任何一个俱乐部，必然会要面对的局面。新任主教练必然的工作，就是通过他带队取得的成绩，以及他传递出的足球价值观，来赢得各界的接受。我会集合我所有的觉醒、所有的足球观念、所有适应球队的能力、所有能挖掘出球队最大潜力的手段，去对抗种种猜疑。不过我面对的敌意，比我所能想象的还要剧烈。所有的俱乐部董事们，都得和我一样，去面对这些。

从日本去到阿森纳，我转换了大洲，转换了不同世界，转换了足球俱乐部和文化。等待我的，会是很长时间在酒店的生活，会有优秀但对我暂时不太认可的球员，会有恶毒的流言，我得穿越这样的雷区。时至今日，我知道这一切的考验都很值得，因为我的力量，来源于我的激情，以及我那种幸运的后知后觉。这样的性格，让我能集中精力于下一场比赛，集中于我的队员们，以及我已经认知为我全心归属的俱乐部。

通过在日本观看比赛录像带积累的认知，一到阿森纳开始训练，我就对这些球员们充满尊敬。那是一群经验非常丰富的优秀球员，他们职业生涯大部分时间都为乔治·格雷厄姆效力。他们十分聪慧，也极其勤奋，对俱乐部无比忠诚。那一代球员，并没有在自己的职业生涯挣过多少大钱，其中许多人的职业生涯都在同一俱乐部度过，一旦和俱乐部签订合同，就会为球队付出自己的一切。他们大多来自谦卑拮据但充满自豪的家庭，对俱乐部的文化和传统非常尊重。他们也是紧密团结的一群人，平时社交生活都在一块，并不总是遵守那种“看不见的训练规则”，不过我理解他们彼此的团结。大卫·希曼、托尼·亚当斯、雷·帕洛尔、保罗·莫森、马丁·基翁、奈杰尔·温特伯恩、史蒂夫·鲍尔德、李·迪克逊……

我同时也意识到了俱乐部代代相传的历史传承，那种鲜明的俱乐部文化识别度。

1886年，俱乐部的第一支球队，是由西南伦敦伍尔里奇皇家兵工厂工人组成的。到了1910年，俱乐部被商人亨利·诺里斯和威廉·霍尔收购，1913年，俱乐部搬迁到北伦敦的海布里这样一座传奇球场。在这里，深厚的历史逐渐形成，不同的优秀个体，在这个俱乐部文化上留下了深刻的烙印，尤其是赫伯特·查普曼。他在1931年带领阿森纳夺得首个顶级联赛冠军。当我加盟阿森纳时，我开始了解查普曼的故事：他在那个时代各种足球创新技术、在足球越位规则改变后他创造的WM阵型，以及他的训练手段、在球衣印上号码、使用更先进的鞋钉、使用泛光灯照明球场等等。这个单子可以列得非常长。他甚至能想办法将周边地铁站——吉莱斯皮路地铁站——更名为阿森纳地铁站。我欣赏他对俱乐部的贡献，每个在阿森纳工作的人，都对查普曼的生平故事了如指掌。这位现代足球伟人，因为急性肺炎，在1934年突然辞世。他留下的丰厚遗产，使之后十年的阿森纳成为了英格兰足球统治性的豪门俱乐部。

我逐渐认识清楚了阿森纳俱乐部的文化定位，以及这个俱乐部的球迷组成：这是一个有着强烈传统意识的俱乐部，有礼有节的定位，在这里是非常重要的，同时阿森纳对各种创新保持着开放心态。阿森纳坚实地扎根于当地社区，有着十分朴实的劳工阶层基础。阿森纳的球迷，从孩童时代，就对这个俱乐部和这支球队有着发自肺腑的亲情，这是我此前在任何地方见所未见、闻所未闻的。每个阿森纳球迷在海布里的第一场比赛，就像是一次洗礼。球迷身上往往会有两种刺青：俱乐部的名称和他们儿女的名字。如果两口子一个支持阿森纳，另一个支持托特纳姆热刺，那么周末他俩肯定不说话。我还清晰地记得，关于一个英雄般阿森纳球迷的故事——他在地铁站冒着巨大生命危险，阻止了一个企图自杀的人。在拯救完这条生命后，他没有片刻停留，立即跳上下一列地铁，因为阿森纳的比赛已经开始了，他可不能错过这场比赛。对我而言，这位球迷就是阿森纳精神的完美体现。

同意执教阿森纳之后，我去到现场的第一场比赛，是在科隆的明格斯多弗球场，在1996年9月25日，阿森纳客场对阵门兴格拉德巴赫。我只是一名看客，还没有正式上任。当时我和大卫·戴恩一道前往，在看台上看球。半场休息的时候，场上是平局，我去到更衣室，帕特·莱斯让我和队员说话，我于是决定改变防守阵型，将队长托尼·亚当斯换了下来。这个举动或许让全队都很吃惊，士气有些动摇，最终我们输掉了这场比赛。我当然希望和球队的第一次接触能带来更好的结果，但这样的挑战更大地激发了我的斗志，我知道我们得共同面对艰难的局面。

阿森纳当时在英格兰联赛的名声，是“无趣的阿森纳”（boring Arsenal），场上节奏迟缓，一切都是为赛果服务：争取进球，然后剩余时间竭力防守。虽然我得说这样负面的名声有些言过其实，但我确实想改变阿森纳踢球的风格，希望能在更扎实的技术基础上，带来一些更有建设性的变化。

我加盟之时，阿森纳排名在英超中游，当时在联赛占据领先地位的是曼联、纽卡斯尔联队和利物浦。在日本的时候，我就观看了这些球队很多比赛录像，对阿森纳，我认识当然更深，我已经能够衡量这支球队的质量，酝酿着多种组织球队、提高竞技水平的方法。我同样也知道，这是非常团结的一支球队，我可不想让这支团结的球队与我为敌。

几周之后，1996年的10月12日，我不再坐在看台上——这是我作为阿森纳主教练指挥的第一场比赛：我们客场挑战布莱克本。这场比赛伊恩·赖特连中两元，胜利！去到球场的大巴上，球员们在齐声高唱：“我们要我们的巧克力棒！”我已经开始施加自己的影响，给出自己的建议，尤其是在营养饮食上。对这些球员而言，这可真是挺大的改变，既在适应新教练训练方式上，也在更多普通细节中，例如我们一起进餐时选用的食材、各种营养课，以及各种增强肌肉力量的练习。

我知道我得小步前进，点滴积累，赢得球队信任，在这个过程中，一些外交手段和心理学举措必不可少，同时我又不能背离自己的原则。我也知道，肯定有人在等着我犯错。伦敦媒体从我加盟消息传出时，就发出这样的提问："阿尔塞纳，谁？"他们有权提出这样的疑问，他们有权想要知道，我究竟能给他们带来什么，我是否足够好。因此第一场胜利，在我眼中是无比重要的，这帮助我站稳脚跟，也是在强化我作为一名教练的合理性。

这支阿森纳平均年龄很大，30岁以上的球员很多，虽然个个都是硬汉，但训练方式需要做出一些微调，因为他们已经在职业生涯中付出了太多。他们都是坚毅的竞技者、胜利者。我们对所有队员的膝盖和踝关节进行X光扫描，结果出来之后，有医生建议说，好些球员早就应该退役了。但他们仍然充满激情，依旧渴望着奋勇向前，所以在训练中，我们应该珍视他们对足球的热爱，同时尽可能帮助他们继续进步。他们的决心、信念和足球智慧，在阿森纳的球风中体现无疑，每一个队员都会付出巨大努力去克服自己的弱点。他们对比赛竞技的热衷远高于训练，所以我得努力让训练变得更吸引人，并且试图说服他们，倘若他们全心投入到训练，那么他们的职业寿命还能延长。为了达成这个目的，他们需要放弃一些不好的生活习惯。提出这些改变要求，恰逢其时，因为当时的俱乐部，有着严重的酗酒问题，但英格兰足球和英国社会，从20世纪90年代开始，步入了一段改变时期。更健康的生活方式被广泛提倡，在俱乐部内部，大家也意识到，一些大的改变势在必行。

托尼·亚当斯是阿森纳的传奇队长，他正开始戒酒，之前因为酗酒，他发生过严重车祸。亚当斯的改变，对整个俱乐部乃至英格兰足球，都是一种广泛警告。亚当斯在球队甚至在对手的心目中，都有着很高的权威。对于防守，他有着令人难以置信的理解力，总能料敌机先，提前一步。他是一个充满智慧的足球战士，对自己充满自信的同时，对周边又满是怀疑。在亚当斯周边，是李·迪克逊、奈杰尔·温特伯恩、史蒂夫·鲍尔德和马丁·基翁这样的顶级防守悍将。托尼身经百战，身体受过严重的竞技创伤，所以他对训练兴趣不大。我常常不确定，他周六到底能不能上场比赛，他就像一个从来不参加彩排的演员，然而比赛日到来时，他肯定做好了准备。所以我会定期送他去法国南部接受理疗师蒂布尔斯·达鲁的专业理疗，为他调理好身体。

队中还有大卫·希曼，绰号“地图大卫”，优雅出众，他和他的守门员教练同样也是阿森纳传奇门将的鲍勃·威尔逊，都深受同事们喜爱。大卫粗壮结实，却有着完美的肢体协调性。

丹尼斯·博格坎普，俱乐部绝对的偶像，一个完美主义者，一个从来不会有粗心大意技术失误的球员。博格坎普比我早一年加盟阿森纳，来自国际米兰。他第一个赛季过得并不顺利，但我知道这是一个无与伦比的球员，他需要拿球，需要控制比赛，这样才能展现出他的无比才华。博格坎普是一位伟大的球员，总能比别人更快地发现场上变化，更早地移动，更快地决策，并且能以一种他独有的优雅和完美，来执行各种技术动作。

伊恩·赖特，一位难以置信的射手，不论队友还是对手，都会觉得这是一个难以控制的射手。他性格外向，极其活跃，是吃过大苦才走上职业球员道路的。他有一种场上的杀手本能，独一无二。

还有马丁·基翁，一个全力以赴将自己不断推向极限来追求进步的球员。他从来都对自己的场上表现不满意，总感觉自己有提高空间，学习欲望强烈。他愿意听取别人的意见，因为他知道这样的聆听能帮助他进步。他总是和托尼·亚当斯之间产生激烈竞争，这俩同一年出生——1966年，不过这是非常积极的竞争关系。

这些已经在阿森纳效力多年的球员，他们的智慧和固有能力，对我来说非常清晰，不过从日本开始准备接手这支球队时，我就希望能带来一些新的球员，一些能融入这个团队并且适应英超联赛激烈程度的球员。我最早引入的是帕特里克·维埃拉和雷米·加尔德，之后是1997年引入的伊曼纽尔·珀蒂和吉勒斯·格里曼迪。

我们从AC米兰引进帕特里克·维埃拉，他当时正准备转会阿贾克斯。我努力说服他，以及他的经纪人马克·罗杰和让–弗朗索瓦·拉里奥斯，告诉他们来阿森纳是更好的选择。我在摩纳哥执教期间，他是戛纳青年队的球员，已经给我留下了深刻的印象。维埃拉在米兰不太适应，很难进入一队，俱乐部也同意他转会，而他对我们有着信任基础。虽然他在英国还默默无名，但从他在阿森纳的第一场比赛开始，他就充分展示出了自己独特的天赋。没有任何人质疑他的能力，维埃拉的表现，让我在俱乐部有了更好的可信度和话语权，这样我能更好地争取俱乐部的支持，按照我的方式去构架一队。维埃拉和伊曼纽尔·珀蒂组成了优秀的中场搭档，在阿森纳球迷心目中的印象永难磨灭。很大程度上，他们在阿森纳找到了最适合自己发展的职业环境，而俱乐部也改变了他们的命运，因为他们很快入选法国国家队，向整个世界展示自己的足球才华。在1998年世界杯上，珀蒂是极其出色的一名中场球员。

我很早就知晓雷米·加尔德，他在里昂和斯特拉斯堡效力过，我认为这是一名优秀球员。遗憾的是，加尔德受伤太多，在阿森纳期间也是如此。他速度非常快，一对一能力极强，对球队也形成了积极影响。

伊曼纽尔·珀蒂和托尼·亚当斯有着很好的私交。这两人性格上很多相似处，都有着相似的敏感性，对竞技的喜好和掌控力也相似。他们知道如何不断提升自我。

在这一段人生历程中，有过太多加盟阿森纳并且在阿森纳俱乐部历史上留下深刻足迹的球员。例如：

· 弗莱迪·永贝里，一个擅长捅破对方防线的人，一个不可思议的胜利者。有一个周末，我通过电视直播看到他代表瑞典国家队和英格兰交手，然后决定将他从哈尔姆斯塔德引入。那场比赛，永贝里在场上和马丁·基翁对位，给基翁制造了很大麻烦。马丁是个一对一防守能力极强的中卫，这就足够证明弗莱迪的价值了。那场比赛我看了两遍，比赛结束的周一，我们立即决定得买下这名球员。这绝对是我一次成功的疯狂举动！

· 吉尔伯托·席尔瓦，冷静、充满力量，以他独特的格调和谦逊服务团队。

· 安德烈·阿尔沙文，创造性的盘带高手，一个俄罗斯天才，我们在2009年2月冬窗截止日签下他。那一年4月，在安菲尔德他对利物浦单场4球的表现，将会是球迷心目中永恒的经典。

· 阿伦·拉姆塞，17岁从卡迪夫城加盟，不过19岁时，因为在斯托克城客场遭遇断腿重伤，导致他职业生涯一度停滞不前，但他最终还是走出低谷，在阿森纳拥有一段了不起的职业生涯，他的能量和创造力、他在两届足总杯决赛的制胜球，都是证明。

· 威廉·加拉，决不妥协的后卫，关键时刻的进球得分手。

· 巴卡里·萨尼亚，一个有着无限勇气后来成为一名关键队员的边后卫。

· 托马斯·维尔马伦，从阿贾克斯引进的中卫，后来他加盟了巴塞罗那。阿森纳的队长，表现无可挑剔。

· 西奥·沃尔科特，爆发力惊人，充满足球智慧，很不幸的是，他后来的成长受到太多伤病影响。

· 佩尔·默特萨克，球队和更衣室的灵魂，作为一名中卫，从未停止自我提升的努力。

· 卢卡斯·法比安斯基，天赋异禀的门将，性格过于敏感，有时成为了他的障碍。

· 盖尔·克里希，从AS戛纳引入的球员，绝佳的职业态度，让这位左后卫不断进步。

· 基兰·吉布斯，由阿森纳培养出来的另一位非常有天赋的左后卫，速度出众、技术优秀，但有些缺乏自信。

· 弗朗西斯·科奎林，抢断球能力出众的防守型中场，职业生涯中持续保持着进步。

· 沃伊切赫·斯琴斯尼，少年时代就在阿森纳受训的门将，天赋超凡，如今在尤文图斯成熟了起来。

· 帕斯卡尔·西甘，来自里尔，左中卫，在阿森纳有过不错的职业经历。

· 菲利普·森德罗斯，瑞士中卫，职业态度堪称典范，2006年欧冠团队的重要成员。

· 恩万科·卡努，尼日利亚天才，充满了创造力，技术细腻至极，勇敢坚强，人人都敬佩的球员。

从我开始在阿森纳工作，我满脑子想的只有一件事：我们如何能继续进步。我将自己和外界隔离开，将生命完全投注在俱乐部，这占据了我所有的时间。这是连续22年激情和决心的开始。

早年在阿尔萨斯，我对自己的职业培训，就是一连串的学习、实习和实践。让自己尽可能好地去面对失败、去争取打赢一场比赛、合理地挑选和培训球员、合理地挑选和训练团队、帮助团队确立起自己的风格、赢取一项锦标、离开这个俱乐部……这就是我在阿森纳之前执教的工作流程。

在这种激情和巨大的喜悦背后，一刻不断的努力付出不可或缺，整个过程中，有许多痛苦和孤独的时刻，有时简直难以承受。然而所有的艺术，都包含有痛苦和努力付出的滋味。如今的世界，对胜败考量更为尖锐，很多人不负责任的一些随口评论，都会被媒体和公众无端放大。人们总会忽视，准备每一场比赛，从业者需要投入多大的努力。为此我做好了付出沉重代价的准备，很多时候也确实如此。这是我自己的决定，投身于职业足球行业。我来到英格兰时47岁，心智已经成熟，并且具备了面对困难的自信。我感觉在这个年龄，较以往的我，更有判断力，头脑也更清晰冷静。我知道我必须做出许多艰难的决定，必须面对很多巨大的挑战，甚至要直面许多磨难，但我比之前在摩纳哥和日本期间，要更加坚定和强韧。我做好了应对一切的准备。

我当然能理解，对于任命我为阿森纳主教练，周边人群心中必然会有的怀疑。那个“阿尔塞纳，谁？”的头条标题，出现在许多报章上，球员和球迷心中和嘴上的疑问，同样也是人之常情。我只能通过勤奋工作、全情投入和坚定内心来应对。然而当周边出现的是完全的敌意、谎言、诬告、中伤、诽谤和恶意袭扰时，这是我不能听之任之的。

有人告诉我说，最开始对我的中伤，由一位电台主持人开始，这是一个热刺球迷。流言的传播，将我和一些声名狼藉的地点、荒谬可笑的场景关联了起来，而那些小报还号称自己有图片佐证。这让我目瞪口呆，于是我直接质问他们，让他们拿出照片为证。

刚到阿森纳时，我一个人住在酒店里，我的伴侣安妮还生活在法国南部。在酒店早餐时，我发现周边的人刻意回避着我，投射过来的都是充满猜疑的目光。在这样的环境中，总会有一些保持客观态度的记者，也有些不值一提的人。有些过分的调查报道，居然会去骚扰我的家人以及我过往的队友、球员和俱乐部同事。他们甚至去到法国南部，找到安妮在卡普马丹的住所，等她出门之后，去问她12岁的儿子，想知道我是怎样的一个人，是怎样的一个继父。这种行为不可容忍。我当时真的怀疑，这个世界是不是都疯了，在没有任何证据、完全偏离真相的情况下，他们居然能撰写和刊发那些谎言，只为了抹黑一个人，并且完全不顾后果。我非常愤怒，这就是生活在公众注视下的人无从回避的命运。

那些小报记者一点都不收敛：我上任后不久，回了一趟阿尔萨斯，于是他们的报道就是，我已经从阿森纳辞职并且回家了。当我回到伦敦，出租车司机都对我回来感觉奇怪。回到俱乐部，负责公关的经理，见到我有些局促不安：“你为什么不告诉我，你已经辞职了？”我又一次目瞪口呆。于是我立即在海布里正门台阶上，召集了一次临时的新闻发布会，我告诉他们，我什么都不怕，我做好了直面和还击一轮又一轮谎言的准备。我告诉他们，对我而言，唯一重要的，就是俱乐部的利益。

时间飞逝，更多的谣传和谎言，仍然不断出现在报章上。一场比赛之后，在一群记者连珠炮的提问声中，我不得不提高声量说话。我强调说，我坚信英国人是诚实有礼的，英国绝不是一个能容忍这种恶意污蔑中伤的国度，同时我不需要隐藏任何事实。没想到在这之后，各种恶意的攻击，突然停止了，出乎意料，一如其莫名其妙的开始。

*

我得再次强调：在俱乐部和队员们在一起的时候，我感觉就像是待在家里。我有大卫·戴恩的绝对信任，队员们不会对我的私生活有半个字的询问。然而在俱乐部外，我难以想象，还会有比我经历过的更加恶毒的媒体迎接。我将那些卑劣中伤和侮辱置之度外。事后回想起来，这段糟糕的日子，又是我人生当中的一课，让我更加坚定自己的信念，集中精力于工作。在谣言甚嚣尘上时，我站稳了脚跟，毫不动摇。我直面这种折磨，这种折磨不可能打倒我，它没能影响到我的队员和俱乐部，对我的乐观情绪、我的足球和人生价值观，也没有形成多大影响。我努力去理解这一切：这种恶意中伤的爆发，是否因为我是一个外国人，一个在英国不知名足球教练的原因？是否因为我得到了这样一份无数人渴望的职位而遭致各种嫉妒？足球世界里，是否充斥着这种恶毒暴力？问题是否出在那些不属于这个足球世界却肆意妄为、不负责任地进行批评的人身上？我找不到答案。

那漫长的几周时间，我都是独自一人应对。我一人独居，博拉还没有从日本赶过来，安妮还没和我住在一起，我的家人和朋友都在法国，并不知道我经历的这一切。我只能依靠自己，这也是人生中的一课。

当那些小报记者编造的诽谤谣言停止之后，我重新找回了生活中的平静，不过我始终保持着警觉，这也是我想告诉同行的一点：在我们这个行业里，你时刻要保持警惕。当你和球员、记者、球迷沟通交流时，你得对自己的言行保持谨慎，这也是我参加新闻发布会的态度。因为我经受了最糟糕的磨难，所以我知道我将要面对的是什么。应对新闻发布会的艺术，是有问必答，但必须时刻谨慎小心。你一定要有警惕性，因为保护俱乐部和球队团结是无比重要的。作为足球教练，你时刻得面对媒体，这种频次还在不断增加（当我离开阿森纳时，每周得有6到7次新闻发布会，还别提各种采访和俱乐部官方电视台的采访）。媒体逐渐意识到我的特点：我总会诚实地面对问题，尽可能保持采访内容的真实性，从不闪躲。

当我们和媒体对话时，我们同样也是在和队员、球迷以及我们的董事们对话。

这一段经历，让我学会了如何更好地保护球员，学会了预防媒体攻击和其他困难情况。总会有些球员，因为饮酒或者私生活问题，被媒体推上头条。我觉得我们必须保持着尊严去应对，必须在你的应对中保持公平，而且从不淡忘自己想要达成的目标。这种情况下，人的情绪类反应必须得到控制，如果你心有怨气，感觉太受委屈，那么你会失去头脑的清明，积极的能量也会消失。

在这种困难中，俱乐部立场明确，我同样如此。

我们当时面对着一系列的重大挑战：改造球队，让队中的资深球员和新加盟球员团结一致；提升我们的竞技水平、技术能力，让俱乐部更加现代化。我得到了大卫·戴恩的全力支持，我和他之间有着深度默契。帕特·莱斯，我的助理教练，也是好帮手。帕特对俱乐部无比忠诚，对俱乐部的一切都了如指掌。上午和下午的训练，我俩都一道参加，最开始几周，他每天都陪我去俱乐部办公室，那需要一个小时的车程。我在伦敦生活的开始，就是围绕着训练中心、海布里的俱乐部办公室以及酒店。后来我搬进了一幢小小的但很舒适的房子，有着一个典型的英国式花园。这所房子一点都不起眼，让我感觉格外舒服。这些就是我在伦敦生活的三个地标支柱，很多年过去，我仍然对伦敦一无所知，就像我实际是住在阿森纳而非伦敦。

我执教的第一个赛季，俱乐部有一项重要使命，就是得找到一个新的训练基地。我们当时训练的地方，其实是属于伦敦大学的！俱乐部没有所有权，因此在训练基地做任何事，都得申请批准。我感觉我们的训练条件，整体落后时代二十年，完全不符合俱乐部的地位，更达不到俱乐部发展的要求。整整一年，每个周日，大卫和我都在寻找一片我们能修建新训练中心的地皮，最后是肯·弗莱尔——阿森纳俱乐部任职最长的董事，在科尔尼找到了我们想要的那一片地。之后我每天都会去那片工地，直到1999年基地建成。我们修建了10片场地，以及一个功能性很强的现代化训练中心，建筑风格和谐舒适，因为我们必须为球队提供最好的条件。整个修建过程，每个细节都至关重要，我都有参与，这是非常重要的事。

帕特·莱斯之外，我还有博拉可以依仗。他从日本来到阿森纳，继续担任我的助手。他太了解我的工作方式，和同事们相处也很如意。这是一个虔诚朴实的人，对这项运动和运动员，有着极其广博的知识，同时他还是一个有着大局感的人。我一直信赖博拉，博拉也一直为我提供着从不动摇的支持。艰难时刻，他总会在我身边，而我们一起度过的艰难时刻还真不少。和在日本不同，到了伦敦，我们俩不再合住，他和妻子的住所，对我永远敞开大门，一如我对他们一家人。他每周都会过来和我一起看比赛，当我离开阿森纳之后，我一度情绪低落、感觉孤独，于是差不多每天都去他们家蹭午饭。这是一生的朋友。

博拉、帕特·莱斯和我，组建了一支充满胜利渴望的球队，一支有着雄心、自我要求严格的球队，在这里我们逐渐形成所有人都了解的足球风格。球队之外，还有许多我认为在各自领域内是最顶级人才的专家，这种外脑协作的模式，能让我们自身组织架构不至于臃肿。我给俱乐部介绍过一位医生，雅恩·罗杰尔，他来自巴黎医学院，对神经科学、营养学和心理神经免疫学充满激情，也是IN2A协会（应用新营养学和神经科学学会）的创始成员。我在摩纳哥时代就认识他，因为我对所有能提高球队表现、训练水平的任何创新，都充满兴趣。我感觉我们对于足球场上的各种细节了解得越来越多，把握得也越来越仔细，但对于场外大量更新中的相关信息和知识，却严重缺乏研究，所以球队乃至这项运动，都是有很高进步空间的。我和雅恩的脾气大相径庭，但我们都对科学和实验感兴趣，这是我们能长年合作的基础。他能从另一个角度，向球员们解释应该如何进食、如何选择食物，以及作为职业运动员，进食时应该如何咀嚼。我曾经介绍他前往日本，担任过临时顾问。雅恩就是运动领域的营养学先驱，更是和球员们交流时，最好的一位沟通者。他开始为俱乐部编制菜谱，当年俱乐部流传过一个笑话：大家都认为，我要求队员们每天早中晚都得吃白水煮西兰花。这当然不是真的，尤其我自己都不是太爱吃西兰花。不过雅恩确实极大地改变了队员们的饮食习惯。例如半场休息时，他们总爱吃的巧克力棒以及碳酸饮料，我们会说明碳素钙和糖分摄入的合适数量以及相关道理。队员们最初都会感觉饥饿，不过很快就能养成新的更健康的习惯。这些手段，都是为了帮助队员们更稳定发挥，能让他们意识到，良好的饮食习惯，对他们的身体和竞技状态是多么的重要。后来埃尔韦・卡斯特尔取代了雅恩的角色，同样能力超群。

我还从巴黎介绍来一位骨科专家，菲利普・博伊艾克赛尔，他曾经和法国国家队、一些顶级搏击俱乐部以及最顶尖运动员合作。菲利普既是骨科专家，也是训练有素的运动理疗师，他能帮助球员们更好地恢复，为比赛做好更充分的身体准备，同时让他们的身体能更好地缓解运动压力。菲利普每周在阿森纳工作两天，检查所有队员们的身体状况，尤其是他们在比赛中因为冲撞经受的各种受伤、脱臼等。

此外还有一位英国心理学专家，大卫・埃利奥特，每周都来俱乐部工作，以及蒂姆・奥布莱恩、大卫・普利斯特利和塞里博士，他们负责来俱乐部帮助队员们调整好心理状态、改善情绪管理。

这种大量借助外部资源的结构，使俱乐部在技术层面上的效率得以提升，又能将人力规模设置在一个可控范围，对提升竞技表现和能力进步，营造了一种很健康的氛围。我向来注重在各种专业领域，找到最好的专家帮手，这样我们可以通过各种客观评估和有效手段，来实现我们的目标。在摩纳哥的时候，我就最早推广让-马克・吉卢的球员能力评估体系，并且帮助他在很多版块上完善了整个评估体系。

到了阿森纳，我们也是最早和数据公司ProZone签约的，这家机构善于通过场上运动数据分析，来对队员以及球队整体进行客观评估。如今这种数据使用已经成了职业体育俱乐部的标配。

我们做的每一步尝试、增加的每一项工作，都是为了提高球队竞争力，将球队从英超积分榜中游不断上推，不断接近英超锦标。

帕特里克·维埃拉、雷米·加尔德和伊曼纽尔·珀蒂之后，还有一名球员在球队夺取1998年联赛冠军起到了关键性作用：尼克拉斯·阿内尔卡。

我第一次见到阿内尔卡，是在巴黎圣日耳曼的训练中心。当时我去法国，试图从欧塞尔俱乐部收购一名年轻球员，我在法国认识的经纪人告诉我说，有一个天赋出众的年轻球员，在巴黎过得很不如意，上场机会也不多，建议我去看看。我于是和阿内尔卡会面，他非常腼腆，十七八岁的样子，已经下定决心要离开巴黎圣日耳曼，并且告诉我说，他想加盟阿森纳。我回到伦敦，等待下一步进展。我当时有感觉，以为他还是会回心转意，最终留在巴黎圣日耳曼。没想到两个月后，他仍然决意要离开，这样我们就和巴黎圣日耳曼达成协议，引进阿内尔卡。他来到伦敦时是1997年2月，我们得为他设计训练计划，增强他的对抗能力，让他快速融入团队。开始的时候很不容易，不过阿内尔卡迅速就取得了突破性进步。

1996/1997赛季的最后一轮，5月11日，我们客场对阵德比郡，我安排比赛名单的时候，已经在想着给阿内尔卡机会。比赛前一天，当我们登上前往德比的大巴时，我发现阿内尔卡不在车上，去到他的房间，发现他居然在收拾行李。阿内尔卡很不高兴，他觉得他比赛机会太少，想要回家了。接下来我们进行了一番长谈——最终改变了一切的长谈。我力劝他不要就此放弃，也清楚地告诉他，他必须凭借自己稳定发挥的能力赢得上场机会，而不是瞬间的才华展现，更不能一遇到困难掉头就跑。我说服了他留下来。

第二天的比赛，开始10分钟，保罗·莫森受伤，我派遣阿内尔卡上场，他成为了全场最佳。获胜之后回到更衣室，我看到他脸上灿烂的笑容，那是庆祝胜利心满意足的笑容。我亲口对他说，永远别忘记过去24小时发生的一切，此前一天，他想的还是放弃一切，而这一天，他已经成为球队发动机之一了。

从那天开始，阿内尔卡成为了一名球星，我总能记住那一段经历。很多球员都会有极度沮丧失落的时候，但我知道一切反转起来会有多快，我必须说，在我的职业生涯里，经历过的这些实在太多了。

*

赛季结束前几周，我的生活发生了巨大改变：我成为了父亲。当时我可能对自己的工作投入太多，让自己太繁忙，以至于我忽略了这是上天赐福，莱亚的出生，显然就是如此。

莱亚于1997年4月7日在摩纳哥出生。某种程度上，她的出生时间是一种对我的等待：我们在4月5日有一场对切尔西的比赛，阿森纳3比0获胜，比赛一结束，我立即飞往摩纳哥，陪伴安妮。那一年年底，安妮和莱亚来到伦敦，与我相伴。突然之间，从过惯了的单身生活，我们开始围绕女儿营造一个家。这是我们尽最大可能需要保护的生活。对于应付一个像我这样超级忙碌的人，安妮真的很了不起。我总是很忙，对自己的工作投入了太多热情，不可避免的有些自私。安妮将所有的爱，投注在莱亚身上，将自己的优点培育在莱亚身上，她是一个伟大的母亲。我们到现在仍然保持着友好的关系，彼此尊重。我知道我亏欠了她太多，也知道她这些年需要面对的是什么，我尤其知道和我这样一个为职业而疯狂的人、一个视足球为自己虔诚信仰的人一道生活，是多么的不易。我想要有一个孩子，不想此生连做父亲的机会都没有。不过我有很多后悔的地方，就像很多父亲一样：陪伴莱亚的时间太少，此外没能多要几个孩子。莱亚有一个哥哥，凯甘和一个姐姐艾丽卡。我喜欢大家庭，脑海里总是充满着大家庭聚会时的那种热闹，各种欢笑和争论，我非常清楚，家庭是人生的重要支撑，因为只要有家，你就不会孤独。

莱亚是个非常出众的年轻姑娘，内心深处也有着强烈的竞技喜好。她学业十分优秀，所以我希望她永远不会发现我当年的学习成绩。她还很小的时候，和她玩任何游戏，她都会将其当做一场比赛，而且会竭尽全力打败我。如今她集中自己所有的精力，于她的学业研究和田径训练，孜孜不倦。

我得说，莱亚是一个很有天赋，同时又相当勤奋的孩子。她的童年比较舒适，我们作为父母，会帮助她树立起生活价值观。我们希望她保持对世界的好奇心，能够努力学习和工作，同时能对他人保持足够的尊重。我想在这些方面我们是成功的。她同样也是一个非常低调的女孩，过于低调，毫无疑问，这像我。在她生活的许多时刻，我不在身边陪伴，以及后来我和她母亲的分手，都肯定让她很痛苦，不过她从来没对我抱怨过。

作为父亲的体验，让我必须面对各种自我猜疑和恐惧，而且也让我不得不承认，我不是一个合格的好父亲。不论如何，莱亚很幸运，有一位充满爱心的妈妈，全身心投入在孩子身上，这是莱亚能健康成长为今天这样子的最大原因。

我试图保护好莱亚和安妮，不让她们被竞技足球的粗暴、我失望时情绪的落差以及输球后我的消失所伤害到。输球的时候，我总会让自己独处，在静默中分析一切，压制我的愤怒，用更加客观的思考去平衡自己的心神。但她们还是得和足球生活在一起，因为这是我生活的中心内容，有时候她们肯定会对我满是厌恶。不过我也努力和她们分享足球世界里的美好和那些我珍视的美德。安妮和我，都对如今长大成人的莱亚感到骄傲自豪。

1997/1998赛季是一个成功的赛季。我完全适应了阿森纳，以最大的努力扮演好了一位成熟主教练的角色，并且开始启动我认为俱乐部必须推进的三大使命：一，提升比赛成绩，改进球队足球风格；二，帮助队员们的个体进步；三，优化俱乐部结构，提高俱乐部的全球影响力。我和各种事务密切相关：新的训练中心修建、各种选材引援评估、转会招募、每天的训练安排，以及权衡各领域专家对队员们提供的帮助。当然，这个阶段的核心任务，是球队足球风格的改变，这仍然是要建立在俱乐部传统价值观基础上的：团结、有礼有节和向前。有礼有节，其实是对我们不论场上、替补席还是日常生活中，都需要保持的生活态度。在日本，我养成了公共场合必须穿西装的习惯，在阿森纳我也一贯如此。这些简单的行为举止，都是要让俱乐部形象在我们每个个体身上具象化，让球迷感觉骄傲，让对手感受到尊重，让所有人意识到，和阿森纳相关的每件事，都应该是兢兢业业的，都不会有马虎拖沓的存在。队员们也意识到了保持自我形象的重要，穿着言行都得有礼有节，尽可能地保持风度。还有一些看似不起眼的工作细节，其实很重要：每场比赛前，和俱乐部所有员工以及赞助商打招呼，在俱乐部接待室、贵宾室、董事包厢里和各种人寒暄，用客队主色的花朵装点这些房间等等。只要你追求优秀和优雅，你总会找到各种值得提升的地方。

在俱乐部形成一种积极向上的竞技氛围同样重要。这种思考，在我看来，就是要求俱乐部的领路人和球员们，都会不断扪心自问那一系列基本问题：

我如何能不断进步？

我是否挖掘出了自己的全部潜能？

我如何能达成更高的目标？

毫无疑问，这些自省式的问题，都是成功的关键，经常如是自我审视，能帮助一个球员更好地认识自己，找出自己的缺点，并且明白该如何取克服困难、修正这些缺点，让自己上升到更高层次。这样的球员都有着一种卓越的平衡素质，充满智慧，能不断激励自我。我努力打造这样的文化氛围，我发现我完全可以信任像托尼·亚当斯、大卫·希曼、李·迪克逊、伊恩·赖特、丹尼斯·博格坎普、马克·奥维马斯、大卫·普拉特、雷·帕洛尔以及我带过来的那些法国球员：雷米·加尔德、吉勒斯·格里曼迪、伊曼纽尔·珀蒂、帕特里克·维埃拉和尼克拉斯·阿内尔卡。

那是一个非凡的赛季，我们从一支联赛中游球队起步，逐渐证明给所有人看，我们能全身心地投入，并且成为最好的球队之一。那是一代充满着上进心和成功饥饿感的球员，这种俱乐部氛围，在我执教阿森纳22年的时间里始终保持，不论我们是否在某个赛季赢取了锦标。我对所有这些球员都充满亲情，无比尊重每一个个体：他们过往的生活经历、他们付出的努力、他们的优点以及他们为了达成最佳所付出的种种牺牲。

那一个赛季去争夺英超联赛锦标，是巨大的挑战。我努力说服自己，我们是有能力做到的，也努力去说服身边的人。

赛季打到后半段，我们仍然落后曼联8分。1998年的3月14日，我们在老特拉福德1比0击败了曼联，马克·奥维马斯，一位十分优秀的球员，在得到阿内尔卡的关键助攻之后，打进了致胜球。一直以来，我都是奥维马斯球风的崇拜者，当他在一段漫长的伤病康复期后，我将他引进到阿森纳，当时很多人劝诫我别做这笔交易。我去过阿姆斯特丹看他的比赛，发现他并没有恢复到百分百的状态。不过我相信他一定会恢复到他的巅峰水平，而且我也能帮助他找回最佳状态。在足球风格上，奥维马斯是那种具备决定性能力的球员，他在场上总在不断要球，对比赛分析和瞬间判断的能力超群。

对我而言，这场和曼联的比赛就是转折点，证明我们已经做好了和曼联旷日持久竞争的准备，证明我们有能力打败这支优秀的团队，这样我们当然可以挑战英超联赛锦标。

这么多年来，我非常享受我们和曼联的竞争关系，和他们每场比赛的那种紧张氛围。阿历克斯·弗格森愿意为他的俱乐部付出生命，我也是如此。这是非此即彼的竞争关系，两个俱乐部的敌对，正是我们两人好胜性格的体现。阿历克斯·弗格森对足球充满热情，他有着非同寻常的全面能力，因为他的性格，也因为曼联俱乐部的强大，弗格森保持着对英格兰足球强力的权威地位。他能将这种潜意识压力，施加到任何人身上，包括裁判。例如曼联比赛补时之外，还会有的额外时间，被称之为“弗格森时间”，曼联利用这种额外补时，可是赢了不少主场比赛的。他的权威地位，和球队极其优秀的实力，融合成了一体。

我们彼此之间有着很高的尊重，这是经典的竞争关系。这么多年来，当然也有过很多冲突，有过一些怒气冲天的场景，但这些可不是作秀演戏：这是我们的生命、我们的激情、我们对于足球绝对的奉献。我们都无比坚定，追求的唯有胜利。显然，对他以及他的队员们，我所表现出来的任何恼怒生气情绪，都会被媒体公众放大，所以我得保持克制。但有些时候，人是不可能完全控制住自己情绪的。我，或者他，都有过情绪沸腾、脑子过热的时候，这些时刻恰恰是球迷和媒体牢牢记住的。我知道我俩有着很大不同，当时他对曼联俱乐部有着牢牢的全面掌控，而我更多的只是一个主教练。我自然能了解到弗格森不凡的能力，他知道如何在自己身边团结起一群合适的伙伴，他即便已经无比成功，却从不骄傲自满。他有一种极其高效务实的工作方式，能帮助他清除所有阻挡他获胜的障碍。这是一个优秀的团队管理者，总能做出正确的决定，并且在长年的工作中，体现出来他对球员心理的精细理解能力。我们的关系向来很紧张，有过很多冲突激烈的时候，也有过一些更平和更冷静的时候，但这种竞争关系，肯定为英格兰足球增加了有益的内容。这一个赛季我们赢取了锦标，随后一年，我们在足总杯半决赛加时输给了曼联，接着他们登顶三冠王。这样的竞争，足够说明竞争是何等激烈，有那种任何情况都可能发生的莫测感，所以我们都得加倍努力。

当我们在1998年5月3日夺取联赛冠军并在最后一轮4比0打败埃弗顿后，我们向所有对手尤其是曼联，证明了我们能战胜所有人。13天过后，我们更在历史悠久的温布利球场，于足总杯决赛2比0战胜纽卡斯尔联队，成为双冠王。这种感觉无比美妙。夺冠之后，我们更加明白，一段伟大的历程才刚刚开始，因为双冠王获得的过程，是那么的紧张且奇妙。

我对球队、对俱乐部感到无比骄傲：这正是我给那些相信我支持我的人，也包括那些在我刚抵达伦敦时让我度日如年的人，最理想的回报。通过努力，我证明了，一个不知名的外籍教练，同样是能够获得球队信任、能够改变球员习惯甚至生活方式，然后不断去追求胜利，最终夺取锦标的。不过我还想要更多，这一个赛季的胜利，给了我一定的背书，让我有了进一步努力工作的可信度，这样我能帮助俱乐部构建一支更加成功的球队，能给予俱乐部更多更好的回报。我要的不仅仅是一个赛季的联赛锦标：我们想要赢得一切。

在1999年，我们在英超联赛未能卫冕成功，不过在另外一种形式上，我们留下了自己的痕迹。我们给了球迷和整个社会记住阿森纳的理由，通过正确努力的方式。

那一年2月13日，足总杯第五轮，我们对阵谢菲尔德联队。当时谢菲联的门将阿兰·凯利，在队友李·莫里斯受伤的情况下，大脚解围，希望能让球队得到喘息时间，让队医来给莫里斯疗伤。没想到这时恩万科·卡努，刚刚从国际米兰加盟阿森纳的前锋，拦截下对方的解围球，然后助攻奥维马斯得分。主裁判判定进球成立，我们获胜，却由此引发巨大争议。比赛结束后，我们聚集在更衣室，所有球员，以及俱乐部主席都同意，我们得和对方重赛一场。我们得说服国际足联，因为在足球管理者看来，主裁判的判罚没有问题，可我们决定重赛才是更公平的。24小时之后，国际足联批准了我们申请重赛的要求，之后重赛，我们努力争胜，最终晋级。这是一场杯赛淘汰赛，晋级之后，我们会在半决赛对阵曼联。重赛一场，在紧密的赛程中，对大家的体能精力消耗都会很大，不过没有人对重赛表示任何异议，这种态度，对我来说就是最重要的。阿森纳俱乐部的箴言中，“有礼有节”的含义，对我们来说太重要了。这种共同决定，让球队更加团结，也让俱乐部和我有了更健康的公众形象。今天的职业体育，为了胜利不惜一切代价，让公平竞争反倒显得很另类，任何拿不到冠军的球队，都会被看做一钱不值，可这样是不对的。上天都知道，我有多么渴望胜利，但我们是在固守着我们尊重的价值道德观基础上，去追求胜利。因为这次重赛，我获得了公平竞争奖，对此我非常自豪，我知道俱乐部也对此感到自豪。之前的胜利以及这次重赛的风度，再一次加固了俱乐部的文化传承。

那些年，为了构建一支更加强大的球队，我开始引进一些天赋极高的新球员。

我早就认识蒂埃里·亨利，他在摩纳哥出道时就是在我手下。我知道这是一个早熟的足球天才，充满智慧。他当时在尤文图斯效力，不过和当时的主教练安切洛蒂关系不佳。安切洛蒂想把亨利租到其他俱乐部去，可亨利不接受这样的安排。我能感觉到亨利在都灵过得很不开心，于是我和大卫·戴恩一道去和尤文图斯谈判。他们要求的条件，是和阿内尔卡互换，不过阿内尔卡想要加盟的却是皇家马德里。我等了足够长的时间，阿内尔卡最终主动面对我，承认他想走。这样的前提下，我们开始和皇家德里谈判，最终送走了阿内尔卡，这样的结果，肯定让我很失望，我觉得这样的转会对他来得太早，他还处在学习和成长阶段，要背着这么高金额的转会身价，压力实在过于沉重。和一个球员职业成就密切相关的，是他选择的俱乐部以及他做出决定的时机。那次转会，我觉得皇家马德里并没有给予阿内尔卡想要的足够多的机会，他感觉自己被边缘化了，对此我爱莫能助。

我们努力将蒂埃里·亨利带到了阿森纳，他在1999年加盟俱乐部。很短时间内，我和所有队员们都发现，他有着特别之处。我逐渐让他从边路继续向锋线发展，他有着绝佳的场上时机感觉，总会在关键时刻要球。初期他的临门一脚还稍显笨拙，对自己也不是很自信。他不相信自己的射门得分能力。今天回看他的职业生涯，我们都知道，他是毋庸置疑的阿森纳历史最佳射手，所以当初他那种不自信，如今会让人发笑。可最初他的确需要学习，需要得到心理启发，来增强自信，想办法摆脱自己的羞涩、紧张以及恐惧。同时他又得明白，所有这些对自己的怀疑，其实也在推动着他不断进取，让他变得更加强大。亨利的分析能力非常强，大脑反应极快，这种智慧和这种综合评估能力，对自己的剖析和理解，以及对自己的自疑，都是伟大球员的标志。亨利很快成融入了团队，他的场上贡献，让他赢得了全队的欢迎。对所有人而言，不论球迷还是我们队内，亨利代表着阿森纳的黄金岁月。

之后一年，2000年，我又引进了罗伯特·皮雷和西尔维安·维尔托德。

维尔托德在波尔多效力，我很欣赏他的移动能力、对比赛的投入程度、场上嗅觉和团队合作性。这是一个标准的团队球员，知道如何做出正确的决定。签下维尔托德的谈判过程相当艰难，他也有些不守常规的名声，有人甚至说他就是一头野兽。性格上，维尔托德不喜欢直面问题去迎接挑战，时不时会选择绕着走。不过来到阿森纳，包括他之后加盟里昂，他证明了自己是多么聪明的一个球员。对于足球运动，维尔托德是有着真知灼见的，他具备一种创造空间的能力，在锋线上接球感觉良好，总能让队友舒服地找到他。维尔托德是阿森纳队内迎来的一股新风。

罗伯特·皮雷当时在马赛效力，我告诉马赛俱乐部主席，罗伯特·路易斯-德雷福斯我们对皮雷的兴趣。我知道皮雷在马赛那个赛季不开心，想要离开，我更知道他能给阿森纳带来什么，能帮助我和全队接下来将要面对的艰巨挑战。皮雷是一位令人难以置信的优秀球员，世界顶尖水准，在他重伤之前几年，他是毫无争议的世界最佳左中场。皮雷有着罕见的脚下技术，头脑灵敏，临门一脚秀出班行。这是一个面带微笑的杀手，是足球世界里难得一见的非常温柔的人，却能突然启动，将球带向他想要去的区域。2002年3月23日，我们在足总杯第六轮和纽卡斯尔联队重赛，他有一段美妙的比赛开局，2分钟射门得分。然而之后却因为一次铲断身体扭曲倒地，遭遇重伤。医生的判断是十字韧带断裂，必须接受手术。这次重伤给皮雷带来了巨大的痛苦，也让我备受打击。我十分内疚，真觉得这场比赛不该让他上场的，或许我让他休息一场，就能逃过这一劫。我知道皮雷在之后大半年都没法比赛，尤其会错过那一年夏天的韩日世界杯，这样的伤势，有可能让他永远无法恢复顶级水准。那一年的5月8日，我们完成了另一项壮举：凭借西尔维安·维尔托德的进球，我们在老特拉福德打败曼联，再次登顶英超。这是一次伟大的胜利、一段我们难以忘怀的记忆，尤其是此前4天，我们已经在足总杯决赛4比0打败切尔西夺冠。

这两场胜利，面对的都是英超偶像级别的劲旅，对球迷、对我们自己，都是具有高度象征性和特殊意义的：我们知道如何赢取锦标，我们可以和切尔西、曼联这样更富有更有资源的俱乐部竞争。我们同样明白，为了保持我们的竞技质量，尤其是保证我们的引援水准，我们必须了解转会市场，因为只是比拼投入资金数额，我们没法和最富有的俱乐部竞争。

进入21世纪，俱乐部和球队都进入了一种国际化资源架构。在1998年，球队还是保持着很传统的英格兰文化特征，之后则越来越多元化。我认为多种文化混杂，只要基本价值观不动摇，不会对俱乐部形成伤害，这是俱乐部广博胸怀的体现，这一点需要每一个人明确并且接受。

从我的执教风格出发，我总是希望自己保持进步，能够变得更加精准、更加公平，也更加强大。从2002年开始，本职工作之外，我开始参与电视体育评论，这份兼职，教会了我许多此前从未获知的东西。

最开始和我接触的是埃蒂安·穆柔特，之后我和法国电视一台的体育负责人查尔斯·维兰纽夫面谈，这个频道是法国的开路电视频道。很幸运，我能和让-米歇尔·拉尔克、蒂埃里·罗兰德、蒂埃里·吉拉尔蒂以及克里斯蒂安·让皮埃尔一道工作，让皮埃尔成为了我的好友。由于主流媒体的报道覆盖，我有机会能在世界杯等顶级国际大赛期间去到比赛现场。这是另外一种实现自己梦想的途径，同时也能和球员、教练以及经纪人保持联系。最重要的是，这种媒体评论工作，能让我退开一步去观察这项运动：坐在一个更高视角，以评论员角度去讲述比赛，这又教会了我很多。

我很快和克里斯蒂安·让皮埃尔结下友谊，评论席上还有比克森特·利扎拉祖，三人组合，我是说话最少的，三人说球，可能声音稍多了点。这段经历也提升了我的公众表达能力，现在说球，我讲述的会更多，也更适应这个角色了。最开始的时候，我不想越俎代庖，因此在现场做出即时评论会有点难，尤其在比赛进行当中。我更喜欢像现在在BeINSports做的这种赛前和赛后分析。早在2004年，我就和BeINSports的体育负责人纳赛尔·阿尔-赫莱费签订了第一份合同，他后来在职场升迁很快。在媒体看来，我是一个不错的选择，因为我在一线工作，有着丰富的实践经验，同时我热爱足球运动，享受比赛的氛围，不光是有想法，更乐于在实践中去尝试各种想法。我喜欢向观众解释足球运动的真相到底是怎样，这项运动的基本规律是什么，而各种表达都是极其重要的，因为合适的表达所传递出来的思想，会改变大家对这项运动的认识。作为一个主教练，我经常强调说，一定要有清晰的概念，知道他想要什么，并且清晰地将这些概念传递到位。参与大赛评论，特别是要面对广大观众，能帮助我更清晰地整理好自己的思路，并且将各种概念准确地表达了出来。这种工作机会，也让我能在现场更好地了解电视以及媒体对于足球运动的影响力，现代传媒给职业体育带来了巨大的收入，同时也时刻紧扣这项运动的节奏，不断对这项运动提出新的要求，让一切运转节奏加速。我意识到，媒体在提供巨额资金的同时，也会对所有的俱乐部主席施加压力，要求俱乐部不断达到现代传媒无所不覆盖的传播要求，我们得接受这样的现实环境，从中获取对足球最大的利益，同时也要保持界限，才能保护好球队和队员们。

*

2001/2002赛季，我们不仅夺取了英超联赛锦标，而且整个赛季联赛客场保持不败，从那时候开始，媒体给我们贴上了“不败之师”（the Invincibles）的标签，之前只有那支在现代足球历史上第一个保持联赛全赛季不败并夺取联赛和杯赛双冠的普雷斯顿俱乐部能享受这样的荣耀。普雷斯顿在1889年树立起了看似高不可及的标杆。不过我坚信我们还有潜力，这一个赛季我们优异的表现和超常的稳定性，让我们达到了和曼联同水准竞争的高度，于是我开始挑战我的队员们，看我们能否比肩普雷斯顿的史迹，能够在整个赛季保持不败。

随后的2002/2003赛季，我们开局不错，为了向队员们证明我对他们的信心，以及我的自信，我在一次新闻发布会上说，我们具备不败夺冠的能力。我根本不在乎人们如何评价，认为我们过于疯狂或者过于傲慢。我一直觉得，一个主教练的终极挑战，就是一整个赛季保持不败夺冠。这成为了我挥之不去的一种迷恋。如果你发挥出了90%的能量，你就有可能成为全班第一，但你如果100%地发挥了出来，你不可能变成全班第二。

当然，随着每一场不败的延续，我们身上的压力也越来越大，大家都瞪眼看着，猜疑这样的百年奇迹能否复现。这个赛季打到10月，我们将联赛不败延续到了30场，遗憾的是，在客场对埃弗顿的比赛，临终场前，被一个16岁的少年维恩·鲁尼进球，不败被终结。这之后力图每轮不败的压力消失了，但那种我们是不可战胜的光环也随之消失，我们很难保证自己能达到此前树立起来的超高标尺以及我们之前努力保持的稳定性。最终我们联赛落后曼联，屈居亚军，但我仍然感觉，我们还是有机会复现奇迹战胜我们强大的对手，在足球史册上留下我们独特的印记。我能感觉到，我们的团队如此团结、充满经验、力量十足，并且总能保持着顶级状态，有着非常积极的进取心。年龄上，球队也是由热爱竞争的经验丰富的球员和充满胜利饥渴的年轻球员混编而成。当时我们和曼联在实力上难分伯仲，一场比赛中偶尔的灵光一现，或者些许幸运的降临，就可能改变一切。我们那个赛季在卡迪夫，再次捧获足总杯，决赛1比0打败南安普敦，罗伯特·皮雷进球。之后我问队员们，为什么联赛我们不能卫冕。大家的回答，是我对球队施加的压力太大，要想以不败战绩赢得联赛锦标，他们看来是不可能实现的。

我仍然相信，未来赛季他们能做得更好，于是当球员在夏休之后重新聚合时，我再次挑战他们：未来赛季联赛中，一场不败，让我们成为现代版的“不败之师”。这已经成为我生命中重要的一课：树立起最高雄心壮志，坚信自己一定能努力达成，一年种下种子，辛勤耕耘，两年之后就能有收获。

7

不败之师

在2003/2004赛季开始的时候，我再次对队员们强调之前我已经宣告过的挑战：我们能够在联赛中不败夺冠。我确信这一点，这是我们的赛季目标。

我清楚地记得那支特殊球队里的每一名球员。毫无疑问，人人都能记住当时的明星、那些球队中的关键人物：帕特里克·维埃拉、吉尔伯托·席尔瓦、雷·帕洛尔、弗雷迪·永贝里、罗伯特·皮雷、丹尼斯·博格坎普、蒂埃里·亨利、杨斯·莱曼、劳伦和阿什利·科尔。科尔11岁就进入了阿森纳青训学院，我当主教练后，给了他在一队首秀的机会。当时球队中，还有两名极其重要的后卫。

索尔·坎贝尔在2001年加盟阿森纳，他是我们北伦敦德比对手托特纳姆热刺的核心球员，当时他和热刺的合同快到期了。谁都想不到，他愿意加盟阿森纳。为了准备他的加盟，尤其是谈判一些加盟条件，我们会在晚上11点于大卫·戴恩家里会面，然后在周围边散步边讨论，直到凌晨1点。只有大卫、索尔和他的经纪人斯凯·安德鲁和我四个人知道事情的进展。我们同时评估这种转会的冲击力得多大。当我召开新闻发布会，宣布有一名新球员加盟时，索尔·坎贝尔走进了满是媒体记者的会场，那简直就是一颗重磅炸弹。效力热刺那么多年，索尔转投阿森纳，他得有绝大的勇气才能如此。出于对球迷的了解，知道他们的激情、他们的愤怒，都将投射在索尔身上，他之后在伦敦确实过得很艰难，必须面对各种称他为叛徒、犹大的各种横幅。在我看来，这是一个有着巨大优点的人，一个有着现象级力量和速度的超级后卫。效力阿森纳的5个赛季，他为我们带来了极大的帮助，没有他的到来，阿森纳不可能达到如此高度。我非常了解他为代表阿森纳所要承受的代价，那种不间断的压力的袭扰。

大家都知道阿森纳和托特纳姆热刺的德比关系，原本阿森纳是在南伦敦成立的俱乐部，后来迁移到北伦敦，接近托特纳姆的领地区域，所以和赛季中其他轮次相比，与托特纳姆热刺的德比交手，之前一周就会进入特殊的德比氛围。从那一周的周一开始，你就能感觉到四处环境中的情绪拉力，大家的神经被不断拉紧。相对而言我能更超脱一些，毕竟我是从海外而来，可我仍然能非常清晰地感受到那种德比情绪。任何经历过这种传统敌对关系的人，都能体察出这一周的特殊，让所有人都高度紧张的网状压力，脑海中似乎会随时传来的空袭警报声。简言之，这绝不仅仅是两队各11人之间的一场普通足球比赛。居住在北伦敦的人，哪怕是一家人，在德比这一周，家里的阿森纳球迷和热刺球迷，彼此间都是不说话的。我的助理教练帕特·莱斯，总会倾向于选择那些斗士参赛——不过帮助我们赢取德比的，往往是那些能力超群的艺术家，例如罗伯特·皮雷，例如蒂埃里·亨利。面对这样的德比环境压力，真得保持完全的禅宗入定，才能守住清明。

这对德比冤家的竞争最高峰，或者也是最低谷，就是索尔加盟之后我们的第一次德比。他是一个热刺传奇，所以托特纳姆热刺的球迷全场都在对他发出“犹大”的怒吼。在这些德比战结束后，街头巷尾总会有不停的打斗，如果是在白鹿巷比赛，我们赛后要离开都很艰难。倘若在德比中输给了热刺，之后几天都让人度日如年。得亏我们在德比中输得不多，我感觉现在这种紧张情绪有所下降，牌桌上的筹码不是那么可怕了。

*

在中卫索尔身旁，我选用的是科洛·图雷，之前一年加盟阿森纳的球员。他来自科特迪瓦，是让-马克·吉卢足球学校培养出来的。让-马克是我在戛纳和摩纳哥时代的好友，他后来离开法国，在西非开始了他的足球学校，地点就设置在科特迪瓦的首都阿比让。包括我在内的很多朋友，都为让-马克提供了帮助。学校很快成为非洲足球重要的组成，作为一名极其优秀的教练，让-马克培养出了一整代优秀的科特迪瓦球员，也为周边国家选材良多。我时刻关注着让-马克的工作，我很清楚他培育球员的工作有多么优秀，总能为球员成长提供很好的环境，帮助球员达到非常高的技术水平。这所学校如今已经不复存在，不过让-马克在马里、阿尔及利亚和其他地方创建了类似的高标准足球学校。阿森纳俱乐部和让-马克的足球培训体系形成了合作关系，这帮助我发掘出了科洛·图雷以及之后一年加盟我们的埃曼纽尔·埃布埃。

科洛·图雷之前在巴塞尔、巴斯蒂亚和斯特拉斯堡都参加过试训，这些俱乐部都拒绝了他，他已经准备回科特迪瓦了，但这名球员引起了我的关注。我想看看他在实战中的表现，因为我相信让-马克，哪怕我知道很多非洲球员在欧洲都需要相当长的适应时间，才能登陆职业赛场，对他们来说，这种考验难度极大。我为科洛提供了一次试训机会，然后我见到的是一个像野狼一样充满着求胜饥饿感的球员，他时刻准备着攻克一切困难、战胜所有对手。我留下了科洛，之后他成为“不败之师”的关键球员，是团队中不可或缺的个体，同时也可能是足球历史上成本最低的引援——通过谈判我只用简直可笑的金额就签下了科洛。他之后成长为在任何联赛都能跻身最佳的中卫之一。

这条杰出的防线中，还有劳伦，一位顶级喀麦隆球员，斗士一般的躯体，本来一直是踢中场，我将他改造为边后卫。作为教练，劳伦是很有趣的一名队员，因为他的求知欲强烈，参与度很高，技术能力非常强。他参加了2000年的非洲杯，是那届杯赛的最佳球员，以及之后2002年的非洲杯。我从皇家马洛卡引进劳伦，那也是俱乐部十分出色的一笔交易。

当然还有阿什利·科尔，他有着悠长且成功的职业生涯。他是一个真正的红白球员，9岁就参与俱乐部青训，11岁正式进入体系。从他在一队的第一场比赛开始，他就显示出自己的能力，不畏惧任何挑战。在整个职业生涯，阿什利都保持着原本的斗志和能力。阿什利后来加盟切尔西，那是我职业生涯中最后悔的事情之一，原因在于和他经纪人沟通过程中发生的误会。

我们的门将杨斯·莱曼，有着无可匹敌的求胜欲望，他在1996/1997赛季就是欧足联年度俱乐部最佳门将，之后在2005/2006赛季还将再度获此殊荣。在多特蒙德效力期间，他吃的红牌数量之多，成为了当时多特蒙德的历史纪录，然而我从他身上发现了与众不同之处。

感谢这些优秀的球员，我们组成了一条超级防线，这是我们成功的驱动器之一，也是“不败之师”赛季战役过程中坚定的神经中枢。

因此在赛季开始阶段，我坚信我们具备了一切条件，能够帮助我实现俱乐部梦想。我要让球队也如我一般坚信，并且能在队内形成共同意识，去拥抱这样的挑战。我们已经获得了很多胜利、锦标和奖杯，现在我们要更上一层楼。设立非常崇高的目标，的确需要时间和耐心，让所有队员都将这样的目标铭记于心。我的目标，就是保持不断地获胜，尽可能长地延缓失败到来，并且驱除大家心理上对失败的恐惧。

我们最终实现了这样不可思议的目标，不仅是一整个联赛赛季不败夺冠，我们做到了49场不败。在那段岁月，从2003年5月到2004年10月，我们保持着高昂的斗志和不断向上的精神，人人都无比勤奋。我们的注意力，全部集中在每场比赛的良好发挥，以最快的速度修正一些个人失误，绝不让我们的崇高目标消失。

我们每个个体都付出了努力，为这支特殊的球队打造出了一种特别的气质和一种竞技文化。每个队员都清楚，自己在哪些方面需要提高，球队接受并且融合我重视的各种理念，于是我提出来的目标，成为了大家共同奋斗的同一目标，我们一道坚持了49场。队员之间，也有着激烈但是彼此尊重的竞争关系，大家都有各自的追求，也都愿意为此承受巨大的代价。我们一同度过了这样难忘的奋斗历程，其间每个个体都散发出昂扬向上的魅力，每个队员的追求都和团队完美结合。能将这样的状态保持整整一个赛季，每一位队员都让我无比钦佩，因为在这么长时间内能让所有人保持步调一致，实在太难，一个团队要面对的挑战无穷之多。每个人都有各自的困惑、伤病乃至痛苦，然而当大家走上场时，胜利是唯一目的，团队是唯一梦想和激情的载体。这支球队能达到历史高度，因为他们将各自的愿景、热情都和团队融合成了一体，在这样的团队文化下，各自展示出自己的才情，由此形成了阿森纳的风格，也是一支成功团队必然具备的风格：个人才华、集体智慧和谦逊态度。

我记得当时我们对每个细节都很重视，对每件能帮助我们获胜、控制比赛的事都保持着极大关注。我有一套工作流程，每天都会这么坚持：早起运动，和队员们一道准备比赛等等，事事都按照预先安排的模式，有条不紊地进行！我在每天同一时间喝咖啡，全队一起吃饭，每天都保持着比赛日节奏，赛前准备会，当然是我主持，然后我们一起踩场放松，一起做身体拉伸。所有这些，都让我能通过队员们的态度、精神集中程度和聆听时注意力程度，来感受到团队的能量。

那段时间，我找到了一种特别美妙的感觉：我们不再害怕失败。

当那种恐惧消失后，我们能在场上做得更好。我们只集中精力于如何获胜。由此我发现了这份工作中我特别热爱的另一面，让我更加激情澎湃。每天我们都对正在追逐的目标，有了更加坚定的心态。

那个赛季我们提前5轮问鼎英超联赛冠军，但是我不希望大家就此暂停，我觉得我们需要继续保持足够的努力，保持我们的期待，那么一个赛季不败的人生梦想才有可能实现。我祝贺球队夺冠，同时也告诉大家，这仍然不够，我们应该一道继续追求胜利，这样我们的名字，有可能成为历史上不朽的痕迹。大家一直坚持到了第50轮联赛，到这个时候，大家都意识到，自己真的成为了足球历史上不朽的传奇。这就是我们全心一致、坚韧不拔、集中精力于挑战，并且始终保持这种团结氛围的最大回报。每场比赛开始前，坎贝尔都会放声大喊：“一起！”（Together！）这就是一声战吼，这一个词，足够概括我们的团队精神。

我经常会回想起那49场不败。我多少也有些宿命论，就像我出生在1949年，所以有时我告诉自己，不败战绩在第50场结束，或许就是我们的命运。那49场不败，被铭刻在了我的心里，也铭刻在了那一支球队每个队员的心里，那段记忆是如此的强烈且新鲜，那是激情催生的胜利。之后我带过的阿森纳，能力上和这支“不败之师”相去不大，却总是缺点什么。通过比较，我们往往才能发现球员能力的细微差别、场上智慧异同以及运气这种不可测的因素。失败常常是因为一次愚蠢的犯规，或者一两个球员在场上稍有自私的表现。“不败之师”给我留下最深的烙印，是那支球队的所有队员，都愿意也能够以团队目标为最大追求，在胜利驱动下不断提升自我。和伟大品质关联在一起的，肯定就是伟大的人。这些恰恰都是我们在准备这个不败赛季时，点滴积累做下的准备。

2004年10月24日，在不可思议的49场英超联赛之后，我们在老特拉福德输给了曼联。这是一场我永远不会淡忘的比赛，我们0比2落败，像是一场劫难。非常艰难的比赛，很多一对一单挑、犯规和冲天的怒火。我们控制着比赛，但是却不能破门得分。第73分钟，裁判吹罚点球，然而裁判判罚的索尔·坎贝尔犯规，根本就不是犯规，这个判罚改变了比赛走势。从那一刻开始，人心浮动，那是一段下坡路的开始。队员们和我都觉得遭遇了绝大的不公。我们本不该输，比赛结束后，双方队员之间彼此推搡，主教练也不能独善其身。阿历克斯·弗格森身处混乱之中，塞斯克·法布雷加斯扔出了一块比萨，正好落在弗格森头上。很显然，我们这场比赛的失败，那个过于慷慨的点球，场上场下的争斗以及比萨，都成为了我们和曼联暴风骤雨般历史敌对关系的一部分。这场比赛，对我、对球队都是一次沉重打击，我们知道美好的时代结束了，那一段独特的时光，那种毫无畏惧的时段，已经过去，我们再难找回那种王者的感觉。我们如此的失望，以至于之后两场比赛，面对两支降级队，我们只能打平。虽然我们很快在白鹿巷——一场进球数高达9个的北伦敦德比中获胜，但我们整体上感觉平淡沮丧，平局和失败都来得太过频繁。人人都觉得，要想回到巅峰，是那么的难。

几个月过后，另外一场比赛，又在英格兰足球历史上留下了印记：2005年2月14日，阿森纳5比1打败水晶宫。媒体对这场比赛做出了头条报道，因为阿森纳场上没有一名英格兰球员，阿什利·科尔和索尔·坎贝尔没有上场，首发的有丹尼斯·博格坎普、何塞·安东尼奥·雷耶斯、科洛·图雷、蒂埃里·亨利、帕特里克·维埃拉、劳伦……我在挑选比赛名单时，根本没有意识到国籍这一说。媒体记者报道的反应，以及之后激发出来的所谓争议，让我很吃惊，即便我非常清楚，媒体的敏感，是因为读者对英格兰代表队国际竞争力的关心。这种心态并不难理解，因为英格兰当时缺乏顶级球员。英超联赛十分健康，可本土培养出来的年轻球员并不多。但我仍然坚持，英超不能对外封闭，英格兰本土球员，通过模仿和跟随外籍球星在训练和比赛中的表现，才能真正成长，故步自封，乃至闭关锁国，根本不是保护本土足球的办法。对我的这些批评是不公平的。

时至今日，英格兰职业联赛的水平保持着持续进步，英格兰本土年轻球员也不断涌现，这都是在英格兰各地蓬勃发展的优秀青训中心的功劳。英格兰足球建立起了优质的教练培训体系，整体教练水平达到了很高境界。之前的年轻球员，在进入职业俱乐部之前，只能在学校里接受培训，培训条件和业余足球差不多。英格兰足总对整体青训架构的重建，收获了丰硕成果，看看英格兰各级青年队在国际大赛上近年出色的成绩，就知道这些进步。

今天的英格兰，以及全世界足球，都有着大批优秀青年才俊涌现，青少年足球的水平大幅提升。这样的改变发生，需要足够的时间，我们对此也有所贡献。阿森纳的青训学院，选材范围广阔，从国外招收过许多优秀人才。我的观念，是在这些球员低龄阶段将其吸纳，这样他们能更快也更容易地适应英超风格，更好地理解英格兰文化和社会心理，这样的引入，对英格兰本土球员肯定会形成促进。当这些优秀的外籍青少年球员，开始在英超登场时，他们已经在英格兰生活训练了几年，谁也不能指责他们对英格兰足球一窍不通。我坚信这种开放的选材心态，对阿森纳长久成功会大有裨益，阿森纳需要形成一种本土化和国际化的足球文化融合，这样我们引入人才时，关心的是其能力和品性，而不是他们的护照。这种思路，对提升英格兰足球利大于弊。在2005年，这种思维导致了争议，我也遭遇了如潮的抨击，然而任何人说我们的青训引援政策戕害了英格兰足球，我都要与之辩争到底。对我来说，最重要的是球员质素，为此我反对任何封闭自守的思维。

体育有着超乎寻常的社会责任，应该领先于社会主流，成为社会效仿的榜样，这是体育应该具备的使命。因为体育追求的唯一目标就是荣誉，能给予的最大奖励也是荣誉，我一直认为这是一种巨大的社会责任，参与者都应该有这样的使命感。这也是为什么青训是如此的重要。如果青训架构有效、组织合理、有深思熟虑的安排、充满理想情结、有着清晰的战略安排并且崇尚明确的价值观，那么青训能够帮助青少年球员健康成长，能帮助他们顺利进入一队。而且我重复这一点：不论这些年轻才俊来自何地，最重要的是他投入的努力有多少、天赋如何、激情是否充沛，以及努力方式是否正确。

我不认为英格兰足球的种族歧视变得更严重了。我甚至不认为，我熟悉的英格兰各级职业俱乐部中，有多么强烈的种族主义。在那些边缘地带，以及在世界的其他地方，当然存在严重的种族主义。我们的队员们曾经在不同的场合遭遇过严重的种族主义侮辱——帕特里克·维埃拉和索尔·坎贝尔就是受害案例。但是在今天的俱乐部里，任何种族主义言行，都不再是我们能容忍的。我们还没找到惩罚那些所谓“球迷”种族主义言行和暴力的最佳方案。一个俱乐部，是否应该放弃一场比赛甚至输掉一场比赛，就因为两三个疯狂或者愚蠢球迷的无耻行径？解决方案之一，或许是在每个球场更精细的视频监控下，找出那些种族主义者或者暴力分子，确定他们的无耻无知言行，并且将他们永远驱逐出球场。

成功地培养年轻球员，首先是选材，其次是球员的个人发展设置安排，其三是他如何融入一队。现在英格兰的青训学院，都在前两项上做得非常出色，最后一点则稍有些欠缺。

有才华的球员，往往在很低龄时期就被发掘，但也会在太小的年龄进入了专业化培养阶段，以至于他们过早被孤立，脱离了正常的社会生活。他们身边的人，尤其是他们的一些家庭成员，往往将自己的生活希望寄托于这些少年球员身上，投入一切。而从俱乐部出发，为了营造一种球员成长的氛围，俱乐部也越来越多地为球员各种生活细节提供帮助。今天的挑战，是如何能在各种帮助和服务保持供给的同时，让少年球员能够主动适应生活，能像正常人一样适应社会。对一个顶级运动员的培训，必然包括让他或者她，能够对不同环境具备主观判断力，尤其是他们克服各种挫败的心理承受能力。

我们和雅凯·克雷沃尔西埃合作，进行了10年的球员性格测试，发现一名职业球员成功与否的决定性因素，在于他是否具备长久进步的自我驱动力。年轻人的学习和成长，都需要榜样，同时也需要培养出一种与众不同的特质。你架构自己的人生、你的职业发展，都是基于这一项重要特质：强大的求胜欲。

如果足球运动可以被分解为接球、判断和发挥水平等几个技术板块，我们发现球员之间的差别，在于接收信息的能力。在英超联赛，一个优秀球员在接球前10秒，大概能接收到4到6条不同信息，一个极其优秀的球员，则能接收到8到10条不同信息。所以要培养出优秀的球员，需要提高他们接收信息的能力。

作为一名职业教练，我时常要面对各种批评，我也尽可能让自己保持心态平和，去面对那些合理的批评。但是当一些批评是针对我坚信的足球理念时，我会固守自己的信念。我必须要做出一些很可能激发强烈反应乃至反抗的决定，然而我早已心智成熟，能够面对这种反应。一直以来，我都是按照自己的方式工作，在自己坚持的事项上不会做太多妥协，坚持追求那种自由流畅的进攻足球。这种坚持的另一面，就是我得时刻面对那些激烈的反抗，以及敢于做出艰难抉择后，你势必要承受的孤独。这项特殊职业，不可能容忍任何疏忽和懒散，哪怕是最轻微的动摇和犹豫，都可能要付出沉重的代价。除了足球和这个俱乐部之外，一切都不重要。或许正是在这种意义上，足球应该是一种社会公平的模板：谁付出的努力更多，谁就应该收获更多。顶级职业竞技运动，就是建立在这条原则上的，并且也是以此为出发点，去影响到其相关人群的。伟大的运动员，他们的收获，建立在他们的激情、天赋、成就和整体人生投入的基础上。他们当然是榜样模范。这也是我们热爱并且尊崇他们的原因之一。我们对于顶级运动明星，有过太多夸张的形象认知：天赋异禀的人，开着豪车、戴着名贵腕表，身边美女如云等等，但这并不是我这些年在阿森纳所认知并且热爱的足球。我们所忽略的，往往是这些顶级运动明星付出了多少努力才能达到他们今天的地位。我们也没有从更广阔的社会视野，去认识这些年轻人：他们才20岁出头，这个年龄段都会做傻事，但为什么遭受谴责、在报纸头版被攻击的只有他们？一旦有这样的事情发生，我作为主教练的职责，就是保持对个体球员的尊重，同时简单直白地去提醒他们身上所具备的社会责任，以及他们作为年轻人榜样的广泛影响。

2005年那一段争议过后，在我看来，今天大家都接受了外籍球员的榜样作用，也承认正是因为更广阔的选材范围，帮助更多英超俱乐部变得更为强大。这些非本土球员和本土球员一样，在每场比赛都奉献着他们对足球、对阿森纳、对英超和对胜利的无限热爱。

这么多年来，对足球不可动摇的决心，引导着我也保护着我，让我不被各种批评、非难乃至诽谤中伤所击倒。这样的意志力，是我战胜恐惧的武器，让我对那些荒诞无稽的攻击充耳不闻，只聆听那些我真心认同的声音。在阿森纳的岁月里，我发现作为一名主教练，就像是一直在参加俄罗斯轮盘赌：每场比赛之前，你往枪管里装上一颗子弹，比赛中，你将枪口对准自己，扣发扳机，你希望并且相信，子弹不会在这一次扣发中射出。

有好多比赛，尤其能让我产生这种行走在生死边缘的感觉，例如2005年5月21日的足总杯决赛，对阵曼联，最终我们点球大战获胜。那是帕特里克·维埃拉代表阿森纳的最后一场比赛，他也是最后一个罚点球的，随后他离开阿森纳加盟尤文图斯。我们虽然最终获胜，但曼联的发挥非常出色。之前我努力说服维埃拉谢绝皇马，多留下来效力阿森纳一个赛季，他听从了我的劝告，他也希望能在一段杰出的经历后再离开。那一场足总杯决赛是对他完美的送别。那是一段所有人都感觉奇幻的回忆，同样是我作为足球教练所拥有的至今无可匹敌的纪录：带队赢取了7个足总杯和7个慈善盾或社区盾！

8

告别海布里，建造阿联酋航空球场

我本能地感觉到，2004/2005赛季，又一个不乏胜利并且拥有足总杯的赛季，但也是一个时代的结束。随后多年，我们必须接受并且适应一些偶像级巨人的离去：首先是维埃拉，之后一年的亨利，然后是皮雷。这些球员对我充满信任和尊敬，将自己的才华和心力毫无保留地奉献给了俱乐部。他们离去后，不论多么的痛苦，我们都得按照自己的规划，实现从海布里往阿联酋航空球场的搬迁。所有这些的离去和搬迁，是在同一时间段发生的，因此会有一些剧变，也会需要大家反复调整和重新适应。这些年月，看起来要较之前更加艰难，却也产生了许多更有趣的新挑战，给更多年轻人成长成熟的机会。

有些现实情况我不得不接受，例如一些想要离开的明星球员，我知道我没法强留他们。这种状况当然很难，不过我们已经下定决心，要让俱乐部的财务状况保持可控。我们已经决心建造一个新球场，所以在支出上必须谨小慎微。我同时也决定遵循引进年轻球员的政策——那些效力时间长的老将对此心知肚明。蒂埃里·亨利找到我，对我说："教练，我已经31岁了，我们不可能依靠这些年轻球员夺取锦标。"我能理解他的想法：建造一支类似过往那样坚实并且经验丰富的球队，需要很长时间。亨利在过去那支球队里，有着绝对影响力，但他已经31岁，接近职业生涯终点，有些急迫，想要抓紧时间赢得更多。我不能强行留住他，我也不能对那些为俱乐部奉献了一切的队员们说："不，你们不能走。"我同时很清楚，他们的离开，也是为俱乐部增加收入以支付新球场成本的另一种方式。这就是我对这些队员们离去，感受和球迷不同的地方：我不可能对队员们有任何抱怨，我知道离开也是这个行业的一部分。队员们都是绝对的职业球员，都有着强烈的好胜心。我们对这些不同的决定，得保持冷静的头脑，要去设身处地、将心比心地为队员考虑。当这些为俱乐部奉献了一切而你又不能快速帮助他实现他的雄心壮志，这时候他要求离开，你没有理由恼怒。维埃拉去了尤文图斯，亨利去了巴萨，皮雷去了比利亚雷亚尔。但这些队员们永远都会和阿森纳关联在一起，他们为人记起时，首先仍然会是阿森纳球员。

对于一个足球俱乐部来说，专业技术板块往往是最重要的，甚至应该是俱乐部的枢纽轴心。俱乐部的董事们往往不接受这种观点。如果你改变俱乐部的商务董事，你未必会改变俱乐部多少，然而如果蒂埃里·亨利离开，就会产生一段新的故事。足球维系于这些队员，维系于这些队员的素质。今天的世界，似乎总在迫使我们相信，球员是可以交换、可以被替代的，但实情并非如此。当你失去了一个维埃拉、一个皮雷、一个亨利，这些都是不可替代的队员。我们不可能在经济收入上限制他们，此外年龄也是一个不可回避的关键因素：这些球员迟早都会离开，他们的职业生涯剩余阶段也不会太长。连带的影响，就是俱乐部的专业技术板块，必须要不断地与时俱进。在上一批球星们离开后，下一批队员们需要迎头赶上，努力延续俱乐部的价值观和精神，并且保证这种传承还将再度延续。

阿森纳俱乐部新的篇章开始了，不论俱乐部本身、一队还是我本人，都和新球场的建设息息相关。

2006年5月7日，我们完成了在海布里球场的最后一场比赛，对手是维冈竞技，我们4比2获胜，皮雷打进一个进球，蒂埃里·亨利上演帽子戏法。虽然上半场1比2落后，但我们实现了强势逆转。那是非常让人动情的一场比赛，尤其对那些行将离队的偶像级队员们。我们组织了一个球场告别典礼，摇滚组合The Who（谁人）的主唱，罗杰·达尔特雷，一位阿森纳球迷，在现场表演了一首他亲自谱写的特别的送别之歌。我当时相当伤感，就在这样一个球场里，在如是独特的环境中，我体验了那么多的悲欢喜乐。离开海布里多年，即便今天，我时不时会独自开车经过这座球场。海布里的四面看台，都被改造成了公寓，这些公寓的窗户，或者朝外面向大街，或者对内面向四面看台之间的花园，那里就是我们以前的球场。我想过在海布里买一套公寓，但还是放弃了，因为这种公寓会让我很伤感。为了修建新球场，我们随时都会缺钱，将海布里改造成一个房地产住所项目，也是在财务上支持阿联酋航空球场的方式。那段时间，我们成了英格兰最大的房地产公司。当2008年金融危机来袭，伦敦经济凋敝，那种年景，要想卖楼非常难，俱乐部财务状况危机，我们不得不低折扣卖楼，同时将从足球竞技上赚来的钱，拿去填补新球场项目公司的窟窿。我们坚持到了金融危机结束，公寓项目卖得还不错，然后我们还将周边的一片土地出售，这样才度过了最艰难的时光。

离开海布里，眼见着海布里消失，很令人伤心，可我们别无选择：海布里的容量只有3.8万人，我们每场比赛，都有漫长的候票人群，老的球场早就不敷使用。倘若作为一个公司，那我们的做法，就相当于每场比赛都在拒绝自己的客户。在周边寻找建新球场的土地，却始终没有结果时，我们决定换一个地址，所幸阿联酋航空球场和海布里相去不远。为新球场项目，我们贷款2.6亿英镑，最终整个项目成本3.9亿英镑，那一片在阿什伯顿找到的土地，价格就高达1.28亿英镑。为了腾空那片土地，还需要重新安置一些原址上的公司，以及一个垃圾循环中心。然后是建造整个球场的成本。完工后我们发现，新球场每个座位的造价，高达4000英镑，但新球场的容量，超过了6万人。

我们必然要依赖银行，这种长期贷款项目对新球场项目十分重要，却也会对俱乐部整体财务形成很大限制。银行贷款的要求里有很多限制，包括俱乐部整体薪资总额不能超过俱乐部总预算的50%，同时他们还要求我和俱乐部续约5年。于是新球场项目和我个人执教状况形成了紧密关联，我的未来全在阿森纳。我已经在阿森纳执教10年，这份5年合同，也是充满着各种风险，不过我必须承认，我心甘情愿续约。我记得曾经和安妮说，我可能到50岁就会结束主教练工作了，没想到，这样的历程，居然延续到了69岁。对我而言，这并不是多大的牺牲，因为我依旧对俱乐部充满始终如一的热情，我热爱努力工作，我愿意继续奉献出我的心力，完善阿森纳俱乐部的组织结构，达到在现代足球领先的地步。新球场的项目，也让我能实现作为一个足球经理的全面使命：为俱乐部增加新的增长点。这么长时间，我有着难以置信的运气，能够参与到这么了不起的项目中来。

在2006年5月的那一天，当我们向海布里道别时，我并没有太想未来的俱乐部奋斗目标，因为我非常伤感，同时又对在这座古老球场里体验过的喜悦而感激不已。我在对我视为家的地方道别，海布里有一种独特的气质，这里留下的，是俱乐部前辈以及我们在这里全力奋战的精神。我能感觉到这样的力量，而且我知道，当我们离开这座球场之后，那种精神力量的感觉，在其他任何地方也不可能找到。这有点像那一幢不合用的老房子，和现在完全现代化、舒适的新房子做比较，老房子暖气也不行，各处都不敷使用，但你觉得那是家，新的房子处处都好，却总让你感觉像是外来者。我当然喜欢阿联酋航空球场，我知道这座球场是如何建成的，新球场的功能性以及营收能力，都是对俱乐部未来的财政状况的保证。今天的阿联酋航空球场是阿森纳的家，我对此无比自豪。但不论如何，大家都知道，我对海布里充满了眷恋，这种感觉，或许是未来球迷不会产生的。我能理解，球迷们进入到一个新球场，又会有重新适应的艰难过程，也对这个新球场项目会有些特殊想法，大家都知道为了兴建新球场，我们经受了怎样的挑战，新球场兴建这些年里头，我们投资有多大，我们不得不控制俱乐部的支出规模，连带我们的竞技成绩、上升雄心都受到了限制。然而，我们必须要为未来做准备，新球场是迈向未来的必经之路，这一页已经翻篇。在非常健康的俱乐部财务状况和我们重新崛起的雄心支撑下，球迷应该对新球场产生出新的依恋和骄傲。

*

充满深情地告别海布里，十天之后，我们去到法兰西大球场参加欧冠决赛，对手是巴塞罗那。那是俱乐部的关键时刻，是所有球员付出巨大努力的关键时刻。晋级决赛的路途中，我们保持着阿森纳风格，先后淘汰了皇家马德里、尤文图斯和比利亚雷亚尔。

在我加盟之前，阿森纳参加过两次欧洲冠军杯，分别是1971/1972赛季和1991/1992赛季。欧冠改制为冠军联赛后，阿森纳一直没能获得参赛资格。我的目标，就是能在这项欧洲最顶级赛事获得成功。一点一滴的积累，辛勤投入的工作，每个赛季我们不断前进，逐渐确立起阿森纳在欧冠的地位。我们连续19个赛季参加欧冠联赛，最初常常在小组赛就被淘汰出局。之后我们的努力和进步，在成绩上体现了出来，我们杀进四分之一决赛、半决赛，这个赛季打进了决赛。冠军联赛给俱乐部带来了更大的全球知名度，和现在不同的是，当年要夺取英超联赛冠军，难度比夺取欧冠可能更大。这么多年来，欧冠一直是被皇马、巴萨和拜仁慕尼黑垄断着的。不论我们如何努力，不论我们抽签的轮次如何，我们总会碰上这三大豪门中的一家。

我带队参加了8次足总杯决赛，7次捧杯，但我的欧战命运，似乎总是被诅咒的。我往往会在一些不可思议的情况下，输掉欧冠联赛的比赛，有些比赛留下的伤疤，令人如鲠在喉、永生难忘。2006年对巴塞罗那的决赛，是对我最深的伤害，我之后再也没有重看过那场比赛。淘汰赛阶段的比赛，我们一球未失。十六进八的比赛，我们对上的是皇家马德里，阵容无比强大的对手：齐达内、罗纳尔多、罗伯特·卡洛斯、贝克汉姆、劳尔等等传奇球星都在阵中。我们客场获胜，主场守平。之后四分之一决赛，我们面对的尤文图斯，拥有特雷泽盖、维埃拉、伊布拉希莫维奇、埃默森、图拉姆和布冯等赫赫名将。我们主场2比0获胜，客场在都灵0比0逼平对手。之后半决赛的对手是西甲的比利亚雷亚尔，科洛·图雷的进球，帮助我们主场获胜。在次回合客场比赛的最后时刻，莱曼扑出了里克尔梅的点球，之前他就有过一系列神奇的扑救。体育赛事总是充满着意外，莱曼的神勇发挥帮助我们打进决赛，然而他永远都会后悔自己在决赛第18分钟的犯规，导致他被红牌罚下。我们在这场最顶尖的欧冠决赛上，开场没多久，就只剩下10人应战，这种时刻，你不得不迅速做出一些艰难决定。所以我在第20分钟换下了罗伯特·皮雷，换上替补门将马努埃尔·阿尔穆尼亚。我能理解这次换人对皮雷的刺激，我能理解他的不解和愤怒，可当时的情势逼迫我不得已而为之。我们必然要防守，只能采取防守反击的战术。罗伯特已经32岁，刚动过大手术，虽然他仍然是一位杰出的球员，但他不再是2002年的那个皮雷。即便决定如此残酷，我也不得不做出用另一个门将替换他的决定。而且我必须赶紧做出决定，因为我们这个职业决定着必须要有临场快速反应。之后的比赛，哪怕10人应战，我们仍然凭借索尔·坎贝尔的头球，在37分钟的定位球战术中取得领先。然而当比赛去到下半场，萨穆埃尔·埃托奥和尤利亚诺·贝莱蒂先后进球，在第76分钟和第80分钟，我们饮恨落败。那是一段极其糟糕的记忆，时至今日，我仍然感觉极度沮丧。显然，在那么多球员离开和在球场更换的同时，这场决赛也给那一年留下了深刻烙印。那是一个时代的结束。

如果能夺取欧冠，那会是对“不败之师”一代球员最完美的送别，是对修建新球场过程中球员和俱乐部所付出努力的良好回报。不过我们的征程仍未结束，阿森纳从未夺取过欧冠，这个目标不会变。在我看来，现阶段的阿森纳俱乐部，正在接近挑战欧冠的实力——俱乐部整体财务状况能逐步调整到最佳状态，那么接下来，在技术问题方面，就需要做出最准确的决定了。要说我会不会对自己执教期间阿森纳的欧冠成绩有些后悔，我承认，阿森纳在欧冠的实际表现和我内心期待的成绩，有着巨大差别，我当然会在这一项荣誉的追逐上有着莫大遗憾。不过我清楚地知道，除非我们每个赛季都能夺取英超联赛冠军，否则这种后悔和遗憾总会存在。你总会对失去一名球员后悔、你总会对某一个决定后悔，你会对某一处未能及时修正的技术错误后悔，你会对中场休息时该说而未说的话后悔，即便今天，我仍然有这种自我鞭策、驱动自己进步的动力。那场决赛，对我个人来说是一次沉重的打击。2006年，我们搬进了新球场，我们必须将这场失败抛诸脑后，因为还有更多新的挑战等待着我们。这些新的挑战，需要我们所有人的勇气和绝对投入。

2006年8月9日，我们在阿联酋航空球场迎来了赛季第一场联赛，对阵阿斯顿维拉。那是一个新时代的开始。

我很清楚，俱乐部在财务上仍然相当吃紧。我们不得不降低成本，每一个便士的支出都得谨小慎微，与此同时，我们还要和那些较过往任何时候都更富有的俱乐部竞争。这是阿森纳俱乐部最关键也最危险的一段时间，很多弱点都被暴露了出来。整整七年，我们的努力，无非是求生存，以极其严苛的态度来保持俱乐部运营，并且尽可能挖掘出球队潜力。自相矛盾的是，就在这段最难出成绩的时间，我却是工作最努力的，将自己的个人职业梦想抛诸一旁。当时有很多俱乐部向我发出邀约，我全部拒绝，哪怕是那些最有吸引力的。尤文图斯、皇家马德里、巴黎圣日耳曼都尝试和我接触，此外还有拜仁慕尼黑、法国国家队、英格兰代表队……如今回想起来，能够拒绝所有这些邀请，拒绝这些可能会带来更多荣耀、更多金钱的机会，是我很愉快的决定。我心中的信念，就是要在这段艰难时刻，保持我对俱乐部的忠诚。最重要的是——每一个阿森纳球迷都能明白这一点——我已经将自己的灵魂，编织成了红白两色。

9

我的阿森纳生涯，一个新时代

到了2007/2008赛季，阿森纳全季有四分之三时间高居联赛榜首，但是当初春到来时，我们连续对伯明翰城、阿斯顿维拉和维冈竞技战平，成绩滑坡，最终联赛83个积分，排在曼联和切尔西之后。

为了偿还修建阿联酋航空球场借贷的资金，我们需要确保球队每5个赛季里有3个赛季能打进欧冠正赛，并且保证每个赛季平均每场比赛上座率在5.4万人以上。那5个赛季，我们全部打进欧冠正赛，赛季每场比赛的平均上座率，都达到了满座的6万人。有些赛季，到了4月的时候，当我想到我们可能无法打进下赛季欧冠，我会彻夜难眠，精神高度紧张。然后到了赛季最后一轮，当我们拿到了下赛季欧冠资格时，我简直想放声歌唱，就像我们赢得了联赛锦标一样。我比任何人都清楚，获得欧冠资格，确保未来赛季的欧冠媒体版权收入，对俱乐部是多么的重要。我对自己的承诺，也是我们一定要努力实现这个目标。

我们连续19个赛季打进欧冠正赛，在1997年到2017年这20年间，只有皇家马德里连续20次晋级的成绩超过了我们。当然，对我们而言，有时候晋级与否，可能性就在毫厘之间，甚至要到联赛最后一轮才能见分晓。不过在我执教阿森纳期间，我们3次夺取英超联赛冠军、6次在英超排名第二、5次排名第三、6次排名第四，这一系列成绩足够证明我们的稳定性。一点一点，一年一年，我们努力地偿还贷款债务，同时构建着能应对未来的球队。显然，我们财力不济，球队也缺乏那些顶级巨星的经验。然而有趣的是，尤其对于那些长久关注“不败之师”的媒体记者们而言，这段光阴也有着别致魅力，这种感觉有些奇特。我们的球队非常年轻，像塞斯克·法布雷加斯，是俱乐部历史上最年轻的一队队员，他16岁的时候，我给了他在一队正式比赛登场的机会；杰克·威尔谢尔，在2008年成为阿森纳历史上联赛登场最年轻的球员，同样也是16岁；萨米尔·纳斯里，也是在2008年代表阿森纳首度登场，当时21岁。不论如何，这些年轻人身边围绕的都是才华横溢、经验丰富的球员，例如亚历山大·赫莱布、威廉·加拉和托马斯·罗西基。

一个16岁到22岁年龄段的球员，给球队带来的贡献，和一个24岁到28岁年龄段的球员，是很不相同的。这涉及不同层级的成熟程度、经验、头脑思辨能力等等，这些我们在一些重要比赛中会有些缺乏。好多重要比赛，我们最后如果输球，都输在一些细节上，归根结底，千锤百炼磨砺出来的经验，是我们所缺乏的。然而这是我们必须要承受的代价，是为未来构筑俱乐部的必由之路，是为更长远发展打造的一个健康基础。在巨额的银行债务压力下，我们转会市场上的购买力有所不足，这也是为什么我们会转向对更年轻的球员进行投资，而其他俱乐部，一些有着“人造资源”，或者完全依靠外部的支持，例如像切尔西、曼联和曼城这样的俱乐部，他们有着资金实力，可以买任何他们想要买的球员，并且常常是来买我们的球员。这种状况让挑战变得十分艰难，可我对此有所准备，我们必须在自己的预算范围内竭尽所能，决不能给俱乐部带来更大的财务压力。我们的预算都是严格制订并执行的。每签下一名球员，我们都会对他的合同进行精细谈判，每一步措施，都要保证球员薪资成本不能超过俱乐部整体预算的50%。我们能得到的额外现金，只能是通过高价出售球员获得的收入。这就是我们仅有的一点灵活空间。可是即便钱不够用，我们依然保持着高效，这对我来说是关键：在这个竞争极其残酷的联赛，我们一定要保持竞争力，保住在联赛前四的位置。回想起来，对比那些可以大手大脚花钱的俱乐部，这些财力约束、这种能赚100块就绝对不花200块的坚定，还是很符合我的性格和人生哲学的，同样是人生中重要的经历，很公平很自然的过程，我们既然决定要启动一个雄心勃勃的俱乐部发展计划，那我们当然要承受相应的后果。

另一个影响竞技成绩的因素，是有着太多球员，尤其是那些更年轻的球员，在那几年遭受了过于残酷的伤病。有一些受伤摧毁了他们的职业生涯，另外一些也严重影响了他们职业生涯的发展，尤其是当他们必须长期养伤恢复。这些严重伤势，也是我职业生涯最大的缺憾之一。我给了很多年轻球员首秀的机会，当他们才十六七岁的时候，这是一个他们身体仍然比较脆弱的年龄，不论生理上还是战术上。他们有年轻人的锐气，但也会一头扎进危险环境，不太知道如何保护自己，由此可能带来一些严重的受伤风险。阿朗·拉姆塞、杰克·威尔希尔、阿布·迪亚比和爱德华多·席尔瓦，都因为对手过于侵略性的身体侵犯而重伤，这些重伤，特别是对他们关节部位的打击，在之后很长时间，阻挠了他们的职业发展。

这并不意味着我们需要等到这些球员更成熟才能选用他们。莱昂内尔·梅西、克里斯蒂亚诺·罗纳尔多和塞斯克·法布雷加斯，都是很年轻就开始自己职业生涯的，也并没有遭受过重伤。竞技体育总有这样的身体风险，不过我觉得今天的球员得到了更好的保护，和不久前的球员相比，要冒的风险小了很多。

在这一整段超高强度的工作期间，我需要应对来自媒体和球迷的压力，因为外界对比赛成绩的要求仍然奇高，却并不了解我们所处的艰难处境，即便我们已经完成的成绩指标足够让我们内心感觉骄傲。与此同时，我还要应对另一种对我产生巨大影响的改变：我的好友大卫·戴恩离开了俱乐部。最初是大卫雇用了我，他和我之间的工作配合严密无间。我们彼此尊重对方的协助，形成了一种独特的默契合作关系。大卫为了让斯坦·科伦克进入董事会，使自己和其他董事们站到了完全的对立面上。科伦克在2008年成为阿森纳董事，之后成为阿森纳控股股东。大卫是一个锐意创新的人，一个有着极其强韧性、无比慷慨，同时又具备开朗社交能力的人。大卫离开俱乐部时，将自己手里的股份卖给了俄罗斯寡头阿利舍尔·乌斯马诺夫。

大卫·戴恩离开后，我预感到俱乐部会发生很多改变，即便阿森纳的俱乐部精神能长存，但是在足球整个行业都在改变的同时，俱乐部所有权结构上的改变，肯定会带来许多新问题——即便作为教练的我工作生活会保持原貌，但作为足球经理，我必然要面对更多的不同。毫无疑问，之后大卫和我仍然时常见面。他或许离开了俱乐部，但他没有让自己远离足球。他常常会和一些俱乐部前球员吃饭聚会，他会去看比赛，他仍用自己的全部激情服务于这项运动。大卫发起了一个社会公益组织，成员包含很多学校和监狱，这个机构倡议英超俱乐部的球员、教练和工作人员，每周能有两次去到学校和监狱里进行足球培训。这个项目目前已经扩展到了英格兰地区107所监狱。

我在海布里上任时，希尔-伍德家族是俱乐部所有者，这是三代父子传承的产业。当时彼得·希尔-伍德已经不是俱乐部的大股东，俱乐部股东方还包括另外两个家族：丹尼·菲兹曼，他在1992年进入阿森纳董事会；卡尔家族。此外都是一些球迷，各自散持阿森纳俱乐部一两股的股份。无论身处何处，哪怕在大街上碰到我，和我交谈时，人人都感觉俱乐部就是他们的家，俱乐部球员、教练、工作人员都像是他们的家人。我加入俱乐部时，阿森纳每一股的市值大概是800英镑，之后阿森按的股价逐年持续攀升，当我离开时，每股价值1.7万英镑。当俱乐部的利润上升、投资兴建新球场的债务总额逐渐降低后，阿森纳股值当然上升更快。我的努力，就是为了保证俱乐部处于健康的财务状况，在这方面我们达成了目标。

那一段时间，也是过往长年由英国家族控股的俱乐部，开始彻底向海外资本开放股权的阶段。美国企业家斯坦·科伦克逐步成为俱乐部的控股股东，他后来又收购了丹尼·菲兹曼手中的股份。2010年，菲兹曼向董事会宣告，因健康原因辞职，然后在乌斯马诺夫、科伦克和那些剩余的传统英格兰俱乐部股东之间，矛盾对立更加尖锐。此后经年，美国人成为了胜利的一方，乌斯马诺夫在2018年将他所有的股份出售，于是科伦克控制了97%的阿森纳股份。也是在这段时间，阿森纳雇用了伊万·加吉蒂斯来重新组织俱乐部未来架构。

2006/2007赛季结束后，我和家人前往意大利度假，当时我身心俱疲，几乎丧失了前进的动力。我感觉自己在夹缝中挣扎：一方面是对俱乐部的忠诚和我们需要为了建设俱乐部必须做的各种工作，另一方面是我和大卫的友谊，他永远都是我坚实的支持者。我们经历了那么多挑战和困难，有过那么多共同的历险：他是决定雇佣我为阿森纳主教练的决策人，在我加盟后，以他稳定坚强的影响力，为我提供着源源不断的支持。我们获得的所有胜利，我们做出离开海布里兴建新球场的决定时，他都在那里。

这段度假，仍然是我的一段痛苦记忆。我精疲力竭，不知道这些无穷尽的工作会指向何方。大卫劝告我留下，只为俱乐部的福祉考虑，但这种劝告不足以让我平静下来。我感觉自己透支了，这时是雅恩·鲁吉耶帮助我恢复状态。我就像一个为自己的激情投入了一切的日本武士，我确实给予了俱乐部自己身心能给予的一切，哪怕有时感觉情绪低落。我不会三心二意，更不会有所保留，我做事很少给自己留后路。我逐渐学会自我控制，当内心情绪如风暴翻腾时，我要控制住自己，这样才能保护好自己。那个夏天，内心的风暴，终于不可抑止。

当我回到俱乐部时，总算将这种生理和心理的疲乏抛诸脑后，我快速地恢复正常，并没有失去自己的激情——实情恰恰是与之相反。

不过我更加清楚地意识到，这种透支会给我以及其他人带来残酷的代价，哪怕我愿意承担这样的代价，我内心深处的挣扎和怀疑，却不可避免。

在俱乐部高层风云激荡的年月里，有无穷多的矛盾观念和敌对关系彼此纠缠，我竭尽所能，不涉足任何争斗和矛盾，每天集中自己的注意力于下一场比赛，以及重建和再重建球队的重要性。

阿森纳就是当时世界变化的一面镜子：足球结构在改变，我们也是这种改变的一部分。一点点地，更多国际投资人来收购俱乐部，英超早已不是纯英格兰人的俱乐部了。在1996年的时候，我是阿森纳俱乐部的第一任外籍主教练，我们都能记得当时这个任命激起的强烈反响。时至今日，英超大部分主教练都是外国人，英超大部分俱乐部的所有者也是外国人。只有在俱乐部表象上以及现场球迷的构成上，没有发生明显改变。俱乐部结构上，从“球迷所有者”，进一步向“投资人所有者”的模式演变，新的规则也被施加于职业联赛：所有的俱乐部都得保持企业实体体制。于是在足球生态中，人的元素消失，或者至少是弱化了。各个机构都越来越头重脚轻，被过度投资以至于机构臃肿。更技术性的业务板块，例如俱乐部一队、球员和青训梯队，反倒在整个机构中占比下降。公司结构里，商务、市场影响和媒体公共关系部门不断扩张。当我刚加盟时，阿森纳只有70到80名员工，之后增长到200人、400人。我在2018年离开阿森纳时，俱乐部雇员高达700人。青训学院的各种工作人员，就超过了200人。

当一个俱乐部、一个机构变得过大时，有可能会遭遇文化流失或者变异的风险，因为机构里的不同个体，更可能会为保全个人利益而考虑，不思进取、不求变化。相应的结果，就是真正的创新或者冒险，变得越来越难以实现。

如是环境下，能够投入在纯技术板块的工作时间，反倒越来越少，这感觉就像我正在干自己本职工作的同时，各种力量在牵扯着我去做别的事。队员们和我，需要分配更多时间精力去应对其他需求，哪怕我每天都会尽量给自己留出一些独处时间，并且在训练基地留出一些让球队独处的隔离区域。整个周边环境对大家的要求，不再是让你做好自己就行了，你得按照你被设定的形象、你被推广的市场定位，去表现自己。毫无疑问，这样的新模式，当然会给俱乐部和球员的生活带来额外的影响。大卫·贝克汉姆，就是第一个成为媒体符号的职业球员，之后各家俱乐部跟进，大家都按照各自设定的角色，来进行自我推广。

投资人收购一家俱乐部，当然希望俱乐部良性运行，能获得经营利润，这是资本的本性。显而易见，投资人追求的目标，和“球迷俱乐部所有者”所追求的目标，是有所不同的，后者更是按照一种家族产业的模式，来运营一个俱乐部。

与此同时，足球整体上正在进入深度商业化阶段：本土化的公司正在演变成国际化机构，足球作为一种国际化商业品牌，变得比足球作为一项运动更重要。美国和中国，在这个全球化过程中，影响力越来越大，而最重要的是，电视所引领的媒体版权收入急速飞涨，改变了各种组织架构。在2019年，阿森纳俱乐部的媒体版权收入达到了1.8

亿英镑，而如今要为球场修建所承担的还贷费用，每年是1500万英镑——这一组数据对比，足够说明俱乐部经营权重的改变。

英超的本土版权收入，已经达到了一个峰值饱和点，于是国际媒体版权收入的增长变得更加重要。亚洲和美国市场，对英超媒体版权的投入，在英超整体收入中占比越来越高。于是我们就必须在全球范围内比赛，并且在海外用心经营自己的品牌。我在北京的清华大学、上海的交通大学以及其他中国大学做过多次演讲，每次会场里，满是身穿阿森纳球衣的中国学生，他们对阿森纳俱乐部的历史和掌故，比我还熟悉，学生们甚至知道我更爱喝哪一个品牌的茶。这些学生当中，来到阿联酋航空球场看过球的，或许人数不多，但他们都是非常狂热的阿森纳球迷。

当你要经营管理这样一个组织架构，当你要对那么多事情负责时，你会感觉时间总不够用，你总会对自己的工作进度不满。随着俱乐部人力资源部门的创建，各种事务都变得越来越流程化乃至官僚化，这对于一个我这样的教练，一个在高速公路停车场招募自己第一名球员的教练，一个常常在现场办公解决问题、做出各种本能决定的教练，如此的新模式未必总是适合我。另一个例子，显示出这份工作的变化，是整个转会市场变得面目全非。今天每件事都是精密安排、详细组织的，因为每一个决定都涉及巨额资金，非得按照细致的工作流程来进行。过往的转会市场操作，敲定一份合同可能会显得更加随机。大卫·戴恩和我很长时间负责处理合同事宜，我们有时会发现，自己正在处理一些滑稽的事务。

1999年，我从巴西俱乐部科林蒂安买来西尔维尼奥，然后到了2000年时，我想用科林蒂安的埃杜来替换伊曼纽尔·珀蒂。结果有天西尔维尼奥给我打电话说："埃杜被抓到监狱去了！"埃杜傻乎乎地拿着一本假葡萄牙护照，出现在希斯罗机场，结果被直接遣返回了巴西。我们不得不重新谈判合同，他组合好了真实的各种文件，最终在2001年加盟阿森纳。由于西尔维尼奥和埃杜一样，通过的是同一处护照管控口，那他的护照应该没问题吧。然而内心深处，我总有点担心，于是每次我们在机场出入护照管控口，我都让西尔维尼奥和我同口进入，他也每次都顺利通行。那个赛季结束后，我们将西尔维尼奥出售给西班牙俱乐部维戈塞尔塔，后来他加盟了巴塞罗那。

作为一名主教练，真的是需要在任何时候应对任何情况、去做任何事。

大卫离开之后，我们形成了一个新的三人团队：我、伊万·加吉蒂斯和迪克·洛，后者主要是协助我工作。迪克·洛对我而言非常重要，我们共同经历着转会市场的变迁。感谢欧足联俱乐部财务公平竞争政策从2010年开始推行，原则上不允许俱乐部超出其营收能力的支出，这样我们多少能在一个更公平的水平上，和其他俱乐部竞争。

这么多年来，我始终对一点保持着高度警惕：俱乐部技术板块的工作。这是我心中最紧密的一块，我得确保阿森纳俱乐部的精神不改。多少年来，我们要面对拥有着杰出球员的强大对手，这是一场持续的战役，同时还要不断洗牌变招：我们在每个赛季都要抵死拼争，同时又得为了应对将来，而大力培养下一代队员。但这恰恰是我乐此不疲的挑战。这些年里，我们可以明确看出，面对如此多的改变和挑战，保持俱乐部精神是多么的重要，不断培养下一代队员是多么的重要。所有这些队员们，都有着突出的品质和优点，但有些队员缺乏为阿森纳效力的精神力量。很大程度上，是俱乐部带领着这些球员前进，而不是这些球员推动俱乐部前进。当他们离开之后，很快就从这项运动的顶级层面消失。为了坚持俱乐部的价值观和团队感，我们所做的一件事，就是在每个赛季开始前，大家集中努力，明确奋斗目标，并且将承诺落在纸面上。我们将队员们分成不同的五人小组，要求他们写下在比赛方面和整体表现方面他们认为重要的事项。我们都很清楚，每个不同个体和时间、未来、礼仪以及尊敬感之间的关系，是由他所受教育和所浸染文化来决定的。不过每个赛季开始前，写下这些重要事项，我们由此形成了一种公认的集体意识，那种我们能传递到每一个团队成员身上的价值观。我们用文字明确对每一个个体的期待，这样更能强化我们的团结。

这正是我指导年轻一代阿森纳队员的方式，接替“不败之师”的那一代队员们。防线上，我们有威廉·加拉的经验，中场有亚历山大·赫莱布和托马斯·罗西基，我们拥有一些才华横溢的年轻球员，例如罗宾·范佩西、塞斯克·法布雷加斯、萨米尔·纳斯里、伊曼纽尔·埃布埃、亚历山大·宋和劳伦·科斯切尔尼。2010年我从洛里昂买来劳伦，他之后在俱乐部开启了自己了不起的职业生涯，并且代表法国国家队出战超过50场。

关于法布雷加斯这名队员，他就是球场视野的代名词，一个在球传到他脚下之前就能够看清楚场上所有形势的人。他对传球有着绝妙的球感，不论距离长短，而且明白该如何与队友配合。他是秀出班行的那一个，同时他还有着独特的个性和智慧。法布雷加斯总是对自己非常不满，这可能会让他情绪低落，即便他本质上发挥得十分出色。他只记住自己没做好的事情，不过这恰恰是伟大球员的标志，那种极其优秀的球员，为自己的优秀而付出的代价。

这些球员组合在一起，产生了许多有趣的足球新思维，时常能在比赛中体现出不输于前辈的品质和才华，不过我们要面对的是实力更超过往的对手，在一些决定性场景里，我们缺乏经验、不够成熟。那些无冠之年，当切尔西、曼城和曼联变得越来越强，我们总能依靠这些年轻队员，在江湖上找到自己的位置，我们总能在这个越来越艰难的联赛里，保住前四席位。回想起来，我知道人们记住的永远都会是“不败之师”，然而从我的视角看去，之后的这一代年轻球员，他们取得的成就一点都不输于前辈，因为挑战更大了。我们保持住自己联赛前四的位置，我们每个赛季都能打进欧冠，每个赛季都能从欧冠小组赛晋级，我们还保持着俱乐部预算的平衡。那是相当紧迫却又让人着迷的几年。我们在防守上，不像过往那样坚实和高效，不过我们坚守自己的风格，即便对手，也承认阿森纳风格的独特。和这些年轻队员们合作，对我来说是一种真正的享受。因此当我意识到，他们后来纷纷想要离去，因为他们想要赢得在阿森纳无法赢得的奖杯时，我心中无比痛苦——甚至比亨利、维埃拉和皮雷的离去还要痛苦。之前那些成名队员，年过30岁才离开阿森纳，将自己最美好的职业年华奉献给了阿森纳，此刻我们却要面对年龄在22岁到25岁之间的队员离去。这就像我们在丰收到来前，不得不割舍成长中的作物一样痛苦。然而竞争对手们开出的薪资是那么高昂，我们根本无力竞争。在2011年，两位核心球员离去，让球队产生了严重的缺陷：纳斯里加盟曼城，当时的球队队长法布雷加斯回归了他的故乡巴塞罗那。在这些队员身上，我们投注了那么长时间和那么多精力，看着他们离去，真是无比艰难。

之后一年，2012年，是范佩西离开，加盟曼联。在2004年我从费耶诺德引进他，那时候他在费耶诺德预备队踢球。他需要提升自己，需要变得更强硬。一位在荷兰的朋友向我推荐了他，之前达米安·科莫利也向我们推荐过，达米安在1992年担任过摩纳哥U16的教练，并且在1998年到2004年是阿森纳的球探。我邀请范佩西来做一些技术测试，结果并不是太理想，其中最要命的问题是，他在耐力测试上表现很不好。我和他进行交谈，讨论过程中，他表现出了对这项运动的非凡热情，也有着十分精明的分析力，以及那种能识别自己优点和弱点的判断力。于是我决定引进他。最开始他有些骄傲，踢球风格有点浮夸，自我表现过多，于是总和周边人充满冲突。这恰恰是我不希望团队中出现的问题。他和蒂埃里·亨利关系不佳，因为两个人性格太不相同。在训练当中，我鼓励他简化自己的发挥，他有着惊人的第一脚触球球感，之后他的进步令人惊叹。范佩西是个极其优秀的球员，一个艺术家，他有着旁人难以企及的格调，在我看来，他作为球员的能力显然被低估了。2011年，在欧冠第五轮对巴萨的比赛，他被裁判很不公平地罚下，当时他在已经被吹越位的情况下，仍然尝试射门进球。那张红牌影响到了全队的表现，他被罚下前比分是1比1，之后巴萨3比1获胜。

我将范佩西推上中锋位置，他和法布雷加斯、纳斯里之间配合默契，踢出了许多美妙的比赛，有着不可思议的技术含量。那些年他一直是英超最顶级的得分手之一，身穿球队10号球衣，当年这可是丹尼斯·博格坎普的号码。在2011/2012赛季，他在36场联赛中打进30球，追平了8年前蒂埃里·亨利在联赛中的进球纪录。到了2012年，他明确表示不想续约，当时所有的豪门俱乐部都在向他示爱，我最终将他卖给了曼联。球迷对我这个决定非常愤怒，但我们没法匹配曼联给出的邀约。最终我谈成的转会价格是2400万英镑，在那个阶段，对于一个合同只剩1年的球员，已经是很高昂的数目了，整个事件我只考虑俱乐部的利益。从那时候开始，我和阿历克斯·弗格森以及曼联的关系逐渐开始改善，不过每一笔转会交易，都像是一场貌似礼貌的扑克牌游戏，你绝不能轻易放弃任何东西。范佩西在老特拉福德头半年的表现无与伦比，他让曼联重新走上了争夺英超联赛锦标的道路，这也让我们的处境更加艰难。他和曼联有4年合同，3个赛季过后，他一度受伤，弗格森（此处为原作笔误，范佩西离开曼联时，弗格森已经退休）将他卖给了土耳其俱乐部费内巴切。当时范佩西给我打过电话，还想要回来，但这是不可能的：他已经处在职业生涯的末期，而我们更需要投资年轻球员。

亚历山大·宋和范佩西同一年离开，加盟的是巴萨。他也是主动想要离开，因为他失去了为阿森纳效力的动力。

然而对我而言，这些队员们永远都是阿森纳的队员，那些能按照自己方式踢球的人，那些在一起踢出自己职业生涯最美妙足球的人。

当俱乐部之间财力相去过远时，处在职业生涯高峰期的球员，总会有些向往别处一份更大的合同，往往会将自己的利益摆在第一位，而对俱乐部的承诺和坚守，就会有些下降。

在那些我们无法赢取联赛冠军的岁月里，荣耀距离我们往往是在毫厘之间，一处小弱点、一次短暂的走神、一点成熟经验的缺乏，或者有些时候多了些许自私，但我们保持着和最强者的距离不被拉大。我们必须要时刻考虑引进新的队员进入球队，那些像清新空气一样，能传承阿森纳俱乐部精神、俱乐部独到处和俱乐部足球艺术的队员。

奥利维耶·吉鲁，在2012年加盟阿森纳，他来自蒙彼利埃，表现极其出色，当时他是法甲的最佳射手。那一年的吉鲁26岁，之前一年已经代表法国国家队登场。他值得所有人尊敬，是一个在困难环境中值得依赖的人。如今回望，吉鲁的职业生涯堪称伟大，而在当时，凭借个人特质和努力，他赢得了应有的尊敬，不论是在英格兰还是法国。在我的内心深处，吉鲁有着不可动摇的强健心理，确信自己肯定能表现出色，确信自己能成功。他时刻准备着证明自己，为此付出了辛勤努力。如今他是英超排名第三的法国得分手，仅居蒂埃里·亨利和尼克拉斯·阿内尔卡之后。他在英超联赛的进球接近三位数，我非常自豪，自己对吉鲁一直充满信任，而且这三大前锋都是我带到了英格兰，并且帮助他们达到职业生涯高峰的。

另外一名在2012年加盟的重要球员是桑蒂·卡索拉，经过两个月的谈判，我从马拉加引进了这名球员。他是一个优秀球员，带着满脸灿烂的笑容加盟阿森纳，不论何时只要得球，他都非常开心。桑蒂有着匪夷所思的脚下技术，完美无缺地融入了团队。发掘桑蒂，我得感谢我的西班牙球探弗朗西斯·卡吉奥，也得感谢皮雷，他和桑蒂在比利亚雷亚尔当过队友。我看过桑蒂的比赛，知道足球简直就是在他血液中的本能。他是右脚球员，但两脚的平衡技术能力，让人难以分辨高下。他的到来，大大地提升了阿森纳中场的技术水平。

2013/2014赛季，我们开局美妙，在联赛榜首停留多周，最终联赛排名第四，打进未来赛季的欧冠，然后在2014年夺取了足总杯。那是我们期盼已久的一座奖杯，终于以特殊的形式，在温布利球场捧得。

2014年，我们几乎签下了路易斯·苏亚雷斯。我们和这名乌拉圭球员以及他的经纪人之间达成了协议，但经纪人透露说，苏亚雷斯和利物浦的合同，有一个求购方超出4000万英镑报价利物浦俱乐部就会放人的解约金条款。但是因为利物浦俱乐部一些内部信息传递的疏忽，我发现这个所谓的解约金条款，在苏亚雷斯的合同中似乎不存在。为了检验这个条款和相关价格是否存在，我们给利物浦的报价是4000万英镑，外加1英镑。这个数字看上去可能可笑，我承认，但利物浦并不想卖掉苏亚雷斯，他们想留住这名前锋，而且我们都知道巴萨很快就会报价苏亚雷斯。

在2014年、2015年和2017年，我们三次夺取足总杯，在2016年，我们失去了联赛锦标争夺机会，在莱斯特城之后排名第二。那似乎是一个失败的赛季，不过大家都知道，莱斯特城整个赛季只输了三场球，其中两场对阿森纳他们都输了。非常不幸的是，我们在那个赛季刚开始的9月，就因为重伤失去了卡索拉，这让我们的整个技术基础严重动摇。

那些年里，我们竭尽努力去实现自己的目标，培训自己的年轻球员，俱乐部的行政和商务部门也在成长。围绕一队的技术和科研团队同样在扩张。我们必须不断奋斗，保持整个组织架构内的共同意识，以确保俱乐部独特精神的延续。

我认为转会是任何一位足球经理工作中不可分割的部分，一个赛季的成功，很大程度上取决于俱乐部转会窗的操作质量。但我支持取消赛季中期转会窗，因为这个窗口的存在，会动摇球员们赛季期间的决心。每次遭遇挫折，都可能引发他们心中的思虑——自己是不是在别处有更好的职业发展机会。

谈判是一种艰难的艺术，你得具备一些职业牌手的技巧。

每笔转会都会包含一些非常情绪化的内容。我尤其记得发生在1998年世界杯期间的一次特别谈判。我们当时和西汉姆联讨论，关于伊恩·赖特加盟他们的转会。我们当时并不知道，艾米·雅凯和齐内迪尼·齐达内这个夏天能将法国足球推上天堂。在一个阳光灿烂的户外餐厅谈判桌旁，坐着伊恩·赖特、西汉姆联俱乐部的董事们、大卫·戴恩、戴恩的女儿萨莎和我。大家开始礼貌问候，接着就是正式谈判。萨莎默默地坐在一旁，她是伊恩·赖特的超级球迷，她逐渐意识到，这次谈判的内容是阿森纳要将她的偶像转给其他俱乐部。她一言不发，默默地吃着东西，然后眼泪一颗颗地滴在餐盘上。这一幕恰恰是球迷对各种转会的感受：有时你会感觉极度的痛苦，然而有的时候，又会带来不可思议的幸福和希望。

足球世界里，尤其在转会市场上，但凡你暴露出一点软弱，你就会成为别人猎杀甚至生吞的猎物目标。

服务阿森纳期间，我参与了450笔转会交易。我总会遵从于内心驱动，希望能以最直接爽快、最简单明了的方式完成一笔交易。如今回想起来，这种内心意识，是我的一项优点：22年来，没有发生一笔因为转会交易而产生的官司。

我招募过一些只在电视直播比赛里见过他们踢球的球员。此外当然有很多我早已熟悉的球员，例如帕特里克·维埃拉、蒂埃里·亨利和伊曼纽尔·珀蒂。还有很多是我们的球探推荐的。当你收购球员时，你总要仔细查核他们的特点，即便你不可能做到事事亲力亲为。你得相信球探的专业能力，尤其当收购对象年龄还很小的时候。球探向我极力推荐塞斯克·法布雷加斯之前，我就没看过他的任何比赛。

当然会有一些转会，回想起来觉得非常可惜。泽格·格纳布里，17岁就代表阿森纳上场，一位相当全能的攻击手，前程远大。但他很快遭受了一次膝盖重伤，之后通过租借去了西布朗。再往后，格纳布里转会加盟了云达不莱梅，在那里重新振作自己，如今在拜仁慕尼黑占据了主力位置，还获得过俱乐部赛季最佳球员。

我引进过韩国国脚前锋朴周永，他此前在摩纳哥有过一个非常成功的赛季，训练和比赛态度都很好。但他在阿森纳不够成功，我觉得他很难在阿森纳表现出自己的能力。对他的才华天赋，我从不怀疑，不过他肯定缺乏自信。他始终没能在阿森纳找到自己的节奏，这影响到了他的整体发挥，因为他始终没能在一场比赛踢完后，能对自己说："嘿，我确实能适应这个水平，我足够好。"也许我没能给他充分的机会，让他证明自己。

也有人询问过我，为什么德国国脚卢卡斯·波多尔斯基，一个德国国家队的高产射手，在阿森纳上场机会却不够充分，以及为什么他在阿森纳的位置，往往会是左翼，而非中锋中路。其实在我看来，他的上场时间，在全队中绝不算少，我安排他上场，往往是我仔细权衡后，为他找到最适合他发挥的机会。

所有这些转会，不论我们是出售球员还是购买球员，总会形成围绕钱的各种争论：俱乐部的财务状况、一笔转会的价格、球员和教练的薪资，以及某个主教练或足球经理是否大手大脚、挥霍无度，或者他是否太过谨小慎微乃至一毛不拔。钱永远都是一个核心因素。常常有人问起我，关于我们队员薪资的状况：球员薪资增长，到什么时候才是个头啊？我从来都是用同一种方式回答：队员薪资合理与否，取决于队员薪资是否影响到俱乐部整体预算。我当然能理解，在某些方面，现在职业球员的薪资，已经高到让人惊恐的地步。这也是我认为，所有职业俱乐部都应该完全私有化，不能接受任何国家和社会补贴。薪资是否合理，只有放在职业足球整体收入和支出的平衡背景下进行分析。今天的足球财富，主要来自媒体版权收入。从我1996年加盟阿森纳，到我2018年离开俱乐部，媒体版权收入翻了八番。这足以说明薪资增长的原因，也能让人明白，未来薪资增长的趋势。

对于钱的态度，我可能和别人不同，这和我的性格以及成长经历有关。最开始执教，我根本没有什么预算，绝对的小本经营，自己四处转悠，哪怕是买训练用的球，都得一个个讨价还价。比赛前睡在坑坑洼洼的床上，和球队躺在通宵火车的二等卧铺去赶往客场。之后我很幸运地赶上了足球的财富时代，客场比赛，我能住进奢华酒店，甚至能坐着私人飞机赶往不同地点。整个足球场景剧变，然而在我的内心深处，这样的旅行或者客途之夜，到底舒适与否，取决于我们是否能赢下比赛。

如果不是足球激情或忠诚而让钱成为我的首要奋斗目标，我早就应该离开阿森纳，然后在不同俱乐部执教，这样我能赚到比现在高出两倍三倍的钱。但我首先考虑的，是我的责任、俱乐部的前途。我不想任何人指责我执教和管理的失败，我想要取得平衡。今天的阿森纳拥有了强大而健康的财务状况，我们没有依靠任何外力，通过优价卖掉我们最好的球员，谨慎管理我们的财务营收，偿还了新球场借贷。媒体和球迷，有时会对我的转会交易表现提出各种批评，但我帮助俱乐部偿还了巨额债务。我们同时在出售球员时，也做得很好，这正是我在转会市场上树立起的名声：凭借直觉、凭借经验、依靠我们球探良好的选材和阵容匹配工作，考虑到俱乐部的现实状况，按照我的性格特点，我们保持着公平且坚定的操作风格。在俱乐部财务公平竞争政策执行之前，我们早就为其摇旗呐喊。能让我们公平竞争的前提，是制止那些正在花他们根本挣不来巨额数目金钱的俱乐部。财务公平竞争政策执行后，俱乐部竞争变得更公平和更健康。但是现在，我会努力争取放宽对足球投资的约束，同时要求对俱乐部运营更好的监控。适度放宽俱乐部财务公平竞争政策，也是放宽对一些发展中俱乐部的约束，不至于让那些非常优秀非常强势的豪门，领先地位长久不变，而其他俱乐部因为无法加大投入，根本不可能缩小和豪门之间的差距。倘若适度调节不谨慎进行的话，我们不可能打破足球世界里的权力平衡。改造一个俱乐部，需要足够的时间和金钱，今天处在强势地位的俱乐部，是因为在财务公平竞争政策诞生前，已经对俱乐部进行了长久的投资。

如今只要说起转会，谈到足球运动中钱的因素，我们立即就会想起经纪人。我开始踢球的时候，球员或者教练的经纪人根本不存在。我向来都是自己代表自己，这符合我的性格、我向往自由的意愿，那个年代我也不需要经纪人。现在人人都有经纪人。我有一位财务顾问，莱昂·安热尔，从我出道开始就是我的合作伙伴。还有一位商务和形象顾问，塞尔日·科楚尼安，这么多年来，塞尔日不仅仅是一个顾问了，我对他完全信任。不过谈判工作合同时，我仍然想要自己上。电视是一个完全不同的世界，塞尔日一直都是帮助我做出选择时的莫大助力。我们在摩纳哥时期结识，关系亲密，他陪伴着我去到了世界各地。

经纪人往往要帮助球员谈判合同，因此俱乐部而非球员对经纪人支付费用，这是不合逻辑的商业关系。可是在实际操作中，经纪人往往从两头收取费用，这就必然导致转会价格不断攀升，经纪人会让不同俱乐部不断竞价，然后从中牟利。在阿森纳期间，我们最初限定经纪人佣金，只能占到队员年薪的5%，然而这个比例逐渐上升，升到7%乃至8%，如今有些俱乐部甚至会允许10%的佣金。经纪人和球员变得越来越富有，势力也越来越大。和任何行业一样，每个经纪人都有着自己的操作模式：其中有很好的经纪人，能给球员良好的建议，他们是球员健康的臂助。也有些经纪人只考虑自己的利益，乃至有些经纪人简直就是球员职业生涯发展的恶性威胁。这是一个含糊不清、总在改变、散乱无章的行业，随着足球改变而改变。有些经纪人过上了好日子，也有些经纪人只能依赖一名球员存活，他们势单力孤，因为人人都知道永远在变才是不变的行业主题。他们每天的角色都不固定，或许因为意见不一致，当天就被解雇，然后球员的一位亲属，会取代这个经纪人的角色。也会有一些强势经纪人，想要从一个工作机会里反复盈利。这是一份极具挑战性、口碑也不好的工作，所以对于足球经理们而言，转会市场的艺术，是要时刻保持警惕、态度坚定、不断权衡对球员投资的回报，并且只和那些最懂这项运动、了解职业足球的残酷要求、具备强大分析能力的经纪人交易。一个合格的经纪人，要有发现人才的眼光，能以最好的方式支持球员成长，还必须具备对顶级运动员生活方式的理解：那种残酷、回报延迟并且单调的生活方式，那种完全被每天重复训练定义的生活方式，那种被表现和成绩结果所统治的生活方式。遗憾的是，我发现足球世界里，有着太多对这项运动、对顶级体育运动只具备些肤浅认知的人。带着固执观点的伪专家充斥着各行业，为了保持和球员的关系，随时随地都可能对自己的球员撒谎。作为一名主教练，我时常会和这些经纪人产生冲突，因为他们常常会将一些错误信息甚至是完全相反的信息传递给球员。例如我常常发现一些球员的状态起伏、心理波动、过度疲劳或者斗志低迷，原因往往和一些错误信息的传递有关。可是因为这些球员不佳的状态，我不得不做出放弃这些球员的重大决定。不良经纪人的存在，让我们的对话和工作上的配合严重失真，我们已经不能像过往那样相互理解了。和经纪人交谈，试图了解他们，在一段谈判期和他们反复会面，然后在他们所代表球员效力俱乐部的合同期期间再不断见面，也成为了一个足球经理日常工作的重要部分。一个优秀的经纪人，能够对教练和足球经理形成很好的协作。作为一个足球经理，我通常会和球员保持适度距离，肯定不会和他的个人生活产生关联，不论是他的正常社交还是私生活以及他和妻子的家庭关系，除非球员主动找我征询意见，或者希望我能提供一些解决方案。这种情况只偶然发生过几次。一个足球经理是为比赛、为这项运动而生的。而一个经纪人则不能保持这样的适度距离，他和球员的生活交融更多，所以在生活细节上，他的影响和角色很关键。这也是我为什么总是告诫年轻球员，让他们保证身边拥有的都是良性伙伴。一个23岁的球员，如果不谨慎挑选身边的人，不能甄别出身边不良的影响、察觉出恶意嫉妒、识别出对他职业生涯有害的障碍，或者一个无时无刻都存在的亲戚、一个并非行业专家的顾问，这样的社交关系，在我看来，对顶级运动员职业生涯会形成很负面的影响。作为一个从来没有经纪人，却看到现在所有足球经理都有经纪人的足球经理，我常常觉得，这条法则适用于球员，也适用于足球教练和足球经理：你必须得挑选良好的伙伴。

一个足球经理必须要有自己的团队。一个足球经理是生活在非常不确定的世界里，因为比赛结果完全不可测，而他固有的价值观，几乎每天都会遭遇挑战。当事情发展得不如你所愿的时候，会很难坚持自己的原则。这就是为什么在一个足球经理周边营造出一种积极向上的团队架构至关重要的原因。大家团结一致，才能够共度艰难。我有过帕特·莱斯、博拉、勒温的医疗团队以及史蒂夫·鲍尔德、托尼·科尔伯特、格里·佩顿、肖恩·奥康纳、史蒂夫·布拉多克、史蒂夫·罗利这些伙伴——个个都是出类拔萃的人物。作为球员，史蒂夫·鲍尔德就是一个意志极其坚定的中卫，达到了相当杰出的技术水准，而且他对这项运动有着广博的知识。作为教练，史蒂夫同样令人高度欣赏。

我还有一个优秀的医生团队，在我的职业生涯中为我提供帮助：克莱恩、比斯利、奥德里斯科尔等等。当我在一个俱乐部履新，我总会努力快速寻找到了解这家俱乐部、熟悉这家俱乐部文化的人，邀请他们成为我的团队一员。今天的情况就有些不同了：足球经理或足球主教练，就像球员一样，往往会带着自己的团队以及合作经年的成员，进入到一个新俱乐部。离开时，也会顺理成章地将这个团队带走。这样的团队，有一定的独立性。我从来都不想如此，不过这是教练职业不断演变的结果。主教练和他的团队，都得为俱乐部服务，我幸运的是，在阿森纳效力多年，充裕的时间，能允许我有充分机会，去一点点地搭建我完全信任的团队。

不论如何，我得明确自己是最终的那个负责人——做出决策的，必须是这个足球经理，他可以从所有团队成员那里听取意见，可最终决策以及对这个决策负责的必须是主教练本人。他可能会因此为人憎恶，却责无旁贷。每场比赛前，他都可能会让一些人不舒服，那些不能上场的球员，会感觉失望，甚至感觉被背叛，从而情绪低落。他们会抱怨，会将自己和团队剥离开，从而影响到团队精神，带来各种负能量。而主教练的管理，意味着在接受一定程度的不确定性情况下，快速决策和快速执行。一个主教练必须不断修补各种复杂且起伏的人际关系，这当中牵涉到球员、经纪人、球迷等等。在俱乐部艰难时期，这种工作压力极其沉重，所以这也正是你更需要你的助教团队、你的俱乐部管理层以及你的亲友们提供帮助的时候。

*

2014年夏天，我们签下了阿莱克希斯·桑切斯。这个前锋在巴萨完成了一个出色的赛季，我们和他的经纪人以及巴萨俱乐部达成了协议。巴萨那个赛季是西甲第二，桑切斯有19个联赛进球。他充满着爆发力，运动轨迹多变，而且有着强烈的求胜饥饿感。桑切斯能踢中锋，但更愿意满场飞奔，将自己的能量全面输出给团队。他是一个有着超凡决心的原生态球员，有些狂野，这样的性情让他看起来和球队其他队友不太相同，不过这也意味着他斗志昂扬、永不妥协。他性格中，有一种孤注一掷、接近狂躁粗鲁的成分，这也是他别具一格球风形成的原因。

2017年，在欧冠淘汰赛十六进八的比赛中，我们主场10人应战，大败给拜仁慕尼黑。我完全想象不到，这会是我作为阿森纳主教练执教的最后一场欧冠比赛。

不过也是在2017年，我们在足总杯决赛里，2比1打败当时夺取联赛冠军的切尔西，阿朗·拉姆塞再次打进制胜球。之前的半决赛，我们淘汰了曼城。那个赛季我们的联赛积分是75分，却是21年来第一次在英超排名未能进入前四。

阿森纳俱乐部的境况越来越艰难，球迷越来越焦躁不安，公众对我的态度也越来越负面，我产生了一种印象，那就是周边环境，越来越像我最初来到伦敦那样。我知道，带领一个俱乐部前进22年，是奇妙的经历，可我还没有离去的打算。如果我能做决定的话，我肯定会待到合同结束。我告诉自己说，我为俱乐部付出了太多，为俱乐部牺牲了太多，来自一小部分球迷和董事会成员的敌意是不公平的。我内心感觉，似乎是自己一砖一瓦地修建起了阿森纳的训练基地和球场，我的车每天都能按照自动驾驶模式行驶到这两个地方。不能再日复一日去到这两个地方，不能再去到比赛现场，不能再将我的激情奉献给俱乐部，是非常痛苦、非常残酷的遭遇。阿森纳对我而言，意味着生与死。离开这一切，意味着很多很多无比孤独、无比痛苦的时刻。

我共执教阿森纳1235场正式比赛，2018年5月6日，在阿联酋航空球场的最后一场比赛，是一段特别辛酸尖刻的记忆。我们面对的是伯恩利，5比0获胜，我们上演了一场进攻大战，我对比赛非常满意，但是突然之间，看着眼前的比赛，告别典礼，看着看台上的球迷，我突然想起了我们经历过的一切，这座造价高昂的球场，我们一起携手同心打造的一切。我竭尽可能地控制住自己的情绪，我邀请了一些朋友参加晚宴，努力说服自己，生活还会继续。

一段悲伤的日子过后，我做到了。这样的交接是十分痛苦的，我刻意将自己排除在外，我必须要低下头，即便我知道，那些做决定的人，对俱乐部的了解，远不如我清晰深入。

*

我们知道在足球这个领域里，有时候球队会很强大，但也有些时候实力会下降。全世界的球迷热爱一个俱乐部，是因为一个俱乐部不仅仅包含着一支球队，它代表的是一种体育化生活方式，包含有激情、公平和格调。我们的价值观，当然会在竞技结果中体现，但也会在我们的行事风格、一举一动、言辞谈吐中呈现。每个俱乐部都会有自己的文化，短时间内，这种文化传承可能会被忘却，但迟早又会显现出来。米克尔·阿尔特塔，在2019年12月成为了阿森纳主教练，在他身上，阿森纳的俱乐部精神、阿森纳的足球风格特质，会再一次显现出来。作为一名阿森纳球员，他充满激情、意志坚定、聪敏好学，有着年轻人的热忱和决绝，这些特点我相信他能保留至今。在我麾下，他是教练和团队之间价值连城的沟通桥梁。他拥有效力俱乐部的经验，也有着那种激活俱乐部灵魂的强烈欲望。阿尔特塔在阿森纳的执教，有着美妙开端，执教第一个赛季就在足总杯决赛打败了切尔西登顶。整体而言，我觉得像皮雷、维埃拉和亨利这样的前阿森纳队员，都应该在足球世界里得到应有的高位。

一个人永远不应该旧情复燃：阿森纳是我生命中的基石组成，是我的心灵归属，是我的记忆所在，但现在考虑俱乐部的未来，去引导俱乐部的未来，不是我该干的事。年青一代正在成长中，这是他们应该面对的挑战。

国际足联给我提供了另一个挑战。

*

回想起来，我知道我的人生是极为幸运的，我能和最优秀的人一道工作，能结识体育和相关产业领域里最优秀的人才。任何成功模式的基本规则，都是包含态度、天赋和极度幸运的组合。最顶尖的人才，往往都具备对自我的客观解析能力，并且对自己的要求十分严厉，都需要在智慧、一刻不息的自我驱动和谦虚之间达成平衡。运动竞技领域内的谦虚，意味着过往的成就能增加你的可信度，却绝不会让未来的挑战变得更容易，或者能给你什么先发优势。谦虚是唯一一种能让你保持谨慎态度的品质，这样你始终能保持平常心。

我同样意识到，我离开的职业，是一个不断在演变的职业。今天的足球主教练和足球经理，工作中有大量的说服要去完成。他所有的言行中，要保持三项内容：赋予团队中每一个成员责任感、形成个人风格以及保持开放的心态。通过清晰而且连贯的沟通，依靠日新月异的科学知识，来准备和分析他的工作。足球教练不能忘记这三项内容，这样才能带领大家一道前进，朝向他指引的目标。他必须时刻践行。

同样重要的，是今天的球员要意识到，天赋如果没有努力相伴，只会被浪费掉。对自己保持适度的不满，或者某种紧张程度，能帮助一个人再上层楼。在我的经验中，只有最优秀的人才，才能做到在需要的领域里，保持必要的持续不懈努力。

10

阿森纳之后

从阿森纳离开是十分艰难、十分痛苦的一段时光。

在我所有的记忆中，我似乎都是生活在足球世界里，我就是为足球而生的。

足球决定了我一生的生活节奏。每天晚上，在俱乐部忙碌完漫长的一天后，我回到家，会继续观看更多比赛，这样我会同时准备着随后一天和球队要进行的工作，我将如何去解决一些特定问题，帮助球队保持进步。上床睡觉的时候，我会回顾一天，并且想象未来一天：队员们、随后的比赛以及各种训练，都将出现在我的梦境里。

足球是我真正的天职，像虔诚僧侣一样，将生命奉献给足球，由足球激情选择的人生道路，或许有时会有点疯狂，包含了不少的牺牲。

我时常会想象，当我离开人世时，我会和上帝交流的几句话。他会问我，我这一生干了些什么，我赋予了自己的生命怎样的意义。我会告诉他，我一生都在努力赢得比赛！“就这些吗？”他可能会问我，有点失望。于是我努力说服他，赢得比赛可比你想象的要难，足球，对于数以百万计的人群来说，是他们生命中重要的组成，足球能给大家带来太多彼此分享、极度愉悦和深重悲哀的瞬间。

我必须学会适应没有阿森纳的生活，不再有那种持续的压力，不再有那些我热爱的队员们，不再有那片球场，即便那片球场草皮是我的肾上腺素、我的灵药、我生存的意义。从孩童时代开始，我一直渴盼着生命中充满各种历险和不同人群，我向往冒险。即便今天，我已经年过七旬，我仍然不知道明天会是什么。我将自己的时间，分配在伦敦、巴黎和苏黎世三地，我总在旅行，总是居住在酒店里。

我收到过并且仍然在不断收到着各种邀约，能让我回到竞技足球世界、回到场边、回到比赛的工作机会。也常常会遇到各种球迷，他们走上前问我，下一个俱乐部是哪一家，并且在预测我会去哪儿，这让我十分感动。

*

是大卫·戴恩最初和我提及国际足联，并且鼓励我考虑一下他们的邀约。他知道离开阿森纳之后，我是多么的悲伤。自我离开，从2018年5月开始，我们每周都会聚一次，讨论俱乐部及其未来。我们总会谈起彼此深爱的这个俱乐部，我们都为俱乐部付出了太多。未来会变成怎样？

而我们都面临着类似的困难：无能为力。对于一辈子都在做决定并将计划执行到位的人来说，这种境况很难接受。然而你必须知道如何退出，保持尊严地接受现实，并且对后继者保持尊敬。

大卫没有我这么决绝。他仍然去阿联酋航空球场看比赛，我只在电视上看阿森纳的比赛。我参与修建的球场，有着太多只有我才知道的小秘密，可我不再去现场：一切都会太伤感。对于训练基地也是如此，那是我最喜欢的地方，在伦敦城外，乡村的环境中。

我隔绝了自己和俱乐部的往来，但这并不会阻隔我，就像其他球迷一样，继续充满激情地追随阿森纳，并时不时猜测一下，俱乐部未来发展的方向。我早已将自己的全部奉献给了阿森纳，我的头脑，我的身心，即便我不再是阿森纳的足球经理，我的心仍然是属于阿森纳的。只要你爱上过阿森纳，你会永远热爱阿森纳。

当然，我仍然有很多朋友在俱乐部工作，他们时不时会给我更新一下俱乐部的状况，告诉我他们的生活变化，以及俱乐部的变化。不过当你离开时，你得真正地离开。你不能让事情变得含糊不清、模棱两可，这对你、对俱乐部都不是好事。你要不就继续待在俱乐部，要不就彻底离开。时至今日，在度过了艰难的几个月后，我逐渐接受，一切都结束了，我等待着新一代的教练们，由前队员们组成的新一代，能亲手接过俱乐部的大旗，能重塑他们熟悉的俱乐部精神。

和我谈到国际足联这个工作机会时，大卫对我说：“现在是你服务足球的时候了。”他建议我参与全球范围的足球推广，将我的经验、我的能力和我这么多年积累的知识，用在更广泛的足球发展上，而不再是像过往那样，只为一家俱乐部服务。

我一直记着大卫的话，仔细考虑将会面对的问题，以及在全球推广和发展足球，将要面对的无穷挑战，我在2019年11月13日接受了国际足联全球足球发展主管的职务。

接受这个新职务之前，我考虑过我能做些什么，对我而言什么是最重要的，以及国际足联将如何推动各种改革，将如何考虑未来的足球，并且如何去改变一些根深蒂固的旧思维。我有很多想法，不论是关于裁判、关于我心中最熟悉的教练、关于足球管理、关于训练和发展。

国际足联有着巨大的权力，但这也是一个巨大的组织，在全球有着211个成员单位，因此在做决策和执行时，会显得笨重累赘。我必须要通过组织好一个团队，才能行动起来更有效率，这样的团队组建，目的是能以独立自主的形式进行管理。

从现在开始，这就是聚合了我所有精力的使命。

国际足联有三重主要角色：组织竞赛、在全球范围内制定并监督执行足球规则以及足球教育和明确足球教育方法。

我更认同自己在足球教育和明确足球教育方法上的角色。对于需要做的事，我有清晰的概念，自从上任，我就和团队不断分享我的认知。

我希望能在苏黎世建立一个研究中心，研究的内容包括足球教育方法、足球规则和在全球不同国家和地区发展足球的技术标尺。这个研究中心应该让所有国际足联成员单位获益。

我同样希望能聚焦于青少年足球发展，确保每个孩子都有平等的成功机会，不论欧洲的孩子们还是非洲的孩子们。这显然不是今天的现实。我们还需要更多的竞技赛事。教育和训练的改变，也是一项重要使命。因此我们考虑的，是借助更多新的教育手段，例如线上课程、分年龄组别的训练安排以及对这些训练成效的检测手段。

我们同样要对女足发展给予更多关注。自从法国女足世界杯之后，女足吸引了越来越多的社会关注。在阿森纳，我们有一支女足球队。比较而言，英格兰的女足发展要领先法国，社会关注更多，因此球队更多，得到的资金投入也更多，女足世界杯期间，更多人认识到，这项运动是多么有趣多么具备观赏性。女足的风格，更加强调这项运动的团队集体属性，更能体现运动员的智慧。当然，在身体对抗的激烈程度上，女足和男足不同，却同样是充满激情的运动。没有男足那么粗野，少了很多红黄牌，比赛被打断得更少，因此运行起来更加流畅。

我觉得未来几年女足的重大挑战，将会是技术层面上的，之后更多的资金和媒体关注会随之到来。女足运动员们，需要提高技术精准度，不过随着专项训练的提升，以及按照她们健康的运动模式继续提高，这种精准度肯定会进步，因为女足运动中，已经具备了呈现美好比赛、提高训练质量和保持长期进步的良好基础。

在职业生涯初期，我对美国足球没有多少认知。20世纪70年代，有过一段在美国发展足球的尝试，例如著名的纽约宇宙队，那更是一种精英主义的尝试，对大众推广、球迷发展，美国没有体现出太多兴趣。于是那一拨足球推广很快就消失了，足球在和其他美国职业体育，例如篮球、棒球和美式足球相比，不值一提。

如今情况大为改观，美国足球有了欣欣向荣之势。移民给美国带来了真正的足球热爱者：例如从中美洲、南美洲以及从非洲来的移民。美国最早热爱足球的移民是英格兰人、爱尔兰人、苏格兰人和威尔士人，他们将自己对所支持俱乐部的热爱带到了美国，这自然是一个很好的基础。不过今天的社会，对运动伤害更加敏感，尤其在美国橄榄球业内。于是美国的父母更倾向于让孩子参与足球，而不是其他那些更剧烈的身体接触运动。

足球在美国仍然缺了点东西，或者说存在一种障碍，那就是美国孩子接受足球培训，常常有一种半年化现象：一个7岁的孩子，一年踢了6个月足球，就去玩别的项目了，不像欧洲孩子那样一年能踢上10到11个月的球。由是累积下来，技术方面的差别会日渐明显。足球本质上是一项技术化运动，因此对基本技术的掌握，7岁到12岁期间最为关键。从这个年龄段往后，能带来的提高空间会大幅下降。所以在这个年龄段的训练质量，会是决定性因素，美国足球应该聚焦于此，各种优才培训中心，很有必要组建起来。

所以培养高水平教练的需求，便尤为突出了。在欧洲，发展得好的运动项目，不是受益于学校体育的培养，而是各个运动协会的成功。学校教育体系里，没有足够专业化的教练来传授足球，但一个组织协会有资源也有专业性，能组织起受过正规培训的教练群体。只要某个体育项目，以及该项目的教育方法，完全依赖学校教育体系，那么这项运动的竞争力，就很难得到充分提高。这也许是一项全球化的挑战。

大家都知道美国国土面积之广博，所以足球优才中心的建立，需要考虑到方便优秀青少年足球人才的快速聚集。我们现在都很清楚，让优秀球员保持高密度的聚集，是足球快速发展的决定性因素。每平方米内能产生的优秀球员均值，比一个国家拥有的优秀球员总数，更有数据价值。集中聚合能产生强烈的相互刺激，这就像你让一群优秀学生汇聚在一个班上，而不是让一个优秀生孤零零地待在一个普通班级上。我曾经和一位优秀乒乓球运动员交谈，他告诉我说，英格兰最好的7名乒乓球运动员，其中4名来自同一条街。他们总在一起比赛，彼此竞争、彼此激励。如果我们要建造一个精英中心，那必须将最好的人才汇集在一起。

很明显，美国的足球运动员，其中出类拔萃的人才，都会来到欧洲效力那些欧洲顶级俱乐部。美国人对这项运动有着非常积极的态度，他们做好了为自我提升而需要的每一项准备。

早先一些美国优秀足球运动员多是门将。可能这是足球场上，要提高竞技水平最便利的一个位置，因为组建一个专门化的“门将学校”，可行性比较高，培训的专业化内容，更是基于不断重复的个人位置移动练习，在这个基础上你可以组合出一套个人训练教材。但是球场上的其他位置，你就需要整队训练，需要更复杂的组织架构。

培训优秀教练，一切都得依赖教育手段、行业协会的参与程度以及教练在顶级运动竞赛中的实际参与。受训的教练们，绝不能只是孤立地接受培训，他们需要进入到最优秀的俱乐部，去理解在精英化层面上这项运动的需求。我们必须集中关注优质教练的培训系统。2026的世界杯，包含了美国赛区，6年时间可并不长！要想达到更高水平，美国足球需要加快进度。

英超的全球受欢迎程度是众所周知的，这和足球运动所包含的强烈英国文化影响力相关，也和这个联赛的高水准相关。一个今天的球迷，或许有三种不同层面的热情。他或者她，会支持自己的国家队或地区代表队，会支持一支全球化顶级球队或者一个顶级联赛，第三个层面则是支持一支自己的本土球队。有时这三个层面会有些混淆，不过我们要意识到，本土层面上的足球支持度在动摇，因为球迷对更高层面上的足球，接触便利性和认知熟悉程度，比过往强出太多，大家眼界高了，对足球的品位要求也水涨船高。美国人也是如此。他们想要看到的是最顶级的足球，而英超正是一项国际化联赛。

我经常看篮球比赛，这两项运动之间有很多可比性。培养年轻运动员一项上，篮球或许更让人信服，例如在低年龄组别，运动员之间的高速组合，篮球会比足球更明显。用手传递，肯定比用脚传递更快，这样你和其他运动员之间能形成更好的连接。

关于国际足联制定并监督执行足球规则的重要任务，有很重要的一条原则，是要让足球规则放诸四海皆准，而不是形成两种层次的足球区分。同样重要的是，保全这项运动的观赏性。

每场比赛，对于那些想象力和心神都被捕获的球迷而言，都是一个特别的故事，一个将存留于人们记忆中的故事，这样的故事如此深入人心，以至于三十年后，人们都能饱含激情，一个细节不漏地重新讲述这个故事。

过去几年，裁判规则的改变，提高了足球比赛的观赏性，也让足球比赛更公平，进行得更快速，同样变得更有趣。这些改进需要得到支持，并且长久延续。

作为球员和教练，我和裁判以及整个裁判体系，都产生过各种各样的冲突。很长时间，足球主管机构对于裁判执法体系管理过于宽松，常常会允许一些不可理喻、难以辩驳的失误存在于足球竞赛中，这样带来的结果，是球员、教练和球迷都感觉到极度的不公，为之愤懑不平。

我和裁判们之间，向来是十分疏远的关系。也许这是我的错，我对谁将执法我们的比赛从来不感兴趣。实际上我应该保持更开阔的思路，应该在一些比赛之前想想，我们遇到的裁判状况，到底会是公平的，还是可能遭遇不公。不过我得承认，我经常会遭遇一些非常明显严重的裁判错误。

我有时确实会头脑发热，会和裁判产生激烈的观点冲突，也因此受到惩罚。我知道我应该保持冷静，但比赛中精神高度紧张，在那么大的压力之下，要改变我们的认知、和观点实在太难。当裁判的错误太明显，并且会带来严重后果时，我根本无法抑制自己的怒火。

我因此被罚下场好几次。像那次对曼联，裁判将我罚上看台，可我在老特拉福德是没有座位的，于是我迷失在主队球迷丛中，站在那里，怒火中烧。对我而言这可不是娱乐，那一瞬间，这正是生与死的挑战。不论如何，这是我的亲身经历。

今天的裁判工作有了更好的维护和管理，从事这个行业的人，都是专业人士，经历过非常彻底和严格的培训。在我们这项运动中，裁判得到更好的培训，经历过更严格的选拔，也要接受更细致的监控，才能给这项运动带来更广义的公平。VAR（视频助理裁判）同样是用来帮助裁判更好执法的，确保比赛结果更加公平。在这个领域里，国际足联有更大也更令人兴奋的使命。

所有这些改变当中，我们面对的最大挑战之一，是如何更好地运用这些技术，将技术提供的精准度把握好，VAR尤其如此。到目前我们还有很大的提高空间。

例如越位与否，仍然需要通过视频停顿，然后逐秒逐帧地回顾来鉴别对错。在这样的回看过程中，比赛被停止，观赛的球迷感觉被区隔了开来，于是球场里的紧张程度大幅下降。VAR的使用水平也必须大幅进步，这样能保证比赛更加流畅。

足球运动绝对不能一成不变，足球运动应该朝着增大透明度的方向发展。这是至关重要的，这也是我为什么愿意参与这些变革的原因，我们可以帮助足球恢复到其本真面目：这是一种艺术，一种群体艺术。

我在国际足联的诸多使命中，有一项深入我心：对教练的培训，以及如何帮助前职业球员在退役后在俱乐部或者足球管理机构获得领导性职位。

作为球员退役之后，虽然我有过很多导师和行业榜样，可是成为教练的经历，更是我边干边学的过程。我从各方面汲取营养，从团队、从我面对的挑战、从不同职位的要求，始终没有停止进步和放松自我提升的要求。或许我们这一代人，有更多时间和机会来证明自己，但我们毕竟没有接受过系统化培训，得到的帮助也不够：一个教练总是孤独的，只能依靠自己，或者只能完全依靠自己。今天这个职位更具组织性，哪怕并没有一个全球化的教练联盟。今天的教练能得到更多培训，所以在国际足联以及其他机构和场合，我总在不断讲述我的个人经历、我的积累、我对这个职业的认知以及我们的责任所在。

我们如今拥有的资源远超过往任何时代，特别是对于球员表现的各种数据。一个好的教练，必须知道如何正确分解这些数据，能够用好各种新的技术工具，他们可以使用更多的信息，来更公平更成功地去跟踪一名球员的成长轨迹。这也能帮助教练们不至于轻易“杀死”一名年轻球员的成长，不会限制他或者她的成长速度，也不会制约他们自主做决断的能力。

我今天的责任，就是全身心地投入到这项国际足联的工作中，然后将我毕生所学传递给年轻人，尤其是那些询问我“教练是什么”的年轻人。我们的讲授、我们能教的一切，都不能替代他们身体力行的自我感悟，他们得亲身经历去学会如何当好教练。不过通过了解像我这些从事此行如此多年、在足球世界里深度浸泡的经验体会，他们应该能形成反思，也能汲取一些有益营养。

对我而言，一个教练，就是一个知道自己的目标、有着明确愿景和战略的人。一个能清晰表达自己想法的人。一个能将自己的想法付诸现实，能够让球员接受、认同并且在场上实践这些想法的人。

所以教练必须是良好的沟通者。

一个教练得是一个能应对紧张情绪、外界评判和工作压力的人。

他必须是能保持思路清明，在困难环境中能自己退开一步，从更高视角分析形势的人。他得是一个不受负面情绪和外界侵扰所影响和左右的人。

一个教练，得是一个意志坚定的人，能用自己的行为、价值观和预言去影响球队风格和命运，去影响每一名队员风格和命运。一个教练必须要赢得所有队员们的尊敬和信任。

一个教练，得是一个让年轻人理解自己的人。他也得是一个能理解年轻人的人，他需要具备倾听和适应能力，他得能调整战略，并且始终保持开放心态。

一个教练也得有一颗仁慈的心，富于同情心，热爱自己的队员，同时能指出他们的错误和不足。一个教练得知道如何帮助队员们保持上进心，从而不断实现自我超越。

一个教练，得是一个具备甄别优劣的人，一个毕生追求优秀的人。他们首先就要全身心投入到团队中，永不言弃，不忽略任何细节，同时还得关注团队中的每一个个体。他得要求所有队员都呈现出最好的状态，不断推动他们去追求卓越。与此同时，他又得明白，哪怕是最伟大的运动员，也不可能总是保持百分百地发挥，运动员需要鞭策、需要激励、需要推动，从而超越自我。

作为教练，当然得明白足球的责任、年轻人激情赋予这项运动的力量、足球对社会的责任、足球的大众吸引力和足球对从业者无尽的要求。一个教练，得具备相应的责任感和使命感，要能让这项运动保持其本真的魅力，以最纯净的方式，呈现出足球艺术。

尾声

今天我仍然保持着多年养成的纪律性。就像我常常说，自律即自由。我每天的的生活都会从在健身房练上一个半小时开始，从无例外，哪怕是周六或周日。有时间的话，我还会做上一个小时的有氧运动。这是我必须遵守的铁律，因为这样的运动能保证我的能量水准，能让我保持体态和精神状态，因为我总在旅行中，国际足联职务之外，我还有很多活动要参加。

我还是拜因（BeIN）体育的评论员，也经常受邀接受商界的采访和相关评论，去分享我的经历，去传授作为一名主教练我能传授的知识。体育世界和商业世界，往往处在平行发展状态，相关内容的分享，总能激发出很大的兴趣和反响。

离开阿森纳之后的生活，让我能做许多足球之外的事，例如更广泛地了解这个世界。我兴趣广泛，对很多事情都充满热情，经济、政治和科学尤甚。我有了更多时间阅读各种杂志、小说和哲学类读物。如今，人们和宗教的关系、对幸福和自由的追求，都是让我着迷的话题。我去电影院、剧院看演出，偶尔还有时间看看电视剧。我也有更多机会和朋友相聚、和女儿分享过往很难享受的时光。这对我来说是无比珍贵的，或者是因为到了我这个年龄，更珍惜时间了。

我的人生无比幸运，我一直以来的经历，远远超出那个阿尔萨斯小乡村孩子的幻想，现在也是如此。我实现了自己的各种梦想，包括那些我隐藏在内心从来不敢表达的梦想。某种程度上，我早就超过了我有过的最狂野的梦想。

我行走在人世间，体验过澎湃的激情，透过各种人生发现，生活到了极致，获得了我从小就向往的极致自由。对我而言，足球一直是一种奇遇，这仍然是我今天的感受。

重要的是，我认为，你得保持一颗童心，绝不忘记自己的梦想：你的梦想是什么，你需要什么样的技术手段来实现自己的梦想（能力、资源……）。你得摈弃任何负面的念头，这些想法会阻挠你实现梦想，你必须全身心地投入。

我知道所有的人生都不可能完整，我还有很多事情要做，为了足球，为了我热爱的人，为了我自己。

我是一个幸运的人，能继续从事足球行业、帮助足球发展并且分享足球的快乐，这让我很幸福。我会继续前进，让足球变得更加美丽，为了那些深爱着足球的人。

职业生涯记录

球员时期数据统计

俱乐部、赛季和比赛的出场数及进球数

俱乐部	赛季	联赛			国家杯		欧冠		合计	
		组别	出场	进球	出场	进球	出场	进球	出场	进球
米齐格足球俱乐部	1969/1970	CFA								
	1970/1971	第三组					—			
	1971/1972	第三组								
	1972/1973	第三组			3	1			3	1
	合计				3	1			3	1
米卢斯足球俱乐部	1973/1974	法乙	25	2			—		25	2
	1974/1975	法乙	31	2					31	2
	合计		56	4					56	4
ASPV 斯特拉斯堡足球俱乐部	1975/1976	下莱茵省			3	1	—		3	1
	1976/1977	荣誉组			5	0			5	0
	1977/1978	第三组								
	合计				8	1	—		8	1
斯特拉斯堡足球俱乐部	1978/1979	法甲	2	0			1	0	3	0
	1979/1980	法甲	1	0					1	0
	1980/1981	法甲	8	0	1	0	—		9	0
	合计		11	0	1	0	1	0	13	0
职业生涯合计			67	4	12	2	1	0	80	6

来源：*footballdatabase.eu, Racingstub.com*

担任阿森纳主教练时期数据统计

英超联赛积分榜
（1996/1997 赛季）

排名	俱乐部	场次	胜	平	负	进球	失球	净胜球	积分
1	曼彻斯特联足球俱乐部（C）	38	21	12	5	76	44	32	75
2	纽卡斯尔联足球俱乐部	38	19	11	8	73	40	33	68
3	阿森纳足球俱乐部	38	19	11	8	62	32	30	68
4	利物浦足球俱乐部	38	19	11	8	62	37	25	68
5	阿斯顿维拉足球俱乐部	38	17	10	11	47	34	13	61
6	切尔西足球俱乐部	38	16	11	11	58	55	3	59
7	谢菲尔德星期三足球俱乐部	38	14	15	9	50	51	−1	57
8	温布尔登足球俱乐部	38	15	11	12	49	46	3	56
9	莱斯特城足球俱乐部	38	12	11	15	46	54	−8	47
10	托特纳姆热刺足球俱乐部	38	13	7	18	44	51	−7	46
11	利兹联足球俱乐部	38	11	13	14	28	38	−10	46
12	德比郡足球俱乐部	38	11	13	14	45	58	−13	46
13	布莱克本流浪者足球俱乐部	38	9	15	14	42	43	−1	42
14	西汉姆联足球俱乐部	38	10	12	16	39	48	−9	42
15	埃弗顿足球俱乐部	38	10	12	16	44	57	−13	42
16	南安普敦足球俱乐部	38	10	11	17	50	56	−6	41
17	考文垂城足球俱乐部	38	9	14	15	38	54	−16	41
18	桑德兰足球俱乐部（R）	38	10	10	18	35	53	−18	40
19	米德尔斯堡足球俱乐部（R）	38	10	12	16	51	60	−9	39
20	诺丁汉森林足球俱乐部（R）	38	6	16	16	31	59	−28	34

1996/1997 赛季数据统计

联赛末排名：3

主教练：斯图尔特 · 休斯顿，阿尔塞纳 · 温格（第一场比赛：1996 年 10 月 12 日）

最佳射手：兰 · 赖特（23）

最多助攻：丹尼斯 · 博格坎普（9）

最多出场次数：奈杰尔 · 温特伯恩（38）

最大分差胜场：阿森纳 4–1 谢菲尔德星期三（主场）

最大分差败场：利物浦 2–0 阿森纳（客场）

英超联赛积分榜
（1997/1998 赛季）

排名	俱乐部	场次	胜	平	负	进球	失球	净胜球	积分
1	阿森纳足球俱乐部(C)	38	23	9	6	68	33	35	78
2	曼彻斯特联足球俱乐部	38	23	8	7	73	26	47	77
3	利物浦足球俱乐部	38	18	11	9	68	42	26	65
4	切尔西足球俱乐部	38	20	3	15	71	43	28	63
5	利兹联足球俱乐部	38	17	8	13	57	46	11	59
6	布莱克本流浪者足球俱乐部	38	16	10	12	57	52	5	58
7	阿斯顿维拉足球俱乐部	38	17	6	15	49	48	1	57
8	西汉姆联足球俱乐部	38	16	8	14	56	57	−1	56
9	德比郡足球俱乐部	38	16	7	15	52	49	3	55
10	莱斯特城足球俱乐部	38	13	14	11	51	41	10	53

排名	俱乐部	场次	胜	平	负	进球	失球	净胜球	积分
11	考文垂城足球俱乐部	38	12	16	10	46	44	2	52
12	南安普敦足球俱乐部	38	14	6	18	50	55	−5	48
13	纽卡斯尔联足球俱乐部	38	11	11	16	35	44	−9	44
14	托特纳姆热刺足球俱乐部	38	11	11	16	44	56	−12	44
15	温布尔登足球俱乐部	38	10	14	14	34	46	−12	44
16	谢菲尔德星期三足球俱乐部	38	12	8	18	52	67	−15	44
17	埃弗顿足球俱乐部	38	9	13	16	41	56	−15	40
18	博尔顿漫游者足球俱乐部（R）	38	9	13	16	41	61	−20	40
19	巴恩斯利足球俱乐部（R）	38	10	5	23	37	82	−45	35
20	水晶宫足球俱乐部(R)	38	8	9	21	37	71	−34	33

1997/1998 赛季数据统计

联赛末排名：1

主教练：阿尔塞纳 · 温格

最佳射手：丹尼斯 · 博格坎普 (16)

最多助攻：丹尼斯 · 博格坎普 (11)

最多出场次数：奈杰尔 · 温特伯恩 (36)

最大分差胜场：阿森纳 5–0 巴恩斯利（主场）

最大分差败场：利物浦 4–0 阿森纳（客场）

英超联赛积分榜
（1998/1999 赛季）

排名	俱乐部	场次	胜	平	负	进球	失球	净胜球	积分
1	曼彻斯特联足球俱乐部（C）	38	22	13	3	80	37	43	79
2	阿森纳足球俱乐部	38	22	12	4	59	17	42	78
3	切尔西足球俱乐部	38	20	15	3	57	30	27	75
4	利兹联足球俱乐部	38	18	13	7	62	34	28	67
5	西汉姆联足球俱乐部	38	16	9	13	46	53	−7	57
6	阿斯顿维拉足球俱乐部	38	15	10	13	51	46	5	55
7	利物浦足球俱乐部	38	15	9	14	68	49	19	54
8	德比郡足球俱乐部	38	13	13	12	40	45	−5	52
9	米德尔斯堡足球俱乐部	38	12	15	11	48	54	−6	51
10	莱斯特城足球俱乐部	38	12	13	13	40	46	−6	49
11	托特纳姆热刺足球俱乐部	38	11	14	13	47	50	−3	47
12	谢菲尔德星期三足球俱乐部	38	13	7	18	41	42	−1	46
13	纽卡斯尔联足球俱乐部	38	11	13	14	48	54	−6	46
14	埃弗顿足球俱乐部	38	11	10	17	42	47	−5	43
15	考文垂城足球俱乐部	38	11	9	18	39	51	−12	42
16	温布尔登足球俱乐部	38	10	12	16	40	63	−23	42
17	南安普敦足球俱乐部	38	11	8	19	37	64	−27	41
18	查尔顿竞技足球俱乐部（R）	38	8	12	18	41	56	−15	36
19	布莱克本流浪者足球俱乐部（R）	38	7	14	17	38	52	−14	35
20	诺丁汉森林足球俱乐部（R）	38	7	9	22	35	69	−34	30

1998/1999 赛季数据统计

联赛末排名：2

主教练：阿尔塞纳 · 温格

最佳射手：尼古拉 · 阿内尔卡 (17)

最多助攻：丹尼斯 · 博格坎普 (13)

最多出场次数：马克 · 奥维马斯 (37)

最大分差胜场：米德尔斯堡 1–6 阿森纳（客场）

最大分差败场：阿斯顿维拉 3–2 阿森纳（客场）

英超联赛积分榜
（1999/2000 赛季）

排名	俱乐部	场次	胜	平	负	进球	失球	净胜球	积分
1	曼彻斯特联足球俱乐部 (C)	38	28	7	3	97	45	52	91
2	阿森纳足球俱乐部	38	22	7	9	73	43	30	73
3	利兹联足球俱乐部	38	21	6	11	58	43	15	69
4	利物浦足球俱乐部	38	19	10	9	51	30	21	67
5	切尔西足球俱乐部	38	18	11	9	53	34	19	65
6	阿斯顿维拉足球俱乐部	38	15	13	10	46	35	11	58
7	桑德兰足球俱乐部	38	16	10	12	57	56	1	58
8	莱斯特城足球俱乐部	38	16	7	15	55	55	0	55
9	西汉姆联足球俱乐部	38	15	10	13	52	53	−1	55
10	托特纳姆热刺足球俱乐部	38	15	8	15	57	49	8	53

排名	俱乐部	场次	胜	平	负	进球	失球	净胜球	积分
11	纽卡斯尔联足球俱乐部	38	14	10	14	63	54	9	52
12	米德尔斯堡足球俱乐部	38	14	10	14	46	52	−6	52
13	埃弗顿足球俱乐部	38	12	14	12	59	49	10	50
14	考文垂城足球俱乐部	38	12	8	18	47	54	−7	44
15	南安普敦足球俱乐部	38	12	8	18	45	62	−17	44
16	德比郡足球俱乐部	38	9	11	18	44	57	−13	38
17	布拉德福德城足球俱乐部	38	9	9	20	38	68	−30	36
18	温布尔登足球俱乐部（R）	38	7	12	19	46	74	−28	33
19	谢菲尔德星期三足球俱乐部（R）	38	8	7	23	38	70	−32	31
20	沃特福德足球俱乐部（R）	38	6	6	26	35	77	−42	24

1999/2000 赛季数据统计

联赛末排名：2

主教练：阿尔塞纳·温格

最佳射手：蒂埃里·亨利（17）

最多助攻：丹尼斯·博格坎普（9）

最多出场次数：蒂埃里·亨利（31）

恩万科沃·卡努　（31）

西尔维尼奥（31）

马克·奥维马斯（31）

最大分差胜场：阿森纳 5–1 米德尔斯堡（主场）

最大分差败场：纽卡斯尔 4–2 阿森纳（客场）

英超联赛积分榜
（2000/2001 赛季）

排名	俱乐部	场次	胜	平	负	进球	失球	净胜球	积分
1	曼彻斯特联足球俱乐部（C）	38	24	8	6	79	31	48	80
2	阿森纳足球俱乐部	38	20	10	8	63	38	25	70
3	利物浦足球俱乐部	38	20	9	9	71	39	32	69
4	利兹联足球俱乐部	38	20	8	10	64	43	21	68
5	伊普斯维奇城足球俱乐部	38	20	6	12	57	42	15	66
6	切尔西足球俱乐部	38	17	10	11	68	45	23	61
7	桑德兰足球俱乐部	38	15	12	11	46	41	5	57
8	阿斯顿维拉足球俱乐部	38	13	15	10	46	43	3	54
9	查尔顿竞技足球俱乐部	38	14	10	14	50	57	−7	52
10	南安普敦足球俱乐部	38	14	10	14	40	48	−8	52
11	纽卡斯尔联足球俱乐部	38	14	9	15	44	50	−6	51
12	托特纳姆热刺足球俱乐部	38	13	10	15	47	54	−7	49
13	莱斯特城足球俱乐部	38	14	6	18	39	51	−12	48
14	米德尔斯堡足球俱乐部	38	9	15	14	44	44	0	42
15	西汉姆联足球俱乐部	38	10	12	16	45	50	−5	42
16	埃弗顿足球俱乐部	38	11	9	18	45	59	−14	42
17	德比郡足球俱乐部	38	10	12	16	37	59	−22	42
18	曼彻斯特城足球俱乐部（R）	38	8	10	20	41	65	−24	34
19	考文垂城足球俱乐部（R）	38	8	10	20	36	63	−27	34
20	布拉德福德城足球俱乐部（R）	38	5	11	22	30	70	−40	26

2000/2001 赛季数据统计

联赛末排名：2

主教练：阿尔塞纳 · 温格

最佳射手：蒂埃里 · 亨利 (17)

最多助攻：蒂埃里 · 亨利 (9)

最多出场次数：蒂埃里 · 亨利 (35)

最大分差胜场：阿森纳 6–1 莱斯特城（主场）

最大分差败场：曼联 6–1 阿森纳（客场）

英超联赛积分榜
（2001/2002 赛季）

排名	俱乐部	场次	胜	平	负	进球	失球	净胜球	积分
1	阿森纳足球俱乐部 (C)	38	26	9	3	79	36	32	87
2	利物浦足球俱乐部	38	24	8	6	67	30	37	80
3	曼彻斯特联足球俱乐部	38	24	5	9	87	45	42	77
4	纽卡斯尔联足球俱乐部	38	21	8	9	74	52	22	71
5	利兹联足球俱乐部	38	18	12	8	53	37	16	66
6	切尔西足球俱乐部	38	17	13	8	66	38	28	64
7	西汉姆联足球俱乐部	38	15	8	15	48	57	−9	53
8	阿斯顿维拉足球俱乐部	38	12	14	12	46	47	−1	50
9	托特纳姆热刺足球俱乐部	38	14	8	16	49	53	−4	50
10	布莱克本流浪者足球俱乐部	38	12	10	16	55	51	4	46

排名	俱乐部	场次	胜	平	负	进球	失球	净胜球	积分
11	南安普敦足球俱乐部	38	12	9	17	46	54	−8	45
12	米德尔斯堡足球俱乐部	38	12	9	17	35	47	−12	44
13	富勒姆足球俱乐部	38	10	14	14	36	44	−8	44
14	查尔顿竞技足球俱乐部	38	10	14	14	38	49	−11	44
15	埃弗顿足球俱乐部	38	11	10	17	45	57	−12	43
16	博尔顿漫游者足球俱乐部	38	9	13	16	44	62	−18	40
17	桑德兰足球俱乐部	38	10	10	18	29	51	−22	40
18	伊普斯维奇城足球俱乐部（R）	38	9	9	20	41	64	−23	36
19	德比郡足球俱乐部（R）	38	8	6	24	33	63	−30	30
20	莱斯特城足球俱乐部（R）	38	5	13	20	30	64	−34	28

2001/2002 赛季数据统计

联赛末排名：1

主教练：阿尔塞纳 · 温格

最佳射手：蒂埃里 · 亨利（24）

最多助攻：罗贝尔 · 皮雷斯（15）

最多出场次数：帕特里克 · 维埃拉 （36）

最大分差胜场：米德尔斯堡 0–4 阿森纳（客场）

最大分差败场：阿森纳 2–4 查尔顿竞技（主场）

英超联赛积分榜
（2002/2003 赛季）

排名	俱乐部	场次	胜	平	负	进球	失球	净胜球	积分
1	曼彻斯特联足球俱乐部（C）	38	25	8	5	74	34	40	83
2	阿森纳足球俱乐部	38	23	9	6	85	42	43	78
3	纽卡斯尔联足球俱乐部	38	21	6	11	63	48	15	69
4	切尔西足球俱乐部	38	19	10	9	68	38	30	67
5	利物浦足球俱乐部	38	18	10	10	61	41	20	64
6	布莱克本流浪者足球俱乐部	38	16	12	10	52	43	9	60
7	埃弗顿足球俱乐部	38	17	8	13	48	49	−1	59
8	南安普敦足球俱乐部	38	13	13	12	43	46	−3	52
9	曼彻斯特城足球俱乐部	38	15	6	17	47	54	−7	51
10	托特纳姆热刺足球俱乐部	38	14	8	16	51	62	−11	50
11	米德尔斯堡足球俱乐部	38	13	10	15	48	44	4	49
12	查尔顿竞技足球俱乐部	38	14	7	17	45	56	−11	49
13	伯明翰城足球俱乐部	38	13	9	16	41	49	−8	48
14	富勒姆足球俱乐部	38	13	9	16	41	50	−9	48
15	利兹联足球俱乐部	38	14	5	19	58	57	1	47
16	阿斯顿维拉足球俱乐部	38	12	9	17	42	47	−5	45
17	博尔顿漫游者足球俱乐部	38	10	14	14	41	51	−10	44
18	西汉姆联足球俱乐部（R）	38	10	12	16	42	59	−17	42
19	西布罗姆维奇足球俱乐部（R）	38	6	8	24	29	65	−36	26
20	桑德兰足球俱乐部（R）	38	4	7	27	21	65	−44	19

2002/2003 赛季数据统计

联赛末排名：2

主教练：阿尔塞纳 · 温格

最佳射手：蒂埃里 · 亨利（24）

最多助攻：蒂埃里 · 亨利 （20）

最多出场次数：蒂埃里 · 亨利 （37）

最大分差胜场：阿森纳 6–1 南安普顿（主场）

最大分差败场：布莱克本流浪者 2–0 阿森纳（客场）

曼联 2–0 阿森纳（客场）

英超联赛积分榜
（2003/2004 赛季）

排名	俱乐部	场次	胜	平	负	进球	失球	净胜球	积分
1	阿森纳足球俱乐部（C）	38	26	12	0	73	26	47	90
2	切尔西足球俱乐部	38	24	7	7	67	30	37	79
3	曼彻斯特联足球俱乐部	38	23	6	9	64	35	29	75
4	利物浦足球俱乐部	38	16	12	10	55	37	18	60
5	纽卡斯尔联足球俱乐部	38	13	17	8	52	40	12	56
6	阿斯顿维拉足球俱乐部	38	15	11	12	48	44	4	56
7	查尔顿竞技足球俱乐部	38	14	11	13	51	51	0	53
8	博尔顿漫游者足球俱乐部	38	14	11	13	48	56	−8	53
9	富勒姆足球俱乐部	38	14	10	14	52	46	6	52
10	伯明翰城足球俱乐部	38	12	14	12	43	48	−5	50

排名	俱乐部	场次	胜	平	负	进球	失球	净胜球	积分
11	米德尔斯堡足球俱乐部	38	13	9	16	44	52	8	48
12	南安普敦足球俱乐部	38	12	11	15	44	45	−1	44
13	朴次茅斯足球俱乐部	38	12	9	17	47	54	−7	45
14	托特纳姆热刺足球俱乐部	38	13	6	19	47	57	−10	45
15	布莱克本流浪者足球俱乐部	38	12	8	18	51	59	−8	44
16	曼彻斯特城足球俱乐部	38	9	14	15	55	54	1	41
17	埃弗顿足球俱乐部	38	9	12	17	45	57	−12	39
18	莱斯特城足球俱乐部（R）	38	6	15	17	48	65	−17	33
19	利兹联足球俱乐部（R）	38	8	9	21	40	79	−39	33
20	狼队足球俱乐部(R)	38	7	12	19	38	77	−39	33

2003/2004 赛季数据统计

联赛末排名：1

主教练：阿尔塞纳·温格

最佳射手：蒂埃里·亨利（30）

最多助攻：罗贝尔·皮雷斯（8）

最多出场次数：延斯·莱曼（38）

最大分差胜场：阿森纳 5–0 利兹联（主场）

最大分差败场：无

英超联赛积分榜
（2004/2005 赛季）

排名	俱乐部	场次	胜	平	负	进球	失球	净胜球	积分
1	切尔西足球俱乐部 （C）	38	29	8	1	72	15	57	95
2	阿森纳足球俱乐部	38	25	8	5	87	36	51	83
3	曼彻斯特联足球俱乐部	38	22	11	5	58	26	32	77
4	埃弗顿足球俱乐部	38	18	7	13	45	46	−1	61
5	利物浦足球俱乐部	38	17	7	14	52	41	11	58
6	博尔顿漫游者足球俱乐部	38	16	10	12	49	44	5	58
7	米德尔斯堡足球俱乐部	38	14	13	11	53	46	7	55
8	曼彻斯特城足球俱乐部	38	13	13	12	47	39	8	52
9	托特纳姆热刺足球俱乐部	38	14	10	14	47	41	6	52
10	阿斯顿维拉足球俱乐部	38	12	11	15	45	52	−7	47
11	查尔顿竞技足球俱乐部	38	12	10	16	42	58	−16	46
12	伯明翰城足球俱乐部	38	11	12	15	40	46	−6	45
13	富勒姆足球俱乐部	38	12	8	18	51	60	−8	44
14	纽卡斯尔联足球俱乐部	38	10	14	14	47	57	−10	44
15	布莱克本流浪者足球俱乐部	38	9	15	14	32	43	−11	42
16	朴次茅斯足球俱乐部	38	10	9	19	43	59	−16	39
17	西布罗姆维奇足球俱乐部	38	6	16	16	36	61	−25	34
18	水晶宫足球俱乐部（R）	38	7	12	19	41	62	−21	33
19	诺维奇足球俱乐部（R）	38	7	12	19	42	77	−35	33
20	南安普敦足球俱乐部（R）	38	6	14	18	45	66	−21	32

2004/2005 赛季数据统计

联赛末排名：2

主教练：阿尔塞纳·温格

最佳射手：蒂埃里·亨利（25）

最多助攻：蒂埃里·亨利（14）

最多出场次数：阿什利·科尔（35）

科洛·图雷（35）

最大分差胜场：阿森纳 7–0 埃弗顿（主场）

最大分差败场：阿森纳 2–4 曼联（主场）

英超联赛积分榜
（2005/2006 赛季）

排名	俱乐部	场次	胜	平	负	进球	失球	净胜球	积分
1	切尔西足球俱乐部 （C）	38	29	4	5	72	22	50	91
2	曼彻斯特联足球俱乐部	38	25	8	5	72	34	38	83
3	利物浦足球俱乐部	38	25	7	6	57	25	32	82
4	阿森纳足球俱乐部	38	20	7	11	68	31	37	67
5	托特纳姆热刺足球俱乐部	38	18	11	9	53	38	15	65
6	布莱克本漫游者足球俱乐部	38	19	6	13	51	41	9	62
7	纽卡斯尔联足球俱乐部	38	17	7	14	47	42	5	58
8	博尔顿漫游者足球俱乐部	38	15	11	12	49	41	8	56
9	西汉姆联足球俱乐部	38	16	7	15	52	55	–3	55
10	维甘竞技足球俱乐部	38	15	6	17	45	52	–7	51

排名	俱乐部	场次	胜	平	负	进球	失球	净胜球	积分
11	埃弗顿足球俱乐部	38	14	8	16	34	49	−15	50
12	富勒姆足球俱乐部	38	14	6	18	48	58	−10	48
13	查尔顿竞技足球俱乐部	38	13	8	17	41	55	−14	47
14	米德尔斯堡足球俱乐部	38	12	9	17	48	58	−10	45
15	曼彻斯特城足球俱乐部	38	13	4	21	43	48	−5	43
16	阿斯顿维拉足球俱乐部	38	10	12	16	42	55	−13	42
17	朴次茅斯足球俱乐部	38	10	8	20	37	62	−25	38
18	伯明翰城足球俱乐部（R）	38	8	10	20	28	50	−22	34
19	西布罗姆维奇足球俱乐部（R）	38	7	9	22	31	58	−27	30
20	桑德兰足球俱乐部（R）	38	3	6	29	26	69	−43	15

2005/2006 赛季数据统计

联赛末排名：4

主教练：阿尔塞纳 · 温格

最佳射手：蒂埃里 · 亨利（27）

最多助攻：何塞 · 安东尼奥 · 雷耶斯（10）

最多出场次数：延斯 · 莱曼（38）

最大分差胜场：阿森纳 7–0 米德尔斯堡（主场）

最大分差败场：博尔顿漫游者 2–0 阿森纳（客场）

曼联 2–0 阿森纳（客场）

英超联赛积分榜
（2006/2007 赛季）

排名	俱乐部	场次	胜	平	负	进球	失球	净胜球	积分
1	曼彻斯特联足球俱乐部（C）	38	28	5	5	83	27	56	89
2	切尔西足球俱乐部	38	24	11	3	64	24	40	83
3	利物浦足球俱乐部	38	20	8	10	57	27	30	68
4	阿森纳足球俱乐部	38	19	11	8	63	35	28	68
5	托特纳姆热刺足球俱乐部	38	17	9	12	57	54	3	60
6	埃弗顿足球俱乐部	38	15	13	10	52	36	16	58
7	博尔顿漫游者足球俱乐部	38	16	8	14	47	52	−5	56
8	雷丁足球俱乐部	38	16	7	15	52	47	5	55
9	朴次茅斯足球俱乐部	38	14	12	12	45	42	3	54
10	布莱克本流浪者足球俱乐部	38	15	7	16	52	54	−2	52
11	阿斯顿维拉足球俱乐部	38	11	17	10	43	41	2	50
12	米德尔斯堡足球俱乐部	38	12	10	16	44	49	−5	46
13	纽卡斯尔联足球俱乐部	38	11	10	17	38	47	−9	43
14	曼彻斯特城足球俱乐部	38	11	9	18	29	44	−15	42
15	西汉姆联足球俱乐部	38	12	5	21	35	59	−24	41
16	富勒姆足球俱乐部	38	8	15	15	38	60	−22	39
17	维甘竞技足球俱乐部	38	10	8	20	37	59	−22	38
18	谢菲尔德联足球俱乐部 （R）	38	10	8	20	32	55	−23	38
19	查尔顿竞技足球俱乐部（R）	38	8	10	20	34	60	−26	34
20	沃特福德足球俱乐部（R）	38	5	13	20	29	59	−30	28

2006/2007 赛季数据统计

联赛末排名：4

主教练：阿尔塞纳 · 温格

最佳射手：罗宾 · 范 · 佩西（11）

最多助攻：法布雷加斯（11）

最多出场次数：法布雷加斯（38）

最大分差胜场：阿森纳 6–2 布莱克本（主场）

最大分差败场：利物浦 4–1 阿森纳（客场）

英超联赛积分榜
（2007/2008 赛季）

排名	俱乐部	场次	胜	平	负	进球	失球	净胜球	积分
1	曼彻斯特联足球俱乐部（C）	38	27	6	5	80	22	58	87
2	切尔西足球俱乐部	38	25	10	3	65	26	39	85
3	阿森纳足球俱乐部	38	24	11	3	74	31	43	83
4	利物浦足球俱乐部	38	21	13	4	67	28	39	76
5	埃弗顿足球俱乐部	38	19	8	11	55	33	22	65
6	阿斯顿维拉足球俱乐部	38	16	12	10	71	51	20	60
7	布莱克本流浪者足球俱乐部	38	15	13	10	50	48	2	58
8	朴次茅斯足球俱乐部	38	16	9	13	48	40	8	57
9	曼彻斯特城足球俱乐部	38	15	10	13	45	53	–8	55
10	西汉姆联足球俱乐部	38	13	10	15	42	50	–8	49

排名	俱乐部	场次	胜	平	负	进球	失球	净胜球	积分
11	托特纳姆热刺足球俱乐部	38	11	13	14	66	61	5	46
12	纽卡斯尔联足球俱乐部	38	11	10	17	45	65	−20	43
13	米德尔斯堡足球俱乐部	38	10	12	16	43	53	−10	42
14	维甘竞技足球俱乐部	38	10	10	18	34	51	−17	40
15	桑德兰足球俱乐部	38	11	6	21	36	59	−23	39
16	博尔顿漫游者足球俱乐部	38	9	10	19	36	54	−18	37
17	富勒姆足球俱乐部	38	8	12	18	38	60	−22	36
18	雷丁足球俱乐部（R）	38	10	6	22	41	66	−25	36
19	伯明翰城足球俱乐部（R）	38	8	11	19	46	62	−16	35
20	德比郡足球俱乐部（R）	38	1	8	29	20	89	−69	11

2007/2008 赛季数据统计

联赛末排名：3

主教练：阿尔塞纳 · 温格

最佳射手：埃马纽埃尔 · 阿德巴约（24）

最多助攻：法布雷加斯（17）

最多出场次数：克里希（38）

最大分差胜场：阿森纳 5–0 德比郡（主场）

最大分差败场：切尔西 2–1 阿森纳（客场）

曼联 2–1 阿森纳（客场）

米德尔斯堡 2–1 阿森纳（客场）

英超联赛积分榜
（2008/2009 赛季）

排名	俱乐部	场次	胜	平	负	进球	失球	净胜球	积分
1	曼彻斯特联足球俱乐部（C）	38	28	6	4	68	24	44	90
2	利物浦足球俱乐部	38	25	11	2	77	27	50	86
3	切尔西足球俱乐部	38	25	8	5	68	24	44	83
4	阿森纳足球俱乐部	38	20	12	6	68	37	31	72
5	埃弗顿足球俱乐部	38	17	12	9	55	37	18	63
6	阿斯顿维拉足球俱乐部	38	17	11	10	54	48	6	62
7	富勒姆足球俱乐部	38	14	11	13	39	34	5	53
8	托特纳姆热刺足球俱乐部	38	14	9	15	45	45	0	51
9	西汉姆联足球俱乐部	38	14	9	15	42	45	−3	51
10	曼彻斯特城足球俱乐部	38	15	5	18	58	50	8	50
11	维甘竞技足球俱乐部	38	12	9	17	34	45	−11	45
12	斯托克城足球俱乐部	38	12	9	17	38	55	−17	45
13	博尔顿漫游者足球俱乐部	38	11	8	19	41	53	−12	41
14	朴次茅斯足球俱乐部	38	10	11	17	38	57	−19	41
15	布莱克本流浪者足球俱乐部	38	10	11	17	40	60	−20	41
16	桑德兰足球俱乐部	38	9	9	20	34	54	−20	36
17	赫尔城足球俱乐部	38	8	11	19	39	64	−25	35
18	纽卡斯尔联足球俱乐部（R）	38	7	13	18	40	59	−10	34
19	米德尔斯堡足球俱乐部（R）	38	7	11	20	28	57	−29	32
20	西布罗姆维奇足球俱乐部（R）	38	8	8	22	36	67	−31	32

2008/2009 赛季数据统计

联赛末排名：4

主教练：阿尔塞纳·温格

最佳射手：罗宾·范·佩西（11）

最多助攻：罗宾·范·佩西（10）

最多出场次数：德尼尔森（37）

最大分差胜场：布莱克本 0–4 阿森纳（客场）

最大分差败场：阿森纳 1–4 切尔西（主场）

英超联赛积分榜
（2009/2010 赛季）

排名	俱乐部	场次	胜	平	负	进球	失球	净胜球	积分
1	切尔西足球俱乐部（C）	38	27	5	6	103	32	71	86
2	曼彻斯特联足球俱乐部	38	27	4	7	86	28	58	85
3	阿森纳足球俱乐部	38	23	6	9	83	41	42	75
4	托特纳姆热刺足球俱乐部	38	21	7	10	67	41	26	70
5	曼彻斯特城足球俱乐部	38	18	13	7	73	45	28	67
6	阿斯顿维拉足球俱乐部	38	17	13	8	52	39	13	64
7	利物浦足球俱乐部	38	18	9	11	61	35	26	63
8	埃弗顿足球俱乐部	38	16	13	9	60	49	11	61
9	伯明翰城足球俱乐部	38	13	11	14	38	47	–9	50
10	布莱克本流浪者足球俱乐部	38	13	11	14	41	55	–14	50

排名	俱乐部	场次	胜	平	负	进球	失球	净胜球	积分
11	斯托克城足球俱乐部	38	11	14	13	34	48	−14	47
12	富勒姆足球俱乐部	38	12	10	16	39	46	−7	46
13	桑德兰足球俱乐部	38	11	11	16	48	56	−8	44
14	博尔顿漫游者足球俱乐部	38	10	9	19	42	67	−25	39
15	狼队足球俱乐部	38	9	11	18	32	56	−24	38
16	维甘竞技足球俱乐部	38	9	9	20	37	79	−42	36
17	西汉姆联足球俱乐部	38	8	11	19	47	66	−19	35
18	伯恩利足球俱乐部（R）	38	8	6	24	42	82	−40	30
19	赫尔城足球俱乐部（R）	38	6	12	20	34	75	−41	30
20	朴次茅斯足球俱乐部 （R）	38	7	7	24	34	66	−32	19

2009/2010 赛季数据统计

联赛末排名：3

主教练：阿尔塞纳 · 温格

最佳射手：法布雷加斯（15）

最多助攻：法布雷加斯（13）

最多出场次数：巴卡里 · 萨尼亚 （35）

最大分差胜场：埃弗顿 1–6 阿森纳 （客场）

最大分差败场：阿森纳 0–3 切尔西（主场）

英超联赛积分榜
（2010/2011 赛季）

排名	俱乐部	场次	胜	平	负	进球	失球	净胜球	积分
1	曼彻斯特联足球俱乐部 (C)	38	23	11	4	78	37	41	80
2	切尔西足球俱乐部	38	21	8	9	69	33	36	71
3	曼彻斯特城足球俱乐部	38	21	8	9	60	33	27	71
4	阿森纳足球俱乐部	38	19	11	8	72	43	29	68
5	托特纳姆热刺足球俱乐部	38	16	14	8	55	46	9	62
6	利物浦足球俱乐部	38	17	7	14	59	44	15	58
7	埃弗顿足球俱乐部	38	13	15	10	51	45	6	54
8	富勒姆足球俱乐部	38	11	16	11	49	43	6	49
9	阿斯顿维拉足球俱乐部	38	12	12	14	48	59	−11	48
10	桑德兰足球俱乐部	38	12	11	15	45	56	−11	47
11	西布罗姆维奇足球俱乐部	38	12	11	15	56	71	−15	47
12	纽卡斯尔联足球俱乐部	38	11	13	14	56	57	−1	46
13	斯托克城足球俱乐部	38	13	7	18	46	48	−2	46
14	博尔顿漫游者足球俱乐部	38	12	10	16	52	56	−4	46
15	布莱克本流浪者足球俱乐部	38	11	10	17	46	59	−13	43
16	维甘竞技足球俱乐部	38	9	15	14	40	61	−21	42
17	狼队足球俱乐部	38	11	7	20	46	66	−20	40
18	伯明翰城足球俱乐部 (R)	38	8	15	15	37	58	−21	39
19	布莱克浦足球俱乐部 (R)	38	10	9	19	55	78	−23	39
20	西汉姆联足球俱乐部 (R)	38	7	12	19	43	79	−27	33

2010/2011 赛季数据统计

联赛末排名：4

主教练：阿尔塞纳 · 温格

最佳射手：罗宾 · 范 · 佩西（18）

最多助攻：安德烈 · 阿尔沙文（11）

最多出场次数：安德烈 · 阿尔沙文（37）

最大分差胜场：阿森纳 6—0 布莱克浦 （主场）

最大分差败场：斯托克城 3—1 阿森纳 （客场）

英超联赛积分榜
（2011/2012 赛季）

排名	俱乐部	场次	胜	平	负	进球	失球	净胜球	积分
1	曼彻斯特城足球俱乐部（C）	38	28	5	5	93	29	64	89
2	曼彻斯特联足球俱乐部	38	28	5	5	89	33	56	89
3	阿森纳足球俱乐部	38	21	7	10	74	49	25	70
4	托特纳姆热刺足球俱乐部	38	20	9	9	66	41	25	69
5	纽卡斯尔联足球俱乐部	38	19	8	11	56	51	5	65
6	切尔西足球俱乐部	38	18	10	10	65	46	19	64
7	埃弗顿足球俱乐部	38	15	11	12	50	40	10	56
8	利物浦足球俱乐部	38	14	10	14	47	40	7	52
9	富勒姆足球俱乐部	38	14	10	14	48	51	−3	52
10	西布罗姆维奇足球俱乐部	38	13	8	17	45	52	−7	47

排名	俱乐部	场次	胜	平	负	进球	失球	净胜球	积分
11	斯旺西城足球俱乐部	38	12	11	15	44	51	−7	47
12	诺维奇足球俱乐部	38	12	11	15	52	66	−14	47
13	桑德兰足球俱乐部	38	11	12	15	45	46	−1	45
14	斯托克城足球俱乐部	38	11	12	15	36	53	−17	45
15	维甘竞技足球俱乐部	38	11	10	17	42	62	−20	43
16	阿斯顿维拉足球俱乐部	38	7	17	14	37	53	−16	38
17	女王公园巡游者足球俱乐部	38	10	7	21	43	66	−23	37
18	博尔顿漫游者足球俱乐部（R）	38	10	6	22	46	77	−31	36
19	布莱克本流浪者足球俱乐部（R）	38	8	7	23	48	78	−30	31
20	狼队足球俱乐部(R)	38	5	10	23	40	82	−42	25

2011/2012 赛季数据统计

联赛末排名：3

主教练：阿尔塞纳·温格

最佳射手：罗宾·范·佩西（30）

最多助攻：亚历山大·宋（11）

最多出场次数：沃伊切赫·什琴斯尼(38)

罗宾·范·佩西 (38)

最大分差胜场：阿森纳 7–1 布莱克本 （主场）

最大分差败场：曼联 8–2 阿森纳 （客场）

英超联赛积分榜
（2012/2013 赛季）

排名	俱乐部	场次	胜	平	负	进球	失球	净胜球	积分
1	曼彻斯特联足球俱乐部（C）	38	28	5	5	86	43	43	89
2	曼彻斯特城足球俱乐部	38	23	9	6	66	34	32	78
3	切尔西足球俱乐部	38	22	9	7	75	39	36	75
4	阿森纳足球俱乐部	38	21	10	7	72	37	35	73
5	托特纳姆热刺足球俱乐部	38	21	9	8	66	46	20	72
6	埃弗顿足球俱乐部	38	16	15	7	55	40	15	63
7	利物浦足球俱乐部	38	16	13	9	71	43	28	61
8	西布罗姆维奇足球俱乐部	38	14	7	17	53	57	−4	49
9	斯旺西城足球俱乐部	38	11	13	14	47	51	−4	46
10	西汉姆联足球俱乐部	38	12	10	16	45	53	−8	46
11	诺维奇足球俱乐部	38	10	14	14	41	58	−17	44
12	富勒姆足球俱乐部	38	11	10	17	50	60	−10	43
13	斯托克城足球俱乐部	38	9	15	14	34	45	−11	42
14	南安普敦足球俱乐部	38	9	14	15	49	60	−11	41
15	阿斯顿维拉足球俱乐部	38	10	11	17	47	69	−22	41
16	纽卡斯尔联足球俱乐部	38	11	8	19	45	68	−23	41
17	桑德兰足球俱乐部	38	9	12	17	41	54	−13	39
18	维甘竞技足球俱乐部（R）	38	9	9	20	47	73	−26	36
19	雷丁足球俱乐部（R）	38	6	10	22	43	73	−30	28
20	女王公园巡游者足球俱乐部（R）	38	4	13	21	30	60	−30	25

2012/2013 赛季数据统计

联赛末排名：4

主教练：阿尔塞纳·温格

最佳射手：西奥·沃尔科特（14）

最多助攻：卡索拉（11）

最多出场次数：卡索拉（38）

最大分差胜场：阿森纳 6–1 南安普顿 （主场）

最大分差败场：阿森纳 0–2 曼城（主场）

阿森纳 0–2 斯旺西（主场）

英超联赛积分榜
（2013/2014 赛季）

排名	俱乐部	场次	胜	平	负	进球	失球	净胜球	积分
1	曼彻斯特城足球俱乐部（C）	38	27	5	6	102	37	65	86
2	利物浦足球俱乐部	38	26	6	6	101	50	51	84
3	切尔西足球俱乐部	38	25	7	6	71	27	44	82
4	阿森纳足球俱乐部	38	24	7	7	68	41	27	79
5	埃弗顿足球俱乐部	38	21	9	8	61	39	22	72
6	托特纳姆热刺足球俱乐部	38	21	6	11	55	51	4	69
7	曼彻斯特联足球俱乐部	38	19	7	12	64	43	21	64
8	南安普敦足球俱乐部	38	15	11	12	54	46	8	56
9	斯托克城足球俱乐部	38	13	11	14	45	52	−7	50
10	纽卡斯尔联足球俱乐部	38	15	4	19	43	59	−16	49

排名	俱乐部	场次	胜	平	负	进球	失球	净胜球	积分
11	水晶宫足球俱乐部	38	13	6	19	33	48	−15	45
12	斯旺西城足球俱乐部	38	11	9	18	54	54	0	42
13	西汉姆联足球俱乐部	38	11	7	20	40	51	−11	40
14	桑德兰足球俱乐部	38	10	8	20	41	60	−19	38
15	阿斯顿维拉足球俱乐部	38	10	8	20	39	61	−22	38
16	赫尔城足球俱乐部	38	10	7	21	38	53	−15	37
17	西布罗姆维奇足球俱乐部	38	8	12	18	43	59	−16	36
18	诺维奇足球俱乐部（R）	38	8	9	21	28	62	−34	33
19	富勒姆足球俱乐部（R）	38	9	5	24	40	85	−45	32
20	卡迪夫足球俱乐部（R）	38	7	9	22	32	74	−42	30

2013/2014 赛季数据统计

联赛末排名：4

主教练：阿尔塞纳 · 温格

最佳射手：奥利维尔 · 吉鲁（16）

最多助攻：前阿森纳 10 号球员（9）

最多出场次数：沃伊切赫 · 什琴斯尼（37）

最大分差胜场：阿森纳 4–1 诺维奇 （主场）

最大分差败场 ：切尔西 6–0 阿森纳 （客场）

英超联赛积分榜
(2014/2015 赛季)

排名	俱乐部	场次	胜	平	负	进球	失球	净胜球	积分
1	切尔西足球俱乐部 (C)	38	26	9	3	73	32	41	87
2	曼彻斯特城足球俱乐部	38	24	7	7	83	38	45	79
3	阿森纳足球俱乐部	38	22	9	7	71	36	35	75
4	曼彻斯特联足球俱乐部	38	20	10	8	62	37	25	70
5	托特纳姆热刺足球俱乐部	38	19	7	12	58	53	5	64
6	利物浦足球俱乐部	38	18	8	12	52	48	4	62
7	南安普敦足球俱乐部	38	18	6	14	54	33	21	60
8	斯旺西城足球俱乐部	38	16	8	14	46	49	−3	56
9	斯托克城足球俱乐部	38	15	9	14	48	45	3	54
10	水晶宫足球俱乐部	38	13	9	16	47	51	−4	48
11	埃弗顿足球俱乐部	38	12	11	15	48	50	−2	47
12	西汉姆联足球俱乐部	38	12	11	15	44	47	−3	47
13	西布罗姆维奇足球俱乐部	38	11	11	16	38	51	−13	44
14	莱斯特城足球俱乐部	38	11	8	19	46	55	−9	41
15	纽卡斯尔联足球俱乐部	38	10	9	19	40	63	−23	39
16	桑德兰足球俱乐部	38	7	17	14	31	53	−22	38
17	阿斯顿维拉足球俱乐部	38	10	8	20	31	57	−26	38
18	赫尔城足球俱乐部 (R)	38	8	11	19	33	51	−18	35
19	伯恩利足球俱乐部 (R)	38	7	12	19	28	53	−25	33
20	女王公园巡游者足球俱乐部 (R)	38	8	6	24	42	73	−31	30

2014/2015 赛季数据统计

联赛末排名：3

主教练：阿尔塞纳·温格

最佳射手：阿莱克西斯·桑切斯（16）

最多助攻：卡索拉（11）

最多出场次数：卡索拉（37）

最大分差胜场：阿森纳 5–0 阿斯顿维拉 （主场）

最大分差败场：切尔西 2–0 阿森纳（客场）

南安普顿 2–0 阿森纳（客场）

英超联赛积分榜
（2015/2016 赛季）

排名	俱乐部	场次	胜	平	负	进球	失球	净胜球	积分
1	莱斯特城足球俱乐部（C）	38	23	12	3	68	36	32	81
2	阿森纳足球俱乐部	38	20	11	7	65	36	29	71
3	托特纳姆热刺足球俱乐部	38	19	13	6	69	35	34	70
4	曼彻斯特城足球俱乐部	38	19	9	10	71	41	30	66
5	曼彻斯特联足球俱乐部	38	19	9	10	49	35	14	66
6	南安普敦足球俱乐部	38	18	9	11	59	41	18	63
7	西汉姆联足球俱乐部	38	16	14	8	65	51	14	62
8	利物浦足球俱乐部	38	16	12	10	63	50	13	60
9	斯托克城足球俱乐部	38	14	9	15	41	55	−14	51
10	切尔西足球俱乐部	38	12	14	12	59	53	6	50

排名	俱乐部	场次	胜	平	负	进球	失球	净胜球	积分
11	埃弗顿足球俱乐部	38	11	14	13	59	55	4	47
12	斯旺西城足球俱乐部	38	12	11	15	42	52	−10	47
13	沃特福德足球俱乐部	38	12	9	17	40	50	−10	45
14	西布罗姆维奇足球俱乐部	38	10	13	15	34	48	−14	43
15	水晶宫足球俱乐部	38	11	9	18	39	51	−12	42
16	伯恩茅斯足球俱乐部	38	11	9	18	45	67	−22	42
17	桑德兰足球俱乐部	38	9	12	17	48	62	−14	39
18	纽卡斯尔联足球俱乐部（R）	38	9	10	19	44	65	−21	37
19	诺维奇足球俱乐部(R)	38	9	7	22	39	67	−28	34
20	阿斯顿维拉足球俱乐部（R）	38	3	8	27	27	76	−49	17

2015/2016 赛季数据统计

联赛末排名：2

主教练：阿尔塞纳 · 温格

最佳射手：奥利维尔 · 吉鲁（16）

最多助攻：前阿森纳 10 号球员（19）

最多出场次数：奥利维尔 · 吉鲁（38）

最大分差胜场：阿森纳 4–0 沃特福德 （主场）

阿森纳 4–0 阿斯顿维拉（主场）

最大分差败场 ： 南安普顿 4–0 阿森纳 （客场）

英超联赛积分榜
（2016/2017 赛季）

排名	俱乐部	场次	胜	平	负	进球	失球	净胜球	积分
1	切尔西足球俱乐部（C）	38	30	3	5	85	33	52	93
2	托特纳姆热刺足球俱乐部	38	26	8	4	86	26	60	86
3	曼彻斯特城足球俱乐部	38	23	9	6	80	39	41	78
4	利物浦足球俱乐部	38	22	10	6	78	42	36	76
5	阿森纳足球俱乐部	38	23	6	9	77	44	33	75
6	曼彻斯特联足球俱乐部	38	18	15	5	54	29	25	69
7	埃弗顿足球俱乐部	38	17	10	11	62	44	18	61
8	南安普敦足球俱乐部	38	12	10	16	41	48	−7	46
9	伯恩茅斯足球俱乐部	38	12	10	16	55	67	−12	46
10	西布罗姆维奇足球俱乐部	38	12	9	17	43	51	−8	45
11	西汉姆联足球俱乐部	38	12	9	17	47	64	−17	45
12	莱斯特城足球俱乐部	38	12	8	18	48	63	−15	44
13	斯托克城足球俱乐部	38	11	11	16	41	56	−15	44
14	水晶宫足球俱乐部	38	12	5	21	50	63	−13	41
15	斯旺西城足球俱乐部	38	12	5	21	45	70	−25	41
16	伯恩利足球俱乐部	38	11	7	20	39	55	−16	40
17	沃特福德足球俱乐部	38	11	7	20	40	68	−28	40
18	赫尔城足球俱乐部（R）	38	9	7	22	37	80	−43	34
19	米德尔斯堡足球俱乐部（R）	38	5	13	20	27	53	−26	28
20	桑德兰足球俱乐部（R）	38	6	6	26	29	69	−40	24

2016/2017 赛季数据统计

联赛末排名：5

主教练：阿尔塞纳·温格

最佳射手：阿莱克西斯·桑切斯(24)

最多助攻：阿莱克西斯·桑切斯（10)

最多出场次数：阿莱克西斯·桑切斯（38)

最大分差胜场：西汉姆联 1–5 阿森纳 （客场）

最大分差败场：水晶宫 3–0 阿森纳 （客场）

英超联赛积分榜
（2017/2018 赛季）

排名	俱乐部	场次	胜	平	负	进球	失球	净胜球	积分
1	曼彻斯特城足球俱乐部（C）	38	32	4	2	106	27	79	100
2	曼彻斯特联足球俱乐部	38	25	6	7	68	28	40	81
3	托特纳姆热刺足球俱乐部	38	23	8	7	74	36	38	77
4	利物浦足球俱乐部	38	21	12	5	84	38	46	75
5	切尔西足球俱乐部	38	21	7	10	62	38	24	70
6	阿森纳足球俱乐部	38	19	6	13	74	51	23	63
7	伯恩利足球俱乐部	38	14	12	12	36	39	−3	54
8	埃弗顿足球俱乐部	38	13	10	15	44	58	−14	49
9	莱斯特城足球俱乐部	38	12	11	15	56	60	−4	47
10	纽卡斯尔联足球俱乐部	38	12	8	18	39	47	−8	44

排名	俱乐部	场次	胜	平	负	进球	失球	净胜球	积分
11	水晶宫足球俱乐部	38	11	11	16	45	55	−10	44
12	伯恩茅斯足球俱乐部	38	11	11	16	45	61	−16	44
13	西汉姆联足球俱乐部	38	10	12	16	48	68	−20	42
14	沃特福德足球俱乐部	38	11	8	19	44	64	−20	41
15	布莱顿足球俱乐部	38	9	13	16	34	54	−20	40
16	哈德斯菲尔德镇足球俱乐部	38	9	10	19	28	58	−30	37
17	南安普敦足球俱乐部	38	7	15	16	37	56	−19	36
18	斯旺西城足球俱乐部（R）	38	8	9	21	28	56	−28	33
19	斯托克城足球俱乐部(R)	38	7	12	19	35	68	−33	33
20	西布罗姆维奇足球俱乐部(R)	38	6	13	19	31	56	−25	31

2017/2018 赛季数据统计

联赛末排名：6

主教练：阿尔塞纳 · 温格

最佳射手：亚历山大 · 拉卡泽特（14）

最多助攻：前阿森纳 10 号球员（8）

最多出场次数：格拉尼特 · 扎卡（38）

最大分差胜场：阿森纳 5–0 哈德斯菲尔德（主场）

阿森纳 5–0 伯恩利（主场）

最大分差败场：利物浦 4–0 阿森纳（客场）

所有表格的数据来源：*premierleague.com/tables*

数据解读

进入点球大战的场次按实际胜负结果统计。

欧洲冠军联赛包括预选赛。

比赛总计：1235 场

英超联赛：

828 场比赛，476 胜，199 平，153 负。

欧冠联赛：

191 场比赛，96 胜，42 平，53 负。

足总杯：

109 场比赛，78 胜，16 平，15 负。

联赛杯：

73 场比赛，45 胜，4 平，24 负。

欧罗巴联赛：

25 场比赛，14 胜，5 平，6 负。

社区盾杯：

9 场比赛，7 胜，2 负。

阿森纳赛季排名

第一：3 次；第二：6 次；第三：5 次；第四：6 次；第五：1 次

阿尔塞纳·温格在海布里球场和酋长球场的执教成绩

球场	场次	胜	平	负	进球数	失球数	胜率	场均进球数	场均失球数
海布里	265	186	53	26	574	218	70.2%	2.17	0.82
酋长	333	226	65	42	709	264	67.9%	2.13	0.79

阿尔塞纳·温格曾三次（2005 年、2006 年、2017 年）在生日当天赢得英超比赛，比任何其他主教练都要多。

阿森纳足球俱乐部与 124 个对手交手，从来没有赢过这五支球队：佛罗伦萨，萨洛尼卡，巴黎圣日耳曼，瓦尔港和罗瑟汉姆联队。

在温格执教阿森纳俱乐部的所有比赛中，最经常出现的比分分别是 1–1、2–1（各 127 场）和 1–0（124 场）。

1997/1998 赛季，温格成为自 1892/1893 赛季第二级联赛开始以来，第一位赢得英格兰顶级联赛冠军的非英国籍主教练。

温格在不同战线 10 次面对雷丁取得 10 场胜利，100% 胜率也是他作为阿森纳主教练对阵单一俱乐部的最佳纪录。

温格治下为阿森纳进球的球员排名

蒂埃里 · 亨利，228

罗宾 · 范 · 佩西，132

西奥 · 沃尔科特，108

奥利维尔 · 吉鲁，105

丹尼斯 · 博格坎普，102

罗贝尔 · 皮雷斯，84

阿莱克西斯 · 桑切斯，80

弗雷德里克 · 永贝里，72

埃马纽埃尔 · 阿德巴约，62

阿隆 · 拉姆齐，58

标志性进球

1.1996 年 10 月 12 日，对阵布莱克本，伊恩 · 赖特的进球是温格执教阿森纳的第一个进球。

2.1997 年 4 月 12 日，托尼 · 亚当斯对阵莱斯特城的进球，是第 50 个进球。

3.1998 年 1 月 10 日，马克 · 奥维马斯在对阵利兹联的进球，是第 100 个进球。

4.2002 年 1 月 5 日，蒂埃里 · 亨利在对阵沃特福德的进球，是第 500 个进球。

5.2006 年 5 月 4 日，何塞 · 安东尼奥 · 雷耶斯在对阵曼城时的进球，是第 1000 个进球。

6.2015 年 10 月 31 日，奥利维尔 · 吉鲁在对阵斯旺西的进球，是第 2000 个进球。

英超执教场次前十的教练

教练	比赛数	胜	平	负	进球数	失球数
阿尔塞纳 · 温格	828	476	199	153	1561	807
亚历克斯 · 弗格森	810	528	168	114	1627	703
哈里 · 雷德克纳普	641	236	167	238	818	846
大卫 · 莫耶斯	545	209	149	187	718	687
山姆 · 阿勒代斯	512	174	138	200	606	698
马克 · 休斯	466	158	127	181	572	643
史蒂夫 · 布鲁斯	430	121	120	189	440	573
马丁 · 奥尼尔	359	130	115	114	474	447
拉斐尔 · 贝尼特斯	340	168	82	90	519	316
阿兰 · 库比什利	328	108	85	135	381	472

不可思议：阿森纳的 49 场不败纪录

阿森纳从 2003 年 5 月至 2004 年 10 月连续 49 场顶级联赛不败，打破了诺丁汉森林在 1977 年 11 月至 1978 年 11 月期间创造的 42 场不败纪录。

在完成这一非凡的成就的同时，阿森纳也创下了顶级联赛的不败纪录，只有 1888/1889 赛季不败的普雷斯顿北端队能与之媲美。

	比赛数	胜	平	负	进球数	失球数	净胜球	得分
主场	25	20	5	0	63	21	42	65
客场	24	16	8	0	49	14	35	56
合计	49	36	13	0	112	35	77	121

49 场不败的胜平负顺序及比赛结果

胜－胜－胜－胜－胜－胜－平－平－胜－胜

胜－平－胜－胜－胜－平－平－胜－平－胜

胜－平－胜－胜－胜－胜－胜－胜－胜－胜

胜－平－胜－平－胜－平－平－平－胜－胜

胜－胜－胜－胜－胜－平－胜－胜－胜－负

2002/2003 赛季

2003 年 5 月 7 日：阿森纳 6–1 南安普敦

2003 年 5 月 11 日：桑德兰 0–4 阿森纳

2003/2004 赛季

2003 年 8 月 16 日：阿森纳 2–1 埃弗顿

2003 年 8 月 24 日：米德尔斯堡 0–4 阿森纳

2003 年 8 月 27 日：阿森纳 2–0 阿斯顿维拉

2003 年 8 月 31 日：曼城 1–2 阿森纳

2003 年 9 月 13 日：阿森纳 1–1 朴次茅斯

2003 年 9 月 21 日：曼联 0–0 阿森纳

2003 年 9 月 26 日：阿森纳 3–2 纽卡斯尔联

2003 年 10 月 4 日：利物浦 1–2 阿森纳

2003 年 10 月 18 日：阿森纳 2–1 切尔西

2003 年 10 月 26 日：查尔顿 1–1 阿森纳

2003 年 11 月 1 日：利兹联 1–4 阿森纳

2003 年 11 月 8 日：阿森纳 2–1 托特纳姆热刺

2003 年 11 月 22 日：伯明翰 0–3 阿森纳

2003 年 11 月 30 日：阿森纳足 0–0 富勒姆

2003 年 12 月 6 日：莱斯特城 1–1 阿森纳

2003 年 12 月 14 日：阿森纳 1–0 布莱克本

2003 年 12 月 20 日：博尔顿 1–1 阿森纳

2003 年 12 月 26 日：阿森纳 3–0 狼队

2003 年 12 月 29 日：南安普敦 0–1 阿森纳

2004 年 1 月 7 日：埃弗顿 1–1 阿森纳

2004 年 1 月 10 日：阿森纳 4–1 米德尔斯堡

2004 年 1 月 18 日：阿斯顿维拉 0–2 阿森纳

2004 年 2 月 1 日：阿森纳 2–1 曼城

2004 年 2 月 7 日：狼队 1–3 阿森纳

2004 年 2 月 10 日：阿森纳足 2–0 南安普敦

2004 年 2 月 21 日：切尔西 1–2 阿森纳

2004 年 2 月 28 日：阿森纳 2–1 查尔顿

2004 年 3 月 13 日：布莱克本 0–2 阿森纳

2004 年 3 月 20 日：阿森纳 2–1 博尔顿

2004 年 3 月 28 日：阿森纳 1–1 曼联

2004 年 4 月 9 日：阿森纳 4–2 利物浦

2004 年 4 月 11 日：纽卡斯尔联 0–0 阿森纳

2004 年 4 月 16 日：阿森纳 5–0 利兹联

2004 年 4 月 25 日：托特纳姆热刺 2–2 阿森纳

2004 年 5 月 1 日：阿森纳 0–0 伯明翰城

2004 年 5 月 4 日：朴次茅斯 1–1 阿森纳

2004 年 5 月 9 日：富勒姆 0–1 阿森纳

2004 年 5 月 15 日：阿森纳 2–1 莱斯特城

2004/2005 赛季

2004 年 8 月 15 日：埃弗顿 1–4 阿森纳

2004 年 8 月 22 日：阿森纳 5–3 米德尔斯堡

2004 年 8 月 25 日：阿森纳 3–0 布莱克本

2004 年 8 月 28 日：诺维奇 1–4 阿森纳

2004 年 9 月 11 日：富勒姆 0–3 阿森纳

2004 年 9 月 18 日：阿森纳 2–2 博尔顿

2004 年 9 月 25 日：曼城 0–1 阿森纳

2004 年 10 月 2 日：阿森纳 4–0 查尔顿

2004 年 10 月 16 日：阿森纳 3–1 阿斯顿维拉

参与球员

球员	首发	替补	进球
蒂埃里 · 亨利	48	—	39
科洛 · 图雷	47	1	1
延斯 · 莱曼	47	—	—
罗贝尔 · 皮雷斯	40	5	23
劳伦	39	2	
索尔 · 坎贝尔	38	—	1
吉尔伯托	36	3	4
永贝里	35	4	10
阿什利 · 科尔	35	—	1
帕特里克 · 维埃拉	34	—	3
丹尼斯 · 博格坎普	29	10	7
雷 · 帕洛尔	18	9	—
帕斯卡尔 · 西甘	15	8	—
埃杜	14	19	2
何塞 · 安东尼奥 · 雷耶斯	14	8	8
盖尔 · 克利希	8	8	—
维尔托德	8	4	3
法布雷加斯	6	2	1
恩万科沃 · 卡努	4	8	1
马丁 · 基翁	3	7	—
杰雷米 · 阿里亚迪雷	3	7	—
杰梅因 · 彭南特	2	5	3
奥莱格 · 卢兹尼	2	—	—
伊格尔 · 斯捷潘诺夫斯	2	—	—

球员	首发	替补	进球
贾斯汀 · 霍伊特	1	2	—
范布隆克霍斯特	1	1	—
戴维 · 本特利	1	—	—
莱恩 · 加利	1	—	—
大卫 · 希曼	1	—	—
斯图尔特 · 泰勒	1	—	—
马蒂厄 · 弗拉米尼	—	5	—
罗宾 · 范 · 佩西	—	3	—
塔夫拉里迪斯	—	1	—
乌龙球	—	—	5

温格治下交手最多的四大俱乐部

对手	场次	胜	平	负	进球数	失球数	胜率
切尔西足球俱乐部	62	23	18	21	79	88	37.1%
曼彻斯特联足球俱乐部	60	18	15	27	69	85	30.0%
利物浦足球俱乐部	53	19	17	17	83	88	35.8%
托特纳姆热刺足球俱乐部	52	23	20	9	94	65	44.2%

（来源：Opta）

温格治下交手最多的英超俱乐部主帅

教练	场次	胜	平	负	进球数	失球数	胜率
亚历克斯·弗格森	49	15	12	22	55	71	30.6%
山姆·阿勒代斯	34	20	8	6	69	36	58.8%
大卫·莫耶斯	34	22	8	4	69	28	64.7%
哈里·雷德克纳普	33	16	13	4	67	34	48.5%
马克· 休斯	29	16	4	9	51	31	55.2%
史蒂夫·布鲁斯	27	19	6	2	52	13	70.4%
拉斐尔·贝尼特斯	24	10	6	8	40	35	41.7%
马丁·奥尼尔	21	10	9	2	31	16	47.6%
托尼·普利斯	19	12	2	5	33	19	63.2%
何塞·穆里尼奥	19	2	7	10	12	29	10.5%
史蒂夫·麦克拉伦	18	15	0	3	46	11	83.3%
阿兰·库比什利	17	12	2	3	33	12	70.6%
克劳迪奥·拉涅利	17	10	6	1	33	19	58.8%
吉拉德·霍利尔	16	7	4	5	22	21	43.8%
戈登·斯特拉坎	16	11	3	2	30	12	68.8%
罗伯托·马丁内斯	16	10	3	3	36	16	62.5%
阿兰·帕杜	16	9	5	2	33	16	56.3%
格雷姆·索内斯	15	10	1	4	25	15	66.7%

（来源：Opta）

冠军、奖杯、荣誉、称号

球员身份

斯特拉斯堡足球俱乐部

法甲冠军：1978/1979 赛季

教练身份

摩纳哥

法甲冠军：1987/1988 赛季

法国杯冠军：1990/1991 赛季

名古屋鲸鱼

天皇杯冠军：1995 年

日本超级杯冠军：1996 年

阿森纳足球俱乐部

英超冠军：1997/1998 赛季，2001/2002 赛季，2003/2004 赛季

英格兰足总杯冠军：1997/1998 赛季，2001/2002 赛季，2002/2003 赛季，2004/2005 赛季，2013/2014 赛季，2014/2015 赛季，2016/2017 赛季

英格兰社区盾杯冠军：1998 年，1999 年，2002 年，2004 年，2014 年，2015 年，2017 年

欧洲冠军联赛亚军：2005/2006 赛季

联盟杯亚军：1999/2000 赛季

个人荣誉

日本 J 联赛年度最佳教练：1995 年

金球奖年度最佳教练：2000 年，2002 年，2003 年，2004 年

英超赛季最佳教练：1997/1998 赛季，2001/2002 赛季，2003/2004 赛季

英格兰足球联赛教练协会年度最佳教练：2001/2002 赛季，2003/2004 赛季

英国广播公司（BBC）年度体育人物年度最佳教练奖：2002 年，2004 年

伦敦足球奖：2015 年伦敦地区俱乐部杰出贡献奖

年度世界教练员：1998 年

英格兰足球贡献奖：2005 年

英格兰足球名人堂：2006 年

法国足球年度最佳教练：2008 年

国际足球历史和统计联合会全球十年最佳教练：2001—2010 年

英国足协脸书平台评选英超年度最佳教练：2014/2015 赛季

英超月度最佳教练：1998 年 3 月、4 月，2000 年 10 月，2002 年 4 月、9 月，2003 年 8 月，2004 年 2 月、8 月，2007 年 9 月、12 月，2011 年 2 月，2012 年 2 月，2013 年 9 月，2015 年 3 月、10 月

《法国足球》历史 50 佳俱乐部教练第 32 名：2019 年

世界 50 大足球教练榜单第 36 位：2013 年

劳伦斯世界体育奖终身成就奖：2019 年

来源：温格维基百科

温格麾下的阿森纳球星

阿尔塞纳·温格手下的一线队中，共出现过来自 53 个不同国家的球员。在温格上任前，阿森纳 110 年的俱乐部历史中，只有来自 13 个国家的球员。

下表为所有 222 名为阿尔塞纳·温格的阿森纳队正式比赛出场的球员，按出场顺序排列。

球员姓名	首发及替补场次	总场次
大卫·希曼	245	245
马丁·基翁	250+14	264
李·迪克森	207+18	225
托尼·亚当斯	188	188
史蒂夫·博尔德	81+12	93
奈杰尔·温特伯恩	155+11	166
帕特里克·维埃拉	393+9	402
戴维·普拉特	41+27	68
保罗·默森	30	30
约翰·哈特森	9+7	16
伊恩·赖特	56+3	59
雷·帕洛尔	270+48	318
丹尼斯·博格坎普	298+78	376
史蒂夫·莫罗	2+11	13
雷米·加尔德	27+16	43
约翰·卢契奇	19	19
安迪·利尼根	3+1	4

球员姓名	首发及替补场次	总场次
保罗 · 肖	1+7	8
加文 · 麦高恩	1+1	2
斯科特 · 马绍尔	8+5	13
斯蒂芬 · 休斯	35+39	74
马修 · 罗斯	1	1
李 · 哈珀	1	1
伊恩 · 塞利	0+1	1
尼古拉 · 阿内尔卡	73+17	90
吉勒 · 格里曼迪	128+42	170
埃马纽埃尔 · 珀蒂	114+4	118
马克 · 奥维马斯	127+15	142
路易斯 · 博阿 · 莫特	13+26	39
克里斯托弗 · 瓦雷赫	18+28	46
亚历山大 · 曼宁格	63+1	64
马修 · 厄普森	39+17	56
阿尔贝托 · 门德斯	6+5	11
保罗 · 维纳扎	7+5	12
杰森 · 克劳	0+3	3
杰哈德 · 蒙塔塞尔	0+1	1
艾赛亚 · 兰金	0+1	1
内尔松 · 维瓦斯	29+40	69
弗雷德里克 · 永贝里	285+43	328
戴维 · 格隆丁	4	4
奥马尔 · 里扎	0+1	1

球员姓名	首发及替补场次	总场次
法比安·卡瓦莱罗	0+3	3
迈克尔·布莱克	0+1	1
卡巴·迪亚瓦拉	3+12	15
卡努	104+94	198
希尔维尼奥	66+14	80
奥利·卢兹尼	91+19	110
蒂埃里·亨利	337+40	377
达沃·苏克	15+24	39
斯特凡·马尔茨	6+8	14
汤米·布莱克	1+1	2
瑞斯·韦斯顿	2+1	3
杰梅恩·彭南特	12+14	26
阿什利·科尔	218+10	228
格雷厄姆·巴瑞特	1+2	3
布莱恩·麦戈文	0+1	1
朱利安·格雷	0+1	1
罗贝尔·皮雷斯	238+46	284
劳伦	227+14	241
西尔万·维尔托德	124+51	175
伊戈尔斯·斯特帕诺夫斯	29+2	31
斯图尔特·泰勒	26+4	30
莫里茨·福尔茨	1+1	2
李·卡诺维利	0+1	1
托马斯·丹尼列维奇乌斯	0+3	3

球员姓名	首发及替补场次	总场次
埃杜	76+51	127
索尔·坎贝尔	208+3	211
范布隆克霍斯特	39+25	64
弗朗西斯·杰弗斯	13+26	39
稻本润一	2+2	4
理查德·赖特	22	22
斯塔兹·塔夫拉里迪斯	7+1	8
约翰·豪尔斯	0 + 3	3
路安·历格斯	0 + 1	1
卡林·伊通加	0+1	1
胡安	2	2
塞巴斯蒂安·斯瓦德	2+2	4
杰雷米·阿利亚迭雷	19+32	51
吉尔伯托	213+31	244
科洛·图雷	295+31	326
帕斯卡尔·西甘	80+18	98
赖恩·加里	1+1	2
拉米·沙班	5	5
大卫·本特利	5+4	9
贾斯汀·霍伊特	50+18	68
延斯·莱曼	199+1	200
格雷厄姆·斯塔克	5	5
盖尔·克利希	230+34	264
塞斯克·法布雷加斯	266+37	303

球员姓名	首发及替补场次	总场次
杰罗姆·托马斯	1+2	3
赖恩·史密斯	2+4	6
昆西·奥乌苏－阿比耶	8+15	23
约翰·斯派塞	0+1	1
弗兰克·西梅克	1	1
奥拉弗尔－因吉·斯库拉松	0+1	1
米哈尔·帕帕多普洛斯	0+1	1
何塞·安东尼奥·雷耶斯	89+21	110
罗宾·范佩西	211+67	278
马蒂厄·弗拉米尼	174+72	246
曼努埃尔·阿穆尼亚	173+2	175
塞巴斯蒂安·拉尔森	7+5	12
阿图罗·卢波利	6+3	9
菲利普·森德罗斯	105+12	117
丹尼·卡巴西约恩	1+2	3
约翰·朱鲁	123+21	144
帕特里克·克雷格	0 + 3	3
埃曼努埃尔·埃布埃	159+55	214
亚历山人·赫莱布	109+21	130
亚历克斯·宋	179+25	204
法布莱斯·姆安巴	2	2
安东尼·斯托克斯	0 + 1	1
尼克拉斯·本特纳	83+88	171
克里亚·吉尔伯特	10+2	12

球员姓名	首发及替补场次	总场次
阿布 · 迪亚比	136+44	180
埃曼纽尔 · 阿德巴约	114+28	142
托马什 · 罗西基	158+88	246
西奥 · 沃尔科特	252+145	397
威廉 · 加拉斯	142	142
儒利奥 · 巴普蒂斯塔	17+18	35
马修 · 康诺利	1+1	2
德尼尔森	120+33	153
阿尔芒 · 特劳雷	28+4	32
马克 · 兰道尔	4+9	13
马特 · 潘姆	1+1	2
巴卡雷 · 萨尼亚	272+12	284
爱德华多	41+26	67
拉萨纳 · 迪亚拉	8+5	13
乌卡什 · 法比安斯基	75+3	78
弗朗西斯科 · 梅里达	7+9	16
基兰 · 基比斯	183+47	230
亨利 · 兰斯伯里	1+7	8
纳赛尔 · 巴拉齐特	0+3	3
阿隆 · 拉姆塞	237+92	329
萨米尔 · 纳斯里	110+15	125
卡洛斯 · 贝拉	19+43	62
杰克 · 威尔希尔	150+47	197
加文 · 霍伊特	4	4

球员姓名	首发及替补场次	总场次
弗朗西斯·科奎林	115+45	160
杰伊·辛普森	1+2	3
米卡埃尔·西尔韦斯特	37+6	43
阿莫里·比绍夫	0+4	4
鲁·方迪	0+1	1
保罗·罗杰斯	1	1
安德烈·阿尔沙文	97+47	144
维托·曼诺尼	22+1	23
托马斯·维尔马伦	136+14	150
沃伊切赫·什琴斯尼	181	181
桑切斯·瓦特	1+2	3
吉利斯·苏努	1+1	2
克雷格·伊斯特蒙德	7+3	10
凯尔·巴特利	1	1
托马斯·克鲁斯	1	1
杰·埃曼努埃尔－托马斯	1+4	5
马鲁万·沙马赫	36+31	67
劳伦特·科斯切尔尼	318+6	324
塞巴斯蒂安·斯奎拉奇	35+4	39
伊格纳西·米克尔	9+5	14
康纳尔·亨德森	1	1
热尔维尼奥	44+19	63
埃曼努埃尔·弗里庞	10+6	16
卡尔·詹金森	43+14	57

球员姓名	首发及替补场次	总场次
亚历克斯 · 奥克斯雷德 – 张伯伦	115+83	198
佩尔 · 默特萨克	215+6	221
米克尔 · 阿尔特塔	131+19	150
约西 · 贝纳永	15+10	25
安德烈 · 桑托斯	21+12	33
朴主永	4+3	7
宫市亮	2+5	7
奥乌兹汗 · 厄兹亚库普	0+2	2
查克斯 · 阿尼基	0+1	1
李可（尼科 · 延纳里斯）	2+2	4
丹尼尔 · 博阿滕	0 + 1	1
桑蒂 · 卡索拉	166+14	180
卢卡斯 · 波多尔斯基	55+27	82
奥利韦尔 · 吉鲁	169+84	253
马丁 · 安格哈	1+1	2
埃米利亚诺 · 马丁内斯	12+1	13
塞尔吉 · 格纳布里	9+9	18
托马斯 · 伊斯菲特	1+1	2
杰玛德 · 米德	1+1	2
纳乔 · 蒙雷亚尔	187+25	212
亚亚 · 萨诺戈	9+11	20
前阿森纳 10 号球员	187+9	196
楚巴 · 阿克波姆	1+11	12

球员姓名	首发及替补场次	总场次
艾萨克・希顿	2	2
克里斯托弗・奥尔森	0+1	1
埃克托尔・贝莱林	150+12	162
基迪昂・泽拉勒姆	0+4	4
基姆・谢尔斯特伦	1+3	4
马蒂厄・德比希	29+1	30
卡勒姆・钱伯斯	57+26	83
阿莱克西斯・桑切斯	153+13	166
乔尔・坎贝尔	23+17	40
丹尼・维尔贝克	71+41	112
戴维・奥斯皮纳	67+3	70
安斯利・梅特兰－奈尔斯	24+14	38
史提芬・奥康纳	53+11	64
彼得・切赫	117	117
阿莱克斯・伊沃比	71+27	98
格伦・卡马拉	1	1
伊斯梅尔・本纳塞尔	0+1	1
克莱斯蒂安・别利克	0+2	2
杰夫・雷内－阿德莱德	5+3	8
穆罕默德・埃尔内尼	52+20	72
罗伯・霍尔丁	39+5	44
格拉尼特・扎卡	85+9	94
施科德兰・穆斯塔菲	73+2	75
卢卡斯・佩雷斯	9+12	21

球员姓名	首发及替补场次	总场次
克里斯·威尔诺克	0+2	2
亚历山大·拉卡泽特	33+6	39
塞亚德·科拉希纳茨	28+8	36
赖斯·尼尔森	8+8	16
约什·达席尔瓦	0+3	3
乔·威尔诺克	6+5	11
马库斯·麦克瓜恩	0+2	2
埃迪·恩凯蒂亚	0+10	10
本·谢夫	0+2	2
马特·麦西	2	2
亨里希·姆希塔良	14+3	17
皮埃尔－埃梅里克·奥巴梅扬	13+1	14
丁诺斯·马夫罗帕诺斯	3	3

温格让 83 名阿森纳足球俱乐部学院的青训球员在一线队首发出场。

排名前十的转会交易

1. 皮埃尔 · 埃梅里克 · 奥巴梅扬：5600 万英镑

2. 亚历山大 · 拉卡泽特：4700 万英镑

3. 前阿森纳 10 号球员：4250 万英镑

4. 什科德兰 · 穆斯塔菲：3500 万英镑

5. 格拉尼特 · 扎卡：3400 万英镑

6. 亚历克西斯 · 桑切斯：3200 万英镑

7. 卡勒姆 · 钱伯斯：1800 万英镑

8. 何塞 · 安东尼奥 · 雷耶斯：1750 万英镑

9. 卢卡斯 · 佩雷斯：1710 万英镑

10. 丹尼 · 韦尔贝克：1600 万英镑

转会中支付的总费用：7.67 亿英镑

净支出：3.49 亿英镑

数据来源：Arsenal Database，Arsenal.com